教育部全国普通高等学校优秀教材（一等奖）

新编21世纪法学系列教材

总主编　曾宪义　王利明

国际经济法

第五版

International Economic Law

主　编　郭寿康　赵秀文

撰稿人（以撰写章节先后为序）

郭寿康　赵秀文　韩立余　尹　立

谢菁菁　董安生　胡天龙

中国人民大学出版社

·北京·

编审委员会

主编简介

郭寿康，中国人民大学法学院教授，博士生导师。2015 年 3 月去世。

赵秀文，中国人民大学法学院国际仲裁研究所所长、教授、博士生导师，兼任中国国际经济法学会和中国国际私法学会常务理事，以及中国国际经济贸易仲裁委员会、世界知识产权组织仲裁与调解中心，新加坡、马来西亚、香港等国家和地区及北京、深圳、珠海等国内仲裁机构名册仲裁员。

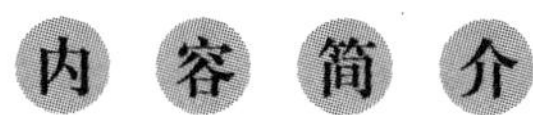

本教材力求阐明国际经济法的基本理论，并使之密切结合我国开展对外贸易和国际经济技术合作的实践，反映我国涉外经济立法与实践及国际立法与实践的最新发展动向。全书全面、系统地论述了国际经济贸易交易中所涉及的各种主要法律问题，包括国际贸易、国际投资、国际金融、国际税收及国际经济贸易争议解决等内容，重点介绍与法学教育目的密切相关的国际经济法主要分支部门的法律现状。本教材自 2000 年初版以来，多次修订、不断更新，本版在第四版基础上，删减了部分章节，更加简练实用，根据国际经济法理论以及实践的最新发展情况，及时更新修订，内容更加完善。

总　序

曾宪义

在人类文明与文化的发展中，中华民族曾作出过伟大的贡献，不仅最早开启了世界东方文明的大门，而且对人类法治、法学及法学教育的生成与发展进行了积极的探索与光辉的实践。

在我们祖先生存繁衍的土地上，自从摆脱动物生活、开始用双手去进行创造性的劳动、用人类特有的灵性去思考以后，我们人类在不断改造客观世界、创造辉煌的物质文明的同时，也在不断地探索人类的主观世界，逐渐形成了哲学思想、伦理道德、宗教信仰、风俗习惯等一系列维系道德人心、维持一定社会秩序的精神规范，更创造了博大精深、义理精微的法律制度。应该说，在人类所创造的诸种精神文化成果中，法律制度是一种极为奇特的社会现象。因为作为一项人类的精神成果，法律制度往往集中而突出地反映了人类在认识自身、调节社会、谋求发展的各个重要进程中的思想和行动。法律是现实社会的调节器，是人民权利的保障书，是通过国家的强制力来确认人的不同社会地位的有力杠杆，它来源于现实生活，而且真实地反映现实的要求。因而透过一个国家、一个民族、一个时代的法律制度，我们可以清楚地观察到当时人们关于人、社会、人与人的关系、社会组织以及哲学、宗教等诸多方面的思想与观点。同时，法律是一种具有国家强制力、约束力的社会规范，它以一种最明确的方式，对当时社会成员的言论或行动作出规范与要求，因而也清楚地反映了人类在各个历史发展阶段中对于不同的人所作出的种种具体要求和限制。因此，从法律制度的发展变迁中，同样可以看到人类自身不断发展、不断完善的历史轨迹。人类社会几千年的国家文明发展历史已经无可争辩地证明，法律制度乃是维系社会、调整各种社会关系、保持社会稳定的重要的工具。同时，法律制度的不断完善，也是人类社会文明进步的显著体现。

由于发展路径的不同、文化背景的差异，东方社会与西方世界对于法律的意义、底蕴的理解、阐释存有很大的差异，但是，在各自的发展过程中，都曾比较注重法律的制定与完善。中国古代虽然被看成是“礼治”的社会、“人治”的世界，被认为是“只有刑，没有法”的时代，但从《法经》到《唐律疏议》、《大清律例》等数十部优秀成文法典的存在，充分说明了成文制定法在中国古代社会中的突出地位，唯这些成文法制所体现出的精神旨趣与现代法律文明有较大不同而已。时至20世纪初叶，随着西风东渐、东西文化交流加快，中国社会开始由古代的、传统的社会体制向近现代文明过渡，建立健全的、符合现代理性精神的法律文明体系方成为现代社会的共识。正因为如此，近代以来的数百年间，在西方、东方各主要国家里，伴随着社会变革的潮起潮落，法律改革运动也一直呈方兴未艾之势。

从历史上看，法律的文明、进步，取决于诸多的社会因素。东西方法律发展的历史均充分证明，推动法律文明进步的动力，是现实的社会生活，是政治、经济和社会文化的变迁；同时，法律内容、法律技术的发展，往往依赖于一大批法律专家以及更多的受过法律教育的社会成员的研究和推动。从这个角度看，法学教育、法学研究的发展，对于法律文明的发展进步，也有着异常重要的意义。正因为如此，法学教育和法学研究在现代国家的国民教育体系和科学研究体系中，开始占有越来越重要的位置。

中国近代意义上的法学教育和法学研究，肇始于19世纪末的晚清时代。清光绪二十一年（公元1895年）开办的天津中西学堂，首次开设法科并招收学生，虽然规模较小，但仍可以视为中国最早的近代法学教育机构（天津中西学堂后改名为北洋大学，又发展为天津大学）。三年后，中国近代著名的思想家、有"维新骄子"之称的梁启超先生即在湖南《湘报》上发表题为《论中国宜讲求法律之学》的文章，用他惯有的富有感染力的激情文字，呼唤国人重视法学，发明法学，讲求法学。梁先生是清代末年一位开风气之先的思想巨子，在他的辉煌的学术生涯中，法学并非其专攻，但他仍以敏锐的眼光，预见到了新世纪中国法学研究和法学教育的发展。数年以后，清廷在内外压力之下，被迫宣布实施"新政"，推动变法修律。以修订法律大臣沈家本为代表的一批有识之士，在近十年的变法修律过程中，在大量翻译西方法学著作，引进西方法律观念，有限度地改造中国传统的法律体制的同时，也开始推动中国早期的法学教育和法学研究。20世纪初，中国最早设立的三所大学——北洋大学、京师大学堂、山西大学堂均设有法科或法律学科目，以期"端正方向，培养通才"。1906年，应修订法律大臣沈家本、伍廷芳等人的奏请，清政府在京师正式设立中国第一所专门的法政教育机构——京师法律学堂。次年，另一所法政学堂——直属清政府学部的京师法政学堂也正式招生。这些大学法科及法律、法政学堂的设立，应该是中国历史上近代意义上的正规专门法学教育的滥觞。

自清末以来，中国的法学教育作为法律事业的一个重要组成部分，随着中国社会的曲折发展，经历了极不平坦的发展历程。在20世纪的大部分时间里，中国社会一直充斥着各种矛盾和斗争。在外敌入侵、民族危亡的沉重压力之下，中国人民为寻找适合中国国情的发展道路而花费了无穷的心力，付出过沉重的代价。从客观上看，长期的社会骚动和频繁的政治变迁曾给中国的法治与法学带来过极大的消极影响。直至70年代末期，以"文化大革命"宣告结束为标志，中国社会从政治阵痛中清醒过来，开始用理性的目光重新审视中国的过去，规划国家和社会的未来，中国由此进入长期稳定、和平发展的大好时期，以这种大的社会环境为背景，中国的法学教育也获得了前所未有的发展机遇。

从宏观上看，实行改革开放以来，经过二十多年的努力，中国的法学教育事业所取得的成就是辉煌的。首先，经过"解放思想，实事求是"思想解放运动的洗礼，在中国法学界迅速清除了极左思潮及苏联法学模式的一些消极影响，根据本国国情建设社会主义法治国家已经成为国家民族的共识，这为中国法学教育和法学研究的发展奠定了稳固的思想基础。其次，随着法学禁区的不断被打破、法学研究的逐步深入，一个较为完善的法学学科体系已经建立起来。理论法学、部门法学各学科基本形成了比较系统和成熟的理论体系和学术框架，一些随着法学研究逐渐深入而出现的法学子学科、法学边缘学科也渐次成型。1997年，国家教育主管部门和教育部高校法学学科教学指导委员会对原有专业目录进行了又一次大幅度调整，决定自1999年起法学类本科只设一个单一的法学专业，按照一个专业招生，从而使法学学科的布局更加科学和合理。同时，在充分论证的基础上，确定了法学专业本科教学的14门核心课程，加上其他必修、选修课程的配合，由此形成了一个传统与更新并重、能够适应国家和社会发展需要的教学体系。法学硕士和博士研究生及法律硕士专业学位研究生的专业设置、课程教学和培养体系也日臻完善。再次，法学教育的规模迅速扩大，层次日趋齐全，结构日臻合理。目前中国有六百余所普通高等院校设置了法律院系或法律本科专业，在校本科学生和研究生已达二十余万人。除本科生外，在一些全国知名的法律院校，法学硕士研究生、法律硕士专业学位研究生、法学博士研究生已经逐步成为培养的重点。

众所周知，法律的进步、法治的完善，是一项综合性的社会工程。一方面，现实社会关系的发展，国家政治、经济和社会生活的变化，为法律的进步、变迁提供动力，提供社会的土壤。另一方面，法学教育、法学研究的发展，直接推动法律进步的进程。同时，全民法律意识、法律素质的提高，则是实现法治国理想的关键的、决定性的因素。在社会发展、法学教育、法学研究等几个攸关法律进步的重要环节中，法学教育无疑处于核心的、基础的地位。中国法学教育过去二十多年所走过的历程令人激动，所取得的成就也足资我们自豪。随着国家的发展、社会的进步，在21世纪，我们面临着更严峻的挑战和更灿烂的前景。“建设世界一流法学教育”，任重道远。

首先，法律是建立在经济基础之上的上层建筑，以法治为研究对象的法学也就成为一门实践性很强的学科。社会生活的发展变化，势必要对法学教育、法学研究不断提出新的要求。经过二十多年的奋斗，中国改革开放的前期目标已顺利实现。但随着改革开放的逐步深入，国家和社会的一些深层次问题，比如说社会主义市场经济秩序的真正建立、国有企业制度的改革、政治体制的完善、全民道德价值的重建、环境保护和自然资源的合理利用等等，也已经开始浮现出来。这些复杂问题的解决，无疑最终都会归结到法律制度的完善上来。建立一套完善、合理的法律制度，构建理想的和谐社会，乃一项持久而庞大的社会工程，需要全民族的智慧和努力。其中的基础性工作，如理论的论证、框架的设计、具体规范的拟订、法律实施中的纠偏等等，则有赖于法学研究的不断深入，以及高素质人才特别是法律人才的养成，而培养法律人才的任务，则是法学教育的直接责任。

其次，21世纪是一个多元化的世纪。20世纪中叶发生的信息技术革命，正在极大地改变着我们的世界。现代科学技术，特别是计算机网络信息技术的发展，使传统的生活方式、思想观念发生了根本的改变，并由此引发许多人类从未面对过的问题。就法学教育而言，在21世纪所要面临的，不仅是教学内容、研究对象的多元化问题，而且还有培养对象、培养目标的多元化、教学方式的多元化等一系列问题，这些问题都需要法学界去思考、去探索。

中国人民大学法学院建立于1950年，是新中国诞生后创办的第一所正规高等法学教育机构。在半个多世纪的岁月中，中国人民大学法学院以其雄厚的学术力量、严谨求实的学风、高水平的教学质量以及丰硕的学术研究成果，在全国法学教育领域处于领先地位，并开始跻身于世界著名法学院之林。据初步统计，中国人民大学法学院已经为国家培养法学专业本科生、硕士生、博士生一万余人，培养各类成人法科学生三十余万人。经过多年的努力，中国人民大学法学院形成了较为明显的学术优势，在现职教师中，既有一批资深望重、在国内外享有盛誉的法学前辈，更有一大批在改革开放后成长起来的优秀中青年法学家。这些老中青法学专家多年来在勤奋研究法学理论的同时，也积极投身于国家的立法、司法实践，对国家法制建设贡献良多。

有鉴于此，中国人民大学法学院与中国人民大学出版社经过研究协商，决定结合中国人民大学法学院的学术优势和中国人民大学出版社的出版力量，出版一套“21世纪法学系列教材”。自1998年开始编写出版本科教材，包括按照国家教育部所确定的法学专业核心课程和其所颁布印发的《全国高等学校法学专业核心课程基本要求》而编写的14门核心课程教材，也包括法学各领域、各新兴学科教材及教学参考书和案例分析在内，到2000年12月3日在人民大会堂大礼堂召开举世瞩目的“21世纪世界百所著名大学法学院院长论坛暨中国人民大学法学院成立五十周年庆祝大会”之时，业已出版了50本作为50周年院庆献礼，到现在总共出版了80本。为了进一步适应高等法学教育发展的形势和教学改革的需要，最近中国人民大学法学院与中国人民大学出版社决定将这套教材扩大为四个系列，即：“本科生用书”、“法学研究生用书”、“法律硕士研究生用书”以及“司法考试用书”，总数将达二百多本。我们设想，本套教材的编写，将更加注意“高水准”与“适用性”的合理结合。首先，本套教材将由中国人民大学法学院具有全国影响的各学科的学术带头人领衔，约请全国高校优秀学者参加，形成学术实力强大的编写阵容。同时，在编写教材时，将注意吸收中国法学研究的最新的学术成果，注意国际学术发展的最新动向，力求使教材内容能够站在21世纪的学术前沿，反映各学科成熟的理论，体现中国法学的水平。其次，本套教材在编写时，将针对新时期学生特点，将思想性、学术性、新颖性、可读性有机结合起来，注意运用典型生动的案例、简明流畅的语言去阐释法律理论与法律制度。

我们期望并且相信，经过组织者、编写者、出版者的共同努力，这套法学教材将以其质量效应、规模效应，力求成为奉献给新世纪的精品教材，我们诚挚地祈望得到方家和广大读者的教正。

2006年7月1日

序　言

王利明

法学教育是高等教育的重要组成部分，是建设社会主义法治国家、构建社会主义和谐社会的重要基础，并居于先导性的战略地位。在我国社会转型的新世纪、新阶段，法学教育不仅要为建设高素质的法律职业共同体服务，而且要面向全社会培养大批治理国家、管理社会、发展经济的高层次法律人才。近年来，法学教育取得了长足的进步，法科数量增长很快，教育质量稳步提高，培养层次日渐完善，目前已经形成了涵盖本科生、第二学士学位生、法学硕士研究生、法律硕士研究生、法学博士研究生的完整的法学人才培养体系，接受法科教育已经成为莘莘学子的优先选择之一。随着中国法治事业的迅速发展，我们有理由相信，中国法学教育的事业大有可为，中国法学教育的前途充满光明。

教育的基本功能在于育人，在于塑造德才兼备的高素质人才。法学教育的宗旨并非培养只会机械适用法律的"工匠"，而承载着培养追求正义、知法懂法、忠于法律、廉洁自律的法律人的任务。要完成法学教育的使命，首先必须认真抓好教材建设。我始终认为，教材是实现教育功能的重要工具和媒介，法学教材不仅仅是法学知识传承的载体，而且是规范教学内容、提高教学质量的关键，对法学教育的发展有着不可估量的作用。

第一，法学教材是传授法学基本知识的工具。初学法律，既要有好的老师，又要有好的教材。正如冯友兰先生所言："学哲学的目的，是使人作为人能够成为人，而不是成为某种人。其他的学习（不是学哲学）是使人能够成为某种人，即有一定职业的人。"一套好的教材，能够高屋建瓴地展示法律的体系，能够准确简明地阐释法律的逻辑，能够深入浅出地叙述法律的精要，能够生动贴切地表达深奥的法理。所以，法学教材是学生学习法律的向导，是学生步入法律殿堂的阶梯。如果在入门之初教材就有偏颇之处，就可能误人子弟，学生日后还要花费大量时间与精力来修正已经形成的错误观念。

第二，法学教材是传播法律价值理念的载体。好的法学教材不仅要传授法学知识，更要传播法律的精神和法治的理念，例如对公平、正义的追求，尊重权利的观念。本科、研究生阶段的青年学子，正处在人生观、价值观形成的阶段，一套优秀的法学教材，对于他们价值观的塑造和健全人格的培养具有重要意义。

第三，法学教材是形成职业共同体的主要条件。建设社会主义法治国家，有赖于法律职业共同体的生成。一套好的法学教材，向法律研习者传授共同的知识，这对于培养一个接受共同的价值理念、共同的法律思维、共同的话语体系的法律共同体，具有重要的作用。

第四，法学教材是所有法律研习者的良师益友。没有好的教材，一个好的教师或可弥补教材的欠缺和不足，但对那些没有老师指导的自学者而言，教材就是老师，其重要作用是显而易见的。

长期以来，在我们的评价体系中，教材并没有获得应有的注重，对学术成果的形式优先考虑的往往是专著而非教材。在不少人的观念中，教材与创新、与学术精品甚至与学术无缘。其实，要真正写出一部好的教材，其难度之大、工作之艰辛、影响之深远，绝不低于一部优秀的专著，它甚至可以成为在几百年甚至更长的时间内发挥作用的传世之作。以查士丁尼的《法学阶梯》为例，所谓法学阶梯，即法学入门之义，就是一部教材。但它概括了罗马法的精髓，千百年来，一直是人们研习罗马法最基本的著述。日本著名学者我妻荣说过，大学教授有两大任务：一是写出自己熟悉的专业及学术领域的讲义乃至教科书；二是选择自己最有兴趣、最看重的题目，集中精力进行终生的研究。实际上，这两者是相辅相成的。写出一部好教材，必须要对相关领域形成一个完整的知识体系，还要能以深入浅出的语言将问题讲清楚、讲明白。没有编写教材的基本功，实际上也很难写出优秀的专著。当然，也只有对每一个专题都有一定研究，才能形成对这个学术领域的完整把握。

虽然近几年我国法学教育发展迅速，成绩显著，但是法学教育也面临许多挑战。各个学校的师资队伍和教学质量参差不齐，这就更需要推出更多的结构严谨、内容全面、角度各有侧重、能够适应不同需求的法学教材，为提高法学教学和人才培养质量、保障法学教育健康发展提供前提条件。

长期以来，中国人民大学法学院始终高度重视教材建设。作为新中国成立后建立的第一所正规的法学教育机构，中国人民大学法律系最早开设了社会主义法学教学课堂，编写了第一套社会主义法学讲义，培养了新中国第一批法学本科生和各学科的硕士生、博士生，产生了新中国最早的一批法学家和法律工作者。中国人民大学法律系因此被誉为“新中国法学教育的工作母机”。半个多世纪以来，中国人民大学法学院为社会主义法制建设培养了大批优秀的法律人才，并为法学事业的振兴和繁荣作出了卓越贡献，也因此成为引领中国法学教育的重镇、凝聚国内法律人才的平台和沟通中外法学交流的窗口，并在世界知名法学院行列中崭露头角。为了对中国法学教育事业作出更大的贡献，我们有义务也有责任出版一套体现我们最新研究成果的法学教材。

承蒙中国人民大学出版社的大力支持，我们组织编写了本套教材，其中包括本科生用书、法律硕士研究生用书、法学研究生用书和司法考试用书四大系列，分别面向不同层次法科教育需求。编写人员以中国人民大学法学院教师为主，反映了中国人民大学法学院整体的研究实力和学术视野。相信本套教材的出版，一定能够为新时期法学教育的繁荣发展发挥应有的作用。

是为序。

2006 年 7 月 10 日

第五版修订说明

本教材自2000年出版后，分别在2006年、2009年、2012年进行了修订。此次修订是在2012年第四版的基础上进行的。

此次修订的主要内容包括：第一，根据国际经济法的最新发展，更新了相关内容。特别是结合我国相关涉外经济立法与实践，以及我国缔结或参加的国际公约的实践，及时进行了修订。第二，删减了部分章节，保留了国际经济法最为基本与核心的内容。

参加本书撰写和修订的人员如下：

郭寿康（中国人民大学法学院教授）：导言；

赵秀文（中国人民大学法学院教授、法学博士）：第一、二、十八、十九、二十、二十一章；

韩立余（中国人民大学法学院教授、法学博士）：第三、四、五、六、七章；

尹立（中国人民大学法学院教授、法学硕士）：第八章；

谢菁菁（国际关系学院法律系副教授、法学博士）：第九、十、十一、十二章；

董安生（中国人民大学法学院教授、法学博士）：第十三、十四章；

胡天龙（中国人民大学法学院副教授、法学博士）：第十五、十六、十七章。

全书由赵秀文统一审校、修订定稿。

赵秀文

2015年5月27日

编写说明

国际经济法是近年来发展起来的调整国际经济关系的新兴法学学科，在我国则是伴随着对内搞活经济和对外实行开放政策的脚步而发展起来的。我国第一本公开出版发行的国际经济法专著就是由我院已故的刘丁教授撰写、中国人民大学出版社于1984年出版的。刘丁教授为我国的国际经济法的教学与研究作了开拓性的工作。十几年过去了，国际和国内经济关系及相关的立法所发生的重大变化，极大地丰富了国际经济法的内容。正因为如此，有关国际经济法的论著也像雨后春笋般地涌现出来，对国际经济法的研究也在不断的深入。

为了适应我国高等院校国际经济法的教学与研究的需要，以中国人民大学国际法教研室为主的一些长期从事国际经济法教学与研究的中青年教师，集体编写了这本教材。本教材力求阐明国际经济法的基本理论，并使之密切结合我国开展对外贸易和国际经济技术合作的实践，反映我国涉外经济立法与实践及国际立法与实践的最新发展动向。本书比较系统地论述了国际经济贸易交易中所涉及的各种主要法律问题，包括国际贸易、国际投资、国际金融、国际税收及国际经济贸易争议解决等法律问题。书中引用的资料，一般均截至1999年6月。

本教材中的各位作者，虽尽心尽力，但由于学力的限制，不妥之处仍在所难免，敬请读者惠予指正。

参加本书编写的有（按撰写章节顺序）：

赵秀文（中国人民大学法学院教授、国际法教研室主任）：第一、二十、二十一、二十二、二十三章。

熊涛（中国人民大学法学院教师、法学硕士）：第二章、第九章第四节。

韩立余（中国人民大学法学院讲师、法学硕士）：第三、四、五、六、七、八章。

尹立（中国人民大学法学院副教授、法学硕士）：第九章第一、二、三节。

汤树梅（中国人民大学法学院副教授、法学博士）：第十、十一、十二、十三章。

董安生（中国人民大学法学院教授、法学博士）：第十四、十五章。

张晓东（中南政法学院教授、比较法研究中心主任）：第十六、十七、十八、十九章。

全书由主编、副主编统一审校修改定稿。

编著者

1999年10月

目　录

第三编　国际投资法

第四编　国际货币金融法

第五编　国际税法

第六编　国际经济贸易争议解决法律制度

导 言

一、国际经济法课程的孕育、诞生和发展

从清末变法以来，一直到党的十一届三中全会实行以经济建设为中心和改革开放政策，在这一段漫长的岁月中，法学领域里从未听说过有国际经济法这样的课程，也没有在文献中见到过“国际经济法”这个术语。

十一届三中全会以后贯彻实行改革开放方针，对外经贸合作逐步展开，涉外法律法规逐步颁布施行，学术界也开始参加这方面的国际活动和修订国际经贸方面的条约、公约的工作。尤其是1979年7月8日颁布《中华人民共和国中外合资经营企业法》后，陆续制定了一些涉外法律法规，冲破了法学方面的许多“禁区”，形势发生了很大变化。本来，国际私法这门课程传统上就是讲冲突法，英国 A. V. Dicey 的名著就名为《冲突法》。美国相应课程既包括国际私法冲突也包括各州之间的法律冲突，所以通常都名为“冲突法”。国际私法究竟是国际法还是国内法，是私法还是公法，国内外学者争论很大。记得笔者在20世纪40年代听老前辈唐纪翔（嘉甫）先生的国际私法课程时，他第一句话就说：“国际私法者，国内公法也。”将调整涉外和国际民商事关系的条约和实体法放在国际私法课程中是否妥当，还需要进一步研究探索。到80年代初，调整涉外和国际民商事关系的实体法不断增加，而真正属于冲突规范的法律法规却还很少。直到1985年颁布《中华人民共和国涉外经济合同法》和1986年颁布《中华人民共和国民法通则》才打破了“适用外国法”这一“禁区”，正式有了我国的冲突规范。在这种情况下，把《中华人民共和国中外合资经营企业法》等数量日益增多的调整涉外和国际民商事关系的实体规范纳入国际私法课程中，颇有喧宾夺主、名不副实之感。也就是在这个时候，中央一些领导人的文章和讲话中开始出现经济法，这给我们很大启发。中国人民大学法律系的几位老教师开始酝酿是否可以将大国际私法的课程分为国际经济法和国际私法两门课来讲，国际私法主要讲冲突法，而国际经济法则侧重于国际统一实体规范的教学。于是我们分工合作，1981年10月迅速完成了国际私法和国际经济法的教案编写工作，其中国际经济法油印出版，国际私法铅印出版，作为中国人民大学学生的校内用书。因此，中国人民大学自1978年复校以来，在全国率先将国际经济法和国际私法的教学区别开来。在南方，差不多同时，姚梅镇、周子亚、陈安等先生也开始提出和研究国际经济法，筹办了培训班。稍后，武汉大学以姚梅镇教授为首的教学集体，厦门大学以陈安教授为中心的教学集体，华东政法学院曹建明教授领导下的

教学集体以及北京大学、中国政法大学、对外经贸大学等高等院校，陆续出版了一些国际经济法教材与专著，有些法学院校还设立了独立的国际经济法系或研究所。后来有些院校又将国际经济法与国际公法、国际私法合并为国际法学一门专业，但也有不同意见。[①] 将三门课程归并为国际法一门课程的，在法律高等院校中，还没看到。1987 年在姚梅镇教授和其他一些专家学者的积极努力下，成立了中国历史上第一个全国性的国际经济法学术团体——中国国际经济法学会，还出版了《国际经济法论丛》(后改名为《国际经济法学刊》)。曹建明教授还两次登上中南海的讲堂，为中央领导同志讲授国际经济法方面的专题。中国加入世界贸易组织（国际经济法特别是其中的国际贸易法的一个重大课题）一直是法律工作者以及全国人民关心的问题。2005 年，在中国法学会下设立了国际经济法学研究会，由沈四宝教授主持。总之，三十多年来，国际经济法这门课程和学科，从无到有，取得了令人瞩目的发展。

不必讳言，中国近现代法学教育及课程设置，如宪法、行政法、民法、民事诉讼法、刑法、刑事诉讼法、公司法、票据法、保险法、海商法以及国际公法、国际私法等，绝大多数都是从国外引进或受到西方国家和日本的重大影响。有意思的是，国际经济法这门原本应该是“洋气十足”的课程，在中国倒是适应改革开放的需要而自己摸索建立起来的，不是简单从外国“引进”的。以后了解到，外国也有国际经济法的教材和专著，但国外的法律院校在很长一段时间很少用这个名称开设课程，直到近年，西方国家才越来越多地出现国际经济法的著作、课程、机构和刊物。

譬如说，以美国为例，乔治城大学法学院于 1999 年 8 月成立了“国际经济法研究所”(The Institute of International Economic Laws，简称 IIEL)，由著名的 John H. Jackson 任所长。Jackson 教授在受聘担任中国人民大学名誉教授的演说中提到该研究所进行了广泛研究活动，取得很大成绩。在国际领域，一些专家在 2006 年 11 月于美国布雷顿森林召开的一次会议上提出建立国际经济法方面的全球性组织的倡议，于 2008 年 7 月 15 日至 17 日在日内瓦成立了“国际经济法学会”(The Society of International Economic Laws，简称 SIEL)。

二、国际经济法的概念、学说和调整范围

国际经济法，作为一个独立的法律部门、学科和课程，为时不久。学者们的看法并不一致，甚至相差甚远。各种独立的法律部门，一般都可以一开始就提出该学科的概念，如民法是调整平等主体之间的财产关系和人身关系的法律规范的总和。[②] 尽管在表述上可能会有所差异，但在基本认识上是一致的。但是，对国际经济法的概念，不同的观点间存在着很大的不同。不先把这些不同的看法讲清楚，就难以提出一个国际经济法的总的概念。

按照英国著名学者施米托夫的说法，“国际商法”在中世纪就出现了。“它是以商人习惯法的形式出现的，即事实上支配那些往返于商业交易所在的文明世界的各港口、集市之间的国际

① 参见韩德培教授：《论国际公法、国际私法与国际经济法的合并问题——兼评新版〈授予学位和培养研究生的学科、专业目录〉中有关法学部分的修订问题》，载陈安主编：《国际经济法论丛》，第 1 卷，1～8 页，北京，法律出版社，1998。

② 参见《中华人民共和国民法通则》第 2 条。

商业界普遍适用的国际习惯法规则。"[①] 也有人将国际经济法产生的时间推到更早，甚至一直到公元纪元以前。[②] 历史上进入了资本主义，特别是19世纪后期和20世纪前期，国际经济贸易交往发展很快，规模也越来越大。相应的，国际经贸方面的条约、国内立法和国际惯例也大量增加。有些影响较大，甚至到现在以至将来仍然将发挥着重要作用，其中包括《保护工业产权巴黎公约》(1883，后经多次修订)，《保护文学艺术作品伯尔尼公约》(1886，后经多次修订)，《商标国际注册马德里协定》(1891，后经多次修订，还颁布了《商标国际注册马德里协定实施细则》并经多次修订，1989年又签订了《商标国际注册马德里协定有关议定书》)，《关于船舶碰撞统一法律规定的国际公约》(1910)，《关于海上救助和捞救统一法律规定的国际公约》(1910)，《关于提单统一法律规定的国际公约》(1924，简称《海牙规则》)，《关于国际航空运输统一法律规定的公约》(1929，简称《华沙公约》)，《统一汇票、本票法公约》(1930)，以及《统一支票法公约》(1931) 等。国际贸易方面的重要惯例经国际商会整理于1936年首次颁布，名称为《国际贸易术语解释通则》(International Rules for the Interpretation of Trade Terms，简称Incoterms，最新的修订本已于2011年1月1日起生效)。国际法协会也于1932年制定了《华沙—牛津规则》，沿用至今。与此同时，国际统一私法协会制定了《国际商事合同通则》(1994，2004)。

第二次世界大战以来，国际经贸领域的双边和多边条约、国际组织的决议以及有关的国家立法大量涌现。有的西方学者认为这些规范构成国际经济法的组成部分[③]，并将年代追溯到第二次世界大战后期，也是有道理的。[④] 第二次世界大战结束前夕，在美国的积极策动下，45个国家于1944年7月在美国新罕布什尔州布雷顿森林签订了《国际货币基金协定》和《国际复兴开发银行协定》。第二年正式成立了国际货币基金组织和世界银行，形成了"布雷顿森林体系"(Bretton Woods System)。1947年10月，23个国家又在瑞士日内瓦签订了《关税与贸易总协定》。这三项协定成为战后世界经济，特别是资本主义各国经济的三大支柱。然后，随着大批前殖民地和附属国家取得主权独立，要求改变符合西方发达国家利益的世界经济旧秩序，建立合理的世界经济新秩序的呼声，逐渐响亮地震撼国际舞台。

20世纪60年代这方面的重大事件，包括联合国大会于1962年12月通过了《关于自然资源永久主权宣言》和1964年3月在日内瓦召开了第1届联合国贸易与发展会议，后来还被确认为联合国的常设机构，全名为United Nations Conference on Trade and Development，简称为UNCTAD。前者承认一切国家对其境内的全部自然资源都享有不可剥夺的永久主权，引进开发自然资源的外国资产，必须遵守东道国的法律，服从东道国的司法管辖，在一定条件下东道国政府有权对外国投资实行国有化和征用。后者在发展中国家推动下，逐步制定了有利于发展中国家的调整国际经济关系的一些新的规范，打破了发达国家在形成调整国际经贸关系的条约和规范方面包揽一切的局面。

---

① [英] 施米托夫著，赵秀文译，郭寿康审校：《国际贸易法文选》，4页，北京，中国大百科全书出版社，1993。

② 参见曹建明、陈治东主编：《国际经济法专论》，第1卷，55页以下，北京，法律出版社，2000；陈安主编：《国际经济法学专论》(上编 总论)，25页以下，北京，高等教育出版社，2002。

③ 参见Philip Kunig，Niels Lau，Werner Meng编：《国际经济法·基本文件》，XI页，1993年英文第二版；P. Verloren Van Themat：《国际经济法变化中的结构》，1981年英文版。

④ 参见Philip Kunig，Niels Lau，Werner Meng编：《国际经济法·基本文件》，XII页，1993年英文第二版。

20世纪70年代，发展中国家要求改变国际经济旧秩序，建立国家经济新秩序的呼声更加高涨。在以77国集团为代表的发展中国家的倡议和积极努力下，在中国和其他国家的支持下，联合国第6届特别会议于1974年5月通过了《建立新国际经济秩序宣言》和《建立新国际经济秩序行动纲领》。同年12月12日，联合国大会又通过了《各国经济权利与义务宪章》。这种种努力和活动，当然遭到了旧经济秩序的维护者和既得利益者，特别是霸权主义者的抵制和反对。

与此同时，联合国、有关国际组织以及许多国家间，陆续制定了大量的调整国际经济贸易关系的公约和规范性文件。其中重要的有《关于国际货物销售统一法公约》(1964)、《关于国际货物销售合同成立统一法公约》(1964)、《国际货物销售时效期限公约》(1974)、《联合国国际货物销售合同公约》(1980)、《联合国海上货物运输公约》(1978，简称《汉堡规则》)、《联合国国际货物多式联运公约》(1980)、《联合国国际汇票和本票公约》(1988)、《解决国家与他国国民之间投资争端公约》(1965)、《多边投资担保机构公约》(1985，简称《汉城公约》)、《承认与执行外国仲裁裁决公约》(1958，简称《纽约公约》)等。此外，还有属于国际惯例方面的《国际贸易术语解释通则》(Incoterms 1980，Incoterms 1990，Incoterms 2000，Incoterms 2010)、《跟单信用证统一惯例600号》(2006)以及具有示范性质的《国际商事合同通则》(1994，2004)和联合国国际贸易法委员会《电子商务示范法》(1996)等。

正是在第二次世界大战结束以后，国际经济贸易方面的公约、惯例、国内立法、规范性文件以及法院案例大量涌现，学术界教学与研究工作为适应实践发展的需要也逐步发展起来。据资料记载，早在1948年英国伦敦大学就设置了国际经济法这门课程。[①] 后来，西方一些国家也陆续出版了国际经济法以及虽然不用国际经济法这一名称但实际上是讲这方面内容，如“跨国法”、“跨国经济法”以及“国际经济关系的法律问题”等的教材和专著。在国际经济法的研究过程中逐渐形成了两种截然不同的学说——“狭义说”与“广义说”。

“狭义说”，也可以叫做“国际法分支说”。主张狭义说的学者几乎都是从事国际公法教学与研究工作的。他们认为，国际经济法是国际公法的分支，虽然传统的国际公法主要调整国家之间的政治、外交、军事等非经济关系，不直接涉及国家之间的经济关系。像从荷兰的格劳秀斯到英国的奥本海的早期著作中，都基本上没涉及国际经济问题。西方主张“狭义说”的学者与中国主张“狭义说”的学者都认为，作为国际法分支的国际经济法是调整国家之间、国际组织之间以及国家与国际组织之间经济关系的法律规范。因而，国际经济法的主体是国家和国际组织，不包括个人。在市场经济条件下，国家和国际组织很少亲自参与国际贸易等方面的关系，从而狭义国际经济法调整的国际经济关系也相应窄得多。主张“狭义说”的学者有英国的施瓦曾伯格、福克斯，法国的卡罗、朱伊亚尔和弗洛里，美国的沙赫特、亨金，德国的霍亨维尔登、艾尔勒，荷兰的范台玛(Verloren Van Themat)。我国学者史久镛和汪渲也主张“狭义说”。譬如，施瓦曾伯格讲：“国际经济法是国际公法的一个分支；它涉及自然资源的所有权与开发、货物的生产与销售、经济或金融性质的无形国际交易、通货与金融、有关服务和从事这些活动者的地位与组织。”[②] 福克斯认为，国际经济法可以定义为调整国家、国际组织和其他

① 参见周忠海：《国际经济关系中的法律问题》，7页，北京，中国政法大学出版社，1993；曾华群：《国际经济法导论》，22页，北京，法律出版社，1997。

② [英] G. 施瓦曾伯格：《世界经济秩序》，4页，1970年英文版。

国际机构（international means）相互间经济关系的法律。[1] 美国的沙赫特认为，"国际经济法广义来说，是指国家间经济关系的法律规则与程序"[2]。德国的霍亨维尔登认为，"国际经济法是指国际公法上那些直接关系到国际法主体之间的经济交往的规则"，它"仅是整个国际公法学科的一部分，但这是重要的部分"[3]。荷兰的范台玛认为，国际经济法是"关于跨国经济关系的国际公法（直接或间接地基于条约）的全部规范"[4]。史久镛先生所给的定义是，"国际经济法是国际公法的一个分支，它是国际经济秩序的法律方面，反映国际经济关系的法律秩序，其具体范围是与国际经济法活动的内容相符合的"[5]。

"广义说"，也可以称为"独立法律部门说"。主张"广义说"的学者，不同意把国际经济法仅限于调整国家和/或国际组织相互之间的经济关系，从而也不同意将国际经济法只看作是国际公法的一个分支。战后国际经济关系与相应的法律规范迅速发展。在和平时期，发展经济已成为各个主权国家面临的极其重要的任务。而世界经济的一体化和各国之间的经济交往与合作，也以空前的规模不断发展。在市场经济的条件下，各个国家的私人和公司积极参与国际经济贸易交往，占有非常重要的地位，此外，国家、国际组织也不享受豁免权地参与贸易和投资活动，在主体身份上它们同一般法人相同。而"狭义说"只将国家和国际组织作为国际经济法的主体，将个人和公司排除在外，那么大量存在且日益发展的调整私人和公司之间经济贸易的国际实体规范，从理论上讲，既不能纳入国内法，也不能包括在主要属于国际私法以及"狭义说"所主张的仅调整国家和/或国际组织之间经济关系的国际经济法中，则这一数量庞大且极其重要的国际经济关系及相应的法律规范岂不是无所归属了吗？这是人们不能不考虑的现实。"广义说"正是基于这种情况，把不同国家间的个人、法人以及国家和国际组织之间的经济关系都纳入国际经济法调整的范围，打破传统公法与私法的界限，把国际经济法看成是独立的新兴的法律部门。

国外主张"广义说"的代表人物，包括德国的哈姆斯（B. Harms）、彼特斯曼（E. U. Petersmann），美国的杰塞普、斯泰特、瓦茨、杰克逊、洛文费尔德以及日本的樱井雅夫和小原喜雄等。在这些主张广义说的学者之中，有些虽然没有使用国际经济法这一名称，而是使用跨国法、跨国法律等术语，但其实质上的含义是相同的。譬如，德国的彼特斯曼提出"国际经济的法律"（the law of the international economy），以区别于"经济的国际法"（the international law of the economy）。他认为国际经济的法律是"世界经济的民间、国家和国际规则的功能统一体"（a functional unity of the private, national and international regulations of the world economy）[6]。美国哈佛大学的斯泰特和瓦茨在惠赠给笔者的1986年版《跨国法律问题》（Transnational Legal Problems）中，把调整不同国籍私人间的投资、贸易法律关系的问题都包

---

① 参见《国际经济法与发展中国家》，载［英］福克斯主编：《国际经济法系列丛书》，第2卷，22页，1992年英文版。

② ［美］沙赫特：《国际法理论与实践》，300页，1991年英文版。

③ ［德］霍亨维尔登：《国际经济法》，载《海牙国际法学院讲演集》，第2册，1页，1986年英文版。

④ ［荷］Verloren Van Themat：《国际经济法变化中的结构》，9页，1981年英文版。这一定义为C. Parry和J. Grant于1986年出版的《国际法百科辞典》（英文版）所引用。

⑤ 史久镛：《论国际经济法的概念和范围》，载《中国国际法年刊》，372页，1983。

⑥ ［英］福克斯主编：《国际经济法与发展中国家——导论》，第2卷，13页，1992年英文版。

括在内。[①] 纽约大学的洛文费尔德在其多卷的系列教材中，将“国际私人贸易”和“国际私人投资”都以单独一卷出版。[②] 美国的法学院大多设有“国际商务交往”（International Business Transaction，简称 IBT）课程，其内容与广义国际经济法大体相当。[③] 我国讲授与研究国际经济法的学者及其出版物大多数均主张广义说。[④] 本书作者也持这种观点。

国际经济法，作为一个独立的法律部门，可以理解为：调整不同国家的个人、法人、国家以及国际组织间被国家管理、管制的跨国财产流转关系的国际法和国内法的规范总和。[⑤]

虽然“广义说”与“狭义说”之间的争论仍然在进行，一些从事国际公法研究的学者还反对将国际经济法作为一个独立的法律部门，包括这么广泛的领域。国际经济法是一门新兴学科，尚待逐步完善与充实。不同意见的交流、讨论，甚至激烈的争论，对这门新兴学科的建立大有裨益。在我国，将国际经济法作为一个独立的法律部门，一个重要理由就是适应改革开放的需要。我国日益广泛地参与国际经济贸易关系，在国际贸易总量方面居世界第三位，在引进外资方面好几年仅次于美国而居世界第二位。把调整如此大量而复杂的国际经济关系的规范，纳入国际公法不合适，纳入国际私法也不合适，纳入国内法更不合适。建立国际经济法这一门新兴学科，看来是一个可行的举措，已为日益众多的学者所接受。[⑥]

随着国际经济法的发展和研究的深入，国际经济法也逐渐形成了许多分支。各个分支也陆续建立了单独的课程，主要有国际贸易法、国际投资法、国际金融法、国际税法、国际经济组织法、国际海商法、国际民事诉讼法和国际商事仲裁法等，包括调整国际经济关系的实体法规范和程序法规范。[⑦]

---

① 参见［美］斯泰特、瓦茨：《跨国法律问题》，序言，19～20 页，1986 年英文版。

② 洛文费尔德于 1976 年至 1979 年间主持编写了六卷本的《国际经济法》教材，影响颇大。1985 年出第二版。1996 年又开始出第三版。

③ R. H. Folson，M. W. Gordon 与 J. A. Spanogle 合著的 International Business Transaction，被美国许多法学院用做教材。

④ 刘丁、姚梅镇、陈安、曹建明、余劲松等教授编写的国际经济法教材，均采广义说。

⑤ 参见陈安：《国际经济法学刍言》，上卷，3 页以下，北京，北京大学出版社，2005。

⑥ 争论总是会有的，这也有利于学科的发展和进步。即使主张“广义说”的学者，也会在某些问题上有不同看法。譬如，有的著作将国际经济法定义为“调整自然人、法人、国家和国际组织在国际经济交往中所形成的各种法律关系的国内法规范和国际法规范的总称”（曹建明主编：《国际经济法学》，3 页，北京，中国政法大学出版社，1999）。在笔者看来，调整“在国际经济交往中所形成的各种法律关系”，似乎范围太宽。“法律关系”是法律调整社会关系而产生的权利义务关系，而不好说这种权利义务关系再一次被法律规范调整。总之，这样的提法值得推敲。但是，这属于讨论、争鸣的范畴，总会有益于学科的建设，也不必强求一致。

⑦ 国内外也有一些著作把属于冲突法的国际私法，部分地或全部地纳入国际经济法的范畴。譬如，美国的杰克逊和戴维于 1986 年出版的《国际经济关系的法律问题》一书的第二版就把国际贸易交往法分为三个层次，而将法律冲突（国际私法）放在第一个层次里（见该书第 4 页）。我国学者曾华群教授在其《国际经济法导论》一书中明确表明：以冲突规范为主要内容的国际私法，可进一步划分为用于调整涉外经济关系和调整涉外人身关系的冲突规范。前者属于国际经济法的范围（见该书第 51 页）。本书作者认为这一观点值得商榷。国际私法中大部分内容是用于调整含有涉外因素的经济关系的规范。调整含有涉外因素的人身关系的规范，如行为能力、婚姻等方面的冲突规范，只占国际私法的很少部分。把调整涉外经济关系的冲突规范也纳入国际经济法，就等于把国际私法的大部分纳入国际经济法，国际私法也就不再单独存在了。这种由国际经济法“吞下”起码是大部分国际私法内容的做法，就如同“大国际私法”“吞下”“国际经济法”的做法一样，有些过于膨胀了。此外，这也不符合国际上通常都承认国际私法的惯常做法。

三、国际经济法的基本原则

国际经济法的基本原则，是指对国际经济法全部规范都有普遍指导意义，适用于国际经济法所有领域并为国际社会所普遍接受的原则。应该说，这些基本原则对于国际经济法规范的制定、理解和运用都具有重要的意义。然而，由于各国经济状况的差异和所处经济发展阶段的不同，对国际经济法基本原则的认识和理解也有很大区别。从联合国大会一致通过或压倒多数通过的文件中，人们可以看到这些基本原则已被全体成员国或绝大多数成员国所承认。属于这一类的联合国文件有：联合国大会第6届特别会议于1974年5月一致通过的《建立新国际经济秩序宣言》和《建立新国际经济秩序行动纲领》，以及联合国大会于1974年12月12日以压倒多数通过的《各国经济权利与义务宪章》。[①] 此外，像国际法协会于1986年8月在汉城召开的第62届大会的报告中所提出的调整国际经济关系的9项原则等，也是值得人们注意的重要文件。从上述这些文件中，我们可以归纳出国际经济法的以下几项基本原则[②]：

（一）国家主权原则[③]

联合国宪章的宗旨与原则中就规定了各会员国主权平等原则。旧金山制宪会议上第一委员会所提交的报告中将这项原则解释为“国家都享有完全主权的固有权利”。

1962年12月14日联合国大会通过的《关于自然资源永久主权宣言》（第1803号决议）中就宣告：“各国必须根据主权平等原则，互相尊重，以促进各民族和各国自由有利行使其对自然资源之主权”；“侵犯各民族及各国对其自然与资源的主权，即系违反联合国宪章的精神与原则，且妨碍国际合作的发展与和平的维持”。

《建立新国际经济秩序宣言》中规定：“各国对本国的自然资源以及一切经济活动拥有完整的、永久的主权……这种权利是国家享有完整的永久主权的一种体现。任何国家都不应遭受经济、政治或其他形式的胁迫，阻挠它自由充分地行使这一不可让渡的权利。”这里应该强调的是，各国对一切经济活动拥有完整的、永久的主权。《各国经济权利与义务宪章》中也规定：各国对本国的全部财富、自然资源以及全部经济活动，都享有并且可以自由行使完整的、永久的主权，其中包括占有、使用和处置的权利。

正是基于国家经济主权的原理，《各国经济权利与义务宪章》规定：各国有权“将外国财产的所有权收归国有、征收或转移。在收归国有、征收或转移时，应由采取此种措施的国家给予适当的赔偿”。然而，霸权主义国家对于前殖民地、附属国以及一些发展中国家实行的国有化、征收等措施，极力反对，但它们也不得不承认这种措施是基于国家经济主权的合法行为。至于是“合理补偿”，还是“充分、及时、有效的补偿”，争论十分激烈。后面讲到国际投资法部分还要进行比较详细的剖析。

---

① 对《各国经济权利与义务宪章》投反对票的6个国家是：比利时、丹麦、联邦德国、卢森堡、英国和美国；投弃权票的10个国家是：奥地利、加拿大、法国、爱尔兰、以色列、意大利、日本、荷兰、挪威和西班牙。

② 不同分析意见参见熊建明：《重构国际经济法基本原则体系之理由和尝试》，载《比较法研究》，2008（2）。

③ 参见陈安：《国际经济法学刍言》，上卷，89页以下，北京，北京大学出版社，2005。

（二）公平、平等、互利原则

《建立新国际经济秩序宣言》序言指出，新国际经济秩序“应该建立在一切国家待遇公平（equity）……的基础上”。《各国经济权利与义务宪章》也宣告其基本宗旨（fundamental purpose）是“促进建立以一切国家待遇公平（equity）、主权平等、共同受益和协力合作为基础的国际经济新秩序”。

什么是公平？这是一个涉及意识形态的问题。不同的国家由于经济上的差异和所处经济发展的阶段不同，认识上会有很大区别。从广大发展中国家的切身利益出发，包括发达国家在内的许多有识之士都会认为逐步缩小以至消除发展中国家与发达国家之间的贫富悬殊状态，给予发展中国家以一定的优惠待遇和普惠制待遇，是公平的。而一些死抱住旧国际经济秩序不放的人，则片面强调贸易自由化、市场准入，只顾自己发财，不管别人死活的做法，显然是不公正的。

平等互利是中国倡导的和平共处五项原则之一。基于国家主权原则，国家不分大小、强弱和贫富，在国际经济法面前一律平等。大国、强国、富国不能以大压小，以强凌弱，以富欺贫。《各国经济权利与义务宪章》规定的“国际经济关系的基本准则”中，就包括“一切国家主权平等”和“公平互利”。只有平等才能互利，不公平就谈不上什么互利。宗主国同殖民地、附属国之间没有平等可言，也就谈不上什么互利。同时，也只有互利才能达到真正的平等。形式上的平等，一方攫取大量利益而另一方却遭受严重经济损失，也就不是真正的平等。此外，互利也不能仅从眼前来看，还要从长远来看，对发展中国家给予一定的优惠待遇和普惠制待遇，绝不是什么恩赐。发展中国家逐步摆脱经济困难，生产有所发展，生活有所改善，发达国家才能够面对有购买力的市场，推销商品，取得利润。杀鸡取卵、竭泽而渔的做法，从长远来看，对己也并非有利。明智人士将会认真考虑，以取得双赢，即互利。

（三）国际合作发展原则

和平与发展是人类当前面临的两大基本问题。发展权是人权的一个重要组成部分。联合国大会于1986年通过了《发展权利宣言》，其中指出发展权是一项不容剥夺的人权。在通过这个宣言时，压倒多数的146个国家投赞成票，8个发达国家投弃权票，投反对票的只有美国。著名的国际法专家、曾经担任过国际法院院长的纳格德拉·辛格法官认为该宣言“不容置疑地确认发展权利是一项公认的国际法原则”①。

要发展经济，改善和提高人民生活，从外部条件来说，必须开展国际经济合作。历史证明，一个国家闭关自守，不与别国开展经济合作与交流，是很难发展经济的。《各国经济权利与义务宪章》中规定：国家合作以谋发展是所有国家的一致目标和共同义务，各个国家都应对发展中国家的努力给予合作，提供有利的外界条件，给予符合其发展需要和发展目标的积极协助，要严格尊重各国的主权平等，不附带任何有损它们主权的条件，以加速它们的经济和社会发展。所有国家有责任在经济、社会、文化、科学和技术领域进行合作，以促进全世界，特别是发展中国家的经济发展和社会进步。《关于各国依联合国宪章建立友好关系与合作的国际法

---

① 曾华群：《国际经济法导论》，211页，北京，法律出版社，1997。

原则宣言》强调了各国间相互合作的义务，指出各国不论在政治、经济及社会制度上有何差异，均有义务在国际关系各方面彼此合作。各国应在促进全世界尤其是发展中国家的经济增长方面彼此合作。

要实现发展权，谋求发展经济和改善人民生活，就需要开展国际合作与交流，互通有无，在合作与竞争的过程中实现优势互补。而开展国际合作又需要以互相尊重国家主权，贯彻公正、平等、互利原则为基础，否则也就实现不了国际合作；即使勉强建立了合作关系，也是维持不下去的。从这个角度来看，国家经济主权原则，公正、平等、互利原则和国际合作发展原则是紧密联系、不可分割的。如上所述，对于国际经济法的基本原则及其包含的内容，看法可能并不一致，但是应该说，对于我们上面所谈到的几个基本原则，各国至少是大多数国家已经取得了共识。

四、国际经济法的渊源

如前所述，笔者认为国际经济法既包括国际法规范，也包括国内法规范。因而，这里所谈到的国际经济法渊源，将涉及国际经济条约、国际惯例、国际组织决议和规范性文件、国内涉外经济立法以及法院判决和学说等问题。

（一）国际经济条约

国际经济条约是国家、国际组织间所缔结的调整其经济关系中权利与义务的国际协议。国际经济条约对缔约国有拘束力，适用“条约必须遵守”（pacta sunt servanda）这一国际法原则，从而是国际经济法的重要渊源。

重要的多边造法性国际经济条约有：《国际货币基金协定》(1944)、《国际复兴开发银行协定》(1944)、《建立世界贸易组织的马拉喀什协议》(1994)、《联合国国际货物销售合同公约》(1980)、《关于提单统一法律规定的国际公约》(1924)、《联合国海上货物运输公约》(1978)、《联合国国际货物多式联运公约》(1980)、《统一汇票、本票法公约》(1930)、《统一支票法公约》(1931)、《保护工业产权巴黎公约》(1883)、《保护文学艺术作品伯尔尼公约》(1886)、《解决国家与他国国民之间投资争端公约》(1965)、《多边投资担保机构公约》(1985)以及《承认与执行外国仲裁裁决公约》(1958)等。

此外，还有大量区域性的多边国际经济条约和双边国际经济条约。

对于国际经济条约在国内的法律效力，各国规定不同，大致可分为两种情况：一种是无须任何手续，批准或加入的国际经济条约自动在国内生效（self-executing），另一种是批准或加入的国际经济条约必须以国内法形式公布以后才生效。

我国《民法通则》第142条第2款规定：中华人民共和国缔结或者参加的国际条约同中华人民共和国的民事法律有不同规定的，适用国际条约的规定，但中华人民共和国声明保留的除外。我国在加入世界贸易组织（WTO）前后，学术界深入讨论了这个问题，意见不一致；我国宪法中也没有明确规定。笔者认为，WTO协议并不要求成员方直接适用WTO各项协议。《建立世界贸易组织的马拉喀什协议》第16条第4款规定：“每一成员应保证其法律、法规和行政程序与所附各协定对其规定的义务相一致。”笔者认为，非直接适用，亦即“转化为国内法”适用是比较适当的。[①] 我国“入世”前，大量法律、法规的立、改、废就体现出这种精神。

（二）国际惯例

国际惯例指在国际交往中经过长期实践、使用而逐渐形成的习惯性的行为规范。《国际法院规约》第 38 条第 1 款第 2 项规定，国际法的渊源之一为“国际习惯，作为通例之证明而经接受为法律者”（international custom，as evidence of a general practice accepted as law）。学界通常都承认经国家承认或接受为法律的国际惯例是国际经济法的渊源。

一些重要的国际条约和国内立法都承认国际经贸惯例的规范性和拘束力。《联合国国际货物销售合同公约》第 9 条规定：（1）双方当事人已同意的任何惯例和他们之间确立的任何习惯做法，对双方当事人均有拘束力。（2）除非另有协议，双方当事人应视为已默示地同意对他们合同的订立适用双方当事人已知道或理应知道的惯例，而这种惯例，在国际经贸上已为有关特定贸易所涉同类合同的当事人广泛知道并为他们所经常遵守。我国《民法通则》第 142 条第 3 款规定：中华人民共和国法律和中华人民共和国缔结或者参加的国际条约没有规定的，可以适用国际惯例。

这里需要指出，我国 1985 年 7 月 1 日起施行的《涉外经济合同法》第 5 条第 3 款也规定了“中华人民共和国法律未作规定的，可以适用国际惯例”；统一的《合同法》于 1999 年 10 月 1 日施行后，《涉外经济合同法》同时废止。而《合同法》中的相应条文（第 126 条）却删去“法律未作规定的，可以适用国际惯例”的内容，这是否意味着国际惯例已不再是解决涉外合同的法律渊源呢？回答是否定的。这是因为原《涉外经济合同法》是 1985 年颁布的，而《民法通则》是 1986 年颁布的，所以，《涉外经济合同法》就有必要包括适用国际惯例的条款。而颁布施行统一《合同法》时，《民法通则》中已有适用国际惯例的规定，涵盖了涉外经济合同事项，因此统一《合同法》中也就没有必要简单重复了。

某些非政府国际组织，如国际商会将一些国际经贸惯例编纂成文，形成《国际贸易术语解释通则》、《跟单信用证统一惯例》、《托收统一规则》以及《不可抗力与艰难情势规则》等，为国际经贸界所广泛接受，影响很大。

（三）国际组织决议和规范性文件

国际组织决议和规范性文件，指国际组织尤其是世界性国际组织按照其宪章、章程规定的法定程序所制定的规范成员国之间权利义务关系的决议和法定文件。国际组织中由各成员国参加的最高权力机构，讨论其职权范围内的事项而通过的决议和制定的规范性文件，也是国际经济法的渊源。

对于联合国大会所通过的决议的效力，学术界存在不同的意见。按《联合国宪章》的规定，联合国大会的职权只限于讨论和建议，除涉及联合国内部事务的决议外，联合国大会决议都属于建议性质，因而不具有法律拘束力。也有学者认为，联合国大会决议至多属于尚未成熟到法律程度、不拥有制裁手段、只能施加舆论压力的“软法”（softlaw）。但随着联合国实践的发展，国际法学界有越来越多的学者趋向于承认联合国大会决议的法律意义。当然，这也要具

---

① 参见曹建明主编：《WTO 与中国的司法审判》，250 页以下，北京，法律出版社，2001。

体分析。只具有建议性质以及仅对具体事项作出的决议，不能说具有普遍性的法律意义。但是，其中含有宣告国际法原则与规范内容的决议，应认为具有法律效力。即使像英国著名的国际法学者劳特派特也承认，联合国大会决议“毕竟是联合国主要机构的法律行为，联合国成员有义务给予适当尊重”；他认为，各国对联合国大会决议负有自动的并要求给予充分效力的责任。①

为了建立国际经济新秩序，联合国大会于20世纪下半叶通过了一系列有深远历史意义的重要决议，如《关于自然资源永久主权宣言》（1962）、《建立新国际经济秩序宣言》（1974）、《建立新国际经济秩序行动纲领》（1974）和《各国经济权利与义务宪章》（1974）等。这些宣言、纲领和宪章，获得绝大多数会员国投票通过，反映或体现着正在形成中的国际经济法规范。尽管遭到少数发达国家反对，但在国际条约中约定和在国内法中规定后，成为国际经济法的渊源，其普遍而深远的意义是不能否认的。

（四）国内涉外经济立法

按照广义国际经济法的观点，调整涉外经贸关系的国内立法，也是国际经济法的渊源。

实践中，各国调整涉外经贸关系的国内立法主要采取两种不同方式。一种是统一制，也可称为单轨制，指制定的国内经济立法，既调整涉外经贸关系，也调整国内经贸关系。西方发达国家无论是属于大陆法系还是属于英美法系都是这种情况。许多受西方法制影响的发展中国家也属于这一类。大陆法系国家大都有统一调整财产商贸关系的民法典。英美法系国家则有大量判例法以及成文法规，如美国的《统一商法典》、《综合贸易与竞争法》，英国的《货物销售法》、《公司法》、《海上保险法》等。

另一种是分流制，即调整涉外经贸关系的国内立法与调整国内经贸关系的立法并存。一些社会主义国家和某些发展中国家采用这种办法。我国从1978年施行改革开放政策以来，初期受国内计划经济影响很深，而调整涉外经贸关系更多考虑与国际通行做法接轨，从而形成了涉外经济立法与国内经济立法并存的局面，如《中外合资经营企业法》、《中外合作经营企业法》、《外资企业法》、《对外合作开采海洋石油资源条例》以及《对外贸易法》和《反倾销条例》、《反补贴条例》等，都是调整涉外经贸关系的国内立法。但是，随着改革开放的扩大和深入发展，也颁布了一些适用于国内外经贸关系的立法，如《民法通则》和《公司法》等。也有一些原来属分流制的立法逐渐并轨而形成统一制，如原《涉外经济合同法》、《经济合同法》与《技术合同法》三法合一，修订形成统一的《合同法》，既调整涉外经济合同关系，也调整国内合同关系。

（五）判决

国际法院的判决、国际仲裁机构的裁决以及国内法院的判决和国内仲裁机构的裁决，有些在国际经济法上是很有价值的。

设在荷兰海牙的联合国国际法院从建立以来受理了几十件案件，其中就包括国际经济法方面的案件，如涉及外国投资的“巴塞罗那机车案”（Barcelona Traction Case）和涉及外国投资

① See Remigiusz Bierzanek, Some Remarks on Soft International Law, Polish Yearbook of International Law, Vol. 17, 1958, p. 33.

国有化的“ELSI 案”。然而，按照《国际法院规约》第 59 条的规定，国际法院的判决只对本案和本案当事人有拘束力。尽管如此，国际法院在适用和解释国际法时要对国际法的原则和规则加以认证和确定，而这种认证和确定在国际实践中是受到尊重的。①

国际仲裁机构，特别是 WTO 争端解决机构和解决投资争议国际中心（ICSID）的裁决，对国际经济法很重要。英国学者 R. Rayfuse 和 E. Lauterpacht 认为 ICSID 的裁决对国际投资法的实体内容和国际仲裁程序具有重要意义。②

国内法院判决，其法律效力则视其属于英美法系抑或属于大陆法系而不同。在隶属于英美普通法系的国家和地区（包括我国香港地区），上级法院判决中的判决要旨（ratio decidendi），按照遵循先例（stare decisis）原则对下级法院具有拘束力，属于国际经济法的渊源；在大陆法系国家和地区（包括我国澳门地区），则不是法律渊源，但对法院审理类似案件具有参考意义。

国内仲裁机构的裁决，则仅对本案享有拘束力，不是法律渊源。

（六）学说

《国际法院规约》第 38 条规定，各国权威最高之公法家学说，作为确定法律原则之辅助资料者，国际法院可以援引适用。在少数国家，如英国，当事人辩论和法院判决中常常援引法学家的学说，作为次要的法律渊源。在把学说规定为本国法的国家，如苏格兰，学说是法律渊源，但在绝大多数国家，学说不属于法律渊源，但对法律的解释和适用具有重要意义。

---

① 参见王铁崖主编：《国际法》，32 页，北京，法律出版社，1981。

② 参见 R. Rayfuse，E. Lauterpacht 主编：《ICSID 案件汇编》，Ⅸ页，Grotius 出版有限公司，1993。

第一编

国际经济法总论

第一章 国际经济法概论

本章概要

国际经济法是近年来发展迅速的、旨在调整国际经济关系的一门新兴的法学学科，涉及国际公法、国际私法和各国民商法等法律部门。国际经济法又是一门实用性很强的法学学科。在经济全球化的条件下，学习与研究国际经济法，首先要理解和掌握国际经济法的基本理论，其次就是要做到理论与实践相结合，了解国际经济立法与实践，特别是我国涉外经济立法与实践中所涉及的国际贸易、国际投资、国际金融、国际税收和国际经济贸易争议解决的各种法律问题。

关键术语

经济全球化　国际经济法　国际公约　国际惯例　示范法

第一节　国际经济法概论

20 世纪 90 年代以来，随着苏联的解体，第二次世界大战后持续多年的东西方“冷战”宣告结束。战后科学技术和交通、通信工具的迅猛发展，不仅促进了国际货物贸易的发展，也使得国际服务贸易和技术贸易额成倍地增长。特别是 20 世纪 60 年代以来，随着信息产业和电子计算机及因特网的普及应用，世界各国空前紧密地联系在了一起：世界各国任何角落发生的事件，几分钟之内就能通过媒体传遍全球，整个世界变成了一个地球村。与此相适应，不同国家与地区之间的相互依存关系，特别是经济上的依存关系，前所未有地加强了。而所有这些，进一步加快了经济全球化的进程。无论人们是否喜欢经济全球化，经济全球化已经成为事实上不可逆转的历史潮流。

全球化（globalization）通常是针对国际社会所面临的共同问题。国际货币基金组织对全球化所下的定义是：“通过贸易、金融交易、技术转让、信息网络和跨国文化交流而在世界范围内所日趋形成的经济一体化。”① 随着国际贸易、国际金融、国际技术转让和信息网络技术

① IMF，World Economic Outlook，May 1997，ch. 1.

的不断发展和跨国文化交流的空前发展，全球化进程正在不断加快，国家之间在政治、经济等方面的相互依赖程度也在不断地提高。一个国家的经济生活、物质环境、国家安全及其存在与发展，均高度地，也许是越来越多地依赖于该国以外的行为者或这些行为者所采取的行为，而不是直接取决于该国政府。[①] 当然，也许这种提法有些过激，因为主权国家所采取的任何行动，归根结底应当由该主权国家自行作出，而不受其他国家的干预。但是，任何国家在制定其本国国内外政策时，不可能完全一意孤行，必须受制于国际大环境。因此，所有国家在作出重大决策时，均毫无例外地考虑到其他国家的情况和国际大环境对该国的影响。

一、国际经济法对经济全球化条件下国际经济关系的调整

国际经济法以国际经济关系作为其调整对象，其所涉及的主题也比较广泛，因此，经济全球化向国际经济法提出了新的课题。随着经济全球化的不断深入，调整国际经济关系的法律规则也在不断地协调和统一。因为经济全球化的直接结果，就是全球市场的不断协调和统一。无论是跨国公司的交易，还是国际贸易规则，包括调整不同国家国民之间的商事关系的法律规则、国家对不同国家当事人之间交易的管理和管制规则，以及调整国家之间的经济贸易规则，随着经济全球化的深入，其协调和统一的进程，也在不断地走向深入。第二次世界大战以后，特别是 20 世纪 60 年代以来，以国际公约、示范法为代表的调整国际经济贸易关系的国际立法日趋活跃，由政府间或者非政府间组织制定的调整国际经济关系的国际公约在国际经济贸易关系中发挥了重要的作用。

（一）国际公约对经济全球化条件下国际经济关系的调整

国际公约是主权国家之间订立的，对缔约国具有国际法上的拘束力。国家通过缔结国际公约的方式，承担国际法上的义务，进而对其国家主权自愿作出限制。随着经济全球化进程的加快，就调整国际经济关系的国际公约而言，无论是公约本身的数量还是公约缔约国的数量，都有了前所未有的增长。其特点如下：

1. 越来越多的国家成为已经存在的调整各国之间经济关系的国际公约的缔约国

一些旨在调整国际经济关系的存在多年的国际公约的缔约国数量不断增加，例如，已有一百多年历史的旨在保护知识产权的国际公约《保护工业产权巴黎公约》（简称《巴黎公约》），于 1883 年 3 月 20 日在法国巴黎签订，当时只有 11 个国家签署，而截至 2015 年 4 月，该公约缔约国已经有 176 个。1886 年 9 月 6 日至 9 日在瑞士伯尔尼举行的关于缔结国际版权公约《保护文学艺术作品伯尔尼公约》（简称《伯尔尼公约》）的外交会议上，参加会议的也只有 12 个国家：德国、比利时、西班牙、法国、海地、意大利、利比亚、瑞士、英国、突尼斯、美国（观察员）和日本（观察员），而截至 2015 年 4 月 7 日，该公约的缔约国已达到 168 个。[②] 又如，根据 1967 年 7 月 14 日由 51 个国家在瑞典首都斯德哥尔摩签署的《建立世界知识产权组织公约》而成立的，旨在在全球范围内保护知识产权的政府间组织——世界知识产权组织

---

① See Robert Dahl, Democracy and Its Critics, New Haven, Yale University Press, 1989, p. 319.

② 我国于 1992 年 10 月 5 日加入该公约。

(World Intellectual Property Organization，简称 WIPO)，截至 2015 年 4 月，缔约国也已达到 188 个。①

2. 国家之间缔结的旨在调整国家关系的国际公约的数量也在不断加大

第二次世界大战后，在联合国的主持下，成立了一系列国际经济组织。世界贸易组织项下的一揽子协议就是最好的说明。继中国在 2001 年年底加入该组织后，截至 2014 年 6 月 30 日，世界贸易组织的正式成员已经达到 160 个。这些国家之间的贸易额，已经占到世界贸易总额的 90%以上。目前，有 100 个以上的国家参加的国际公约也不在少数，如《承认与执行外国仲裁裁决公约》、《保护工业产权巴黎公约》、《保护文学艺术作品伯尔尼公约》、《建立世界知识产权组织公约》、《多边投资担保机构公约》、《解决国家与他国国民之间投资争端公约》等。这些公约均由政府间的国际组织制定，这些国际公约对于协调和统一各缔约国在相关领域内的国内立法，发挥了重要的作用。其他一些由国际组织制定的规范性文件，对于调整国际商事交易，同样发挥着重要的作用。

(二) 国际惯例和示范法对经济全球化条件下国际经济关系的调整

国际商事惯例是在长期的国际商事交往中逐步形成的一般做法 (general practices)。这些做法经国际组织或学术团体加以整理后，具有了固定的形式，如国际商会起草的《国际贸易术语解释通则》、《跟单信用证统一惯例》、《托收统一规则》等，伦敦国际法协会制定的《华沙—牛津规则》等，都是有关当事人在国际贸易中普遍适用的规则。这些规则的适用如此广泛，以至于“凡是从事国际贸易的商人都期待着与之订立合同的当事人都能切实遵守”②，而不论他们是否在合同中就有关当事人的权利与义务作了具体的规定。例如，CIF 合同中卖方承担安排运输和办理运输保险的义务，跟单信用证中开证行对符合信用证规定的单据承担无条件付款的义务，都是不言而喻的。无论有关合同是否专门对此作了明确的规定，这些国际商事惯例对于拘束国际商事交易的当事人的行为，已经成为国际贸易领域内普遍遵守的行为规则。

国际组织制定的示范法，则是更为灵活的国际立法的方式。示范法不同于国际公约，它并不要求国家签署批准，但各主权国家的立法机构可以通过国内立法的方式，采纳某一特定的示范法。在采纳该示范法的过程中，还可以结合各有关国家的具体情况，对其进行这样或那样的修订。国际组织可以利用其成员来自不同司法制度国家的优势，在制定某一示范法的过程中充分考虑到不同司法制度国家的情况。这些示范法对于协调和统一各有关国家的国内立法的作用，也是不可低估的。特别是近二十年来，一些国际组织制定的以示范法为标志的国际立法文件，在国际上引起了广泛的反响。例如，联合国国际贸易法委员会主持制定的《国际商事仲裁示范法》，对于协调和统一各国的仲裁立法，发挥了重要的作用。目前，该示范法已经被许多国家的立法机关采纳为各自国家的仲裁法。此外，联合国国际贸易法委员会还制定了其他一些供各国采纳的示范法，如 1992 年《国际贷记划拨示范法》、1994 年《货物、工程和服务采购示范法》、1996 年《电子商务示范法》、1997 年《跨国界破产示范法》、2001 年《电子签名示范

① 我国于 1980 年 6 月 3 日成为该组织的正式成员国。

② [英] 施米托夫著，赵秀文译，郭寿康审校：《国际贸易法文选》，150 页，北京，中国大百科全书出版社，1993。

法》，以及世界知识产权组织组织各国专家起草的 1978 年《保护计算机软件示范条款》等。此外，由国际统一私法协会主持制定的供各有关国家和当事人自愿采纳的《国际商事合同通则》，也具有示范法的性质。

由于示范法均为国际组织主持制定，因而具有代表性。这些示范法虽然不像国际公约那样对缔约国有拘束力，但可以作为协调和统一各国的有关立法和国际商事交易的一般原则；在一定的条件下，示范法既可以转化为国际公约或国际惯例，也可以转化为国内法。因此，示范法对于协调和统一各国有关国际经济贸易的立法发挥着积极的作用。

可见，无论是国际公约，还是国际惯例和示范法，对于协调经济全球化进程中各种国际经济活动的参加者从事国际经济活动应当遵守的统一规则，发挥着重要的作用。

（三）国内立法在经济全球化条件下的地位和作用

在经济全球化的进程中，一国法律对国际经济活动的调整，主要限于对在该国境内进行的国际贸易、国际投资等国际商事交易和对此项交易进行管理和管制的活动。

一国立法机构在就上述活动进行立法的过程中，不可能不顾及国际上其他国家的相关做法，而只考虑该国的特殊情况。国内法对在其境内进行的外国直接投资和其他国际经济合作进行管理的过程中，首先要受到该国所缔结或参加的国际公约的约束。例如，如果某一国家是 WTO 的成员国，在其制定关税政策时，必须受到其在 WTO 协议项下的关税减让表的约束，对于那些列入减让表中的约束性关税，不得任意地提高，否则就要受到 WTO 成员的投诉。其次，还要考虑到相关的国际惯例。

各国在制定其他一些相关法律的过程中，如合同法、知识产权法、仲裁法、公司法、票据法、证券法、保险法、海商法、国际私法等法律法规的过程中，也要顾及多数国家在这一领域中的立法原则。事实上，国际商事交往中广为适用的一些基本原则和规则，均在多数国家的国内法上有所反映。例如，当事人在订立国际合同时应当遵守的意思自治原则、诚实信用与公平交易原则，通过仲裁方式解决他们之间的合同争议等，在任何一个国家的国内法上，都能找到相关的规定。

（四）国际经济法对经济全球化的调整

国际经济法是调整国际经济关系的法律规范的总称。这些法律规范是体现在国际公约、国际惯例和各国国内法中的调整国际经济关系的法律规则。在经济全球化的进程中，随着各国之间的经济依存关系的不断深入，各主权国家的国内立法与国际立法是相辅相成、互为补充的关系，其主要特点如下：

1. 国际公约适用范围的扩大和灵活性

国际公约传统上只对缔结或参加的国家有拘束力，因为它是国家之间的约定。然而，近年来国家之间订立的国际公约，不仅适用于缔约国政府，有的还直接适用于缔约国的国民（包括自然人和法人），甚至对那些没有参加公约的国民，在某些条件下也可以适用。例如，1980 年《联合国国际货物销售合同公约》第 1 条第 1 款就该公约的适用范围作了如下规定：本公约适用于营业地在不同国家的当事人之间所订立的货物销售合同：（1）如果这些国家是缔约国；或（2）如果国际私法规则导致适用某一缔约国的法律。

根据上述规定，一方面，该公约适用于营业地位于不同缔约国的当事人之间订立的国际货物买卖合同；另一方面，如果国际私法规则导致适用某一缔约国法律的情况下，公约也应得以适用。例如，两个非缔约国的国民之间订立的国际货物买卖合同约定，合同适用某一第三国的法律，而该第三国为公约缔约国，在这种情况下，根据公约第1条第（1）、（2）项的规定，公约中规定的买卖双方当事人的权利和义务，也应当得以适用。同时，缔约国的国民也可以通过在合同中约定，排除对该公约的适用；而非缔约国的国民，同样也可以通过在合同中作出约定，选择适用公约中的规定。又如，由世界银行主持制定的《解决国家与他国国民之间投资争端公约》，所规定的就是外国投资者可以将他们与东道国政府之间由于直接投资而产生的法律上的争议，按照公约规定的条件，交由根据该公约设立的解决投资争议国际中心仲裁解决。欧盟设立的人权法院，也受理个人由于人权公约而提起的诉讼。所有这些都说明了，现代的国际公约不仅规范缔约国，其中许多还直接规范相关国家的国民。国际公约的适用范围在不断地扩大，在具体适用上也有一定的灵活性。

在各国的司法实践中，法院在某些情况下，也可以直接适用国际公约。例如，在承认与执行外国仲裁裁决的问题上，如果一国法院所在国为《承认与执行外国仲裁裁决公约》的缔约国，则法院在审理当事人申请承认与执行外国仲裁裁决的问题上，即可直接根据公约中规定的条件，或者承认与执行，或者拒绝承认与执行该外国仲裁裁决，履行公约项下的义务。

此外，一些传统上属于一国主权范围内的事项，如国家对国际贸易进行管理的规范，许多也通过国际公约的形式固定下来，进而国家在实施管理问题上的法律规范，也在不同程度地得到协调和统一。例如，WTO协议对关税措施和非关税措施、知识产权的保护范围和标准，都作出了比较具体的规定。

2. 国内法与国际法相互渗透

在经济全球化的条件下，法律在调整国际经济关系的过程中，很难分清哪些属于国际法规范，哪些属于国内法规范。法律规则在对国际经济关系进行调整时，国际法与国内法是相互渗透、相互融合的关系。对于从事国际经济贸易活动应当遵守的行为规则，如诚实信用与公平交易原则，在国际公约、国际惯例和各国国内法上均有所体现。就此原则而言，很难说它究竟是国际法规范，还是国内法规范。

当然，各国国内法就相同事项的规定，在许多方面还存在着差异。但就商事交易的基本原则而言，如当事人意思自治原则、诚实信用与公平交易原则、合法有效的契约应当忠实履行原则等，都是相同的。

由此可见，在调整国际商事交易的问题上，国际法和国内法已经融为一体，它们之间相互作用，互为补充。

3. 国际经济贸易组织在协调和统一国际经济法律规则中的独特作用

第二次世界大战以来，国际组织在维护国际秩序和安全方面发挥了巨大的作用。而在国际经济贸易方面的国际组织，包括政府间和非政府间的国际组织的作用，则更加突出。在政府间国际经济贸易组织方面，联合国国际贸易法委员会和世界贸易组织的成立及其所制定的国际公约和示范法，不仅在协调和统一调整平等当事人之间的经济贸易关系的“私法”方面，发挥了重要的作用，而且在协调和统一国家对国际经济贸易实施管理的“公法”方面，在维护国际经济贸易秩序方面，同样发挥了重要的作用。非政府间国际组织的作用同样不能低估。例如，有着近百年历史的国际商会，其所制定的调整国际经济贸易方面的买卖、银行业务、争议解决等方面的法律规则，对促进国际经济贸易惯例的形成与发展发挥着独特的作用。

二、国际经济法的概念

国际经济法是随着国际经济关系的发展而在第二次世界大战后形成的一个新兴的法学学科，是调整国际经济关系的法律规范的总称。

根据对国际经济法所调整的国际经济关系不同理解，国内外的学者们对国际经济法存在着两种不同的见解。

第一种观点认为，国际经济法调整国家或国际组织之间的经济关系，是国际公法的一部分。此观点将国际经济法视为“经济的国际法”。而对于不同国家的自然人、法人或其他组织之间的经济关系，则不属于国际经济法的调整范围。我们称此种观点为狭义上的国际经济法。

第二种观点则认为，从国际经济关系的实际情况出发，国际经济法所调整的国际经济关系不仅包括国家和国际经济组织之间的经济关系，而且包括不同国家的自然人、法人或其他组织之间的经济关系。因为绝大部分具体的国际经济活动，如国际货物买卖、国际投资、国际技术转让、国际工程承包等经济活动，都是由具体的自然人、法人或其他经济实体实施的。如果将这些人之间的经济活动排除在国际经济关系之外，不符合国际经济交往的实际情况。因此，国际经济法应当成为一个独立的法律部门，而不应当只是国际公法的一个分支。

目前，第二种观点已经被广为接受，我国各法律院系的国际经济法教学均采用这一观点。本教科书亦不例外。

我们对国际经济法概念的表述是：国际经济法调整不同国家的自然人、法人及其他经济实体之间、国家和国际组织之间，以及他们相互之间的经济关系，包括不同国家的平等当事人之间的经济交往关系、主权国家对此项交往进行管理和管制的关系，以及国家或国际经济组织就它们之间的经济关系进行相互协调的关系。国际经济法是表现为一国范围内的涉外经济立法、国际公约和国际惯例中的法律规范的总称。

三、国际经济法的特征

根据上述概念，国际经济法至少具有以下三个方面的特征：

首先，就国际经济法的主体而言，除了包括国家和国际经济组织，还包括自然人和法人及其他经济实体。在国际经济交往实践中，自然人和法人是直接参与国际经济活动的当事人。国际贸易、国际技术转让、国际投资、国际金融等经济活动，主要是通过自然人和法人进行的，其中法人在国际经济交往中占有十分重要的地位，特别是跨国公司的活动，尤为引人注目。国家作为国际经济法的主体，其主要作用是对国际经济活动进行管理与监督。而国际经济组织在国际经济活动中更多地发挥着协调各国调整国际经济活动的立法的作用，即通过组织起草有关的国际公约或示范法的方式，协调和统一各国调整国际经济活动的国内法。

其次，就国际经济法的调整对象而言，是广义上的国际经济关系，即超越一国范围的自然人、法人、国家和国际经济组织之间的经济贸易关系、技术转让关系、投资关系、金融关系等经济关系。这些关系可以分为三个层次：第一，平等当事人之间的国际经济交往关系，即“横的关系”，如国际货物买卖、运输、保险、支付、合资经营、合作经营等。第二，国家对国际经济交往关系的当事人及其有关活动实施管理或管制的关系，即“纵的关系”。在此项关系中，国家与其所管理的当事人的法律地位不是平等的，二者之间是管理与被管理、管制与被管制的关系。例如，国家海关依法对进出口货物征收关税，外商投资管理部门对合作经营合同实施审批等。第三，国家或国际经济组织之间通过双边或多边国际公约或协定确立的国际经济关系，如贸易、投资、税收等方面的关系。

最后，国际经济法的规范，是一国调整涉外经济关系的立法，以及国际公约和国际惯例中的各种法律规范的总称。与国际经济法所调整的国际经济关系相适应，国际经济法的规范也可分为三个层次：第一，调整平等当事人之间的国际经济交易活动的“私法”规范，如合同中的规范，其特点是当事人在不违反有关国家的法律的情况下，自由地设定他们之间的权利与义务的规范。第二，国家对当事人所从事的国际经济交易活动实施管理和管制的“公法”规范，这类规范一般属于“强制性”规范，即不是当事人通过协议即可改变的规范，如各国有关关税、所得税、外汇管理、商品进出口管理等方面的法律规范。对于此类规范，当事人只有遵守的义务，而无权自行作出改变。第三，调整国家或国际经济组织之间的国际法规范。这类规范主要为双边或多边国际公约或协定，以及国际惯例中的规范。

通过以上对国际经济法特征的分析，我们可以得出如下结论：正是由于国际经济法有其独特的主体、调整对象和与此相适应的法律规范，其才得以成为一个独立的法律部门。

四、国际经济法的主体

国际经济法的主体是指国际经济关系的参与者。这些参与者在国际经济贸易中扮演不同的角色。这些参与者包括：

（一）自然人和个体企业

自然人指单个的个人，个体企业则为完全由个人出资并独资经营的企业，在我国通常被称为个体户。个体企业由个体户独资经营，企业所产生的所有债权债务均由业主承担无限责任。个体企业经营如何完全取决于经营者的能力及个人的信誉，由于一个人的能力毕竟有限，其往往筹资困难。尽管国家法律并不禁止自然人和个体企业参与国际商事交易，但实践中只有少数个人或者个体企业参与国际商事交易。

自然人、个体企业和合伙企业的性质及权利能力和行为能力，一般取决于自然人所属国或者住所地国的法律，以及设立该个体企业的国家的国内法规定，如果他们在其他国家从事商事交易，也要受行为地国家法律的约束。

（二）法人、公司和其他经济实体

法人指依据特定国家的法律设立的、拥有独立财产、以自己的名义承担民事权利义务的组织，如公司、企业或者其他经济实体或者社会组织。法人与自然人一样，属于特定国家的“国民”（national)。在各国经济交往中，双边或者多边条约有关给予外国人国民待遇或者最惠国待遇的规定中，外国人既包括具有外国国籍或者无国籍的自然人，也包括外国法人。而这里的外国法人，仅指根据特定国家的法律设立的公司、企业或者其他经济组织。当然，外国法人能否在其本国或者外国从事特定领域内的国际商事交易活动，同样受到相关国家的法律的限制，包括法人所属国法律或者行为地国法律的限制。

（三）跨国公司

跨国公司又可称为国家多国企业（national multinational enterprise）或者国际多国企业（international multinational enterprise）。前者指在一国设立母公司，通过该公司在其他国家设立的分支机构和子公司经营国际业务的企业；而后者指在两个或者两个以上的国家设有母公司，且通过在其他国家设立的分支机构和子公司经营国际业务的企业，我们通常称之为跨国公司。根据《联合国跨国公司行动守则》对跨国公司的解释，跨国公司指“由分设在两个或者两个以上国家的实体组成的企业，而不论这些实体的法律形式和活动范围如何；这种企业的业务通过一个或多个决策中心，根据一定的决策体制经营，可以具有一贯的政策和共同的战略；企业的各个实体能对其他实体的活动施加重要影响，尤其是可以同其他实体分享知识、资源以及分担责任”。

跨国公司拥有雄厚的资本、先进的管理技术和信息网络，是世界商品的重要生产者和购买者、国际资本的主要拥有者和借贷者，也是国际一体化生产的核心组织者，其以内部分工使国际生产和营销一体化。这些跨国公司所垄断的自然资源和财富，使得它们的财力和能量甚至超过了一些中小国家。一方面，跨国公司的资本、技术和管理经验可以给东道国的经济带来活力，使当地的消费者买到技术先进和价格低廉的商品，促进当地经济的发展。但另一方面，随着跨国公司对东道国经济的不断渗透，可能导致对东道国市场和资源的垄断。有的跨国公司甚至通过收买或培养代理人的方法插手东道国内政，直接参与策划推翻东道国国家政权的行动。

联合国经济暨社会理事会 1974 年通过了成立跨国公司专门委员会的决议，设立了跨国公司中心，从 1977 年就开始起草对跨国公司实施监督的《跨国公司行动守则》，1982 年提交了有关草案的最后报告，但此后为修订守则草案进行了为期 10 年的谈判。由于各国对守则的内容、法律地位、其与一般国际法的关系等问题存在严重分歧，谈判实际上陷入僵局。从 1993 年起，有关跨国公司的事项移交给联合国贸易与发展会议处理，至今没有取得实质性的进展。也就是说，目前还没有对跨国公司进行有效的国际管制的法律，主要还是由各国国内法管辖。

（四）国家

国家作为国际经济法的主体，其主要作用是多方面的。

首先，国家可以以自己的名义与外国国民签订国际商事合同，如政府采购合同，或者与外国投资者签订特许协议，允许特定外国投资者在特定领域内投资。为此，国家与外国国民都要受到其所签订的合同条款的约束，承担合同项下产生的权利与义务，以及由于违约而引起的违约责任。

其次，国家对国际商事交易活动实施管理。国家拥有主权，此项主权在国内是最高的，对外则是独立的，这是一般国民所没有的特权。国家利用其特权地位，制定法律并通过法律对国际商事交易活动实施管理，依法维护国内经济秩序。

最后，国家的另一职能，是与国际上的其他主权国家进行经济合作。其主要方式是通过共同协商、谈判的方式制定调整国家之间经济关系的双边或者多边条约，规范国际经济秩序。其中最重要的规则之一就是以世界贸易组织各项协议为代表的规范国家之间进行贸易活动与管理的世界贸易组织规则。这些规则成为调整国家之间的贸易活动或者与贸易活动有关的投资、知识产权保护的普遍适用的规则。

国家作为国际经济法主体所扮演的上述三种角色中，最重要的是后两种角色，也就是要维护国内经济活动和国际经济活动的依法进行，即作为国内经济秩序和国际经济秩序的维护者。

国际组织也是国际经济法的重要主体。特别是在经济全球化的条件下，国际经济组织在制定国际经济贸易交易规则和国家之间经济交往规则以及促进国际经济发展中，发挥了和正在发挥着重要作用。我们将在第二章作专门介绍。

五、国际经济法与其邻近法律部门的关系

（一）国际经济法与国际公法

国际经济法与国际公法有着密切的联系：国际公法上的一些基本原则，如尊重国家主权原则、平等互利原则、条约必须遵守原则等，都适用于国际经济法。此外，在主体、调整对象和法律规范等方面，二者也有部分相同之处。然而，它们之间的区别也是显而易见的：首先，国际公法的主体主要表现为国家和国际组织，而国际经济法除了上述主体外，自然人、法人及其他实体，均可作为主体，而且还是非常重要的主体。其次，就二者的调整对象而言，国际经济法所调整的国际经济关系要比国际公法更为广泛，特别是自然人、法人之间的国际经济关系，以及国家与这些自然人和法人之间的国际经济关系，都不是国际公法所调整的对象。最后，二者的规范也是不同的。尽管国际经济法的规范也包括国际公约和国际惯例中的规范，但国际经济法的规范主要还是表现为一国的国内法规范，即一国调整平等当事人之间的国际经济交往的“私法”规范和国家对这些当事人之间的国际经济活动实施管理和管制的“公法”规范。

（二）国际经济法与国际私法

国际经济法与国际私法有许多相同之处，如基本原则、主体、对象等。它与国际私法的主要区别是调整方法的不同：国际经济法所采用的是直接规定当事人权利与义务规范的调整方法，而国际私法则通过冲突规范实施间接调整。英美等国家将其称为“法律冲突法”或“法律适用法”，更加符合国际私法的实际情况。国际私法就其实质而言，是一国的国内法，主要解决涉外民事关系的法律适用问题，其主要的规范则为间接调整当事人权利与义务的冲突规范。

第二节　国际经济法的形成与发展

国际经济法是第二次世界大战后形成的一个新兴的、独立的法律部门。而国际经济法作为一个独立的法律部门，并不是凭空产生的，也不是人们主观臆想出来的，而是社会发展的客观需要。

法律是调整社会关系的，任何法律部门的产生都基于一定的社会物质关系。早在1859年，马克思在其《〈政治经济学批判〉导言》中就指出，法的关系正像国家的形式一样，既不能从它们本身来理解，也不能从所谓人类精神的一般发展来理解，相反，它们根源于物质的生活关系。这就是说，只有当某种社会关系需要法律调整时，法才会产生。例如，如果没有当事人之间的经济关系的存在，就不会有经济合同的产生。同样，如果没有国际经济交往和商品交换，没有大量调整此项交往和交换关系的法律规范，也就不会有国际经济法的产生。

国际经济法的形成与发展大体上经历了以下三个阶段：

一、自由资本主义时期到第一次世界大战之前

私法规范是调整平等当事人之间的商品经济关系的规范。而资本主义是发展到最高阶段的商品生产。在这一时期，由于大机器生产和现金技术的采用，商品经济得到了最充分的发展，资产阶级为了为其商品寻找出路，不得不“奔走于全球各地”，“到处落户、到处创业、到处建立联系”。

资产阶级，由于开拓了世界市场，使一切国家的生产和消费都成为世界性的了……过去那种地方的和民族的自给自足和闭关自守状态，被各民族的各方面的互相往来和各方面的互相依赖所代替了。[①] 与此相适应，调整各民族间的商品交换关系的法律规范主要表现为调整国际经济交往中当事人之间相互关系的私法规范，当事人相互之间自行设定他们的权利与义务，国家实行的是自由资本主义政策，一般也不干预他们之间的商事交易。19世纪末，出现了少量的国际公约，如1883年《保护工业产权巴黎公约》、1886年《保护文学艺术作品伯尔尼公约》、1891年《商标国际注册马德里协定》等，以及国际货物买卖习惯法。

二、第一次世界大战后到第二次世界大战之前

第一次世界大战后，自由竞争的资本主义已经发展成为高度垄断的资本主义。一方面，工业资本和金融资本的结合，垄断组织的形成，使社会资本的集中和积聚达到了空前高度；另一方面，由于战后资本主义世界的经济危机，国际争夺原料和市场的贸易战更加激烈，一些资本主义国家为了保护本国的民族工业，高筑关税壁垒，实行贸易保护主义。为此，各国普遍制定了对进出口贸易实施管制的各类行政法规，加强了对本国经济的干预，出现了大量调整国家与私人之间关系的“公法规范”，如各国颁布的保护贸易和进出口管理的关税法、反垄断法、外汇管理法等法规。同时，这一时期调整国际经济关系的国际公约和国际惯例的数量也有了明显的增长，如20世纪20年代调整承运人与托运人和收货人之间权利与义务关系的1924年《海牙规则》（全称为《关于提单统一法律规定的国际公约》）、1929年《华沙公约》（全称为《关于国际航空运输统一法律规定的公约》）；由国际联盟主持制定的1930年《统一汇票、本票法公约》、1931年《统一支票法公约》；由国际商会主持制定的1936年《国际贸易术语解释通则》等。此外，许多国家之间还订立了调整双边贸易关系和其他商业关系的双边协议。这一时期各

---

① 参见《马克思恩格斯选集》，2版，第1卷，276页，北京，人民出版社，1995。

国制定的调整国际经济关系的公法规范和大量涌现的国际公约及国际惯例中的国际法规范，对于国际经济法的形成与发展，起到了积极的作用。

三、第二次世界大战后至今国际经济法的形成与发展

第二次世界大战后，国际经济关系发生了极为深刻的变化。国际经济法作为一个独立的法律部门，正是在这一时期形成和发展起来的。战后国际经济关系的深刻变化，主要表现为以下几点：

首先，众多的发展中国家摆脱了帝国主义强加给它们的殖民统治，成立了自己的政府并享有主权。它们作为国际法的主体，积极参与国际交往，在其管辖范围内行使国家主权权力。它们在国际事务中发挥着日趋重要的作用。

其次，战后科学技术的迅速发展，促进了经济生活的国际化。各国在经济上相互依赖（economic interdependence）的程度日趋加深，进而使经济全球化和市场全球化（globalization）。

再次，战后一些国际组织，包括全球性和区域性组织的出现，对国际经济关系也产生了巨大的影响。联合国及其各专门机构及有关的组织，如世界知识产权组织、世界贸易组织、东南亚国家联盟、欧洲联盟、石油输出国组织、安第斯条约组织、非洲统一组织等，在国际经济关系中具有重要的作用。这些组织通过的调整国际经济关系的决议及其制定的有关国际公约和区域性公约中所形成的一系列国际经济交往的原则、规则和制度，是国际经济法的重要渊源。它们对于国际经济法的形成与发展，发挥了重要的作用。

综上，国际经济法的形成和发展的历史表明，各国间频繁的经济交往和商品交换，是国际经济法产生的物质基础，而大量出现的调整此类交往与交换关系的国内法、国际公约和国际惯例，是国际经济法赖以生存与发展的必要条件。

第三节　国际经济法的体系和研究方法

一、国际经济法的体系

国际经济法所涉及的国际经济关系的范围极为广泛，归纳起来，主要包括国际贸易、国际投资、国际金融、国际税收及国际经济贸易争议解决等方面的关系，与此相适应，国际经济法可分为国际贸易法、国际投资法、国际金融法、国际税法等分支。

国际经济法与其各分支之间的关系，是全体与部分的关系，即前者包括后者，后者为前者的组成部分。其中每一个独立的分支，都可作为一门单独的学科加以研究，这种情况在实践中也已被采纳。本教科书只是对该学科所涉及的主要内容作一简要概述，使读者了解国际经济法的全貌。

本书共包括六编：

第一编为国际经济法总论，探讨国际经济法的起源与发展、国际经济法的基本概念和基本理论。

第二编为国际贸易法，涉及国际货物贸易、国际技术贸易和服务贸易及贸易管制中的法律问题，以及世界贸易组织的相关贸易规则，特别是与我国对外贸易管理相关的国际反倾销、反补贴和保障措施规则。

第三编为国际投资法，包括吸收利用外国投资和对外投资中的法律问题。

第四编为国际货币金融法，主要阐述国际贷款融资、债券和股票融资、项目融资中的法律问题。

第五编为国际税法，主要探讨国际税收管辖权及其行使、国际重复征税与重叠征税、国际避税与逃税及其避免与防范措施等。

第六编为国际经济贸易争议解决法律制度，主要讨论国际经济贸易各主体之间的争议及其解决方式。包括解决平等当事人之间国际经济贸易争议所普遍采纳的选择性争议解决方法、国际商事诉讼和国际商事仲裁解决争议的方法，以及世界贸易组织解决国家之间贸易争议的方法和解决投资争议国际中心根据《解决国家与他国国民之间投资争端公约》（《华盛顿公约》）解决政府与外国投资者之间争议的方法。

二、国际经济法的研究方法

我们研究国际经济法，一方面应当注重研究国际经济法的基本理论与实践，将注意力集中到具有普遍意义的调整国际经济关系的国际公约和国际惯例，及各有关国家的国内立法上；另一方面则必须立足于我国改革开放三十多年来的国际商事交往及我国涉外经济立法与司法实践，包括我国近年来颁布的调整涉外经济关系的法律，我国缔结与参加的双边和多边国际公约，以及在实践中适用的国际惯例。在学习与研究国际经济法的过程中，应当注重采用以下方法：

1. 综合的方法

鉴于国际经济法是一个边缘性的法学学科，所涉及的规范既包括公法规范和私法规范，也包括国际法规范，因而在研究国际经济法所涉及的任何一种特定的法律关系时，均应对该特定法律关系所涉及的上述三种规范加以全面的考察，进而打破传统的公法与私法、国内法与国际法的界限，进行综合性的考察与研究。

2. 比较的方法

国际经济法涉及不同国家的国内法，包括这些国家的公法与私法，以及国际条约和国际惯例，因而在学习与研究的过程中，注意对各有关国家的立法与司法实践进行比较，从中找出一些规律，特别应当注重对那些有关的国际经济贸易组织制定的和各国在国际商事交易中普遍适用的法律原则与规则的研究。

3. 理论联系实际的方法

我们学习与研究国际经济法的最终目的，是从法律的角度，更好地促进和加强我国与其他国家之间的国际经济贸易与合作关系，为我国的社会主义现代化建设服务。在建设社会主义市场经济的过程中，一方面应当借鉴各有关国家成功的经验和做法，另一方面更要与我国的涉外经济交往和涉外立法与司法实践相结合。特别注重我国自改革开放以来所颁布的涉外经济立法和我国缔结与参加的双边和多边国际公约，以及在国际经济交往实践中所适用的国际惯例。通过国际经济法的学习，掌握如何利用国际经济法的基本理论与实践中的一般做法技能和技巧，并在此基础上能够对国际经济法所涉及的具体问题独立地进行较深层次的研究。

课堂讨论案例

中国某生产电子产品的民营企业经过30年的发展在技术研发方面在国际上处于领先地位，其产品不仅在国内畅销，在国际上也占有一定的份额。为了打破西方国家日趋明显的贸易保护，该企业打算在美国、欧盟成员国等国就地生产和销售。假设你是这家企业的法律顾问，你会为企业顺利实现其经营目标提出哪些法律方面的建议？

请结合本章内容，思考下列问题：

1. 采用什么样的组织形式到海外生产与销售企业产品？
2. 到海外投资设厂将要准备哪些法律文件？
3. 企业到海外投资，可能遇到哪些国内法方面的问题？
4. 实现企业的最终目的，会遇到哪些国际经济法方面的问题？
5. 如何在这一过程中保护拟到海外投资的国内企业的合法权益？

问题与思考

1. 国际经济法在经济全球化条件下的地位和作用是什么？
2. 为什么说国际经济法是一个独立的法律部门？
3. 结合你对国际经济法的理解，假定中国某公司拟向日本某公司出口家用电器，可能会遇到哪些法律问题？

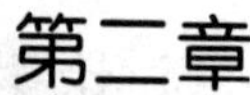

第二章

国际经济组织

本章概要

国际经济组织是国际经济法的重要主体。国际经济组织既可以是主权国家或者区域性地方政府的政府间国际经济组织，也可以是由来自不同国家的民间团体、自然人或者法人组成的非政府间国际经济组织。其主要职能包括：制定和协调政策的职能，制定相关的法律规则的职能，行政与执行的职能以及解决国际经济贸易争端的职能。国际经济贸易组织对于促进世界经济发展和各国之间的国际经济贸易往来，发挥着重要的作用。

关键术语

政府间国际经济组织　非政府间国际经济组织　职能　作用

第一节　国际经济组织概论

一、国际经济组织的概念

国际经济组织是国际经济法的重要主体，它是指两个或两个以上的国家政府、民间团体、自然人或者法人为了实现共同的经济发展目标，通过一定的程序设立的具有特定经济贸易职能或者相关职能的跨国组织。

国际经济组织的主要特点是：

第一，从国际经济组织的成员看，既可以是主权国家或者区域性地方政府的政府间国际经济组织，如国际货币基金组织、多边投资担保机构、世界贸易组织、联合国国际贸易法委员会、国际统一私法协会等；也可以是由来自不同国家的民间团体、自然人或者法人组成的非政府间国际经济组织，如国际商会、国际海事委员会等。

第二，从国际经济组织的设立程序看，它既可以通过协议的方式设立，也可以通过其他方式设立。例如，世界贸易组织是根据 125 个关税与贸易总协定成员在乌拉圭回合谈判结束时于 1994 年 4 月 15 日共同签署的《建立世界贸易组织的马拉喀什协议》设立的；而联合国国际贸易法委员会则是根据 1966 年 12 月 20 日联合国大会一致通过的第 2205/ XXI 决议设立的。而非政府间国际经济组织，则按照特定的章程及相关国家的法律，在某一特定国家设立，比如国际商会，就是在法国设立的。

第三，从国际经济组织的职能看，既可以是具有经济贸易职能的组织，也可以是与经济贸易职能有关的组织。具体而言，某一特定国际经济组织的具体职能由设立该组织的决议或者协议决定。例如，根据《国际货币基金协定》设立的国际货币基金组织，其主要职能是促进国家之间在货币领域的合作；而联合国国际贸易法委员会的主要职能，则是“通过与相关国际组织的合作，促进国际贸易法在全世界范围内的不断协调和统一”。

第四，国际经济组织具有独立的法律人格及独立的权利能力和行为能力。它们具有独立的订立合同的权利，取得和处置动产和不动产的权利，法律诉讼能力。其中，政府间国际经济组织及其官员在履行职务时，享有国际法上的外交特权与豁免，而非政府间组织则不具有此项特权与豁免。

二、国际经济组织的种类

国际经济组织可以有不同的分类：

根据国际经济贸易组织成员身份的不同，可以分为政府间国际经济组织和非政府间国际经济组织。政府间国际经济组织的成员只能是国家，在某些情况下，政府间国际经济组织也可以作为另外一个政府间国际经济组织的成员。例如，在世界贸易组织中，欧盟组织中的各成员国是世界贸易组织的成员，欧盟作为一个区域性国际组织，同样在世界贸易组织中占有一席之地。非政府间国际经济组织的成员由不同国家的国民组成，这里的国民，既包括自然人，也包括法人，或者其他民间组织。例如，国际商会是世界上最大的国际商人组织，其成员既有国家会员（国家商会），也包括跨国公司、律师事务所，以及自然人。

根据国际经济组织所覆盖的地区的不同，可以分为全球性国际经济组织和区域性国际经济组织。全球性国际经济组织通常通过国家之间订立的国际条约设立，或者根据国际组织的相关决议设立。例如，解决投资争议国际中心，就是根据各国之间订立的《解决国家与他国国民之间投资争端公约》设立的；而世界贸易组织，是根据《建立世界贸易组织的马拉喀什协议》设立的。而区域性国际经济组织，则根据某一地区的国家之间签订的协议设立。例如欧盟，就是根据欧洲一些国家之间订立的《贸易与货币联盟条约》和《政治罗马条约》设立的。

三、国际经济组织的主要职能

在国际经济贸易中，国际经济组织的主要职能包括以下内容：

（一）制定和协调政策的职能

这是国际经济组织的特有职能。特别是政府间国际组织，可以利用其成员为主权国家的优势地位，通过制定和协调特定领域内的政策，维护国家经济贸易交往秩序。例如，联合国项下的工业发展组织、贸易与发展会议等，在协调各国的工业与经济贸易发展政策方面，具有相当重要的作用。而非政府间国际组织在协调和统一相关领域内的政策方面，也起到了很好的作用。例如，国际商会在协调和统一国际商业界的政策方面，具有举足轻重的地位。

（二）制定相关的法律规则的职能

在经济贸易全球化的条件下，无论发展还是竞争，都应当遵守一定的规则，否则就没有秩序。为了使国际经济贸易健康、有序地发展，必须运用权威性的游戏规则，还应当设立相应的机构，监督规则的实施。因此，由权威性的国际组织制定相关的法律规则并监督这些规则的实施，十分必要。政府间国际经济组织利用其成员为主权国家的优势和政府资源，以缔结国际公约的方式，规范国际经济贸易领域内的各项活动。例如，世界贸易组织在规范国家之间进行经济贸易的纪律方面，作出了突出的贡献；世界知识产权组织在促进各国保护知识产权方面，同样发挥了重要的作用。政府间国际经济组织还利用它们的优势，通过各国选派的专家在这些组织中工作，进而使这些组织在制定相关领域内的示范法时，充分考虑到不同发展阶段的国家和属于不同法律体系的国家的情况，因而它们起草的示范法更容易得到各国立法机关的采纳。例如，联合国国际贸易法委员会制定的《国际商事仲裁示范法》，已经被包括我国香港和澳门特别行政区在内的五十多个国家和地区的立法机关采纳。非政府间国际组织在制定规则方面，也有其独特的作用，那些按照贸易客观发展规律和国际商事交易规律制定的规则，同样有可能被相关行业普遍采纳。例如，国际商会制定的《国际贸易术语解释通则》和《跟单信用证统一惯例》，得到了各国从事国际经济贸易交易的自然人和法人的普遍遵守。

（三）行政与执行的职能

国际组织的权威和职能，主要是由设立该组织的国际公约或者相关章程赋予的，且通过特定组织的常设机构监督与执行。尽管国际上不存在凌驾于主权国家之上的强制执行机构，如像国家法院、警察机构、监狱那样的强制性机构，主要依靠相关成员的自动执行，但是由制定特定规则的国际组织监督该规则的执行，对于该组织的成员，还是具有一定的威慑力的。

（四）解决国际经济贸易争端的职能

许多设立国际组织的公约都规定了由该组织负责解决由于公约的解释和履行而引起的争端，有的国际组织还设立了专门的争端解决机构。其中最有代表性的是世界贸易组织的争议解决机构（Dispute Settlement Body，DSB），该机构对于解决 WTO 成员之间由于世界贸易规则的解释和履行而发生的争议，维护多边贸易持续、稳定地发展，起到了关键性的作用。又如，根据《多边投资担保机构公约》第 56 条的规定，由于公约的解释和适用而产生的机构成员之间，或者成员与机构之间的争议，受到特别影响的成员可以将争议提交董事会解决。成员对董事会的决定不服，还可以将争议的问题提交理事会。理事会的决定是终局的。而国际商会国际仲裁院在通过仲裁的方法解决国际商事交易方面所发挥的作用，同样不可低估。

第二节　全球性政府间国际经济组织

一、国际货币基金组织（International Monetary Fund，IMF）

1944 年 7 月 1 日至 22 日，有 45 个国家参加的“联合国货币金融会议”在美国新罕布什尔州布雷顿森林召开，最终参会各国签订了《国际货币基金协定》。根据该协定，1945 年 12 月 27 日在美国华盛顿成立了国际货币基金组织（简称基金组织），总部就设在华盛顿。基金组织于 1947 年 3 月 1 日开业，同年 11 月 15 日成为联合国专门机构。该组织作为各成员国金融交易的中介机构，负责监督管理国际货币体系的运行、管理基金、办理成员国购买外汇事宜等。截至 2015 年 4 月，共有缔约国 188 个。

基金组织的宗旨是：(1) 通过设置一常设机构就国际货币问题进行磋商与协作，从而促进国际货币领域的合作；(2) 促进国际经济贸易的扩大和平衡发展，从而有助于提高和保持高水平的就业和实际收入以及各成员国生产性资源的开发，并以此作为经济政策的首要目标；(3) 促进汇率的稳定，保持成员国之间有秩序的汇兑安排，避免竞争性货币贬值；(4) 协助在成员国之间建立经常性交易的多边支付体系，取消阻碍国际贸易发展的外汇限制；(5) 在具有充分保障的前提下，向成员国提供暂时性普通资金，以增强其信心，使其能有机会在无须采取有损本国和国际繁荣的措施的情况下，纠正国际收支失调等。围绕其宗旨，基金组织的主要业务包括：通过协调和磋商，监督成员国的汇率政策，提供政策建议；在成员国国际收支失衡时，为成员国政府提供贷款；向成员国政府和中央银行提供技术援助和培训。

中国是基金组织的创始成员国之一。新中国成立后，中国的代表席位长期被台湾地区当局非法占据。1971 年联合国恢复中华人民共和国的合法席位后，1980 年 4 月 1 日，中国外交部致函基金组织，要求恢复中华人民共和国的合法席位。同年 4 月 17 日，基金组织执行董事会通过决议，恢复了中华人民共和国的合法席位。

二、世界银行集团（World Bank Groups）

布雷顿森林会议产生了世界上两大最重要的国际金融组织，即国际货币基金组织和世界银行。世界银行的附属机构包括国际金融公司（International Finance Corporation，IFC）、国际开发协会（International Development Association，IDA）、多边投资担保机构（Multilateral Investment Guarantee Agency，MIGA）和解决投资争议国际中心（International Center for the Settlement of Investment Dispute，ICSID）。世界银行和四个附属机构一起合称世界银行集团，世界银行集团中的每一个机构，同时也是一个相对独立的国际经济组织，履行不同的职能。这些机构均具有独立的国际法律人格，有权签订合同、取得并处理不动产和动产以及进行法律诉讼。这些组织及其工作人员在履行职务和参与诉讼时，在财产与资产、档案、税收等方面享有相应的外交特权与豁免。这些机构总部均设在华盛顿世界银行大楼内。其行政管理工作统一由世界银行负责。

世界银行集团是世界上最大的多边开发援助机构，对各成员国而言，也是最大的国外借贷机构。其宗旨是：通过提供资金、经济和技术咨询、鼓励国际投资等方式，帮助成员国，特别是发展中成员国提高生产力，促进经济发展和社会进步，改善和提高人民的生活水平。

（一）世界银行

世界银行又称国际复兴开发银行（International Bank for Reconstruction and Development，IBRD），根据 1944 年 7 月布雷顿森林会议通过的《国际复兴开发银行协定》于 1945 年 12 月 27

日设立。其宗旨是以提供长期贷款的方式，协助成员国政府、政府机构或政府所担保的私人企业解决用于生产目的所需要的资金，派遣调查团到借贷国调查及提供技术援助等。凡是国际货币基金组织的成员国，都可以成为世界银行的成员国。截至2015年4月，共有188个成员国。

中国是世界银行11个创始成员国之一。其合法席位曾长期被台湾地区当局非法占据。1971年联合国恢复中华人民共和国的合法席位后，世界银行于1980年根据中国政府的请求，由董事会通过决议，恢复了中华人民共和国在世界银行的合法席位，同时也恢复了我国在国际金融公司和国际开发协会的成员国资格。

（二）国际金融公司

国际金融公司（IFC）根据世界银行于1955年5月25日制定的《国际金融公司协定》于1956年7月成立。只有世界银行的成员国，才有资格作为国际金融公司的成员国。截至2015年4月，共有184个成员国，其中包括一百多个发展中国家。国际金融公司具有独立的国际法律人格。

国际金融公司的宗旨是：在不需要政府担保的情况下，为成员国的私人企业发放贷款，并与私人投资者联合向成员国的私人生产企业投资。

（三）国际开发协会

国际开发协会（IDA）根据世界银行执行董事会于1960年1月26日制定的《国际开发协会协定》于同年9月24日成立。只有世界银行的成员国，才有资格作为国际开发协会的成员国。协会具有独立的法律人格。截至2015年4月，共有172个成员国。

国际开发协会的宗旨是：向最不发达的成员国的公共工程和发展项目提供长期贷款。总部设在华盛顿。其行政管理工作由世界银行承担。

（四）多边投资担保机构

多边投资担保机构（MIGA）根据世界银行于1985年10月在汉城举行的年会上通过的《多边投资担保机构公约》（简称《汉城公约》）设立，公约于1988年4月12日生效。截至2015年4月，共有会员国181个，其中包括156个发展中国家。公约的主要目的在于：建立多边投资担保机构，以便鼓励向发展中国家会员国融通生产性投资，为会员国间的海外私人投资提供担保；帮助发展中国家改善投资环境；同私人的、国家的或地区性的投资保险机构进行合作。

MIGA的目标是鼓励和促进向发展中国家会员国进行直接投资，以帮助、支持其经济发展，减少贫困，改善人民生活。为达到上述目标，MIGA对投资的非商业性风险予以担保，并开展合适的辅助性活动，以促进向发展中国家会员国和在发展中国家会员国间的投资流动。

MIGA提供担保的风险只限于非商业性政治风险，具体包括五种险别：货币汇兑险、征收或类似措施险、战争与内乱险、违约险和其他非商业风险。MIGA在对担保权人支付或同意支付后，机构即代位取得担保权人在东道国的权利，有权向东道国和其他债务人进行求偿索赔。

中国于1988年4月28日批准该公约，4月30日向世界银行递交对公约的核准书，同时成为该机构的创始会员国之一。

（五）解决投资争议国际中心

解决投资争议国际中心（ICSID）根据 1965 年 3 月 18 日由世界银行提交各国政府在华盛顿签署的《解决国家与他国国民之间投资争端公约》（Convention on the Settlement of Investment Disputes Between States and Nationals of Other States，简称《华盛顿公约》）设立，目的在于为解决各缔约国和其他缔约国国民之间的投资争议，提供调解和仲裁的便利。截至 2015 年 4 月底，共有 159 个国家签署了该公约，其中 150 个国家已提交批准书。

三、世界贸易组织（World Trade Organization，WTO）

世界贸易组织（WTO）是根据 125 个关税与贸易总协定（GATT）成员在乌拉圭回合谈判结束时于 1994 年 4 月 15 日共同签署的《建立世界贸易组织的马拉喀什协议》（以下简称 WTO 协议）设立，总部设在日内瓦。截至 2014 年 6 月底，共有成员方 160 个。

WTO 是对 GATT 的继承与发展。其宗旨是：通过大幅度减让关税，取消各种贸易壁垒和歧视性待遇，实现贸易自由化；提高各国人民的生活水平，保证充分就业，保障实际收入和有效需求大量稳步增长；通过扩大货物和服务的生产与贸易，遵照可持续发展的目标和不同贸易发展水平国家的各自需要，促进世界资源的充分利用，并且确保发展中国家在国际贸易增长中得到与其贸易发展相适应的份额。

WTO 规则是调整 WTO 成员管理国际贸易的行为规则的总称。这些规则不仅包括各成员方在 WTO 成立时订立的各项协议，也包括新成员加入议定书，各成员在货物贸易、服务贸易等领域内作出的相关承诺，以及在 WTO 存续期间通过谈判形成的对相关成员具有拘束力的各种法律文件。

根据 WTO 协议的规定，附件 1、2、3 所含协议（简称多边贸易协议）及相关法律文件，是该协定的组成部分，对所有成员有约束力。而附件 4 所含的协议（简称复边贸易协议）及相关法律文件，虽也构成该协定的组成部分，但仅对接受该协议的成员有约束力。世贸规则是 WTO 各成员方在多边贸易谈判中通过协商而达成的多边协议。随着国际经济贸易的发展，WTO 主持下由各成员方在新的回合就新的议题所进行的谈判中所形成的协议，如可能就贸易与环境、劳工标准等问题进行谈判并达成新的多边协议，这些协议同样构成世贸规则的组成部分。鉴于 WTO 的成员中绝大多数均为主权国家①，所以，世贸规则具有国际条约的性质，对各参加国具有国际法上的拘束力。

根据 WTO 协议第 3 条的规定，WTO 的主要职能是：

1. 促进 WTO 协议和多边贸易协议的执行、实施与运作并促进其目标的实现，并为复边贸易协议的执行、实施、运作提供框架。

2. 为 WTO 成员方在本协议附件各协议处理事项下的多边贸易关系提供谈判场所。若部长

---

① 单独关税区的政府也可成为 WTO 的成员，如欧盟，中国的香港、澳门。此外，我国台湾地区也已经申请加入 WTO，WTO 也成立了台湾地区加入 WTO 问题工作组。

会议作出决定，WTO 还可以为各成员方之间进行的多边贸易关系的进一步谈判提供场所，并为该谈判成果的执行提供框架。

3. 负责管理实施本协议附件 2《关于解决争端的规则与程序的谅解》（简称《争端解决谅解》）。

4. 负责管理实施本协议附件 3《贸易政策审议机制》。

5. 为了更好地协调全球贸易政策的制定，与国际货币基金组织、世界银行及其附属机构进行适当的合作。

WTO 的最高权力机构是由全体成员方代表组成的部长会议。部长会议负责履行 WTO 职责并采取必要行动，对任何多边贸易协议规定的所有事项均有权作出决定。在部长会议休会期间，其职责由全体成员方代表组成的总理事会履行。总理事会可以随时开会以履行《争端解决谅解》规定的争端解决机构的职责，以及《与贸易有关的投资措施协定》规定的贸易评审机构的职责。总理事会下面设货物贸易理事会、服务贸易理事会与知识产权理事会，履行相关协议规定的职责。此外，部长会议设贸易发展委员会、限制国际收支失衡委员会及预算、财务和行政委员会，负责履行该协议和多边贸易协议规定的职责。

我国于 2001 年 12 月 11 日成为 WTO 的正式成员。

四、世界知识产权组织（World Intellectual Property Organization，WIPO）

世界知识产权组织（WIPO）是根据 1967 年在斯德哥尔摩签署的《建立世界知识产权组织公约》设立的政府间国际组织。公约于 1970 年 4 月 26 日生效。我国于 1980 年 6 月 3 日正式批准该公约，成为该组织第 90 个成员国。截至 2015 年 4 月，缔约国已达到 188 个，几乎世界上所有的主权国家都参加了。该组织自 1974 年 12 月 17 日起成为联合国保护知识产权方面的专门机构，总部设在日内瓦。

WIPO 的宗旨是：通过国家间的合作促进在全世界范围内保护知识产权，保证各个联盟之间的行政合作。其主要职能有三个：注册职能，促进各国在管理知识产权方面的合作，以及组织知识产权领域内的开发与合作项目。

WIPO 的注册职能是各有关工业产权或知识产权国际公约赋予的行政管理义务。例如，WIPO 根据《专利合作条约》、《商标国际注册马德里协定》、《商标注册条约》、《工业品外观设计国际备案海牙协定》等条约或者协定向有关国家的申请人申请国际专利、商标国际注册提供直接的服务，办理申请、检索、初审等事宜。

为促进知识产权管理方面的政府间合作提供援助，是该组织的另一重要职能。例如，该组织在 1975 年建立的专利情报与文献服务项目，免费向发展中国家的专利机关提供检索报告，检索费用由参加该项目的发达国家分担。此外，该组织还参与了非洲知识产权组织为满足讲法语的非洲国家的需要而建立的专利情报与文献中心的工作，以及讲英语的非洲国家工业产权组织建立的类似机构的工作。

此外，该组织通过设立工业产权开发合作的常设机构，负责定期或者不定期地举办各种技术开发与合作项目，旨在为发展中国家培训政府官员和私人企业的代表，组织起草新的法律规则，或者对现有法律规则进行修订，提供法律咨询与服务，建立和加强工业产权机构的工作，促进各国的技术革新与发明活动等。

该组织还设立了仲裁与调解中心，旨在通过仲裁与调解的方法，解决与知识产权有关的商事争议。

五、国际统一私法协会

国际统一私法协会（the International Institute for the Unification of Private Law, UNIDROIT）（以下简称协会）最早成立于1926年，当时是作为国际联盟的一个辅助性机构，在国际联盟解体后又于1940年根据多边协议——《国际统一私法协会章程》重新设立。该协会现在是一个独立的政府间国际组织，其总部设在罗马。现有63个成员国，来自于不同法律体系和地区，我国也是该协会的成员国。

协会的宗旨是在世界范围内协调和统一私法，促进各国和各多国集团之间私法规则的统一和协调，并制定可能会逐步被各个不同的国家所接受的私法统一规则。它主要致力于推进法律方面和立法技术方面的统一，而不过多地涉及“政治性”问题。

协会的组织机构由成员国大会、理事会、协会主席、秘书处和行政部等几个部分组成。成员国大会是协会的最高权力机构，由每个成员国各派一名代表组成，至少每年开一次大会。其任务是：每年审议一次协会的预算，每三年确认一次协会的工作计划，每五年改选理事会成员的25%。理事会主要负责拟订协会的工作计划，确定实现章程所规定的各项目标的具体方法。协会主席由意大利政府指定，是理事会的当然成员。秘书处是协会的执行机构，负责实施各项工作计划。秘书处由秘书长领导，秘书长由协会主席提名并经理事会任命。行政部负责解决协会与其职员间的各种争议和纠纷。协会的正式语言为英语、法语、德语、意大利语和西班牙语，工作语言为英语和法语。

在确定某一课题是否纳入协会的工作计划时，理事会特别关注国际社会对该领域法律统一的需要程度，同时还要考虑在该领域协调各不同法系之间分歧的可能性。在选择统一法的类型和适用范围时也要考虑这些因素。目前已纳入协会的工作计划并正在进行调研的课题主要有：特许经营协议、检验合同、有关实施危险行为的民事责任、关于软件的法律问题等。

某一课题如被纳入了协会的工作计划，秘书处在专家的协助下将进行必要的准备性研究。研究主要侧重于对相关法律的比较，以及该项目的可行性，有时也会草拟一个初步的统一规则草案。该研究结果将提交理事会，如获理事会同意，则授权一个工作组正式起草规则草案。工作组由国际知名专家组成，在考虑工作组的构成时，秘书处会尽可能地兼顾到各个不同法系的代表性。工作组完成起草工作后将文本提交理事会，理事会将授权秘书处组织政府专家委员会审阅。政府专家委员会由每个成员国指定一名或多名代表组成，一些对此感兴趣的非成员国也可被邀请作为观察员。政府专家委员会经过一轮或多轮审议后，将草案提交理事会批准，并将最后文本交由成员国外交大会讨论通过。

协会的其他活动主要有：(1) 向发展中国家和市场经济转轨的国家提供法律信息，并为其培训律师和专门的法律人才；(2) 设立研究基金，资助学者研究统一法及其实践；(3) 协会秘书处尽力举办各种培训班，宣讲私法统一所取得的成就，尤其是该协会的工作成果；(4) 举办国际法律研讨会；(5) 出版《统一法论坛》，这是继以前曾出版的《统一法年鉴》和《统一法案例》之后又一份成功的刊物。另外，协会的图书馆是欧洲主要图书馆之一，藏书达 220 000 册，还有不同国家出版的 550 种期刊，涉及私法的各个领域，特别是商法、国际私法和比较法。

协会自成立至今已经完成了七十多项研究和立法工作，涉及的领域主要有：有关货物买卖的法律、信贷法、货物运输法、与民事责任有关的法律、程序法和旅游法。

由协会制定并被其成员外交大会采纳的公约有：1964 年《关于国际货物销售合同成立的统一法公约》，1964 年《关于国际货物销售的统一法公约》，1970 年《旅游合同国际公约》，1973 年《国际票据格式统一法公约》，1983 年《国际货物销售代理公约》，1988 年《融资租赁公约》，1988 年《国际保付代理公约》。

此外，协会还主持制定了 1994 年《国际商事合同通则》。该通则旨在为国际商事合同确定一般规则，用于解释或补充国际统一法律文件，也可用作国家或国际立法的范本。通则以示范立法的形式统一或协调法律。其颁布后被译成多国文字，协会又于 2004 年对该通则进行了修订和补充。通则中体现的诚实信用原则、公平交易原则等，得到各国国内立法的普遍认可。

协会参与制定的、由其他国际组织通过并正在生效的公约主要有：1954 年《战时文化财产保护公约》、1956 年《关于国际陆路货物运输合同的公约》、1958 年《关于承认和执行抚养未成年人义务判决的公约》、1959 年《关于强制投保机动车民事责任欧洲公约》（欧洲理事会）、1962 年《关于旅馆经营者对其住客财产的责任公约》（欧洲理事会）、1980 年《联合国国际货物销售合同公约》等。

六、联合国国际贸易法委员会

联合国国际贸易法委员会（United Nations Commission on International Trade Law，UNCITRAL，简称联合国贸法会）根据 1966 年 12 月 20 日联合国大会一致通过的第 2205/XXI决议设立。1968 年 1 月 1 日起开始工作。

联合国贸法会的宗旨是在全世界范围内不断地协调和统一国际贸易法。其主要工作是：(1) 协调国际贸易法领域内的相关国际组织的活动，鼓励相互间的合作；(2) 促进更加广泛地参加现行公约和统一法及示范法的采纳；(3) 准备和通过新的国际公约、示范法和统一法，促进国际贸易法典的编纂和更加广泛地采纳国际贸易术语、惯例和习惯性做法；(4) 促进确保国际贸易法领域内的根据公约和统一法的统一解释适用的方法和手段；(5) 收集和传播国际贸易法领域内的包括案例在内的各国国内立法和最新法律发展的信息；(6) 建立和保持与联合国贸易与发展会议的密切合作；(7) 与联合国的与贸易有关的其他组织和专门机构保持联系等。

联合国贸法会成立之初，由联合国大会选出的 29 个国家组成，任期 6 年，名额按地区分配。1973 年扩大到 36 名成员。目前由 60 个国家组成，这些成员来自不同地区和法系。每三年半数成员任期届满，委员会每年召开例会，轮流在维也纳和纽约举行。

联合国贸法会成立后，在协调和统一国际贸易法方面做了大量的工作。起草了有关国际货物买卖、国际货物运输、国际商事仲裁、国际支付、电子商务、跨国破产等领域内的国际公约、规则和示范法，对于协调和统一国际贸易法领域内的法律规则，发挥了不可替代的作用。

截至2015年5月4日，由联合国贸法会负责管理和制定的相关国际条约和示范法如下[①]：

1. 货物销售方面

(1)《联合国国际货物销售时效期限公约》(1974年，纽约，22个缔约国)，经《1980年4月11日议定书》修正(维也纳，29个缔约国)。

(2)《联合国国际货物销售合同公约》(1980年，维也纳，83个缔约国)。

2. 争议解决方面

(1)《承认及执行外国仲裁裁决公约》(1958年，纽约，155个缔约国)。

(2) 联合国国际贸易法委员会《国际商事仲裁示范法》(1985年，2006年通过修正案)。

(3) 联合国国际贸易法委员会《国际商事调解示范法》(2002年)。

(4)《联合国投资人与国家间基于条约仲裁透明度公约》(2014年，纽约，尚未生效)。

3. 政府订约方面

联合国国际贸易法委员会《政府采购示范法》(2011年)。

4. 银行业务和支付方面

(1)《联合国国际汇票和国际本票公约》(1988年，纽约，5个缔约国)。

(2) 联合国国际贸易法委员会《国际信用划拨示范法》(1992年)。

(3)《联合国独立担保和备用信用证公约》(1995年，纽约，8个缔约国)。

5. 担保权益方面

《联合国国际贸易应收款转让公约》(2001年，纽约，1个缔约国)。

6. 破产方面

联合国国际贸易法委员会《跨国界破产示范法》(1997年)。

7. 运输方面

(1)《联合国海上货物运输公约》(1978年，汉堡，34个缔约国)。

(2)《联合国国际贸易运输港站经营人赔偿责任公约》(1991年，维也纳，4个缔约国)。

(3)《全程或者部分海上国际货物运输合同公约》(2008年，纽约，3个缔约国)。

8. 电子商务方面

(1) 联合国国际贸易法委员会《电子商务示范法》(1996年)。

(2) 联合国国际贸易法委员会《电子签名示范法》(2001年)。

(3)《联合国国际合同使用电子通信公约》(2005年，纽约，6个缔约国)。

七、其他一些政府间国际经济组织

除了以上列举的国际经济组织外，还有一些政府间国际经济组织在促进国际经济发展的进程中发挥了同等的重要作用。这里仅列举以下政府间国际组织：

1. 联合国贸易和发展会议(United Nations Conference for Trade and Development, UNCTAD，简称联合国贸发会议)，根据联合国大会决议成立于1964年，总部设在日内瓦。其宗旨是：促进成员国的贸易发展与国际贸易，特别是发展中国家之间的贸易和不同贸易制度

① 参见联合国大会文件，第A/CN.9/843号，2015-05-04。

与社会结构国家之间的贸易，制定与国际贸易和贸易发展相适应的原则和政策。截至 2015 年 7 月，共有成员国 194 个。联合国贸发会议主持制定了《联合国国际货物多式联运公约》、《联合国国际技术转让行动守则》、《限制性惯例示范法》、《班轮公会行动守则公约》等法律规则。

2. 联合国工业发展组织（United Nations Industrial Development Organization，UNIDO，简称联合国工发组织），1967 年成立，总部设在维也纳。1986 年 1 月 1 日起成为联合国专门机构之一。该组织的宗旨是：促进发展中国家工业的发展，协助建立新的国际贸易秩序，促进世界各国、各地区和各部门之间的工业发展与合作。截至 2015 年 3 月 16 日，共有成员国 170 个。

第三节　区域性政府间国际经济组织

一、欧洲联盟（European Union，EU，简称欧盟）

欧盟根据 1991 年欧共体 12 国在荷兰马斯特里赫特签署的《贸易与货币联盟条约》和《政治罗马条约》（统称为《马斯特里赫特条约》，简称《马约》）设立。1993 年 1 月 1 日起生效。欧盟的前身是欧洲贸易共同体。目前，欧盟有 27 个成员国。总部设在比利时首都布鲁塞尔。

欧盟的宗旨是：通过设立一个没有内部边界的区域，加强贸易和社会联合，建立贸易与货币联盟并最终实现单一货币等途径，促进贸易和社会均衡、持续的进步；通过共同外交和安全政策（包括共同防务政策）的实现，维护欧盟的国际实体地位；通过采用欧盟公民资格，加强对成员国国民利益的保护。

欧盟的主要决策机构是欧盟理事会，由成员国各指定一名部长级代表组成。其主要职能是：在广泛的领域内与欧洲议会共同决定行使立法权；对各成员国的贸易政策进行广泛协调；代表欧盟与其他国家或国际组织签订国际协定；与欧洲议会共享预算权力；等等。

欧盟的执行机构是欧洲执行委员会，其主要职能是：向欧洲议会和欧盟理事会提出立法草案；负责实施议会和欧盟理事会通过的欧盟立法（指令、法规、决定）、预算和计划等；在国际上代表欧盟谈判等。

欧洲议会由直接普选产生，议员名额按国家大小分配。其主要职能是：与欧盟理事会共同享有立法权；通过欧盟立法（指令、法规、决定）；与欧盟理事会共享预算权；对欧洲执行委员会的工作实施民主监督；等等。

欧洲法院是欧盟的司法机构。其主要职能是：解释《马约》，以及欧盟法规、决定、指令等；解决各成员国之间、欧盟各机构之间、欧盟与各成员国之间、法人之间、个人之间，以及它（他）们相互之间涉及执行欧盟法规有关的争议；行使欧盟行政法庭的职能；根据欧盟理事会或执行委员会的要求，在欧盟与外国或者其他国际组织签署的协定生效之前，提供咨询意见，以保证所签协议符合《马约》的有关规定等。

二、安第斯条约组织（Andean Pact Organization）

安第斯条约组织又称安第斯集团，是南美洲安第斯山地区发展中国家区域性经济贸易合作组织。1969 年 5 月 26 日，玻利维亚、哥伦比亚、智利、厄瓜多尔和秘鲁五国在哥伦比亚卡塔赫纳签署《安第斯区域一体化协定》（后称《卡塔赫纳协定》），成立了卡塔赫纳协定委员会，1969 年 10 月 16 日协定生效后，改称安第斯条约组织。总部设在秘鲁首都利马。

该组织的宗旨是促进成员国之间平衡和协调地发展，取消成员国之间的关税壁垒，组成共同市场，加速经济贸易一体化进程。安第斯集团的最高权力机构是卡塔赫纳协定委员会，由各成员国分别派一名全权代表、一名候补代表组成，每年召开 3 次例会。该委员会的主要职能包括制定总政策，批准所有成员国在协调发展计划和经济贸易政策方面都必须遵守的原则。技术委员会是该组织的技术和执行机构，由协定委员会任命的 3 名成员组成，任期 1 年。为了加速一体化进程，该组织于 1978 年建立了安第斯储备基金会以帮助成员国平衡国际收支，协调成员国的外汇、货币和财政政策。此外，该组织的机构还有安第斯议会、安第斯法院、安第斯开发公司、经济贸易和社会顾问委员会、外交部长理事会和总秘书处。

安第斯集团在 1970 年年底通过了《对待外资共同条例》，对外资投资范围、利润汇出比例、股权等方面都作了比较严格的规定。1987 年 5 月安第斯集团在厄瓜多尔首都基多签署了修改《卡塔赫纳协定》的议定书，重新确定了自己的发展方向。议定书的主要内容为：放宽对外资的限制，大大提高汇出利润的比例；消除成员国之间的贸易保护主义，在议定书生效之后，哥伦比亚、秘鲁、委内瑞拉即实行免除关税的政策，玻利维亚和厄瓜多尔则可在议定书生效 6 个月之后开始减免关税，3 年内每年减免 5%；成员国之间可以自由发展双边贸易。

1989 年 5 月下旬，安第斯集团五国首脑会议在哥伦比亚的卡塔赫纳举行，签署了《卡塔赫纳宣言》。宣言特别号召成员国立即取缔阻碍自由贸易计划实施的一切措施，加紧推广“比索”的使用，逐步使其成为地区的统一货币。宣言还鼓励和推动成员国与非安第斯国家以及政府间组织加强合作以促进拉丁美洲地区的发展。1996 年 3 月，第 8 届首脑会议决定成立安第斯共同体。

第四节　非政府间国际经济组织

非政府间组织（Non-Governmental Organization，NGO）是指由政府以外的来自不同国家的成员组成的民间组织。在国际经济贸易交往中，泛指政府以外的从事与国际经济贸易有关的活动的国际组织。在长期的国际经济贸易交往中，非政府组织在制定相关的交易规则和促进全球经济贸易发展方面，同样发挥了重要的作用。

与政府间国际组织相比，非政府间国际组织的主要特点是：第一，成员为政府以外的自然人、法人或者其他实体或组织。第二，非营利性，这些组织不同于专门从事经营活动并以追求利润为宗旨的跨国公司，这些组织所从事的是与促进国际经济贸易发展有关的工作，其通过各种方式参与和影响国际经济贸易活动。例如，制定相关行业的规则并监督此项规则的实施，解决国际贸易争议等。第三，这些组织根据特定国家的法律设立，有其各自的章程、组织机构、活动场所、办事机构等。

一、国际商会

国际商会（International Chamber of Commerce，ICC）是1919年成立的为世界商业服务的非政府间国际组织，总部设在巴黎。其会员分为三种：第一是国家商会会员，即每个国家的商会可申请成为该会的国家会员，组成国家委员会，如我国国际贸易促进委员会1994年加入国际商会后即作为该会的国家会员。该会拥有来自一百三十多个国家的上千名公司和社团会员，在全球九十多个国家和地区设有国家会员。第二是在国际上有影响的商业组织，这些商业组织遍及世界一百三十多个国家和地区。第三是个人会员，如注册会计师、律师、教授等，只要愿意遵守该组织的章程，缴纳会费，也可成为该会个人会员。国际商会的宗旨是通过加强国际商业交往，促进世界贸易的繁荣与发展。

此外，联合国成立后第二年，国际商会即被授予最高级别的咨询会员的地位，为联合国许多专门机构提供咨询。该会设有16个专门委员会，涉及反腐败、仲裁、银行技能与实务、商业往来、商法与实务、竞争、海关与贸易规章、电子商务、信息技术与电信、经济政策、环境与能源、金融服务与保险、知识产权、市场营销、税务、贸易与投资政策、运输与后方勤务等领域，它们就上述领域内的政策与规则进行协调和统一。由该会主持制定的《国际贸易术语解释通则》、《跟单信用证统一惯例》、《托收统一规则》、《备用信用证惯例》、《见索即付统一规则》等，对于协调和统一国际贸易规则和银行信用证付款规则，发挥了重要的作用。而由该会在1923年设立的仲裁院在通过仲裁方式解决产生于国际商事交易中的争议方面，在世界范围内影响重大。截至2014年年底，该仲裁院共受理了两万多起仲裁案件，涉及一百八十多个国家和地区。

国际商会国际仲裁院不仅通过仲裁的方法解决了大量商事争议，还不断地扩展解决商事争议的其他渠道，制定了各种相关的规则。例如，1990年1月1日起生效的《仲裁前公断程序规则》（Rules for Pre-Arbitral Referee Procedure），2001年1月1日起实施的《选择性争议解决规则》（ADR Rules），2003年1月1日起实施的《专家解决争议规则》（Rules for Expertise），2004年1月1日起实施的《ICC作为指定机构规则》（Rules of ICC as Appointing Authority），以及2004年9月1日起实施的《争议解决委员会规则》（Dispute Board Rules）等，为当事人提供多种可供选择的解决争议方法。

二、国际海事委员会

国际海事委员会（International Maritime Commission，IMC）是一个非政府性组织，1897年设立于比利时的布鲁塞尔。

根据国际海事委员会章程的规定，国际海事委员会由各国（或多国间）海商法协会组成。各个协会应遵循国际海事委员会的宗旨，其会员资格应向从事海事商业活动的人（个人和团体）或者海商法专家开放。各个会员协会应努力体现其协会中各种利益平衡的观点。如果一国没有设立海商法协会，但该国某一组织申请成为国际海事委员会会员，倘若国际海事委员会大会认定该组织的宗旨或宗旨之一是统一海商法、海事惯例和实践做法，则大会可接受其为国际海事委员会会员。凡该会章程中提到会员协会之处，都视为包括被接纳为会员的任何组织。除非大会作出另外决定，每一个国家只能有一个协会或组织成为合格的成员，多国间协会只在其任何一个成员国中没有会员协会时，才能成为合格会员。根据有关协会的提议，大会可任命协会中个人会员为国际海事委员会的名誉会员，但每一会员协会中国际海事委员会名誉会员最多为18名。此种任命应属于荣誉性质，并且作出此种任命应考虑候选人对国际海事委员会所作出的贡献及其在法律上或海运事务中所达到的地位。名誉会员不享有表决权。

国际海事委员会管理机构包括主席、大会和执行委员会。其中大会由国际海事委员会全体会员组成，会员协会和国际组织只能选派1名代表出席，并可由不超过2名的助手随同。大会应在每年3月举行一次会议，除非执行委员会决定在前半年其他日期召开，或者应主席、6个会员协会或秘书长请求在其他时间召开。会议通知至少应在开会前8个星期发出。大会将处理的事项，包括任命空缺机构，应在会议通知的议题中列入，在出席大会的会员协会不反对此项议程时，大会可对没有列入议题的事项作出决定，但对国际海事委员会章程的修正除外。在大会上，出席大会的每一会员协会享有一票表决权。所有大会的决议应由到会并投票的会员的简单多数票通过。但是，对章程的修正案须由全体会员协会的多数票通过。如果修改章程的提案未能通过，大会可由简单多数票决定再次召开会议，但应不迟于开会前8个星期将开会事宜事先通知全体会员协会。在第二次会议上，决议可由到会并投票的会员的简单多数票通过。

大会的职能为：(1) 选举国际海事委员会官员和执行委员会成员，任命和罢免行政官员；(2) 接纳新的会员和观察员；(3) 确定会员向国际海事委员会缴纳费用分摊的比例；(4) 审核，并且如果认为适当，批准账目和预算；(5) 审核执行委员会的报告，发布国际海事委员会未来活动安排的通知；(6) 召集国际会议；(7) 修正章程等。

国际海事委员会的主席主持大会、执行委员会和国际会议。他是执行委员会任命的国际分委会和工作小组的当然成员。在秘书长的协助下，主席执行大会和执行委员会的决议；监督国际分委会和工作小组的工作；在对外事务，尤其是在与其他国际组织保持联系方面，代表国际海事委员会，确保国际海事委员会工作的持续和发展。

执行委员会是大会休会期间行使章程规定的权限的机构，其主要职能包括：与国际海事委员会的官员、会员协会、有关的政府间组织和其他国际性协会保持联系；组织准备相关文件，包括及时告知会员协会在统一海商法和实践做法的领域内的进展；告知政府间组织和其他国际性协会国际海事委员会对有关议题的观点；在国际海事委员会的宗旨范围内开展新的工作，指定分委会和工作小组承担有关工作并对其进行监督；征求专家对其所研究的法律问题的意见；扩大国际海事委员会会员的范围；编辑出版物；实施大会的决议，以及准备向大会报告所做的工作和所采纳的动议。

执行委员会法定成员为5人。但是，经征求所有会员的意见，执行委员会可不召开会议而作出决定。所有决定应以简单多数票通过。主席，或者在其缺席时，(执行) 秘书长，在双方票数相等时，应投决定性一票。执行委员会可以将其认为适当的工作委托给工作小组。此种工作小组应向执行委员会提交报告，但不向其他机构提交。

国际海事委员会应根据大会动议，至少每4年召开一次国际会议，讨论大会起草的议题。国际会议应由全体国际海事委员会会员和由执行委员会邀请的观察员参加。每一个有表决权的会员协会可派7名代表出席国际会议，不包括大会的该会员协会代表及其助手以及名誉会员。

国际海事委员会的国际组织成员可以派2名代表出席国际会议。每一个会员协会具有一票表决权。国际海事委员会的其他成员或官员不享有表决权。一个协会不能委托另一个协会行使表决权。大会决议应由到会并投票的会员协会的简单多数票通过。

国际海事委员会自成立以来，制定了多项有关海事运输方面的国际规则，包括参加或者主持起草不少国际海事公约，并被国际社会接纳、生效，著名的如《约克—安特卫普规则》、《海上避碰规则》、《船舶碰撞中民事管辖权方面若干规定的国际公约》、《维斯比规则》、《电子提单规则》等。这些规则对于促进全球范围内海事私法规则的协调和统一，发挥了重要的作用。

三、国际咨询工程师联合会

国际咨询工程师联合会的全称是 Fédération Internationale Des Ingénieurs Conseils（FIDIC），英文为 The International Federation of Consulting Engineer。[①] 总部设在瑞士首都日内瓦世界贸易中心。

该会成立于1913年，是国际咨询工程师的组织，在全球有74个会员团体（原则上每个国家有一个会员团体），代表一百多万咨询工程师的利益。此外，该会还包括其他会员。其宗旨是通过制定标准合同格式，规范行业标准，促进各国之间的商业交往和全球贸易的可持续发展。该会制定的国际工程承包合同格式，注意平衡发包人和承包人的利益，在世界范围内引起普遍关注，并得到相当普遍的采纳。

FIDIC工程承包合同通常包括以下三类合同的共同条件：（1）建筑施工合同条件（conditions of contract for construction），又称红皮书（red book），即专门适用于承包建筑工程的合同条款，包括发包商和承包商都必须遵守的一般权利与义务；（2）设计施工合同条件（conditions of contract for plant and design-build），该合同条件除了包括适用于承包建筑工程的合同条款外，还包括有关所承包工程的前期的勘察设计的内容，此项合同条件又称黄皮书（yellow book）；（3）交钥匙合同条件（conditions of contract for EPC/turnkey projects），顾名思义，该合同条件涉及所承包的工程项目的全过程，包括工程的勘察、可行性研究、规划、初步设计、技术设计、制定施工图、工程施工、设备安装、调试、人员培训，一直到开工生产，由承包人一包到底。

就一般的工程承包合同而言，通常包括如下条款：

1. 监理工程师和监理工程师代表权责条款：监理工程师经业主（发包人）任命并书面通知承包商，他是发包人的代理人，其主要职能是在履行合同的过程中，监察和监督工程的进展情况，对工程中采用的任何材料和工艺进行实验和审核，发出开工令，发给有关工程进度的证明，下达相关指令等。

2. 工程转让和分包条款：通常规定未经监理工程师或者发包人同意，承包人不得将其所承包的工程进行转包；或者经监理工程师或者发包人同意将工程转包后，承包人对分包人的违约或过失承担全部责任。

3. 承包商的一般义务条款：承包商应当按照合同规定，认真地实施和养护工程。

---

① 该会的网址是 http：//www. fidic. org。

4. 竣工和推迟竣工条款：当工程按合同规定和监理工程师要求建成时，承包商应书面通知监理工程师并保证在维修期内完成剩余工作，由监理工程师发给相关证书或指示承包人完成哪些工作后才能获得相关证书。如果由于工程变更或遇到不利的自然条件或人为障碍需要延长工期的，也应当由监理工程师签发相关证明或指令。

5. 维修条款：即在监理工程师签发证书后的一段期间内承包商应当按照监理工程师的要求，对相关的工程缺陷进行维修的责任。

6. 工程变更条款：即在合同签订后，监理工程师认为必要，可以作出更改过程的指令，由此产生的相关费用由监理工程师酌定。

7. 索取追加费用条款：规定承包商每月向监理工程师提交一份清单，载明其认为有权向发包人请求支付的追加费用的具体情况，特别是根据监理工程师指令所进行的额外工作的情况。

8. 支付条款：这是合同共同条件中最为重要的内容。对于一项建设周期长、耗资巨大的工程而言，工程款也是分期支付的。一般而言，该条款包括以下主要内容：

(1) 预付款：工程开工前发包人应当向承包人支付的用于购置施工机械、原材料、工地办公设施等的款项，约为合同总金额的10%。

(2) 日常结算：通常为发包人每月向承包人支付的款项。此项费用可扣除承包人应当向发包人支付的款项，包括保留金、预付款的偿还部分等。保留金通常为每月应付款的5%至10%，但其总金额达到承包总额的5%时就不再扣留。保留金于竣工、维修开始和维修期满时各偿还1/2。

(3) 支付期限：自监理工程师签发结算单之日起若干天内发包人应当支付相关款项。

(4) 迟付利息：发包人不按合同规定期限付款的情况下应当按工程所在国中央银行放款利率计息。

(5) 支付货币和兑换率：合同中应当就发包人支付的货币作出规定。如果以两种以上的货币支付，应规定支付的比例和它们的兑换率。

(6) 最后结算：承包人应当在维修证书签发之日起数日内向监理工程师提交最终结算单，并附上完工总价值证明文件及其他应得费用的证明。监理工程师收到最终结算单后在规定的期限内签发最终结算证书，发包人应当在最终结算证书签发之日起若干天内付清全部工程款。

9. 承包人违约条款：承包人必须按照合同规定和监理工程师的要求进行施工和维修。如果未经发包人或者监理工程师同意转让合同、无正当理由不开工、使用不合格的原材料等，发包人有权根据违约情节要求损害赔偿，情节严重的，发包人有权解除合同，并请求损害赔偿。

10. 发包人违约条款：发包人在合同规定的期限内未向承包人支付工程款，干扰、拒绝签发付款证明，或者不能继续履行合同等，承包人有权追究发包人的违约责任，包括解除合同，并要求赔偿损失。

11. 特殊风险条款：由于承包人不能控制的原因而发生的风险，如战争、动乱、军事政变，对施工造成直接或者间接的影响的，承包人不承担责任。

12. 争议解决条款：如何通过争议解决机构和仲裁的方式解决合同当事人之间争议的条款。

四、其他一些非政府间国际经济组织

国际法协会、各种行业组织、绿色和平组织等民间团体，这些非政府组织的活动，对于建立公正的国际贸易秩序和促进国际贸易健康、有序地发展，同样发挥着重要的作用。

问题与思考

1. 简述国际经济组织的概念及种类。
2. 简述政府间国际经济组织在国际贸易中的作用。
3. 简述区域性国际经济组织在国际贸易中的作用。
4. 简述非政府间国际经济组织在国际贸易中的作用。
5. 简述国际商会在促进全球经济贸易中的作用。

第二编

国际贸易法

第三章

国际货物买卖法

本章概要

国际贸易法是一门古老的法学学科，并且不断发展。其调整范围由原来的商事交易关系扩大到贸易管理关系，从性质上已不再限于私法；由货物买卖扩大到技术贸易、服务贸易。

调整国际货物买卖的法律，包括国际条约、国际惯例和国内法。国际货物买卖合同是国际货物买卖合同当事人权利义务的基础，其特征、成立、基本条款以及对合同的解释，是应了解的基本要素。《联合国国际货物销售合同公约》调整合同的成立及买卖双方权利义务，但不调整合同的效力问题。该公约是默示适用公约，其对双方权利义务的规定不排除当事人的其他约定，只是在当事人没有约定或约定不明确时，公约提供了一个最低标准；同时双方的权利义务还应根据所使用的具体贸易术语来确定。损害赔偿是该公约规定的基本的违约补救措施，其规定可以补充中国合同法的不足。而所有权转移问题则是各国国内法调整的范围。

关键术语

CISG　Incoterms　国际商事合同通则　数据电文　要约　承诺　要约邀请　承诺期限　FOB CIF CFR　船舷　装运合同　到货合同　权利担保　货物相符　根本违约　非债务人所能控制的障碍　预期违约　宣告合同无效　赔偿救济　实际履行　减价　货物特定化

第一节　调整国际货物买卖的法律规则

一、调整国际货物买卖的国际公约

国际货物买卖合同一般都离不开国内法的调整，在选择某一国的国内法作为买卖合同的适用法律时更是如此。世界上许多国家都有单独的买卖法调整买卖合同，但不同国家法律对同一事项往往有不同的规定。统一调整国际货物买卖的法律规范一直是世界各国、各种贸易团体追求的目标。国际社会在这方面作出不懈的努力。最有代表性的是联合国国际贸易法委员会制定的《联合国国际货物销售合同公约》(CISG)。

1980 年 4 月 11 日通过、1988 年生效的《联合国国际货物销售合同公约》，是在国际统一私法协会 1964 年制定的《关于国际货物销售的统一法公约》（ULIS）、《关于国际货物销售合同成立的统一法公约》（ULF）基础上制定的。

《联合国国际货物销售合同公约》适用于国际货物销售合同。国际货物销售合同应具备国际性、货物销售、销售合同等要件。

公约具有默示适用的特点。营业地位于不同国家的当事人之间所订立的货物销售合同，如果这些国家是缔约国，或国际私法规则导致适用某一缔约国的法律，则该合同可以适用公约。但双方当事人可以约定不适用公约，或减损公约的任何规定或改变其效力。如果当事人有一个以上的营业地，则以与合同及合同的履行关系最密切的营业地为其营业地，但要考虑双方当事人在订立合同前任何时候或订立合同时所知道或所设想的情况。如果当事人没有营业地，则以其惯常居住地为准。合同当事人的营业地在不同国家的事实，如果从订立合同前任何时候或订立合同时，从当事人之间的任何交易或当事人透露的情报均看不出，则不予考虑（即公约对该合同不适用）。在确定公约是否适用时，当事人的国籍和合同的民事或商业性质，不予考虑。

当事人营业地所在的国家必须是公约缔约国，或国际私法规则导致适用缔约国法律。根据公约第 1 条（1）（b）规定，如果营业地位于不同国家的当事人之间订立货物买卖合同，国际私法规则导致适用某一缔约国的法律，则公约适用。这一规定旨在通过间接适用扩大该公约的适用范围。对这一规定，中国、新加坡和美国等作出保留，宣布不受该规定的约束。当合同当事人在公约缔约国都没有营业地时，该保留旨在限制国际私法原则在确定公约适用时的作用。但随着加入公约的国家越来越多，该保留的作用会变小。

如果合同的当事人在公约缔约国没有营业地，公约可以通过当事人的选择对该合同适用。但此时，公约作为合同中包含的一套术语和条件起作用，不能代替国内法中的强制性规定；而通过法律适用公约时，公约替代与之不一致的国内法的相关规定。在个别情况下，即使双方当事人在缔约国都没有营业地，也没有选择公约，合同仍可适用公约，如仲裁机构裁定采用公约即是这种情况。

二、国际贸易惯例

（一）概述

国际贸易惯例，是指在国际贸易的长期实践中，在某一地区或某一行业逐渐形成的，为该地区或该行业所普遍认知、适用的商业做法或贸易习惯，其作为确立当事人权利义务的规则对适用的当事人有约束力。现在的国际贸易惯例经过人们的整理、编纂，表现为书面的成文形式。某一组织、协会的标准合同文本、指导原则、业务规范、术语解释，都可以是国际贸易惯例。

国际贸易惯例可以补充现有法律规定的不足，明确合同条款的含义，更好地确定当事人的意图和权利义务关系。同时，国际贸易惯例促进了国际贸易规则的统一，减少了当事人可能产生的分歧和争议，方便了国际贸易的进行。

国际贸易中的国际惯例很多，涉及不同种类和方面。例如，在贸易术语方面，有国际商会的《国际贸易术语解释通则》、《1932 年华沙—牛津规则》和《美国 1941 年对外贸易定义修订》；在结算方面，有《托收统一规则》、《跟单信用证统一惯例》；在国际货物运输方面，有国际上广泛使用的提单文本、租船合同；在保险方面，有保险协会的保险条款。国际统一私法协会制定的《国际商事合同通则》也应该算是新的国际贸易惯例。

（二）《国际商事合同通则》

《国际商事合同通则》由国际统一私法协会于1994年制定，并经多次修订和增补。该通则不是国际公约，不具有强制性，由合同当事人自愿选择适用。该通则旨在为国际商事合同确定一般规则，用于解释或补充国际统一法律文件，也可用作国家或国际立法的范本。它是以非立法的形式统一或协调法律。通则有意避免使用现存法律体系的特定术语，对条款所作的解释也避免参照各个国家法律，但遵循了《联合国国际货物销售合同公约》的方法或某些规定，意图制定一套可以在世界范围内使用的均衡的规则体系。《国际商事合同通则》考虑到了国际技术和经济的发展带来的变化及对国际贸易实践产生的影响；同时特别阐明当事人应按照诚实信用和公平交易原则行事的一般义务，并加入了一些合理的行为标准。正如国际统一私法协会自己所承认的，通则并不是一项立即产生约束力的法律文件，其效力在很大程度上依赖于通则本身的说服力。

通则旨在为国际商事合同制定一般规则。在当事人一致同意其合同受通则管辖时，适用通则；如果当事人同意其合同受“法律的一般原则”、“商事规则”或类似的措辞所指定的规则管辖时，亦可适用通则；当无法确定合同的适用法律对某一问题的相关规则时，通则可对该问题提供解决办法。通则并没有对国际商事合同作一定义，是旨在作尽可能广义的解释，但它不适用于消费者合同。

通则由前言和11章组成。第一章总则，第二章合同订立和代理权，第三章合同效力，第四章合同的解释，第五章合同内容及第三方权利，第六章合同履行，第七章不履行，第八章抵销，第九章权利转让、义务转移及合同转让，第十章诉讼时效，第十一章多个义务人与多个债权人。在总则中，对通则的基本原则作了规定，包括缔约自由、无形式要求、合同的约束性、通则的非强制性规则、当事人排除或修改规则、通则的解释和补充、诚实信用和公平交易、惯例和习惯做法以及通知等。通则规定，当事人各方应受其业已同意的任何惯例和其相互之间业已建立的任何习惯做法的约束；在特定的有关贸易中的合同当事人，应受国际贸易中广泛知悉并被惯常遵守的惯例的约束，除非该惯例的适用不合理。在一般惯例与通则的关系上，通则的解释指出，一旦习惯做法和惯例被适用，则其相对于通则中的不同规定具有优先性。

在合同的订立方面，除规定要约和承诺外，通则还规定了合并条款、标准条款、意外条款、标准条款与非标准条款的冲突以及格式合同之争等内容。通则不涉及因无行为能力、无授权和不道德或非法而导致的合同无效；而关于欺诈、胁迫和重大失衡的各项规定具有强制性，当事人不得排除或修改，否则将违背诚实信用原则。在合同解释方面，应据当事人意图、通情达理的第三人的理解、相关情况、合同整体进行解释，应以给予全部条款有效为宗旨，采取对条款提议人不利的规则，适当时，可以补充当事人未达成一致的条款。

当事人合同中的义务可以是明示的，也可以是默示的。当事人之间应相互合作，尽最大努力，获取特定结果。在合同履行方面，分为一般履行和艰难情形两部分。在一般履行中，对付款作了较详细的规定，包括票据付款、转账付款、付款货币、未规定货币、指定清偿等情形；还规定了一国法律要求的许可对合同的影响，包括申请许可、申请程序、没有结果及拒绝许可等。在艰难情形中，规定了艰难的定义、艰难的效果。在“不履行”一章中，对不履行的定义、要求履行的权利、合同的终止、损害赔偿作了规定。第八章“抵销”规定了抵销的条件、外汇抵销、抵销通知及通知内容等。第九章“权利转让、义务转移及合同转让”对权利、义务及合同的转让作出了规定，权利转让不适用于流通票据、所有权证书及金融债券的转让，不适用于转让业务中的权利转让，义务转让需取得债权人的同意，合同转让需取得对方的同意。第十一章对多个义务人与同一债权人、同一义务人与多个债权人的关系作了规定。

（三）国际贸易术语

国际贸易术语属于国际贸易惯例，表现为一组字母和简短概念的组合，用于划分买卖合同双方当事人之间的责任、风险、费用，并反映价格构成、交货条件，因此，贸易术语又被称为“价格术语”或“交货条件”。贸易术语的使用大大简化了当事人的贸易谈判、合同订立的过程，同时提供了确定买卖双方权利义务的准则。在国际货物买卖合同中，都要使用贸易术语，它构成了合同条款的重要组成部分。

历史上有关国际贸易术语的惯例有三个，即《1932 年华沙—牛津规则》、《美国 1941 年对外贸易定义修订》和《国际贸易术语解释通则》。目前国际上广泛使用的是国际商会的《国际贸易术语解释通则》。该通则于 1936 年制定，后经多次修订和补充，最新的版本是 2010 年国际商会发布的《国际贸易术语解释通则 2010》（Incoterms 2010），于 2011 年 1 月 1 日实施。

无论上述哪一种术语规则，都属于国际贸易惯例，都具有选择性、非强制约束的特点，同时某些具体术语在不同的规则中具有不同的含义。因此，在使用某一具体术语时，应注明选择的是哪一规则。注明规则的另一好处是，在普通法国家，如英国，在术语方面存在其自己的判例法，如果没有注明适用哪一规则，法院往往适用其国内法，从而可能与当事人的意图相违背，使权利义务处于不确定状态。

第二节　国际货物买卖合同

一、国际货物买卖合同的概念和特征

买卖合同是转移或旨在转移货物所有权的合同。国际货物买卖合同是具有国际因素的买卖合同。我国原《涉外经济合同法》（已失效）以当事人具有不同的国籍作为判断国际性的标准，而《联合国国际货物销售合同公约》以当事人的营业地位于不同的国家作为判断国际性的标准。有的规则采用与一个以上的国家有重要联系、合同涉及不同国家之间法律的选择或影响国际贸易的利益等标准。《国际商事合同通则》并未具体确定标准，而是要求对“国际”给予尽可能广义的解释，只排除根本不含有国际因素的情形。我国《合同法》并没有具体规定什么是国际的或涉外的货物买卖合同，但规定了涉外合同的法律适用条款。

与国内货物买卖合同相比，国际货物买卖合同具有下列特征：买卖的货物一般很少由买卖双方直接交接，而多由负责运输的承运人转交；货物和与货物有关的单据经由不同的程序分别处理，有时处分单据就是处分货物；国际货物买卖风险大、周期长、程序复杂，买卖双方一般应对货物进行保险；买卖双方多处于不同的国家，了解不深，直接付款的情况少，多利用银行收款或由银行直接承担付款责任；买方、卖方或双方都面临适用外国法律的问题，法律选择成为合同中的重要问题；当事人可以自由选择争议的解决方式和地点。

二、国际货物买卖合同的成立

（一）合同当事人

在许多国家，只要具备一般的民事行为能力，就能签订国际货物买卖合同，从事国际贸易。但有些国家，尤其是发展中国家或对外贸控制的国家，要求从事国际贸易的人必须具有国家授予的资格，否则不能签订国际货物买卖合同。

根据《中华人民共和国对外贸易法》，对外贸易经营者包括根据对外贸易法从事对外贸易经营活动的法人、其他组织和个人。任何法人、其他组织和个人，只要向有关部门提交从事对外贸易的备案申请，即可以获得外贸经营资格。

外贸经营者可以根据自己的特长和需要，安排代理。《中华人民共和国合同法》（简称《合同法》）除在总则部分对直接代理作了规定外，在分则部分第二十一章委托合同中，还对间接代理作了规定。在某些情况下，买卖合同当事人之外的第三人可以据该合同享有权利、承担义务。这就是《合同法》第402条和第403条的规定。

根据《合同法》第402条，外贸公司以自己的名义代理国内企业从事进出口，如果外方在与外贸公司签订合同时知道外贸公司与国内企业存在代理关系，则该合同直接约束外方和国内企业。但《合同法》对此也作了例外规定，即如果有确切证据表明该合同只约束外贸公司和外方，则国内企业不受该合同的直接约束。

《合同法》第403条调整外方在签订合同时不知道外贸公司与国内企业存在代理关系的情况，可分为外方违约和国内企业违约两种情况。第一，如因外方违约，外贸公司不能对国内企业履行义务，外贸公司应向国内企业披露外方，国内企业可以行使外贸公司对外方的合同权利。《合同法》也作了例外规定，即如果外方在签订合同时知道该国内企业就不会签订合同的除外。第二，如因国内企业违约，外贸公司不能对外方履行义务，外贸公司应向外方披露国内企业。外方享有选择权，可在国内企业和外贸公司中选择主张权利的对象。但无论选择哪一方，一经选择，即不得改变。

上述两种情况中，无论是国内企业向外方主张权利，还是外方向国内企业主张权利，被主张权利的一方，都可以主张进出口合同中对另一方的抗辩。在外方向国内企业主张权利时，国内企业还可以主张其对外贸公司的抗辩。

（二）合同形式

1. 形式的种类

各国对合同形式的要求不完全一致。有的要求合同必须具备某种特定形式，称为合同的要式；有的不要求合同具有某种特定形式，称为合同的不要式。大多数国家在法律上对货物买卖合同基本上都采取“不要式原则”，即合同无须按特定的形式和手续订立，当事人不论是采用口头方式、书面方式还是以某种行为来订立买卖合同，都被认为是合法和有效的。从世界发展的趋势看，许多国家逐渐放松了对合同形式的要求。

《联合国国际货物销售合同公约》对合同订立的形式原则上采取了“不要式”方法，公约第11条、第12条规定，买卖合同，包括其更改或终止，要约与承诺，或者其他意思表示，无须以书面订立或书面证明，在形式上也不受任何其他条件的限制，可以用包括人证在内的任何方法证明。但由于一些国家的法律要求其对外贸易方面的合同必须采用书面形式，公约特别规定了保留条款，即对于对此条款提出保留的缔约国，公约只适用于书面形式的合同。可以说，《联合国国际货物销售合同公约》以形式自由为原则，以作出保留为例外。我国政府在批准该公约时，当时的国内合同法要求合同必须是书面的，因此我国对上述内容作出了保留，非书面形式的合同被排除于公约的适用之外。但目前我国已经取消了这一保留。

根据我国《合同法》第10条和第36条的规定，当事人订立合同，包括书面形式、口头形式和其他形式（行为）。法律、行政法规规定采用书面形式的，应当采用书面形式。当事人约定采用书面形式的，应当采用书面形式。但法律、行政法规规定或当事人约定采用书面形式，而当事人未采用书面形式但一方已履行其主要义务，对方接受的，合同成立。

口头合同引起的问题主要是合同的证明问题。我国《合同法》中要求合同采用书面形式也是为了保证交易的安全与稳定。在我国目前的法律规定和司法实践中，并没有采用口头证据原则。在英美国家，由欺诈法调整有关口头合同问题。《联合国国际货物销售合同公约》规定，销售合同可以用包括人证在内的任何方法证明。

2. 书面形式

根据我国《合同法》，书面形式是指合同书、信件和数据电文（包括电报、电传、传真、电子数据交换和电子邮件）等可以有形地表现所载内容的形式。

根据我国《电子签名法》，数据电文是指以电子、光学、磁或者类似手段生成、发送、接收或者储存的信息。当事人约定使用电子签名、数据电文的文书，不得仅因为其采用电子签名、数据电文的形式而否定其法律效力。能够有形地表现所载内容，并可以随时调取查用的数据电文，视为符合法律、法规要求的书面形式。

我国《合同法》含有关于确认书的规定，用于解决使用信件、数据电文签订合同可能引起的问题。当事人采用信件、数据电文等形式订立合同的，可以在合同成立之前要求签订确认书。在这种情况下，签订确认书时，合同成立。签订确认书一般需要具备两个条件：一是合同双方当事人通过信件、数据电文达成协议；二是一方当事人要求签订确认书。签订确认书的时间是合同成立的时间。

（三）要约与承诺

签订合同的具体情形、具体过程各不相同，但就实质来说，不外乎两个方面：一方提出订约建议，另一方表示同意。通过这两个方面来确定当事人是否达成意思表示一致。因此，各国法律或国际公约一般通过要约和承诺两个方面对合同的成立作出规定。

1. 要约

根据《联合国国际货物销售合同公约》，要约（offer）是要约人向一个或一个以上的特定人（受要约人）提出的订立合同的建议。一项要约一般应具备下述几个条件：内容确定；向特定人发出；表明如要约被承诺则要约人受其约束。我国《合同法》还规定了要约邀请这一概念。要约邀请是希望他人向自己发出要约的意思表示。寄送的价目表、拍卖公告、招标公告、招股说明书、商业广告等为要约邀请。但商业广告的内容符合要约规定的，视为要约。

要约在送达受要约人时生效。要约送达生效是世界各国的普遍原则。要约生效，是指从此时起，如果受要约人对要约作出承诺，要约人即受其要约的约束。

2. 承诺

承诺（acceptance）是受要约人同意要约的意思表示。承诺的方式可以是声明或其他行为。沉默和不行为本身不等于承诺。我国《合同法》要求承诺应当以通知的方式作出，但根据交易习惯或者要约表明可以通过行为作出承诺的，则可不采用通知方式。一项承诺应具备下列条件：承诺由受要约人作出；对要约未作出实质性改变；在要约确定的期限内作出并到达要约人。承诺生效时合同成立。在采用数据电文签订合同时，如要求签订确认书，则签订确认书时合同成立。

在承诺生效的时间问题上，大陆法系与普通法系的规定不完全相同。大陆法系采取承诺到达要约人生效的原则，即到达原则。普通法系仍残存着承诺投寄生效的原则，即投邮原则。但应该注意，投邮原则并非适用于所有的承诺方式，只有在通过信件承诺时才适用这一规则。在采取快速通讯方式的情况下，承诺的生效时间是要约人收到承诺的时间。还有的国家采取了解生效的原则。《联合国国际货物销售合同公约》对承诺生效时间作了统一的规定：承诺在表示同意的通知到达要约人时生效。

我国《合同法》规定，承诺通知到达要约人时生效。承诺不需要通知的，根据交易习惯或者要约的要求作出承诺的行为时生效。采用数据电文形式订立合同，收件人指定特定系统接收数据电文的，该数据电文进入该特定系统的时间，视为到达时间；未指定特定系统的，该数据电文进入收件人的任何系统的首次时间，视为到达时间。但要注意，我国《合同法》中规定的数据电文包括电报、电传、传真、电子数据交换和电子邮件，电报似不应该按此原则而应按信件对待，以传统的邮局送达的时间作为到达时间。实际上，在确定承诺期限时，我国合同法又将信件与电报列为一类，而将其他快速通讯方式列为一类。

承诺生效地点为合同成立地点。采用数据电文形式订立合同的，收件人的主营业地，或没有主营业地时其经常居住地，为合同成立地。但当事人另有约定的除外。

三、国际货物买卖合同的主要条款

每份国际货物买卖合同的条款并不完全一致，但一般都包括一些必要条款。一些商业组织还制定的自己的标准合同，另有一些组织制定示范合同，供选用或作为谈判的基础。以下对1997年国际商会制定的适用于制成品的《国际销售示范合同》作一介绍。

国际商会的《国际销售示范合同》包括具体条款和一般条款两部分。一般条款旨在供当事人填写具体内容或对文本提供的选项进行选择。一般条款可结合具体条款使用，亦可单独使用。除当事人的有关情况外，主要包括以下条款：

货物条款。该条款具体描述货物的特征。对于卖方提供的商品目录、说明书、传单、广告、图示、价目表中包括的任何有关货物及其用途的信息，除非合同明确提及，都不作为合同条款而生效。与货物有关的软件、图纸，即使为买方取得，与其有关的知识产权也不因此转让给买方。我国《合同法》亦有类似的规定。

价格条款。包括计价货币和总额。一般不包括增值税，但包括卖方根据合同承担的费用。

交货条件。指采用的国际贸易术语，每一术语应包括相应的指定地点、目的地、装运港或目的港，应注明 Incoterms 版本。采用某一术语时应考虑到制成品一般在装卸区或内陆仓库交付运输。需要时应填写承运人。

交货时间。应根据上述相应的贸易术语，确定卖方必须完成其交货义务的日期或期间。交货时间与双方选择的交货地点相联系。交货地点不一定是货物到达买方的地点。

货物检验。双方可以约定在装运前卖方给予合理通知以便买方检验货物。

所有权保留。双方可就货物的所有权保留作出约定，如有效地作出保留，则在买方付清货款之前，货物所有权归卖方；也可以作出其他约定。根据有些国家的法律，保留所有权并不一定有效。

支付条件。即采取何种支付方式，如赊账以及有关担保（见索即付保函或备用信用证）；预付货款，包括时间、数额；跟单托收，并注明是 D/P 还是 D/A；不可撤销信用证，是否保兑，开证或保兑银行及地点，信用证兑现方式（即期付款、延期付款、承兑付款、议付），通知信用证的日期等。

单据条款。卖方须提交的单据，应与选择的贸易术语相一致。通常涉及商业发票、运输单据（具体种类）、保险单据、原产地证书、商检证书、装箱单等。

解约日期。主要规定卖方在一定期限前未交付货物，买方在通知卖方的情况下，有权解除合同。

延迟交货的责任。可规定一定的赔偿金，表示方式可以是每延迟一定时间赔偿货款总额的一定百分比，也可以是某一确定金额。在买方终止合同的情况下，应确定卖方因延迟交货而承担的最高赔偿额。延迟交货的预定赔偿额，不应超过延迟交货价款的一定百分比或约定的最高额。

货物与合同规定不符的责任限制。应规定买方在目的地的验货，不符点的及时通知，未及时通知的效果，具体救济方式（减价、替代、修复、偿还价款、损害赔偿），以及卖方的最大责任额。

买方保留与合同不符的货物时卖方的责任限制。买方可以取得差价，但最多应不超过货物价款的一定百分比。

不可抗力。应对不可抗力的范围作出约定。遭遇不可抗力的一方应承担证明、通知义务。

诉讼时效。除非另有约定，一般在货物到达之日起 2 年后买方不得向法院起诉或向仲裁机构申请仲裁。

适用法律。由《联合国国际货物销售合同公约》管辖，公约未规定的事项由卖方所在国法律管辖。

争议解决。对诉讼或仲裁，只能选择其中一种，应具体表明选择的仲裁机构或管辖法院。

第三节　买卖双方的义务及违约救济

一、买卖双方的义务

《联合国国际货物销售合同公约》下的义务可以分为两大类：第一类是买卖双方都承担的共同义务；第二类是买卖双方各自承担的义务。

（一）买卖双方的共同义务

1. 通知义务

《联合国国际货物销售合同公约》对合同履行中不同通知的效力作了区别性的规定。第一，如果通知是表明通知发出方履行了义务或要求索赔，则该通知发出即产生效力，对方收到与否都不影响发出方的权利。该规定适用于检验缺陷通知、要求索赔或补救、买方有关第三方权利的通知、宣告合同无效的通知。《联合国国际货物销售合同公约》第 27 条明确规定：除非公约本部分（货物销售）另有明文规定，当事人按照本部分的规定，以适合情况的方法发出任何通知、要求或其他通知后，这种通知如在传递上发生耽搁或错误，或者未能到达，并不使该当事人丧失依靠该项通知的权利。第二，如果收到通知是进一步行为或不行为或产生某种后果的条件，则该通知只有在收到后才产生效力。该规定适用于买方或卖方为对方设立的履约宽限期或合理期限的通知、卖方自己订明不同规格的通知、宽限期内不履行义务的通知、卖方在一定期限内对义务的履行进行补救的通知、遇到履行障碍的一方发出的通知。值得注意的是，此处说的通知是履行合同过程中的通知，而非合同订立过程中的通知。

我国《合同法》对解除合同通知的效力的规定与《联合国国际货物销售合同公约》的规定不同：主张解除合同的，应当通知对方。合同自通知到达对方时解除。对方有异议的，可请求人民法院或仲裁机构确认解除合同的效力。

2. 保全货物

当买方违约、卖方仍占有合同货物或仍能控制货物的处置权时，或在卖方违约、买方已经收到货物但准备退回货物时，受害的权利方必须按情况采取合理措施，保全货物。权利方，尤其是买方，不能因为对方违约而对货物置之不理。有义务保全货物的一方，可以寄存货物，或必要时出售货物，但由此支出的费用必须是合理的。

（二）卖方义务

卖方必须按照合同和公约的规定，交付货物，移交一切与货物有关的单据，并转移货物所有权。卖方义务主要表现为四个方面，即交付货物、货物相符、移交单据和权利担保。

1. 交付货物

交付货物主要涉及交付的时间、地点、方式。基本要求是：合同有约定的，按约定履行，合同没有约定的，或约定不明确的，按法律或公约的规定履行。

对于交付地点，如卖方没有义务在特定地点交货，其交货义务是：如涉及运输，则交由第一承运人，运交买方；如不涉及运输，如果合同标的是特定货物或从特定存货中提取的或尚待制造或生产的未经特定化的货物，且买卖双方在订立合同时知道货物在某一特定地点，或将在某一特定地点制造或生产，则卖方应在该地点把货物交给买方处置；在其他的情况下，卖方在其订立合同时的营业地向买方交货。

对于交货时间，卖方必须按以下规定的日期交付货物：如果合同规定有日期，或根据合同可以确定日期，应在该日期交货；如果合同规定有一段时间，或根据合同可以确定一段时间，除非情况表明应由买方选定一个日期外，应在该段时间内任何时候交货；在其他情况下，就在订立合同后一段合理时间内交货。合理时间根据合同的性质、货物的特征、对时间的要求等确定。

卖方交付货物必须满足对交付方式的要求，包括包装、标记。在货物交付承运人时，应清楚注明货物属于合同项下。在货物上未加标记或未以装运单据或其他方式清楚地注明有关合同时，卖方必须向买方发出列明货物的发货通知。在卖方有义务安排运输时，卖方必须订立运输合同，支付有关的费用。

货物的交付与合同所使用的贸易术语紧密相关。卖方交付货物的义务应据贸易术语详尽确定。根据国际商会的《国际贸易术语解释通则 2010》，货物的交付可以分为两大类：一类是货交承运人，包括 FAS、FCA、FOB、CIF、CFR、CPT、CIP，卖方向承运人交货视为向买方交货，称为象征性交货；另一类是卖方直接将货交由买方处置，如 EXW、DAT、DAP、DDP，称为实际交货。在具体每一类当中，情况不完全相同，要注意贸易术语的具体规定。

2. 货物相符

货物相符包括交付的货物数量和质量与合同规定相符。对于质量，《联合国国际货物销售合同公约》规定了当事人没有另外协议时货物的 4 项品质标准：(1) 货物适用于同一规格货物通常使用的目的；(2) 除非情况表明买方不依赖于卖方的技能和判断力，或者这种依赖对他不合理，货物适用于订立合同时买方曾明示或默示地通知卖方的任何特定目的；(3) 货物的质量与卖方向买方提供的货物样品或样式相同；(4) 货物按照同类货物通用的方式装箱或包装，如果没有这种通用方式，则按照足以保全和保护货物的方式装箱或包装。如果买方在订立合同时知道或不可能不知道货物不符合同，则卖方对不符合同的货物不承担责任。

3. 交付单据

交付单据是卖方承担的一项独立义务。如果卖方有义务移交与货物有关的单据，他必须按照合同所规定的时间、地点和方式移交这些单据。如果卖方在规定时间以前已移交这些单据，他可以在规定时间到达前纠正单据中不符合合同规定的情形，但此权利的行使不得使买方遭受不合理的不便或承担不合理的开支。同时，买方保留公约所规定的要求损害赔偿的任何权利。

国际货物买卖与国内货物买卖的不同之一是货物的流转与单据的处理分开进行，卖方在交付货物之后或同时必须交付有关单据。常用的单据有发票、运输单据、保险单、质量检验证书、原产地证明、出口许可证等。有的单据还具有货物所有权凭证的作用，如海运提单。单据是卖方据以结算、买方据以付款的凭证。卖方交付单据的义务一般是按合同规定的形式、内容、种类、数量、时间、地点、方式交付有关单据。交付单据是卖方应履行的一项重要义务，仅仅按时交付货物不表示卖方履行义务完毕，如果不按规定交付单据，卖方的违约时间应是不交单或交单不合格的时间。

4. 权利担保

卖方所交付的货物，必须是第三方不能提出任何权利或要求的货物，除非买方同意在存有这种权利或要求的条件下收取货物。同时，卖方所交付的货物，必须是第三方不能根据工业产权或其他知识产权主张任何权利或要求的货物，但以卖方在订立合同时已知道或不可能不知道的权利或要求为限，且这种权利或要求根据下述国家的法律规定以工业产权或其他知识产权为基础：如果双方当事人在订立合同时预期货物将在某一国境内转售或做其他使用，则根据货物将在其境内转售或做其他使用的国家的法律；在任何其他情况下，根据买方营业地所在国家的法律。但前述有关卖方对货物知识产权担保的义务，不适用于以下情况：买方在订立合同时已知道或不可能不知道此项权利或要求；此项权利或要求的发生，是由于卖方要遵守买方所提供的技术图样、图案、程式或其他规格。

(三) 买方义务

根据《联合国国际货物销售合同公约》，买方的基本义务主要体现在两大方面，即按合同或法律的规定支付货物价款和接收货物。

1. 支付货物价款

买方支付货物价款的义务包括两个方面：一是履行合同或法律、规章要求的支付价款的必要手续和步骤；二是实际付款。在实行外汇管制的国家，如需对外支付外汇，必须先向有关当局提出申请，取得许可。在使用远期汇票的情况下，付款人必须先承兑汇票。在使用信用证付款的情况下，买方必须先通过银行开出信用证。这些都是买方付款的不可缺少的手续和步骤。

2. 接收货物

买方接收货物的义务包括两个方面：一是采取一切理应采取的行动，以便卖方能交付货物；二是接收货物。有的时候，卖方义务的履行依赖于买方的配合，没有买方的在先行为，卖方不能履行其义务。这时买方就应为卖方履行义务提供方便，如FOB术语下买方派船。我国《合同法》规定，当事人互负债务，有先后顺序的，先履行一方未履行的，后履行一方有权拒绝其履行要求，先履行的一方履行义务不符合约定的，后履行一方有权拒绝其相应的履行要求。

二、国际贸易术语解释通则2010

(一) 概述

《国际贸易术语解释通则2010》(Incoterms 2010) 明确、补充、细化了买卖双方在国际货物买卖合同某些方面的义务。该通则涉及为当事人双方设定的若干特定义务。但该通则没有涉及买卖合同中的许多重要事项，例如，货物所有权和其他产权的转移、违约、违约行为的后果以及某些情况下的免责等。从作用上说，它是对《联合国国际货物销售合同公约》和当事人约定的补充，但无意替代完整的买卖合同所需要订入的标准条款或商定条款。

通则共包括了11个贸易术语，买卖双方的义务均用10个项目对应列出。通则规定的术语只涉及责任、风险、费用的划分，不涉及所有权的转移；涉及运输的，调整的只是买方与卖方之间的权利义务，不调整买方或卖方与承运人的权利义务；只规定义务，不涉及违反义务的合同责任。每一术语的具体内容和术语的种类，都适应电子数据和新的运输技术尤其是多式联运技术发展的需要，可以使用电子单证，可以用于集装箱运输、滚装船运输和多式联运。

贸易术语按买卖双方的交付方式可以分成两类：一类是卖方将货物直接交付给买方处置，包括EXW、DAT、DAP和DDP，除EXW外，其余的可称为到货合同，途中货物灭失或损坏的风险由卖方承担；另一类是卖方将货物交付承运人转交买方，包括FCA、FAS、FOB、CFR、CIF、CPT、CIP，可称为装运合同，途中货物灭失或损坏的风险由买方承担。前一类有卖方向买方实际交付货物的日期，后一类只有装运货物的日期，没有向买方实际交付的日期。这一分类对C组术语来说非常重要。

从运输方式上看，FAS、FOB、CFR、CIF只能用于海上或内河运输，EXW、FCA、CPT、CIP、DAT、DAP和DDP可适用于任何运输方式，包括水运、航空运输、铁路运输和公路运输以及多式联运。

从结关手续看，买方需要办理出口结关手续的有EXW，卖方需要办理进口结关手续的有DDP。其他术语都是卖方办理出口结关手续，买方办理进口结关手续。从交货地点看，EXW、FCA、FAS、FOB、CFR、CIF、CPT、CIP是在卖方国家交货，而DAT、DAP、DDP是在买方国家交货。

如果按每一术语的第一个字母分组，可分为E、F、C、D组，每组术语都有其特点。

E组，只有一个贸易术语，即EXW［Ex Works（... named place）］工厂交货（指定地点）。卖方在其所在地或其他指定地点将备妥的货物交付给买方处置时，即履行其交货义务。卖方承担的义务最小，不办理出口清关手续或将货物装上运输工具。在买方不能直接或间接地办理出口结关手续的情况下，不应使用该术语，可使用FCA。

F组，包括3个贸易术语，即FCA、FAS和FOB。共同特征是主要运费卖方未付。买方安排货物运输并支付运输费用。F组术语由买方办理运输，因此，如果买方未给予卖方关于承运人或船名等的充分通知，其指定的船只未按时到达、未能收受货物或比规定的时间提前停止装货，则自规定交货的约定日期或任何期限届满之日起，买方承担货物的风险，但前提是货物已划归合同项下。

FCA［Free Carrier（... named place）］货交承运人（指定地点）。卖方办理出口结关手续，在卖方所在地或指定的地点，将货物交付给买方指定的承运人或其他人，即完成交货。如果指定地点在卖方所在地，当货物装上买方或其指定人指定的承运人提供的运输工具时，完成交货；如指定地点是在卖方所在地之外，当没有卸离卖方运输工具的货物交由买方指定的承运人或其他人支配时，完成交货。风险据此发生转移。该术语适用于任何运输方式。承运人指运输合同中承担履行运输或承担办理运输业务的任何人。

FAS［Free Alongside Ship（... named port of shipment）］船边交货（指定装运港）。卖方办理出口结关手续，在指定的装运港将货物交至买方指定的船边，完成交货，风险从此时起由买方承担。

FOB［Free on Board（... named port of shipment）］船上交货（指定装运港）。具体内容见下文。

C组，包括4个贸易术语，即CFR、CIF、CPT和CIP。共同特征是主要运费卖方已付。卖方负责签订运输合同，支付主要运输费用。尽管该组术语后面标明目的港，但该组是装运合同，而不是类似D组的到达合同，货物向承运人交付即视为向买方交付。该组术语中有两个关键点：一个是风险的关键点（装运地），一个是主要费用的关键点（目的地）。使用该组术语时不应规定货物到达买方的时间。

CFR［Cost and Freight（... named port of destination）］成本加运费（指定目的港）。卖方支付可将货物运至指定目的港所需的运费，包括装货费用和据运输合同由卖方承担的卸货费用，通过货物在装运港装上船或卖方取得已装船货物的方式完成交货。货物灭失或损坏的风险以及货物装船后产生的任何额外费用，自交货时起即从卖方转向买方承担。

CIF［Cost，Insurance and Freight（... named port of destination）］成本、保险费加运费

(指定目的港)。具体内容见下文。

CPT [Carriage Paid To (... named place of destination)] 运费付至(指定目的地)。卖方支付可将货物运至指定目的地的运费,在约定地点将货物交给指定的承运人时完成交货。货物灭失或损坏的风险以及货物交至承运人后产生的任何额外费用,自货物向承运人交付时起即从卖方转由买方承担。

CIP [Carriage and Insurance Paid To (... named place of destination)] 运费和保险费付至(指定目的地)。卖方除负有与CPT术语相同的义务外,还必须办理货物在运输途中应由买方承担的货物灭失或损坏的风险的保险,卖方按最低险别订立保险合同并支付保险费。

D组,包括3个贸易术语,即DAT、DAP和DDP,属于到货合同,卖方负责把货物运至约定的地点或目的地。卖方必须承担货物运至目的地前的全部风险和费用。

DAT (named terminal at port or place of destination) 指定运输终端交货。卖方在指定港口或目的地指定运输终端将货物从抵达的载货运输工具上卸下,交由买方处置时,即为交货。卖方承担将货物运至指定港口或目的地运输终端将其卸下的一切风险和费用。卖方办理出口清关手续,但无义务办理进口清关手续。运输终端,意味着类似码头、仓库、集装箱堆积场或公路、铁路、空运货站的任何地点,无论是否有遮盖。DAT适用于任何运输方式。

DAP (named place of destination) 目的地交货。卖方在指定目的地将仍然处于已经抵达的运输工具之上、已做好卸载准备的货物交由买方处置时,即为交货。卖方承担将货物运至指定地点的一切风险和费用。卖方需办理出口清关手续,但无义务办理进口清关手续。DAP适用于任何运输方式。

DDP [Delivered Duty Paid (... named place of destination)] 完税后交货(指定目的地)。卖方在指定的目的地将未卸离到达的运输工具的货物交付给买方,履行其交货义务。卖方必须承担风险和费用,包括关税、捐税、交付货物的其他费用,并办理进口结关。与EXW卖方承担最小责任正相反,该术语中卖方承担最大责任。

(二) FOB和CIF术语

FOB和CIF术语是国际贸易中使用最广泛的贸易术语。在一些国家,政府鼓励出口使用CIF术语,进口使用FOB术语,由本国保险公司和承运人保险或承运。

据FOB术语,卖方的义务是,在规定的日期或期限内,将备妥的货物按港口习惯的方式在指定的装运港交到买方指定的船上,或通过取得已交付至船上的货物的方式,履行其交货义务。货物装上船后,有关费用以及货物灭失或损坏的一切风险转由买方承担。买方必须自付费用订立从指定装运港运输货物的合同。如果买方未给予卖方关于船名、装货地点和交货时间的充分通知,或其指定的船只未按时到达,或未能收受货物,或比通知的时间提前停止装货,则自规定交货的约定日期或任何期限届满之日起,买方承担货物灭失或损坏的一切风险,并支付由此产生的一切额外费用,但前提是货物已划归合同项下,即货物已清楚地划出或以其他方式确定为合同项下的货物。卖方应给予买方货物已装船的充分通知。由于买方为了自己的利益需要对货物投保,因而卖方的这一通知义务对买方及时投保非常重要。

在FOB术语中,买方自行负担费用订立从指定装运港运输货物的合同。卖方和承运人之间没有运输合同。因此,卖方向买方交付的有关运输单证通常是承运人签发的货物收据(大副收据），或者是运单；如买方要求，或双方约定，卖方可要求承运人向其签发提单。

尽管在FOB术语中没有规定保险的义务，但保险问题是该术语应该注意的问题。买方仅对装船后的货物享有保险利益，其对货物的保险仅在装船后生效。

CIF术语属于C组，卖方既要签订运输合同、支付运费，又要签订保险合同、支付保险费。卖方应按照通常条件自行负担费用订立运输合同，支付将货物按惯常航线用通常类型可供装载该合同货物的海上航行船只（或适当的内河运输船只）装运至指定目的港的运费。在规定的日期或期限内，将货物装到船上，或以取得已装船货物的方式，完成交货。货物灭失或损坏的一切风险在货物装上船时转移给买方。如买方有权决定装运货物的日期或目的港时，应给予卖方充分通知，否则由此引起的风险由买方承担。卖方必须办理货物在运输途中应由买方承担的货物灭失或损坏的风险的海运保险。卖方自行负担费用取得货物保险，向买方提供保险单或其他保险凭证，使买方或任何其他对货物有保险利益的人有权直接向保险人索赔。卖方投保的险别，如无明示协议，应是最低保险险别。最低保险金额应包括合同规定的价款另加10%（即合同价款的110%），并采用合同中的币制。在费用划分上，卖方支付将货物交付至船上的费用，支付订立运输合同的运费和运输合同所产生的其他一切费用，支付签订保险合同所产生的保险费用，支付依据运输合同由卖方承担的约定的卸货港的卸货费。

使用CIF术语，不应规定货物到达目的港的时间，因为它是一个装运合同。卖方只有支付到目的港的运费的义务，但没有保证货物到达目的港的义务。

特别需要指出的是，与Incoterms 2000相比，Incoterms 2010改变了FOB、CIF和CFR这三个术语中的交货点，将原来版本中的货物越过船舷，修改为货物装到船上，原来起重要作用的船舷失去了意义，由此引起买卖双方之间的风险、费用分界点的变化。同时，Incoterms 2010对这三个术语增加了适用于链式合同（string sales）的规定：卖方将货物装上船仅仅是卖方交货的一种形式，卖方取得海运途中的货物，也是一种交货方式。而在后一种交货方式中，风险转移点是特别值得注意的问题。

三、违反国际货物买卖合同的救济方法

（一）违约类型

按违约程度分，违约可分为两类，即根本违约和非根本违约（一般违约）；按违约时间分，违约可分为预期违约和实际违约。预期违约也可能是根本违约。

根本违约（fundamental breach）是《联合国国际货物销售合同公约》创造的法律概念。一方当事人违反合同约定，如使另一方当事人蒙受损害，以至于实际上剥夺了他根据合同规定有权预期得到的东西，即为根本违反合同，除非违反合同一方并不预知而且一个同等资格、通情达理的人处于相同情况下也没有理由预知会发生这种结果。根本违约的主要标准是受害方的预期利益的丧失，但这一标准不是单纯的受害方的主观标准，它还必须满足另外两个标准：违约方应预知这种结果，以及第三人能预知这种结果（客观标准）。简单地说，这种结果应是买卖双方共同预期的。损害致使预期利益丧失，可以理解为受害方签订合同的目的落空，因而对继续履行合同失去利益。预期的时间应该是合同订立的时间，极个别的情况下考虑合同订立后对方另外提供的信息，如果该信息与订立合同时的预期完全不一致，则应不予考虑。

根本违约的后果是受害方可以宣告合同无效（avoidance of the contract)。宣告合同无效的效果是解除了双方在合同中的义务，任何一方无权要求另一方继续履行合同规定的义务。但该效果不影响合同中关于解决争端的任何规定，不影响合同中有关双方在宣告合同无效后权利和义务的任何其他规定，而且各方仍应负责赔偿损失。宣告合同无效后，已全部或部分履行合同的一方，可以要求另一方归还他按照合同供应的货物或支付的价款。如果双方都须归还，双方必须同时这样做。

宣告合同无效类似我国《合同法》中的解除合同，而不是我国《合同法》中的合同无效。我国《合同法》中的合同无效是由法院或仲裁机构裁判的，而该公约规定的宣告合同无效是受害方单方享有的权利。

与根本违约相对应，一般违约指一方违约的效果没有达到根本违约。但一般违约不是《联合国国际货物销售合同公约》中的法律概念。在一般违约时，受害方不能宣告合同无效，只能要求其他救济。这有点像普通法中的违反保证。

预期违约（anticipatory breach)，指在合同规定的履行期限到来之前，一方当事人通过声明或行为表明其不履行合同或不能履行合同。预期违约可能是一般违约，也可能是根本违约。根据《联合国国际货物销售合同公约》，如果订立合同后，一方当事人将不履行其大部分义务，另一方当事人就可以中止履行义务。中止履行义务的一方必须立即通知另一方当事人，如另一方当事人对履行义务提供充分保证，则中止一方必须继续履行义务。如果在履行合同之前，明显看出一方当事人将根本违反合同，另一方当事人可以宣告合同无效。公约规定了导致一方预期违约的两种情形：履行义务的能力或其信用有严重缺陷；不准备履行合同或合同中的行为。

我国《合同法》存在与该公约的上述规定一致的规则，但在规定中止履行义务时提出了不安抗辩权，即应当先履行债务的当事人，有确切证据证明对方有下列情形之一的，可以中止履行：经营状况严重恶化；转移财产、抽逃资金，以逃避债务；丧失商业信誉；有丧失或可能丧失履行债务能力的其他情形。当事人没有确切证据中止履行的，应当承担违约责任。中止履行合同后，对方在合理期限内未恢复履行能力并且未提供适当担保的，中止履行一方可以解除合同。当事人一方明确表示或者以自己行为表明不履行义务的，对方可以在履行期限届满之前要求其承担违约责任。

（二）双方的共同救济措施

1. 损害赔偿

对任何违约，无论违约程度如何，受害方除可以采取其他救济措施外，都可以同时要求损害赔偿。

（1）损害赔偿额计算的一般原则

一方当事人违反合同应负的损害赔偿额，应与另一方当事人遭受的包括利润在内的损失额相等。这种损害赔偿不得超过违反合同一方在订立合同时，依照他当时已知道或理应知道的事实和情况，对于违反合同预料到或理应预料到的可能损失。这是《联合国国际货物销售合同公约》和我国《合同法》相同的规定。该原则确定了损害赔偿额的两个界限：一是违约发生后受害方的实际损失，二是合同订立时违约方的预期损失。在实际损失小于预期损失时，赔偿额是实际损失；在实际损失大于预期损失时，赔偿额是预期损失。但该数额可能被进一步地减少，受害方应采取措施减少损失而没有采取措施导致的损失，不在赔偿之列。该公约规定，声称另一方违反合同的一方，必须按情况采取合理措施，减轻由于另一方违反合同而引起的包括利润方面的损失。如果他不采取这种措施，违反合同一方可以要求从损害赔偿中扣除原可以减轻的损失数额。我国《合同法》规定得更明确：没有采取适当措施致使损失扩大的，不得就扩大的损失要求赔偿。受害人采取的措施以合理或适当为度。利润，一般来说，应是可证明的直接从该交易中获得的利润。

（2）宣告合同无效时损害赔偿额的计算

如果合同被宣告无效，在宣告无效后的一段合理时间内，买方以合理方式购买替代物，或卖方以合理方式转售货物，则要求损害赔偿的一方可以取得合同价格与替代交易价格之间的差额，以及据上述赔偿的一般原则可以取得的其他损害赔偿。这一规定限于卖方转卖或买方补进的情形。

如果合同被宣告无效后，当事人没有转售货物或购买货物，而货物在交付地点又有时价（现行价格），则要求损害赔偿的一方可以取得合同价格与宣告合同无效时的时价之间的差额及据一般赔偿原则可取得的其他赔偿。计算差额时依据的是宣告合同无效时的时价。但如果买方接收货物后又宣告合同无效，则适用接收货物时、交付货物地的时价，即合同价格与接收货物时的时价之间的差额。无论哪种情况，如果交付货物地点没有时价，在考虑货物运费差额的基础上，可以使用另一替代地点的价格。

2. 实际履行

如果按照该公约的规定，一方当事人有权要求另一方当事人履行某一义务，法院没有义务作出判决，除非法院依照其本国的法律对不属于该公约范围的类似销售合同愿意这样做。实际履行受到各国法律制度的限制，不是普遍的救济形式。各国法院依其国内法判决是否准予实际履行。

3. 分批交付货物

如果合同规定分批交付货物，当事人可据每批货物违反合同的程度、与其他各批货物以及与整个合同货物之间的关系来采取相应的措施。如果一方当事人不履行交付任何一批货物的义务，对该批货物构成根本违反合同，另一方可以宣告合同对该批货物无效。如果一方当事人不履行交付任何一批货物的义务，使另一方有充分理由断定对今后各批货物将发生根本违反合同，该另一方可以在一段合理时间内宣告合同今后无效。对于买方来说，买方在宣告合同对任何一批货物的交付无效时，如果各批货物相互依存，不能单独用于双方当事人在订立合同时所设想的目的，可以同时宣告合同对已交付的或今后交付的各批货物均为无效。

（三）卖方违约的救济

卖方的违约主要表现为延迟交货、不交货、交货不合格、交单不合格、违反担保义务。

卖方的任何违约，如果构成了根本违约，买方都可以宣告合同无效。同时，在买方给予卖方履约的宽限期内，卖方不交付货物或声明不交付货物的，买方也可以宣告合同无效。但如果卖方已交付货物，买方宣告合同无效的权利则受到限制。如果买方不在下述的一段合理时间内宣告合同无效，即失去了宣告合同无效的权利：对于迟延交货，他在知道交货后的一段合理时间内；对于迟延交货以外的任何违反合同事项，在已知道或理应知道这种违反合同后的一段合理时间内；在给予卖方的宽限期满后或卖方声明其将不在这一宽限期履行义务后的一段合理时间内；如果卖方要求买方表明是否接受卖方履行义务，买方在合理时间内没有作出答复后的一段合理时间内，或买方声明其将不接受卖方履行义务后的一段合理时间内。

买方除享有上述救济外，还享有其他救济：

在卖方不交货时，要求卖方履行义务。这实际上是要求卖方实际履行，不能与买方采取的其他补救办法相冲突。如买方已宣告合同无效，则不能要求卖方继续履行合同义务。

在卖方没有按时或不能按时交付货物时，买方可给予卖方一定的额外时间（宽限期），以便卖方履行其义务。是否给予卖方额外的时间履行义务，需根据合同对时间的要求而定。我国《合同法》规定了迟延履行的催告制度，当事人一方迟延履行主要债务，经催告后在合理期限内仍未履行，另一方当事人可以解除合同。催告是解除合同的前提条件。《联合国国际货物销售合同公约》虽没有关于催告的规定，但宽限期也是宣告合同无效的一个条件。根据该公约，在宽限期内，买方不得对违反合同采取任何补救办法，除非买方收到卖方通知，卖方不在这一期限内履行义务。

如果卖方在合同规定的日期前交付货物，买方可以收取货物，也可以拒绝收取货物。

交货不合格时的救济包括交付替代物、修理、减价等。只有在货物不符合合同构成根本违反合同时，买方才可以要求交付替代物。在其他情况下，买方可要求卖方通过修理对不符合合同之处作出补救。如果货物不符合合同，买方可以要求减价，但卖方对不符货物进行补交、替换、修理，或买方拒绝卖方的上述要求，买方即不得要求减低价格。减价按实际交付的货物在交货时的价值与符合合同的货物在当时的价值两者之间的比例计算。其计算方式是：

减价后的货物价格＝合同价×实际交付的货物时价/符合合同的货物时价

卖方交货不合格时，买方要求救济的权利只有在发现或理应发现不符情形后的一段合理时间内通知卖方时才存在，如不及时通知就丧失了声称货物不符合合同的权利。该通知应说明不符合合同的情形。对于潜在的缺陷，买方通知不符的时间延长至2年，如买方在实际收到货物之日起2年内没有将货物不符合合同的情况通知卖方，就丧失了声称货物不符合合同的权利，除非这一时限与合同规定的保证期不一致。如合同规定有保证期，应在保证期内提出不符的情形。如果买方在订立合同时知道或不可能不知道货物不符合合同，卖方即免除了对货物不符承担的责任。但如果卖方已知道或不可能不知道货物不符合合同而又没有告知买方，则卖方无权要求免责，买方仍享有声称货物不符合合同的权利。

如果卖方只交付部分货物，或者交付货物中只有部分符合合同，对缺漏部分及不符合合同规定部分的货物，买方可根据情况，要求实际履行、给予额外时间履行，要求修补、减价，甚至宣告合同无效。如果卖方交付的货物数量大于合同规定的数量，买方可以收取也可以拒绝收取多交部分的货物。如果买方收取多交部分的货物的全部或一部分，则必须按合同价格付款。

（四）买方违约的救济

对于买方违反合同，卖方可以采取要求实际履行、给予宽限期、要求赔偿、宣告合同无效等救济。同买方一样，卖方宣告合同无效的权利也受到限制。如果买方已支付货款，对于买方迟延履行义务，如果卖方知道买方迟延履行前没有宣告合同无效，或对于买方迟延履行义务以外的任何违反合同事项，在已知道或理应知道这种违反合同后的一段合理时间内没有宣告合同无效，或在给予买方额外时间期满后或买方声明其将不在该额外期限内履行义务后的一段合理时间内没有宣告合同无效，卖方就失去了宣告合同无效的权利。在实际合同履行中，买方采取付款或收取货物的必要程序是买方的重要义务。在FOB合同中或信用证付款时，如果买方没有派船或没有通过银行开立信用证，卖方都可中止履行合同义务或宣告合同无效。

根据《联合国国际货物销售合同公约》，卖方有要求买方支付利息的权利。如果一方当事人没有支付价款或任何其他拖欠金额，另一方当事人有权对这些款额收取利息，而且收取利息不影响要求损害赔偿。

（五）违约免责

违约方并非对其所有违约都承担违约责任。常见的免责事项有受害人自己违约使得违约方不能履约以及不可抗力两类情形。

《联合国国际货物销售合同公约》规定，一方当事人因其行为或不行为而使得另一方当事人不履行义务时，不得声称该另一方当事人不履行义务。在普通法中，有“本身清白”之说。我国《合同法》规定，当事人双方都违反合同的，应当各自承担相应的责任。

上述国际、国内法虽都规定了不可抗力的免责，但不可抗力的含义与范围并不完全相同。《联合国国际货物销售合同公约》创造了区别于各国法律制度已有概念的“非债务人所能控制的障碍”（impediment beyond his control）这一法律概念。根据这一规定，一方当事人不履行义务，如果他能证明该不履行义务是由于某种非他所能控制的障碍引起，而且对于这种障碍，没有理由预期他在订立合同时能考虑到或者能避免或克服该障碍或其后果，则该当事人不负责任。该公约对不可抗力涉及第三人时作了特别规定。如果当事人雇用第三人履行合同的全部或部分义务，该当事人不履行义务是由于该第三人不履行义务所致，只有该当事人因不可抗力免除责任，而且该第三人同样因不可抗力免除责任，该当事人才可最终免除责任。这是一个双重要求。如卖方出售某种货物，该货物由第三方提供，结果第三方由于不可抗力不能提供该货物，这时只有该卖方也遇到不可抗力时，才可以免责。这一规定与我国《合同法》的规定不同。我国《合同法》将第三人与违约方之间的关系和受害方与违约方的关系视为不同的法律关系，规定违约方应向对方承担违约责任，当事人一方和第三人之间的纠纷，依照法律规定或按照约定解决。

“非债务人所能控制的障碍”免责对障碍存在的期间有效，且仅适用于损害赔偿，不妨碍任何一方行使公约规定的要求损害赔偿以外的任何权利。

四、货物所有权与风险的转移

（一）所有权转移

货物买卖合同是卖方向买方转移货物所有权、买方支付价款的合同。但货物所有权何时由卖方向买方转移，国际公约、各国法律没有统一的规定。《联合国国际货物销售合同公约》干脆将这一问题排除在其调整范围之外，而交由各国国内法决定。

我国《民法通则》规定了一般性的指导原则：按照合同或其他合法方式取得财产的，财产所有权从财产交付时起转移。法律另有规定或当事人另有约定的除外。该规定的一般原则是交付转移，约定除外。我国《合同法》一方面重复了《民法通则》的规定，另一方面规定当事人可以在买卖合同中约定买方未履行支付价款或者其他义务的，标的物的所有权属于卖方（所有权保留条款）。《合同法》增加的这一规定，实际上是对当事人约定的补充或细化，并没有提出新的确定转移的方法，依然是约定优先，一般情况下交付转移。但由于何为货物交付在国际货物买卖中并没有统一的认识和规定，我国《合同法》关于交付转移的规定也就表现出了不足。根据我国《物权法》，动产物权的设立和转让，自交付时发生效力，法律另有规定的除外。动产物权设立和转让前，权利人已经依法占有该动产的，物权自法律行为生效时发生效力。动产物权设立和转让前，第三人依法占有该动产的，负有交付义务的人可以通过转让请求第三人返还原物的权利代替交付。动产物权转让时，双方又约定由出让人继续占有该动产的，物权自该约定生效时发生效力。

（二）风险的转移

货物在风险转移到买方承担后遗失或损坏，买方支付价款的义务并不因此解除，除非这种遗失或损坏是由于卖方的行为或不行为造成的。因此，风险的划分、承担直接影响着买卖双方的权利义务。

风险的划分、承担主要是风险的转移时间、地点问题。《联合国国际货物销售合同公约》对风险的转移提供了指导。但该公约对风险的转移的规定仅是原则性的，实际上风险的转移与交货方式和贸易术语密切相关。

公约规定了几种风险转移的确立方式，主要包括交付时转移、合同订立时转移及买方接收时转移。如果销售合同涉及货物的运输，但卖方没有义务在某一特定地点交付货物，则自货物按照销售合同交付给第一承运人以转交给买方时起，风险就转移到买方承担。如果卖方有义务在某一特定地点把货物交付给承运人，在货物于该地点交付给承运人以前，风险不转移到买方承担。卖方有权保留控制货物处置权的单据，这不影响风险的转移。但无论哪种情况，都必须以货物的特定化为前提。在货物上加标记、以装运单据或向买方发出通知或以其他方式清楚地注明有关合同以前，货物风险并不向买方转移。

对于运输途中的货物，从订立合同时起，风险由卖方转移到买方。如果情况表明有此需要，从货物交付给签发载有运输合同的单据的承运人时起，风险由买方承担。如果在订立合同时卖方已知道货物已经遗失或损坏，但没有将这一事实告知买方，遗失或损坏的风险仍由卖方承担。

在卖方直接向买方交付货物的情况下，从买方接收货物时起，风险发生转移。但如果买方没有在适当时间内接收，则从货物交由买方处置但买方不接收货物从而违反合同时起，风险转移。如果卖方在其营业地之外交付货物，当交货时间已到而买方知道货物已在该地点交给他处置时，风险开始转移。上述规定以货物的特定化为条件。我国《合同法》亦有上述类似规定，但没有特定化的要求。

我国最高人民法院于 2012 年 5 月公布了《关于审理买卖合同纠纷案件适用法律问题的解释》，对标的物交付、所有权转移、风险承担等作了规定。

课堂讨论案例

2004年1月1日，S公司与B公司签订棉花买卖合同，约定出售二级皮棉1 370吨，单价每吨16 900元，质量按国家棉花质量标准GB11031999执行，S公司对质量、重量负责到底，如存在重大问题，以公证检验为准。B公司预付货款1 000万元，并在2004年1月15日前将余额打入S公司账户。当事人一方不履行合同约定的义务，另一方有权单方终止合同，同时，违约方按未履行合同金额的10%向另一方偿付违约金。合同签订后B公司当时即向S公司支付预付货款650万元。S公司收取预付款后即开始发货。截至2004年1月7日，S公司共向B公司发运皮棉1 173吨。S公司出具了出厂检验报告单，其中一级皮棉337吨，二级皮棉836吨。B公司在1月12日前将余额1 288万货款转入S公司账户。2004年5月21日，B公司将S公司交付的二级皮棉46吨出售给湖北纺织公司。6月10日，经湖北纤维检验所公证检验，三级皮棉34吨，四级皮棉9吨，计重43吨。与原出厂皮棉检验单记载重量差3吨。因等级不符，湖北纺织公司要求退货。2004年6月12日，B公司与广东印染公司签订800吨棉纱购销合同，又与新疆纺织公司签订委托加工合同。B公司将S公司交付的皮棉225吨运到新疆纺织公司，其中一级皮棉90吨，二级皮棉135吨。7月2日，经新疆纺织公司所在地纤维检验所公证检验，这些皮棉质量与S公司出厂检验单上标明的质量等级不符。公证检验结果为：二级皮棉2吨，三级皮棉172吨，四级皮棉35吨，计重209吨。与原出厂皮棉检验单记载重量差16吨。B公司另于2004年6月将S公司交付的重量计180吨皮棉售给四川棉麻公司，一级皮棉135吨，二级皮棉45吨。7月经四川省纤维检验局检验，结果为：三级皮棉166吨，四级皮棉5吨，总重量171吨。与原出厂皮棉检验单记载重量差9吨。四川棉麻公司对向其交付的171吨皮棉按每吨13 661元支付B公司货款233万元。B公司起诉S公司，要求解除合同，S公司退还B公司货款，并承担诉讼费用。

一审诉讼中，经法院同意，2004年11月B公司将S公司交付的皮棉723吨出售给金纺公司，其中一级皮棉112吨，二级皮棉610吨。经新疆纤维检验局检验，结果为：三级皮棉151吨，四级皮棉515吨，五级皮棉22吨，合计688吨。与原出厂检验单记载重量差35吨。双方以三级棉每吨1.1万元、四级棉每吨1.04万元、五级棉每吨1.02万元出售。

2005年2月，B公司与H公司签订棉花买卖合同，将运往新疆纺织公司原订纺纱的209吨皮棉卖给H公司，单价每吨1.1万元，销售金额共计230万元。

依据公证检验结果，S公司向B公司提供皮棉共计1 111吨，其中二级皮棉2吨，三级皮棉523吨，四级皮棉564吨，五级皮棉22吨，销售货款1 273万元，B公司货款本金损失665万元。

另查明，委托加工合同的棉花不能用于加工。B公司提取棉花后，皮棉价格发生重大变化，逐月下滑。2004年1月份一级棉为每吨1.75万元，到5、6月份，降到每吨1.25万元，8月降至每吨1.1万元，到2005年4月，回升到每吨1.3万元。棉花每一级差为200元左右。每年9月份至次年的8月31日为棉花的“年度”，在该年度中应当保证棉花不变质，但到了次年的10月份左右，公证检验的棉花要降1～2级。

结合教材所讲内容，回答下述问题：

1. 从卖方交付货物应符合约定和法律规定的角度看，S公司应承担什么样的赔偿责任？B公司之后的不同交易，是否导致S公司承担责任的不同？

2. 买方B公司是否能获得全部的赔偿，为什么？

问题与思考

1.《联合国国际货物销售合同公约》在适用上有什么特点？

2. 如何理解我国对《联合国国际货物买卖合同公约》所作的书面保留与我国合同法允许口头合同的关系？

3. 如何理解《国际商事合同通则》的作用？

4. 在承诺生效问题上，应注意什么问题？

5. 国际货物买卖合同中有哪些违约救济措施？如何确定违约的赔偿数额？

6. 国际货物买卖合同中的卖方和买方负有哪些主要义务？

7. 如何理解根本违反合同？我国《合同法》中有无类似的规定？

8. 风险转移对卖方和买方的权利义务有什么影响？

9. 如何确定所有权转移？

第四章

国际货物运输与保险

本章概要

本章是国际货物买卖合同中买方或卖方权利义务的延伸。通过对运输和保险内容的学习，不仅可以了解买方和卖方在相关问题上的权利义务分配，还可以了解买方或卖方与承运人、保险人之间的权利义务关系。本章以货物为连结点，由货物买卖合同转向运输合同、保险合同，论述了不同当事人在不同法律关系中的权利与义务关系。对于货物的灭失、损坏，可据不同的法律关系，采取救济措施。由于贸易术语与货物运输和保险相关，故而应联系贸易术语来学习本章。

关键术语

提单　租船合同　运单　可保利益　保险单　保险凭证　海上事故　保险险别　单独海损　委付　代位求偿权　海牙规则　维斯比规则　汉堡规则　FPA　WA

第一节　海上货物运输

一、提单运输

提单（bill of lading，B/L），据我国《海商法》，是指用以证明海上货物运输合同和货物已经由承运人接收或装船，以及承运人保证据以交付货物的单证。

提单主要适用于班轮运输。所谓班轮运输（liner transport），是指船舶在固定的航线和港口间，按事先规定的船期和公布的费率进行的运输。一承运人同时运输多个托运人的货物。一般情况下，承运人向托运人签发、交付提单，有时承运人也签发提单以外的单证，如海上运单、大副收据或提货指示。不同的单据，其法律地位和作用是不同的。

（一）提单的法律调整

海上货物运输合同涉及承运人和托运人双方，双方的利益在某些方面是对立的。18、19

世纪，作为海上运输大国的英国，允许承运人按照契约自由原则在提单中列入一系列的免责条款，不利于托运人的利益。美国的《哈特法》规定了承运人的最低责任，某些情况下承运人的免责条款无效。其他国家也制定了类似的法律，这就产生了提单法律的冲突。为了统一提单的法律规则，产生了1924年的《关于提单统一法律规定的国际公约》（简称《海牙规则》），向海上货物运输的国际法律统一迈出了第一步。《海牙规则》是海上货物运输的一个重要公约，世界许多国家先后通过了这一规则，某些国家即使没有通过该规则，在其运输公司的格式提单中也规定适用该规则。世界上多数国家，特别是主要航运大国，目前仍主要按《海牙规则》来处理业务，规范当事人之间的权利义务关系。

《海牙规则》较多地反映了承运人的利益。随着代表货主利益的殖民地国家的独立，要求修改《海牙规则》的呼声高涨。问题主要集中在承运人的责任问题上，特别是广泛的免责问题、承运人的最高赔偿限额、诉讼时效、责任期间及适用范围问题。

1968年的《修改统一提单若干法律问题的国际公约的议定书》（即布鲁塞尔议定书，简称《海牙—维斯比规则》或《维斯比规则》），对承运人的责任限额、集装箱运输、责任限制权利的丧失、提单证据效力、非契约索赔、适用范围、诉讼时效等作了规定。《维斯比规则》不是一个独立的规则，它只是对《海牙规则》的某些规则的修订，应结合《海牙规则》一同适用，因而有时被称为海牙维斯比规则。该修订并不是对《海牙规则》的实质修订，《海牙规则》的基本原则和精神没有改变，仍然是偏向船主、航运国家的利益，因此发展中国家要求联合国制定新的规则。

经过联合国国际贸易法委员会的多年努力，《联合国海上货物运输公约》（简称《汉堡规则》）于1978年通过，该公约已于1992年11月1日生效，但加入国多是一些小国、内陆国和发展中国家，大国或发达国家都没有加入。《汉堡规则》扩大了承运人的责任范围，加重了承运人的责任，相对平衡了船、货双方的利益和风险，并扩大了提单的适用范围。

提单规则的碎片化，促使联合国国际贸易法委员会制定了适用范围更广、货方与船方利益更加平衡的《联合国全程或部分海上国际货物运输合同公约》（简称《鹿特丹规则》）。该规则不仅规定了承运人的权利义务，还规定了托运人的权利义务、货物交付、货物控制方、权利转让等。该规则主要适用于班轮运输合同。目前该规则还未生效。

中国没有批准加入上述任何一个公约，但中国航运公司的提单条款是据《海牙规则》制定的，中国的《海商法》吸收了上述公约的有关规定。

《海牙规则》、《维斯比规则》和《汉堡规则》的主要区别表现在如下几个方面：

1. 适用范围

《海牙规则》适用于缔约国签发的提单。《维斯比规则》适用于在缔约国签发的或从缔约国港口启运的提单；如果提单载有的或由提单证明的合同规定，该合同应受该规则或使该规则生效的任何国家的立法约束，则该提单也适用《维斯比规则》。《汉堡规则》使其适用范围更加扩大：如果装货港、卸货港或备选卸货港中的实际卸货港在缔约国内，或提单或证明海上运输合同的其他单证在缔约国内签发，或提单或证明海上运输合同的其他单证规定该规则或实施本规则的国家立法约束该合同，即适用《汉堡规则》。《汉堡规则》不适用于租船合同，但可适用于依租船合同签发的提单。应注意的是，《汉堡规则》适用于所有海上运输合同，而不仅仅适用于提单。

2. 责任期限

《海牙规则》、《维斯比规则》规定的承运人的责任期限是货物装船到卸船的期限，《汉堡规则》将承运人的责任期限延长到在装货港、在运输途中及在卸货港承运人掌管货物的全部期限。

3. 赔偿限额

《海牙规则》规定的赔偿限额是每件或每单位 100 英镑，《维斯比规则》改为双重标准，每件或每单位为 10 000 法郎，或毛重每公斤 30 法郎，以高者为准。《汉堡规则》规定每件或每装运单位 835 特别提款权，或毛重每公斤 2.5 特别提款权，以高者为准。

4. 诉讼时效

《海牙规则》和《维斯比规则》规定货方对承运人或船舶提起诉讼的时效为 1 年，但《维斯比规则》进一步规定，如经当事方同意该期限可以延长。《维斯比规则》还规定，如法院允许，可以在上述期限届满后对第三人提起诉讼。《汉堡规则》规定为 2 年，承运人可以在以其为被告的赔偿诉讼中或传票向其送达 90 天内对第三人提起追赔诉讼。

5. 货物范围

《海牙规则》不包括甲板货、集装箱货和活动物，《维斯比规则》增加了集装箱，《汉堡规则》规定，经协商可包括甲板货，对活动物只要按托运人指示，承运人即可免责。

6. 保函效力

《汉堡规则》将托运人用保函换取承运人签发清洁提单合法化，但该保函仅在托运人和承运人之间有效，对包括收货人在内的提单受让人无效。在发生欺诈的情况下，承运人承担赔偿责任，且不能享受《汉堡规则》规定的责任限额。

7. 免责范围

《海牙规则》和《维斯比规则》规定了大量的承运人的免责规定。《汉堡规则》废弃了《海牙规则》和《维斯比规则》中的免责规定，改用过失推定原则：承运人对其掌管期间因货物灭失、损坏及延迟交货产生的损失负赔偿责任，除非承运人证明他本人及其代理人、受雇人为避免事故的发生及后果，已采取了一切合同要求的措施。

（二）提单的内容和种类

1. 提单的内容

提单由两部分组成，包括正面条款和背面条款。正面条款主要是对货物、运输情况的具体描述，一般由托运人填写，承运人或其代理人签字。背面条款是承运人印就的权利、义务条款。

我国《海商法》规定，提单内容（正面条款）可包括下述几项：货物的品名、标志、包数或者件数、重量或者体积，对危险货物的危险性质的说明；承运人的名称和主营业所；船舶名称；托运人名称；收货人名称；装货港和在装货港接收货物的日期；卸货港；多式联运提单增列的接收货物地点和交付货物地点；提单的签发日期、地点和份数；运费的支付；承运人或其代表的签字。

提单背面条款一般包括下述几个方面：名词定义；法律适用（首要条款）；承运人的责任与豁免；共同海损；责任期限；双方有责碰撞；等等。提单是受国内法或国际条约强制调整的。提单的背面条款，尽管是由承运人自行制定的，但不应违反有关国内法或国际条约的规定。目前绝大多数承运人的提单是根据《海牙规则》或《维斯比规则》制定的。各国的提单一般适用提单签发地国家的法律，但美国1936年《海上货物运输法》适用于自美国运输和向美国运输的货物的提单，因此，向美国运输货物要受到美国法的约束，提单条款中也往往含有适用美国法律的条款。

2. 提单的种类

(1) 根据签发提单时货物是否已装船，可将提单分为已装船提单和备运提单。

已装船提单（shipped B/L），指货物装上船后承运人向托运人签发的提单。该类提单上标有装载货物的船舶名称和装载日期。装载日期即提单的签发日。有时提单的签发日期与实际装船日期并不一致，这就是通常所说的“倒签提单”和“预借提单”。倒签提单（antedated B/L），指承运人倒填签发日期的提单，提单上的签发日期早于实际装船日期。从托运人（卖方）履行买卖合同的角度看，倒签提单变更了卖方交付货物的日期，使原本可能不符合合同规定的交货变得符合合同规定，从而可能剥夺了买方相应的权利，如拒收权。倒签提单一般在托运人不能在信用证规定的期限装船，同时又来不及修改信用证或不能修改信用证的情况下发生。倒签的目的是使卖方能够交付合格的单据，取得货款。预借提单（advanced B/L），指货物没有装船或没有装船完毕，托运人预先从承运人处借出提单，用于结汇。这在某种程度上是将没有装船冒称为已经装船，严重侵害了买方的权利，对承运人也存在极大的风险。

备运提单（received for shipment B/L），是指货物已交付承运人但还没有装船时承运人向托运人签发的提单。该提单只证明承运人收到了托运人交付的货物，但没有说明何时装船、能否装船，买方不能据此得知何时能收到货物。在跟单信用证的情况下，银行不收备运提单，只收已装船提单。有时承运人只能签发备运提单，如在集装箱运输的情况下，托运人向承运人交付集装箱时，因货物没有装船，承运人只能签发备运提单。货物装上船后，备运提单可以换成已装船提单，这只需在备运提单上加注船名、日期并签字盖章即可。

(2) 根据提单是否可以流通转让，可以将提单分为不可转让提单和可转让提单，可转让提单按提单抬头又可分为指示提单和不记名提单。

不可转让提单（non-negotiable B/L），即记名提单。在提单的收货人一栏具体写明特定收货人的名称。该种提单，只能由提单上的记名收货人向承运人提取货物，承运人也只能向该人交付货物。除了提单上的记名人之外，其他人不能提货。因此，该提单不能转让给其他人进行流通。

可转让提单（negotiable B/L）指可以通过交付或背书、交付而进行流通转让的提单。可转让提单是一种流通票据。不记名提单（bearer B/L）指提单上没有指明收货人而仅填写交付持票人的提单，又称为持票人提单。谁持有提单，谁就可以提取货物，承运人见单交货，而不管持票人的身份、是否真的有权提货，即使盗窃提单的人也可以提货。该种提单仅凭交付即可流通转让，缺乏安全保证。指示提单（order B/L）是指提单收货人一栏填写“凭指示”或“凭某人指示”的提单。该种提单可以通过背书、交付而转让。其好处是既能流通转让，又可以控制提单流向，故该种提单为国际贸易中广泛使用。

(3) 根据承运人是否在提单上进行批注，可以将提单分为清洁提单与不清洁提单。

承运人通常对收到的货物状况进行核对、说明。提单中一般印有货物外表状况良好条款。

如果承运人没有在提单上进行批注，则视为承运人收到的托运人交付的货物外表状况良好，这种提单称为清洁提单（clean B/L）。如果承运人收到的货物与提单上的描述不符，承运人可以在提单上批注，说明货物不符之处、对货物怀疑的根据或说明无法核对。如承运人在提单上进行批注，如“渗漏、破损”、“包装不固”，该种提单称为不清洁提单（unclean/foul/claused B/L）。在信用证支付的情况下，银行不接受不清洁提单，即卖方（受益人）不能凭不清洁提单结汇。买方一般也不接受不清洁提单，因为不清洁提单表明卖方交付的货物不符合合同的规定，也不能要求承运人对此承担责任。正因为如此，在商业做法上，在承运人可能对提单进行批注时，托运人往往通过银行向承运人出具保函，换取承运人签发清洁提单。该保函旨在向承运人保证，托运人对承运人因签发清洁提单可能遭受的损失承担赔偿责任。以保函换清洁提单有时形成对收货人的欺诈，这种情况下承运人往往不能从托运人处获得赔偿。法国法明确规定，凡为换取清洁提单而由托运人向承运人或其代理人所作的赔偿保证的函件和协议，对第三者均无效。

（三）提单的性质和作用

1. 提单是托运人与承运人之间海上货物运输合同的证据

提单与海上货物运输合同是两个不同的概念。从时间上讲，托运人与承运人之间的货物运输合同在货物装船之前就已经成立，而提单则在货物装船完毕之后签发。托运人在向承运人订妥舱位后，合同即已成立。货物在交付给承运人之后或装船之后、承运人签发提单之前灭损，承运人应承担责任，承运人不能以托运人没有提单为借口要求免责。从表现形式上讲，托运人与承运人之间的货物运输合同可以是口头的，而提单却是书面的。从意思表示上讲，托运人与承运人之间的货物运输合同是双方的意思表示，而提单只是承运人单方签发的书面文件。

2. 提单是承运人接收货物、装船后向托运人出具的收据

这是提单最早具有的功能。最初承运人只是对承运的货物记录，后来逐渐演变为向托运人出具收据。国际贸易中，普遍的做法是卖方通过承运人向买方交付货物，卖方向承运人交付货物即视为卖方履行了交货义务。承运人负责将货物交付买方。承运人在收到托运人交付的货物时，应向托运人出具收据，表明承运人已收到了托运人交付的货物或已将货物装船。

3. 提单是（代表）货物所有权的凭证

国际贸易的早期发展阶段，卖方负责租船，承运人向卖方交付货物，后来发展为向卖方代理人或指定人或第三人（买方）交付货物，在运输途中可改变收货人。提单逐渐有了流通特征。提单是承运人据以交付货物的单证和保证。提单持有人有权要求承运人交付货物，有权享有或占有货物。在国际贸易中，货物的流转与提单的流转是分开的，赋予提单所有权凭证的作用与特征，可以使提单持有人在货物运输期间处理货物，更好地促进货物的流转，促进国际贸易。提单的这一所有权凭证功能，作为国际贸易惯例，为各国法律所承认。转让提单就可以转让货物所有权。可转让提单成为一种可流通的有价票据，可以用于债务的担保。

（四）承运人、托运人的权利、义务

1. 承运人的义务与责任

承运人作为货物的运输人和保管人，负有两个方面的义务，即经营船舶和管理货物。国际

条约或国内法规定的承运人的义务和责任，是承运人的最低义务和责任，这些规定不影响在此之外增加承运人的责任和义务。

承运人主要承担以下义务：

(1) 提供适航的船舶

承运人在船舶开航前和开航当时，应当谨慎处理，使船舶处于适航状态，妥善配备船员、装备船舶和配备供应品，并使货舱、冷藏舱、冷气舱和其他载货处所适于并能安全收受、载运和保管货物。

(2) 管理和安全运送货物

承运人应当妥善地、谨慎地装载、搬移、积载、运输、保管、照料和卸载所运货物。承运人的该项义务为绝对性义务，对违反该义务所造成的货物的灭失或损坏，承运人应负赔偿责任。但由免责事项造成的损失除外。

(3) 签发提单并据以交付货物

货物由承运人接收或装船后，应托运人的要求，承运人应当签发提单。提单可由承运人授权的人签发。提单由载货的船长签发的，视为代表承运人签发。提单中载明的向记名人交付货物，或按照指示人的指示交付货物，或向提单持有人交付货物的条款，构成承运人据以交付货物的保证。货物应在明确约定的时间内交付。承运人无正本提单交付货物，造成正本提单持有人损失的，应承担违约或侵权责任。我国最高人民法院 2009 年发布了《关于审理无正本提单交付货物案件适用法律若干问题的规定》。

(4) 行驶合理的航线

承运人应当按照约定的、习惯的或地理上的航线将货物运往卸货港。船舶在海上为救助或企图救助人命或者财产的绕航为合理绕航。在普通法中，不合理绕航为根本性违约，货物所有人有权解除运输合同，承运人也由此失去免责的权利。

2. 承运人的责任

(1) 责任期间

在承运人的责任期间内，货物发生灭失或损坏的，除法律或合同另有规定外，承运人应负赔偿责任。对于不同装运方式的货物，责任期间是不同的。对于集装箱装运的货物，责任期间从在装货港接收货物时起至在卸货港交付货物时止，货物处于承运人掌管之下的全部期间，即所谓的“接到交”；对于非集装箱装运的货物，责任期间从货物装上船时起至卸下船时止，货物处于承运人掌管之下的全部期间，即所谓的“钩到钩”。

(2) 责任限制

承运人对货物灭失的赔偿额，按照货物的实际价值计算；货物损坏的赔偿额，按照货物受损前后实际价值的差额或货物的修复费用计算。货物的实际价值按照货物装船时的价值加保险费计算。赔偿时应当减去因货物灭失或损坏而少付或免付的有关费用。但承运人的赔偿责任有额度的限制，超出限额部分，承运人有权不予赔付。承运人故意或明知而轻率作为或不作为造成的损失，承运人或其受雇人或代理人不得引用限额规定。赔偿限额按照货物件数或其他货运单位数计算。承运人无正本提单交付货物造成的损失，不适用责任限额。

(3) 承运人的免责

《海牙规则》和《维斯比规则》中列有 17 种免责事项。《汉堡规则》采取的是过失推定原则，废除了免责事项，承运人对其掌管之下的货物的损失承担赔偿责任，除非承运人举出相反证据，证明其不存在过失。从举证责任上说，这是举证责任的倒置。

我国《海商法》采取的是《海牙规则》的方法，同时根据新的航海技术的发展，作了相应的规定。根据《海商法》，在责任期间货物发生的灭失或损坏是由于下列原因之一造成的，承运人不负赔偿责任，但除火灾外，承运人须负举证责任：1）船长、船员、引航员或承运人的其他受雇人在驾驶船舶或管理船舶中的过失；2）火灾，但承运人本人的过失所造成的除外；3）天灾，海上或其他可航水域的危险或意外事故；4）战争或武装冲突；5）政府或主管部门的行为、检疫限制或司法扣押；6）罢工、停工或劳动受到限制；7）在海上救助或企图救助人命或财产；8）托运人、货物所有人或他们的代理人的行为；9）货物的自然特性或固有缺陷；10）货物包装不良或标志欠缺、不清；11）经谨慎处理仍未发现的船舶潜在缺陷；12）非由于承运人或承运人的受雇人、代理人的过失造成的其他原因。

（4）承运人的代理人、受雇人的责任

根据我国《海商法》，就海上货物运输合同所涉及的货物灭失、损害或延迟交付对承运人提起的诉讼，不论海事请求人是否为合同的一方，也不论诉讼是根据合同还是根据侵权提起的，都适用《海商法》关于承运人的抗辩理由和限制赔偿责任的规定。若上述诉讼对承运人的受雇人或代理人提起的，经承运人的受雇人或代理人证明，其行为是在受雇或者受委托的范围之内的，适用承运人的抗辩理由和限制赔偿责任。承运人的受雇人或代理人故意或明知可能造成损失仍轻率地作为或不作为造成的货物灭失、损害或延迟交付，不能适用承运人的抗辩理由和限制赔偿责任。我国《海商法》的上述规定适用于实际承运人的受雇人或代理人。就货物的灭失或损坏分别向承运人、实际承运人以及他们的受雇人、代理人提出赔偿请求的，赔偿总额不超过《海商法》规定的责任限额。

3. 承运人的权利

（1）批注权

承运人或代其签发提单的人，知道或有合理的根据怀疑提单记载的货物的品名、标志、包数或件数、重量或体积与实际接收的货物不符，在签发已装船提单的情况下怀疑与已装船的货物不符，或没有适当的方法核对提单记载的，可以在提单上批注，说明不符之处、怀疑的根据或说明无法核对。

（2）收取运费权、货物留置权、请求拍卖权

应当向承运人支付的运费、共同海损分摊、滞期费和承运人为货物垫付的必要费用以及应当向承运人支付的其他费用没有付清，又没有提供适当担保的，承运人可以在合理的限度内留置其货物。承运人留置的货物自船舶抵达卸货港的次日起满60日无人提取的，承运人可以申请法院裁定拍卖；货物易腐烂、变质或货物的保管费用可能超过其价值的，可以申请提前拍卖。

（3）危险货物销毁权

托运人托运危险货物，应当依照有关海上危险货物运输的规定，妥善包装，作出危险品标志和标签，并将其正式名称和性质以及应当采取的预防危害措施书面通知承运人；托运人未通知或通知有误的，承运人可以在任何时间、任何地点根据情况需要将货物卸下、销毁或使之不能为害，而不负赔偿责任。托运人对承运人运输此类货物所受的损害，应当负赔偿责任。承运

人知道危险货物的性质并已同意装运的，仍然可以在该项货物对船舶、人员或其他货物构成实际危险时，将货物卸下、销毁或使之不能为害，而不负赔偿责任。

(4) 邻近港口卸载权

因不可抗力或其他不能归责于承运人和托运人的原因致使船舶不能在合同约定的目的港卸货的，除合同另有约定外，船长有权将货物在目的港邻近的安全港口或地点卸载，视为已经履行合同，但应及时通知当事人。

4. 托运人的义务与权利

(1) 交付托运的货物，保证提供的有关材料正确

托运人不交付或不完全交付约定托运的货物，应对承运人可能产生的空舱费负责。托运人托运货物，应当妥善包装，并向承运人保证，货物装船时所提供的货物的品名、标识、包数或件数、重量或体积正确；由于包装不良或上述资料不正确，对承运人造成损失的，托运人应当负赔偿责任。对于危险物品，应作出标识，并向承运人说明。

(2) 办理必要的手续，将单证送交承运人

托运人应当及时向港口、海关、检疫、检验和其他主管机关办理货物运输所需要的各项手续，并将已办理的各项手续的单证送交承运人；因办理各项手续的有关单证送交不及时、不完备或不正确，使承运人的利益受到损害的，托运人应当负赔偿责任。

(3) 支付运费

托运人应当按照约定向承运人支付运费，亦可约定由收货人支付。船舶在装货港开航前，托运人要求解除合同的，应支付运费的一半；因不可抗力的原因解除合同的除外。按惯例，在预付运费的情况下，无论货物是否灭失，运费一般不予退还。在到付运费的情况下，如货物没有运到，承运人无权收费。

(4) 提取货物

收货人迟延、拒绝提取货物的，由此产生的费用和风险由收货人承担。

对于不是由于托运人、托运人的代理人或其雇佣人员的行为、过失或疏忽所引起的货物或船舶的灭失，托运人概不负责。

(5) 请求签发提单权、换取提单权

货物由承运人接收或装船后，应托运人的要求，承运人应当签发提单。提单可由承运人授权的人签发。提单由载货船舶的船长签发的，视为代表承运人签发。

货物装船前，承运人已经应托运人的要求签发收货待运提单或其他单证的，货物装船完毕，托运人可以将收货待运提单或其他单证退还承运人，以换取已装船提单；承运人也可以在收货待运提单上加注承运船舶的船名和装船日期，加注后的收货待运提单视为已装船提单。

(6) 提货权、索赔权

托运人，包括收货人和善意取得提单的第三人，有权要求承运人交付货物；对于在承运人掌管期间货物的损坏或灭失，有权要求赔偿。

(五) 提单转让的效力

提单是托运人与承运人间货物运输合同的证明，提单一经转让即成为第三人与承运人之间的运输合同，第三人由此成为运输合同的一方；同时，提单又是货物所有权凭证，除非另有约

定，转让提单就是转让货物所有权。有关受让人的权利与转让人的权利之间的关系，受让人对承运人享有的权利，提单转让的要求及效力，我国《海商法》规定：承运人同收货人、提单持有人之间的权利义务关系依据提单的规定确定。在英国和美国，有单独的提单法调整提单转让及其效力。

二、航次租船合同与定期租船合同

（一）航次租船合同

我国《海商法》将航次租船合同归入“海上货物运输合同”一章。航次租船合同，又叫定程租船（voyage charter party），是指船舶出租人向承租人提供船舶或者船舶的部分舱位，装运约定的货物，从一港运至另一港，由承租人支付约定运费的合同。

航次租船合同是一种租船合同。与提单不同，租船合同的条款是由双方当事人约定的。国内法律或国际条约很少对其进行调整。我国《海商法》仅要求出租人提供适航的船舶和行驶合理的航线。航次租船合同下可以签发提单，在提单持有人不是承租人时，提单中的规定适用于承运人与提单持有人之间的权利义务，但提单中明确载明适用航次租船合同的，则适用航次租船合同。

航次租船合同是租用船舶运输某个航程，因此合同条款内容重在船舶和航程。除有关船舶的条款外，还包括装卸港口、受载期限、装卸期限、运费、滞期费、速遣费、绕航、留置权等条款，当然，货物条款也是其中的一个重要内容。

一般来说，出租人应在约定的时间、港口码头提供约定的船舶，承租人应提供约定的货物，并在约定的时间内装船、卸船。如果船舶未能在约定的时间（受载期，laydays）到达约定的地点，或船舶不符合约定，承租人可以解除合同或要求赔偿。如果承租人未能交付约定的货物，未能在约定的期限（许可装卸时间，laytime）内装卸，承租人应支付空舱费（dead freight）、滞期费（demurrage）。出租人为鼓励承租人尽快装卸，促使船舶加快离港，对承租人在约定期限内提前完成装卸的，常在合同中约定支付速遣费（dispatch）。速遣费常为滞期费的一半。无论合同规定由哪一方选择装卸港，港口都应具体、安全。

在使用航次租船合同的情况下，如果托运人、收货人需要可转让的提单，出租人（承运人）也可以签发可转让提单。这时货物运输就出现了两个文件，一是航次租船合同，另一是提单。二者的作用不同。

航次租船合同仅仅是运输合同，不具有货物所有权凭证的作用。它调整承租人与出租人之间的权利义务关系。而提单，在不同的情况下，其作用会发生变化。在承租人手中时，提单是出租人收取货物的收据，是货物所有权的凭证；在非承租人手中时，提单具备三种功能，即运输合同的证明、货物收据和所有权凭证。

（二）定期租船合同

定期租船合同（time charter party），是指船舶出租人向承租人提供约定的由出租人配备船员的船舶，由承租人在约定的期限内按照约定的用途使用，并支付租金的合同。定期租船合同的最大特点是承租人负责船舶的经营管理，出租人只负责船舶的维护、维修。

定期租船合同的内容由双方当事人约定。国际上有许多通行的标准合同，如“中国租船公司期租约范本”。定期租船合同不受国际条约的调整，但据此签发的提单却可能受类似《海牙规则》的调整。由于定期租船合同是将船舶租给承租人使用一定时期，因而船舶状况、船舶交付与归还、船舶用途、船舶使用范围与航行区域、停租转租等条款成为定期租船合同中的主要条款。由于出租人是按期收取租金，故而不存在航次租船合同中的滞期费、速遣费、绕航问题。

第二节 国际航空、铁路货物运输

一、国际航空货物运输

（一）调整国际航空货物运输的两大公约体系

目前调整国际航空货物运输的国际公约主要有两大体系：一是以《华沙公约》为核心的华沙公约体系，另一是蒙特利尔公约体系。

华沙公约体系主要包括 1929 年的《关于国际航空运输统一法律规定的公约》（简称《华沙公约》）、1955 年的《修改 1929 年关于国际航空运输统一法律规定的公约的议定书》（简称《海牙议定书》）和《海牙议定书的危地马拉城 1971 年议定书》。上述《华沙公约》和《海牙议定书》对承运人责任限额的规定都是以金价为标准，而自 20 世纪 70 年代开始金本位制度逐渐被废除，因此 1975 年国际民航组织在蒙特利尔召开会议，签订了 4 个《蒙特利尔附加议定书》，用特别提款权代替了上述两个公约中的金价。

《华沙公约》和《海牙议定书》对于承运人是缔约承运人还是实际承运人，没有作出明确的规定，于是产生了 1961 年的《统一非缔约承运人所办国际航空运输某些规则以补充华沙公约的公约》（简称《瓜达拉哈拉公约》），《瓜达拉哈拉公约》旨在统一非缔约承运人执行的国际运输的规则。

《华沙公约》适用于始发地和目的地在两个缔约国或始发地和目的地在同一个缔约国但在另一国家（地区）有约定的经停点的国际运输。几个连续航空承运人办理的运输，如是同一业务活动，则无论是否为一个合同，也无论该合同或该几个合同是否在同一国家履行，都不丧失其国际性。《海牙议定书》同样适用于上述国际运输，但始发地和目的地必须都位于议定书的两个缔约国，或虽在同一个缔约国，但在另一国有约定的经停点。

就这几个公约的关系来说，《华沙公约》是最基本的规定，其他是对《华沙公约》的修订或补充，但都相互独立。由于各国参加的公约不尽相同，在适用时须注意区别。我国参加了《华沙公约》和《海牙议定书》。

上述国际航空公约的相互独立性和不统一性，在某种程度上阻碍了国际航空运输业的发展。1995 年国际民航组织决定起草一部新的统一性公约。1999 年 5 月，国际民航组织在其组织总部加拿大的蒙特利尔通过了《关于国际航空运输统一法律规定的公约》（简称《蒙特利尔公约》）。该公约旨在实现《华沙公约》及相关文件的现代化与一体化，确保航空运输消费者的利益，在恢复性补偿原则的基础上，提供公平赔偿，而制定新公约来增进对国际航空运输某些规则的一致化和法典化，是获得公平的利益分配的最适当方法。该公约于2003年11月4日生效。我国签署了该公约，于2005年2月批准加入该公约。

（二）蒙特利尔公约体系下的运输规则

1. 公约的适用范围和优先适用性

《蒙特利尔公约》适用于所有以航空器运送人员、行李或者货物而收取报酬的国际运输，也适用于航空运输企业用航空器履行的免费运输。国际运输，系指根据当事人的约定，不论在运输中有无间断或转运，其出发地点和目的地点是在两个当事国的领土内，或者在一个当事国的领土内，而在另一国的领土内有一个约定的经停地点的任何运输，即使该国不是当事国。在一个当事国的领土内两个地点之间的运输，且在另一国的领土内没有约定的经停地点的，不是国际运输。该公约当事国可以在任何时候向该公约的保存人提交通知，声明公约对下列事项不适用：由当事国就其作为主权国家的职能和责任为非商业目的而直接办理和运营的国际航空运输，或使用在该当事国登记的或者为该当事国所租赁的、其全部运力已为其军事当局或者以该当局的名义所保留的航空器，为该当局运输人员、货物或行李的运输。

关于《蒙特利尔公约》与《华沙公约》等的关系，《蒙特利尔公约》规定：当国际航空运输在该公约的当事国之间履行，而这些当事国同为下列条约的当事国时，《蒙特利尔公约》优先于国际航空运输所适用的下列任何规则：(1)《华沙公约》；(2)《海牙议定书》；(3)《瓜达拉哈拉公约》；(4) 危地马拉城议定书；(5) 各个蒙特利尔议定书。当国际航空运输在《蒙特利尔公约》的一个当事国内履行，但该当事国是上述五项所指一个或几个文件的当事国时，《蒙特利尔公约》优先于国际航空运输所适用的任何规则。

《蒙特利尔公约》因其与其他航空公约关系的规定，使《蒙特利尔公约》具有优先适用的效力，排除了其他公约的适用。如果说《蒙特利尔公约》本身在条文上统一了国际航空运输规则的话，那么，随着参加该公约的当事国越来越多，国际航空运输规则的全面、实质统一指日可待，原混乱复杂的国际运输规则将退出历史舞台。

2. 国际航空货物运输单证

航空货运单或货物收据，是货物承运人向托运人出具的运输单证。托运人负责填写运单。承运人根据托运人的请求填写航空货运单的，在没有相反证明的情况下，应视为代托运人填写。托运人对其在航空货运单上的陈述负责；如不符合规定、不正确或不完全，对承运人或者承运人对其负责的任何其他人造成损失的，托运人对承运人承担赔偿责任。承运人在货物收据上的说明和陈述不符合规定、不正确或不完全，给托运人或托运人对其负责的任何其他人造成损失的，承运人应当对托运人承担赔偿责任。

航空货运单或货物收据，是订立合同、接收货物和所列运输条件的初步证据。航空货运单或货物收据上有关货物等的任何陈述，是所述事实的初步证据。除经过承运人在托运人在场时查对并在运输单证上注明经过如此查对，或者关于货物外表状况的陈述外，运输单证上关于货物的陈述，不能构成不利于承运人的证据。

3. 承运人的责任及免责

对于因货物毁灭、遗失或损坏而产生的损失，只要造成损失的事件是在航空运输期间发生的，承运人应当承担责任。航空运输期间指货物处于承运人掌管的期间。

承运人证明货物的毁灭、遗失或者损坏是由于下列原因造成的，在此范围内承运人不承担责任：（1）货物的固有缺陷、质量或瑕疵；（2）承运人或其受雇人、代理人以外的人包装货物的，货物包装不良；（3）战争行为或者武装冲突；（4）公共当局实施的与货物入境、出境或过境有关的行为。

对于货物在航空运输途中因延误而引起的损失，承运人应当承担责任。但是，承运人证明本人及其受雇人和代理人为了避免损失的发生，已经采取一切符合合理要求的措施或者不可能采取此种措施的，承运人不对因延误引起的损失承担责任。

经承运人证明，损失是由索赔人或者索赔人从其处取得权利的人的过失或者其他不当行为、不作为造成或者促成的，应当根据造成或者促成此种损失的过失或者其他不当行为、不作为的程度，相应地全部或部分免除承运人对索赔人的责任。

4. 托运人和收货人处置货物的权利

托运人在负责履行运输合同规定的全部义务的条件下，有权对货物进行处置：可以在出发地机场或者目的地机场将货物提回，或者在途中经停时中止运输，或者要求在目的地点或者途中将货物交给非原指定的收货人，或者要求将货物运回出发地机场。但托运人行使这种处置权不得给承运人或其他托运人造成损失，并应偿付行使权利而产生的费用。

除托运人行使上述处置权利外，收货人于货物到达目的地点，并在缴付应付款项和履行运输条件后，有权要求承运人向其交付货物。此时，托运人的权利即告终止。但收货人拒绝接受货物，或者无法同收货人联系的，托运人恢复其处置权。承运人承认货物已经遗失，或货物在应当到达之日起 7 日内仍未到达的，收货人有权向承运人行使运输合同所赋予的权利。

5. 索赔

有关损害赔偿的诉讼，只能依照《蒙特利尔公约》规定的条件和责任限额提起，无论其是根据该公约、合同，还是根据侵权提起诉讼。当事人的约定和国内法都不能改变这些要求，这表明了适用该公约规定的唯一性。上述免除责任或减轻责任条款无效的规定，也体现了这一点。另外，公约还在强制适用条款中规定，运输合同的任何条款和在损失前达成的所有特别协议，其当事人借以违反该公约规则的，无论其选择适用的法律还是变更有关管辖权的规则，均属无效。这再次突出了《蒙特利尔公约》的优先和排他适用效力。

收货人未提出异议，构成货物在良好状态下并与运输凭证相符的情况下交货的初步证据。发生损失的，收货人应当在发现后立即向承运人提出异议，至迟应在收货后 14 日内提出。发生延误的，至迟应在货物交付收货人处置之日起 21 日内提出异议。除承运人一方有欺诈外，未在前述规定期间内提出异议的，不得对承运人提起诉讼。

损害赔偿诉讼，诉讼地严格限于当事国，必须在一个当事国的领土内提起。原告可以选择向承运人住所地、主要营业地或者订立合同的营业地的法院起诉，或者向目的地点的法院起诉。诉讼程序适用受理案件的法院所在地的法律。非为当事国的损失事件发生地，不包括在内。

二、国际铁路货物运输

国际铁路货物运输主要通过联运方式进行，托运人使用一份运单，由铁路负责两国以上的运输并移交货物。调整国际铁路货物运输的国际公约主要有：1924 年的《国际铁路货物运输公约》（简称货运公约，法文简称 CIM），于 1961 年、1970 年修订，参加国主要为欧洲国家；1980 年制定的《国际铁路运输公约》（COTIF），CIM 作为 COTIF 其中的《国际铁路货物运输合同统一规则》的一个附件（COTIF/CIM），参加国为除前苏联外所有欧洲国家和部分亚洲国家、非洲国家；1951 年的《国际铁路货物联运协定》（简称联运协定），参加国为原社会主义集团国家，我国参加了该协定，1990 年后许多东欧国家退出了该协定。

（一）联运协定

联运协定适用于各缔约国之间的货物运输，协定对铁路、发货人和收货人都有约束力。协定不适用于始发站和终点站在同一国境内而经由另一国的运输，也不适用于两国车站间用发送国或到达国国际列车通过第三国国境的运输，或两个邻国按照一国规章全程都用该国列车的货物运输。

运单是铁路收取货物、承运货物的凭证，是铁路在终点站向收货人交付货物和核收运杂费的依据。运单不是所有权凭证，不能转让。运单由发货人填写，由铁路发站盖戳，副本退还发货人，正本随货物同行。铁路发站加盖戳记的日期为运输合同成立的日期，发站是合同签订地。发货人对运单中的填写事项的准确性、完整性负责。

承运人对签发运单时起到在终点交付货物时止的期限内的货物损失承担责任。负责运送某一路段的承运人对整个损失承担连带责任。铁路对货物的赔偿额不超过货物全部灭失时的数额。

发货人可以在发站将货物领回、变更到站、变更收货人、将货物返还发站。收货人可以在到达国范围内变更货物的到站，变更收货人。收货人在货物因毁损或腐坏而质量发生变化，使部分货物或全部货物不能按原用途使用时，可以拒绝领取货物。

发货人和收货人都可以据运送契约提出赔偿请求，只是应分别向发货铁路和到达铁路提出，并分别提出运单副本和正本。货物运输逾期时，由收货人提出赔偿请求。诉讼只能在受理赔偿请求的铁路所属国家的法院提出。

（二）货运公约

我国没有参加该公约，但从其频频修订及广泛的缔约国来看，其适用性很强，同时考虑到欧亚大陆桥的建成，不排除将来中国加入该公约的可能，因此有必要对该公约作一简单介绍。

货运公约适用于按照联运单托运的货物运输，其运程通过至少两个缔约国的领土。发站和到站在同一国家境内仅通过另一国领土运输货物，如由发运国铁路独家经营或即使不是独家经营但据有关协议不是国际运输时，不受该公约的约束。

一经发运铁路承运附有运单的货物，运输合同即为签订。发站应在运单上加盖有承运日期的发站戳记，以证明承运。加盖戳记后的运单应为运输合同的证明。运单副本退回发货人，不具有作为随货运单或提单的效力。托运人填写运单，对运单上的内容和声明的正确性负责。货物托运应由发站所在地现行的法律和规章规定。

发货人或收货人有权基于一定的条件修改运输合同。发货人修改运输合同的权利在下列情况下终止：当收货人已持有运单时，当收货人已收到货物时，当收货人在货物到站后要求铁路交付运单和货物时，当货物进入到站国家的海关区，收货人行使修改运输合同的权利时。在发货人修改运输合同的权利终止后，铁路应执行收货人的指示。收货人修改运输合同的权利在下列情况下终止：当收货人已持有运单时；收货人已接受货物时；在货物到站后收货人要求铁路交付运单和货物时；其指定人在货物到站后要求铁路交付运单和货物时。如收货人已指示将货物交付其他人，则被指示人无权修改运输合同。

收货人开具收据并向铁路付清转给它的一切费用后，铁路应在到站将运单和货物交付给收货人。承运附有运单的货物的铁路，应对至交货地的全程运输负责。铁路之间相互负连带责任。铁路应对超过运输期限，在接运货物至交付期间发生的货物的全部或部分灭失和损坏负责。铁路对货物灭失的赔偿额依次按商品交易价格、当时市场价格或正常价值计算。

对铁路的索赔诉讼，可由发货人或收货人提起。收货人持有运单、接受货物、在货物到站后要求铁路交付运单和货物或行使修改运输合同权利之前，由发货人起诉；在收货人持有运单、接受货物、在货物到站后要求铁路交付运单和货物或行使修改运输合同权利之后，由收货人起诉。但收货人的起诉权在其指定的人持有运单、接受货物、在货物到站后要求铁路交付运单和货物之时丧失。起诉时，发货人应提交运单副本，收货人应提交运单正本。

因运输合同引起的货物灭失或损坏的诉讼，只能向发站铁路、目的站铁路或造成诉讼根据的铁路提起。如原告选择对其中的任何一铁路起诉，则不得对其他铁路起诉。对于超过运输合同期限所引起的货物部分灭失或损坏，有权索赔或起诉的人如接受货物，则对铁路的一切诉讼权丧失，货运公约另有规定的除外。根据该公约提起的诉讼，只能在被告铁路所属国管辖法院提起，除非国家间协议等另有规定。因运输引起的法律诉讼，按有管辖权的法院的诉讼程序进行，但任何规定不得与该公约相违背。

第三节　国际货物多式联运

一、联合国国际货物多式联运公约

随着国际货物运输技术的发展，利用多种运输方式联合运输得以发展，国际多式联运产生了很多法律问题。联合国贸易和发展会议于 1980 年主持制定了《联合国国际货物多式联运公约》（简称多式联运公约）（未生效），后来又与国际商会一起制定了《多式联运单证规则》。

按多式联运公约，国际多式联运（international multimodal transport）是指按照多式联运合同，以至少两种不同的运输方式，由多式联运经营人将货物从一国境内接管货物的地点运至另一国境内指定交付货物的地点。为履行单一方式运输合同而进行的该合同所规定的货物接送业务，不视为国际多式联运。

国际多式联运尽管采用多种运输方式，但运输合同只有一个，即国际多式联运合同。该合同是指多式联运经营人凭以收取运费、负责完成或组织完成国际多式联运的合同。经营人签发多式联运单据。多式联运单据可以是不可转让的，也可以是可转让的，由发货人选择，经营人可以在单据上对货物批注。可转让单据可背书转让或交付转让，具有所有权凭证的作用，提货时须交付可转让单据。不可转让单据应指明记名收货人，可向该人或该人指定的人交货。

多式联运经营人对其接管货物到交付货物期间的货物损失承担赔偿责任。经营人对托运人根据该公约承担责任，而实际承运人根据运输方式按相应的公约承担责任，如海上运输依据《海牙规则》、航空运输依据《华沙公约》承担责任。

根据多式联运公约提起的国际多式联运诉讼，原告可以选择位于下列地点的有权法院起诉：被告主营业地，如无主营业地则为被告的惯常住所地；通过被告的营业地、分支机构或代理机构签订多式联运合同的地点；接管或交付货物的地点；多式联运合同中为此目的指定并在单据中载明的任何其他地点。除此之外，不得在任何地点进行诉讼，但这不妨碍缔约国对临时性或保护性措施的管辖权。尽管有上述规定，当事人双方在索赔发生后达成协议，规定了原告起诉的地点，该协议有效。

二、多式联运单证规则

联合国贸发会议1992年与国际商会共同制定了《多式联运单证规则》。该规则没有强制约束力，当事人可以自由选择适用与否。据该规则，多式联运单据可以是可转让的，也可以是不可转让的，还可以是电子数据信息。除非有相反的表示，该单据是经营人如单据所示接收货物的初步证据。在单据转让或电子数据信息传递之后，相反的证明不予接受。

经营人的责任从接收货物到交付货物，对在该期间内货物的损失或延迟交货承担责任，除非经营人证明其本人、受雇人或代理人在履行合同中没有过失或疏忽。对于海运或水运损失，经营人对《维斯比规则》规定的免责事项造成的损失不承担赔偿责任。

三、我国《海商法》的有关规定

我国《海商法》对多式联运合同作了特别规定。但该法所称的多式联运，是指多式联运经营人以两种以上的不同运输方式（其中一种是海上运输方式），将货物从接收地运到目的地交付收货人，并收取全程运费的合同。

多式联运经营人的责任期间自接收货物时起至交付货物时止。经营人负责履行或组织履行联运合同，对全程负责。经营人与各区段承运人可以合同约定相互之间的责任，但这种约定不影响经营人的全程责任。货物的灭失或损坏发生于某一区段的，经营人的赔偿责任与赔偿限额，适用调整该区段运输方式的有关法律的规定；不能确定区段的，应按我国海商法关于承运人赔偿责任和责任限额的规定负赔偿责任。

第四节 国际货物运输保险

一、国际海上货物运输保险

国际货物运输中，对于货物在运输途中遭受的损失，货主可以向承运人要求赔偿。但承运人并非对所有的货物损失都承担赔偿责任，除存在一系列的免责事项外，其赔偿额度也存在一定的限制。另外，由于可能存在承运人资信问题，向承运人索赔并不总是一个最好的办法，所以，国际货物运输保险就成为国际货物销售中不可缺少的一环。

（一）海上货物运输保险中的可保利益

海上货物运输保险中的一个根本原则是可保利益原则。可保利益（insurable interest），是指被保险人对保险标的因有利害关系而产生的为法律所承认的可以投保的经济利益。可保利益原则体现为，被保险人必须对保险标的具有可保利益，才能与保险人订立有效的保险合同，才能因货物的灭失、损坏向保险人索赔。实践中，投保时可不要求被保险人有可保利益的存在，但发生保险事故时必须存在可保利益。可保利益原则可防止以他人财产的灭损谋取自己的利益，也可以确定保险人的责任额度，实现保险的真正目的——对受到损害的被保险人进行赔偿。可保利益必须是合法的、确定的、可用货币补偿的经济利益。

可保利益因被保险人对保险货物有利害关系而产生，可因对保险标的的所有权、占有权、担保权而产生，或因对货物承担风险或责任而产生。被保险人因货物的安全到达而受益，因货物的灭损而受损或产生责任。

国际货物买卖合同的当事人对货物是否享有可保利益，直接影响着其权利的享有。在所有权益不明确的情况下，对货物风险的承担即表明对货物享有可保利益。货物的风险转移是依据贸易术语确定的，我们可以根据贸易术语来确定买卖双方的可保利益。

（二）海上货物运输保险合同与保险单证

海上保险合同，是指保险人按照约定，对被保险人遭受保险事故造成保险标的的损失和产生的责任负责赔偿，而由被保险人支付保险费的合同。海上货物运输保险合同，是以海上运输货物为保险标的的海上保险合同，保险人对海上运输货物遭受保险事故所造成的损失、引起的费用承担赔偿责任。

保险合同在保险人与被保险人就保险事宜达成一致时成立，即被保险人提出保险要求，经保险人同意承保，并就海上保险合同的条款达成协议后，合同成立。保险人应当向被保险人及时签发保险单或者其他保险单证，并在保险单或者其他保险单证中载明当事人双方约定的合同内容。

保险单证是保险合同的证明，保险合同除包括保险单证外，还包括投保单、来往函电等。保险合同的成立时间早于保险单证的签发时间。保险单证一般可分为保险单（insurance policy）和保险凭证（insurance certificate）两大类。

保险单包括两大部分，即陈述（声明）部分和权利义务条款部分。陈述部分主要包括：保险标的，保险价值，保险金额，保险费（率），承保险别，运载工具名称，起始地点，开航日期，赔付地点等。权利义务部分主要包括：保险责任，除外责任，保险期限，被保险人的义务等。保险凭证是一种简式保险合同，仅包括保险单的第一部分即陈述部分，而不包括据以确定当事人权利义务的保险条款部分。

我国《海商法》规定，海上货物运输保险合同可以由被保险人背书或者以其他方式转让，合同的权利、义务随之转移。但一般情况下只有保险单才可以转让。有关保险凭证的法律效力，各国法律和惯例的规定并不统一。卖方交付保险凭证是否代表履行了其交单义务，须根据当事人的约定确定。

（三）海上货物运输保险的保险范围

海上货物运输保险对约定的风险（事故）造成的损失、费用进行赔偿。

风险包括海上风险和外来风险。海上风险指货物在海上航行中发生的或与海上运输相关的风险，不包括海上的一切风险，同时又不局限于海上的风险，包括自然灾害和意外事故。自然灾害包括恶劣气候、雷电、海啸、洪水、地震、火山爆发、海水或河水进入船舱、集装箱或储存处所等；意外事故包括运输工具搁浅、触礁、沉没、互撞、与流冰或其他物体碰撞、倾覆、投弃、火灾等，还包括海盗行为、船长和船员的不法行为。

外来风险指由海上风险以外的外来原因造成的风险，分为一般外来风险和特殊外来风险。一般外来风险有偷窃、短少和提货不着、渗漏、短量、碰损、破碎、钩损、玷污或串味等；特殊外来风险指由于战争、暴动、罢工等造成的风险。

只有上述风险造成的损失，保险人才给予赔偿，超出了约定的风险造成的损失，保险人不承担责任。从赔偿的角度分，损失有全部损失和部分损失两大类。

全部损失指货物由于承保风险造成的全部灭失或视为全部灭失。全部损失又可分为实际全损和推定全损。前者又称绝对全损，指货物全部损失或失去了原有形体、用途或价值，或货物不能再归被保险人拥有，或载货船舶失踪超过了一定的期限；后者又称商业全损，从商业价值上判断已相当于全损，指货物发生保险事故后，货物实际虽未完全灭失，但可以预见其全损不可避免，或为避免实际全损而支付的抢救、修复费用加上将货物运到目的地的费用超过了货物在目的地的价值或保险价值。全部损失的“全部”应据具体情况确定。确定全部损失的一般界限是：一张保单所保货物的完全损失；一张保单所保的分类货物的完全损失；装卸过程中一个整件货物的完全损失；使用驳船装运货物时，一条驳船所载货物的完全损失；一张保单下包括多张提单的货物时，一张或几张提单货物的完全损失。

在推定全损时，如被保险人要求保险人按照全部损失赔偿，应向保险人委付保险标的。委付（abandonment）是被保险人让与对货物的权利与义务而要求全部赔偿的行为。在被保险人要求委付时，保险人应明确接受与否。

不属于实际全损和推定全损的损失，为部分损失，包括共同海损和单独海损。共同海损，是指在同一海上航程中，船舶、货物和其他财产遭遇共同危险，为了共同利益而有意地合理地采取措施所直接造成的特殊牺牲、支付的特殊费用。共同海损应当由受益方按照各自的分摊价值的比例分摊。单独海损是特定利益方的部分损失，不涉及其他货主或船方，常用来表示除共同海损外的意外部分损失。

可以投保的费用包括施救费用和救助费用。施救费用指被保险货物在遭遇承保责任范围内的灾害事故时，被保险人为了避免或减少货物损失（根据合同可以得到赔偿的损失），采取各种抢救或防护措施所支出的合理费用。施救费用可由保险人在保险标的赔偿之外另行支付。救助费用，是指海上保险财产在遭遇承保范围内的灾害事故时，由保险人和被保险人以外的第三者采取措施并获得成功，由被救方付给救助方的费用。救助费用一般采取“无效果、无报酬”原则，但现在有变化的趋势。

(四) 保险条款及保险人与被保险人的权利义务

1. 保险条款与险别

保险人在某一海上货物运输保险合同中的具体责任应据其签发的保险单、其制定的保险条款确定。在保险条款中，保险人将风险、损失和责任按范围不同进行划分，构成保险险别或条款。保险险别不同，其承担的责任也不同。除中国人民保险公司制定的《海洋运输货物保险条款》外，国际上常用的有伦敦保险协会制定的于 1983 年实行的《协会货物条款》（Institute Cargo Clauses，ICC)。1987 年联合国贸发会议制定了《海上货物保险示范条款》，作为国际范本，供大家选用。

(1) 协会货物条款

有六种条款，即 A 条款、B 条款、C 条款、战争条款、罢工条款和恶意损害条款。每一种条款都包括 8 项内容：承保范围、除外责任、保险期间、索赔、保险利益、减少损失、防止迟延、法律惯例。除前 3 项外，其余 5 项是相同的。

A 条款：保险人承保除外责任外的一切风险。A 条款是保险人承保范围最广的条款。除外责任有四类：一般除外，不适航、不适货除外，战争除外，罢工除外。一般除外有：被保险人的故意不法行为造成的损失或费用；自然渗漏；包装不当、内在缺陷或特性造成的损失或费用；直接由于迟延引起的损失或费用；船舶所有人、经理人、租船人或经营破产或不履行债务造成的损失或费用；原子核武器造成的损失或费用。不适航、不适货除外包括装船时被保险人已知船舶不适航或不适货。

B 条款：保险人只承保明确列明的风险，未列的风险不予承保。据 B 条款，保险人对下列原因造成的或可归于下列原因的灭损承担责任：火灾、爆炸；船舶触礁、搁浅、沉没或倾覆；陆上运输工具倾覆或出轨；船舶或运输工具同水以外的外界物体碰撞；在避难港卸货；地震、火山爆发、雷电；共同海损牺牲；抛货或浪击入海；水进入运输工具、集装箱或贮存处所；货物在装卸时落海或摔落造成的整件的全损。B 条款的除外责任除 A 条款的除外责任之外，还包括任何人（不仅仅是被保险人）的非法故意行为造成的货物灭损和海盗风险。

C 条款：仅承保意外重大事故造成的货物灭损，不承保自然灾害及非重大事故造成的货物灭损，包括：火灾、爆炸；船舶触礁、搁浅、沉没或倾覆；陆上运输工具倾覆或出轨；船舶或运输工具同水以外的外界物体碰撞；在避难港卸货；共同海损牺牲；抛货。与 B 条款相比，少了地震、火山爆发、雷电；浪击入海；水进入运输工具、集装箱或贮存处所；货物在装卸时落海或摔落造成的整件的全损。除外责任与 B 条款完全相同。

(2) 中国人民保险公司保险条款

将承保范围分为三种基本险、三种附加险和两种专门险。基本险可以单独投保，附加险和专门险不能单独投保，只能附加于基本险一起投保。

《海洋运输货物保险条款》规定的基本险，分为平安险、水渍险、一切险。平安险范围最小，一切险范围最大，但一切险也不包括一切风险。

平安险（Free From Particular Average，FPA)，承保自然灾害造成的全损、意外事故造成的全损或部分损失、装卸或转运时的全损或部分损失。

水渍险（With Particular Average，WA)，除承保平安险的责任外，还承保自然灾害造成的部分损失（包括海上风险的全部或部分损失）。

一切险（All Risks），除承保水渍险的责任外，还承保一般外来原因造成的损失。

据《海洋运输货物保险条款》，保险人的责任起讫一般采取“仓至仓”责任。责任期限自保险货物运离保险单所载明的起运地仓库或储存处所开始运输时起，包括正常运输过程中的海上、陆上、内河和驳船运输在内，直至该项货物到达保险单所载明的目的地收货人的最后仓库或储存处所或被保险人用作分配、分派或非正常运输的其他储存处所为止。如未抵达上述仓库或储存处所，则以被保险货物在最后卸载港全部卸离海轮后满 60 天为止。如上述 60 天内被保险货物须转运到非保险单所载明的目的地时，则该项货物开始转运时期限终止。特殊情况下亦有例外。

2. 保险人与被保险人的一般权利义务

保险人与被保险人之间的权利义务一般依保险人签发的保险单、保险凭证或保险人制定的保险条款确定。

保险合同中，被保险人具有最大诚信义务。一般合同中，欺诈可使合同处于可撤销状态，而在保险合同中，被保险人的欺诈赋予保险人解除合同的权利。被保险人具有重要事项告知义务、如实陈述义务和保证义务。在合同订立之前，被保险人应当将其知道的或者在通常业务中应当知道的有关影响保险人据以确定保险费率或者确定是否同意承保的重要情况，如实告知保险人。但保险人在订立保险合同时已经知道投保人未如实告知的情况的，保险人不得解除合同。此外，被保险人必须支付保险费，发生事故时必须立即通知保险人，并采取必要合理的措施，防止或者减少损失。

根据我国《海商法》，保险人承担对约定的风险造成的保险货物的损失进行赔偿、对被保险人支出的合理费用另行支付的义务。保险人赔偿保险事故造成的损失，以保险金额为限。保险金额低于保险价值的，在保险标的发生部分损失时，保险人按照保险金额与保险价值的比例负赔偿责任。保险标的在保险期间发生多次保险事故造成的损失，即使损失金额的总和超过保险金额，保险人也应当赔偿。但对于发生部分损失后未经修复又发生全部损失的，按全部损失赔偿。由于第三人的责任造成的损失，保险人在向被保险人赔偿后，取得了向第三人请求损害赔偿的权利。此为代位求偿权（subrogation）。

保险人对被保险人故意造成的损失，不承担赔偿责任。除合同另有约定外，对下列原因造成的货物损失，保险人不负赔偿责任：航行迟延、交货迟延或行市变化；货物的自然损耗、本身的缺陷和自然特性；包装不当。

二、航运货物保险和陆运货物保险

航运货物保险和陆运货物保险历史较短，不像海运货物保险那样发达、自成一体。尤其是陆运货物保险，由于受到运输条件的限制，国际上还没有陆运货物保险条款。中国人民保险公司于 1981 年制定了《陆上运输货物保险条款》、《航空运输货物保险条款》。伦敦保险协会制定了《协会货物（航空）条款》，并有《协会战争条款（空运货物）》和《协会罢工条款（空运货物）》与之配合。《协会货物（航空）条款》，除某些例外外，如战争和罢工，包括所有货物灭失的风险。

据中国人民保险公司的保险条款，陆运货物仅指火车、汽车运输的货物。陆运货物保险的基本险有陆运险和陆运一切险两种。陆运险的承保范围与海运货物保险中的水渍险相似，陆运一切险的承保范围与海运货物保险中的一切险相似，但没有专属海上的风险，如海啸，而增加了陆上的风险，如隧道坍塌。陆运险中没有共同海损，不区分自然灾害与意外事故、部分损失与全部损失。责任起讫除稍有区别外，也是“仓至仓”。

航运货物保险也分航空运输险和航空运输一切险两种基本险别，分别与海运货物保险中的水渍险和海运货物保险中的一切险相似。责任起讫为“仓至仓”。

课堂讨论案例

1997年2月25日，中国赛乐公司与香港智得公司签订购销尿素合同，约定由赛乐公司供给智得公司尿素28 000吨。依据该合同，1997年3月10日智得公司又与广西贝尔公司签订售货合同，约定由智得公司供应贝尔公司尿素28 000吨，价格条件为CIF至中国北海港。付款条件为贝尔公司在1997年3月19日前开出不可撤销远期180天信用证。1997年4月3日，智得公司租用“东方”轮将赛乐公司供应的28 000吨尿素运至北海港，然后货物交由承运人在目的港的代理人中国船务代理公司管理，“东方”轮开出正本提单一式三份交由赛乐公司收执。货到港后，贝尔公司委托克利公司理货报关，克利公司向海关申报并办理了9 000吨尿素的通关手续。4月17日，贝尔公司、中国农业银行分别向中国船务代理公司出具保函，保证尽快提交正本提单，并要求中国船务代理公司放行提货。4月18日至7月19日，在未收到正本提单的情况下，中国船务代理公司共放行货物9 000吨给贝尔公司。

由于贝尔公司未能开出进口许可证、银行亦不允许开出信用证，为了保证双方的利益，1997年7月21日，赛乐公司与贝尔公司、智得公司签订协议书，约定：甲方（贝尔公司）必须保证乙方（赛乐公司）的成本，甲方采取开立其他货物信用证贴现给智得公司转付给乙方作为尿素货款，并约定了信用证的开证时间、银行以及金额的安排，最迟不能超过8月15日须全部贴现付清货款；乙方保证积极配合甲方办理报关及清关工作，如甲方未能按上述内容执行，一切损失由丙方（智得公司）负责。合同签订后，由于没有进口许可证，中国船务代理公司无法清关。

1997年9月11日，北海港海关以货物超期未报关为由提取变卖了“东方”轮所载的19 000吨尿素，扣除税款等费用后，于1998年6月12日通知中国船务代理公司，要求其通知收货人办理退款手续，但要求收货人向海关提交货物的进口单证及配额证明，不能提交的，按有关法规作没收处理，价款上缴国库。

1998年4月22日，赛乐公司将一份正本提单交智得公司转贝尔公司，以便贝尔公司向海关办理19 000吨尿素的退款手续。

同年11月，赛乐公司将贝尔公司诉至北海市中级人民法院，要求将海关变卖“东方”轮所载19 000吨尿素的余款1 670万元确认为其所有。经法院主持调解，双方自愿达成协议：贝尔公司确认赛乐公司是“东方”轮全套正本提单的所有人，提单项下的19 000吨尿素余款1 670万元属赛乐公司所有。调解书已生效执行。

贝尔公司凭保函无单提取的 9 000 吨尿素款并未支付给赛乐公司。1998 年至 2001 年赛乐公司每年向中国香港法院、新加坡法院申请扣船令，以保证本案诉讼时效。2001 年 3 月 28 日，赛乐公司以无正本提单放货为由诉至广西壮族自治区高级人民法院，请求法院确认中国船务代理公司、贝尔公司、中国农业银行三被告无单放货、提货的事实，侵犯了赛乐公司拥有的提单项下货物的所有权。

结合教材内容及相关法律规定，思考下列问题：

1. 本案中赛乐公司是否是 9 000 吨尿素的所有人？
2. 如何理解提单的物权凭证效力？
3. 本案中赛乐公司是否存在过失而不能获偿或全部获偿？

问题与思考

1. 如何理解提单的作用？
2. 简述提单的种类。
3. 简述提单、运单的区别与联系。
4. 海上承运人的义务有哪几类，有什么区别？其免责条件是什么？
5. 比较《海牙规则》、《维斯比规则》和《汉堡规则》。
6. 如何理解、利用可保利益原则？
7. 比较 FOB、CIF 合同在运输和保险方面的不同。

第五章

国际支付

本章概要

国际支付在国际贸易中具有极为重要的地位和作用。国际支付包括支付手段和支付方式两个方面。在支付手段上，国际支付多使用票据。目前国际上无统一的票据法律制度。国际支付方式有多种，常用的有汇付、托收、信用证等。国际商会制定的相关支付规则，如托收统一规则、跟单信用证统一惯例，在国际支付中发挥着重要作用。

关键术语

票据　汇票　背书　承兑　M/T　T/T　D/D　D/A　D/P　信用证（L/C）

第一节　支付工具

一、票据

（一）概念与特征

票据（negotiable instrument），根据我国《票据法》，是一种以支付金钱为目的的、可以流通的有价证券，分为汇票、本票和支票。许多国家票据法上，无对票据的统一定义，只有汇票、本票或支票的定义。票据的作用主要表现在三个方面：结算作用；信用作用；流通作用。

票据具有下列主要特征：

1. 流通转让性

除注明“不可转让”的外，票据经过背书或交付可以转让，受让人取得票据上的权利。转让的情况有两种：记名票据，须背书、交付才能转让；不记名票据，仅凭交付即可转让。

2. 无因性或独立性

票据的取得一般基于某种基础关系，但一经取得票据，票据的权利义务即与基础关系中的权利义务分离。票据权利是基于民事权利但又独立于民事权利的票据法上的权利。票据中的付款义务不受票据的签发原因的影响。善意持票人的权利不受付款人的抗辩理由的影响。但我国票据法要求有真实的交易关系或债权债务关系存在，因此存在有因性要求。

3. 要式性

票据权利因票据的出具而产生，并以票据上的文字记载为准，出具票据不符合法定形式的，不产生票据权利，票据无效；同时，享有权利必须符合法定的形式，如票据形式有缺陷，权利即受影响。

（二）国际票据法律制度的冲突和统一

在票据调整法律方面，存在两大对立的法律制度，即以法国和德国为代表的日内瓦统一票据法系和以英美为代表的英美票据法系。1930 年和 1931 年国际联盟主持召开日内瓦票据法统一会议，制定、通过了 1930 年《统一汇票、本票法公约》、1931 年《解决汇票、本票关于法律冲突的公约》、《统一支票法公约》和《解决支票关于法律冲突的公约》。上述公约为欧洲大多数国家、日本等采用（称之为大陆法系或日内瓦票据体系），但英美法系国家未派代表参加会议，因而也不采用上述公约。上述公约主要调和了德、法票据法的不同规定。

联合国国际贸易法委员会继续在统一票据法方面作出努力。于 1971 年着手起草新的统一票据法公约。1988 年 12 月在纽约联合国大会通过了该委员会制定的《联合国国际汇票和国际本票公约》。国际上票据法的两个法系对立的情况依然存在。

我国于 1995 年通过、施行了《票据法》。票据分为汇票、本票和支票。

二、汇票

在国际贸易中使用最多的是汇票（bill of exchange，draft）。

《统一汇票、本票法》作为《统一汇票、本票法公约》的附件，是该公约的主要内容。根据该统一法，汇票是出票人要求付款人见票即付或见票后定期支付给受款人或其代理人一定金额的无条件支付委托。据英国汇票与本票法，汇票是一人（出票人）向另一人签发的，要求付款人即期或定期或在可以确定的将来时间，对特定人或其指定的人或持票人无条件支付一定金额的书面委托。

《联合国国际汇票和国际本票公约》重在规范国际票据的问题。据该公约，国际汇票必须是下列两个地点位于两个不同国家的汇票：出票地点、出票人签名旁所示地点、受票人姓名旁所示地点、受款人姓名旁所示地点和付款地点。

我国《票据法》对汇票的定义略有不同。汇票是出票人签发的，委托付款人在见票时或者在指定日期无条件支付确定的金额给收款人或者持票人的票据。涉外票据，指出票、背书、承兑、保证、付款等行为，既有发生在中国境内又有发生在中国境外的票据。

汇票是一种委托证券，非由出票人自己而是由第三人向持票人付款。在国际贸易中，汇票使用最多，常常是出票人自己是受款人，即出口商开出以自己为受款人的汇票，要求进口人付款。有时受款人也可能是出口商的开户行。

汇票有三个基本当事人，出票人（drawer）、受票人（付款人，drawee）和受款人（收款人，payee）。出票人签发汇票后即承担保证该汇票承兑和付款的责任。受票人承兑汇票即成为承兑人。一张汇票在承兑之前，出票人是主债务人，在承兑之后承兑人是主债务人。付款人承兑汇票后，承担到期付款的责任。受款人将汇票背书转让，成为背书人（endorser），接受背书的人称为被背书人或受让人（endorsee）。背书人以背书转让汇票后，承担其后的受让人所持汇票获得承兑和付款的保证责任。受让人应当对其直接的转让人背书的真实性负责。汇票可以多次背书。受款人和受让人统称为持有人，在背书的情况下指受让人。汇票到期被拒绝付款的，持票人可以对背书人、出票人以及汇票的其他债务人行使追索权。

根据受票人是否在见票时付款，可以将汇票分为即期汇票和远期汇票。即期汇票是指受票人见票付款的汇票。远期汇票是指在约定的日期或可确定的日期付款的汇票。远期汇票又可分为见票后定期、出票后定期和定日汇票。远期汇票需要受票人的承兑。

按照汇票出票人的不同，可以将汇票分为银行汇票和商业汇票。银行汇票是出票人和付款人都是银行的汇票。商业汇票的出票人是公司或个人。在国际贸易中多是出口商出具汇票。

三、持票人的权利

票据权利，指持票人向票据债务人请求支付票据金额的权利，包括付款请求权和追索权。付款请求权对付款人行使，追索权对其前手行使。票据责任，指票据债务人向持票人支付票据金额的义务。汇票的出票人、背书人、承兑人和保证汇票的保证人是票据中的债务人，并负连带责任。

并非所有的持票人都享有完整的票据权利。在票据的流通过程中可能产生票据要式的缺陷，因受让人本身的原因也可能使其权利受到影响。英国票据法将持票人分为持票人、对价持票人（holder for value）和正当持票人（holder in due course），权利受保护程度依次增强。持票人指受款人、被背书人或无记名汇票的持有人。对价持票人指对票据给付了代价的持票人。正当持票人指在票据完整、正常、没有过期的情况下，出于诚信，不知悉票据曾遭到拒付，不知悉转让人的权利有瑕疵，支付代价取得票据的人。正当持票人享有的权利可以优于其前手。知悉为实际知悉。美国《统一商法典》将汇票持有人分为正当持票人和其他持票人。正当持票人必须满足下述条件：没有注意到票据瑕疵，善意地支付对价的流通票据的持有人；而票据本身必须没有明显的伪造或更改，或没有引起对真实性怀疑的不规范或不完整。知悉包括实际知悉和有理由知悉。正当持票人的权利仅受债务人下列抗辩的限制：债务人未成年；根据其他法律，胁迫、不具备法律资格、交易非法，使债务人的义务无效；债务人因受欺诈而签署票据，且不知或没有合理机会得知有关其特征或必需条件；破产程序中债务人的责任免除。非正当持票人的权利受到票据或收益中的财产权或占有权益请求权的限制，包括撤销转让、重新取得票据或收益的请求。

我国《票据法》没有上述明确的分类。根据我国《票据法》，持票人取得票据，应当遵循诚实信用的原则，具有真实的交易关系和债权债务关系，必须给付对价（赠与、继承等除外）。以欺诈、偷盗或者胁迫取得票据的，或者明知有前列情形，出于恶意取得票据的，不得享有票据权利。持票人因重大过失取得不符合票据法规定的票据的，不得享有票据权利。持票人明知存在票据债务人的抗辩事由而取得票据，票据债务人的抗辩事由可以对抗持票人。持票人因超过票据权利时效或者因票据记载事项欠缺而丧失票据权利。

可以看出，我国《票据法》的规定综合了不同法系的有关规定，增加了大陆法系中所没有的对价要求，增加了真实的交易关系和债权债务关系的要求，同时也吸收了相当于善意持票人、正当持票人的内容，尽管没有这样的明确概念。

四、票据伪造的民事责任承担

票据伪造的责任自然应由伪造者承担。伪造票据是一种犯罪行为，伪造者应负刑事责任，并应对因其伪造行为受损的其他人承担民事责任。但实际生活中，往往不能及时抓住伪造者，即使抓住伪造者，其也可能没有财产承担责任。因此，此处所说的票据伪造的民事责任承担，是指除伪造者之外的其他人的责任承担。由于汇票在国际贸易中的使用比较广泛，此处以汇票作为论述对象。

我国《票据法》第 14 条对伪造作了规定：票据上的记载事项应当真实，不得伪造、变造。伪造、变造票据上的签章和其他记载事项的，应当承担法律责任。票据上有伪造、变造的签章的，不影响票据上其他真实签章的效力。根据票据法的有关规定，票据出票人在票据上签章，按照票据上的记载事项承担责任。持票人行使票据权利，应当在票据上签章。其他票据债务人在票据上签章的，按照票据所记载的事项承担票据责任。票据上的签章，为签名、盖章或签名加盖章。签名应当为本当事人的签名。

我们将汇票的当事人限于出票人、付款人、承兑人、背书人、被背书人、持有人，来分析论述伪造汇票的责任承担。

如果伪造出票人的签章，票据无效，这张伪造的票据上根本不存在票据权利。如果收款人没有将该票据转让或不能从付款人处取得款项，则收款人是这一伪造票据的唯一受害人，受害人的唯一补救措施是寻求伪造者要求偿付。付款人被要求付款时，根据最高人民法院《关于审理票据纠纷案件若干问题的规定》（以下简称《审理票据规定》）第 69 条，付款人未能识别出伪造、变造的票据而错误付款，属于重大过失付款，给持票人造成损失的，应当依法承担民事责任，之后其有权向伪造者、变造者依法追偿。

伪造承兑，该承兑无效，但不影响这张票据的效力，只相当于该票据没有承兑。由于承兑是一种履行票据义务的行为，承兑之后还有付款的义务，伪造者不能从伪造中直接受益，因而一般来说伪造承兑的情况极少。

最值得注意的是伪造背书。票据的流通程序是出票人、收款人（第一背书人）、第一被背书人（第二背书人）……持票人，经由连续背书而形成了一条环环相连的链条。最后的持票人在不能从付款人处得到付款时，可以对其前手追索，直至追索到出票人。背书转让票据可以取得款项、偿还债务，伪造背书可以直接非法获益，这造成了伪造背书的直接动机。

伪造背书的人一般是非法取得票据，即假冒收款人或被背书人的签章。失票人在向付款人挂失止付后，付款人应立即暂停支付。在 12 日内没有收到人民法院止付通知书的，自第 13 日起，挂失止付通知书失效。根据前述规定，如果付款人未能发现系伪造背书而付款，则付款人因重大过失而自担责任，在可能的情况下可向伪造者寻求偿付。

伪造背书中的争议问题在于，是由丢失票据的人承担风险和责任，还是由从伪造者处取得票据的人（下称得票人）承担风险和责任。大陆法系和英美法系关于此问题的立场正好相反。大陆法系认为，伪造产生的风险应由失票人承担。这样有助于票据的流通，保证不知情的持有者，而且便于付款人付款后迅速了结票据关系，通过明确承担责任的人来减少法律诉讼和纠纷。而英美法系则认为，伪造的风险应由从伪造者处取得票据的人承担。这样有利于保护出票人的合法利益，鼓励使用票据；同时从伪造者处取得票据的人最容易防止事情的发生。

我国国内的观点认为，被伪造者一般不承担责任和风险，因为其没有签章。根据最高人民法院《审理票据规定》第 67 条，伪造、变造票据者……应当承担民事赔偿责任。被伪造签章者不承担票据责任。该规定没有涉及被伪造者存在过失的情况。如果由于被伪造者的过失造成他人的伪造，如票据、印章没有妥善处理，被伪造者应承担责任。在伪造者承担责任前被伪造者应承担全部责任，在其承担责任后可再向伪造者寻求救济。毕竟过失是票据法上承担责任的一个重要概念和因素。

被伪造签章者（失票人）不承担票据责任，意味着失票人不能成为从伪造签章者手中获得票据的人的追索对象。得票人可否向其他前手包括出票人追索？换句话说，在背书链条中断的情况下，中断后的后手可否向中断前的前手追索？答案应当是否定的。

我国《票据法》规定了伪造票据的责任、风险承担。该法第 32 条规定，以背书转让的汇票，后手应当对其直接前手背书的真实性负责。第 37 条规定，背书人以背书转让汇票后，即承担保证其后手所持汇票承兑和付款的责任。背书人在汇票得不到承兑或者付款时，应当向持票人清偿该法第 70 条、第 71 条规定的金额和费用（即追索的金额和费用）。上述规定表明，从伪造者处获得票据的人（被背书人）应当对票据的真实性负责，在其以背书人的身份转让票据时，应当保证汇票承兑和付款。如果其后手不能获得付款人的承兑、付款，该人应当承担责任。由于其存在过失，他也不能向包括出票人在内的其他前手追索。但在这一点上，国内的看法有分歧。

五、涉外票据的法律适用

就整个票据的流通过程来说，票据涉及许多票据义务人，涉及许多票据行为。狭义的票据行为指承担票据义务的行为，如出票、背书、承兑、保证和付款。票据义务人不履行义务即产生票据纠纷，票据权利人不当行使票据权利也产生票据纠纷。根据我国《票据法》，涉外票据是指出票、背书、承兑、保证和付款等行为中，既有发生在中国境内又有发生在中国境外的票据。这包括在中国境内出票的票据，也包括在中国境外出票的票据。

由于票据涉及多个票据债务人、多种票据行为、多个票据行为地，涉及多种票据纠纷，涉外票据的法律适用也是复杂的。票据法律适用的原则与我国《民法通则》规定的法律适用原则是一致的。国际条约优先，我国声明保留的除外；国际条约和我国票据法没有规定的，可以适用国际惯例。国际上有关票据法的公约有日内瓦票据体系、《联合国国际汇票和国际本票公约》，但我国迄今为止都没有加入。涉及票据的国际惯例有《跟单信用证统一惯例》、《托收统一规则》、《国际备用证惯例》等。

我国《票据法》还对票据的具体事项的法律适用作了规定：票据债务人的民事行为能力适用其本国法律；汇票、本票的记载事项适用出票地法律；背书、承兑、付款和保证行为，适用行为地法律；追索权的行使期限适用出票地法律；提示期限、拒绝证明的方式、出具拒绝证明的期限适用付款地法律；票据丧失时的请求保全程序适用付款地法律。

第二节　汇付与托收

一、汇付

汇付（remittance），即汇款，是指进口方将货款通过银行寄交出口方的结算方式。汇付一般涉及四个当事人，这就是汇款人、汇出行、收款人和汇入行。接受汇款人委托办理汇款业务的银行称为汇出行（remitting bank），接受汇出行委托向收款人解付款项的银行称为汇入行或解付行（paying bank）。根据结算工具传递方向与资金运动方向是否一致，可以把结算方式分为顺汇和逆汇。汇付属于顺汇。托收和信用证属于逆汇。逆汇又叫出票法，即债权人开出汇票，委托银行向国外债务人收款。

根据汇款的方式，可以将汇付分为信汇、电汇和票汇三种。

信汇（mail transfer，M/T），是指汇出行应汇款人的要求，将支付授权书通过邮寄方式寄给汇入行，由汇入行向指定收款人解付一定金额的汇付方式。信汇结算费用低、速度慢。

电汇（telegraphic transfer，T/T），基本与信汇相同，只是汇出行通过加押电传方式或SWIFT（环球银行金融电讯协会，一个国际银行间合作组织）将支付授权书通知汇入行。

票汇（bank's demand draft，D/D），是指应汇款人要求，汇出行开立以其国外代理行为付款人的即期汇票，由汇款人将汇票寄交收款人，收款人凭此汇票向付款人（汇入行）收款。与信汇、电汇不同，在票汇中，汇款人将汇款凭证交收款人，汇出行与汇入行间的指示是通过汇票作出的。该汇票为银行汇票。使用这种方式结算的好处是可以转让汇票。

在信汇和电汇两种情况下，汇付使用的凭证是支付授权书或支付指示（payment order，P. O.）。汇款人与汇出行是委托代理关系，汇出行和汇入行是委托代理关系，汇出行或汇入行与收款人没有直接的法律关系，收款人是上述代理关系的第三人。在票汇的情况下，汇付使用的是汇票。汇出行、汇入行与收款人是票据关系，三者分别是出票人、付款人和受款人。

汇付属于商业信用，是否付款取决于进口商，付款没有保证。从付款时间上可以分为预付货款和货到付款。但无论是哪一种，对买卖合同的当事人来讲都有风险。买方不愿先付款，卖方不愿先交货。因而，除非买卖双方有某种关系（如跨国公司的关联公司），或小数额的支付（如样品费、展品费、尾款），一般很少使用汇付。

二、托收

（一）托收的概念

托收（collections），据国际商会的《托收统一规则》（URC522），指银行依据所受指示，处理金融单据和商业单据，以取得付款或承兑，或凭付款和/或承兑交付单据，或按其他条件交付单据。简言之，托收指银行受债权人（出口商）委托，凭有关单据（商业单据，也可能包括金融单据）向债务人（进口商）收取货款的一种结算方式。托收属于一种商业信用。银行所起的作用仅是一种代理收款作用。银行对付款人是否付款不承担责任。因而托收对卖方来说意味着一种风险。在卖方不能控制货物或用于提货的凭证时，例如不使用提单或采用FOB术语或航空运输时，卖方不宜使用托收。

国际上规范托收的规则是国际商会的《托收统一规则》(Uniform Rules of Collection，国际商会第522号出版物，URC522)。该规则仅适用于银行托收，仅适用于托收指示中注明该规则的托收。当事人可以作出不同的约定，该种约定优先于上述规则。该规则并不涉及当事人的能力和有关效力问题。

托收一般涉及四方当事人，即委托人、托收行、代收行和付款人。有时出现提示行。有时卖方会在买方所在地委托一个代理人，在买方拒收货物时代理处理货物。《托收统一规则》定义的"有关当事人"包括委托人、托收行、代收行和提示行。付款人没有包括在这一范围之内。

委托人(principal)是委托银行办理托收的人，通常是国际货物买卖合同中的卖方。接受委托人委托处理托收的银行叫托收行(remitting bank)，通常在卖方所在地。除托收行外，参与处理托收的银行叫代收行(collecting bank)，通常在买方所在地。提示行(presenting bank)是向被提示人提示的代收行。付款人(drawee)，是据托收指示向其提示的人，通常为买卖合同中的买方。如果托收中使用汇票，通常委托人是出票人，付款人是受票人。

委托人与付款人之间是货物买卖合同关系，也是债权人与债务人关系。委托人与托收行之间是代理关系，托收行按委托人的托收指示托收。托收行与代收行之间是业务代理关系，有可能属于同一银行的分支机构。托收行及代收行与付款人之间没有直接的法律关系，付款人处于第三人的地位。委托人与代收行之间是一种事实上的代理关系。

(二) 托收的程序和种类

托收的基本程序如下：

1. 委托人委托托收行办理托收，填写委托书，交付有关单据。

2. 如接受委托，托收行向其在债务人所在地的代理行传达托收指示，并寄交有关单据。

3. 代收行按托收指示，向债务人提示有关单据，要求债务人承兑汇票或付款。

4. 债务人验单，决定是否承兑汇票或付款。

5. 如债务人承兑或付款，代收行向债务人交付有关单据；如债务人拒绝承兑或付款，代收行向托收行转述拒付理由，并返还有关单据。

6. 代收行向托收行付款。

7. 托收行向委托人付款；在债务人拒付时，向委托人返还有关单据。

根据托收是否附有商业单据，可分为光票托收(clean collection)和跟单托收(documentary collection)。光票托收指不附有商业单据的金融单据托收，跟单托收指附带商业单据的金融单据托收或不附有金融单据的商业单据托收。国际贸易中的托收多采用跟单托收。

按交单方式，跟单托收可分为付款交单和承兑交单。

付款交单(documents against payment，D/P)，指付款人付款时代收行向其交付商业单据。付款交单又可分为即期付款交单和远期付款交单。即期付款交单包括不使用汇票的托收和使用即期汇票的托收。远期付款交单则使用远期汇票。经代收行向付款人提示有关单据后，付款人检查单据然后决定是否接受，接受时即付款赎单，或承兑汇票并在汇票到期时付款赎单。使用远期付款交单，付款人承兑汇票时不能取得单据，只有到期付款时才能取得有关单据。

承兑交单（documents against acceptance，D/A)，指代收行向付款人提示远期汇票，付款人验单后承兑汇票，代收行即向其交付单据。在付款日期到来时，付款人向代收行支付货款。在承兑交单的情况下，交单在先，付款在后。

对于卖方来说，承兑交单比远期付款交单风险更大，卖方可能面临着货物已经交付而买方最终拒绝付款或失去支付能力的情况；而对于买方来讲，远期付款交单比承兑交单更不利，买方履行了承兑行为，承担了汇票上的义务，却没有取得单据。

（三）银行的托收义务及免责

1. 银行自由决定是否接受托收。
2. 银行应严格按托收指示履行责任。
3. 银行的义务涉及有关单据，不涉及货物、服务或行为。
4. 银行办理业务时遵循诚信及合理谨慎原则。银行对下列事项免责：单据的有效性；寄送途中的延误、丢失及翻译的错误；受指示方的行为；不可抗力。

（四）托收下的银行融资

银行在办理托收时，可以利用托收票据向出口商或进口商提供资金融通。

（1）出口托收押汇（collection bill purchased)。托收行买入出口商（委托人）开立的以进口商为付款人的跟单汇票及随附商业单据，扣除利息和费用后将剩余货款付给出口商，托收行通过其联行或代理行向付款人收款。由于托收下债务人有可能不付款，所以出口托收押汇是将卖方承担的风险转移到了托收行。除非出口商、进口商的资信良好，托收行一般不做这种业务。常见的是出口商向托收行保证，在进口商拒付时，托收行享有对出口商的追索权。

（2）信托收据（trust receipt，T/R)。代收行可以利用托收票据向进口商提供资金融通。代收行在付款人付款之前，凭付款人向其出具的信托收据，借出有关单据，供其报关、提货、出售，付款人用所得货款付款，赎回信托收据。有关单据下的货物及收益仍属银行，进口商只是处于信托人的地位。该做法适用于远期付款交单，是由代收行向进口商提供信用。除非原来的托收指示要求这样做，代收行承担了进口商不付款的风险。托收本来就有很大风险，再凭信托向进口商出借单据，风险更大。根据我国最高人民法院的解释，信托收据业务按当事人的约定处理。

第三节 跟单信用证

一、跟单信用证的定义及调整规范

跟单信用证是银行有条件的付款承诺，只要受益人提交的单据符合信用证的要求，银行即应付款。根据国际商会《跟单信用证统一惯例》(UCP600)[①] 的定义，跟单信用证 (documentary credit) 是指一项不可撤销的安排，该项安排构成了开证行对相符交单予以承付的确定承诺。

信用证是一种银行信用，银行承担第一位的付款责任。受益人收到开证行开出的信用证，即得到了开证行付款的保障。因此，在国际贸易中，信用证这一支付方式使用比较广泛。

国际商会制定的《跟单信用证统一惯例》(UCP600)，是处理国际货款信用证支付的商业惯例，为世界各银行处理信用证业务所适用。为避免产生歧义、明确当事人的权利义务关系，信用证文件中应明确引用 UCP600。与该惯例相配套的主要规则主要包括：国际商会颁布的《关于审核跟单信用证项下单据的国际标准银行实务》(ISBP681)；《UCP600 关于电子交单的附则》(eUCP，版本 1.1)，其对 UCP600 进行补充，以适应电子信息的单独提交或与纸质单据联合提交的情况。

UCP600 在性质上属于国际商业惯例，旨在为信用证当事人提供行为规范，其调整范围和规范效力不能取代国内法的强制性规定。UCP600 没有包括与信用证有关的一切事项，例如信用证效力、信用证欺诈、追索问题等。我国最高人民法院 2005 年颁布了《关于审理信用证纠纷案件若干问题的规定》(法释 [2005] 13 号)[②]，就与信用证相关的纠纷审理问题作出了规定。根据该解释，信用证纠纷案件，是指在信用证开立、通知、修改、撤销、保兑、议付、偿付等环节产生的纠纷。因申请开立信用证而产生的欠款纠纷、委托开立信用证纠纷和因此产生的担保纠纷以及信用证项下融资产生的纠纷，应当适用中华人民共和国相关法律。涉外合同当事人对法律适用另有约定的除外。

二、信用证的当事人及其相互关系

信用证的基本当事人有四个，即开证行、通知行、受益人和指定行。不同当事人之间具有不同的法律关系，其权利义务受不同的协议调整。开证申请人不是信用证的基本当事人。

开证行 (issuing bank)，指开出信用证并对受益人承担付款义务的银行。开证行一般是应申请人申请开立信用证，通常是申请人所在地的银行或其开户行。开证行与受益人的关系是最基本的信用证关系，开证行对受益人承担独立的、最终的付款义务。

通知行 (advising bank)，指应开证行要求向受益人通知信用证的银行。通知行通常是受益人所在地的银行。开证行与通知行之间是委托代理关系。通知行与受益人、申请人之间没有直接的法律关系。通知行可以不接受开证行的委托。通知行只承担确定信用证表面真实性的责任。如不能证实，通知行必须立即通知对其指示的银行；如通知行仍决定通知受益人，必须将其不能确定信用证真实性的情况告诉受益人。

受益人 (beneficiary)，指信用证中指定的有权享用信用证金额的人。一般是买卖合同中的卖方。在可转让信用证的情况下，除直接卖方外，还包括货物的实际供应商 (第二受益人)。

---

① 国际商会于 1933 年首次制定、公布了《跟单信用证统一惯例》，此后该惯例于 1951 年、1962 年、1974 年、1983 年、1993 年进行多次修订，现行文本是 2006 年修订、2007 年 7 月 1 日起施行的《跟单信用证统一惯例》(国际商会第 600 号出版物，UCP600)。

② 该规定于 2005 年 10 月 24 日由最高人民法院审判委员会第 1368 次会议通过，自 2006 年 1 月 1 日起施行。

受益人与开证行之间的关系受信用证的调整，是信用证的直接关系人。

指定行（nominated bank），指信用证可在其处兑用的银行，是信用证中指定的直接向受益人付款、承担延期付款责任、承兑汇票或议付的银行。指定行包括指定的特定银行或任何银行，也包括开证行本身。

此外，还可能存在保兑行（confirming bank），即根据开证行的授权或要求对信用证加具保兑的银行。保兑行对受益人承担独立于开证行的付款责任。

三、信用证的基本运作程序和内容

（一）基本程序

信用证的运作涉及多项安排。其主要程序如下：

1. 买卖合同规定货款的支付采取信用证支付方式。

2. 申请人（买方）向开证行提出开证申请，包括开证要求、偿付或担保协议。

3. 开证行在接受申请人的申请后，向受益人（卖方）开出以其为受益人的信用证。

4. 通知行向受益人通知信用证。如通知行对信用证进行保兑，则其与受益人之间的关系独立于开证行与受益人之间的关系，对受益人承担独立的付款义务。

5. 受益人按信用证的规定制作单据，并向指定行提交单据。

6. 指定行根据信用证规定的条件和方式对受益人付款、承兑或议付。

7. 指定行向开行证或保兑行要求偿付。

8. 开证行向指定行或保兑行进行偿付。

（二）信用证的内容

1. 有关信用证本身的要求

（1）信用证的号码。信用证要求的各有关单据都应标明该号码。

（2）开证地点和日期。开证地点指开证行所在地，开证日期是指开出信用证的日期。

（3）截止日期和地点，也可称为有效日期和提交单据地点。有效日期指开证行承担付款义务的日期。超过了有效期，银行的付款义务不复存在。交单地点指可以在其处兑用信用证的银行所在地。除规定的交单地点外，开证行所在地也是交单地点。如果信用证的交单地点是开证行所在地，考虑到提交单据路上花费的时间，受益人用于交单的实际时间缩短，相当于信用证的有效期缩短。同时，信用证应注明在装运日期后多长时间内提交单据。UCP600 规定，信用证必须规定一个交单的截止日。规定的承付或议付的截止日将被视为交单的截止日。提交单据的日期最迟不迟于装运日后 21 个自然日。银行在其营业时间外无接受单据的义务。

2. 相关当事人

包括信用证的受益人、通知行、指定行。

3. 信用证金额及兑用方式

受益人可以使用的金额。如有“大约”等字样，表示金额允许有 10％的增减幅度。

信用证应从四种兑用方式中指定一种兑用方式。这四种方式是：即期付款、延期付款、承兑汇票、议付。如使用汇票，应注明汇票的受票人（付款人）。

4. 货物运输与保险

包括货物是否允许分批装运、货物是否允许转运、买方是否购买保险以及货物描述等。

5. 商业票据

(1) 商业发票。与信用证的货物描述一致。除非信用证规定货物数量不得增减，在支付款项不超过信用证金额的条件下，货物数量准许有5%的增减幅度。

(2) 运输单据。一般应标明要求什么样的单据，正本多少、副本多少。值得注意的是，银行不接受不清洁的运输单据。受益人应确定是否能够提供信用证要求的单据。信用证只应列明可以用单据表示的条件，不应包括不能通过单据表示的条件（非单据条件）。

(3) 保险单据。注意是要求保险单还是保险凭证。

(4) 其他单据。产地证明书、分析证明、领事发票、装箱单、重量单等。

6. 对银行的指示

(1) 对通知行的指示。开证行要求通知行通知时，应表明是否要求通知行保兑、在受益人要求保兑时是否要求通知行保兑。需注意的是，即使开证行要求通知行保兑，通知行也可以不予保兑。

(2) 银行间指示。应表明付款、承兑或议付的银行如何获得偿付，例如向谁偿付、何时偿付、在何地偿付以及偿付方式等。

四、信用证的种类

(一) 即期付款信用证、延期付款信用证、承兑信用证和议付信用证

按信用证的兑用条件分，信用证分为四种：即期付款信用证、延期付款信用证、承兑信用证和议付信用证。据UCP600第6条的规定，信用证必须明确表明其是以即期付款、延期付款、承兑还是议付的方式兑用。同时，信用证必须规定在其处兑用的银行，或是否可以在任何一银行兑用。规定在指定银行兑用的信用证，也可以在开证行处兑用。

即期付款信用证（credit available by sight payment），指在受益人向指定行（或开证行）相符交单时银行即期付款的信用证。受益人仅交付单据，或同时交付其出具的以指定银行（或开证行）为付款人的即期汇票。由于印花税的原因，一些国家的当事人不要求汇票。

延期付款信用证（credit available by deferred payment），指受益人向指定行（包括开证行）相符交单，银行承诺延期付款并在付款到期日付款的信用证。如果要求汇票，则在延期付款到期日提示即期汇票。付款到期日的确定通常是装运日后或单据提示日后一定日期。

承兑信用证（credit available by acceptance），指受益人向指定行（包括开证行）提示单据和远期汇票，银行在相符交单时承兑受益人开出的以指定银行（或开证行）为付款人的远期汇票并在汇票到期日付款的信用证。

议付信用证（credit available by negotiation），指被授权议付的指定行在获得偿付的银行工作日当天或之前对受益人相符交单预付或同意预付从而购买汇票或单据的信用证。在议付信用证下，信用证上的付款人是议付行之外的其他银行；在使用汇票时，汇票的付款人是指定行以外的其他银行。议付信用证的实质，是被授权议付的银行开展单据或票据买入业务，自己成为信用证的受益人，然后向开证行索偿。

UCP600没有明确议付情况下能否追索的问题。根据国际商会的相关解释，由银行提供议付时所要求的条件，即是否保留追索权，不能由国际商会来裁定。所要求的条件是否合理取决于当地法律及银行与出口商之间的关系，应由受益人来决定是否接受那些条件并在保留追索权的条件下取得款项。

（二）保兑信用证与非保兑信用证

以开证行开立的信用证是否经另外一家银行保兑，可将信用证分为保兑信用证与非保兑信用证。

保兑信用证，指由开证行以外的另一家银行（保兑行）对信用证加具保兑，保兑行对经保兑的信用证承担独立于开证行的付款责任。保兑行承担的付款责任，与开证行承担的付款责任是一致的：对相符交单必须付款，无论是否存在其他指定行或议付行，无论这些银行是否付款、承兑并付款或议付。

保兑信用证获得了开证行和保兑行双重的付款承诺。保兑行的责任与开证行的责任是相互独立、并存的，受益人可选择向开证行或保兑行交单结汇。保兑行承担的是主债务责任，而不是次要的或附属的责任。在开证行拒付或倒闭时，受益人可向保兑行要求付款；反之亦然。保兑行一般是受益人所在地的银行，受益人选择向保兑行交单结汇。如果受益人将单据直接提交开证行而开证行拒付，如在保兑行收到提示单据之前保兑日期已过，则保兑行的责任免除；在先向保兑行交单，再向开证行交单的情况下，也是如此。

一家银行是否对某一信用证进行保兑，完全由该银行决定。开证行授权或要求另一家银行对信用证加具保兑时，该银行可以不加具保兑，但该银行必须毫不延误地告知开证行。除非开证行在其授权或要求加具保兑的指示中另有规定，通知行可以不加具保兑，并将未经保兑的信用证通知受益人。一家银行是否乐于处理和通知此类信用证，取决于各自的代理关系。

（三）可转让信用证与背对背信用证

这两种信用证适用于国际货物买卖涉及中间商的情况。其中，可转让信用证在UCP600中有明确规定，而背对背信用证在UCP600中没有规定，是实践中的一种安排。

可转让信用证（transferable credit），是指特别注明“可转让”字样的信用证。可转让信用证可应受益人（第一受益人）的要求转为全部或部分由另一受益人（第二受益人）兑用。转让行系指办理信用证转让的指定银行，或当信用证规定可在任何一银行兑用时，指开证行特别如此授权并实际办理转让的银行。开证行也可以担任转让行。根据UCP600第38条，银行无办理信用证转让的义务，除非其明确同意。实践中，可转让信用证的第一受益人一般是国际货物买卖合同中的卖方，第二受益人通常是该合同货物的实际供应者。

已由转让行转为可由第二受益人兑用的信用证为已转让信用证（transferred credit）（相对于原信用证的新证）。已转让信用证必须准确转载原证条款，包括保兑（如果有），但下列项目除外：信用证金额、规定的任何单价、截止日、交单期限、最迟发运日或发运期间。这些事项中的任何一项或全部都可以减少或缩短。必须投保的比例可以增加，以达到原信用证或UCP600规定的保险金额。可用第一受益人的名称替换原证中的开证申请人的名称。

第二受益人必须向转让行交单。第一受益人有权以自己的发票和汇票（如有汇票）替换第二受益人的发票和汇票，其金额不得超过信用证原定金额。经过替换，第一受益人可在原信用证项下支取该差价。如果第一受益人应提交其自己的发票和汇票（如有），但未能在第一次要求时照办，或第一受益人提交的发票导致了第二受益人的交单中本不存在的不符点，而其未能在第一次要求时修正，转让行有权将从第二受益人处收到的单据交开证行，并不再对第一受益人承担责任。

背对背信用证（back to back credit）实际上涉及两个信用证，以在先信用证作担保开立另一个信用证。有时实际的供货商不接受买方国家开出的信用证，这时国际货物买卖合同中的卖方，可用以自己为受益人的信用证作担保，要求付款行另行开立以实际供货商为受益人的信用证。第二张信用证，称为背对背信用证或从属信用证，或担保信用证。

可转让信用证与背对背信用证都适用于中间商，但前者实质上是一个信用证，只有一个开证行，经过两次通知分两次使用，转让行并不承担开证行的责任；而后者是以前证作担保开立，包含两个独立的信用证，有两个开证行。

五、处理信用证关系的一般原则

（一）信用证独立原则（autonomy of credit）

信用证当事人之间以及信用证当事人与信用证申请人之间主要存在这样几类关系：银行与银行之间的关系，开证行与申请人之间的关系，开证行与受益人之间的关系，申请人与受益人之间的关系。这些关系都是不同的法律关系，相互之间是独立的。特别是，信用证开证行与受益人之间的权利义务关系独立于其他法律关系。

UCP600 第 4 条第 1 款规定，信用证在性质上与可能作为其依据的销售合同或其他合同是相互独立的交易，即使信用证中含有对此类合同的任何援引，银行也与该合同完全无关，并不受其约束。因此，银行关于承付、议付或履行信用证项下其他义务的承诺，不受申请人基于其与开证行或与受益人之间的关系而产生的索偿或抗辩的影响。受益人在任何情况下，不得利用银行之间或申请人与开证行之间的合同关系。该条第 2 款进一步规定，开证行应劝阻申请人试图将基础合同、形式发票等文件作为信用证组成部分的做法。第 7 条进一步规定，开证行偿付指定行的责任，独立于开证行对受益人的责任。第 8 条规定，保兑行偿付指定行的责任独立于保兑行对受益人的责任。

（二）单证严格一致原则（strict compliance）

这一原则包括两个方面：第一，信用证交易处理的是单据；第二，处理单据时应遵循单证相符原则，即对相符交单予以承付。

UCP600 第 5 条规定，在信用证业务中，银行处理的是单据，不是单据可能涉及的货物、服务或履约行为。因此，如果信用证中含有一项条件但未规定用以表明该条件得到满足的单据，银行将视为未规定这一条件而不予理会；同样，如果交单人提交的单据是非信用证要求的单据，银行亦不予理会，并可退还给交单人。此外，国际商会银行委员会坚决反对开证行开立含有非单据性条件的信用证。单据与货物、服务或其他履约行为相分离，也体现了信用证关系的独立。根据信用证的定义，信用证作为一项安排，构成了开证行对相符交单予以承付的确定承诺。在保兑的情况下，保兑行对相符交单独立承担类似开证行的义务。所谓相符交单，指与信用证条款、UCP600的相关适用条款以及国际标准银行实务一致的交单。此一致为严格一致。根据UCP600第14条规定的审单标准，按指定行事的指定行、保兑行及开证行须审核交单，并仅基于单据本身确定其是否表面上构成相符交单。在受益人交付的单据与信用证规定一致（单证一致）、单据与单据之间一致（单单一致）时，银行须根据信用证兑用的类型履行相应的义务。当按照指定行事的指定行、保兑行或开证行确定交单不符时，可以拒绝承付或议付。《国际标准银行实务做法》（ISBP681）进一步细化了这一要求。严格一致是形式要求而非实质或法律效果要求。UCP600规定的一系列的银行免责条款，例如对单据有效性的免责、对单据代表货物状况的免责、对其他人的履约行为的免责，都体现了对表面形式的要求。

在相符交单下予以付款是各银行承担的义务，也只有在满足相符交单的条件时，银行才予以付款。指定行、保兑行、开证行都应遵循相符交单付款的规则。如果指定行、保兑行没有遵循这一要求，在单据不符的情况下付款，则可能因开证行以单据不符为由拒付而得不到偿付。此外，指定行、保兑行审单合格，并不解除开证行自己审查的义务和权利。

根据我国最高人民法院《关于审理信用证纠纷案件若干问题的规定》，其在独立性和单证严格一致要求方面，与《跟单信用证统一惯例》相同。

（三）银行免责事项

UCP600许多条款规定了银行的免责事项，包括对单据有效性的免责，对信息传递和翻译的免责，不可抗力的免责，以及对被指示方行为的免责等，如UCP600第34条、第36条、第37条。

六、信用证的欺诈例外及适用限制

信用证的关系独立原则和单证一致原则极大地保护了受益人的收款利益，但同时也可能为受益人欺诈申请人或银行提供了便利条件。因此，在许多国家的国内法中，存在信用证欺诈例外这一做法。在证明受益人实施欺诈时，即使单证一致，开证行也可以拒绝根据信用证对外付款。国际商会银行委员会也指出，这些规则都有一个例外，即滥用权利或欺诈例外。这种例外的范围及其对受益人、指定行的后果在不同的法域可能不同。如何公正地保护所有有关的善意当事人的利益，取决于法院。[①] 开证行拒绝对外付款，是基于法官的止付令进行的。

从法律渊源上说，欺诈例外规则是国内强制法对国际惯例的一种限制或替代。UCP600作为一种商业惯例，主要规范银行的权利和义务，银行基于这些规则行使权利、履行义务。但信用证的独立原则和单证相符原则，不应该使实施欺诈的人获益。对这一矛盾的处理，是各国国内法适用的问题。总的原则是保证信用证交易的独立性，同时对受益人的欺诈进行惩处，其实质是确立了信用证与基础交易的关联性。但作为一般原则的例外，其在实践中的解释和适用被控制得非常严格。在中国，有关信用证欺诈的处理是由最高人民法院《关于审理信用证纠纷案

① 参见［英］Gray Colley & Ron Katz编，国际商会中国国家委员会组织编译：《国际商会银行委员会意见汇编（1995—2001）》，R202（10），144页，北京，中国民主法制出版社，2003。

件若干问题的规定》规范的。

信用证欺诈例外的核心问题是什么样的欺诈可以使银行对相符交单拒付，即银行拒付的条件和程序如何。一般认为，只有受益人（卖方）亲自参与的欺诈才可使银行免除付款义务，受益人（卖方）不知的第三人欺诈，如承运人伪造提单，不能使受益人失去受偿的权利；同时，银行在拒绝付款前必须有证据证明受益人欺诈，单纯的怀疑或没有得到证明的申请人的单方主张是不够的。银行拒绝履行信用证项下的义务应遵循一定的程序。英国有判例将信用证独立视为商业交易的生命线，以此来限制信用证欺诈例外原则的适用。1995 年修订的美国《统一商法典》第 5 编信用证第 5～109 条，规定了处理信用证欺诈的规则。

我国最高人民法院在《关于审理信用证纠纷案件若干问题的规定》中确认了信用证欺诈例外这一规则：开证行在作出付款、承兑或者履行信用证项下其他义务的承诺后，只要单据与信用证条款、单据与单据之间在表面上相符，开证行应当履行在信用证规定的期限内付款的义务。当事人以开证申请人与受益人之间的基础交易提出抗辩的，人民法院不予支持。但具有该规定第 8 条规定的信用证欺诈的情形除外。第 8 条规定，信用证欺诈主要包括下述情形：第一，受益人伪造单据或者提交记载内容虚假的单据；第二，受益人恶意不交付货物或者交付的货物无价值；第三，受益人和开证申请人或者其他第三方串通提交假单据，而没有真实的基础交易。

但即使存在信用证欺诈，在下列情况下，法院不应裁定中止或判决终止支付信用证项下款项：第一，开证行的指定人、授权人已按照开证行的指定善意地进行了付款；第二，开证行或者其指定人、授权人已对信用证项下票据善意地作出了承兑；第三，保兑行善意地履行了付款义务；第四，议付行善意地进行了议付。

开证申请人、开证行或者其他利害关系人发现有信用证欺诈情形，并认为将会给其造成难以弥补的损害时，可以向有管辖权的人民法院申请中止支付信用证项下的款项。人民法院认定信用证欺诈的，应当裁定中止或者判决终止支付信用证项下款项。这表明，开证行、开证申请人或者其他利益关系人只有拒绝支付的申请权，决定权在法院。

信用证欺诈例外规则及其适用限制，是国内法的问题。因此，有可能产生开证行所在国法院认为是欺诈而受益人所在国法院不认为是欺诈反而认为开证行违约的情形。在这种情形下，开证行所在国法院的判决并不能免除受益人所在国法院判决的付款义务。这表明，信用证欺诈例外原则对开证行的保护并不是绝对的。

七、信用证的开立和修改

（一）开证时间

申请人应按照货物买卖合同的规定，及时申请开立信用证。如果开证行没有按时开出信用证，视为买方（申请人）违反货物买卖合同的规定。该违约在性质上属于重大违约或根本违约，卖方可以拒绝履行合同。

（二）开证内容及其修改

开证行应按照申请人的申请内容开出信用证。申请人的开证申请应与货物买卖合同中的有关规定相一致。受益人接到信用证后，应核查信用证是否与合同的规定相符。如果不符，受益人可以通过申请人要求开证行修改信用证。申请人也应确定受益人的修改信用证要求是否符合合同的规定。如果信用证与货物买卖合同的规定不符，而受益人没有提出修改要求，受益人在履行合同、提交单据时应按照信用证的要求办理，否则银行可以单据不符信用证要求为由拒绝付款。

除可转让信用证另有规定外，未经开证行、保兑行及受益人同意，信用证既不得修改也不能撤销。在修改信用证时，对开证行来说，发出修改通知时即生效；而对受益人来说，除非其明确表示同意，或交付符合修改的信用证要求的单据，该修改对其没有效力，原信用证（或先前已接受修改的信用证）的条款对受益人仍然有效。受益人应提供接受或拒绝信用证修改的通知。如果受益人未能给予通知，当其交单与信用证及尚未表示接受的信用证修改通知一致时，即视为受益人已经作出接受修改的通知，且从此时起信用证被修改。由此可以看出，修改信用证的生效时间对开证行和受益人是不同的。同时，对于信用证的同一修改通知中的修改内容，不允许部分接受。

八、信用证下的单据及审核

（一）有关单据

受益人应在货物发运日后21个日历日内交单，但任何情况下都不得迟于信用证的截止日。

信用证要求的常用单据有商业发票、运输单据、汇票、保险单据等。根据UCP600第14条，银行不予理会非信用证要求的单据。如果银行收到此类单据，可退还交单人。同时，如果信用证含有一项条件但未规定用以证明该条件得到满足的单据，银行将视为未作规定并不予理会。这即是通常所说的非单据性条件。银行不处理非单据性条件，不受其约束，也不对其负责。

（二）单据的审核标准

根据UCP600第14条的要求，按指定行事的指定行、保兑行及开证行须审核交单，并仅基于单据本身确定其是否在表面上构成相符交单。按传统的说法，银行应确定是否表面（appear on their face）与信用证条款相符，即单证一致、单单一致。判断单据表面与信用证条款相符，构成相符交单的依据，是信用证条款、跟单信用证统一惯例和国际标准银行实务做法。

有关银行的合理审单时间是5个银行工作日，即按指定行事的指定行、保兑行及开证行各有从交单次日起的至多5个银行工作日，确定交单是否相符。这一期限，不因在交单日当天或之后信用证截止日或最迟交单日届至而受到缩减或影响。

（三）单据不符时的处理

根据UCP600，当开证行确定交单不符时，可以自行决定联系申请人放弃不符点。这意味着，申请人可以放弃这种要求，在单证不符时，授权开证行对外付款。一旦申请人放弃单证相符的要求，或授权付款，申请人即丧失了以单据不符为由拒绝向开证行偿付的权利。但是，根据法律关系独立原则，在单证不符时，即使申请人放弃对单证一致的要求，申请人的这一放弃对开证行没有约束力，开证行仍然有权对受益人拒付。

根据 UCP600 第 16 条，指定行、保兑行或开证行确定单据不符时，可以拒绝承付或议付。但在作出这一决定时，必须给予交单人一份单独的拒付通知。该拒付通知必须以电讯方式发出，如不可能则以其他快捷方式发出，且该拒付通知必须自交单翌日起至第五个银行工作日结束前发出。该拒付通知必须声明下述内容：第一，银行拒绝承付或议付。第二，银行拒绝承付或议付所依据的每一个不符点。第三，银行对单据的处理，包括下述几种选择方法：银行留存单据听候交单人的进一步指示；开证行留存单据直到其从申请人处接到放弃不符点的通知并同意接受该放弃，或者其同意接受对不符点的放弃之前从交单人处收到其进一步指示；银行将退回单据；或银行将按之前从交单人处获得的指示处理。根据 UCP600 第 16 条，如果开证行或从保兑行未能按第 16 条的规定行事，则无权宣称交单不符。当开证行拒绝承付或保兑行拒绝承付或议付，并且按第 16 条发出了拒付通知后，它有权要求卖方返还已偿付的款项及利息。

九、银行间的偿付

指定行在向受益人付款后，面临着如何受偿的问题。信用证中一般含有索偿条款，规定指定行（索偿行，claiming bank）直接从开证行索偿，或者从其他银行（偿付行）受偿，以及受偿的条件。指定行寄单索偿的方式有两类：向开证行寄单、索偿；向开证行寄单、向偿付行索偿。

（一）开证行偿付

开证行如自己对索偿行偿付，则在收到国外银行付款、承兑或议付行寄来的单据后，经审核，如果单据与信用证的要求相符，则应按照信用证的承诺，向索偿行进行偿付。开证行的偿付方式有电汇和信汇两种。在使用承兑信用证时，如由指定行承兑汇票，则在汇票的到期日对承兑行偿付；如由开证行自己承兑，则其在审核单据相符后承兑汇票，通知指定行，并在汇票到期日偿付。

（二）偿付行偿付

UCP600 第 13 条对银行间的偿付安排作了规定。如果信用证规定指定行向另一方（偿付行，reimbursing bank）获取偿付时，必须同时规定该偿付是否按信用证开立时有效的国际商会银行间偿付规则进行。国际商会银行间偿付规则目前的版本是 2008 年的《信用证下银行间偿付统一规则》（国际商会第 725 号出版物，URR725）。

根据 UCP600 第 13 条，开证行必须给予偿付行有关偿付的权利，授权应符合信用证有关兑用方式的规定，且不应设定截止日。开证行不应要求索偿行向偿付行提供与信用证条款相符的证明。如果偿付行未按信用证条款见索即偿，开证行将承担利息损失以及产生的任何其他费用。偿付行的费用应由开证行承担，但如果此项费用由受益人承担，开证行有责任在信用证及偿付授权中注明。如果偿付行未能见索即偿，开证行不能免除偿付责任。

《信用证下银行间偿付统一规则》适用于授权第三家银行作偿付行的信用证，开证行自行偿付指定行时不适用。除非偿付授权书另有规定，该规则对有关各方都有约束力。适用时应在偿付指示中加列“本信用证项下的偿付受《信用证下银行间偿付统一规则》（URR725）的约束”。在开证行发出偿付授权书或按照开证行要求，偿付行开出偿付承诺书时，也应加列类似词语。

课堂讨论案例

1999年2月12日，中国农业银行绍兴分行（以下简称绍兴农行）开出了一份不可撤销信用证，申请人为浙江金田公司，受益人为韩国菲力公司，通知行为韩国国民银行，付款方式为开证行承兑。信用证注明适用UCP500。1999年4月1日，韩国国民银行对韩国菲力公司的出口票据进行了贴现。绍兴农行于1999年4月15日对信用证项下的汇票予以承兑，承诺到1999年7月11日付款。1999年6月11日，审理浙江金田公司与韩国菲力公司贸易争端的中国国际贸易仲裁委员会提出财产保全申请，绍兴中院作出裁决，冻结韩国菲力公司上述信用证项下的款项。2000年3月2日，韩国菲力公司、韩国国民银行共同作为债权人，与债务受让人韩国保险公司签订转让书，规定出口公司韩国菲力公司、议付行韩国国民银行不可撤销地将所有的请求权、债权、权利及出口商与议付行各自享有的对抗进口商的一切权利，包括但不限于货款请求权，收回出口货物请求权，因违约造成的损失赔偿请求权，终止、解除、拒绝履行和取消合同的权利，基于不当得利的请求权，基于汇票的请求权，以及代位求偿权转让给保险公司。转让书签订后，韩国菲力公司、韩国国民银行未将该转让书有关情况告知绍兴农行。2000年3月5日，中国国际贸易仲裁委员会裁决，韩国菲力公司应向浙江金田公司支付短少设备的等值货款240 000美元，浙江金田公司应向韩国菲力公司支付多发设备的货款39 577美元，该款可由浙江金田公司于支付货款时扣除。2000年4月30日，韩国国民银行以票据支付请求权纠纷起诉绍兴农行，后于2001年12月28日申请撤诉。韩国保险公司于2003年5月30日以绍兴农行至今未承兑信用证项下汇票金额为由，向绍兴法院起诉，请求判令绍兴农行支付信用证项下汇票金额。

结合教材相关内容及相关法规、规则，思考下列问题：

1. 韩国保险公司在本案中处于什么样的地位？

2. 绍兴中院作出的冻结信用证款项的裁定，其效力何时终止？

3. 本案涉及承兑信用证，其中承兑汇票发挥什么作用？

4. 韩国国民银行是否是议付行？其对韩国菲力公司的出口票据进行的贴现具有什么样的效力？

问题与思考

1. 简述汇票的特征。

2. 如何理解票据持票人的权利？

3. 试述托收在 CIF、FOB 中的优势与不足。
4. 简述信用证的种类。
5. 如何理解信用证的独立原则和严格一致原则？
6. 简述信用证业务中汇票的使用。

第六章

国际技术贸易

本章概要

技术贸易法的主要内容包括知识产权的国际保护和技术转让。世界贸易组织《与贸易有关的知识产权协定》(TRIPs) 的达成，使知识产权的保护，由知识产权的私权保护转向与贸易政策有关的知识产权保护。技术贸易主要是以知识产权为标的的贸易，与货物贸易有着密切的联系。技术贸易的多种方式体现了这一点。《与贸易有关的知识产权协定》(本章以下简称《知识产权协定》) 确立的知识产权保护规则，不同于传统的知识产权公约，使与贸易有关的知识产权保护进入了更高的层次。

关键术语

《知识产权协定》 巴黎公约 伯尔尼公约 罗马公约 集成电路知识产权条约（华盛顿条约） 出租权 集成电路布图设计 未披露信息 排他性的返授条件 阻止对效力的异议 强制性 一揽子许可 地理标志 技术许可 特许经营 独占许可 独家许可 普通许可 最惠受让方条款 限制性贸易做法 know-how

第一节 国际技术贸易概述

一、国际技术贸易的基本概念

(一) 技术

技术贸易是以技术为标的的贸易。世界知识产权组织于 1977 年对技术的定义是：技术是指制造某一产品、应用某项工艺或提供某项服务的系统知识。这些知识既可表现为某一发明、外观设计、实用新型或植物新品种，也可以表现为技术情报或技能，还可以表现为专家为某一工厂的设计、安装、运营或某一工商企业的管理及其有关活动提供的服务或协助等。现在看来，这一定义中，技术贸易的标的已显得过于狭窄，不能满足现在技术贸易的需要。

作为技术贸易标的的技术不仅包括上述定义中所包含的专利或知识，还包括商标、版权等。具体地说，技术包括专有技术（know-how）、商业秘密、专利（发明、实用新型和外观设计）、商标（商品商标和服务商标）、版权（权利对象包括计算机软件）及邻接权、集成电路等，还包括提供的相关服务。以是否受知识产权保护为标准，技术可分为受知识产权保护的技术和不受知识产权保护的技术。

（二）技术贸易

与货物贸易不同，技术贸易虽包括技术的买卖（所有权的转让），但主要不是技术买卖，而是技术使用许可。技术贸易方式多样，包括技术的买断、许可，提供技术咨询或服务，特许经营，成套设备或关键设备的买卖，以技术投资的合营，工程承包等。

技术贸易与货物贸易、服务贸易关系密切。只有初级产品的贸易不涉及技术，成套设备的贸易既是货物贸易，又是技术贸易。提供技术服务或咨询很显然也属于服务贸易的范围。是否归于某一类贸易，主要视该类贸易所占比例而定，是货物贸易比重大、技术贸易比重大，还是服务贸易比重大。

（三）国际技术贸易

技术贸易的国际性并没有一个统一的标准，不同国家有不同的规定。有的以当事人的营业地或惯常住所地在不同的国家为标准，有的以当事人的国籍为标准。而在涉及法人时，法人国籍的确定又有登记国和资本控制人所属国等不同标准。在涉及跨国公司时问题更复杂。但一般情况下“国际”应作广义上的解释。在贸易只与一个国家有关、不涉及外国因素时，可以认为该贸易为国内贸易。

二、国际技术贸易法

国际技术贸易法是调整超越一国范围的技术贸易关系的法律规范的总和。其调整的法律关系，表现为横向的平等当事人之间的关系和纵向的管理者与被管理者之间的关系。其渊源为国内法、国际条约和惯例。

对技术享有的权利或知识产权本是一种私权，如同其他民事权利一样，当事人可以自由处分。但由于知识产权的垄断性，技术贸易的当事人实际上处于不平等的交易地位，技术的许可方可能滥用其优势地位，所以，一些受让方国家对技术贸易进行干预。许可方所在国家为保护其国民或法人的权利，也对交易进行干预。相对货物贸易来说，技术贸易的管制性更强，表现在国际技术贸易法中，有关技术贸易管制的规范占有重要的比例和地位。国际技术贸易的管理规范主要表现为两个方面：一方面是通过知识产权法保护知识产权，通过赋予发明者以垄断权鼓励发明；另一方面是通过竞争法阻止对竞争的人为限制，以此来保护知识产权及有关技术，并对违反者进行处罚。涉及国家安全利益的技术，各国对其许可转让实施严格的管制。国际方面亦存在联合管制的安排，如以前的巴黎统筹委员会，现在取而代之的“常规武器和两用物品和技术出口控制瓦瑟纳尔安排”。

第二节　知识产权保护的国际公约

一、世界知识产权组织管理的知识产权公约

世界知识产权组织（WIPO）是根据1967年《建立世界知识产权组织公约》于1970年成立的，1974年成为联合国的一个专门机构。该组织管理或与其他组织共同管理的一系列知识产权公约或协定，确立了知识产权的标准、体系、范围、制度，这些标准、制度等构成了技术贸易的基础。该类知识产权并不直接与贸易有关，重在解决知识产权的获得、期限、效力及有关的国际合作，是一种静态的知识产权保护。

（一）《保护工业产权巴黎公约》

《保护工业产权巴黎公约》（简称《巴黎公约》）于1883年签订，后经多次修订，存在不同的文本，现大多数国家采用的是1967年的斯德哥尔摩修订本。该公约规定了工业产权保护的三项基本原则：国民待遇原则、优先权原则和独立原则。该公约定义的工业产权的保护对象，包括专利、实用新型、外观设计、商标、服务标记、厂商名称、货源标记或原产地名称，以及制止不正当竞争。“工业产权”中的“工业”一词不限于一般意义上的工业，还包括农业、采掘业、商业等。适用巴黎公约的国家组成巴黎联盟。

国民待遇原则。巴黎联盟成员国的国民，在保护工业产权方面，在该联盟其他国家内，享有该国法律现在或今后可能授予该国国民的保护。这种保护不以在提供保护的国家有住所或营业所为条件。另外，非巴黎联盟成员国的国民，在联盟的一个国家内有住所或真实有效的工商业营业所的，也享有国民待遇。因此，巴黎公约以国籍或住所为根据确定是否给予国民待遇。国民待遇原则适用于各国法律授予其国民的一切利益，保护国按本国的法律对外国国民提供保护，根据本国法确定国民待遇水平。这种保护不以互惠为条件。

优先权原则。某一特定申请人在向某一成员国提出工业产权正式申请的基础上，可以在特定期限内向其他成员国提出申请（在后申请），向其他成员国提出的在后申请视为在第一个申请日提出。这样，相对于第一个申请之后、在后申请之前就同一发明或商标提出的其他申请，在后申请享有优先的权利或地位，不丧失新颖性。优先权只能以在巴黎联盟成员国就同一事项所提出的第一次申请为基础。同时，第一个申请的撤回、放弃或驳回，都不破坏该申请作为优先权基础的地位。专利和实用新型的优先权期限为12个月，商标和外观设计的优先权期限为6个月。

独立原则。巴黎联盟成员国的国民向某一成员申请的专利权，与在其他成员国或非巴黎公约成员国对同一发明所取得的专利权相互独立。特别是在优先权期限内申请的各项专利，其无效和被剥夺权利的理由以及正常有效期，相互之间无关联。就商标而言，同一商标在不同国家所受的保护是相互独立的，申请和注册商标的条件，由各成员国的本国法确定。

《巴黎公约》对于专利权人不实施或不充分实施其专利，规定了强制许可原则，国家可以通过法律强制实施该专利。《巴黎公约》同时规定了对驰名商标的保护。成员国有义务拒绝或

取消注册并禁止使用易于与另一个早已在该成员国驰名的商标产生混淆的商标。商标在成员国是否驰名应由其行政主管机关或司法当局决定。某一商标虽没有在某一成员国使用，但在该国已经为人所知的，该商标在该国仍然可能是驰名的。另外，《巴黎公约》还对服务商标和集体商标作了规定。

(二)《保护文学艺术作品伯尔尼公约》

《保护文学艺术作品伯尔尼公约》(简称《伯尔尼公约》) 于 1886 年订立，是世界上第一部版权公约，历经多次修订，现行文本是 1971 年的巴黎修订文本。《伯尔尼公约》确立了文学艺术作品保护的四项基本原则：国民待遇原则、自动保护原则、独立保护原则和公约特别授予权利原则。公约规定了受保护作品的范围，确立了作者的专有权利。

国民待遇原则。就享受该公约保护的作品而论，作者在作品起源国以外的其他缔约国中享有该国法律现在给予和今后可能给予其国民的权利。对起源国的界定根据不同标准来确定，可以是作者国籍标准（人身标准）或作品国籍标准。只要作者是成员国国民，或非成员国国民的作品在成员国发表，该成员国即为起源国。对于在保护期不同的成员国发表的作品，保护期最短的成员国为起源国。该公约第 6 条规定了限制性的国民待遇：在成员国内无住所的非成员国的国民，在成员国首次发表作品，若非成员国未能充分保护成员国国民作者的作品，则成员国可以对该作者作品的保护加以限制。这被称为有限的国民待遇或有限互惠。《知识产权协定》认可这种限制性的国民待遇。

自动保护原则。享有和行使缔约国法律和该公约规定的权利，不需要履行任何手续，也不论作品在起源国是否存在保护。保护国的法律对文学艺术作品自动保护。这是《伯尔尼公约》不同于《世界版权公约》的非常重要的方面。

独立保护原则。享受和行使文学艺术作品的权利，不依赖于在起源国是否受到保护。除该公约规定外，只有被要求给予保护的国家的法律才能规定保护范围以及为保护作者的权利而向其提供的救济方法。独立保护原则与版权的地域性保护是联系在一起的、一致的。独立保护原则存在某些例外，如保护期限一般不超过起源国规定的保护期限、追续权等。

公约特别授予权利原则。公约在规定了国民待遇原则和独立保护原则的同时，特别规定了依据公约本身所享有的权利。《伯尔尼公约》保护的文学艺术作品，包括文学、科学和艺术领域内的一切作品，不论其表现形式或方式如何。文学艺术作品的作者享有经济权利和精神权利。作者的经济权利包括复制权、翻译权、公开表演权、广播权、朗诵权、改编权、录制权、电影权、追续权。经济权利的保护期限，一般文学艺术作品为作者有生之年加死后 50 年。合作作品的版权保护期，按最后死亡的作者计算。

1928 年罗马修订会议上增加了第 6 条之二，规定了作者的精神权利：作者的精神权利不受作者经济权利的影响，甚至在上述经济权利转让之后，作者仍保有要求其作品表明作者身份的权利，并有权反对对其作品的任何有损其声誉的歪曲、割裂或其他更改或损害行为。作者的精神权利，至少应保留到作者的经济权利期满为止，并由被要求给予保护的国家的本国法所授权的人或机构行使。但在批准或加入公约时国内法不保护精神权利的国家，有权规定对这些权利中的某些权利在作者死后不予保留。为保护精神权利而采取的补救方法由被要求给予保护的国家的法律规定。

（三）《保护表演者、录制者及广播组织罗马公约》

《保护表演者、录制者及广播组织罗马公约》（简称《罗马公约》）1961年订立于罗马，是邻接权保护公约。该公约的保护不改动、也不影响对文学和艺术作品的版权保护。对罗马公约的解释不得损害对文学艺术作品的版权保护。该公约要求缔约国必须是《伯尔尼公约》成员国。由于与《伯尔尼公约》的这种关系及成员国之间的这种关系，《罗马公约》有时被称为封闭性的公约。

《罗马公约》给予的保护基本上由各国依其国内立法对本国表演者、录音制品制作者和广播组织给予的国民待遇构成。国民待遇，指被要求给予保护的缔约国的国内法律给予下列待遇：（1）其节目在该国境内表演、广播或首次录制的，身为该国国民的表演者的待遇；（2）其录音制品在该国境内首次录制或首次发行的，身为该国国民的录音制品制作者的待遇；（3）其广播节目从设在该国领土上的发射台发射的，总部设在该国境内的广播组织的待遇。但国民待遇应符合该公约明确保证的最低限度保护，该公约允许的明确例外或保留除外。对于录音制品制作者，可以依据缔约国国民标准、录制标准或发行标准，给予国民待遇。对于广播组织，可以依据总部标准或发射台播放标准，给予国民待遇。对于表演者，可以按照表演标准、录音制品标准或播放标准，给予国民待遇。

《罗马公约》没有明确规定表演者最低限度的权利，该公约向表演者保证的最低限度保护是防止不经其许可而实施某些行为的可能性。公约通过列举需要预先获得表演者同意的某些行为，实际上授予了表演者权利。这些受到限制的行为包括：广播或向公众传播实况表演；录制未曾录制过的表演；复制表演的录制品，但以原始录制未经表演者同意或制作该复制品的目的是该公约或表演者不允许的为限。

唱片制片者有权许可或禁止直接或间接复制它们的唱片。

广播组织有权许可或禁止：（1）转播它们的广播节目；（2）录制它们的节目；（3）复制它们的未经它们许可录制的广播节目，为非法目的复制合法制作的录制品；（4）在收费的公共场所向公众传播电视节目。该公约第16条第1款（b）项规定，成员可以宣告不执行上述第四项。如这样，其他成员无义务对其总部设在上述国家的广播组织给予第四项的权利。这类似《伯尔尼公约》第6条规定的互惠或有限国民待遇。《知识产权协定》认可这种待遇。

罗马公约规定的最低保护期限是20年，自录制作成、表演举行或广播播出之年年底起计算。

（四）《集成电路知识产权条约》

《集成电路知识产权条约》于1989年5月26日订立于华盛顿，又称《华盛顿条约》。该条约第2条至第8条是实体性条款，第9条至第21条是程序性条款。该条约本身并没有生效。但是《知识产权协定》第35条将该条约的第2条至第7条（第6条第3款除外）及第12条、第16条第3款纳入协定中。

《知识产权协定》基本上采纳了该条约的实体性条款，但排除了第8条和第6条第3款。第8条是关于保护期限的条款，该条规定最低保护期限为8年。《知识产权协定》将这一期限延长为10年。第6条第3款规定了未经权利人同意使用的措施，即非自愿许可或强制性许可的实施。《知识产权协定》排除这一条款，意味着不允许采取强制性许可。在程序性条款方面，《知识产权协定》仅采纳了两个条款，即第 12 条和第 16 条第 3 款。第 12 条涉及该条约与《巴黎公约》及《伯尔尼公约》的关系，规定该条款不影响任何缔约国根据《巴黎公约》或《伯尔尼公约》承担的义务。第 16 条第 3 款规定，对于该条约生效时已经存在的集成电路设计，各缔约方无权对其适用条约，即不得利用该条约对其进行保护，但这一规定不影响该集成电路设计根据其他的国际条约所享有的保护。第 16 条第 3 款实质上是不得追溯保护条款。

《集成电路知识产权条约》第 3 条规定了条约的保护对象。缔约方有义务根据该条约在集成电路方面给予知识产权保护，特别是应采取充分的措施确保防止根据第 6 条被视为非法的行为，确保在存在这样的行为时给予适当的法律救济。上述义务适用于具有独创性的布图设计，即该布图设计是创作者自己的智力劳动成果，并且在创作时该布图设计在布图设计创作者和集成电路制造者中不是公认的常规设计。

第 4 条规定了保护的法律形式。缔约方可以自由决定通过特别法或有关版权、专利、实用新型、工业设计、不正当竞争的法律或任何其他法律，实施根据《华盛顿条约》承担的义务。

第 5 条确立了国民待遇原则。在遵循确保对集成电路设计提供知识产权保护的义务的前提下，对其他缔约方国民或在其他缔约方有住所的人，对在其他缔约方有真实、有效的营业所并创作设计或生产集成电路的法人或自然人，每一缔约方给予与本国国民一样的待遇。但在指定代理人或指定送达地址方面，或对外国人适用的相关法院程序的特殊规则方面，可以不遵循国民待遇。

第 6 条规定了保护范围。该条约没有直接规定布图设计创作人的专有权，这一权利是通过确定未经其许可的行为非法而确立的。根据条约，没有权利人许可而从事的下列行为是非法的：复制；为商业目的进口、销售或经销。缔约方可以自由决定未经权利人许可的其他非法行为。但第三人为了个人目的或为了评估、分析、研究或教学的唯一目的，未经权利人允许的复制行为，不为非法；第三人在评估、分析在先设计的基础上，创作了具有独创性的在后设计的，其可以在集成电路中包括在后设计，或对在后设计从事前述评估、分析等行为，而不被视为侵犯了在先设计的权利人的权利。不知或无理由得知其进口、销售或经销的集成电路含有非法复制的集成电路，不为非法。权利人将含有布图设计的集成电路投放市场或同意将其投放市场，可以认为权利用尽。

第 2 条是定义条款，第 7 条是有关登记公开的规定。

（五）其他条约

除上述国际条约外，还有《专利合作条约》、《商标国际注册马德里协定》（简称《马德里协定》）、《世界知识产权组织版权条约》和《世界知识产权组织表演和录音制品条约》等。

《专利合作条约》解决了传统的分国别申请专利的问题，确立了国际申请、国际检索和国际公布的制度。申请人根据国际检索和国际初步审查结果，可以向有关国家提出专利申请，由接受其申请的国家决定是否授予专利。世界知识产权组织通过了《专利法条约》这一有关专利申请的程序性条约。该条约可以视为与《专利合作条约》相配套的条约。在与《巴黎公约》的关系上，每一缔约方均应遵守《巴黎公约》中有关专利的规定，该条约的任何内容均不得减损缔约方相互之间依照《巴黎公约》承担的义务。

根据《马德里协定》，在该协定的缔约国国内有真实、有效的工商营业所或住所或国籍

（原属国）的自然人或法人，可以提出商标国际注册的申请。商标必须在原属国注册以后，才可以通过原属国商标局以法语向国际局提出国际申请。该申请可以要求优先权日。商标经国际注册后，其效力自动延伸至原属国以外的其他缔约国。申请人可以自主决定其商标在所有其他缔约国或部分缔约国获得保护。国际注册经批准、公布后，被申请要求给予保护的国家可以在1年期限内声明拒绝给予保护，但须说明理由。自国际注册之日起5年内，国际注册与原属国的国家注册存在依附关系，如在原属国因撤回、放弃、驳回、撤销、宣告无效等失效，则该商标在受国际注册保护的一切国家也丧失保护。5年后则完全独立。

1989年签订的《商标国际注册马德里协定议定书》对《马德里协定》作出了一定的修改。但这两个协定是相互独立的，有不同的缔约国。该议定书的主要修改包括：在原属国递交申请但尚未获得国家注册的，也可以提出国际注册；缔约国作出拒绝提供保护的声明的期限延长到18个月；国际注册因原属国基本注册被宣告无效而被国际局撤销时，该国际注册可以转成各指定国的国家申请，以国际注册日为申请日；商标国际注册的语言扩大到英语。

1994年世界知识产权组织通过的《商标法条约》已经生效，主要涉及商标申请、所有权变更、注册及续展的程序性规定，是一项程序性条约。该条约适用于由视觉标志（visible signs）构成的商标，但唯有接受立体商标注册的缔约方才有义务将该条约也适用于立体商标；该条约不适用于全息商标（hologram marks）和不含视觉标志的商标，尤其是音响商标（sound marks）和嗅觉商标（olfactory marks）。该条约适用于与商品或服务有关的标志（商品商标或服务商标），或与商品和服务两者有关的标志。但该条约不适用于集体商标、证明商标和保证商标。在该条约与《巴黎公约》的关系上，任何缔约方均应遵守《巴黎公约》中有关商标的条款，各成员应对服务商标进行注册并适用《巴黎公约》中有关商标的条款。

1996年世界知识产权组织通过了《世界知识产权组织版权条约》（WCT，简称《版权条约》）和《世界知识产权组织表演和录音制品条约》（WPPT，简称《表演和录音制品条约》），统称因特网条约，都已生效。《版权条约》是《伯尔尼公约》第20条意义下的专门协定。该条约可以给予作者更多的权利，但不得减损缔约方根据《伯尔尼公约》承担的义务。除此之外，不得与任何其他条约有任何联系，不得损害其他条约规定的权利、义务。根据该条约，计算机程序按文学作品保护；数据汇编（数据库）本身受到保护，但该保护不延及数据或资料本身，不损害汇编中的数据或资料上已经存在的任何版权；文学、艺术作品的作者享有发行权，享有与发行权独立的出租权，享有向公众传输的权利；摄影作品的保护期与一般作品的保护期相同。缔约方在某些特殊的、不与作品的正常使用相抵触，也不无理地损害作者合法权益的情况下，可以在立法中对作者的权利规定适当的限制或例外。

《表演和录音制品条约》对“表演者”、“录音制品”、“录制”、“录音制作者”、“发行”、“广播”、“向公众传输”分别予以定义。依该条约受保护的受益人，指缔约各方依据该条约的规定给予保护的其他缔约方国民的表演者和录音制品制作者。该条约规定了表演者的精神权利，表演者对其尚未录制的表演的经济权利，表演者的复制权、发行权、出租权和提供已录制表演的权利。录音制品制作者享有复制权、发行权、出租权、提供录音制品的权利。根据规定，《表演和录音制品条约》的任何内容不得减损缔约方依照《罗马公约》相互承担的义务，该条约提供的保护不得触动、影响或解释为损害对文学、艺术作品版权的保护。该条约不得与任何其他条约有任何关联，也不得损害其他任何条约规定的权利和义务。

2012年6月世界知识产权组织关于保护音像、表演的外交会议在北京通过了《视听表演北京条约》。该条约对表演者提供了以视听录制品录制的表演方面的保护（1996年《表演和录音制品条约》未提供这种保护）。该条约的任何内容，均不得减损缔约方相互之间依照《表演和录音制品条约》或依照《保护表演者、录制者及广播组织罗马公约》已承担的义务。依该条约给予的保护，不得触动或以任何方式影响对文学和艺术作品版权的保护，该条约的任何内容不得被解释为损害此种保护。除与世界知识产权组织《表演和录音制品条约》外，该条约不得与任何其他条约有任何关联，亦不得损害任何其他条约所规定的权利和义务。条约规定了国民待遇原则，精神权利，表演者对其尚未录制的表演的经济权利，表演者的复制权、发行权、出租权，提供已录制表演的权利，广播和向公众传播的权利，以及权利的转让、限制和例外等内容。依该条约给予表演者的保护期，自表演录制之年年终算起，至少持续到50年期满为止。

二、《与贸易有关的知识产权协定》

（一）协定介绍

世界贸易组织《知识产权协定》是乌拉圭回合谈判中达成的新协议之一。该协定通过在与贸易有关的知识产权领域对成员施加义务，第一次将知识产权纳入世界贸易制度，确立了知识产权国际保护的救济措施，是一项具有开拓性的成果。该协定确立了知识产权与贸易的紧密联系和处理规则。《知识产权协定》将关税与贸易总协定的基本原则纳入该协定。关税与贸易总协定基本原则的理解和适用规则，同样适用于《知识产权协定》。另外，关税与贸易总协定的一般适用和解释方法，也对知识产权协定的解释有指导作用。

《知识产权协定》不仅包括该协定文本本身，还通过并入条款并入了原来已有的知识产权公约的规定。《知识产权协定》将这些已有成果纳入自己的纪律范围，对所有的成员（无论是否加入上述公约）具有约束力。世界贸易组织对于这些公约的理解和解释，依赖于这些公约原有管理机构即世界知识产权组织的理解和解释。这就使WTO协议这一自成一体的制度体系具有依赖性和开放性。同时，《知识产权协定》有选择地并入现有公约，使《知识产权协定》的有关内容相对独立于原公约。

《知识产权协定》确立了一个较高的最低保护标准，保护范围广，保护期限长，保护程序严格。除基本原则外，《知识产权协定》不仅规定了知识产权的效力、范围和使用标准，更重要的是规定了知识产权的实施义务。后一内容使《知识产权协定》不同于传统的知识产权公约，其对知识产权保护的力度更大、保护更充分，从而强化了各成员对与贸易有关的知识产权的保护义务。《知识产权协定》规定的知识产权存在相应的知识产权例外或限制外，同时协定在最后一条规定了安全例外。

（二）《知识产权协定》的基本原则

1. 最低保护原则

各成员应履行该协定确立的义务，实施该协定的规定。各成员对于其他成员的国民给予该协定规定的待遇。各成员可以但无义务在其法律中实施比该协定要求的更广泛的保护，只要此种保护不违反该协定的规定。各成员有权在其各自的法律制度和实践中确定实施该协定规定的适当方法。

对有关的知识产权，“其他成员的国民”应理解为符合《巴黎公约》、《伯尔尼公约》、《罗马公约》和《华盛顿条约》的保护资格标准的法人或自然人，如同WTO全体成员是这些公约的全体成员。《知识产权协定》所指的“国民”一词，对于WTO的单独关税区成员，指在该关税区内拥有住所或真实、有效的工商营业机构的自然人或法人。

2. 国民待遇原则

在知识产权保护方面，每一成员给予其他成员国民的待遇，不得低于给予本国国民的待遇。“保护”一词，在国民待遇和最惠国待遇中，包括影响知识产权的效力（availability），取得、维持和实施的事项，以及该协定专门处理的影响知识产权使用的事项。但是，《巴黎公约》、《伯尔尼公约》、《罗马公约》和《华盛顿条约》规定的例外除外。就表演者、录音制品制作者和广播组织而言，国民待遇仅适用于《知识产权协定》规定的权利。“国民”一词的概念，应根据相关公约或协定中的标准确定。鉴于《知识产权协定》规定了最低保护原则，该协定中所要求的国民待遇实际上是最低相同标准基础上的国民待遇。《知识产权协定》认可国民待遇在某些情形下的例外。该协定明确提及《伯尔尼公约》第6条和《罗马公约》第16条第1款（b）项，这些规定含有某种程度上的互惠国民待遇。另外，各成员可以在司法和行政程序方面维持国民待遇例外，但这些例外应为保证遵守与该协定的规定不相抵触的法律和法规所必要，且这种做法的实施不会对贸易构成变相限制。可以看出，知识产权保护方面的国民待遇，与关税与贸易总协定中的国民待遇存在明显不同。

国民待遇以及下文叙述的最惠国待遇，不适用于世界知识产权组织主持缔结的多边协议中有关获得或维持知识产权的程序。

3. 最惠国待遇原则

对于知识产权保护，一成员对任何其他国家国民给予的任何利益、优惠、特权或豁免，应立即无条件地给予所有其他成员的国民。某一成员给予的下列情况下的任何利益、优惠、特权或豁免，可以免于最惠国待遇义务：由一般性司法协助或法律实施的，并非专为保护知识产权的国际协定所产生的；《伯尔尼公约》或《罗马公约》允许的另一国不按国民待遇给予的；该协定未规定的表演者、录音制品制作者以及广播组织的权利；WTO协议生效前已生效的知识产权保护国际协定所产生的，该类协定已经通知“与贸易有关的知识产权委员会”，且对其他成员的国民不构成任意的或不公平的歧视。

4. 促进经济与社会福利原则

知识产权的保护和实施，应有助于促进技术革新以及技术的转让和传播，有助于技术知识的创造者与使用者相互利益，促进社会、经济福利以及权利义务的平衡。

在制定或修改法律或法规时，各成员可以采用对保护公共健康和营养、促进社会、经济和技术的发展至关重要的公共利益所必需的措施，只要该措施与《知识产权协定》的规定相一致。各成员可以采取适当的措施防止知识产权权利人滥用知识产权，防止不合理限制贸易或对国际技术转让产生不利影响的行为，只要该措施与《知识产权协定》相一致。

（三）《知识产权协定》与纳入公约的关系

《知识产权协定》纳入了《巴黎公约》、《伯尔尼公约》、《罗马公约》和《华盛顿条约》的相关内容。《知识产权协定》第一部分至第四部分（实体部分）的任何规定，不得背离各成员据上述条约可能承担的义务。这明确表明，《知识产权协定》确立的义务，是建立在上述公约基础之上的，是对已有公约内容和义务的补充与发展。另外，《知识产权协定》对不同公约的纳入是有选择性的，并且对不同公约的纳入方式不同。对于《巴黎公约》、《伯尔尼公约》和《华盛顿条约》，《知识产权协定》直接纳入了相关条文；而对于《罗马条约》，则采取了转变的方式，没有直接引用条文。

《知识产权协定》纳入上述公约，扩大了上述公约的适用范围，使原先没有加入上述公约的成员受到了相应的约束，使原本没有生效的条约产生了实际的效力。

1. 与《巴黎公约》的关系

《知识产权协定》要求各成员在知识产权标准、知识产权执法以及知识产权的获得及维护方面，遵循《巴黎公约》(1967) 第 1 条至第 12 条和第 19 条的规定。第 1 条至第 11 条是《巴黎公约》的实体条款，第 12 条是有关国家工业产权专门机构的规定，第 19 条规定了成员相互间签订专门协定的权利。

在商标的保护客体方面，成员可以根据不违背《巴黎公约》的其他理由拒绝商标注册。《巴黎公约》第 6 条之二“驰名商标”比照适用于服务，比照适用于与已注册商标的货物或服务不相类似的货物或服务。对地理标志，各成员应向利害关系方提供法律手段，防止构成《巴黎公约》第 10 条之二范围内的不公平竞争行为的任何使用。

在保证针对《巴黎公约》第 10 条之二的不公平竞争采取有效保护的过程中，成员应按《知识产权协定》的新规定保护未披露信息和向政府或其代理机构提交的数据。

2. 与《伯尔尼公约》和《罗马公约》的关系

各成员应遵守《伯尔尼公约》第 1 条至第 21 条及其附件的规定（实体规定）。但是各成员不享有《伯尔尼公约》第 6 条之二授予或引申的权利，即精神权利。因而，《知识产权协定》没有规定文学艺术作品的精神权利。

《知识产权协定》第 14 条第 1 款、第 2 款和第 3 款授予表演者、录音制品制作者和广播组织相应权利，在《罗马条约》允许的限度内，各成员可对这些权利规定条件、限制、例外和保留。《伯尔尼公约》第 18 条规定的“追溯保护”比照适用于表演者和录音制品制作者的权利。与纳入的其他公约不同，《知识产权协定》没有直接纳入《罗马条约》的具体条款，而只是转述了该条约第 7 条、第 10 条和第 13 条的相关规定，《罗马条约》的许多实体规定并没有被纳入《知识产权协定》中。

3. 与《华盛顿条约》的关系

各成员同意依照《华盛顿条约》第 2 条至第 7 条（第 6 条第 3 款除外）及第 12 条和第 16 条第 3 款，对集成电路布图设计提供保护。

(四)《知识产权协定》规定的知识产权保护标准

1. 版权与相关权利

《知识产权协定》规定各成员遵守《伯尔尼公约》1971 年文本中的实体规定（第 1 条到第 21 条）及附录。但是对于《伯尔尼公约》规定的精神权利（即署名权和保护作品完整权）或由此派生的权利，各成员不享有权利或承担义务。该协定明确版权保护延及表达（expressions）而不延及思想、工艺（procedures）、操作方法或数学概念之类。

计算机程序作为文学作品予以保护，纳入版权保护范围。数据或其他资料汇编，只要其内容的选取或编排构成智力创作，应作为智力成果依据版权法予以保护。该保护不延及数据或资料本身，不得损害数据或资料本身已有的版权。

2. 商标

《知识产权协定》扩大了可构成商标的客体范围。任何标记或标记组合，只要能够将某一企业的商品或服务区别于其他企业的商品和服务，即可构成商标。此类标记，特别是文字（包括人名）、字母、数字、图案和色彩组合，以及这些标记的组合，都可以注册为商标。如标记本身不能区别相关的货物或服务，可以根据使用获得的识别性（distinctiveness）注册。成员可以标记能够为视觉感知作为注册的一个条件。商标所适用的货物或服务的性质，在任何情况下，都不得成为注册商标的障碍。商标首次注册的保护期和续展注册的保护期均不得少于7年。商标的注册可以无限期续展。

3. 地理标志

《知识产权协定》对地理标志在《巴黎公约》的基础上作了进一步的规定。所谓地理标志（geographical indication），指识别货物产自某一成员境内或该境内的某一地区或地方的标记，货物的特定品质、信誉或其他特征主要归因于该地理来源。当货物的品质、信誉或其他特征基本上归因于货物的地理产地时，货物的品质、信誉或其他特征本身即构成地理标志的依据。

4. 工业设计

对于独立创造的具有新颖性或原创性的工业设计（工业品外观设计，industrial designs），各成员均应提供保护。如果某设计与已知设计或已知设计特征的组合没有根本性不同，可以认定没有新颖性或原创性。各成员可以规定，对工业设计的保护不延及主要考虑技术或功能的设计。各成员可通过外观设计法或版权法履行这一义务。受保护的工业设计的所有权人，有权制止第三方未经其同意，为商业目的生产、销售或进口带有或含有复制或实质性复制的受保护设计的物品。对工业设计的保护期限至少为10年。

5. 专利

《巴黎公约》构成了专利国际保护的基础。《知识产权协定》扩大了专利的保护范围，扩大了权利人的权利，规定了对权利人权利的限制，并对方法专利的举证责任给予特别的规定。对专利撤销或无效的决定确立了司法审查制度。专利权的保护期限自申请之日起不低于20年。专利权人对于专利产品，享有制止第三方未经其同意进行制造、使用、许诺销售、销售或为这些目的进口该产品的行为的专有权。专利权人许诺销售权和进口权为新增权项。对于专利方法，专利权人有权制止第三人未经其同意使用该方法的行为以及下列行为：使用、许诺销售、销售或为这些目的进口至少以该方法直接获得的产品。专利权人有权转让专利，通过继承转移专利，并有权签订许可合同。

6. 集成电路布图设计

各成员应根据《知识产权协定》引用的《华盛顿条约》的相关条款保护集成电路的布图设计（layout-designs of integrated circuits）。此外，《知识产权协定》还增加了补充性规定。未经权利人许可，下列行为非法：为商业目的进口、销售或以其他方式分销受保护的布图设计、含有受保护布图设计的集成电路，或者含有上述集成电路的物品（继续含有非法复制的布图设计)。但对于含有非法复制的布图设计的集成电路或含有该集成电路的物品，如果从事上述行为的人或命令从事上述行为的人，在获得集成电路或含有集成电路的物品时，实际不知并且也无合理理由知道包括了非法复制的布图设计，不得认定这些行为非法。在收到布图设计是非法复制的充分通知后，该人员可对现有存货或在此之前的订货实施此类行为，但须向权利人支付一笔费用，数额相当于根据自由达成的许可使用该布图设计应支付的合理使用费（royalty)。对布图设计的保护期不得少于10年，自申请之日或在世界上任何地方首次进入商业利用之日起计算。在不要求注册作为保护条件的成员中，布图设计的保护期限自在世界任何地方首次商业利用之日起不得少于10年。但任何成员可以规定在布图设计创作15年后不予保护。

7. 未披露信息

《知识产权协定》要求对未披露信息（undisclosed information)（商业秘密、专有技术）进行保护。受保护的信息必须符合下述条件：秘密的，因秘密而具有商业价值，合法控制人采取了合理的保护措施。秘密，指信息作为一个整体或作为各部分的精确排列和组合，尚不为通常处理有关信息范围内的人普遍了解或不易为他们获得。对于符合上述条件的信息，自然人和法人应有可能阻止其合法控制的信息未经其同意，以违反诚实商业做法的方式，向他人披露、被他人取得或使用。违反诚实商业做法的方式，包括违约、泄密、违约诱导，并包括第三人取得未披露信息，而该第三人已知或有重大过失而未知信息的取得违反诚实商业做法。该协定并没有要求将未披露信息视为一种财产对待，而只是要求合法控制人能够阻止上述行为。

8. 协议许可中反竞争行为的控制

《知识产权协定》承认与知识产权有关的限制竞争的许可做法或条件可能对贸易产生不利影响，阻碍技术的转让和传播。该协定规定，其任何规定都不阻止成员在其立法中具体规定在特定情况中可能构成滥用知识产权、对相关市场内的竞争有不利影响的许可做法或条件。成员可以采取与《知识产权协定》的其他条款一致的适当措施，阻止或控制这种做法，这些做法可包括排他性的返授条件、阻止对效力的异议、强制性一揽子许可等。

(五) 知识产权的实施

《知识产权协定》与以前的知识产权公约的根本不同，在于其实施与执行条款的规定。《知识产权协定》提供了完整的知识产权实施框架和制度。

1. 一般义务

《知识产权协定》要求各成员在国内法中规定知识产权的实施程序。这些程序的实施方法，应避免对合法贸易造成障碍，同时防止滥用程序。实施程序应公平、公正，不应过于复杂，费用不应过高，不应设定不合理的时效或无道理的拖延。案件裁决，最好采用书面形式，并应说明判决的理由。案件判决至少应及时送达诉讼当事人。案件应仅基于当事人应有机会听证的证据作出裁决。对终局的行政决定，以及对司法机构的初审判决中的法律问题（符合国内司法管辖权的规定)，诉讼当事人应有机会要求司法机构进行审查。但对于刑事案件中的无罪判决，成员无义务提供审查的机会。

《知识产权协定》规定的知识产权的实施义务，并不产生与一般法律实施制度不同的义务，也不影响各成员实施一般法律的能力。其任何规定，在知识产权执法与一般法律执法的资源分配方面，不设定任何义务。

2. 民事和行政程序及救济

（1）公平、公正程序。在知识产权实施方面，各成员应向权利持有人提供民事司法程序。原、被告双方享有及时获得详细通知的权利。原、被告双方有权由独立律师代表出庭，在强制本人出庭方面程序负担不应过重。各方均有权证明其权利请求，并提供相关证据。

（2）证据。如一方当事人已经提供合理获得的证据，足以支持其诉求，并指明了对方控制的证实其权利请求的相关证据，司法机关在适当的情形下可以要求对方提供此证据。如当事人不允许利用或在合理期限内不提供必要信息，或严重阻碍与实施措施相关的程序，则成员可以授权司法机关，在提供听证机会后，在向其提交信息基础上作出初步的或终局的肯定或否定裁决。

（3）禁令。司法机关有权命令一方当事人停止侵权，特别是在货物结关后立即制止涉及侵权的进口产品进入国内商业渠道。但对当事人知道或有理由知道对受保护对象的交易侵犯知识产权之前获得或订购的受保护对象，成员无义务授予司法机关这种权利。

（4）赔偿费。对于已知或有理由知道自己从事侵权活动的人，司法机关有权责令侵权人向权利持有人支付足以补偿因侵犯知识产权所受损害的赔偿。司法机关还有权责令侵权人支付包括律师费用在内的有关费用。在适当的情况下，即使侵权人不知或没有合理理由知道从事侵权活动，司法机关也可以责令侵权人退还所得利润或支付法定赔偿。

（5）其他补救。为有效制止侵权，在不给予任何补偿的情况下，司法机关有权责令侵权人以避免对权利人造成任何损害的方式，将被认定侵权的货物清除出流通渠道，或只要不违背宪法要求，责令侵权人销毁侵权货物。司法机关还有权在不给予任何补偿的情况下，责令侵权人将主要用于制造侵权货物的材料和工具清除出商业渠道，以便将产生进一步侵权的风险减少到最低限度。在审查这些请求时，应考虑侵权的严重程度与给予的救济的相称性以及第三方的利益。对于冒牌货物，简单地去除非法附着在货物上的商标，除例外情况，并不足以允许这类货物进入商业渠道。各成员可以规定司法当局有权责令侵权人通知权利人生产或经销侵权货物或服务的第三人的身份和经销渠道，除非与侵权的严重程度不相称。

（6）被告的权利保护。这包括两方面：一是申请人滥用程序的赔偿，二是公共当局和官员非善意执法的救济。

3. 临时措施

为了制止知识产权侵权的发生，特别是在阻止货物（包括结关后的进口货物）进入其管辖区域内的商业渠道，为了保存侵权指控的相关证据，司法机关有权责令采取迅速、有效的临时措施。适当时，特别是在任何延迟可能造成权利持有人不能弥补的损害时，或者证据有被销毁的危险时，司法机关在不事先通知的情况下，有权采取临时措施。

为了防止临时措施的滥用，保护被申请人的合法利益，《知识产权协定》规定了相关的保障措施。司法机关有权要求申请人提供合理获得的证据，使司法机关在很大程度上相信申请人是权利持有人，申请人的权利正受到侵害或侵害威胁；司法机关有权责令申请人提供足以保护被申请人的利益、防止滥用临时措施的保证金或相应的保证。执行临时措施的主管机关可以要求申请人提供认定相关货物的其他必要信息。如临时措施被撤销，或因申请人的作为或不作为而失效，或随后认定不存在知识产权侵权或侵权威胁，司法机关可应被申请人要求，责令申请人就这些措施对被申请人造成的任何损害向被申请人提供适当的补偿。

4. 与边境措施相关的特殊要求

《知识产权协定》对在边境采取的保护知识产权的措施作了规定。这些措施主要包括：海关中止放行被怀疑侵权的货物，要求申请人提供保证金，进口商提供保证金，对进口商和货物所有权人赔偿，销毁或处理侵权货物等。

5. 刑事程序

《知识产权协定》要求各成员规定适用刑事程序和处罚，至少将其适用于具有商业规模的、故意假冒商标或盗版的案件。提供的救济可以包括足以起到威慑作用的监禁、罚款，其程度与对同等严重犯罪的救济相一致。适当时，也可以扣押、没收和销毁侵权货物和主要用于犯罪的材料和工具。对于其他知识产权侵权行为，特别是有意并具有商业规模的侵权行为，成员可以规定适用刑事程序和处罚。

第三节　国际技术许可

一、国际技术贸易方式

国际技术贸易方式有多种，具体采取哪种方式须据实际情况确定。主要包括：

1. 国际技术的买卖（assignment）

在这种情况下，技术所有人的全部权利或独占权利发生转移，形成技术的买断。现实中少有这种情况。这种方式常用于产品使用难于控制的情形，如数量多或成本低，或用于制造产品的技术难于商业化经营的情形。

2. 许可（license）

许可是指一国的技术权利人许可其他人在确定期限内在一国或一定区域内从事权利人的独占权所包括的一项或多项行为（如制造或使用产品，使用方法制造产品）。这是国际技术贸易最常用的方式。

3. 专有技术许可（know-how license）

专有技术不享有类似专利等的法律保护。其许可可能与专利许可合同相互独立，也可能包括在专利许可合同中。许可人可能是专有技术的开发者和持有者。提供者承诺向接受者提供专有技术供接受者使用，可通过有形或无形的方式，如提供文件、数据、图表、照片、缩微胶片、手册，或提供直接指导和培训（技术服务、管理服务）。由于专有技术没有公开，保密是其中的重要问题。谈判前、谈判中、谈判后都要注意采取保密措施。

4. 设备或其他资本货物（capital goods）的买卖和进口

一般来说，设备或其他资本货物含有较多的技术内容。货物的销售通常附带包含技术信息的文件，如安装、操作、维修手册、技术数据。货物的销售有时与许可合同或专有技术合同合在一起。

5. 特许或经销（franchising or distributorship）

这是一种商品与服务的特许或经销制度。一方以其信誉、技术信息和专长与另一方联合投资，直接向消费者销售货物或提供服务。通常基于商标、商号和经营场所的独特装饰或设计，并与某种形式的专有技术联系在一起，如技术信息、技术服务、经营管理服务（生产、推销、维持和管理）。

6. 咨询协议（consultant arrangement）

咨询协议是指为对方计划或实际取得某一特定技术而提供建议或相关服务，包括有关技术的建议、调研、设计。提供咨询方对结果一般不负责任。

7. 交钥匙工程项目（turn-key project）

即国际工程承包。项目方（发包人）委托工程承包人按约定条件完成整个工程项目，承包人负责项目的设计、施工、设备供应、安装、调试，提供技术培训、质量管理服务，其设计、建设和运营都涉及技术供应或服务。

8. 合营（joint venture）

国际技术贸易可以通过合营的方式进行。合营是以某种特定方式结合资源，制造、生产或销售产品或提供服务，并以某种特定方式共享利润、共担风险。利用合营可以提供发展所需的后续资金或其他资源。一方知识产权独占权的转让（assignment）可以构成向合营公司的出资部分，一方也可以向合营企业授予许可（license）。

9. 兼并（merger & acquisition）

通过兼并拥有希望获得的技术的实体也可以形成技术的转让。

二、国际技术许可合同

（一）概述

许可协议是指有权阻止其他人利用或使用某种技术（发明、设计、商标等）的人（许可方），同意某一人（被许可方）使用该项技术从而取得费用的协议。有时被许可方对技术的利用还要受许可方对商业利用的限制。国际技术许可是国际技术贸易中使用最为广泛的一种贸易方式，其最大特征是技术使用权的许可，可应用于专利许可、商标许可、版权许可、专有技术许可、特许权许可、形象许可或包含这些内容的混合许可。许可协议具有时间性、地域性、权限性、法律性、有偿性和国际性。

国际技术许可合同的当事人分别是许可方和受让方（被许可方）。按受让方在特定区域内取得的使用权限，可以将许可分为独占许可、独家许可、普通许可三类。

1. 独占许可（exclusive license），也称排他许可。这是被许可方享有最大使用权的一种许可方式。在合同规定的期限内，在合同确定的区域，被许可方对合同项下的技术享有独占或垄断权，许可方或其子公司不得在该区域内使用该技术，也不得将该技术许可给该区域内的第三人。

2. 独家许可（sole license）。在指定区域内，除被许可方外，没有其他的被许可方，但许可方或其子公司可以在该区域内使用该技术。

3. 普通许可（simple or non-exclusive license）。普通许可仅构成技术使用的授权，许可方或任何其他被许可方都可以在该区域内使用该技术。在普通许可的情况下一般含有最惠受让方条款：同一区域内，被许可方享有的条件不低于以后的被许可方享有的条件。

（二）国际技术许可合同的主要条款

不同目的的许可，其合同条款不尽相同。综合起来，可包括下述主要内容：

1. 当事人身份。当事人名称、国籍、法律形式等。

2. 鉴于条款。对许可的目的、愿望、背景进行说明，对解释协议条款提供指导原则。

3. 定义条款。对协议中关键性的、易于引起误解争议的术语进行解释、界定。

4. 标的。对技术或技术产品的确定或确切的描述，包括技术名称、技术范围、技术性能指标及验收标准、技术资料的交付等。

5. 权利许可使用范围。技术权利表现为不同方面，协议应确定具体许可的某一或某几个方面的权利。如专利权有五项权能，被许可方是否取得了全部或部分权利。技术使用或活动范围不同，支付价格不同。

6. 权利利用的充分性。许可方应与被许可方就充分利用许可技术达成一致，包括商标使用、产品质量、生产数量、被许可方对第三人的许可、当地缺乏条件时为满足当地需要的进口、利用许可方的经销渠道等。

7. 地域独占权。包括在何地区从事哪些行为，与第三方的关系，以及对平行进口（灰色市场产品）的规定。对地域范围的规定主要是应与许可方国家的出口控制制度一致，保护许可方免于被许可方的进口竞争，保护其他被许可方。这涉及许可方的全球市场安排、销售渠道限制以及与竞争法的关系等问题。

8. 技术改进。许可方或被许可方的技术改进的取得或使用，是否相互免费使用，向第三人许可利益的共享、方式和数额，技术的专利申请权等。

9. 保密。在含有专有技术许可的合同中，应存在保密条款，包括保密措施、期限、范围、侵权的结果。保密义务在下列情况下存在例外：非违约原因导致技术向公众公开，在披露之前已为受让方占有，第三方未加保密地向受让方披露，受让方独立开发，司法程序或其他法律要求披露。

10. 保证与免责。一般许可方应提供两方面的担保，即权利担保和技术担保。许可方对技术拥有所有权或许可权，该技术应不侵犯第三者的权利；技术使用、操作及其结果应符合约定的标准，技术符合被许可方的法律要求（如环境要求、水平要求）。一般许可方的担保责任限于许可方控制抗辩和解决的权利要求，且被许可方及时通知、同意提供必要的帮助，许可方一般不担保非许可方提供的改进技术或其他技术。

11. 救济和责任限制。包括替换、修补或支付，赔偿损失。

12. 限制性贸易条款。许可方对被许可方使用技术的限制条款（有关内容见下一节）。

13. 价格与支付（具体内容见下述许可费用部分）。

14. 其他条款。包括税收、生效、终止、延长、法律适用、争议解决等。发展中国家一般规定合同在国家有关机关批准时生效。协议应对许可期限和终止作出规定，包括延期、终止条件、终止后的权利和义务。在知识产权许可时，许可期限应符合知识产权权利期限。

（三）国际技术许可中的许可费用

有关许可费用，即技术的价格与支付，是许可合同中的主要条款，主要包括支付方式、时间、币种等。许可费用可以采取直接的货币支付方式，包括两种方法：一种是采取总付方式（lump-sum payment），一次性地事先计算许可费用，一次或几次付清。该方法与技术的运行效果没有联系。另一种方法是采取提成费的方式（royalties），事后计算、按期支付，以经济上的使用或效果（产品、服务量、销售额、利润）为基数。一般情况下先预付一定的数额，称之为入门费（initial payment）。

许可费用也可以采取间接的和非货币的补偿方式。一般可采取下述几种收益方式：(1) 有关经营收入。包括许可方代表被许可方通过许可方的经销渠道销售产品的佣金，独占购买协议下向被许可方销售产品的收入，向被许可方销售完成营销计划的有关产品的收入，向被许可方销售原料、中间商品、零部件或机械出租等的收入。(2) 分红。常见于许可方对被许可方的企业有资金投入或双方设立合营企业的情况。这涉及分红与提成，二者成反比关系，一般根据参与的程度、财政和税收因素确定，应符合当地法律要求（包括母子公司、子子公司价格转移、双方间的利益、对许可的有效监督、提供原料或中间品的比例）。(3) 费用转移和分摊。(4) 技术信息的回馈（构成了一种收入）。(5) 市场资料的获得（有助于许可方在其他地区的销售）。

三、特许经营协议

（一）特许经营的概念和特征

特许经营（franchising arrangements），是指开发特定商业制度的特许方（franchisor）允许另一人（被特许方，franchisee）根据特许方规定的条件使用该制度，被特许方向特许方支付费用的经营制度。被特许方根据特许方建立和监督的标准和做法进行经营，并持续获得特许方的帮助和支持。在这一经营期间，特许关系继续存在。特许安排与“特许制度”有关，该制度是既包括知识产权也包括其他权利和知识的，用于提供货物或服务的一揽子安排。

特许经营的主要特征包括：

1. 许可使用已建立的制度。特许经营的核心和本质是制度许可。特许方建立了行之有效的经营制度，并获得了一定的商誉。根据许可协议，特许方许可被特许方利用其特许制度。该制度包括一系列的内容，例如特许方的知识产权、商业和技术方法、管理知识等；除商标外，还包括商号。这是特许经营许可协议的一个重要方面。特许经营协议主要包括知识产权许可，但不限于知识产权许可。

2. 特许方与被特许方在法律上是相互独立的企业，相互之间是一种合同关系。特许经营不以特许方对被特许方投资为构成要件。特许方可以自己经营直营店，直营店不是特许经营店。除投资关系不同外，直营店与特许店一样，应遵循统一的经营制度要求。

3. 特许方与被特许方之间存在密切的控制、管理关系。这一特点使特许经营区别于一般的连锁经营、专卖店。特许经营是介于经销和代理中间的一种经营方式，被特许方在经营管理上受到特许方的控制。特许方有权规定经营方式，不仅监督知识产权，还管理经营，制定实施特许制度的根本方法。特许方对被特许方的影响远大于一般许可。特许方对被特许方进行管理指导，既是特许方的权利，也是特许方的义务。管理、控制关系被认为是判断特许经营协议的重要因素。

4. 特许方与被特许方之间不断进行持续的互动关系。在整个许可期限内，双方互相依赖，每一方的收益都依赖于双方的共同努力。被特许方的成功更依赖于特许方开发盈利制度的能力，以适当方式培训被特许方的能力，依赖于特许方改善和促进制度的能力，以及监督、帮助被特许方的能力。而特许方的成功则依赖于被特许方的经营努力。这一特点使特许经营区别于一般的知识产权许可，后者一般是一次性的。

（二）特许经营协议条款

特许经营协议条款主要包括双方各自的权利、义务及共同安排三大方面。

1. 特许方的权利和义务。主要包括信息披露、提供经营手册、进行经营培训、开办帮助、持续支持等。由于特许方与被特许方的实际地位并不平等，这些义务对于特许经营来说非常重要。

2. 被特许方的义务。包括开发计划、费用支付、遵守质量控制要求、遵守经营模式、保密等。由于特许方与被特许方在法律上是相互独立的企业，特许协议一般要求被特许方自己投保相关保险及对第三者责任险。

3. 其他规定。包括独占、期限、原料及设备供应、违约、终止时各方的权利和义务、协议的转让、协议的续签等。

经营区域和权利范围是一般许可协议的构成要素，特许经营协议也不例外。这也涉及特许方、被特许方之间的关系以及被特许方之间的相互关系。一般来说，被特许方相互之间无合同意义上的权利义务关系。例如，如果某一被特许方与另一被特许方进行不正当竞争，通常通过特许方来解决。

特许协议终止时对特许方与被特许方的权利义务关系的处理非常重要。由于其持续性和互动性特征，被特许方可能对特许方的成功贡献很大，在一定区域内促进了特许方经营和商誉的发展。如果协议终止时直接剥夺被特许方的续签权或续签优先权，有显失公平之嫌。一些国家立法对此进行干预。

（三）特许经营协议的管理

虽然特许经营协议本质上是一种合同关系、许可关系，但各国对特许经营协议的管理理念很不相同，因此，管理手段也呈现出差别。

一种认识认为，既然特许方与被特许方之间是一种合同关系，根据意思自治原则，国家不应对此进行干预，特许方与被特许方之间的权利、义务由他们自己协商确定。另一种认识则认为，虽然特许方与被特许方之间是合同关系，但二者的实际地位是不平等的，特许方可能滥用其地位，损害被特许方的利益，因此有必要通过法律的形式对这种关系进行调整和规范。第三种认识则重在市场竞争，从社会的角度对二者之间的关系进行调整。

与上述认识相对应，对于特许经营协议或特许方与被特许方之间的关系，目前国际上存在三种管理模式。第一种，通过信息披露要求来调整特许方与被特许方之间的关系，主要防止特许方的欺诈。这种模式要求特许方在签订特许协议之前，应向被特许方披露相关信息，例如特许方的投资情况、经营情况、对特许制度的描述、现有被特许方的经营情况、是否存在欺诈性刑事犯罪、是否处于破产程序等。该模式被称为披露法，以美国联邦政府采取的措施为代表。

第二种，直接规范特许方与被特许方之间的权利义务关系，特别是对协议终止或续签时双方权利、义务的规范，借此保护处于弱势的被特许人的利益。该模式被称为关系法，一些国家和美国某些州采取此方法。第三种，从市场竞争角度，通过竞争法则规范特许方与被特许方的关系，关注特许经营协议中是否含有严重限制竞争的条款。该模式被称为竞争法，以欧盟为代表。

第四节 国际技术贸易管理

一、技术贸易管制的原因和模式

随着全球经济一体化程度的加深、各国市场的更加开放，特别是世界贸易组织成立以后，世界各国对货物贸易的管制呈现出越来越松的趋势。不过这一趋势没有出现在技术贸易上。无论是技术出口国家还是技术进口国家，都依然对国际技术贸易实施着较强的国家管制。尽管各国管制的原因不尽相同，程度也不尽一致，但国家对技术贸易实施比对货物贸易严格的管制，是一个不争的事实。

技术是先进生产力的代表。新技术的创造、传播和消化，能够极大地改变一个地区、一个国家甚至整个世界的面貌，导致世界科技、经济和军事力量的变化。在世界发展不平衡、国家和地区冲突此起彼伏的背景下，技术具有一般货物所不能比拟的威力。技术就是点金术，谁控制了它，谁就有了点石成金的魔力。

对技术贸易的管制，首先是国家安全的要求。为了防止技术的输出增加对手或潜在对手的力量，技术优势国家总是禁止或限制关键技术的输出，对技术输出实施严格的管制审批制度。同时，为了防止类似核武器扩散，加剧整个世界的不安全，国际社会、相关国家加强了对核技术出口的管制。其他类似军民两用技术的出口，也受到管制。

保证国家经济安全，也是技术贸易管制的重要原因。保障国家经济安全、健康地发展，保障国内产业在全球市场中的竞争力，技术是关键。有了先进的技术，落后国家可以缩短与先进国家的差距，甚至在某些方面赶超它们。技术优势国家不愿意看到自己被他国赶超，技术劣势国家努力防止自己的产业及国家经济因接受技术而受控。不同发展水平的国家，都根据自己的实际情况对技术贸易采取控制政策。

以知识产权为代表的技术，具有一定范围的垄断权或专有权。防止权利的滥用、防止技术贸易中存在的限制竞争情形，是技术贸易管制的又一原因。不受约束、限制竞争的技术权利可能导致社会成为一潭死水，对此，有必要从社会经济发展、技术进步的角度，对技术贸易进行规范。

如何实现技术出让方和受让方的具体权利、义务的平衡，是许多国家特别是发展中国家技术贸易管制的考虑因素。尽管这是对技术贸易当事方关系这一微观经济的调整，但它反映了国家的技术贸易政策，既保护技术受让方的利益，也保护国家的利益，避免技术出让方可能滥用权利、损害受让方利益。

上述这些因素，或单独，或一起，构成了技术贸易管制的动因。与这些考虑因素相联系，对技术贸易的管制，从法律制度和规范的角度看，主要有三种类型：第一，国家安全意义上的管制制度，此类制度以美国出口管理法为代表；第二，经济意义上的管制制度，此类制度以欧盟竞争法为代表；第三，民事意义上的管制制度，此类制度以合同管理为代表。各类制度之间有时并非泾渭分明。例如，我国的技术进出口管理制度不同程度地带有第一类制度和第三类制度的特征。限制性商业做法则融合了第二类制度和第三类制度的因素。

无论哪一类管制制度，其实施和运行都需要一系列规则的配合和补充。国家和国家之间在不同领域存在一定程度的合作。因而，从国际公约或协定到国内法律，从立法到规章，或审批或许可，或事前控制或事后监督，形成了形形色色的国际技术贸易管制制度。

二、我国对技术进出口的管理

1994 年《对外贸易法》以基本法律的形式，确立了技术进出口管理的基本原则。2004 年修订的《对外贸易法》，除继续对技术进出口管理作出规定外，还增加了与对外贸易有关的知识产权保护的相关内容。这使《对外贸易法》确立的技术贸易管理制度具有了多重性。

根据《对外贸易法》的规定，国家准许技术自由进出口，国家法律、行政法规另有规定的除外。在一定的情况下，国家可以限制或禁止技术进出口。对限制进出口的技术，实行许可证管理。国家制定、调整并公布限制或禁止进出口的技术目录，必要时也可以临时决定限制或禁止技术目录以外的技术进出口。为维护国家安全、社会公共利益或公共道德，保护人类及动植物的生命与健康，保护环境，保护自然资源，维护市场秩序，加快产业发展，履行国际义务等原因，国家可以禁止或限制技术进出口。

根据《对外贸易法》的规定，知识产权权利人阻止被许可人对许可合同中的知识产权的有效性提出质疑，进行强制性一揽子许可，在许可合同中规定排他性返授条件，并危害对外贸易公平竞争秩序的，国家外贸主管部门可以采取必要的措施，消除危害。

根据 2001 年颁布的《技术进出口管理条例》，技术进出口，是指从中国境外向中国境内，或者从中国境内向中国境外，通过贸易、投资或者经济技术合作的方式转移技术的行为。这些行为包括专利权转让、专利申请权转让、专利实施许可、技术秘密转让、技术服务和其他方式的技术转移。1996 年对外贸易经济合作部发布的《技术引进和设备进口贸易工作管理暂行办法》规定的技术引进和设备进口贸易的范围更广，包括：(1) 专利的许可或转让；(2) 专有技术的许可或转让；(3) 计算机软件的进口；(4) 含有上述 (1)、(2) 内容的商标许可或转让；(5) 技术咨询；(6) 技术服务；(7) 合作设计、合作研究、合作开发；(8) 合作生产；(9) 成套设备及生产线进口；(10) 关键设备进口。这些方式可以帮助理解《技术进出口管理条例》中“其他方式的技术转移”这一概念。

2009 年商务部颁布《技术进出口合同登记管理办法》。

三、对限制性贸易做法的管理

(一) 限制性贸易做法的概念

根据《联合国竞争原则与规则》，限制性贸易做法，指通过滥用或谋取滥用市场力量的支配地位，限制进入市场，或以其他方式不适当地限制竞争，对国际贸易特别是发展中国家的国际贸易及经济发展造成或可能造成不利影响，或者通过企业间的正式或非正式的、书面或非书面的协议以及其他安排，造成同样影响的一切行为。限制性贸易做法存在的范围很广。就国际技术转让或许可来讲，主要表现为对技术受让方的限制。由于限制的原因、程度等不同，并非所有的限制性贸易做法都是法律禁止的。

技术贸易中限制性贸易做法存在的原因是多方面的。第一，许可方为保护其信誉或产品质量、竞争地位。技术许可中，许可方承担保证技术、技术生产的产品合格的义务，这就要求许可方限制可能影响实现这一目的的做法。产品质量低劣直接影响到许可方的商誉。同时，如果允许被许可方自由销售产品，则可能影响其他被许可方的权益，也造成许可方的违约，还可能造成不正当竞争。第二，技术贸易标的本身的要求。各国法律对技术本身都有一定的要求，尤其是知识产权的保护。在知识产权保护不充分的被许可方所在国家，对技术贸易标的的保护主要是通过合同进行的，这就使许可方可能对被许可方提出限制性要求。第三，交易双方地位、实力的不平等，许可方利用这一点谋取不正当利益。

各国，尤其是发展中国家，都有管理限制性贸易做法的立法、规定。管理标准和目的是既要保护权利人的权利，又要阻止对竞争的限制，实际上是利益的平衡。但不同国家管理的侧重点可能不同，有的侧重于权利保护，有的侧重于自由竞争。

各国规范限制性贸易做法的立法表现形式不一致，有的国家由竞争法调整，有的国家由反垄断法调整。我国的《反不正当竞争法》和《技术进出口管理条例》都涉及相关内容。

我国原《技术进出口合同管理条例》规定了 9 种限制性贸易做法，取而代之的《技术进出口管理条例》将限制性贸易做法改为 7 种。该条例规定，技术进口合同中，不得含有下列限制性条款：(1) 要求受让人接受并非技术进口必不可少的附带条件，包括购买非必需的技术、原材料、产品、设备或者服务；(2) 要求受让人为专利权有效期限届满或者专利权被宣布无效的技术支付使用费或者承担相关义务；(3) 限制受让人改进让与人提供的技术或者限制受让人使用所改进的技术；(4) 限制受让人从其他来源获得与让与人提供的技术类似的技术或者与其竞争的技术；(5) 不合理地限制受让人购买原材料、零部件、产品或者设备的渠道或者来源；(6) 不合理地限制受让人产品的生产数量、品种或者销售价格；(7) 不合理地限制受让人利用进口的技术生产产品的出口渠道。该条例采取了灵活的态度，并非一律禁止，需视具体情况而定。最高人民法院于 2004 年 11 月 30 日通过了《关于审理技术合同纠纷案件适用法律若干问题的解释》，规定 6 种情形属于《合同法》第 329 条所称的“非法垄断技术、妨碍技术进步”，与上述条例规定的内容类似，虽然没有提及“限制性条款”，但其内容实质上是属于“限制性条款”的范围。我国《反垄断法》、《专利法》均涉及限制行为的协议或行为。

（二）国际对限制性贸易做法的管理

1. 联合国技术转让行为守则草案

联合国贸易与发展会议在 20 世纪 70 年代末到 80 年代负责起草《联合国技术转让行为守则草案》，它对限制性条款提出的规范影响深远。认识比较一致的限制性贸易做法包括：限制受让方从事与供方技术相同的或可能有竞争性的技术的研究或产品的开发；限制受让方从其他供方获得与原供方有竞争可能的技术；限制受让方的销售行为；要求受让方在供方的工业产权保护期满后仍旧支付使用费；期满后的使用限制；固定价格；搭卖；限制受让方研究与开发技术；限制受让方雇用本地人员；限制受让方改进供方提供的技术；限制出口；单方回授；限制对效力提出异议。而限制受让方的产量与经营范围，要求受让方达到不能接受的质量控制，要求受让方使用某种商标，要求供方参与企业管理，技术转让合同期限过长，以及限制受让方自由使用技术，都曾作为限制性贸易做法被提出过，但对此没有达成一致认识。

2. 世界知识产权组织《技术转让合同管理示范法》

世界知识产权组织（WIPO）在 20 世纪 80 年代初制定了《技术转让合同管理示范法》，列出了 17 种限制性商业条款，包括：要求受让方进口在本国能够以相同或更低代价取得的技术；要求受让方支付过高的使用费；搭卖条款；限制受让方选择技术或原材料（为保证质量除外）；限制受让方使用供方无权控制的产品或原料（为保证质量除外）；要求受让方把产品大部分或全部出售给供方或其指定第三方；条件不对等的反馈条款；限制受让方的产量；限制受让方出口（供方享有知识产权地区除外）；要求受让方雇用供方指定的与实施技术无关的人员；限制受让方研究、发展引进技术；限制受让方使用其他人提供的技术；将许可合同范围扩大到与许可目标无关的技术并要求支付使用费；固定产品价格；在受让方或第三方因供方技术受到损害时免除或减轻供方责任；合同期满后限制受让方使用有关技术，以及合同期过长（如超过知识产权的有效期）。

3. 世界贸易组织《知识产权协定》

该协定对合同当事人可能滥用其权利采取限制性贸易做法作了规定。有关知识产权的限制竞争的许可做法或条件可能对贸易产生不利影响，并会妨碍技术的转让和传播。一国可以通过立法，规定特定情况下可能构成对知识产权滥用并对相关市场上的竞争产生不利影响的许可做法或条件。独占性的回授许可、阻止对效力提出异议以及强迫性一揽子许可被明确禁止。

4. 欧盟《技术许可协议条例》

欧盟主要通过竞争法规则来对技术许可协议进行调整和控制。1995 年欧盟将《专利许可条例》和《Know how 许可条例》修订、合并为《技术转让条例》，对技术转让的权利、义务进行调整，其中包括限制性贸易做法。2004 年 4 月欧盟重新制定了《技术许可协议条例》，调整了对技术许可协议的政策和管理方法。欧盟委员会根据该条例制定了《技术转让协议准则》。新条例摆脱了列举豁免条款的方法，强调一定市场份额下可以豁免的协议类型，具体规定协议中不应包含的限制或条款。新条例采取了以经济学为基础的分析方法，对竞争者之间的协议和非竞争者之间的协议作了区别。

课堂讨论案例

美国伊士曼（柯达）公司始创于 1880 年，是一个生产传统和数码影像产品、医疗影像产品、商业摄影产品、光学元器件和显示器的知名跨国公司。早在 1888 年，伊士曼公司就已将“Kodak”作为商标使用在照相机上，至今已有一百二十多年的悠久历史。作为世界知名企业，伊士曼公司在一百五十多个国家和地区注册了将近一千七百件“Kodak”商标或以“Kodak”文字为主体的商标，具有极高的知名度和良好的市场声誉。在中国，伊士曼公司的“Kodak 柯达”商标早在1982年就已在第1类“有机化学品和无机化学品”上核准注册，注册号为154121，在此基础上，伊士曼公司又在第1类、第9类商品上注册了多个“Kodak”商标。作为世界最大的影像产品及相关服务的生产和供应商，伊士曼公司的“Kodak”商标在中外早已成为驰名商标，中国国家工商行政管理局先后于1999年和2000年两次将“Kodak柯达”商标列入《全国重点商标保护名录》，中国的多家法院、工商执法机关及海关也认定和查处过众多侵犯伊士曼公司“Kodak”商标的侵权行为。

2005年6月，伊士曼公司在城外城家居文化广场、中国第一商城发现其所使用的自动扶梯上带有“Kodak”标识。经调查发现，该电梯由科达电梯公司生产并销售。除电梯产品外，科达电梯公司及其北京分公司、广州分公司还在其企业网站、工厂大门、公司门牌、员工名片、产品介绍、企业宣传资料上使用“Kodak”标识。同时，科达电梯公司及其北京分公司还将“Kodak”商标注册成其网站域名 kodaklift. com. cn 以及 kodak-bj. com，并加以使用。据此，伊士曼公司提起诉讼，控告苏州科达液压电梯有限公司未经授权，在其产品、宣传资料以及公司网站上使用与伊士曼公司“Kodak”注册商标完全相同的商标，并将“Kodak”注册成为其域名，侵犯了伊士曼公司注册商标专用权，损害了伊士曼公司“Kodak”商标的形象，请求法院判令：(1) 科达电梯公司立即停止对“Kodak”商标的全部侵权行为；(2) 科达电梯公司就其侵权行为向伊士曼公司赔偿经济损失50万元（包括伊士曼公司支出的合理费用）；(3) 科达电梯公司就其侵权行为在全国性报刊上刊登启事公开消除影响。

结合教材相关内容，思考下列问题：

1. 本案中，自动扶梯和影像产品是什么关系？

2. 工商局的《全国重点商标保护名录》对本案驰名商标的认定有什么影响？

3. 我国与美国均属《保护工业产权巴黎公约》及世界贸易组织的成员国，对本案处理有影响吗？

问题与思考

1. 如何理解《知识产权协定》与其纳入的公约之间的关系？
2. 如何理解《知识产权协定》中的国民待遇义务？
3. 《知识产权协定》规定了哪些知识产权的实施措施？
4. 在知识产权保护标准上，《知识产权协定》有什么新内容？
5. 如何选择技术贸易的具体方式？
6. 简述一般技术许可与特许经营的关系。
7. 如何理解限制性贸易做法？
8. 国际技术许可合同中被许可方的权利有哪些？
9. 国际技术许可合同应包括哪些条款？

第七章

国际服务贸易

本章概要

《服务贸易总协定》(GATS)确立了服务贸易管理的法律框架。跨境提供、境外消费、商业存在和自然人存在，是服务贸易的四种提供方式。由于无形服务不同于有形货物，货物贸易的管理规则，如关税措施，不适用于服务贸易。最惠国待遇与国民待遇的原则在服务贸易中的适用具有新的特点。市场准入和国民待遇属于世界贸易组织成员的具体承诺范围。

关键术语

GATS　服务　服务贸易　商业存在　境外消费　服务贸易中的国民待遇　具体承诺　市场准入　同类服务和服务提供者

第一节　国际服务贸易概述

一、服务及服务贸易

国际上对服务没有统一的定义。人们一般将服务理解为不能够独立确定所有权的独立实体，不能脱离生产而单独地进行交易，一般是由生产者按照消费者的需要进行的活动。

各国的发展程度不同，服务的相对重要性不同，对服务的认识也不同。在乌拉圭回合谈判中，发达国家将服务定义为除工、农业之外的一切商品化，而发展中国家仅把服务定义为除工、农业外的一切可供交易的活动，即涉及国际贸易的那一部分。有人试图将服务定义为非货物供应，但货物与服务并非在任何情况下都可以分清。另一种服务界定方法是列出具体产业，凡是列出的产业，属于大家已经达成一致认识的服务产业，没有列出的则不属于或现在不认为是服务产业。《服务贸易总协定》采取的即是这种方法。

与货物相比，服务是一种经济活动，是一种过程。对于绝大多数服务，可以总结出下列共同特征：(1) 无形性。与存在具体形态的货物不同，服务最主要的特点是无形性。(2) 不能储存性。供应方和消费方的关系具有直接性。服务的提供与消费一般同时进行，提供者和消费者彼此贴近，除非包括在货物中，常表现为同时、同地的特点。(3) 依赖性。服务供应不像货物供应那样确定，依赖于服务供应商或其技能。(4) 政府管理方式不同。政府对服务贸易的管理不是对产出进行管制，更多的是投入管制（如资格限定)。

服务贸易一般可理解为服务的提供。而国际服务贸易可理解为服务的国际或跨境提供。但由于服务本身的特点，其国际性并不像国际货物贸易那样容易明确。国际货物贸易涉及货物从一国到另一国的物理流动，而国际服务贸易并不必然需要服务产品越过不同国家的实际边境。跨越国境的活动有：资本形式的生产要素的越境流动，如金融、劳工、建筑；消费者的越境流动，如旅游；在供应国开发的服务的越境供应，如通过电话提供信息；有时则需要在进口国建立商业存在或运营，如设立分支机构、附属公司等，这种情况下，在设立机构时涉及跨国，而提供服务时，却是在当地进行。

二、国际服务贸易规则

国际服务贸易法是调整国际服务贸易的法律规范的总和。作为国际经济法的一个分支，国际经济法的基本原则、国际经济法主体理论，对国际服务贸易法都是适用的。在法律渊源上，亦表现为国际条约、国家立法和国际惯例几种形式。世界贸易组织《服务贸易总协定》、联合国《国际海上货物运输公约》等属于调整国际贸易的国际条约。诸如国际商会《跟单信用证统一惯例》，属于规范国际服务贸易的国际惯例。国际服务贸易的规则，主要是通过国家立法制定的，例如大家比较熟悉的美国 1974 年《贸易法》“301 条款”，就含有管制国际服务贸易的内容。

国际服务贸易法包括服务贸易平等主体之间（服务提供者和消费者）的商事交易规范和国家（国际）或有关组织对服务贸易的管理规范。在商事规范方面，国际上已经取得很大的进展，存在许多调整双方权利、义务的条约、规则、惯例，但总体呈不均衡状态。有一些服务，由于内在的国际性特征，如国际航空、国际运输，已形成国际规则或某种形式的国际、多边或双边公约、规则、协议；有一些服务，形成了初步性的协议，如银行业的巴塞尔协议；还有一些服务，根本不存在国际性的统一协议。

与国际经济法的其他分支相比，国际服务贸易法有这样的特点：第一，作为分支法，出现得比较晚，很长时间内并没有将其独立对待。第二，在结构体系上，缺乏统一框架和体系，不同部门之间发展不平衡，许多是技术性规则。第三，受发展水平的限制，内容不完整，有些部分空泛，缺乏比较详细的规则、规范。第四，由于历史的原因，据《服务贸易总协定》被划分为服务贸易的部门，被置于其他分支法中，如运输、保险、支付通常被放在货物贸易法中，从而导致国际服务贸易法内容的单薄和零碎。第五，地区发展不平衡。在世界贸易组织《服务贸易总协定》制定之前，国际上不存在统一的规范性文件。欧共体一体化的法律建设中，服务贸易是其中的一个内容，《北美自由贸易协定》中也有规范服务贸易的条款，但都局限于地区范围。

早在 1951 年，经济合作与发展组织（OECD）国家就制定了《无形经营自由化守则》。欧洲一体化的进程包括了服务贸易的内容，但进展不大。另外一些国际组织，如国际海事组织、国际航空运输协会、国际民用航空组织，在国际服务贸易管理方面也曾作出努力。世界贸易组织《服务贸易总协定》的签订和实施，标志着国际服务贸易及国际服务贸易法进入一个新的发展阶段。

第二节　《服务贸易总协定》概况

一、签订背景

世界性服务贸易协定的诞生，出于经济发展水平的进一步提高与美国的大力倡议和积极推动。1974 年关税与贸易总协定东京回合谈判时，美国就提出了订立服务协议的建议。1982 年关税与贸易总协定部长会议上，美国又提出服务贸易问题。这次部长会议通过了一个折中方案，鼓励对服务贸易有兴趣的缔约方就这一问题进行研究，将研究成果提交下次缔约方全体大会审议。美国 1984 年《贸易与关税法》将服务贸易与货物贸易并列，授权总统对服务贸易领域的不公平贸易做法使用“301 条款”，1988 年《综合贸易与竞争法》制定超级“301 条款”。同时，发达国家服务贸易的发展和逐步自由化，以及科学技术的发展，使它们极力推动服务贸易的跨国界提供，推动制定服务贸易自由化的全球性规则。国际服务贸易规则伴随着服务贸易的自由化发展起来。在自由贸易区的建立中，已经进行了服务贸易的自由化。含有服务贸易内容的《北美自由贸易协定》，对乌拉圭回合服务贸易协议的谈判和签订，产生了重要影响。

1986 年 9 月发起乌拉圭回合谈判的埃斯特角部长宣言，将服务贸易纳入乌拉圭回合谈判程序，作为与货物贸易谈判不同的谈判议题。经过三个阶段的艰苦谈判，从服务贸易的定义、范围，到服务贸易多边框架原则与规则的提出，最后到提交具体承诺，《服务贸易总协定》终于在 1993 年 12 月 15 日作为整个一揽子的谈判结果获得草签，并于 1994 年 4 月 15 日正式签署，1995 年 1 月 1 日生效。

二、《服务贸易总协定》的基本框架

《服务贸易总协定》是第一个调整国际服务贸易的多边性、具有法律强制力的规则。其目标是：建立一个国际服务贸易原则和规则的多边框架，在透明和逐步自由化的条件下扩大服务贸易，促进所有贸易伙伴的经济增长和发展中国家的发展；在适当尊重国家政策目标的同时，通过连续回合的谈判，在互利基础上促进所有参加方的利益，并保证权利和义务的总体平衡，以便早日实现服务贸易自由化水平的逐步提高。该协定承认各成员有权对其领土内的服务提供进行管理，并制定新的规章，以实现其国家政策目标；同时认识到不同国家服务法规发展程度存在不平衡，发展中国家更加需要对服务贸易进行管理的权利。该协定期望便利发展中国家，通过加强其国内服务能力、效率和竞争力，使其更多地参与服务贸易和扩大服务出口。

《服务贸易总协定》包括协定本文和附件两大部分。它包括三个层次的规则：主要条文部分包括一般原则和义务，附件为处理具体部门的规则，各国的具体承诺提供了各自的市场准入情况。这些承诺成为《服务贸易总协定》的一部分。由于谈判中存在的分歧，该协定对空运服务、海运服务、金融服务、电信没有达成实质性规定，而仅仅规定进一步谈判的指导原则。1997 年世界贸易组织达成《基础电信协议》、《金融服务协议》。

《服务贸易总协定》本文包括六个部分，分别是范围和定义、一般义务和纪律、具体承诺、逐步自由化、机构条款以及最后条款。就确立的义务来说，前三部分构成了该协定的主要内容。服务贸易总协定是一个框架性协议，各成员根据该协定承担的义务需要通过不断的谈判来具体化。

三、适用范围

《服务贸易总协定》适用于各成员影响服务贸易的措施，不适用于行使政府职能而提供的服务，即不在商业基础上提供、又不与任何服务提供者竞争的服务。《服务贸易总协定》中的最惠国待遇义务、市场准入义务和国民待遇义务，不适用于规范政府机构为政府目的而购买服务的法律、法规或要求。这类购买不是为进行商业转售或为供商业销售而在提供服务过程中使用的。

《服务贸易总协定》意义上的"措施"，指成员的任何措施，不论采取法律、法规、规章、程序、决定、行政行为的形式或任何其他形式。"成员措施"包括成员的中央、地区或地方政府和主管机关采取的措施，以及由中央、地区或地方政府和主管机关授权行使权力的非政府机构采取的措施。《服务贸易总协定》的纪律超越了所有政府一级，包括行使所授权力的非政府机构。"影响服务贸易的措施"，包括下列方面的措施：服务的购买、支付和使用；与服务提供有关的、成员要求向公众普通提供的服务的准入和使用；一成员的人为提供服务在另一成员的存在（包括商业存在）。

根据《服务贸易总协定》给出的定义，"服务"包括任何部门的任何服务，但政府在行使职权时提供的服务除外。"服务提供"包括服务的生产、分销、营销、销售和交付。"商业存在"指任何类型的商业或专业机构，包括为提供服务在成员境内组建、收购或维持法人，或者设立或维持分支机构或代表处。

《服务贸易总协定》从提供服务的方式界定服务贸易。服务贸易是指通过下述四种方式提供的服务：

1. 跨境提供（cross-border supply）：服务从一国境内向其他国境内提供，不需要提供者和消费者的实际流动（服务产品的流动），如通过电话、因特网提供法律意见。这一方式类似于传统的货物贸易。最常见的实例是国际货物运输服务，其他如远程教育、远距离诊断，都是跨境服务的例子。

2. 境外消费（consumption abroad）：服务者在本国境内向来自其他国家的消费者提供服务，消费者移动到服务提供者国家接受服务（消费者的流动），如境外旅游、治病、境外语言学习。境外船舶修理也属于境外消费，因为只有消费者的资产迁往或位于境外，才可以获得这样的服务。

3. 商业存在（commercial presence）：外国实体在内国境内设立附属公司或分支机构，向在内国的消费者提供服务，即外国服务提供者在其他国境内提供商业服务（在进口国设立机构）。境外商业存在的设立，是确保在生产和交付的各个阶段以及交付之后与处于其本土上的消费者保持密切联系的一种方法，经常是必要的。如外国银行的国外分支机构或附属机构提供的服务，外资医院提供的医疗服务，外资学校提供课程，都是通过商业存在这种方式。

4. 自然人存在（presence of natural persons）：通过自然人的短期移动来提供的服务，即一国的服务提供者在其他国境内以自然人的存在提供的服务（自然人流动），如国际工程承包、出国讲学。自然人存在涉及两种不同的自然人类型：自营人员和雇员。自然人存在只涉及在消费者国家中的非长期就业（一般为 2 至 5 年）。《服务贸易总协定》关于自然人流动的附件规定：该协定不适用于影响自然人进入某一成员国就业市场寻找就业机会的措施，也不适用于有关永久性居民、居所和就业的措施。

通过上述四种方式界定服务贸易，是《服务贸易总协定》的一大特点。凡是通过其中任何一种方式提供服务的，都构成《服务贸易总协定》意义上的服务贸易，都属于服务贸易总协定的调整范围。

四、外国服务与外国服务提供者

外国服务，《服务贸易总协定》表述为“另一成员的服务”，它包括两种情况：第一种，指从该成员境内提供的或在该成员境内提供的服务；第二种，在通过商业存在或自然人存在提供服务的情况下，指该成员的服务提供者提供的服务。

与“另一成员的服务”的概念相适应，《服务贸易总协定》对“另一成员的自然人”、“另一成员的法人”予以定义。“另一成员的自然人”，指居住在该成员境内或任何其他成员境内的自然人，并且根据该成员的法律，是该成员的国民，或者在该成员境内享有永久居住权。“另一成员的法人”，指（1）根据该国法律设立或以其他方式组成、在该国或任何其他外国境内从事实质性业务活动的法人；（2）在通过商业存在提供服务时，由该国的自然人拥有或控制的法人，或由前述第（1）项定义的法人拥有或控制的法人。一个法人，如果某一成员的人（自然人或法人）实际拥有该法人股权利益的 50%以上，则该法人即为该国人“拥有”；如果某一成员的人（自然人或法人）有权任命该法人的大多数董事或以其他方式合法地指导其活动，则该法人为该国人“控制”。“法人”（juridical person）指根据适用法律正当设立或组建的任何法律实体（legal entity），包括公司、信托（基金）、合伙、合营、独资或联合体；该法律实体是否以营利为目的、是否为政府或私人所有，在所不计。因而，《服务贸易总协定》意义上的法人，其范围远远超出我们通常理解的法人的范围。

服务的国际（跨境）提供，是根据服务提供者或消费者的国籍或永久住所来确定的，在涉及法人的情况下同时使用了控制标准。这对于我们认定外国服务、外国服务提供者具有非常重要的意义，在通过商业存在提供服务的情况下，更是如此。

五、服务贸易的种类

由于服务的多样性与复杂性，《服务贸易总协定》条文本身都没有对服务贸易进行分类。国际上并不存在类似世界海关组织对货物分类的《商品名称及编码协调制度》那样的对服务的分类制度。但很显然，服务部门分类，是成员进行谈判、作出承诺、履行义务的基础条件和前提。1991 年，关税与贸易总协定秘书处编写了一份有关服务部门分类的说明，称为“GNS/W/120 服务部门分类”目录。该分类是根据联合国产品总分类（CPC）暂行本，由各成员国磋商的结果。该目录明确了国内服务规章所涉及的相关部门和分部门是具体谈判和承诺的基础。因此，该分类目录可以视为是一个谈判目录。

《服务贸易总协定》列出了 12 个部门种类，155 个分类。这 12 个部门种类为：商业服务（包括专业与计算机），通讯服务，建筑与相关工程服务，分销服务，教育服务，环境服务，金融（保险与银行）服务，保健和社会（医疗）服务，旅游及相关服务，娱乐、文化和体育服务，运输服务，以及其他服务。需要说明的是，这 12 个部门分类及更小的分类，与服务贸易的四种方式，是不同性质的分类，相互交叉，每一部门都可能存在四种贸易方式，每种贸易方式都可能涉及每一部门。正是这种复杂的关系，造成了《服务贸易总协定》减让表的复杂性。对于任何成员就任何部门或分部门作出的减让，都需要根据四种不同的贸易方式去理解、分析。

对服务部门的分类，仍然处于不断的完善中。上述《服务贸易总协定》的分类，其详细程度不足以适应服务贸易的需要；与此相联系，某些具体分类存在着不确定性，游离于不同分类之间。这对于履行服务贸易总协定项下的义务（如国民待遇义务），对于服务贸易的进一步谈判（如是否作出承诺），是不利的。国际社会正在为此做进一步的努力。2002 年，联合国、欧洲共同体委员会、国际货币基金组织、经济合作与发展组织、联合国贸易和发展会议、世界贸易组织联合制定、颁布了《国际服务贸易统计手册》。该手册主要用于统计目的，提供一个统一的概念框架。但可以相信，这会有助于世界贸易组织对服务贸易的进一步分类。世界贸易组织服务贸易理事会下设的具体承诺委员会，正在负责有关服务部门和分部门调整的技术性工作。

第三节　《服务贸易总协定》的一般义务

一、最惠国待遇

同国际货物贸易一样，国际服务贸易亦将最惠国待遇原则作为一般原则适用。对于《服务贸易总协定》所包括的任何措施，各成员应立即和无条件地给予任何其他成员的服务和服务提供者不低于其给予任何其他国家同类服务和服务提供者的待遇。

《服务贸易总协定》的最惠国待遇原则，同关税与贸易总协定第 1 条第 1 款的最惠国待遇原则是一致的。在服务贸易方面，某一成员给予任何国家（不一定是世界贸易组织成员）任何优惠，其他成员都有权利无条件地立即享有。但二者的适用对象是不同的，《服务贸易总协定》的最惠国待遇原则既适用于服务，也适用于服务提供者，而关税与贸易总协定的最惠国待遇原则仅适用于货物。在具体的适用范围上，《服务贸易总协定》的最惠国待遇原则在适用上没有任何限制，它适用于《服务贸易总协定》所包括的任何措施，适用于任何其他成员的服务和服务提供者，而关税与贸易总协定的最惠国待遇义务仅适用于明确列出的四种情形，且适用于原产自或出口至其他成员的货物。从这一角度看，《服务贸易总协定》的最惠国待遇义务，比关税与贸易总协定的最惠国待遇义务范围更广、更严格。

《服务贸易总协定》中的最惠国待遇的适用以服务和服务提供者的同类性为条件。但和关税与贸易总协定中最惠国待遇义务适用的产品具有同类性这一条件相比，服务和服务提供者的同类性比较难以确定。

《服务贸易总协定》允许在一定条件下豁免最惠国待遇义务。《服务贸易总协定》规定了两种豁免。一种是该协定生效时的一次性豁免。在谈判时，成员列出最惠国待遇义务例外清单。在协定生效时成员可以豁免列入最惠国待遇豁免附件项下的最惠国待遇义务。另一种是其他情况下的一般豁免。根据 WTO 协议第 9 条豁免最惠国待遇义务，即在例外的情况下，部长会议可以决定豁免某成员承担的义务，这种决定应经 3/4 成员的批准。

最惠国待遇义务的规定不妨碍毗邻国家优惠。《服务贸易总协定》的规定，不得解释为阻止任何成员相邻国家授予或给予优惠，以便利毗连边境地区的当地生产和消费的服务的交换。《服务贸易总协定》第 5 条允许通过成员之间的经济一体化安排来实现服务贸易的进一步自由化。该安排构成了最惠国待遇义务的例外 。

此外，《服务贸易总协定》中义务的一般例外、安全例外，对最惠国待遇义务都适用。最惠国待遇义务不适用于调整政府服务采购的法律、法规等，此种采购是为政府目的进行的，不是为了商业转售或不是为了供商业销售而在提供服务中使用。

二、透明度

除紧急情况外，每一成员应迅速公布有关影响《服务贸易总协定》运作的所有普遍适用的措施，最迟应在此类措施生效时公布。各成员应向世界贸易组织通知《服务贸易总协定》所覆盖的影响服务贸易的所有法律、法规和行政管理措施的具体信息，包括任何修改信息。对任何其他成员就普遍适用的任何措施或国际协定所提出的具体信息的所有要求，各成员应给予迅速答复。各成员还应设立咨询点（inquiry points），向其他成员提供有关信息。但对于若公开将妨碍法律实施、违背公众利益或损害特定公、私企业合法利益的机密资料，不要求公开。

三、国内规制

由于服务的复杂性和无形性，与货物贸易相比，服务贸易更多地受到国内规制的影响。GATS 对国内规制提出了要求：在已经作出具体承诺的部门中，每一成员应保证其所有影响服务贸易的普遍适用的措施以合理、客观和公正的方式实施。在司法、仲裁或行政审判或程序中，应提供客观和公正的审查。在已作出具体承诺的服务中，如提供此种服务需要审批，审批机关应在合理期限内将审批决定通知申请人。对有关资格要求和程序、技术标准和许可要求的各项措施，不构成不必要的服务贸易壁垒；该标准应客观透明，不构成不必要的负担，程序本身不得构成对服务提供的限制。

四、相互承认标准

一般情况下，提供服务的公司和个人需要取得允许其从事业务的证书、许可或其他授权。此类资格要求往往限制了外国服务提供者。为解决这一冲突或障碍，《服务贸易总协定》引进了资格等的相互承认制度。

为使服务提供者获得授权、许可或证明的标准或准则得以全部或部分实施，成员可承认在特定国家已经获得的教育或经历、已满足的要求以及给予的许可或证明。这种通过协调或其他办法实现的承认，可基于有关国家签订的协议或安排，也可自动给予。承认方式不得成为国家间歧视的手段或对服务贸易的变相限制。只要合适，承认应基于多边同意的标准。在适当的情况下，各成员应与有关政府间组织或非政府组织合作，以制定和采用承诺的共同国际标准和准则，以及有关服务行业和职业实务的共同国际标准。

五、垄断和专营服务提供者及其他限制竞争的商业惯例

各成员应确保其境内的任何垄断服务提供者，在相关市场提供垄断服务时，其方式不得违反最惠国待遇义务及作出的具体承诺。

一成员的垄断服务提供者，不论是直接或通过关联公司，在垄断权范围之外且该成员已作出具体承诺的服务提供方面参与竞争时，该成员应确保该提供者在其境内不滥用其垄断地位，不以与具体承诺项下的义务不符的方式行事。

如成员在形式上或事实上授权或设立少数几个服务提供者，且实质上阻止这些服务者在境内的相互竞争，上述规定也适用于此类专营服务提供者。

对于抑制竞争、限制服务贸易的服务贸易提供者的商业惯例，在其他成员的要求下，相关成员应进行磋商，以期取消这样的商业惯例，并提供可获得的有关资料。

六、义务例外

《服务贸易总协定》允许两类义务例外：一般例外和安全例外。一般例外允许成员采取贸易管制措施，但需满足两项要求：第一，该类措施在国家间不应构成武断的或不公正的歧视，或构成对服务贸易的变相限制。第二，该类措施必须用于下述目的：为保护公共道德或维护公共秩序所必需；为保护人类、动物或植物的生命或健康所必需；为确保遵守与协定规定不相抵触的与下述问题相关的法律和法规所必需：防止欺诈和欺骗做法，或处理服务合同违约事项，保护与个人资料处理及传播有关的个人隐私，保护个人记录和账户秘密，安全问题；为保证对其他成员的服务或服务提供者平等和有效课征或收取直接税的差别待遇；源于该成员受其约束的避免双重征税协议或任何其他国际协议或安排中的避免双重征税的规定的差别待遇。

根据安全例外条款，《服务贸易总协定》不要求任何成员提供其认为公开后会违背其基本安全利益的任何资料，不阻止任何成员为保护其基本安全利益而有必要采取的行动，不阻止任何成员为履行联合国宪章下维护国际和平与安全的义务而采取的行动。

第四节　《服务贸易总协定》的具体承诺

一、具体承诺的性质和作用

世界贸易组织成员在特定服务部门、特定服务领域承担的特定义务，是由该成员在谈判

时作出的具体承诺决定的。具体承诺在《服务贸易总协定》中以及在服务贸易自由化的进程中起着非常重要的作用。它包括市场准入和国民待遇两大类。《服务贸易总协定》中的一般义务，实质上是以具体承诺为基础的，例如最惠国待遇义务、国内管制方面的义务、垄断方面的义务、保障国际收支方面的义务等。如没有具体承诺，一般义务也无实际意义。其原因在于，与货物贸易不同，服务贸易受到较大的国内管制，成员没有开放服务贸易市场的义务，是否开放服务贸易市场由成员决定。在服务贸易市场没有开放的情况下，其他义务也失去应有的作用。具体承诺是逐步实现《服务贸易总协定》服务贸易自由化目标的必经步骤和具体措施。

每一成员在其减让表中列出了自己作出的具体承诺。具体承诺减让表规定了对外国服务和外国服务提供者的限制，是否给予市场准入、是否给予国民待遇、成员在哪些具体服务部门和事项方面承担具体义务，均依该具体承诺减让表来确定。在该减让表中，每个成员应具体列明下述内容：市场准入的规定、限制和条件；国民待遇的条件和资格；有关附加承诺的承诺；适当情况下，实施这类承诺的时间表；这类承诺的生效日期。

具体承诺如同约束性关税，对作出具体承诺的成员具有约束力，一般不能轻易修改或撤销。只有在承诺生效后 3 年，在发出修改或撤销某一具体承诺意向，并与受影响国家谈判达成补偿协议后，才可以修改或撤销具体承诺。在此类谈判和协议中，有关成员应努力维持互惠承诺的总体水平，不低于谈判前具体承诺减让表中的规定。补偿性调整应在最惠国待遇基础上进行。如不能达成补偿性协议，受修改承诺影响的成员可以提交仲裁。如无成员申请仲裁，则拟修改成员有权实施拟采取的修改；如有成员申请仲裁，则拟修改成员在作出符合仲裁结果的补偿性调整前，不得修改或撤销其承诺；如拟修改成员实施其拟议的修改或未遵循仲裁结果，则任何参加仲裁的受影响成员，可以根据裁决结果对拟修改成员改变或撤销实质上相当的利益。

根据《服务贸易总协定》规定的一般义务，在出现严重的国际收支失衡和对外财政困难或威胁时，成员可以对其已作出具体承诺的服务贸易，包括与该承诺有关的支付和转移，采取或维持限制措施。但该限制不应在成员间造成歧视，应与《国际货币基金协定》的规定相一致，应避免对其他成员的商业、经济和财政利益造成不必要的损害，同时不得超过必要限度，是临时措施并应在情况改善时逐步取消。

二、市场准入

市场准入也即市场开放。根据《服务贸易总协定》，对于通过前述四种服务贸易提供方式的市场准入，每个成员给予其他任何成员的服务和服务提供者的待遇，不得低于其承诺表中所同意和明确规定的条款、限制和条件。就构成具体承诺的市场准入和国民待遇的关系来说，市场准入是国民待遇的基础和前提。如果某一措施既与市场准入不符，也与国民待遇义务不符，则该措施应列入市场准入栏目。在这种情况下，对市场准入的限制也构成对国民待遇义务的限制，从而规定了国民待遇的条件或资格。市场准入不包括政府采购。

在作出具体承诺的部门，除非在承诺减让表中明确规定，成员不得在其部分地区或全境维持或采取下述措施：(1) 通过数量配额、垄断和专营服务提供者方式，或通过经济需求测试要求（the requirements of an economic needs test）方式，限制服务提供者的数量；(2) 以数量配额或经济需求标准要求的方式，限制服务交易或资产总值；(3) 以配额或经济需求标准要求方式，限制服务业务总数或以指定数量单位表示的服务产出总量，但不包括成员限制服务提供投入的措施；(4) 以数量配额或经济需求标准要求方式，限制特定服务部门可雇佣自然人总数或服务提供者可雇佣自然人总数，这些自然人为提供特定服务所必需并与之直接相关；(5) 限制或要求服务提供者通过特定类型的法律实体或合营企业提供服务的措施；(6) 通过限制外国股权最高百分比，或限制单个或总体外国投资总额，限制外国资本的参与。

发展中国家利用该协定允许的扩大发展中国家参与的规定，利用上述规定在承诺减让表中对建立商业存在提出了要求，明确注明批准商业存在应以加强国内服务能力的经济需求为条件。其条件通常包括：在合资企业的基础上批准商业存在的建立；不允许外国服务提供者在此类合资企业中占有大部分的股份；董事会成员中应有一定数量的本国人；外国服务提供者应使用适当的先进技术和管理经验；该企业应培训当地雇员并向他们传授技术；可能时应雇佣当地的国内分包人员。

对外国服务和服务提供者提供市场准入，实质上是允许外国服务提供者进行服务的国际投资。这一点在商业存在这种服务方式上体现得最为明显，也可以通过上述对 6 种措施的禁止体现出来。《服务贸易总协定》在市场准入减让表部分特别指出，如成员对通过跨境提供方式提供服务作出市场准入承诺，且如果资本的跨境流动是该服务本身所必需的部分，则该成员由此已经承诺允许此种资本跨境流动；如果成员就通过商业存在方式提供服务作出市场准入承诺，则成员由此已经承诺允许有关资本转移进入其境内。

三、国民待遇

国民待遇义务的性质属于具体承诺。因而，成员不存在给予外国服务及服务提供者的待遇不低于给予本国同类服务及服务提供者的待遇的普遍的义务。国民待遇与市场准入存在密切的关系，国民待遇义务是以市场准入为前提的。《服务贸易总协定》的国民待遇义务仅适用于一国作出具体承诺的部门或方面，仅限于列入承诺减让表的部门，并且要遵照其中所列的条件和资格。没有作出承诺的部门，不适用国民待遇。即使在作出承诺的部门中，也允许按所列条件对国民待遇进行限制。

成员在所有影响服务提供的措施方面，给予任何其他成员的服务和服务提供者的待遇不得低于其给予本国同类服务和服务提供者的待遇。但该规定并不要求给予任何其他成员的服务和服务提供者的待遇，在形式上与给予本国同类服务和服务提供者的待遇相同。无论形式是否相同都可满足国民待遇的要求。国民待遇义务是以竞争条件为判断标准的。如果相同形式或不同形式改变了竞争条件，从而使该成员的服务或服务提供者与任何其他成员的同类服务或服务提供者相比处于有利地位，则提供给其他成员的同类服务或服务提供者的这种形式相同或不同的待遇应被视为较低的待遇，即歧视性待遇。

与最惠国待遇义务一样，国民待遇义务以同类服务或服务提供者为条件。由于服务的多样性和无形性，同类性的确定比在货物贸易时困难。

课堂讨论案例

在乌拉圭回合谈判期间，在服务贸易方面作出承诺依据的是关税与贸易总协定秘书处编写的第 W/120 号文件——服务贸易分类。其中，第 10 类为休闲、文化及体育服务（视听服务除外）。该类具体包括：A. 娱乐服务（包括剧院、现场乐队表演和马戏团服务）；B. 新闻代理服务；C. 图书馆、档案馆、博物馆和其他文化服务；D. 体育和其他休闲服务；E. 其他。其中，体育和其他休闲服务包括博彩（赌博）。

美国在编号为第 10. D 的行业下，载明了“其他消遣性服务（不包括体育）”，并列入了 GATS 第 1 条所界定的“跨境提供”、“境外消费”、“商业存在”和“自然人存在”等四种服务贸易提供方式；其中，对于“跨境提供”方式的“市场准入限制”一栏，美国政府写入的是“没有限制”。

关于美国在文化、娱乐和体育服务部门中作出的承诺参见下表：

D. OTHER RECREATIONAL SERVICES (except sporting)	Limitations on Market Access		Limitations on National Treatment	
	mode	commitment	mode	commitment
	1	None	1	None
	2	None	2	None
	3	The number of concessions available for commercial operations in federal, state and local facilities is limited	3	None
	4	Unbound, except as indicated in the horizontal section	4	None

在美国国内，对于网络赌博，至少有 9 个州制定了禁止网络赌博的法律或宣布网络赌博违法，有 41 个州对网络赌博的合法性存在争议。美国司法部认为，根据 1961 年《有线通讯法》，通过互联网对体育事件或比赛下注的赌博商业活动为非法。因此，网络赌博公司在美国受到严格管制而经营困难。然而，一些网络赌博公司转移到扶持网络赌博的国家（如安提瓜和巴布达）重新开张。

美国在国内封杀了网络赌博，但不能阻止网络赌博公司在其他国家注册并架设服务器，源源不断地向美国网上赌博网民提供赌博服务。对此，美国政府一方面敦促有关国家强化对赌博产业的管理力度，另一方面加大对境外网络赌博公司的打击力度。2003 年，美国众议院通过一项《禁止非法网络赌博交易法》，规定对网络赌博活动加以限制，特别是限制美国网民使用信用卡和通过银行账户向国外赌博网站支付赌金。

安提瓜和巴布达在发展经济过程中，通过发展基础设施、简化审批手续等方式吸引了一批提供网络赌博服务的公司在安提瓜注册经营。美国政府的上述做法使安提瓜一度繁荣的网络赌博服务产业日渐衰落，政府收入也锐减。

安提瓜和巴布达就美国实施的影响赌博服务的跨境提供措施，根据 WTO 争端解决程序与美国进行磋商，但未能解决问题。安提瓜和巴布达要求世界贸易组织争端解决机构成立专家组对这一争端进行审理。安提瓜和巴布达指控，美国对网络赌博的打击违反了其在GATS下的具体承诺，违反了GATS第16条市场准入义务。

请结合教材相关内容及条约解释方法，思考下列问题：

1. 你是否知道赌博属于体育服务，这种知识（或无知）对服务贸易谈判会产生什么影响？
2. 美国是否在GATS框架内对赌博服务作出了具体承诺？
3. 美国是否违反了GATS第16条市场准入义务？

问题与思考

1. 如何理解服务贸易与货物贸易的关系？
2. GATT与GATS的一般原则有哪些不同？
3. 如何理解服务贸易中的国民待遇？

第八章 政府管理对外贸易的法律与措施

本章概要

本章教学目的是使学生能够正确认识和理解国家对国际贸易进行管理和规制的重要性和必要性，全面了解国家对国际贸易实施管理的各种法律制度和手段，加深对国际贸易法律的认识。不仅要求学生了解国际贸易管理的国内立法，同时还要了解国际贸易管理方面的国际立法和规则，特别是WTO多边贸易体制内的相关制度及其规则。

关键术语

对外贸易管理　关税措施　非关税措施　进出口配额制度　进出口许可制度　外汇管理制度　商品检验检疫制度　贸易壁垒　WTO多边贸易规则　反倾销措施　反补贴措施　保障措施

第一节　政府管理对外贸易的法律和措施概述

一国政府对本国的对外贸易的管理和规制是实现其对外贸易政策的重要手段。世界各国政府，不论是发达国家还是发展中国家，均从本国经济利益和经济发展需要出发，制定一系列管理和规制本国对外贸易的法律制度，用以调控本国的对外贸易关系。应该指出和强调的是，各国政府制定的管理对外贸易的法律大多属于一国的经济行政法律规范，具有强制性，国际贸易双方当事人必须遵守这些法律的规定，不得任意在协议或合同中加以变更或排除。

在实践中，各国政府对货物进出口贸易的法律管理措施基本上可以分为两大类：一是关税措施，主要指各种进出口关税法律制度和措施；二是非关税措施，其中主要包括进出口配额制度、进出口许可制度、外汇管理制度、商品检验检疫制度、原产地规则以及有关保护竞争、限制垄断及不公平贸易做法等各项制度。

一、关税制度和措施

（一）关税的概念及作用

关税（Tariff/Custom Duties）是指一国海关根据其政府公布的海关税则对进出其关境的物品、货物所征收的税。关税是各国对外贸易管理的重要措施。关税可以分为保护性关税和财政关税。保护性关税的目的在于通过对进口货物征收关税来提高进口商品的成本、限制其进口，从而保护本国市场和相同产业。财政关税则主要是为了加强国家财政收入而不是为了限制进口。随着世界各国经济的不断发展，越来越多的国家已不再注重从增加财政收入的角度征收关税，而是注重从限制外国商品进口、保护本国经济和调节市场的角度征收关税。因此，保护性关税是当前国际贸易领域中各国政府对国际贸易实施管理所普遍采取的重要措施。保护性关税的保护功能主要是通过对进口的外国商品采取征收高额关税的措施，削弱外国进口商品在本国市场上的竞争力，从而达到限制外国商品的进口和保护本国市场的目的。因此，关税税率越高，其保护作用越大。

然而，根据《关税与贸易总协定》（GATT 1947/1994）确立的关税保护原则，GATT 各缔约方管理本国货物进口的措施应当主要通过进口关税来进行。同时，为了推动货物贸易的自由化，GATT 还不断推进和鼓励各成员方通过关税减让谈判来逐步降低各缔约方的关税税率，以逐步达到货物在各国间更加自由的流通。自 1947 年以来，在原 GATT 框架下先后进行的八轮关税减让谈判之后，各国的进口关税已有了很大幅度的降低；WTO 框架下各成员方继续通过多边贸易谈判来降低关税。因此，关税的贸易保护作用事实上受到了很大程度的制约和限制。

（二）关税的种类

关税主要可以分为进口关税、出口关税和附加税。

1. 进口关税（Import Custom Duties）

进口关税是进口国的海关在外国商品进入时，对外国进口商品所征收的一种关税。进口关税通常是在外国商品进入一国关境时征收，或者在外国商品由海关保税仓库提出运往国内市场时征收。如上所述，由于进口国可以通过对进口商品征收高额进口税来提高进口商品的成本，从而削弱这些进口商品在进口国市场上的竞争力，达到保护本国工业的目的，所以，进口关税是目前各国实施对外贸易管理中普遍采取的手段。

2. 出口关税（Export Custom Duties）

出口关税是指一国出口的商品在离开本国关境时被征收的一种关税。出口关税实际上是出口国为保证本国市场的供应而对某些商品实施出口限制或者为保证本国财政收入而设置的一种关税。由于出口关税的征收往往会降低本国出口商品在国际市场上的竞争力，不利于本国出口，所以，许多国家征收出口关税都是从保护本国经济和资源的实际需要加以考虑，或者出于一种特殊情况下的需要而暂时采取的措施。例如，2005 年，由于受欧美纺织品设限的贸易摩擦的影响，我国政府决定对部分出口纺织服装产品征收出口关税，调整关税税率。此次对部分纺织品调整出口关税，从短期看有助于缓解与欧美的纺织品贸易摩擦，从长期看有助于改善我国纺织品出口商品的结构。

3.（进口）附加税（Additional Import Duties）

进口附加税是指进口国出于特定的目的，对进口商品在一定时期内征收的一种临时性或针对性的进口税。实践中常见的进口附加税有以下三种：(1) 临时附加税，指进口国为了应付国际收支危机，维持进出口平衡，或针对某个国家采取歧视性政策等，而对外国进口商品征收的一种临时性税收。当进口国的经济情况有所好转时，进口国往往会取消这种附加税。(2) 反倾销税，即针对进口的倾销产品征收的一种进口附加税。(3) 反补贴税，指对接受出口补贴的外国进口商品征收的一种进口附加税。

（三）关税的征收及海关税则

1. 关税的征收（Collection of Custom Duties）

从各国实践看，关税征收的办法主要有以下几种：

(1) 从量税，指按进出口货物的实际数量（包括重量、容量、面积、体积、个数等）征收关税。

(2) 从价税，指按进出口货物的货价征收关税。

(3) 混合税，指对进出口货物同时按照货物实际数量和货价征收关税。

(4) 选择税，指对于同一进口商品同时订有从价税和从量税税率时，海关根据具体情况和需要从中选择税额较高或较低的加以征税。

2. 海关税则（Schedule of Custom Duty Rates）

海关税则又称关税税则，是一个国家通过立法程序公布实施的、按商品类别排列的关税税率表。关税税则通常包括商品名称、税表和税率三部分。税则可分为单一税则和多栏税则。前者是指一个税目里只规定一种统一税率，对来自不同国家的同一商品一律适用；后者是指对同一商品规定不同的税率，如普通税率、优惠税率、最惠国税率等，对来自不同国家的同一商品根据不同情况适用不同的税率。各国都是根据本国的经济利益和经济发展的需要来制定海关税则，并且定期对税则进行修改和调整，其目的是通过关税税率的调整，特别是通过对进口关税税率的调整，从宏观上达到对本国对外贸易的调整。

此外，保税制度是一国海关对进入该国特定区域的货物，或用于加工制造出口产品的原材料、成品等免征关税的制度。按照该特定区域（保税区）的大小和功能，可分为保税仓库、自由港和自由贸易区、出口加工区等。外国商品进入保税区内可免纳关税；但如果之后进入国内市场，则应照章纳税。保税区为外国商品的转口过境提供了便利，也是一国利用外资、吸引外国先进技术，发展经济的有效手段。

二、非关税制度与措施

（一）非关税措施的概念和作用

所谓非关税措施（Non-tariff Measures），是指除关税以外，一切旨在为商品的进出口设置屏障或关卡，控制或限制商品进出口的各种贸易措施，其中包括法律上和行政上的措施。

值得指出的是，非关税措施是当前国际贸易领域中越来越多地被世界各国政府普遍和经常采用的，用以限制外国商品进口、保护本国经济和市场的重要手段。这主要是由于通过在原GATT框架内的8轮有关关税减让的多边贸易谈判，各缔约国的关税税率不得不大幅度降低，关税的贸易保护作用事实上受到了很大的制约和限制。自乌拉圭回合贸易谈判后，WTO各成员国关税税率大幅下降。2009年统计数据显示，发达国家普遍降低关税税率40%，其整体工业制成品的加权平均关税税率从6.3%下降到3.8%。发展中国家包括经济转型国家削减关税税率30%。经济转型国家整体平均关税税率从8.6%降为6.0%，农产品的非关税壁垒全部关税化，发达国家承诺削减其约束关税税率的36%，发展中国家削减24%。发达国家在医药、医疗器械、建筑、矿山钻探、机械、农用机械等部门达成了零关税协议；在化学品和纺织品两个部门达成了协调关税协议。在化学品方面按原料、中间体和制成品，分别削减关税税率至0%、5.5%和6.5%；在纺织品方面按纱线、织物和服装，关税税率分别削减为5%、10%和17.5%。因此，正是在关税的贸易保护作用受到了很大限制的情况下，不少国家转而采用各种非关税措施，作为限制外国商品进口、保护本国经济和市场的手段。

（二）非关税措施的种类

实践中各国政府采取的非关税措施的种类很多。目前，WTO框架内允许成员方所采取的以及在当前国际贸易实践中成员方经常采用的非关税措施主要包括：进出口配额措施、进出口许可证措施、产品技术标准及商品检验措施、反倾销措施、反补贴措施、保障措施以及外汇管理措施等。

1. 进出口配额措施（Import and Export Quotas）

进出口配额措施是一国政府在一定时期内，对某种商品的进出口的数量或金额事先规定一个限额，在规定的限额内可以进出口，超过限额部分则不准进出口，或者对超过限额部分征收较高的关税或罚款后才准许进出口的一种措施。

进口配额制有两种配额方式：关税配额和绝对配额。前者是指一国事先规定了一定时期内某一商品的进口配额，在规定的配额内对进口商品给予关税减免待遇，对超出配额的进口商品征收较高的关税、附加税或罚款。它是一种将进口配额与征收关税相结合的，对进口商品加以限制的措施。后者是指一定时期内对某一商品的进口数量或金额规定一个最高数额，达到这个最高数额后便不得再进口。

出口配额制是指各国从本国国家安全、外交政策以及国内经济发展的需要出发，为管理和限制本国某些商品的出口所采取的一定措施，是由政府有关部门规定某些商品的最大出口限额，当出口达到规定的限额之后，则完全禁止再出口的制度，例如，对重要的战略物资、现代的军事技术、国内市场供应的短缺物资以及国家文物、古董等商品实施限制出口或禁止出口。有时，各国政府出于履行国际协议的需要，也会自动暂时采取适当的出口配额措施。例如，2005年年初，由于受欧美纺织品贸易摩擦的影响，我国开始对出口的纺织品重新实施出口配额措施，商务部确定了输欧盟十类纺织品2005年度全国各经营者第一次分配可申请数量以及第一次分配方案。

2. 进出口许可证措施（Import and Export Permit/License）

进出口许可证措施是一国政府规定的对某些商品的进出口必须领取政府颁发的许可证之后方可进口或出口的措施。

进口许可证措施是指一国政府为控制进口贸易，规定某些商品的进口必须事先得到本国政府的进口批准许可，在获取许可证之后才能凭许可证进口该商品的措施。实践中进口许可证可分为两种：一种为定额进口许可证；另一种为无定额进口许可证。

出口许可证措施是某些国家对本国国内生产需要的原材料、国内供应不足的商品，规定出口商必须向政府有关部门申领出口许可证才能出口的措施。政府通过出口许可证措施可以控制出口商品的数量和价格。

进出口许可证又分为自动许可证与非自动许可证。自动许可证是指进出口商不需要就逐笔交易进行申请并获得批准，即可自由从事进出口。实行自动许可证的目的在于向海关提供统计数据并起到一定的监督作用。适用自动许可证的通常是一些需求广泛、无数量或国别限制的商品。非自动许可证也称特别许可证，要求进出口商对每一笔交易都经主管部门审查、批准，获得政府许可证之后才可以从事相关商品的进出口。通常，对于重要的战略物资、高精尖的技术产品，或者有国别、地区限制或数量限制的商品，各国政府实施非自动许可证措施。

3. 外汇管理措施（Control Measure over Foreign Currencies）

外汇管理措施是指一国政府利用限制性措施对本国外汇的买卖和国际结算实行不同程度的管理和控制。一国实行外汇管理措施的目的主要是保持本国国际收支平衡，维持本国货币汇率的稳定。同时，外汇管理措施也是各国政府实行奖出限入对外贸易政策的重要措施之一。一国既可以通过对进口外汇的管理达到限制进口的目的，也可以通过对出口外汇实施优惠措施达到鼓励出口的目的，如规定一些优惠的出口结汇方法或者对某一商品的出口给予外汇补助。

外汇管理的内容主要表现为对进出口贸易项下外汇的管理及有关汇率的管理。在发达国家，贸易项下的外汇收支已实现自由化，但在大多数发展中国家，由于种种原因，尚都维持不同程度的外汇管理制度。汇率是一国货币与另一国货币的兑换比率，汇率的变动直接影响进出口货物的价格，影响一国货物在国际市场上的竞争力。因此，对汇率的管理是一国对外贸易管理的重要内容。

4. 商品检验检疫措施以及产品技术标准（Inspection and Quarantine）

各国政府之所以制定对进口商品的技术检验检疫标准及商品检验标准，并对进出口商品进行检验检疫，其目的在于：（1）保证商品质量符合贸易合同的规定；（2）保证人类和动植物的生命和健康，保护环境，保护公共利益和国家安全。这应该说是合理的、必要的。但是，当前一个值得注意的发展趋势是，国际贸易领域中由于国际竞争日益激烈，复杂的产品技术标准及商品检验制度日益成为各国政府普遍使用的旨在保护本国经济和市场的非关税措施之一，技术性贸易措施已成为当今国际规则中最活跃的因素之一，引起了 WTO 各成员高度关注。有些政府往往从保护本国经济安全和市场出发，为了达到控制或限制外国商品进口的目的而对进口商品规定过于严格或超出正常水平甚至是苛刻的技术标准、卫生标准和检验标准，使外国进口商品因难以满足这些苛刻的标准而被拒之门外。近年来，各国设置的技术壁垒、绿色壁垒日益增多。从技术壁垒、绿色壁垒的发展趋势看，已经从针对产品本身的性能、质量标准发展到针对产品生产、包装、运输的全过程。随着我国优势商品的出口潜力得到进一步发挥，可能会引致其他国家更为强烈的抵制，并且它们会更多地采取技术性贸易壁垒的方式，这一趋势值得我们密切关注。绿色贸易壁垒对我国的影响是巨大的。作为最大的发展中国家，我国出口贸易的相当部分是初级低附加值产品，主要出口国家是美国、欧盟、日本。这些国家在绿色贸易壁垒方面制定了苛刻条件，影响涉及我国出口产品本身及出口贸易的各个环节，农产品出口、食品出口、机电产品出口、服务贸易、生态标志和包装都不同程度地受其制约。

近年来，我国有相当数量的传统优势产品频遭技术性贸易措施，使出口受阻，严重影响了我国对外经济贸易的健康发展，甚至影响到国家的经济安全。据不完全统计，我国大约有31.4%的出口企业遭受了国外技术性贸易措施的影响，企业因为国外技术性贸易措施而新增加的成本达到几百亿美元；国外技术性贸易措施造成的直接损失总额则达数千亿美元。随着中国在全球贸易市场份额的增加，在今后相当长的时间，技术性贸易措施对企业的负面影响将有可能进一步凸显。

5. 反倾销措施（Anti-dumping Measures）

反倾销，是指国际贸易中进口国为了保护本国相同产业的利益免受损害，为了有效遏制出口商向进口国倾销其商品的行为，针对出口商的倾销产品而采取的措施。一般情况下，反倾销措施多以针对倾销产品征收反倾销税为手段，这样可以大大降低倾销产品在进口国国内市场的竞争力，以达到保护进口国本国相同产业的目的。

反倾销措施是WTO赋予各成员方在满足一定条件下用以保护本国工业、调整本国与其他成员方之间的竞争关系的合法贸易救济手段。反倾销的目的就是要抵消倾销商品对进口国国内相同产业造成的损害，保持各成员方之间的公平竞争贸易关系，从而促进国际贸易的正常、健康和平衡的发展。实践中，各进口国所采取的反倾销措施主要有：临时反倾销税、价格承诺、征收终裁反倾销税。

但是应该强调的是，由于反倾销措施从其诞生以来就具有保护性质，所以它具有明显的双重性。反倾销措施如果运用得当，可以有效消除倾销商品对进口国国内产业造成的损害，从而维护和保障国际贸易领域的公平竞争；如果运用不当甚至被滥用，则会事实上在国际贸易中形成新的非关税壁垒，产生进口国排斥进口产品、限制进口的效果，成为贸易保护主义的工具，这会给国际贸易造成不合理的障碍。正因为如此，WTO反倾销协议明确反对各成员方将反倾销措施作为贸易保护主义的工具，反对各成员方通过滥用反倾销措施而形成国际贸易中新的贸易壁垒，给国际贸易造成不合理的障碍。

6. 反补贴措施（Countervailing Measures）

反补贴是进口国采取的，针对来自他国的接受补贴的产品进口造成国内产业损害的应对性措施，目的是抵消补贴所带来的不利影响，消除不公平竞争。通常，反补贴措施是针对接受补贴的进口商品征收反补贴税。

目前世界各国纷纷制定反补贴的法律，对外国政府的补贴行为采取必要的限制，避免和消除补贴对本国工业的侵害。但应当指出的是，并非所有的补贴都是被反对和禁止的。各国反补贴立法和措施并不是反对和禁止一切补贴，各国反补贴立法和措施以及WTO反补贴协议要求限制和禁止的补贴是指对生产者和销售者的补贴，一般表现为出口补贴。反补贴的措施主要是针对接受出口国政府补贴的进口商品征收反补贴税。

7. 保障措施（Safeguard Measures）

保障措施是WTO授权各成员方在一定条件下可以采取的，旨在保护和调整本国产业，避免大量进口对本国产业和市场产生不良冲击的贸易救济措施之一。对保障措施，英文中有一个很形象的表达，称保障措施为“escape clause”。可以说，保障措施是情势变迁原则在国际贸易领域中的具体运用和体现。它是在国际贸易中，在公平的贸易状态下，进口国政府针对那些始料未及的，正在大量进口的，并且确实严重危害本国产业的进口商品所采取的一种临时限制进口的手段。实践中，各进口国所采取的保障措施主要有数量限制和提高进口关税，其目的是削弱外国进口产品在本国市场上的竞争力，进而使本国相同产业免受外国产品的有害冲击。

但是，与反倾销措施一样，保障措施的运用不当或滥用同样会形成新的贸易壁垒，成为贸易保护主义的工具。因此，为了防止各成员方对保障措施的滥用，建立对保障措施实施的多边控制，乌拉圭回合谈判在各成员方之间达成了保障措施协议，以统一和规范各成员方实施保障措施的条件和原则。

除以上非关税措施外，为了鼓励本国商品的出口，一国政府还可以采取各种奖励出口的措施。实践中，各国奖励出口的主要措施包括：出口补贴、出口信贷等。出口补贴是指一国政府专门就出口产品给予出口生产企业的一种鼓励性补贴，其目的是提高本国产品在国际市场上的竞争力，扩大出口效益。出口补贴的形式很多，如对为生产出口商品而进口的原材料实行减免税或出口退税，或就某一出口商品直接给出口商以现金补助等。出口信贷是一国政府鼓励本国商品出口的另一重要措施。出口信贷主要是由国家的银行向本国的出口商或本国商品的进口商提供贷款，从而达到促进和带动本国产品出口的目的。

第二节 我国政府对外贸易的规制和管理

一、我国有关对外贸易管理的立法

我国对外贸易管理是指我国政府通过制定法律、法规，对货物进出口、技术进出口和国际服务贸易往来进行管理和控制的行为。为适应我国改革开放的要求，促进对外贸易的发展，维护正常的对外贸易秩序，我国于1994年5月颁布《中华人民共和国对外贸易法》，该法于1994年7月1日起正式实施。2004年4月6日，为了适应我国“入世”的需要和解决我国对外贸易实践中出现的一些新问题，第十届全国人民代表大会常务委员会第八次会议对我国《对外贸易法》进行了修订，修订后的法律自2004年7月1日起施行。修订后的《对外贸易法》共11章70条，它确立了我国对外贸易的基本制度和总的原则，同时对我国对外贸易经营者、货物进出口与技术进出口、国际服务贸易、与对外贸易有关的知识产权保护、对外贸易秩序、对外贸易调查、对外贸易救济、对外贸易促进以及违反贸易法的法律责任都作出了较为具体的规定。应该说，《对外贸易法》是我国政府对我国的对外贸易实施管理的基本法和重要的法律依据。此外，我国还先后制定和颁布了一系列有关对外贸易的法律、法规对我国的进出口贸易实行管理和规制，其中主要有：《中华人民共和国海关法》，1987年1月22日通过，2000年7月8日第一次修订，2013年6月29日第二次修订；《中华人民共和国货物进出口管理条例》，2001年12月10日颁布，2002年1月1日起施行；《中华人民共和国技术进出口管理条例》，2001年12月10日颁布，2002年1月1日起施行；《中华人民共和国进出口关税条例》，2003年11月23日颁布，2004年1月1日起施行；《中华人民共和国进出口商品检验法》，1989年2月颁布，

2002年4月修订，2002年10月1日起施行；《中华人民共和国进出口商品检验法实施条例》，2005年8月31日颁布，2005年12月1日起施行；《中华人民共和国进出境动植物检疫法》，1991年10月30日公布，1992年4月1日起施行；《中华人民共和国外汇管理条例》，1996年1月29日颁布，1997年1月14日修正，2008年8月5日再次修正；《出口商品配额管理办法》，2001年12月20日颁布，2002年1月1日起施行；《出口商品配额招标办法》，2001年12月20日颁布，2002年1月1日起施行；《货物出口许可证管理办法》，2008年6月7日颁布，2008年7月1日起施行。

（一）2004年我国对《对外贸易法》的重大修改

总体上讲，《对外贸易法》的修改主要包括三方面的内容：对原《对外贸易法》中与我国“入世”时所作的承诺和WTO协议不相符的内容进行了修改；对我国享受WTO成员方权利的实施机制和程序作了新的规定；根据我国《对外贸易法》实施以来出现的新情况和促进对外贸易健康发展的需要，对现行《对外贸易法》作出修改。

1. 自然人可以从事外贸经营活动

修改前的《对外贸易法》规定，我国的自然人不具有对外贸易经营者的主体资格，是不能从事外贸经济活动的。但是，根据我国加入WTO时的承诺，在贸易权方面应给予所有外国个人和企业不低于在我国的企业的待遇。如果允许外国的个人在我国做外贸，我国的个人也应当能够从事对外贸易经营活动，特别是在技术贸易、服务贸易、边贸活动中，事实上我国个人从事对外贸易活动已经大量存在。《对外贸易法》作为外贸领域的基本法，应该允许我国的自然人从事对外贸易经营活动。因此，修改后的《对外贸易法》规定：对外贸易经营者，是指依法办理工商登记或其他执业手续，依照本法和其他有关法律、行政法规的规定从事对外贸易经营活动的法人、其他组织或者个人。

2. 准许货物和技术的自由进出口

根据我国加入WTO议定书中的承诺，我国应在加入WTO后三年内取消对外贸经营权的审批，开放货物贸易和技术贸易的外贸经营权。而原《对外贸易法》规定，我国企业从事对外贸易经营必须经国务院对外贸易主管部门批准。显然这一规定不符合我国“入世”时的承诺，因此修订后的法律规定，国家准许货物和技术的自由进出口，但是，法律、行政法规另有规定的除外。从事货物进出口和技术进出口的对外贸易经营者应该向国务院对外贸易主管部门或其委托的机构办理合同备案登记。也就是说，我国在对外贸易经营权方面从原来的严格管理审批制度改为登记制度，并且扩大适用到个人。应该说，这是我国对外贸易立法与实践的重大改革和进步。

3. 进一步加强了与对外贸易有关的知识产权的保护

《知识产权协定》是WTO框架内成员方之间达成的重要的协议之一，它既规定了WTO各成员方应当承担的成员方义务，同时其规则也是各成员方可以用来保护国家经济利益的重要手段。为此，修订后的《对外贸易法》特别增加了“与对外贸易有关的知识产权保护”一章，规定：进出口货物侵犯知识产权，并危害对外贸易秩序的，国务院对外贸易主管部门可以采取在一定期限内禁止侵权人生产、销售的有关货物进口等措施。这将有效防止侵权产品的进口和促进我国知识产权在国外的保护。

4. 进一步完善我国的对外贸易救济制度

根据WTO相关协议的规定，新修订的《对外贸易法》进一步完善了我国的对外贸易救济制度，明确规定我国可以根据贸易调查结果，采取适当的对外贸易救济措施。除了对实施反倾销措施、反补贴措施和保障措施作了进一步具体规定之外，还对第三国倾销时的救济措施、对外贸易的双边和多边磋商、谈判及争议的解决等问题首次作出了明确规定。

5. 进一步加大了对违法行为的处罚力度

修订前的《对外贸易法》有关法律责任方面的规定只有4条，规定得过于原则，同时处罚主要限于撤销对外贸易经营许可的行政手段，处罚的手段和力度都不够。针对我国对外贸易实践中违法行为法律关系比较复杂的特点，修订后的《对外贸易法》对涉及海关管理、税收征管、行政法规规定的违法行为，从法律责任上与有关法律和行政法规进行了衔接。根据修改后的《对外贸易法》的规定，我国将通过罚款、从业禁止、行政处罚甚至刑事处罚等多种手段，加大对对外贸易中违法行为的处罚力度。这将有效遏制对外贸易实践中的违法行为。

（二）我国对外贸易的基本原则

1. 实行统一的对外贸易制度

《对外贸易法》第4条明确规定，国家实行统一的对外贸易制度，即由国家统一制定对外贸易法律、法规、政策，采取统一的管理措施，对全国的对外贸易进行宏观指导和调控。实行统一的对外贸易制度有利于从整体上维护我国在对外贸易当中的利益，有利于保证我国对外贸易事业的健康发展。

2. 维护公平、自由的对外贸易秩序

公平的对外贸易秩序，是指国家应在法律上为中外经营者提供公平、自由的竞争环境，同时要求中外经营者依法经营、公平竞争，不得为任何法律所禁止的行为。《对外贸易法》第六章对我国对外贸易秩序作了专门的规定。在对外贸易经营活动中，不得违反有关反垄断的法律、行政法规的规定实施垄断行为。凡在对外贸易经营活动中实施垄断行为，危害市场公平竞争的，依照有关反垄断的法律、行政法规的规定处理。危害对外贸易秩序的，国务院对外贸易主管部门可以采取必要的措施消除危害。同时，还规定在对外贸易活动中禁止有下列行为：（1）伪造、变造进出口货物原产地标记，伪造、变造或者买卖进出口货物原产地证书、进出口许可证、进出口配额证明或者其他进出口证明文件；（2）骗取出口退税；（3）走私；（4）逃避法律、行政法规规定的认证、检验、检疫；（5）违反法律、行政法规规定的其他行为。

3. 坚持平等互利、互惠对等原则

平等互利、互惠对等一向是我国在开展对外经济贸易中所坚持的基本原则。《对外贸易法》又重申了这一基本原则，规定：根据平等互利的原则，促进和发展同其他国家和地区的贸易关系，缔结或者参加关税同盟协定、自由贸易区协定等区域经济贸易协定，参加区域经济组织。我国在对外贸易方面根据所缔结或者参加的国际条约、协定，给予其他缔约方、参加方最惠国待遇、国民待遇等，或者根据互惠、对等原则给予对方最惠国待遇、国民待遇等。任何国家或者地区在贸易方面对我国采取歧视性的禁止、限制或者其他类似措施的，我国可以根据实际情况对该国家或者该地区采取相应的措施。

（三）我国对外贸易的限制性规定

1. 货物和技术进出口

根据我国《对外贸易法》，国家准许货物和技术的自由进出口，但是，法律、行政法规另有规定的除外。也就是说，我国在坚持准许货物和技术自由进出口的总的原则之下，国家有权依据法律、法规的规定，采取措施，对货物和技术的进出口贸易实行限制和调整。国家基于下列原因，可以限制或者禁止有关货物、技术的进口或出口：（1）为维护国家安全、社会公共利益或者公共道德，需要限制或者禁止进口或者出口的；（2）为保护人的健康或者安全，保护动物、植物的生命或者健康，保护环境，需要限制或者禁止进口或者出口的；（3）为实施与黄金或者白银进出口有关的措施，需要限制或者禁止进口或者出口的；（4）国内供应短缺或者为有效保护可能用竭的自然资源，需要限制或者禁止出口的；（5）输往国家或者地区的市场容量有限，需要限制出口的；（6）出口经营秩序出现严重混乱，需要限制出口的；（7）为建立或者加快建立国内特定产业，需要限制进口的；（8）对任何形式的农业、牧业、渔业产品有必要限制进口的；（9）为保障国家国际金融地位和国际收支平衡，需要限制进口的；（10）依照法律、行政法规的规定，其他需要限制或者禁止进口或者出口的；（11）根据我国缔结或者参加的国际条约、协定的规定，其他需要限制或者禁止进口或者出口的。

我国对限制进口或者出口的货物，实行配额、许可证等方式管理；对限制进口或者出口的技术，实行许可证管理。实行配额、许可证管理的货物、技术，应当按照国务院规定，经国务院对外贸易主管部门或者经其会同国务院其他有关部门许可，方可进口或者出口。

2. 国际服务贸易

根据《对外贸易法》的规定，我国在国际服务贸易方面根据所缔结或者参加的国际条约、协定中所作的承诺，给予其他缔约方、参加方市场准入和国民待遇。国务院对外贸易主管部门和国务院其他有关部门，依照有关法律、行政法规的规定，对国际服务贸易进行管理。国家基于下列原因，可以限制或者禁止有关的国际服务贸易：（1）为维护国家安全、社会公共利益或者公共道德，需要限制或者禁止的；（2）为保护人的健康或者安全，保护动物、植物的生命或者健康，保护环境，需要限制或者禁止的；（3）为建立或者加快建立国内特定服务产业，需要限制的；（4）为保障国家外汇收支平衡，需要限制的；（5）依照法律、行政法规的规定，其他需要限制或者禁止的；（6）根据我国缔结或者参加的国际条约、协定的规定，其他需要限制或者禁止的。

二、我国对外贸易管理的具体制度和措施

（一）海关关税制度

海关是国家的进出关境监督管理机关，海关的重要职责之一就是依照国家公布的进出口关税税则，对进出口货物征收关税。我国早在1987年即颁布了《中华人民共和国海关法》。之后，为了适应“入世”的需要，我国于2000年7月8日对《中华人民共和国海关法》进行了第一次修正；2013年6月29日第十二届全国人民代表大会常务委员会第三次会议通过的《关于修改〈中华人民共和国文物保护法〉等十二部法律的决定》对该法进行了第二次修订。

2003 年 11 月，国务院重新制定并颁布了《中华人民共和国进出口关税条例》，该条例于 2004 年 1 月 1 日起正式实施，原 1992 年修改的《进出口关税条例》同时废止。我国《海关法》和《进出口关税条例》，是我国实行关税制度的主要法律依据。

《海关法》规定：中华人民共和国海关是国家的进出关境（以下简称进出境）监督管理机关。海关依照有关法律、行政法规，监管进出境的运输工具、货物、行李物品、邮递物品和其他物品，征收关税和其他税、费，查缉走私，并编制海关统计和办理其他海关业务。国务院设立海关总署，统一管理全国海关。国家在对外开放的口岸和海关监管业务集中的地点设立海关。海关的隶属关系，不受行政区划的限制。海关依法独立行使职权，向海关总署负责。同时，该法对进出境运输工具、进出境货物、进出境物品、关税、海关事务担保、执法监督、法律责任等方面都作出了明确规定。

《进出口关税条例》具体规定了我国关税制度的基本原则、进出口关税税率的设置和适用、进出口货物完税价格的确定、进出口货物关税的征收、进境物品进口税的征收。条例规定由国务院制定《中华人民共和国进出口税则》和《中华人民共和国进境物品进口税税率表》，规定关税的税目、税则号列和税率。《进出口税则》和《进境物品进口税税率表》是《进出口关税条例》的组成部分。国务院设立关税税则委员会，负责《进出口税则》和《进境物品进口税税率表》的税目、税则号列和税率的调整和解释，并报国务院批准后执行；决定实行暂定税率的货物、税率和期限；决定关税配额税率；决定征收反倾销税、反补贴税、保障措施关税、报复性关税以及决定实施其他关税措施；决定特殊情况下税率的适用，以及履行国务院规定的其他职责。

《进出口税则商品及品目注释》（以下简称《税则注释》）是商品归类的法律依据之一。我国是《商品名称及编码协调制度公约》（以下简称《公约》）的缔约方，按照《公约》的规定，中国海关根据世界海关组织编制的 2012 年版《商品名称及编码协调制度注释》，编制了我国 2012 年版《税则注释》，并已于 2012 年 1 月 1 日起执行。此后，世界海关组织对 2012 年版《商品名称及编码协调制度注释》进行了部分修订。中国海关根据世界海关组织已发布的修订内容，同步调整了我国 2012 年版《税则注释》，新的《税则注释》自 2015 年 4 月 1 日起执行。

我国制定关税税率的基本原则是：(1) 对进口国家建设和人民生活所必需的，而国内不能生产或不能满足供应的某些商品给予免税或低税；(2) 原材料的进口税率一般低于半成品、制成品的税率；(3) 对国内不能生产的机械设备和仪器、仪表的零件、部件，其税率应比整机为低；(4) 对国内已能生产或非国计民生所必需的物品，应制定较高的税率；(5) 对国内已能生产供应，但须保护的商品，应制定更高的税率；(6) 为实行鼓励出口政策，对一般出口商品不征收出口关税；只对国内外差价大、在国际市场上容量有限而竞争性强的商品，以及需要限制出口的少数原材料、半成品，可适当征收出口税。

我国在“入世”前后在降低关税方面作出了很大的努力。“入世”前，我国曾分别于 1992 年、1996 年和 1997 年三次降低我国进口关税的税率，涉及三千多个税目的商品。“入世”后，中国政府始终以认真负责的态度，克服重重困难，全面履行“入世”承诺，大幅降低进口关税，取消非关税措施。2003 年，中国农产品的关税税率已降到 16.8%，大大低于世界平均水平。工业品关税税率已降至 10.3%。在信息技术产品方面，中国加入了《信息技术协定》，将协定所涵盖的技术产品的关税在 2005 年全部降至零。

降低关税有利于我国对外贸易的进一步发展，有利于国内必需的原材料的进口和先进技术的引进。但也应当认识到，我国目前仍是一个发展中国家，降低关税水平必须与我国作为发展中国家的地位相适应。在我国目前的经济技术发展水平条件下，仍有必要采用关税措施对我国的市场和产业给予适度的保护。

（二）进出口许可证制度

进出口许可证制度是我国对外贸易管理的重要措施之一，是我国政府为加强对外贸易管理，对进出口货物和技术实行颁发许可证的措施，以实现我国对对外贸易管理、监督的制度。许可证措施是国家对限制进出口的货物和技术实施管理的重要手段。根据我国《对外贸易法》的规定，进出口许可分为自动许可和非自动许可。国务院对外贸易主管部门基于监测进出口情况的需要，可以对部分自由进出口的货物实行进出口自动许可并公布其目录。实行自动许可的进出口货物，收货人、发货人在办理海关报关手续前提出自动许可申请的，国务院对外贸易主管部门或者其委托的机构应当予以许可；未办理自动许可手续的，海关不予放行。我国对限制进出口的货物和技术均实行许可证管理。国务院对外贸易主管部门会同国务院其他有关部门，依照《对外贸易法》的规定，制定、调整并公布限制或者禁止进出口的货物、技术目录。凡实行进出口许可证管理的限制进口或出口的货物和技术，应当按照国务院规定，经国务院对外贸易主管部门或者经其会同国务院其他有关部门许可，方可进口或者出口。

（三）进出口配额制度

为规范出口商品配额管理，保证出口商品配额管理工作符合效益、公正、公开和透明的原则，维护配额管理商品的正常出口，根据《对外贸易法》和《货物进出口管理条例》的有关规定，我国于2001年12月20日颁布了《出口商品配额管理办法》，并自2002年1月1日起正式实施。《出口商品配额管理办法》对我国进出口配额的总体原则，出口配额商品目录，出口配额总量，出口配额的申请，出口配额的分配、调整和管理，法律责任都作出了明确规定，同时办法后面还附有附件，规定了不适用《出口商品配额管理办法》的出口配额管理商品。

根据上述办法的规定，由我国对外贸易主管部门负责全国出口商品配额管理工作。各省、自治区、直辖市及计划单列市根据外经贸部的授权，负责本地区出口商品配额管理工作。我国对部分国家限制出口的商品实行出口配额管理。实行配额管理的出口商品目录，由对外贸易主管部门制定、调整并公布。出口商品配额总量，由外经贸部确定并公布。实行配额管理的出口商品目录，应当至少在实施前21天公布；在紧急情况下，应当不迟于实施之日公布。出口商品配额有效期截止到当年12月31日。下一年度出口配额总量应当于每年10月31日前公布。外贸主管部门可以根据实际需要对本年度出口商品配额总量作出调整，但有关调整应当不晚于当年9月30日完成并公布。在确定出口商品配额总量时，应当考虑以下因素：（1）保障国家经济安全的需要；（2）保护国内有限资源的需要；（3）国家对有关产业的发展规划、目标和政策；（4）国际、国内市场的需求及产销状况。

（四）进出口商品检验制度

进出口商品检验制度是指我国商检机构依据我国有关法律规定，对我国进出口商品的质量、规格、数量、重量和包装进行检验的一项制度。对进出口商品实行商品检验，也是我国对外贸易管理的主要措施之一，其目的在于保证进出口商品的质量，维护对外贸易有关当事各方的合法权益，促进对外经济贸易关系的顺利发展。

我国于1989年颁布《进出口商品检验法》，2002年4月对该法进行了修订，修订后的《进出口商品检验法》自2002年10月1日起施行。2005年8月颁布了新的《进出口商品检验法实施条例》，该条例自2005年12月1日起施行。原1992年颁布的《进出口商品检验实施条例》同时废止。《进出口商品检验法》、《进出口商品检验法实施条例》是我国实施商品检验制度的主要法律依据。上述法律和条例对我国进出口商品检验制度的总原则，进出口商品的检验、监督管理和法律责任作了详细规定。根据其规定，国务院设立国家质量监督检验检疫总局（以下简称国家质检总局），主管全国进出口商品检验工作。商检机构和经国家商检部门许可的检验机构，依法对进出口商品实施检验。国家质检总局设在各地的出入境检验检疫局及其分支机构，管理所负责地区的进出口商品检验工作。进出口商品检验应当根据保护人类健康和安全、保护动物或者植物的生命和健康、保护环境、防止欺诈行为、维护国家安全的原则，由国家质检总局制定、调整必须实施检验的进出口商品目录并公布实施。凡被列入目录的进出口商品，由商检机构实施检验。未经检验的，不准销售、使用；出口商品未经检验合格的，不准出口。

我国进出口商品检验分为法定检验和非法定检验。出入境检验检疫机构对列入国家质检总局制定的必须实施检验的进出口商品目录的进出口商品以及法律、行政法规规定须经出入境检验检疫机构检验的其他进出口商品实施检验（即法定检验）。出入境检验检疫机构对法定检验以外的进出口商品，根据国家规定实施抽查检验（即非法定检验）。

（五）外汇管理制度

考虑到我国目前经济发展的水平，为了保持我国国际收支平衡，促进国民经济健康发展，我国目前实行外汇管理措施。1996年1月29日国务院发布《中华人民共和国外汇管理条例》（国务院令第193号），该条例于1997年1月14日第一次修正，于2008年8月5日再次修正。该法对我国外汇管理的总则、经常项目外汇、资本项目外汇、金融机构外汇业务、人民币汇率和外汇市场以及法律责任都作了明确规定。

根据有关规定，国务院外汇管理部门及其分支机构依法履行外汇管理职责，负责条例的实施。国家对经常性国际支付和转移不予限制。国家实行国际收支统计申报制度。凡有国际收支活动的单位和个人，必须进行国际收支统计申报。在中华人民共和国境内，禁止外币流通，并不得以外币计价结算，但国家另有规定的除外。

“经常项目”是指国际收支中经常发生的交易项目，包括贸易收支、劳务收支、单方面转移等。对于经常项目外汇，境内机构的经常项目外汇收入必须调回境内，不得违反国家有关规定将外汇擅自存放在境外。境内机构的经常项目外汇收入，应当按照国务院关于结汇、售汇及付汇管理的规定卖给外汇指定银行，或者经批准在外汇指定银行开立外汇账户。境内机构的经常项目用汇，应当按照国务院关于结汇、售汇及付汇管理的规定，持有效凭证和商业单据向外汇指定银行购汇支付。境内机构的出口收汇和进口付汇，应当按照国家关于出口收汇核销管理和进口付汇核销管理的规定办理核销手续。

“资本项目”是指国际收支中因资本输出和输入而产生的资产与负债的增减项目，包括直接投资、各类贷款、证券投资等。对于资本项目外汇，条例规定：境内机构的资本项目外汇收入，除国务院另有规定外，应当调回境内。境内机构的资本项目外汇收入，应当按照国家有关规定在外汇指定银行开立外汇账户；卖给外汇指定银行的，须经外汇管理机关批准。境内机构向境外投资，在向审批主管部门申请前，由外汇管理机关审查其外汇资金来源；经批准后，按照国务院关于境外投资外汇管理的规定办理有关资金汇出手续。借用国外贷款，由国务院确定的政府部门、国务院外汇管理部门批准的金融机构和企业按照国家有关规定办理。外商投资企业借用国外贷款，应当报外汇管理机关备案。

在人民币汇率和外汇市场方面，条例规定：人民币汇率实行以市场供求为基础的、有管理的浮动汇率制度。由中国人民银行根据银行间外汇市场形成的价格，公布人民币对主要外币的汇率。外汇市场交易的币种和形式由国务院外汇管理部门规定和调整。国务院外汇管理部门依法监督管理全国的外汇市场。国务院外汇管理部门根据外汇市场的变化和货币政策的要求，依法对外汇市场进行调节。

为进一步深化外汇管理体制改革，更好地满足和便利外商投资企业经营与资金运作需要，国家外汇管理局于2015年3月30日发布《关于改革外商投资企业外汇资本金结汇管理方式的通知》，《通知》自2015年6月1日起实施。《通知》的主要内容包括：一是外商投资企业外汇资本金实行意愿结汇管理，企业可自由选择资本金结汇时机。二是明确外商投资企业资本金及其结汇资金的使用应符合外汇管理相关规定，对资本金使用实施负面清单管理。三是便利外商投资企业以结汇所得人民币资金开展境内股权投资。四是进一步规范结汇资金的支付管理，明确银行按照展业三原则承担真实性审核义务。五是明确和简化其他直接投资项下外汇账户资金结汇及使用管理。六是外汇局加强事中、事后管理，进一步强化事后监管与违规查处。

第三节　WTO多边贸易规则对成员方政府对外贸易管理的制约

1995年世界贸易组织（World Trade Organization，WTO）的建立开创了全球经济合作的新纪元，反映了各国为其人民的利益和幸福而在更加公平和开放的多边贸易体制中运作的普遍愿望。为了能够增强世界经济，并实现在世界范围内促进贸易和投资的自由化、增加就业和收入、逐步实现更加开发的贸易环境，各成员方决心通过制定一套更有利、更明确的多边贸易法律规制和纪律，抵制各种贸易保护主义的压力，努力在贸易、货币和金融领域使全球贸易政策更具一致性。在WTO协议中，各缔约方明确表示，期望通过贸易谈判达成互惠互利安排，在成员方之间实质性削减关税和其他贸易壁垒，消除国际贸易关系中的歧视待遇。

应该说，1986年开始的乌拉圭回合谈判在货物贸易方面的成果之一就是把长期以来游离于关税与贸易总协定多边贸易体制之外的非关税措施纳入关税与贸易总协定的多边贸易谈判中来。在乌拉圭回合谈判中，除了关税谈判外，缔约方针对国际贸易实践中各国经常使用的非关税贸易管理措施，就相互削减非关税壁垒达成了一系列的协议，其中包括：《海关估价协议》、《进口许可程序协议》、《技术性贸易壁垒协议》、《实施卫生与植物卫生措施协议》、《反倾销协议》、《反补贴协议》，并根据总协定的原则和纪律加以约束，使之成为关税与贸易总协定以及WTO多边贸易体制的一部分，而且通过要求成员方一揽子接受的方式，进一步加强了多边贸易体制的完整性和统一性。这对推动国际贸易中各国采用国际标准，减少贸易障碍起到了积极作用。

为了保证WTO多边贸易体制和规则的建立，根据WTO协议第2条的规定：协议的附件1、2、3中所涵盖的各项协议及其附属法律文件都是协议的组成部分，对所有成员方均具有约束力。WTO协议同时要求各成员方应该保证使其法律、法规与行政程序均符合协议附件中规定的义务。

一、关税与贸易总协定

签订《关税与贸易总协定》(GATT) 的根本目的就是要在WTO成员方之间通过谈判达成互惠互利的安排，实质性消减关税和其他贸易壁垒，消除国际贸易中的歧视待遇，实现世界资源的充分利用以及扩大货物的生产和交换。在协调成员方之间对外贸易的管理和措施方面，GATT第11条作出了原则规定。根据GATT第11条的规定，成员方应当遵守普遍取消数量限制的原则，任何缔约方不得对任何其他缔约方领土产品的进口或向任何其他缔约方领土出口或销售的供出口的产品设立和维持除关税、国内税或其他费用外的禁止或限制，不论此类禁止或限制是通过配额、进出口许可还是其他措施来加以实施的。也就是说，GATT在贸易领域中所确立的是关税保护原则。但是，第11条同时规定了成员方得以维持的贸易措施：(1) 为了防止或缓解出口缔约方的粮食或其他必需品的严重短缺而临时实施的出口禁止或限制；(2) 为实施国际贸易中的商品归类、分级和销售标准或法规而必须实施的进出口禁止和限制；(3) 为了执行政府有关措施而必要采取的以任何形式进口的农产品和鱼制品的进口限制，例如，为消除同类产品的暂时过剩等。此外，GATT还规定了对普遍取消数量限制原则的一些例外条款，允许成员方在规定的情形下，采取必要限度内的数量限制措施。

二、海关估价协定

一国海关在实行从价征税时，需要对作为征税依据的进出口商申报的价格进行审定，称为海关估价。经审定后确定的价格称为完税价格。各国海关估价时采用不同的标准、程序和方法，这直接影响完税价格确定的客观公正性。特别是实践中由于任意和虚构的完税价格的使用，往往产生极不公平的结果。在WTO框架内制定海关估价协议的目的就是要在成员方之间建立起一个公平、统一和中性的海关对货物估价的制度，保证在关税征收中完税价格确定的公正客观，以有效防止成员方使用任意和虚构的完税价格。协议对海关估价的规则作出了统一规定：各成员方海关对货物估价的依据在最大限度内应该是被估价货物的成交价格；完税价格应该依据商业惯例的简单和公正的标准，而且估价程序应不分供货来源而普遍适用。此外，该协议还对有关协议的管理、磋商和争端解决、特殊和差别待遇都作出了详细的统一规定。

三、进口许可程序协议

进口许可证措施是一国政府为控制进口贸易所常常采取的手段。进口许可在成员方之间的不适当采用，势必会人为地阻碍国际贸易的流动，极易在国与国之间形成非关税贸易壁垒，限制贸易自由。贸易实践中一些国家不适当使用或滥用进口许可，以达到贸易保护的目的。因此，为了防止成员方政府不适当地使用或滥用进口许可并因此产生贸易扭曲，为了保证进口许可的使用方式不违背 GATT1994 的原则和义务，WTO 成员方通过谈判达成了《进口许可程序协议》。协议承认了用于某些目的的自动许可和非自动许可的有用性和合理性，但同时规定自动许可和非自动许可的应用不应以限制贸易为目的。要求成员方对进口许可特别是非自动进口许可，应该以透明和可预测的方式加以实施。进口许可程序规则的实施应保持中性，并以公平、公正的方式实施和管理。协议针对各成员方，对进口许可程序中所应坚持的原则、自动进口许可及其程序、非自动进口许可及其程序作出了统一的规定。

四、实施卫生与植物卫生措施协议

协议首先肯定各成员方有权实施为保护人类、动物或植物的生命或健康所必须采用或实施的卫生和植物卫生措施，以此来保护和改善人类健康和动植物的健康和卫生状况。但协议同时要求成员方应保证任何卫生和植物卫生措施的实施仅在为保护人类、动物或植物的生命或健康所必要的限度内，这些措施的实施不得在情形相同的成员方之间构成任意或不合理的歧视，或者构成对国际贸易的变相限制。为了将卫生和植物卫生措施对贸易的消极影响减小到最低限度，协议制定了统一的规则和多边纪律，以指导 WTO 各成员方的卫生与植物卫生措施的制定、采用和实施。协议对实施卫生与植物卫生措施过程中应该坚持的原则、成员方的权利和义务、成员方之间的有关协调、风险评估和适当的卫生与植物卫生保护水平的确定、措施的适应地区条件、措施的控制、检查和批准程序以及相关的定义解释等，都作出了明确统一规定。

五、反倾销、反补贴和保障措施协议

“两反一保”问题将在以下第四、五、六节中作较为详细的介绍。

第四节　反倾销

一、倾销与反倾销的概念

（一）倾销的概念

研究反倾销法，我们首先要讨论和搞清楚的基本问题就是什么是倾销。倾销，其英文为

dumping，目前各国对于倾销的定义普遍采纳的是GATT1994第6条中对倾销所下的定义。根据GATT1994第6条的规定，倾销是指在正常贸易过程中一国的产品以低于其正常价值的价格进入另一国市场的行为。此外，WTO反倾销协议第2.1条进一步规定：如一产品自一国出口至另一国的出口价格低于在正常贸易过程中出口国供消费的同类产品的可比价格，即以低于正常价值的价格进入另一国商业市场，则视为倾销。我国2001年颁布的《反倾销条例》中第3条对倾销所下的定义是：倾销是指在正常贸易过程中进口产品以低于其正常价值的出口价格进入中华人民共和国市场。可见，倾销的一个突出特点是人为地使同一产品在不同国家市场上的售价不同。这种人为的差价并不是指出口产品的价格低于相同产品在进口国市场上的销售价格，而是指出口产品的价格低于相同产品在出口国市场上的销售价格。只要产品的出口价格低于其正常价值就构成倾销。

然而，特别需要指出的是，目前国内一些著作中对倾销概念的理解和界定仍存在着偏差。不少著作将对国内工业造成的损害、倾销与损害之间的因果关系认为是构成倾销的条件，这是错误的。这里需要强调的是：对国内工业造成的损害以及倾销与损害之间的因果关系并不是构成倾销的条件，而是WTO反倾销协议确立的各成员方采取反倾销措施、征收反倾销税的前提条件。还有些学者将倾销的概念分成所谓“经济上的倾销概念”和所谓“法律上的倾销概念”，这是不妥当的。事实上，这种分类既没有科学根据，也不具有实际意义；这种分类既不符合事实，也不符合WTO反倾销协议中对倾销所作出的统一定义。实际上，倾销是一种差价销售的行为，应该说是一种经济领域中的现象，只是在出口商倾销产品对进口国国内产业造成严重损害的情况下，进口国需要用法律手段对倾销行为进行调整，对国内相同产业施以救济。因此，反倾销才是法律上的概念。

（二）反倾销的概念

反倾销（Anti-dumping），是指国际贸易中，进口国为了保护本国相同产业的利益免受损害，为了有效遏制出口商向进口国倾销其商品，针对出口商的倾销产品而采取的措施。一般情况下，反倾销措施多为针对倾销产品征收反倾销税，这样可以大大降低倾销产品在进口国国内市场的竞争力，抵消损害，以达到保护进口国相同产业的目的。

二、WTO反倾销协议的主要内容

现行WTO反倾销立法的内容包括关税与贸易总协定（GATT1994）第6条和《关于实施1994年关税与贸易总协定第六条的协议》。GATT1994第6条是WTO反倾销协议的纲要，WTO反倾销协议则是具体规定了第6条的实施办法。

WTO反倾销协议的主要内容如下：

（一）征收反倾销税的前提条件

这里需要指出和强调的是，GATT1947和WTO制定统一的多边国际反倾销规则的目的并不是禁止倾销，而是旨在限制和监督各成员方对于反倾销法和反倾销措施的过分使用或者滥用，防止反倾销措施的实施在成员方之间形成新的贸易壁垒，其最终目的是促进国际贸易的健康正常发展。为此目的，GATT1994第6条以及WTO反倾销协议确立了各成员方实施反倾销措施应当遵守的一般原则和统一的条件。WTO反倾销协议第1条就明确规定：各成员方只有在GATT1994第6条所规定的情况下，才可以实施反倾销措施，并且实施反倾销措施应严格根据反倾销协议规定的发起和进行调查的各项规则进行。这里，WTO反倾销协议对各成员方得以实施反倾销措施的基本前提条件作了统一的规定。也就是说，各成员方只有在同时满足WTO反倾销协议规定的这些条件的情况下，才可以实施反倾销措施，否则是不可以滥加实施反倾销措施的。GATT第6条所确立的各国实施反倾销措施的一般原则是：一个进口国家对某种进口产品实施反倾销措施、征收反倾销税时，必须同时具备三个条件：（1）要有倾销的存在，即必须证明进口产品的出口价格低于其正常价值，即倾销的确定；（2）有损害存在，即必须证明产品的倾销对进口国同类产业造成了实质性的损害，即损害的确定；（3）倾销与损害之间必须存在因果关系，即必须证明损害是因进口产品的倾销所致，而非由其他因素所致，即因果关系的确定。

1. 倾销的确定（Determination of Dumping）

确定倾销是否存在，一般分三个步骤：确定产品的正常价值，确定产品的出口价格，以及将产品的正常价值与出口价格相比较。

（1）正常价值（Normal Value）的确定方法

倾销的存在是实施反倾销措施的前提条件，而倾销是否存在则取决于产品的出口价格是否低于其正常价值。这里特别需要澄清和纠正的是，根据WTO反倾销协议的规定，倾销的构成并不需要有损害的存在作为支持。凡是低于正常价值的销售即构成倾销。WTO反倾销协议规定的正常价值的确定方法有三种：

1）出口国国内价格（Domestic Comparable Price in the Exporting Country），即一国向另一国出口的相同产品在出口国国内消费时在正常贸易过程中形成的可比价格。这里，WTO反倾销协议特别强调并要求的是：该国内价格应当是在正常贸易过程中形成的（in the ordinary course of trade）、具有代表性的出口国国内价格，并要求有一定的交易量作支持。也就是说，国内价格如果作为正常价值的话，需要满足以下条件：第一，该价格应当是在正常贸易过程中或方式下形成的，否则就不可以作为产品的正常价值。比如，实践中，关联企业之间的买卖、母子公司之间的买卖或者买卖双方之间存在某种补偿安排的情况下形成的价格，多被认为是在非正常贸易状态下形成的价格而不具有可比性。此种情况下，产品的国内价格是不能作为产品的正常价值而成为比较的基础（bench mark）的。第二，出口国国内价格必须具有代表性，并要求有一定的国内交易量。根据WTO反倾销协议的要求，所谓代表性是指，有关出口产品在出口国国内市场的销售量至少应当占到在进口国境内销售量的5%以上。销售量低于5%的则被认为不具有代表性。但是，如果有证据证明低于5%但仍属于适当比例的足够量，则可接受该较低比例。

在对于来自非市场经济国家（Non-market Economy）的产品的国内销售价格是否可以作为产品的正常价值这一问题上，GATT1994附件1中对第6条的补充规定中的第2条规定：当进口产品来自贸易被完全或实质上完全垄断的国家，且所有国内价格均由国家确定的情况下，（在以国内价格作为正常价值时）可能存在特殊困难，此种情况下成员方可能认为有必要考虑与此类国家的国内价格进行严格比较不一定适当的可能性。这一规定事实上承认了非市场经济国家的国内销售价格不能作为正常价值与其出口价格进行比较。但是，在此种情况下成员方究竟应当采取什么价格作为正常价值，WTO反倾销协议未作出明确规定，仍然是个空白。而该条款的存在，实际上是允许各进口成员方自行决定采取其他方法来确定正常价值。正因为如此，一些国家在针对非市场经济国的反倾销指控中采用了替代国（substitute country）或类比国（analogue country）的做法来确定产品的正常价值。但对于替代国或类比国的选择，WTO反倾销协议又缺乏各成员方共同遵守的统一的选择标准，从而导致各成员方在替代国或类比国选择的问题上的各行其是、为我所用的现状。这种做法事实上对一部分出口成员方来讲是有失公平的。

2）向第三国的出口价格，即相同产品在正常贸易情况下向第三国出口的最高可比价格（the highest comparable price exported to any third country）。也就是说，当某一被指控倾销的产品在出口国国内没有销售，或者该销售是在关联企业之间进行的，或者因其国内销售量很低而不具有代表性，因此不能作为比较的基础时，WTO反倾销协议允许进口国采用出口国向第三国的出口价格作为产品的正常价值。但实践中，要想获取产品向第三国的出口价格，必须第三国予以配合，愿意提供有关价格资料。

3）推定价格（Constructed Value），即对被指控倾销的产品的生产成本加以估算并加上一定幅度的销售费、管理费、其他费用和合理的利润得出的推定价格。当出口国国内销售价格和向第三国出口价格均不符合要求不能作为正常价值而成为比较的基础的情况下，WTO反倾销协议允许成员方采用产品的推定价格作为该产品的正常价值。但是，推定价格的计算事实上是对产品的成本、费用和利润的一种估算，实践中进口国调查当局为了证明倾销的存在而往往有意加高利润的比例，导致较高的正常价值。因此，为了防止各成员方在推定价格的计算上有失公平，特别是为了防止进口国调查当局为了证明倾销的存在而有意加高利润，WTO反倾销协议对推定价格中产品的管理、销售和一般费用以及利润的计算方法作出了进一步统一、具体的规定。WTO反倾销协议第2.2.2条规定：有关产品的管理、销售和一般费用以及利润的金额应当依据被调查的出口商在正常贸易过程中生产和销售同类产品的实际数据。如果此类金额不能在此基础上确定，则该金额可以在下列基础上确定：第一，所涉出口商或生产商在原产国国内市场中生产和销售同一大类产品所产生和实现的金额；第二，被调查的其他出口商或生产商在原产国国内市场中生产和销售同类产品所产生的加权平均实际金额；第三，任何其他合理的方法，但是此基础上所加利润不得超过原产国国内市场上同一大类产品销售时通常实现的正常利润额度。

（2）出口价格的确定（Export Price）

有关产品出口价格的确定，WTO反倾销协议分别规定了几种情况下的确定方法：

1）第一种方法规定的是在一般情况下产品出口价格的确定原则。

在正常贸易的情况下，一国向另一国出口某一产品的实际价格为该产品的出口价格，即指产品的实际出口价格。

2）第二种方法规定的是在特殊情况下出口价格的确定方法。

按照WTO反倾销协议的规定，在特殊情况下，即在没有出口价格，或由于出口商和进口商或第三方之间存在关联关系或某种补偿安排，有关调查当局认为出口价格不是在正常贸易关系中形成的，是不可靠的情况下，确定产品的出口价格的方法为：进口国可依据进口产品在进口国国内首次转售给独立买方的价格来推定出口价格（price first resold to an independent buyer）。具体来讲，实践中，反倾销法上的出口价格一般为出口方开给买方的发票价格。但是当出口商与进口商之间存在某种关联关系时，他们之间的价格将有可能受到产品成本及产品价值以外的其他因素的影响，使发票价格与产品的实际价格相背离，缺乏真实性。又如，在易货贸易中或者在补偿贸易中都可能没有出口价格。那么此种情况下，调查当局则有权依据进口产品在进口国国内首次转售给独立买方的价格来推定出该产品的出口价格。

3）第三种方法规定的是在上述两种方法都不可行的情况下产品出口价格的确定方法。

在实践中，有时进口产品并没有转售给一个独立买方，或当转售时进口产品的状况与进口时已有所不同，例如增加了产品的附加值或产品经再加工后的出售。此种的情况下，WTO 反倾销协议则允许有关调查当局按照其确定的合理基础来推定产品的出口价格。但是，何为“合理基础”，其标准是什么，WTO 反倾销协议并没有回答。因此，这实际上留给各成员方的调查当局很大程度的自由裁量权。实践中各国调查当局也倾向于使用推定的方法来估算出口价格。因而，如何防止各国执法机关滥用这种任意性很大的权力，堵住贸易保护主义插手的缺口，仍然是个有待解决的巨大难题。

(3) 正常价值与出口价格的比较（Comparison between Normal Value and Export Price）

在确定了产品的正常价值和出口价格之后，要将产品的正常价值与产品的出口价格进行比较，才能确定是否存在倾销。当产品的正常价值与出口价格的比较结果表明，产品的出口价格低于其正常价值，即可确定倾销的存在。产品出口价格低于其正常价值的额度为倾销幅度（margin of dumping）。但是，WTO 反倾销协议对倾销的幅度规定了一个最低比例：如果倾销幅度按出口价格计算不足 2%的，应当视为微不足道（deminimus），属于可以忽略不计的倾销。此时，有关调查当局应立即终止调查。因此，只有当倾销幅度高于 2%的情况下，调查当局才可以继续进行调查，采取反倾销措施。

将产品的正常价值与出口价格进行比较，表面上看似简单，但在实际比较的过程中，其复杂程度远远超出其表面。由于调查当局采用的调查和比较方法不同，往往会出现许多问题。实践中，有关进口国调查当局为了作出倾销存在的裁定或加大倾销的幅度，会有意尽量提高产品的正常价值，而尽量压低产品的出口价格。正常价值和出口价格不仅有可能在各自独立计算时的方法和条件上有所区别，而且在将二者进行比较时，二者的贸易水平、贸易条件或者二者的贸易方式和时间以及费用也会不同，从而导致比较有失公平，使倾销存在扭曲事实的结果，或者加大倾销存在的概率。有的进口国调查当局采用加权平均的正常价值与某一具体交易中的实际出口价格进行比较，从而得出较大的倾销幅度；或者将两个贸易层次不相对称的交易的正常价值和出口价格进行比较，比如以 CIF 价格条件成交的正常价值与以 FOB 价格条件成交的出口价格进行比较。正常价值在实践中极易被扭曲，调查当局可以通过将本国国内的最高价格与出口国国内市场最低价格相比，或以不同产品的价格进行比较的方法，抬高产品的正常价值。例如，在一起反倾销案件中，南非在确定美国鸡肉类产品的正常价值时，用整鸡的价格与鸡腿的价格相比较，从而裁定美国出口南非的肉鸡类产品的倾销幅度高达 200%。

因此，为了保证正常价值与出口价格比较结果的公平和公正性，WTO 反倾销协议对正常价值与出口价格进行比较的方法作出了统一、具体的规定。WTO 反倾销协议的有关规定要求各成员方的调查当局在将正常价值与出口价格作比较时，应当遵循以下比较原则：

1）对贸易层次、水平的要求：调查当局比较时应当使两种价格处于相同的贸易水平（at the same level of trade），通常为出厂价格水平（EXW price）。

2）对贸易时间的要求：应尽可能地就两项同时成交的交易进行比较。

3）对于可能影响贸易价格的具体差别因素的必要考虑和调整：调查当局应当根据个案具体情况对产品的销售条件、赋税以及其他可能影响产品价格可比性的差别因素给予适当的考虑。

4）对比较方法的要求：一般情况下可以采取的两种比较方法是：第一，调查阶段的倾销幅度应当在加权平均正常价值（weighted average normal value）与全部可比出口交易的加权平均价格（weighted average export price）进行比较的基础上加以确定；第二，在逐笔交易的基础上将其正常价值与出口价格进行比较而确定。

2. 损害的确定（Determination of Injury）

采取反倾销措施的条件之二是损害的存在。确定了倾销的存在，仅仅满足了WTO反倾销协议规定的各成员方实施反倾销措施的前提条件之一。如果仅有倾销的存在，而没有倾销对进口国相同工业造成的损害，进口国调查当局则不能对进口倾销产品实施反倾销措施。因此，进口国工业遭受损害是实施反倾销措施、征收反倾销税的另一必要前提条件。

（1）关于损害及损害的确定（Injury and Determination of Injury）

根据WTO反倾销协议的规定，所谓对进口国造成的损害应该包括三个方面的损害，只要调查结果表明存在其中任何一种损害，都构成损害条件的成立，而不必同时具有三种损害：

1）倾销对进口国已经建立的同类产品工业造成的实质性损害（Material Injury to an Established Industry）。

WTO反倾销协议对损害作了明确定义并具体规定了确定实质性损害的原则标准。但对实质性损害的程度尚无明确规定，只是规定了在判断倾销产品对进口国已经建立的同类产品工业造成的实质性损害时应当考虑的一些具体因素。比如，调查当局应当考虑倾销产品进口的数量，倾销产品对进口国国内市场上同类产品价格的影响，以及倾销产品进而对进口国同类产品生产商生产的影响，诸如在销售、利润、产量、市场份额等方面的影响。

2）对进口国已经建立的同类产品工业造成实质性损害的威胁（Threatens Material Injury to an Established Industry）。

实质性损害的威胁是指进口国有关工业虽尚未处于已被实质性损害的境地，但有关事实证明将会导致这种结果的发生，例如，倾销产品以极快的增长速度进入进口国市场，出口商近期内可以大量增加生产的能力表明倾销产品将继续大量涌入进口国市场，被调查产品拥有大量库存，等等。对实质性损害威胁的确定应该依据事实，而不是仅仅依据指控、推测的极小的可能性。同时倾销造成损害发生的情形变化必须是能够明显预见和迫近的（Clearly Foreseen and Imminent）。

3）实质性地阻碍了进口国同类产业的建立（Materially Retards the Establishment of a Domestic Industry）。

实质性地阻碍同类产业的建立是指进口国国内相关工业在其实际建立过程中因倾销而受阻，例如，由于倾销产品大量涌入进口国，相同产品在进口国市场上价格下跌，使进口国国内已建立起来的工厂无法开工投产等。但是，需要注意的是，阻碍进口国工业的建立一般不包括阻碍对建立一个新工业的计划或设想的实施。

倾销对进口国造成的损害是WTO反倾销协议要求各成员方实施反倾销措施必须满足的前提条件，如果只有倾销，而没有损害的存在，调查当局应当终止有关调查。没有损害的存在，即便存在倾销，成员方也不可以采取反倾销措施。

（2）关于国内产业（Domestic Industry）

反倾销领域中损害的客体是进口国国内相同产业及其生产商。因此，进口国国内工业范围的大小与损害的确定有着密切关系。在确定损害时由于国内工业范围的大小事实上与损害的程度是成反比的，所以在实践中，一些国家的调查当局为了达到证实损害存在的目的，往往将国内工业的范围界定得很小、很窄。例如，在美国国际贸易法院裁定的日本BP机倾销案中，美国调查当局就曾严格按照物理特性，将数码显示BP机与文字显示BP机认定为不属于同类产品，结果该案中的国内工业仅仅剩下摩托罗拉一家公司。再比如，1983年，美国得克萨斯州仪表公司指控日本NEC公司倾销案中，美国调查当局将国内工业划分得太细，致使该案中调查结果显示，构成受损害的国内工业竟然全是几家日本在美国的公司。这些事例实在是具有讽刺意义，同时也说明了合理划分国内工业的重要性。可见，假如相同产品界定不准确，就不能准确地认定产品增加的事实，国内产业受到损害的程度，以及进口与损害之间的因果关系。

为此，WTO反倾销协议对损害的客体——“国内工业”在反倾销调查过程中的界定作出了明确规定：“国内工业”应该是指生产同类产品的国内生产者的总体，或者其产品的合计总量占国内该同类产品总产量的大多数的国内生产者。但是，如果进口国的生产者与出口商或进口商具有关联关系，或它本身就是被指控产品的进口商，则应当将其排除在国内产业之外。协议进一步明确规定，在下列情况下应当认为进口国的生产者与出口商或进口商具有关联关系：1）它们中的一方直接或间接地控制另一方；2）或它们直接或间接被同一第三者控制；3）或它们直接或间接控制第三者，并且有理由怀疑或相信此种关系的后果是使有关生产者的行为不同于无关联的生产者，如一方在法律上或经营上处于限制或指导另一方的地位。

此外，WTO反倾销协议对特殊情况下如何理解和划分“国内工业”、如何确定损害是否存在的问题作出了进一步的统一规定。协议规定：在特殊情况下，国内产业也可以以一个地区为范围而构成，其构成的条件是该地区事实上已经形成了一个独立的竞争市场。在一成员方境内事实上形成了两个以上相对独立的市场的情况下，如某一市场中的生产者在该市场中出售它们的全部或所有产品，并且该市场的需求在很大程度上不是由位于其他市场内的产品生产者供应，那么每一相对独立市场中的生产者均可被视为该市场内的独立产业，即该独立市场中的“国内工业”。在这种存在多个相对独立的市场的情况下，即便倾销产品并没有对成员方整个境内的国内产业的主要部分造成损害，只要倾销产品对位于该独立市场内的生产者的全部或几乎全部造成了损害，就可以认定损害的存在。比如中国内地、中国香港地区和中国澳门地区之间，并不要求倾销产品一定对整个中国境内的产业造成损害，只要倾销产品对其中某一市场内的相关产业生产商造成损害，比如仅仅对香港地区市场内的生产商造成损害，就可认为有损害事实的存在，从而满足协议规定的损害这一前提条件的要求。

同样，如果两个或两个以上国家已经依据GATT1994第24条第8款的规定达到具有单一统一市场特征的一体化水平，即它们之间已经事实上具有一个单一的统一市场的特点，那么，整个一体化地区内的产业应当被视为该一体化地区境内的国内产业。比如，欧盟各成员方境内的产业应当被整体上视为欧盟经济一体组织境内的国内工业。所谓对国内工业的损害，应当指的是对欧盟境内整体相同产业造成的损害。

事实上，对“相同产品”的界定与对进口国“国内产业”范围的认定有着十分重要关系，因为相同产品范围的大小与国内产业范围的大小往往是成正比的，相同产品的范围界定得越宽，国内产业的范围就有可能越大；反之，如相同产品的范围被界定得越窄，国内产业的范围有可能越小。因此，WTO反倾销协议对相同产品的认定条件也进行了统一的规定：所谓相同产品是指与考虑中的产品在各方面都相同的产品，如果无此种产品，则指那些尽管在各方面并非都相同，但具有与考虑中的产品极为相似的特点的另一种产品。

(3) 判断工业损害的要素

如何合理公正地对国内相同工业遭受的实质性损害作出判断，这是国际反倾销调查过程中另一个关键性问题，它涉及损害要件是否成立的问题。因此，WTO反倾销协议首先要求，实质性损害的确定应以无可辩驳的证据为依据，并要求反倾销调查当局必须对下列三方面的因素均作客观审查：其一，倾销产品的数量及对进口国国内市场同类产品的价格的影响，比如要看倾销产品是否导致进口国国内市场上相同产品的价格的下跌，是否存在大幅削低价格、压低价格，是否在很大程度上抑制了本应发生的价格增加等；其二，进口产品对进口国国内同类产品的生产者的影响，诸如在销售、利润、产量、市场份额等方面的影响；其三，存在产品的大量涌入、进口的急剧增加，其中包括数量的绝对增加和相对增加，这种进口的增加导致进口国国内生产商的市场份额迅速丧失、价格猛跌等，同时还包括对生产商生产后续冲击的程度等。

关于倾销进口产品对国内产业的影响程度的审查，应当包括对影响产业状况的所有有关经济因素和指标的评估，其中包括：销售、利润、产量、市场份额、生产力、投资收益、设备利用率的实际的和潜在的下降；影响国内价格的因素；产品倾销幅度的大小；对现金流动、库存、就业、工资、增长、筹措资金或投资的能力的实际或潜在的消极影响。

在判断是否确实存在实质性损害威胁的时候，WTO反倾销协议要求调查当局通常应当考虑的因素有：1）倾销产品进入进口国国内市场的大幅增长率，表明进口产品实质性增加的可能性；2）出口商可以充分自由使用的或即将实质性增加的能力，表明倾销产品进入进口国国内市场实质性增加的可能性，同时考虑吸收任何额外出口的其他市场的可获性；3）正在进口的产品是否大幅压低进口国国内的价格，是否会增加对更多进口产品的需求；4）被调查产品的库存情况。在对上述因素进行调查之后，如果调查结论表明：更多的倾销产品即将进入进口国国内市场，如若不采取措施，将对进口国相同产业造成实质性损害，此种情况下，调查当局可以确定构成对进口国相同产业的实质性损害的威胁。

3. 倾销与损害之间的因果关系（Causality between Dumping and Injury）

采取反倾销措施的条件之三是倾销与损害之间存在因果关系。按照WTO反倾销协议的规定，各成员方实施反倾销措施需要满足的前提条件之三，就是要有证据证明在倾销与损害之间存在因果关系。也就是说，进口国国内相同产业的损害是由倾销产品造成的。如果调查结果表明：虽然既有倾销的存在，也有损害的存在，但损害并非由倾销所致，则进口国政府也不得采取反倾销措施，征收反倾销税。只有在有证据证明产品的倾销与进口国国内产业损害之间存在因果关系时，进口国才可以采取反倾销措施，针对倾销产品征收反倾销税。同样，为了保证裁定因果关系构成的公正性，协议同时要求这种因果关系必须用充分的事实来加以证明，而不能是无根据的推测或推断。

实践中，进口国国内产业遭受的损害有可能是由于倾销产品以外的其他原因所造成的，例如：企业受经济危机周期的影响；企业自身经营管理不善导致生产效率低、质量差；自然资源原材料的缺乏；国内相关费用的调整和变化；由于国内工业的技术改进而有新的替代产品的开发和对市场新的开拓；出口方式的改变和生产率的提高，以及进口国市场上消费结构的变化和供求关系的变化导致生产商之间互相竞争的激增；等等。这些因素都有可能导致进口国国内工业受到不同程度的损害。因此，为了保证反倾销调查结果的公正性，WTO 反倾销协议要求调查当局在确定倾销与损害之间存在因果关系时，除了对对进口国国内工业造成损害的倾销产品进行调查外，还要对所有已知因素进行调查。凡是由其他因素造成的进口国国内工业的损害，不应归咎于倾销的进口产品。这就是说，确定因果关系时，调查当局必须把其他因素加以排除，否则，就不能确定倾销与损害之间的因果关系，因而不能征收反倾销税。所谓“其他因素”（other factors）通常主要包括：未按倾销价格出售的进口产品的数量和价格；需求下降或消费结构的变化；国内外生产商的贸易限制惯例及彼此之间的竞争；国内工业的技术改进；出口方式的变化和生产率的提高。一般来讲，进口国调查当局在确定倾销与损害之间是否存在因果关系时，主要考虑以下几个方面：（1）在进口国工业遭受实质性的损害时被指控产品的进口数量是否有大量增加；（2）倾销产品对进口国国内生产者产生的冲击的程度，比如对进口国生产商的产品销售额的影响程度、利润是否有所降低、对市场份额占有的影响程度；（3）倾销产品的涌入是否压低了进口国国内生产的相同产品的价格，其中包括对本来应当上涨的价格的影响。

应该说，在因果关系上，出口商相对有着比较广泛的举证抗辩的余地。倾销的成立要求倾销与损害之间存在因果关系。有倾销而无损害，或者损害并不是由倾销造成的情况是可能存在的。作为被诉出口商，应该设法证明损害并不是由其倾销商品所致。即使倾销和损害都存在，若它们之间没有因果关系，也不能征收反倾销税。WTO 反倾销协议第 3 条第 5 款要求进口国反倾销调查主管当局在决定征收反倾销税时，必须提出充分证据，证明损害是倾销造成的，否则，不得征税反倾销税。作为出口商，就可以在进口商的配合下深入调查研究，搜集证据，证明损害不是倾销进口产品造成的，而是由“其他因素”造成的，从而否定倾销与损害之间存在的因果关系，达到免征反倾销税的结果。

（二）反倾销的具体措施（Anti-dumping Measures）

当反倾销调查结果表明，进口产品确实存在倾销，产品的倾销确实对进口国国内相同产业造成了损害，且倾销与损害之间存在因果关系时，WTO 反倾销协议允许各成员方针对倾销产品采取反倾销措施，以保护本国的相同产业。

WTO 反倾销协议规定了三种救济措施：临时措施、价格承诺和终裁征收反倾销税。

1. 临时措施（Provisional Measure）

临时措施是指在初步调查结果表明存在倾销和损害的情况下，为阻止在调查期间损害的继续产生，反倾销当局可以在初裁中根据临时估计的倾销幅度计算临时反倾销税，并采取临时征收的措施。临时措施可分为征收临时反倾销税和收取保证金或保函两种方式（第 7 条）。从第 7

条的规定可以看出，WTO反倾销协议似乎更加鼓励成员方采取收取保证金或保函等担保的形式。但是，收取保证金或保函等担保形式的金额要求与临时估计的反倾销税的金额相等，同时与其他临时措施（反倾销税）的实施受相同前提条件的约束，因此，收取保证金或保函等担保形式实际上都是对临时估计的反倾销税的预收。从这个意义上讲，收取保证金或保函等担保形式仍然可以被看成是反倾销税的变通形式。此外，临时反倾销税或保证金金额不可高于临时估计的倾销幅度。

按照WTO反倾销协议的规定，临时措施必须在反倾销案件正式立案调查起60日之后，才能加以实施。这一规定的目的在于防止进口国对临时措施的滥用。比如可以有效地防止有关进口国调查当局未经认真调查取证，便在反倾销调查发起之后径直作出实施临时措施的决定，从而达到保护本国相同产业的贸易保护目的。不仅如此，为了防止成员方对临时措施的滥用，WTO反倾销协议还对临时措施的实施期限作了明确的统一规定，成员方实施临时措施的期限应限制在尽可能短的时间内（be limited to as short a period as possible），一般不应超过4个月；或经有关主管机关的决定，并应在所涉及的贸易中占很大百分比的出口商的请求，可以延至6个月。个别情况下不得超过9个月。

2. 价格承诺（Price Undertaking）

价格承诺是指进口国政府对倾销产品的进口不征收反倾销税，而是通过与出口商达成提价协议的办法，通过出口商的自愿提价来消除倾销所造成的损害性影响。实践中一些进口国政府从本国经济利益出发，往往不调查取证便迫使出口商作出价格承诺，用价格承诺的方法达到限制进口的贸易保护目的。因此，为了防止进口国对价格承诺的滥用，WTO反倾销协议第8条规定了实施价格承诺的条件和限制，要求进口国主管当局必须在作出倾销和损害的肯定裁决之后，才能与出口商谈判和缔结价格承诺协议。在双方达成价格承诺协议的情况下，如果调查结果表明不存在倾销或损害，则价格承诺自动失效，除非这种否定的裁决是在已经存在的价格承诺的基础之上作出的。

在实践中，价格承诺对于进口国来说弊多利少，因此，越来越多的进口国不愿以价格承诺来了结案件。实践中进口国对于价格承诺接受与否，很多情况下取决于政治因素。价格承诺似乎往往出于政治因素的考虑而作为一种优惠待遇。

3. 终裁征收反倾销税（Definitive Anti-dumping Duties）

反倾销税是指当产品被证明存在倾销并导致进口国国内相同工业遭受损害时，由进口国政府对倾销产品征收的除正常关税和费用以外的一种附加税。终裁反倾销税是指反倾销调查当局在终裁时最终确定的反倾销税。终裁反倾销税的税额应以倾销幅度为限，但可以低于倾销幅度（lesser duty rule）。关于终裁反倾销税的征收问题，WTO反倾销协议一个突出的修改就是引进“日落条款”。所谓“日落条款”，是指反倾销税征收一般自征税之日起或最后一次复审之日起不得超过5年时间，除非能证明终止征税还可能对进口国国内工业造成损害。引进“日落条款”的目的在于限制进口国长时间地滥用反倾销措施。

一般情况下，临时反倾销税和终裁反倾销税都应该针对自裁定生效之后进口供消费的有关产品实行征收。反倾销税一般情况下不得追溯征收。

正确把握反倾销救济措施的性质，是至关重要的。不论从GATT1994第6条还是WTO反倾销协议第9.3条的有关规定来看，WTO反倾销协议事实上强调各成员方实施反倾销的措施应该以针对倾销产品征收反倾销税为主要救济手段，并且强调了反倾销措施只具有经济回复性功能，而不具有惩罚的性质。

（三）反倾销调查程序和规则

按照WTO反倾销协议第16条的规定，WTO设立了一个反倾销措施委员会，具体负责WTO反倾销协议的执行。协议允许在该委员会下可适当设置附属机构，具体设置什么样的附属机构，则根据反倾销工作的需要由委员会自行决定。反倾销措施委员会由WTO各成员方派出的代表组成。按照协议的规定，如果一个缔约国在国内没有反倾销立法的情况下采取反倾销措施，则这是与WTO反倾销协议相违背的，是违反成员方义务的。从这个意义上讲，各成员方国内反倾销立法事实上成为成员方实施反倾销措施的前提条件。因此，可以说，WTO反倾销协议事实上要求各成员方按照协议规定的总体原则制定本国的反倾销立法，从而推动并加强反倾销措施实施规范的统一和透明度。我国于1997年制定了第一部反倾销立法，从而为我国反倾销主管机构采取反倾销措施提供了法律依据。

按照WTO反倾销协议以及各国反倾销法的规定，反倾销调查程序通常有以下几个阶段：起诉立案、反倾销调查、初步裁决、最终裁决和司法复审。

1. 反倾销申诉的受理立案（Initiation）

WTO反倾销协议第5条对反倾销的发起作出了明确规定。根据第5.1条的规定，有关确定任何被指控的倾销的存在、倾销的程度和对国内产业的损害影响的调查，只有在反倾销机构收到反倾销申诉人的书面申请之后，才可以开始，即开始立案和发起反倾销的调查。可见，有关申诉人的申诉书是反倾销调查发起、立案的前提和依据。当然，协议的第5.6条并没有排除在特殊情况下也可以由反倾销调查机构主动开始调查程序的可能性。

国际反倾销中，倾销所侵害的客体是进口国“国内工业”，因此WTO反倾销协议规定，只有倾销产品对进口国国内工业造成损害或损害威胁的情况下，才允许各成员方采取反倾销措施。显然，对倾销所侵害的客体“国内工业”的界定对于反倾销至关重要。而国际反倾销实践中，各国对“国内工业”的界定不同，有些国家反倾销调查当局为了易于裁定实质性损害的存在，竭力把“国内工业”范围划分得很窄，这样做显然有失公平。按照WTO反倾销协议的规定，一项发起反倾销调查的申请被提出之后，调查当局经审查后，只有在确定是由国内产业或代表国内产业提出的情况下，才可以受理该申请，进行立案，发起后续调查。WTO反倾销协议第5.4条事实上又对“国内工业”可以作为申诉方的资格作出了进一步要求，要求国内工业申诉方只有达到这个最低条件时，其申诉才可以被调查当局受理立案。按照第5.4条的规定，如果反倾销申请得到其总产量占到国内产业中表示支持或反对反倾销申请的国内同类产品生产商生产的同类产品总量的50%以上生产商的支持，那么，该反倾销申请则被认为是由国内产业或代表国内产业提出的。但是，如果明确表示支持反倾销申诉的进口国厂商的总产值占国内工业同类产品总产值的比例不足25%时，反倾销调查申请则不能成立。从协议的这个规定我们可以看出，协议要求反倾销的申诉必须同时满足以下两个条件，才具有代表性，成员方的调查当局才可以受理反倾销的申诉并立案：（1）反倾销的申请必须得到其总产量占到国内产业中表示支持或反对反倾销申请的国内同类产品生产商生产的同类产品总量的50%以上生产商的支持；（2）明确表示支持反倾销申诉的进口国厂商的总产值占国内工业同类产品总产值的

25%以上。此外，协议规定，对于国内产业，应当将与出口商或进口商有关联的国内生产商排除掉。

2. 反倾销调查（Anti-dumping Investigation）

反倾销机构在收到申诉人的申请以及相关材料之后，应在规定的时间内对所列各项证据的准确性和充足性进行审查并作出受理与否的决定，同时通知有关当事人。在决定对反倾销申请受理立案之后，反倾销机构便开始着手反倾销的调查。反倾销调查主要包括以下内容和步骤：(1) 由反倾销机构向有关当事方发出书面反倾销调查问卷或表格，就被指控倾销的产品的相关问题进行详细调查，如被指控产品的国内销售情况、出口的数量、价格以及生产成本等，以便确定有关产品的正常价值、出口价格、倾销幅度等；(2) 对证据进行核查与处理。主管当局在获得有关当事方提供的资料以后，要对这些资料进行核查，以确定这些资料的真实性和准确性。此外，反倾销调查机构还可以对资料和证据进行实地调查。为了核实所提供的资料或获取更详细的资料，当局可视需要在其他国家进行调查，但这种调查要得到有关被调查的公司或商号的同意，还要通知该公司所在国政府并获得其政府同意。

按照 WTO 协议的统一规定，成员方调查当局实施反倾销调查的期限除特殊情况外，应当在 1 年之内结束，最长不得超过 18 个月。

在反倾销调查中，当事各方特别是出口商的积极配合是十分重要的。值得指出的是，WTO 反倾销协议正式引入了“可获最佳信息原则”。“可获最佳信息原则”英文为 Best Information Available，又称 BIA 原则，是指在反倾销调查程序中，如果反倾销案件中的利害关系人拒绝与有关反倾销调查当局配合，不允许反倾销调查当局使用必要的所需信息，或者在合理时间内未向调查当局提供必要的所需信息，或者严重妨碍反倾销调查的进行，反倾销调查当局可以通过其他渠道获得事实和数据，并以此为根据，作出反倾销的初裁和最终裁定，而且不论这些事实和数据是否对被诉方有利，并根据该原则征收反倾销税。制定该原则的目的就是：在有关当事人不配合调查或严重阻碍调查的情况下，反倾销机构有权以该原则为依据，对倾销、损害作出初步或最终的裁决，并根据该原则实施反倾销措施，征收反倾销税。

必须指出，在国际反倾销案件中，进口国调查当局一旦采用“可获最佳信息原则”进行裁定，就会使反倾销案件中不配合的产品生产商或出口商处于极为不利的地位。一定意义上讲，在国际反倾销案件中，被诉产品的生产商或出口商拒绝配合调查、拒绝应诉的行为本身，恰恰为进口国反倾销调查当局提供了让其依据片面之词而作出非客观、非公正裁决的机会。反倾销调查中的被控企业，只有积极应诉配合调查，才有可能排除“可获最佳信息原则”的适用，也才有可能争取较好的结果。经验告诉我们，出口产品一旦在国外遭到反倾销指控，置之不理是不明智的，不是解决问题的办法，反而会使自己处于更加不利的被动地位。

3. 初步裁决（Preliminary Determination）

反倾销机构在对倾销进行调查核实后，作出初裁。初裁结果一般有三种：(1) 由于缺少证明倾销或损害存在的事实和证据，反倾销机构终止案件而不采取任何保护措施。(2) 在调查程序中，由于申诉方主动撤回申诉，反倾销机构终止对案件的调查。实践中，申诉方往往由于缺少足够的证据而撤诉。(3) 当初审结果表明有倾销存在并对进口国工业造成损害时，反倾销机构可以作出初裁，并对被控产品征收临时反倾销税或实施其他临时的措施。

4. 最终裁决（Final Determination）

终裁是反倾销机构在初裁之后，对有关事实和证据作进一步收集与核实后对倾销和损害作出的最终裁决。如果终裁是肯定的，反倾销机构将最终确定一个税率对倾销产品征收最终反倾销税。

5. 司法复审（Judicial Review）

在GATT反倾销规则中对司法复审并未作出相关的规定，WTO反倾销协议首次就反倾销裁定的司法复审问题对各成员方作了统一规定。首先，为了进一步保证司法复审的公平公正，WTO反倾销协议要求司法复审必须由独立于原调查机构的法庭进行。司法复审是对涉及最终裁决的行政行为进行迅速的审查或复议。这一新的规定对于保障当事各方的合法权益，特别是对被征收反倾销税的当事人的利益的保护是有利的。应该说，这是国际反倾销立法上一次有意义的突破。其次，协议要求各成员方在其国内立法中应当规定司法、仲裁或行政庭或有关程序，从而保证与反倾销调查及其裁定有关的问题能够得到迅速的审查，并且对各成员方的反倾销机构的执法行为实行有效监督。同时值得注意的倾向是，一些国家的司法复审越来越倾向于突破其传统权利的限制范围，更多地参与对反倾销案件实质问题的判定，而不仅仅局限于对程序方面的审查，比如，有迹象表明欧盟法院对反倾销措施委员会的裁定在其复审中更大程度上参与实质问题的审查和判定。这在一定意义上或许有利于保证反倾销案件裁定更加公平合理，同时作为最后的手段，被诉方可以利用司法复审制度保护其合法利益。

三、反倾销领域中的反规避问题

在国际反倾销领域中的规避（Circumvention），是指在某一出口商的出口产品被进口国征收反倾销税的情况下，出口商采取某些措施或手段来躲避、逃避被征收反倾销税的行为。从国际贸易实践来看，出口商采取的规避反倾销税的措施是多种多样的，常见的主要有以下几种方式：

（1）在进口国境内组装。即在某一出口产品被进口国征收反倾销税的情况下，原出口商为逃避反倾销税转而将原出口产品的零配件或组装件出口到该进口国，并且在该进口国境内进行组装后在该进口国境内销售。这种规避措施实际上是利用了制成品与零配件在各国海关税则分类上不属于同一海关税则之内，从而绕过了反倾销税的征收。

（2）在第三国境内组装。即在某一出口产品被进口国征收反倾销税的情况下，原出口商为逃避反倾销税转而将原出口产品的零配件或组装件出口到第三国进行组装后，再从第三国将组装后的产品以第三国产品的身份向原进口国出口。这种规避措施事实上是通过改变产品的原产地来达到目的的。因为反倾销税的征收仅仅针对来自特定出口国生产的相同或相类似的产品，所以当倾销产品的出口国发生变化时，进口国海关不能依照原有的反倾销税令对来自第三国的产品征收反倾销税。

（3）对产品作细微改变。即原出口商通过仅仅对产品的形式或外观作细微改变，使该产品与已被征收反倾销税的产品处于不同的类别之下，以此达到躲避反倾销税的目的。事实上出口商并未对产品进行功能性的改变，所作的细小改变并不会导致产品在其最终用途、物理特征及消费者购买的选择上发生相应的改变。比如，将农产品经过粗加工后再行出口。

(4) 对产品进行后期改进。即出口商对其受到反倾销调查的产品，在功能结构上对产品进行改进。与对商品作细微改变不同，后期改进的产品要求产品具有新的功能，新功能构成该产品的主要用途，且该功能的成本在该产品总成本中占较大比重。

所谓反规避或反规避措施（Anti-circumvention），是指进口国针对外国出口商躲避或逃避被征收反倾销税的行为而采取的相应措施，以阻止其规避反倾销税的行为。各国通常采取的反规避措施是将正在有效实施的反倾销税扩大适用，即一旦认定存在规避行为，则按照原反倾销调查中确定的反倾销税率，对与被征收反倾销税的产品有关的进口零部件或在第三国组装后的产品或经改装后的产品，征收反倾销税。

尽管征收反倾销税是WTO允许各成员方在一定条件下采取的用以保护本国国内产业的合法手段，但如何看待对反倾销税的规避行为以及是否应当采取反规避措施，目前各国的认识没有统一。一些国家对反规避措施持肯定态度，认为规避反倾销税的行为实际上是变相的倾销，严重破坏了进口国实施反倾销税的救济效果，因此应当采取反规避措施有效遏制此种行为，从而保障进口国实施反倾销税的救济效果。美国和欧盟很早就注意到规避反倾销税的现象，并率先在其国内立法中作出反规避立法，如1988年美国《综合贸易与竞争法》中就专门对此进行修订补充。该法第1321节规定，对在美国或其他第三国利用外国零部件进行加工或组装的产品，或对产品的形状及表面状况略加改变等，仍适用原来的反倾销裁决。这就是说，对这些产品仍要征收反倾销税。欧盟第2423/88号条例也增补了反规避的内容。而另一些国家和地区则认为，反规避措施是对反倾销税的扩大适用，是贸易保护主义的表现，对反规避措施持否定态度。日本、韩国、新加坡和中国香港地区及一些发展中国家都表示强烈反对，主张应先强化WTO总协定现有规范。因此在反规避条款应否制定、其适用范围如何的问题上，成员方之间分歧很大。乌拉圭回合多边贸易谈判未能就反规避问题达成一致意见。到目前为止，对规避行为和反规避措施并没有统一的国际协定。然而，从目前各国反倾销立法的情况来看，各国制定反规避措施已是一个不可逆转的趋势，只是各国对规避行为的认定和反规避措施有着各自不同的规定，缺乏统一的标准和尺度。应该说，反规避问题的关键在于建立一个统一、公平、合理的国际反规避规则和机制，在有效发挥反规避措施的积极作用的同时，最大限度地限制其消极作用和负面影响，以维持国际贸易和国际投资领域的公平竞争秩序，平衡各成员方的贸易利益。正因为如此，WTO在“部长决定与宣言”有关反规避的决议中，决定将此问题提交反倾销措施委员会解决。显然，有关反规避问题仍有待于WTO成员方在以后的多边贸易谈判中进一步协调和统一。

四、我国的反倾销立法与实践

我国在国际反倾销实践中可谓历经磨难，我国的反倾销立法也经历了一个从无到有，逐步完善的历程。我国的反倾销立法与实践应该分为两大阶段，以1997年为分水岭。

在1997年以前，在国际反倾销实践中，在相当长的时间内我国始终处于纯粹的被动挨打的局面。这是因为当时我国没有制定自己的专门的反倾销法。尽管在我国1993年颁布的《对外贸易法》中第30条涉及倾销，但该条仅仅对倾销作了非常原则和笼统的规定：产品以低于正常价值的方式进口，并由此对国内已经建立的相关产业造成实质性的损害或产生实质性损害的威胁，或者对国内建立相关产业造成实质性阻碍时，国家可以采取必要措施，消除或减轻这种损害或者损害的威胁或者阻碍。由于在实体和程序上都缺乏具体、明确的规定，所以根本不可能仅仅依据这一条款的规定对外国产品发起反倾销调查或实施反倾销措施。此外，我国产品在原材料和劳动力等生产要素上的成本要远远低于其他一些国家，因此具有较强的价格优势。随着我国经济的发展，出口增长较快，而且出口市场较为集中，加上一些其他方面的原因，导致我国企业在产品出口中被外国频繁指控为倾销产品，相当长的时间内我国始终处于被动挨打的局面，成为国际上遭受反倾销指控最多的国家之一，也是受反倾销指控之苦最深的国家之一。我国在国外遭到的第一起反倾销调查是由欧共体（现欧盟）在1979年对我国出口的机械闹钟和糖精钠发起的反倾销案。

在反倾销领域中长期痛苦的遭遇使得我国终于认识到，要想在国际反倾销领域中由被动挨打的局面变为主动出击的局面，其中很重要的措施之一就是制定自己的反倾销立法。终于，在1997年3月25日国务院颁布了我国第一部反倾销立法——《中华人民共和国反倾销和反补贴条例》，该条例为我国反倾销提供了法律依据和保障，建立起自己的反倾销制度。同年11月，我国新闻纸产业便率先运用反倾销的法律武器向低价倾销的进口新闻纸宣战，维护自身的合法权益。代表我国新闻纸产业的九大新闻纸厂家首次根据该条例向外经贸部和国家经贸委提出对来自美国、加拿大、韩国的新闻纸进行反倾销调查的申请，指控美、加、韩进口新闻纸以每年递减的价格大量涌入我国新闻纸市场，造成总供给大大超过总需求，致使我国国产新闻纸积压严重，对我国新闻纸产业造成了严重损害及损害威胁。对此，我国外经贸部于1997年宣布对进口新闻纸进行反倾销调查。初步调查开始后，在规定时期内，我国外经贸部共收到五家加拿大公司和一家韩国公司的调查答卷，没有收到美国公司的调查答卷。初步调查结果表明有倾销和损害的存在，二者之间存在因果关系。我国反倾销机构在初裁中决定对美、加、韩进口新闻纸实施临时措施。1997年6月4日，我国外经贸部和国家经贸委发布公告，对原产于加拿大、美国、韩国的进口新闻纸的反倾销调查作出最终裁定：美、加、韩三国的公司在反倾销调查期间向中国出口的新闻纸均存在不同程度的倾销，对我国相关产业造成了严重损害，倾销与损害之间存在着因果关系。因此，决定对上述三国的进口新闻纸征收反倾销税，其中加拿大四家公司的税率为57%至78%，韩国韩松纸业公司税率为9%，其余韩国公司税率为55%，所有美国公司税率为78%。这是我国国内产业依我国反倾销法对外国进口倾销产品提起的首例反倾销案件，对当时国内其他正在遭受外货倾销之苦的产业或厂家都具有借鉴作用。

自1997年该案之后，我国在国际反倾销领域终于走出了被动挨打时期，迈入了主动出击阶段。此后，为了适应“入世”的需要和进一步完善我国反倾销立法，2002年1月1日由外经贸部、国家经贸委颁布了《中华人民共和国反倾销条例》；2003年1月1日最高人民法院颁布了《关于审理反倾销行政案件应用法律若干问题的规定》；2003年1月15日国家经贸委颁布了《反倾销产业损害调查与裁定规则》等一系列规则。应该说，这些条例和规则构成了我国现行的反倾销立法。其中，《中华人民共和国反倾销条例》（2001年11月26日中华人民共和国国务院令第328号公布，根据2004年3月31日《国务院关于修改〈中华人民共和国反倾销条例〉的决定》修订）是目前我国反倾销立法的核心内容，是我国反倾销、实施反倾销调查和措施的主要法律依据和保障。

第五节　国际反补贴法

一、补贴与反补贴

补贴作为一种重要经济调控手段，一直被各国政府广泛使用。不论是发达国家还是发展中国家，都基于本国社会经济发展的需要，维持着不同形式的政府补贴。然而，过度的补贴，尤其是出口补贴，有可能对国际贸易产生不良的负面影响，人为扭曲进出口贸易的流向和国际贸易竞争关系，对他国相同产业造成损害。因此，就有必要对补贴加以规制，使之不至于成为一种不公平的贸易手段，以维护公平竞争的国际贸易秩序。

（一）补贴与反补贴（Subsidies and Countervailing Measures）

1. 补贴的概念（Subsidy）

WTO反补贴协议首次对补贴作了明确规定：补贴，是指一成员方政府或其境内的任何公共机构向“某些企业”（即指一个企业或产业或一组企业或产业）提供的财政资助，或采取的GATT1994第16条意义上的任何形式的收入支持或价格支持，并由此而授予了某种利益。按照协议规定，补贴行为具体包括：(1) 政府的行为涉及资金的直接转移（即赠与、贷款和资产的投入），潜在的资金或债务的直接转移（如贷款担保）；(2) 放弃或未征收在其他情况下应征收的政府税收（如税收抵免之类的财政鼓励）；(3) 政府提供除一般基础设施以外的货物或服务，或购买货物；(4) 政府向基金机构或信托机构拨款或指示某个私营机构履行上述 (1)～(3) 项通常本属于政府职能的行为，且此种做法与政府通常的做法并无实质性差别；(5) 构成GATT1994第16条意义上的任何形式的收入或价格支持。

从这一定义中，我们可以归纳出补贴的成立必须具备的三个重要条件：(1) 提供了某种财政资助；(2) 此资助是由成员方政府或公共机构提供的；(3) 由于提供此种财政资助而授予了某种利益。从该定义还可以看出，协议对“财政资助”的界定是广义的，既包括“资金的直接转移”，也包括“潜在的资金的直接转移”，它是产生“利益”的前提，但“利益”并不是它的必然的目的。只有产生了“利益”的财政资助才能构成补贴。因此，由政府或公共机构提供的“财政资助”，如果给接受者带来了比市场条件下更优惠的利益，就被认为构成WTO《国际补贴与反补贴措施协议》（简称SCM协议）第1条所定义的补贴。同时必须注意，补贴不一定都是由政府直接作出的，提供补贴的主体可能是政府，也可能是经政府授意后的公共机构或私营机构。

2. 补贴的种类

在WTO法律框架下，GATT1994第6条和SCM协议为WTO各成员方政府提供了一个关于评价补贴的衡量标准。该协议混合采用了贸易扭曲学派和贸易损害学派的观点，明确将补贴分为禁止性补贴、可申诉补贴和不可申诉补贴三大类。

但值得指出的是，根据SCM协议第31条，不可申诉补贴的分类仅在“建立WTO的协议”生效之日起5年内适用，并且期满后委员会并未达成延期适用的决定。于是，该类补贴最终以默认方式于1999年12月31日失效，不可申诉补贴中的各种补贴方式被归入可申诉性补贴。但是根据谈判文件，各成员方并未一致同意终止该类补贴的效力，相反，各方的共同点是同意适用该类，其焦点在于“继续适用现有条款”还是“适用经过修改后的条款”。所以，不可申诉补贴有可能被“激活”。同时，鉴于不可申诉补贴的实施对技术进步、人权保护或环境保护等全球问题的解决具有重大意义，并几乎没有遭遇过反补贴调查，因此该类补贴在实践中仍然可以看作WTO协议允许的补贴。

（1）禁止性补贴（prohibited subsidy），也称红色补贴，是指在WTO农产品协议以外，在法律或事实上按出口实绩提供的条件性补贴或以进口替代为目的的条件性补贴，也就是实践中的出口补贴和进口替代补贴。禁止性补贴被认为是对国际贸易造成严重扭曲的专向性补贴。SCM协议明确规定成员方不得给予或维持此类补贴。

（2）可申诉补贴（actionable subsidy），也称黄色补贴，是指除WTO农产品协议规定的农产品补贴以外的，并对其他成员方利益造成有害影响的补贴。这类补贴在一定范围内允许实施，但如果在实施过程中对其他成员方的经济贸易利益造成不利影响或严重损害，受损害的成员方可以采取反补贴措施并诉诸WTO争议解决机构解决。可诉性补贴是具有专向性的补贴，即只适用于特定的产业或企业。

（3）不可申诉补贴（non-actionable subsidy），也称绿色补贴，是指那些成员方所采取的对国际贸易影响不大、其他成员方不能采取反补贴措施，并且不能诉诸争议解决机构解决的补贴。这类补贴不具有专向性，主要包括为资助企业科研活动，或促进落后地区发展，或资助现有设施改造使之适应新的法定环境要求而提供的非专向性补贴。例如，一国政府对环境保护的支持，对落后地区经济发展的支持所给予的补贴等。

3. 反补贴（Countervailing Measures）

反补贴是指当接受补贴的进口产品对进口国国内产业造成严重损害的情况下，进口国针对接受了补贴的进口产品实施的一定措施。其目的是抵制补贴所带来的不利影响，消除不公平竞争。通常反补贴措施是针对接受补贴的进口商品征收反补贴税。

当今世界各国，不论发达国家还是发展中国家，基于社会经济发展的需要，均大量地存在着政府补贴现象。但应当特别指出的是，并非所有的补贴都是被反对和禁止的。有些补贴可能是国家用于促进其社会发展及实现经济政策目标的重要措施，对于这种补贴，WTO并不禁止，但要求成员方尽量避免它对国际贸易可能产生的不利影响。各国反补贴法不是反对和禁止一切补贴，各国反补贴法和WTO反补贴协议要求限制和禁止的补贴是指对生产者和销售者的补贴，一般表现为出口补贴。出口补贴的实施导致或可能导致国际贸易中产品价格的扭曲和不公平竞争，严重损害他国的贸易利益，因此被WTO严格禁止或严格限制使用。

（二）国际反补贴立法现状

为了协调各国的反补贴法，防止各国补贴与反补贴措施向贸易保护手段转化，1947年GATT文本的第6条、第16条和第23条对补贴与反补贴国际规则作出了原则性规定，从而初步形成了国际间多边的反补贴规则，作为指导各缔约方采取反补贴措施的原则。由于GATT1947对补贴与反补贴只作了一些非常原则性的规定，并且未对“补贴”一词作出一般定义，缔约国普遍认为有必要在此基础上制定一套更为明确、详细具体的反补贴统一规则。因此，在东京回合谈判中便把补贴与反补贴措施列为重点议题之一，并于1979年达成了《关于解释和适用GATT第6条、第16条和第23条的协议》（简称1979年反补贴规则）。乌拉圭回合谈判再次把补贴与反补贴列为议题之一，并在东京回合达成的规则的基础上，于1994通过并签署了SCM协议。该协议由11个部分、32条和7个附件组成，是WTO一揽子协议之一，对WTO所有成员方均有拘束力，从而结束了原东京回合达成的反补贴规则仅对24个签字方有效的历史。特别应当指出的是，根据SCM协议第10条的规定，各成员方应当采取所有必要步骤以保证对任何成员方领土的任何产品进口至另一成员方领土征收反补贴税符合GATT1994第6条的规定和本协议的规定。因此应该说，该协议是以GATT1994第6条规定为宗旨而制定的，是对GATT1994第6条的具体解释和运用，它与第6条是指导原则与具体内容的关系。该协议目前已经成为指导和统一世界各国反补贴立法与实践的基本原则，对世界各国具有普遍指导意义。因此，在国际反补贴方面了解WTO反补贴协议的主要内容，是十分重要的。

二、WTO反补贴协议的主要内容

应当说，WTO在补贴与反补贴的多边规则方面取得了重大进展。WTO反补贴协议仍以GATT1947第6、16和23条为核心，并在此基础上对东京回合的反补贴规则作了较大幅度的修订和补充。与1979年的规则相比，其内容更加完善、具体，特别是对补贴作了清晰的定义，对有关内容作了明确规定。反补贴协议的正式名称为《关于解释和实施GATT1994第6条、第16条和第23条的协定》，GATT第6条规定了反补贴的内容，主要是对征收反补贴税的规定，第16条是关于限制补贴的规定，第23条是关于反补贴争端解决的规定。其中第6条对反补贴制度的主要方面作出了比较严格的规定，以防止成员方对反补贴措施的滥用。其主要内容如下：

（一）补贴的专向性（Specificity）

补贴的专向性是SCM协议最重要的概念之一，因为只有专向性的补贴才受SCM协议的约束。

补贴的专向性是指成员方向其辖区内特定企业、特定产业特别提供的补贴。这类优惠是其他企业或产业或地区不能获得的或高于其他企业或产业或地区所享受的待遇。例如，立法将补贴的获得明确限于某些企业，或仅限于授予机构管辖范围内指定地理区域的某些企业以补贴，这些都属于专向性补贴。此外，协议还规定，禁止性补贴属于具有专向性的补贴。例如，法律或事实上视出口实绩为唯一条件或多种其他条件之一而给予的补贴，视使用国产货物而非进口货物的情况为唯一条件或多种其他条件之一而给予的补贴，属专向补贴。

这里特别需要说明的是，补贴有各种各样的形式和目的，补贴在各国实践中大量存在。但是，如前所述，并非所有的补贴都是WTO反补贴协议所反对和禁止的。有些补贴可能是一国政府用于促进其本国社会经济发展及实现经济政策目标的重要措施，对于这种补贴，WTO并不禁止，但要求成员方尽量避免它对国际贸易可能产生的不利影响。按协议规定，只有专向性补贴才能纳入协议所禁止或限制的范围，同时，各成员方只能针对专向性的禁止性补贴和可申诉补贴采取反补贴措施，而不能对非专向性补贴采取措施。

（二）反补贴税及其征收条件

1. 反补贴税（Countervailing Duties）

根据GATT第6条第3款，反补贴税应当理解为为了抵消在商品的制造、生产或出口环节上所直接或间接给予的任何奖励或补贴而征收的一种特别关税。可以看出，与反倾销税一样，反补贴税并不具有惩罚性，征收反补贴税的目的仅在于抵消补贴。因此，WTO反补贴协议规定，各成员方对接受补贴的产品征收反补贴税的税额不得超过该产品在原产国或出口国制造、生产或出口环节中所直接或间接得到的奖金或补贴的估计金额。

2. 反补贴税的征收条件（pre-conditions）

根据WTO反补贴协议的有关规定，如果某一缔约国输入的另一缔约国的产品直接或间接地得到了出口国的奖励或津贴，并对进口国某项已建立的工业造成实质性的损害或损害威胁，或者实质阻碍进口国某一工业的建立，则进口该产品的缔约国可对其征收反补贴税（GATT1947第6、16条）。由此可见，征收反补贴税的条件与征收反倾销税的条件基本相同，必须同时具备三个条件：（1）要有出口成员方对进口产品直接或间接地给予补贴的事实；（2）须对进口国国内相关产业造成损害或损害威胁，或者严重阻碍进口国某相关产业的建立；（3）补贴与损害之间有因果关系。只有在同时具备上述三个条件的情况下，成员方才能实施征收反补贴税。

WTO反补贴协议还同时规定，对同一进口产品不得同时征收反倾销税和反补贴税（GATT1947第6条第5款）。

（三）反补贴的救济措施

WTO反补贴协议规定了三种反补贴措施：临时措施、承诺和征收反补贴税。

1. 临时措施（Provisional Measure）

反补贴临时措施是指当反补贴初步调查结果表明有补贴事实和损害存在的情况下，为阻止在调查期间损害的继续发生，有关当局可以在初裁中决定征收临时反补贴税。但临时措施必须在反补贴案件正式立案调查起60天后才能实施，最长不得超过4个月。

2. 承诺（Undertakings）

承诺是指出口方政府或企业为了避免被征收反补贴税，在进口国当局作出初步肯定裁决后，自愿作出承诺，同意取消或限制补贴或者自动采取其他措施消除由于补贴所引起的有害后果，或同意提高出口产品的价格，以抵消损害后果。对于出口方政府或企业作出的承诺，进口国当局有权自行决定是否接受。

3. 征收反补贴税（Countervailing Duties）

反补贴税是指当接受补贴的产品导致进口国工业损害时，由进口国政府对受补贴的进口产品征收的除正常关税以外的一种特别税。反补贴税征收的额度以产品实际接受补贴的额度为限。如果课征较低的反补贴税就足以抵消补贴对进口国国内产业的损害，反补贴税税额则可以低于实际补贴额。反补贴税的执行期限应以抵消补贴造成的损害所必需的时间为准，但任何反补贴税的征收均须于征收之日起5年内终止，除非有关当局根据复查结果认定这一终止可能导致补贴及损害的延续或复发。

此外，WTO反补贴协议一个突出的特点是，对补贴规定了两种救济制度。按照WTO反补贴协议的有关规定，当某一成员方的利益由于其他成员方采取补贴而受到损害时，在受损害方与采取补贴的一方磋商未果的情况下，受损害的一方可以将补贴争议提交WTO争议解决机构解决。

在补贴措施方面，我国当前还存在着名目繁多的补贴形式，其中也有与SCM协议规定相悖的补贴，这些补贴很有可能引发其他WTO成员方对我国提起反补贴指控。事实上，已经有国家向我国发起反补贴指控和调查，例如，加拿大、美国就已经先后多次对我国发起反补贴的立案调查。继反倾销问题之后，我国出口产品面临着新的挑战。我们应当看到，随着国际贸易领域的竞争日趋激烈，国与国之间的贸易摩擦日益频繁，补贴与反补贴的问题已逐渐成为国际贸易领域中需要研究的重要问题。2001年11月26日中华人民共和国国务院令第329号颁布了《中华人民共和国反补贴条例》，自2002年1月1日起施行。2004年3月31日《国务院关于修改〈中华人民共和国反补贴条例〉的决定》对《反补贴条例》作了修订。

第六节　保障措施

一、保障措施的概念

保障措施（Safeguard Measures），又称紧急措施。GATT1994第19条对保障措施作了明确规定：如果因无法预见的情况和因一缔约方承担了GATT协议项下包括关税减让在内的义务的影响，导致任何产品进口到该缔约方领土内的数量大量增加，并且对该缔约方领土内相同产品或者与该产品有直接竞争关系的产品的国内生产商造成严重损害或严重损害的威胁的，该缔约方有权在防止或补救此种损害的必要的限度和时间内，针对该产品全部或部分地中止其减让义务，或撤销、修改其减让义务。

保障措施是目前WTO框架内允许各成员方在一定条件下采取的旨在保护和调整本国市场和产业，使本国市场和企业免受大量进口产品有害冲击的一种临时限制进口的保护性贸易措施。英文中有一个很形象的表达："escape clause"。应该说，保障措施是情势变迁原则在国际贸易领域中的具体运用和体现。它是在国际贸易中的公平贸易状态下，进口国政府针对那些始料未及但又确实危害到本国经济和产业的进口产品所采取的一种紧急限制进口的手段。实践中，各进口国所采取的保障措施主要有：对相关进口产品采取数量限制或提高进口关税，其目的是以此来削弱外国进口产品在本国市场上的竞争力，从而使本国相同产业免受外国产品的有害冲击。

我国于2001年11月26日颁布了《中华人民共和国保障措施条例》（国务院令第330号公布，2004年3月31日《国务院关于修改〈中华人民共和国保障措施条例〉的决定》修订）。

二、WTO保障措施协议及其主要内容

保障措施是一国采取的一种紧急限制进口的措施，明显具有对一国境内市场和产业的保护

和防御功能，因此，保障措施的运用不当或者滥用势必会在国际贸易中形成新的贸易壁垒，极易成为推行贸易保护主义的工具。为了防止 WTO 各成员方对保障措施的滥用，建立并加强对保障措施实施的多边约束，乌拉圭回合谈判在成员方之间达成了 WTO 保障措施协议，对 WTO 各成员方实施保障措施的前提条件和原则作出了统一的严格规定。

（一）实施保障措施的前提条件

为加强对成员方保障措施实施的多边控制，以防止保障措施的滥用，WTO 保障措施协议对各成员方实施保障措施规定了较为严格的前提条件，各成员方只有在同时满足这些条件的情况下才得以援引 GATT1994 第 19 条的规定对有关进口产品实施保障措施，否则就违反了 WTO 成员方义务。

1. 必须存在有关进口产品数量大量增加的事实。成员方采取保障措施的首要前提条件就是有证据表明某一正在进口的产品的数量在大量增加。值得注意的是，对这种进口数量的大量增加是有一定要求的。进口数量的大量增加应该是针对某种正在进口的产品，而且这种产品进口数量的大量增加是足够近期的、突然的和急剧的；同时，这种大量增加既包括正在进口的产品的绝对数量的增加，也包括进口产品的相对数量的增加。

2. 产品进口数量的大量增加必须是进口成员方在其承诺有关关税减让义务时无法合理预见的。也就是说，并不是因任何原因引起的产品进口数量的大量增加都可以满足成员方实施保障措施的前提条件。首先，协议要求产品进口数量的大量增加必须是由于一成员方承担了 GATT1994 协议项下的包括关税减让在内的义务造成的结果；其次，这种结果的发生必须是成员方在其承诺有关关税减让义务时无法合理预见的，是始料未及的。

3. 必须有损害事实的存在。实施保障措施的目的是防止或补救大量进口产品对进口国生产商造成的损害，因此，即便存在着进口数量大量增加的事实，但在进口成员方的国内相关生产商并没有遭受严重损害的情况下，进口成员方仍然不得援引 GATT1994 第 19 条实施保障措施。各成员方要想实施保障措施，就必须有事实证明进口成员方国内相关生产商遭受了严重损害或面临严重损害的威胁。所谓严重损害，应当理解为对进口国产业状况的重大、全面损害；所谓严重损害的威胁，应理解为明显迫近的严重损害。

4. 产品进口数量的大量增加与损害事实之间存在因果关系。虽然存在着进口数量大量增加的事实，也存在严重损害的事实，但是如果损害并非是进口数量大量增加所造成的，成员方仍然不得实施保障措施。只有根据调查，有客观证据证明有关产品进口数量的大量增加与进口成员方境内生产商遭受的严重损害之间存在因果关系的情况下，成员方才得以实施保障措施。如果国内生产商或产业遭受的严重损害是产品进口数量大量增加以外的因素造成的，则此类损害不得归咎于产品进口的增加。

（二）保障措施的实施原则

与反倾销措施不同，保障措施的实施所针对的并不是不公平的竞争行为，它所针对的是在公平贸易状况下，由于在进口国承担了关税减让义务之后发生了无法预见的情势而导致有关产品进口数量的大量激增，并对进口国相关产业造成严重损害的情形。而对于这种数量的激增及其造成的严重损害的结果，出口方并没有任何过错。因此，要求保障措施必须是在坚持公平合理的原则和维护WTO各成员方之间利益平衡原则的基础之上加以实施。按照WTO保障措施协议的有关规定，保障措施的实施必须遵循的具体原则有：

1. 保障措施应当在非歧视原则基础上加以实施。根据协议的要求，保障措施应当非歧视性地针对所有正在进口的某种产品加以实施，而不论产品来源于哪个出口成员方。也就是说，采取保障措施不允许实施方选择只针对来自某个或某几个出口国的产品实施，而对来自另一些出口国的相同产品不加以实施。保障措施的这一实施原则显然与反倾销措施的实施原则是不同的。反倾销措施是一种具有选择性的措施，它允许成员方有选择地只针对来自某个或某些出口成员方的进口产品发起反倾销调查，采取反倾销措施。

2. 保障措施的实施应当在合理的限度内。实施保障措施的根本目的是防止或补救进口产品数量的大量增加对进口成员方造成的严重损害或损害的威胁，因此协议规定，各成员方实施保障措施仅限于为了防止或补救国内相关生产商遭受的严重损害和对国内相关产业进行调整所必需的时间和限度之内，而不得超出必要的时间和限度。同时，协议要求成员方在保障措施的形式上应当选择为实现补救目标最合适和恰当的措施。

3. 对受到影响的出口成员方给予适当的贸易补偿的原则。从根本上讲，这是公平原则在处理WTO成员方之间贸易关系问题上的具体体现。如前所述，保障措施的实施所针对的并不是不公平的贸易竞争行为，其针对的是在公平贸易状况下，由于在进口国承担了关税减让义务之后发生了无法预见的情势，导致有关产品进口数量的大量激增，并对进口国造成严重损害。对此，出口成员方及其出口商并没有任何过错。如若进口成员方采取保障措施紧急限制进口，必然会不同程度地影响到其他出口成员方及其出口商的合法权益，打破成员方之间通过关税减让业已达成的利益平衡。这对于没有任何过错的出口成员方来讲显然是不公平的。因此，WTO保障措施协议规定，保障措施的实施方应当尽其努力对那些因其措施的实施而受到影响的出口成员方给予适当的贸易补偿，以维持成员方之间业已达成的关税减让义务的平衡和利益的平衡。同时，受影响的成员方有权要求与保障措施的实施方进行协商，就保障措施的实施给自己带来的不利影响共同商定适当的贸易补偿方法。贸易补偿的方式一般包括进口方对出口方在其他产品上作出一些让步，实行相等的关税减让，以弥补出口方的经济损失。如果实施方拒绝进行适当的贸易补偿，经WTO货物贸易理事会的同意和授权，受影响成员方有权采取报复措施——对措施的实施方中止实施其在其他WTO协议项下的关税减让或其他减让义务。

总之，为了加强多边贸易纪律，GATT1994第19条和WTO保障措施协议对成员方实施保障措施的前提条件和实施原则作出了统一和较为严格的规定。事实上，自WTO成立以来，曾先后有不少WTO成员方出于对本国市场和产业的保护，对有关进口产品实施了保障措施，但大多数成员方均由于其保障措施的实施或者没有满足协议规定的保障措施的实施条件，或者违反了协议规定的实施原则，而被WTO争议解决机构裁定违反WTO成员方义务，并建议取消措施的实施。这一点应当引起我们的充分注意。因此，认真研究和正确把握保障措施的实施条件和实施原则，对于我国在不断对外开放的过程中，合理运用保障措施有效地抵御和防范大量进口对我国经济和相关产业造成的负面冲击和损害，具有重要现实意义。

三、保障措施与反倾销措施的异同

（一）保障措施与反倾销措施之间的相同点

1. 保障措施与反倾销措施的立法目的相同。二者都是当前 WTO 多边国际贸易制度中允许各成员方设立并使用的用以调整本国对外贸易政策、维护本国经济安全的保护性措施。两项措施的作用都是通过限制进口，使本国相关产业免受外来的不良冲击和损害，保护本国市场和相关产业。

2. 二者在实施条件上有相同之处，即二者的实施条件都包括进口产品存在对进口国相同产品或直接竞争产品的国内生产商造成严重损害或严重损害的威胁的事实。如果没有严重损害或严重损害的威胁的事实，进口国是不可以采取反倾销和保障措施的。

（二）保障措施与反倾销措施的主要区别

尽管保障措施与反倾销措施之间具有一定的相同点，但是二者之间还存在显著的区别。这些区别具体表现在以下几方面：

1. 二者适用的范围不同。如前所述，保障措施是在公平的贸易状态下，进口国政府针对那些始料未及的，但是的确危害本国产业的进口产品所采取的一种限制进口的手段。此种情况下，出口商方面并没有任何过错。反倾销措施则不然。反倾销措施是在非正常贸易状态下，为了制止非正常的贸易行为所采取的贸易措施，即在出口商在进口国国内市场倾销其产品并对进口国国内产业带来实质性损害的情况下，进口国政府针对给本国相同产业造成损害的倾销产品所采取的一种保护性措施，以限制进口。此种情况下出口商是有倾销产品的过错的。

2. 二者要求的损害条件不同。尽管实施反倾销措施和保障措施都要求进口产品对进口国相同产业造成损害，但是，二者要求的损害程度是不同的。首先，保障措施要求的损害仅仅是严重损害和损害的威胁，并不包括实质性阻碍相同产业的建立；而反倾销措施要求的损害包括三方面，即实质性损害、实质性损害的威胁和实质性阻碍相同产业的建立。其次，尽管二者都要求有损害的事实，但二者要求损害的程度不同。保障措施要求的严重损害的程度要比反倾销措施要求的高。保障措施要求的严重损害的程度应当理解为对一成员方国内的产业状况的重大、全面减损，并且应该是明显迫近的严重损害，是足以使进口国的相关产业处于非临时性的极为困难或濒临破产的境地。而反倾销措施所要求的只是实质性损害，至于到什么程度才构成实质性损害，WTO 反倾销协议并没有具体规定。因此，反倾销措施要求的损害条件相对比较容易满足，而要满足保障措施所要求的损害要件则相对困难得多。

3. 反倾销措施只要求证明有倾销和损害的存在，以及二者之间的因果关系；而保障措施则不仅要求证明产品的进口数量激增与进口国相同产业严重损害之间存在因果关系，同时要求证明这种大量进口是进口成员方承担了关税减让义务之后所产生的，而且这种由于进口数量激增而遭受的严重损害必须是在承担关税减让义务时所不能预见的。也就是说，需要证明损害的后果是无法预见的。可见，保障措施对损害要件的要求更加严格，并不是说只要存在严重损害的事实，就满足保障措施对损害要件的要求。保障措施所要求的损害必须是由于保障措施协议当中所规定的原因引起的。因此，一定意义上说，保障措施实施方负有更多的举证责任。

4. 二者适用的原则不同。反倾销措施是允许进口国有选择性地针对某一个或多个出口国的出口商的倾销产品采取的措施，它并不要求在无歧视原则的基础上对所有出口国的产品加以实施；保障措施则不然，根据WTO保障措施协议的要求，保障措施的实施必须无歧视性地针对所有某一正在进口的产品实施，而不考虑其来源于哪个出口国。

5. 二者采取的救济措施不同。反倾销措施是以征收反倾销税的形式为主；而保障措施的救济方法则有多种形式，比如进口国提高关税，对进口产品实施关税配额，或者采取数量限制等。

6. 二者实施的目的和后果不同。反倾销措施的目的是抵制和防止出口商的倾销行为，征收反倾销税是为了抵消倾销给本国带来的损害，因此反倾销措施的实施事实上是进口国对出口商倾销行为的还击。而在实施保障措施的情况下，保障措施的实施方（即进口国）在实施保障措施以后一般负有向受该措施影响的出口方（即出口国）给予经济补偿的义务。这是因为，保障措施所针对的是在公平贸易状况下的产品进口数量激增所导致的对本国相关产业的损害，此时，出口商对进口数量的激增并不存在任何过错；同时，由于保障措施必须是在最惠国基础上实施，所以进口国一旦实施保障措施，必然会对相同产品的所有出口商造成不同程度的贸易损害，影响所有出口国的正当利益，这对于没有过错的出口国或出口商是不公平的。因此，WTO保障措施协议要求实施保障措施的各成员方应当努力在它与可能受该措施影响的出口成员方之间，通过贸易补偿的方式维持在GATT1994项下关税减让后达成的利益平衡，并且规定了有关成员方可以就该措施的实施对其贸易产生的不利影响商定一定的贸易补偿方式。可见，保障措施实施的后果在这一点上与反倾销措施的实施后果是很不同的。

问题与思考

1. 简述关税的概念、作用、种类以及关税的征收。
2. 简述非关税措施的概念、作用及主要制度。
3. 简述我国对外贸易管理的具体制度和措施。
4. 简述WTO多边贸易规则对成员方政府对外贸易管理的制约。
5. 简述倾销与反倾销的概念。
6. 简述采取反倾销措施的前提条件。
7. 简述反倾销的主要措施及其实施原则。
8. 简述补贴及补贴的种类。
9. 简述反补贴的概念以及采取反补贴措施的前提条件。
10. 简述保障措施的概念、实施保障措施的前提条件和应当遵循的原则。
11. 试比较反倾销、反补贴、保障措施之间的区别与联系。

第三编

国际投资法

第九章

国际投资法概述

本章概要

始于资本主义发展时期的国际投资，在第二次世界大战后得到迅猛发展。跨国公司取代国家成为国际投资的主体，国际直接投资成为国际投资的主要方式。国际投资推动国际经济的进一步发展。国际投资法以国际直接投资为调整对象，其核心是国际投资保护和投资自由化，是有关国际投资的国内法律和国际法律构成的独立法律体系。

关键术语

国际投资　国际直接投资　国际证券组合投资　国际投资法　TRIMs

第一节　国际投资概述

国际投资是国际经济的重要组成部分。国际直接投资增加了资本存量，促进了人力资本积累，加速了东道国的技术进步。[①] 2002 年《蒙特雷共识》中指出国际投资对于经济持续增长以及最终减少贫困具有重要意义。[②] 本节简要介绍国际投资的概念、种类、现状和主要形式。

一、国际投资的概念和种类

国际投资相对于国内投资，是国际资金流动的一种基本形式，也是国际经济合作的重要组成部分。[③] 解决投资争议国际中心（ICSID）认为投资的要素包括：投资者的投入、履行合同

---

① See Xiaolun Sun，“Foreign Direct Investment and Economic Development，What Do the States Need To Do?”，http：//unpan1. un. org/intradoc/groups/public/documents/un/unpan006348. pdf.

② 参见联合国《发展筹资问题国际会议的报告》，A/conf. 198/11，第 20 段，见 http：//unctad. org/ch/docs/aconf198d11 _ ch. pdf。

③ 参见姚梅镇：《国际经济法概论》，362 页，武汉，武汉大学出版社，1989。

持续一定时间、承担交易风险和取得利润，以及对投资东道国经济发展的贡献。[①] 广义的国际投资包括国际直接投资和国际间接投资，狭义的国际投资仅指国际直接投资。

根据投资主体，国际投资可以分为国际私人投资和政府投资。政府投资的主体包括政府、国有企业和官方投资基金（包括主权基金）等。[②]

根据外国投资者是否控制企业的经营活动，国际投资可以分为国际直接投资和国际间接投资。国际直接投资，又称股本投资，是指一国私人（包括自然人和法人）在外国投资经营企业，直接或间接控制其投资企业的经营活动。[③] 经济合作与发展组织（OECD）认为，"外国直接投资是一个国家的居民（直接投资者）在其所在国之外的另一个国家的居民（直接投资企业）进行的以获得持久利益为目的的活动。持久利益的含义是直接投资者和企业之间存在一种长期的关系，直接投资者对企业的经营有重大的影响"[④]。国际货币基金组织（IMF）在《国际收支手册》中也强调了直接投资者与投资企业之间的持久利益，并指出直接投资者寻求对投资企业的管理进行有效控制或重大影响。[⑤] 直接投资者一般应在投资企业直接或者间接持有10%或以上的投票权。[⑥] 国际间接投资不寻求对投资企业的有效控制或重大影响，主要方式是国际证券组合投资、国际贷款等。国际证券组合投资是指投资者选择各种证券资产而形成的投资组合。与国际直接投资相比，在投资性质上，国际直接投资是生产资本的投入，国际证券组合投资的目的是金融资产的投入；在资金流量上，国际证券组合投资的资金净流入较国际直接投资更多；在投资者特征上，国际直接投资者记名，而国际证券组合投资中投资者对证券发行者（可能是企业）来说往往是不记名的；在投资回报方式上，国际直接投资中投资者具有长远利益，参与和控制投资企业的经营管理，而国际证券投资者不参加投资企业的经营管理，仅以其持有和交易证券获得收入；在退出机制上，国际直接投资者由于涉及股权变动相对较难退出，国际证券组合投资工具（外国公司的股票、债券或其他票据）具有流动性，证券组合投资者较易退出。[⑦] 随着国际金融市场的发展和金融工具创新，国际证券组合的交易范围不断扩大。

二、国际投资的主要形式

在19世纪早期，国际投资的主要形式是间接投资，通过贷款和政府债券在国际市场募集

---

① Salini Costrutorri S. P. A and Italstrade S. P. A v. Kingdom of Morocco (Decision on Jurisdiction), 42 ILM 609 (2003), para. 52, HeinOnline—42 Int''l Legal Materials 610 (2003) .

② See Shima, Y. (2015), "The Policy Landscape for International Investment by Government-controlled Investors: A Fact Finding Survey," OECD Working Papers on International Investment, 2015/01, OECD Publishing. 尽管在该报告研究的1 813个双边投资协定和自由贸易协定中，有84%的协定未明确区分私人投资和政府投资，但是近年来签订的投资协定显示出双边投资协定除规范私人投资外也规范政府投资的趋势。

③ 参见陈安主编：《国际投资法》，2页，厦门，鹭江出版社，1987。

④ OECD Benchmark Definition of Foreign Direct Investment, Third Edition, 1999, pp. 7-8, http://www.oecd.org/daf/inv/investment-policy/2090148.pdf.

⑤ See International Monetary Fund, Balance of Payments, para. 177, 320, 359, http://www.imf.org/external/np/sta/bop/BOPman.pdf; Balance of Payments and International Investment Position Manual (Six Edition/BPM6), para. 6.4, 6.8-6.13, http://www.imf.org/external/pubs/ft/bop/2007/pdf/bpm6.pdf.

⑥ Id., para. 6.12.

⑦ Balance of Payments and International Investment Position Manual (Six Edition/BPM6), para. 6.56.

资金。19世纪中期开始，通过对铁路、电报等基础设施以及自然资源的开发，国际直接投资不断增长。[①] 两次世界大战期间，资本流动收缩，组合证券投资崩溃。第二次世界大战后，跨国公司日益扩大，国际直接投资成为国际投资的主要形式。[②]

自1998年至2013年，国际直接投资总额增长近一倍。2012年发展中经济体吸收的直接投资首次超过发达国家。2013年全球直接投资达到1.45万亿美元。其中流向发达国家的直接投资达5 660亿美元，占全球流入量的39%；流向发展中经济体的直接投资达7 780亿美元，占全球流入量的54%；其余1 080亿美元流入转型期经济体。[③] 2014年全球直接投资降低至1.26万亿美元，其中流向发达国家的直接投资达5 110亿美元，占全球流入量的41%；流向发展中经济体的直接投资达7 000亿美元，占全球流入量的56%；流向转型期经济体的达450亿美元。[④]

随着国际经济一体化，国际投资形式不断创新。国际投资的主要形式包括：

1. 国际贷款。是指政府、国际组织、银行、其他经济组织与个人依据贷款协议向外国借贷人提供借贷资金，定期获得清偿。

2. 国际证券组合投资。是指外国投资者购买股票、债券等有价证券而取得相应收益并承担风险。

3. 独资经营。是指外国投资者依照东道国法律在东道国境内举办的全部投资为外国资本的公司或非公司实体，由外国投资者独立经营、自负盈亏。

4. 合资经营。是指外国投资者与东道国投资者依照东道国法律在东道国境内举办公司或非公司实体，由各投资者共同出资设立，共同经营，共担风险，共负盈亏。

5. 合作经营。是指外国投资者与东道国投资者依照东道国法律在东道国境内设立公司或非公司实体，并依据投资合同中的约定承担出资义务、经营义务和分享风险与收益。

6. 并购外国企业。是指外国投资者依照东道国法律，购买东道国境内公司或非公司实体的部分或全部股权、资产，或者通过协议控制该境内公司或非公司实体，并承担相应的风险和获得收益。

7. 合作开发自然资源。是指外国投资者单独或联合参与东道国自然资源开发项目，各投资者按照合同约定承担投资义务和分享风险与收益。

其中，新设独资经营企业、合资经营企业、合作经营企业又被称为“绿地投资”，即外国投资者依据东道国法律在东道国境内设立部分或全部资产所有权属于外国投资者的企业。而跨国并购外国企业的方式又被称为“褐地投资”。

绿地投资中可能包含国际技术转让；国际技术转让也是国际技术贸易的一种形式。

---

① See R. Doak Bishop, James Crawford, W. Michael Reisman, Foreign Investment Dispute, Cases, Materials and Commentary, Kluwer Law, 2005, pp. 2-3.

② Organization for Economic Co-operation and Develop, International Investment Law: Understanding Concepts and Tracking Innovations: A Companion Volume to International Investment Perspectives, OECD Publishing, 2008, p. 47.

③ 联合国贸易和发展会议：《世界投资报告2013：全球价值链：投资和贸易促进发展》，见http：//unctad. org/en/Publications Library/wir2013overview _ ch. pdf。贸发会议将中国作为发展中经济体予以统计，转型期经济体则包括俄罗斯、前独联体国家和格鲁吉亚。

④ Global Investment Trends in 2014 and Prospects for 2015, http: //unctad. org/en/pages/newsdetails. aspx? OriginalVersionID=920&Sitemap _ x0020 _ Taxonomy=UNCTAD%20Home.

8. 其他形式。国际投资还可以采取其他形式，如用于基础设施建设的 BOT。BOT 即“建设—经营—转让”，是指政府通过特许权协议，在规定的时间内，将项目授予由外商为特许权项目成立的项目公司，由项目公司负责该项目的建设和运营，至合同期届满时项目公司将该项目移交给政府。BOT 往往同时包含国际贷款、国际证券组合投资、合资经营、国际工程承包和技术转让，是公私合作伙伴关系（PPP）的一种类型。

第二节　国际投资法概述

一、国际投资法的概念、特征及发展

（一）国际投资法的概念和特征

国际投资法是国际经济法的重要分支，是调整国际私人直接投资关系的国内法规范和国际法规范的总称。国际投资法具有以下特征：

1. 国际投资法仅调整私人投资关系。国际投资法调整的投资主体主要是指自然人、公司或非公司实体。国际投资法一般不调整政府投资，但是政府、国有企业和官方投资基金（包括主权基金）参与私人投资活动，非行使公权力而以商业为基础时，可以等同于私人投资对待。

2. 国际投资法仅调整直接投资关系。国际投资法不调整间接投资关系。国际间接投资关系适用与具体投资形式有关的法律，如国际证券组合投资适用公司法、证券法、票据法等，国际贷款适用合同法、国际组织法、国际贷款协定等。

3. 国际投资法调整的国际私人直接投资关系既包括国内关系，也包括国际关系。国际投资法调整外国投资者与东道国政府、外国投资者与本国、外国投资者母国与东道国之间的关系，内容包括国际投资保护、鼓励、限制，是国内法规范和国际法规范的总称。

（二）国际投资法的发展

国际投资法随着国际投资的发展而发展，其核心是国际投资保护和投资自由化。从早期美国推行的友好通商航海条约到 20 世纪 60 年代德国推动的欧洲式专门化的双边投资条约，以及各个多边投资条约和文件的起草尝试，都体现了发达国家和发展中国家围绕经济主权在创建国际经济新秩序的过程中不断博弈。

传统国际法对国际投资的保护主要依据国家责任，即国家对其国际不法行为承担责任。1930 年国际联盟曾试图就外国人在东道国领土中造成的人身及财产损失产生的国家责任起草条款，但之后认为时机未成熟而放弃。1948 年《关于建立国际贸易组织的哈瓦那宪章》试图规范外国投资保护和待遇，但由于该条约最后未能通过也告失败。

此后，1949 年国际商会（ICC）《关于外国投资公平待遇的国际法典》、1949 年国际法协会（ILA）《外国投资仲裁庭和外国投资法院规约草案》、1959 年《阿布斯/肖克罗斯外国投资公约草案》、1961 年《国家侵害外国人之国际责任公约草案》、1961 年 OECD《资本移动自由化法典》和《无形交易自由化法典》、1967年OECD《保护外国人财产公约草案》等文件对国际投资提出规范建议，并在不同程度上影响了双边投资协定和东道国国内法。[①]

在推动投资自由化方面，世界银行、经合组织积极推动国际投资保护的一致规则。1992年，世界银行制定了《外国直接投资待遇指南》，希望通过提出被普遍接受的国际标准补充双边投资条约。1998年经合组织提出了一个多边投资协定（MAI）草案，但未能在经合组织成员国中达成一致，也没有发展中国家的参与。

WTO创设了调整贸易和投资的多边体制，极大地推动了投资自由化。但是WTO对于投资的规范比较有限，对投资保护的规定比较原则。

1982年美国以加拿大《外国投资审查法》中的某些规定违反GATT为由，向GATT专家组提起诉讼。专家组确认国内投资措施可能对贸易有消极影响，从而促成乌拉圭回合达成《与贸易有关的投资措施协定》（TRIMs）。TRIMs是世界贸易组织框架内第一个直接规范投资措施的文件。

投资措施可划分为"与贸易有关的"和"与贸易无关的"。TRIMs规定WTO成员不得实施与GATT1994第3条（国民待遇）和第11条（一般取消数量限制）不符的"与贸易有关的"投资措施，无论该措施是国内法或行政命令项下的强制性的措施，还是虽非强制性但是为取得优势地位所必需的措施。TRIMs在附录的解释性清单中明确禁止五种投资措施，分别是当地成分要求、贸易平衡要求、通过贸易平衡手段限制进口、通过限制获取外汇的手段来限制进口和出口限制。自1996年至2014年，WTO已有40起案件涉及TRIMs。如美国诉印度汽车产业影响贸易和投资措施案（DS175）中，美国认为印度进出口政策文件中对汽车企业进口汽车整车和零部件进行当地成分要求和贸易平衡要求违反TRIMs。阿根廷诉欧盟和西班牙有关生物柴油进口措施案（DS443）中，阿根廷认为西班牙部长令中为达到欧盟规定的可再生能源目标而实施的进口数额分配违反TRIMs。

此外，《服务贸易总协定》（GATS）规范成员国服务业的市场准入和经营运作也涉及国际投资。在中国影响某些出版物和视听娱乐产品的贸易权和分销服务的措施案（DS363）中，专家组认定中国禁止外商投资以电子形式从事录音制品分销服务以及对外商投资企业经销录音录像制品方面的限制措施违反GATS。中国随后修改了相应国内法。在中国影响金融信息服务和外国金融信息服务商的措施案（DS372，DS373和DS378）中，欧盟、美国和加拿大提出中国要求外国金融信息提供者必须由新华社批准经营，并在2007年《外商投资产业指导目录》中将其列为禁止投资的服务门类，违反了中国在该领域的市场准入承诺。最终中国与加拿大、美国和欧盟签署谅解备忘录，允许外国金融信息服务商设立正常的商业存在，并将原新华社监管金融信息服务商的职权移交给一家独立监管机构。在美国诉中国部分影响电子支付服务的措施案（DS413）中，专家组认定中国部分影响电子支付的措施营造了有利于银联的竞争条件，没有给予其他电子支付供应商以国民待遇，违反了GATS和中国"入世"承诺。

同时《与贸易有关的知识产权协定》（TRIPs）和《补贴与反补贴措施协定》也对WTO成员国的国内外资法产生影响。

---

① 参见刘笋：《国际投资保护的国际法制——若干重要法律问题研究》，19～36页，北京，法律出版社，2002。

二、国际投资法的渊源和体系

国际投资法的渊源是指国际投资法的各种具体表现形式。国际投资法是由有关国际投资的国内法和国际法构成的独立的法律体系。

1. 国内法方面的渊源。按照资本流向，国内法包括资本输入国的外国投资法律和资本输出国的对外投资法律。资本输入国的外国投资法律规定资本输入国政府、外国投资者、外商投资企业关于投资的权利和义务，一般包括市场准入、外国投资者待遇、征收或国有化和投资争议解决等内容。资本输出国的对外投资法律主要规定税收优惠和海外投资保险等内容。

2. 国际法方面的渊源。包括双边投资条约、区域性多边条约和世界性多边条约、国际惯例和联合国大会决议。联合国大会通过的 1962 年《关于自然资源之永久主权宣言》、1974 年《建立新的国际经济秩序的行动纲领》和《各国经济权利和义务宪章》体现了国际社会对国家经济主权的法律确信，是资本输入国对外国资本实行征收或国有化的国际法依据之一。

课堂讨论案例

（一）基本案情

2009 年 5 月，加拿大安大略省出台《绿色能源及绿色经济法》，鼓励发展可再生能源发电，规定符合条件的可再生能源供应商可以在 15～20 年内以固定价格出售电力。省电力局随后出台政策（可再生能源回购计划，FIT），规定风力发电设备的本地成分率应达到 25%，并在一定期限后提高到 60%。除该项要求外，加拿大政府还出台了政府采购优惠、减税和补贴等激励手段以及设定可再生能源配额标准和目标。

2010 年 9 月 13 日，日本就上网电价计划的本地成分要求与加拿大提出磋商。

2011 年 10 月 6 日，争端解决机构就日本与加拿大之间的争议建立了专家组。2012 年 12 月 19 日，专家组发布了报告。2013 年 2 月 5 日，加拿大向上诉机构上诉。2013 年 2 月 11 日，日本也提出了上诉。2013 年 5 月 24 日，上诉机构报告获得通过。

（二）上诉机构的裁决及理由

本案涉及两种产品（发电设备和电力）和一项措施（FIT 措施）。

上诉机构认为由于安大略省未被加拿大列入适用《政府采购协定》的次中央实体清单，因而安大略省购买可再生能源发电不符合 GATT 第 3 条第 8 款（a）所规定的政府采购不适用 GATT 的例外。

对发电设备提出的当地成分要求违反了 GATT 第 3 条第 4 款规定的国民待遇。

FIT 措施是与投资有关的措施，其仅收购符合当地成分要求的风力发电，违反了 TRIMs 第 2 条第 1 款。该款规定："在不妨碍 GATT1994 中其他权利与义务的前提下，成员方不得使用任何与 GATT1994 第 3 条或第 11 条规定不相符合的与贸易有关的投资措施。"TRIMs 以"附件列示清单"的形式规定违反 GATT 第 3 条国民待遇原则的具体投资措施，包括："(a) 要求企业购买或者使用国内产品或者任何来源于国内的产品，包括规定使用特定产品、规定数量或价值，或者规定使用当地产品的比例；(b) 要求企业购买或使用进口产品限制在与使用当地产品的数量或价值相当的水平。”TRIMs以“附件列示清单”的形式列举了违反普遍取消数量限制义务的具体投资措施，包括：“(a) 普遍限制企业用于当地生产或与当地生产有关的进口…… (c) 限制企业产品出口或供出口产品的销售，包括规定特定产品、规定数量或价值，或者按照当地产品的数量或价值确定比例。”

尽管TRIMs第3条规定GATT1994项下的所有例外均应酌情适用于该协定，但是加拿大未能证明FIT措施符合GATT第20条规定的“危及人类生命健康”或“可用竭的自然资源”例外。并且，作为诸边协议《政府采购协定》的缔约方，即使安大略省被加拿大列入适用该协定的次中央实体，《政府采购协定》也明确规定了政府采购外国产品的非歧视待遇，因此对发电设备的当地成分要求也不符合《政府采购协定》。加拿大辩称的对发电设备进行当地成分要求也不符合基于“公共利益”的非歧视待遇的例外。

请结合本章内容，回答下列问题：

1. 为什么不能要求发电设备必须是国内产品？

2. 如果加拿大为鼓励本国风电产业，规定向国内投资企业收购的电价高于向外国投资企业收购的电价是否违法？

3. 环境保护与投资是什么关系？

问题与思考

1. 比较国际直接投资和国际证券组合投资。

2. 简述国际投资法的概念、特征和渊源。

3. GATT与TRIMs之间是什么关系？

4. 如何理解TRIMs规定的国民待遇和取消一般数量限制？

第十章

资本输入国的外国投资法制

本章概要

投资是拉动经济增长的三驾马车之一。资本输入国为吸引和利用外资，实现本国产业政策及防止外资对国家安全和经济利益产生消极作用，其外国投资法的主要内容包括投资者权利义务和对外资的鼓励、保护和管制。我国自改革开放以来，根据自身经济发展的阶段和特点，作为主要资本输入国，制定和形成了以“三资企业”法为主体的外资法体系，为市场经济的建设提供了重要的法律保障。

关键术语

中外合资经营企业　中外合作经营企业　外资企业　外商投资股份有限公司　外商投资合伙企业　外资并购　股权并购　资产并购　协议控制　安全审查　反垄断审查　经营者集中

第一节　外国投资法概述

一、外国投资法的概念和立法特点

外国投资法是指资本输入国制定的关于调整外国私人直接投资关系的法律规范的总称。主要内容包括投资者权利义务，以及对外资的鼓励、保护和管制。

各国对外国投资进行规范的法律名称不一，立法技术不同。大致可分为三种立法体制和形式[①]：

第一，统一法模式。制定比较系统的、统一的外国投资法典或基本法作为主要调整规范，以其他涉及外国投资法律关系的法律和法规为辅助规范。如墨西哥 1989 年《外国投资法》规

① 参见余劲松主编：《国际投资法》，4 版，121～132 页，北京，法律出版社，2014。即使发达国家多采用第三种分散模式调整外国投资，其对于外资的管制也在加强，如美国 2007 年《外国投资和国家安全法》专门规定了对外国投资的安全审查机制。

定，国家外国投资委员会负责审查和批准资本要求、固定资产投资、非墨西哥资本的融资形式、环境要求、就业创造计划、出口平衡、收购新技术、对较不发达地区投资等。再如印度尼西亚 1967 年《外国投资法》、加拿大 1985 年《投资加拿大法》、缅甸 1988 年《外国投资法》、俄罗斯 1999 年《俄罗斯联邦外国投资法》。

第二，专门模式。没有制定统一的外国投资法典或基本法，而是区别内资与外资，通过多个专门的有关外资的单行法规共同调整外国投资。如我国主要以《中外合资经营企业法》、《中外合作经营企业法》、《外资企业法》作为特别法，以《公司法》作为一般法适用于外国投资。为适应投资趋势变化和改变分散调整中的不便，我国起草的《外国投资法（草案）》正在征求意见过程中。

第三，分散模式。未制定专门的外国投资法典或基本法，而是通过一般国内法律、法规来调整外国投资关系及其活动。如澳大利亚 2001 年《公司法》和 1975 年《外国收购和接管法》、德国 1961 年《外贸和支付法》、印度 1999 年《外汇管理法》、日本 1949 年《外汇和外贸管理法》。再如阿联酋对外国投资适用 1981 年《代理法》和 1984 年《公司法》，而英国对外国投资和内国投资统一适用 2002 年《企业法》。①

外国投资法的立法模式应当适应本国经济发展状况，并没有绝对的优劣之分。随着国家对经济的管理和调控政策的改变，外国投资法立法模式也会进行调整。如越南通过 2006 年《投资法》取代了 1996 年《外国在越南投资法》，《投资法》同时适用于越南境内投资者和外国投资者在越南境内的投资以及越南对外投资。

二、外国投资法的基本内容

外国投资法的主要内容包括：外国投资者和外国投资的定义；外国投资的范围、比例和期限；外国投资的审批和程序；外国投资者的待遇；资本和利润的汇出；征收及补偿；投资争议解决等。②

1. 外国投资者和外国投资的定义。外国投资者一般按照国籍区分。也有国家通过定义外国投资，然后再定义从事该项投资的主体为外国投资者。根据各国国内法，国籍一般以公司注册地来确定。外国投资的范围比较广泛，从境外输入的任何形式的资本为外国投资，包括动产、不动产、知识产权、特许权等。对于外国投资主要有三种定义方式：以资产为基础进行定义；以企业为基础进行定义；以交易为基础进行定义。

2. 外国投资的范围、比例和期限。外国投资的范围是指东道国允许外国投资的行业和部门，体现了东道国的产业政策和国民经济安全考虑。在东道国允许的投资范围内，一般给予外国投资者国民待遇或最惠国待遇。对于外国投资的范围和比例的规定，可以采取正面清单和负面清单两种模式。负面清单是指凡是针对外国投资的，与国民待遇、最惠国待遇不符的管理措施或业绩要求、当地成分要求或其他管理措施均以清单方式列明。投资比例是指合营企业中外国资本的持股比例。对

---

① United States Government Accountability Office，Foreign Investment，Laws and Policies Regulating Foreign Investment in 10 Countries，GAO－08－320.

② 参见 UNCTAD-OECD 对 G20 国家发布的投资措施报告，见 http：//unctad.org/en/pages/newsdetails.aspx?OriginalVersionID＝674&Sitemap＿x0020＿Taxonomy＝Investment and Enterprise；＃607；＃International Investment Agreements (IIA)；＃20；＃UNCTAD Home。

于持股比例，有的只规定上限，有的只规定下限，还有的既规定上限也规定下限。除了市场准入范围和持股比例外，一些国家还根据不同行业和部门对外国投资期限作出规定。

3. 外国投资的审批和程序。根据国家经济主权，东道国或其授权机关有权按照本国的法律、政策和特定时期的经济发展水平或目标，依据一定标准和程序对外国投资进行审批。东道国对于外国投资进行审批主要有三种做法：一般审批制度、个别审批制度和公告审批制度。一般审批是指东道国对境内的外国投资一律进行审批的制度。个别审批制度是指东道国只对特殊的外国投资者或者外国投资进行审批。公告审批制度是指划分审批领域并进行公告，只对所公告的领域内的外国投资进行审批。

对外国投资的审批可以分为程序性审批和实质性审批。程序性审批是指东道国仅对所要求文件是否在形式上齐备进行审查。实质性审批是指东道国还对所要求文件是否在实质上符合东道国经济和社会整体利益进行审查。审批标准包括积极标准和消极标准。积极标准是审批机构鉴定外资积极作用的标准，外国投资者满足其中一项或几项条件，即可予以批准。消极标准是指不予批准的外国投资的条件。

东道国对外国投资审批包括产业政策审查、反垄断审查、国家安全审查、环境影响评估审查等。产业政策审查是指东道国对外国投资是否符合其产业政策进行审查。反垄断审查是指东道国对外国投资对国内产业竞争秩序和产业结构的影响进行审查。国家安全审查是指东道国对外国投资者是否为外国政府拥有或者控制、外国投资的行业和部门以及具体交易对社会和国民经济安全的影响进行审查。环境影响评估审查是指东道国对外国投资对各种环境因素和生态系统的影响和风险进行审查。

4. 外国投资者的待遇。各国对外国投资者给予的待遇不同，一般有国民待遇标准或最惠国待遇标准。即使是对于国民待遇原则，各国给予的程度也不同，并包含例外。如 OECD 国家中在普遍实行国民待遇的同时，美国、德国、法国均对航空运输业规定了外资比例和其他准入要求或履行要求。①

5. 资本和利润的汇出。外国投资者可将其在东道国的投资和获得的利润，兑换成资本输出国本国货币或者其他可以自由兑换货币，按照东道国的外汇管理制度的规定汇出东道国。

6. 征收及补偿。主权国家有权基于公共利益对其领域内的私人财产和外国财产进行征收，在特定情况下将外国投资收归国有。但是对于征收的补偿标准，发达国家和发展中国家存在分歧。美国国务卿赫尔在 1938 年给墨西哥政府的信中，明确提出实行国有化的国家应按照“充分、有效和及时”的方式赔偿给外国投资者造成的一切损失，即在赔偿数量上应是完全的，即赔偿实施征收时的全部价值；在支付方式上，以外国投资者接受的货币自由汇出；在支付时间上，赔偿支付不得拖延。而 1962 年《关于自然资源之永久主权宣言》和 1974 年《各国经济权利和义务宪章》都规定补偿标准是“适当补偿”。

7. 投资争议解决。东道国对境内投资享有属地管辖权，投资者母国享有属人管辖权。外国投资者也可以将其与东道国投资者之间的争议、与东道国之间的投资争议提交仲裁或按照其

---

① See OECD, National Treatment for Foreign-Controlled Enterprises, Including Adhering Country Exceptions To National Treatment, 2013, http://www.oecd.org/daf/inv/investment-policy/national-treatment-instrument-english.pdf.

他约定的方式解决。

三、我国外资立法的特点与《外国投资法》草案

（一）我国外资立法的特点

自1979年颁布实施《中外合资经营企业法》以来，我国已经形成以《中外合资经营企业法》、《中外合作经营企业法》和《外资企业法》（合称“三资企业法”）及其实施条例/细则为主体的专门的外资法体系。[①] 三资企业法的实施，不仅为吸引外资进行经济建设作出重要贡献，而且推动了我国的现代企业制度和法人治理结构的建立。我国《公司法》于1994年7月1日起实施，晚于三资企业法。

随着市场经济的建设，我国外资立法不断完善，包括了大量的行政法规、地方性法规、部门和地方政府规章、规范性文件。从立法层级看，包含三个层次。一是宪法性规范。《宪法》第18条明确规定了利用外资举办企业的形式，并规定外国投资和外国投资者的合法权益受中国法律保护。二是单行法律规范。如三资企业法及其实施条例或实施细则、《对外合作开采海洋石油资源条例》、《对外合作开采陆上石油资源条例》、《中外合作办学条例》、《外资银行管理条例》等。三是地方性法规。如《中国（天津）自由贸易试验区管理办法》。从发展阶段上看，1995年原国家计委、国家经贸委和对外贸易经济合作部联合发布的《指导外商投资方向暂行规定》和《外商投资产业指导目录》，以及2001年12月11日加入WTO具有划阶段的意义。前者标志我国外资政策更加灵活与开放，同时大量部门规章和规范性文件的颁布使我国外资法呈现纷繁、复杂的特点。后者标志我国进一步融入全球资本市场，将国际投资条约义务转化为国内法，外资立法更加积极地从促进、鼓励变为管理外资。

自1982年我国与瑞典签订第一个双边投资协定，截至2012年5月，我国同163个国家和地区建立了双边经贸合作机制，同129个国家签署双边投资保护协定。2014年，中国与日本和韩国签订《关于促进、便利及保护投资的协定》，与加拿大签订《中加投资保护协定》。中美双边投资协商不断推进，预计2015年年内将达成中美双边投资协定的负面清单。而《中欧双边投资协定》谈判也在进行中。

（二）《外国投资法》草案

在加入WTO后，为适应社会主义市场经济的快速发展和提高吸收外资质量，并为履行国际投资条约义务，我国外资立法出现了从“以外资经营阶段为管理重心模式”向“以外资准入阶段为管理重心模式”的转型。[②] 鉴于以三资企业法为主体的外资立法框架缺乏系统性，三资企业法与其他法律双轨制存在的弊端，原有的以企业形式为基础进行的管理模式已经不能满足我国由资本净流入国向资本净输出国的转变，也不能体现我国境内外投资监管的视野和格局，商务部在2015年1月公布了《外国投资法（草案征求意见稿）》（以下简称“外资法草案”）。

外资法草案共170条，分为11章，分别是总则、外国投资者和外国投资、准入管理、国家安全审查、信息报告、投资促进、投资保护、投诉协调处理、监督检查、法律责任和附则。

---

① 参见张翔宇：《中国外资法体系初探》，载《中国社会科学》，1985（5）。

② 参见徐崇利：《中国外资管理立法的转型》，载《法学家》，2004（4）。

其主要内容有：

1. 统一的外国投资管理制度

在企业组织形式上，将外国投资企业的设立、终止和法人治理结构等划归《公司法》和《合伙企业法》调整；不再保留中外合作经营企业的独有架构，不再限制外国投资者和境内个人设立合资企业；取消将25%作为享受外资企业待遇及其他优惠政策的统一门槛。

对外国投资行为统一管理，不再依据新设、收购、兼并、认购增资、换股等投资行为而适用不同的法律。

2. 注重投资实质

对投资者不再单一地按照其注册地或国籍来认定，而是重点考察“实际控制”因素。通过合同、信托等方式能够对企业的经营、财务、人事或技术等施加决定性影响的，均被认为构成实际控制，从而将中国企业在海外上市的红筹结构中使用的可变利益实体（VIE）的协议控制模式纳入监管。

3. 改变监管模式

在外资准入管理上，转变为准入前国民待遇加负面清单管理，外资主管部门仅对特别管理措施目录列明领域内的投资实施准入许可，审查对象由合资合同和章程转变为投资者和投资行为。

现行《外商投资产业指导目录》将外资准入分为鼓励类、限制类、禁止类和许可类，实际上任何一类外商投资均需取得商务部门的核准。2014年国家发展和改革委员会颁布的《外商投资项目核准和备案管理办法》已经将外商投资项目管理分为核准和备案两种方式。在此基础上，外资法草案进一步缩小了核准的范围，特别管理措施目录分为禁止实施目录和限制实施目录。同时，外资法草案规定了全面的信息报告制度，加强了对外商投资的事后管理。根据草案，投资者和外商投资企业要对投资实施、投资变化进行报告，年报、季报也要进行信息报告。

4. 安全审查

明确对任何危害或可能危害国家安全的外国投资进行审查，完善了国家安全审查要素、审查程序，明确了为消除、避免国家安全隐患可采取的措施，并规定对国家安全审查决定实行司法豁免，不得提起行政复议和行政诉讼。

外资法草案规定的安全审查加强和明确了我国对外商投资的监管。2011年2月《国务院办公厅关于建立外国投资者并购境内企业安全审查制度的通知》仅规定并购环节的安全审查。2014年《外商投资项目核准和备案管理办法》第7条仅是对外商投资进行安全审查的一般规定，没有规定具体程序。2015年4月国务院发布《自贸区外商投资国家安全审查试行办法》，规定对上海、广东、天津和福建自贸区试点进行外商投资安全审查的范围、内容、程序和机制。

第二节　中国外商投资企业法律制度

一、概述

（一）外国投资的范围

1986年10月国务院颁布《关于鼓励外商投资的规定》，重点鼓励生产型企业，并在税收、场地及水电等基础设施使用费、出口手续环节给予优惠。1995年6月颁布《指导外商投资方向暂行规定》以及《外商投资产业指导目录》，首次以法律形式明确外商投资的产业政策。2002年2月11日颁布《指导外商投资方向规定》取代暂行规定，并不断修订《外商投资产业指导目录》。

根据《外商投资产业指导目录》，外商投资产业目录分为鼓励类、限制类和禁止类，未列入目录的为许可类。目前执行的是《外商投资产业指导目录（2015年修订）》以及《中西部地区外商投资优势产业目录（2013年修订）》。根据目录，如社会调查、中国法律事务咨询（提供有关中国法律环境影响的信息除外）、义务教育机构，军事、警察、政治和党校等特殊领域教育机构等均为禁止外商投资的领域。投资者为港澳台地区或与中国签订了自由贸易区协定的国家或者地区，投资范围应符合相关协议。

对于外商投资某些行业，我国外资法通过行政法规、部门规章和规范性文件作出了特殊规定。如建住房［2006］171号《关于规范房地产市场外资准入和管理的意见》、外企指字［2007］25号《国家工商总局外资局关于外商投资直销企业登记管理有关问题的指导意见》、《外商投资商业领域管理办法》、《外资金融机构管理条例》、《外商投资广告企业管理规定》、《外商投资图书、报纸、期刊分销企业管理办法》、工信部联通［2010］308号《关于外商投资通信信息网络系统集成企业管理有关工作的通知》等。

此外，《外商投资准入管理指引手册》也是外商投资领域重要参考文件。

（二）外商投资企业设立的方式

外商投资企业的设立有两种方式：一是新设企业；二是对东道国现有企业进行兼并和收购。

我国外资法按照企业形式进行管理，包括中外合资经营企业、中外合作经营企业、外资企业和外商投资合伙企业。

（三）投资比例

中外合资经营企业、中外合作经营企业以及外商投资股份有限公司中，外商投资比例一般不得低于注册资本的25%。《外商投资产业指导目录》中明确“限于合资、合作”、“中方控股”和“中方相对控股”的，应从其规定。中方控股是指中方投资者在外商投资项目中投资比例之和为51%及以上。中方相对控股是指中方投资者在外商投资项目中的投资比例之和大于任何一方外国投资者的投资比例。

外商投资企业中投资总额与注册资本之间的差额应符合中国有关规定。投资总额是指开办外商投资企业所需的资金总额，即按其生产规模需要投入的基本建设资金和生产流动资金的总和。如果外商投资企业需要分期建设的，其投资总额应为各期建设需要投入的资金之和。注册资本是指为设立外商投资企业在工商行政管理机关登记的资金总额，即外国投资者认缴的全部出资额。注册资本应与外商投资企业的生产经营规模和范围相适应。1987年2月国家工商行政管理局发布《关于中外合资经营企业注册资本与投资总额比例的暂行规定》，规定中外合作经营企业、外资企业参照执行，具体内容如下：

投资总额	注册资本与投资总额的比例
≤300 万美元	至少 7/10
300 万美元＜投资总额≤1 000 万美元	至少 1/2；且 如果投资总额＜420 万美元，则注册资本 ≥210 万美元
1 000 万美元＜投资总额 ≤ 3 000 万美元	至少 2/5；且 如果投资总额＜1 250 万美元，注册资本 ≥500 万美元
＞3 000 万美元	至少 1/3；且 如果投资总额＜3 600 万美元，注册资本≥1 200 万美元

（四）外商投资企业准入后待遇

为解决经济社会发展长期面临的资本和外汇双重缺口的约束，我国自 20 世纪 80 年代以来积极鼓励吸引外资，给予外商投资企业在财税、土地价格、政府审批特惠、外汇收支平衡等方面各种优惠政策。1986 年 10 月 11 日发布的《国务院关于鼓励外商投资的规定》规定，产品出口企业和先进技术企业享受场地使用费优惠；符合条件的外商投资企业按照 15%的税率缴纳企业所得税；外国投资者将其从企业分得的利润在中国境内再投资符合条件的，全部退还其再投资部分已缴纳的企业所得税税款，外国投资者将其从企业分得的利润汇出境外，免缴汇出额的所得税；外商投资企业出口产品免征工商统一税；外商投资企业申领出口许可证程序简化；外商投资企业之间可以相互调剂外汇余缺。《外商投资企业和外国企业所得税法》（已失效）规定，对于生产型外商投资企业，经营期限在 10 年以上的，实行“三减两免”政策，即从开始获利的年度起，第一年和第二年免征企业所得税，第三年至第五年减半征收企业所得税。对于向属于鼓励类产业领域进行投资的外国投资者，其进口技术和设备可享受免征关税和增值税的待遇。

随着经济发展和进入 WTO 后进一步融入国际市场竞争，我国逐渐从资本输入国向资本互动型国家转变，未来或迈入资本输出国行列。相应地，对外资的超国民待遇逐渐取消。2008 年 1 月 1 日起施行的《企业所得税法》废止了《外商投资企业和外国企业所得税法》，内资企业和外资企业所得税税率统一为 25%。2010 年《国务院关于统一内外资企业和个人城市维护建设税和教育费附加制度的通知》（国发［2010］35 号）规定，自 2010 年 12 月 1 日起，外商投资企业、外国企业和外籍个人同等适用 1985 年以来关于城市维护建设税和教育费附加的法规、规章和政策。税收政策的转变标志着外资超国民待遇的终结。

按照中国加入 WTO 议定书第 15 条认定倾销和补贴的价格可比性条款，自中国加入 WTO 之日起最晚 15 年后（即 2015 年）中国将被认为是市场经济国家。作为市场经济国家，政府对外商投资企业的管理与对内资企业一样，将发挥市场的规制作用。

二、外商投资企业的类型

（一）中外合资经营企业的概念和特征

中外合资经营企业（简称“合营企业”）是指外国的公司、企业、其他经济组织或个人，依据中国法律，经中国政府批准，在中国境内同中国的公司、企业或者其他经济组织举办的，双方共同投资、共同经营、共担风险、共负盈亏的企业。其法律依据是 1979 年 7 月 1 日起生效的《中华人民共和国中外合资经营企业法》及 1983 年 9 月 20 日起生效的《中华人民共和国中外合资经营企业法实施条例》。

合营企业的主要特征是：

(1) 合营企业由中国合营者和外国合营者共同举办。中国合营者可以是公司、企业和其他经济组织，不包括个人。外国合营者可以是公司、企业、其他经济组织和个人。中国企业和个人在境外设立的公司视同外国公司。外商在中国设立的投资性公司、创业投资公司也视同外国投资者。

(2) 合营企业依据中国法律，经中国政府批准，在中国境内设立，是中国法人。中外合营企业合同必须适用中国法。

(3) 合营企业是股权式合营企业，合营各方按照其出资额在注册资本中的比例分配利润和承担风险。

(4) 合营企业的组织形式可以是有限责任公司或股份有限公司。

(5) 董事会是合营企业的权力机构，讨论决定合营企业的一切重大问题。合营企业的组织机构与内资企业不同，后者依据《公司法》，有限责任公司的权力机构是股东会，股份有限公司的权力机构是股东大会。

(二) 中外合作经营企业的概念和特征

中外合作经营企业（简称“合作企业”）是指中国的企业或者其他经济组织同外国的企业、其他经济组织或者个人，按照平等互利的原则，在中国境内共同举办的经济实体。其法律依据是 1988 年 4 月 13 日起生效的《中华人民共和国中外合作经营企业法》及 1995 年 9 月 4 日起生效的《中华人民共和国中外合作经营企业法实施细则》。

合作企业的主要特征是：

(1) 合作企业由中外双方共同举办。中方合作者可以是企业或者其他经济组织，不包括个人。外方合作者可以是企业、其他经济组织或者个人。

(2) 合作企业依据中国法律，经中国政府批准，在中国境内设立。合作企业符合中国法律关于法人条件的规定的，依法取得中国法人资格。中外合作经营企业合同必须适用中国法。

(3) 合作企业是契约式合营企业。合作各方按照合作企业合同中的约定分配利润、承担风险、进行经营管理和分配终止合作时的财产归属。中外合作者可以在合作企业合同中约定合作期限届满时合作企业的全部固定资产无偿归还中国合作者所有，可以约定在弥补亏损后外国投资者在合作期限内先行回收投资的办法。

(4) 合作企业可以是具有法人资格的企业，也可以是不具有法人资格的企业。依法取得法人资格的合作企业，其组织形式为有限责任公司。

(5) 具备法人条件的合作企业，董事会是该合作企业的权力机构；不具备法人条件的合作企业，一般设立联合管理委员会，联合管理委员会是该合作企业的权力机构。

（三）外资企业的概念和特征

外资企业是指依照中国法律，在中国境内设立的全部资本由外国投资者投资的企业，不包括外国的企业和其他经济组织在中国境内的分支机构。外资企业又称为外商独资企业。其法律依据是 1986 年 4 月 12 日通过的《中华人民共和国外资企业法》和 1990 年 12 月 12 日起实施的《中华人民共和国外资企业法实施细则》。

外资企业的主要特征是：

（1）外资企业依照中国法律，经中国政府批准，在中国境内设立，是中国企业。中国对外资企业具有属地管辖权和属人管辖权。外国企业是指在国外依照外国法律设立的，后经东道国法律许可在东道国境内从事经营的企业。依据我国法律，外国企业包括在中国境内设有从事直接经营活动的分支机构或者从事非直接经营活动的代表机构的外国公司、企业和其他经济组织。外资企业股权转让合同必须适用中国法。

（2）外资企业全部资本来自外国投资者。

（3）外资企业是独立承担民事责任的经济实体。与外国企业和其他经济组织在中国境内设立的分支机构不同，外资企业独立核算、自负盈亏。

（4）外资企业的组织形式为有限责任公司，经批准也可以为其他责任形式。外国自然人一人进行全部投资设立外资企业的，是一人有限责任公司，不适用《个人独资企业法》。

（四）外商投资合伙企业的概念和特征

外商投资合伙企业（简称“外资合伙企业”）是指 2 个以上外国企业或者个人在中国境内设立的合伙企业，以及外国企业或者个人与中国的自然人、法人和其他组织在中国境内设立的合伙企业。其主要法律依据是 2010 年 3 月 1 日起施行的《外国企业或者个人在中国境内设立合伙企业管理办法》、《外商投资合伙企业登记管理规定》和《合伙企业法》。

外资合伙企业的主要特征是：

（1）外资合伙企业依照中国法律，在中国境内设立，是中国企业。

（2）外资合伙企业的外国合伙人可以是外国企业或者个人，中国合伙人可以是中国的法人、其他组织和个人；可以是 2 个以上的外国合伙人，也可以是中、外合伙人合伙。但是中国国有独资公司、国有企业、上市公司以及公益性的事业单位、社会团体不得成为普通合伙人。

（3）外资合伙企业的形式包括外商投资普通合伙企业（含特殊的普通合伙企业）和外商投资有限合伙企业。普通合伙企业由普通合伙人组成，合伙人对合伙企业债务承担无限连带责任。特殊的普通合伙企业适用于以专业知识和专门技能为客户提供有偿服务的专业服务机构，如会计师事务所和律师事务所。特殊的普通合伙企业中，一个合伙人或数个合伙人在执业活动中因故意或者重大过失造成合伙企业债务的，应当承担无限责任或者无限连带责任，其他合伙人以其在合伙企业中的财产份额为限承担责任；合伙人在执业活动中非因故意或者重大过失造成的合伙企业债务以及合伙企业的其他债务，由全体合伙人承担无限连带责任。有限合伙企业由普通合伙人和有限合伙人组成，普通合伙人对合伙企业债务承担无限连带责任，有限合伙人以其认缴的出资额为限对合伙企业债务承担责任。

（五）外商投资股份有限公司的概念和特征

我国三资企业法最初以有限责任公司为基本模式进行调整。《公司法》出台后，为进一步扩大国际经济技术合作与交流，引进外资，我国对股份有限公司形式的外商投资企业作出了单独规定。

外商投资股份有限公司（简称“外资股份公司”）是指依照中国法律设立，全部资本由等额股份构成，股东以其认购的股份对公司承担责任，公司以全部财产对公司债务承担责任，中外股东共同持有公司股份，外国股东购买并持有的股份占公司注册资本25%以上的企业法人。其法律依据是1995年1月10日颁布的《关于设立外商投资股份有限公司若干问题的暂行规定》和《公司法》。

外资股份公司的主要特征是：

（1）外资股份公司依照中国法律，经中国政府批准，在中国境内设立，是中国法人。

（2）外资股份公司的股东包括中国股东和外国股东。中国股东可以是中国的公司、企业或其他经济组织，不包括自然人。但是在境内企业被外资并购的情况下，被并购企业的中国境内自然人股东经批准后可以继续作为变更后外商投资企业的中方投资者。外国股东可以是外国的公司、企业或其他经济组织和个人。

（3）外资股份公司全部资本由等额股份构成，股东以其所认购的股份对公司承担责任，公司以全部财产对公司债务承担责任。其中外国投资者认购股份占公司总股本的25%以上。外资股份公司可采用发起方式或募集方式设立。已经设立的外商投资企业，以及国有企业、集体所有制企业和股份有限公司可以申请通过改制设立外资股份公司。

三、外商投资企业的审批和备案

外资法对外资的管制体现在对外商投资企业的审批、登记和备案中。

（一）投资合同和章程的审批和备案

1. 合营企业

合营企业协议是指合营各方对设立合营企业的某些要点和原则达成一致意见而订立的文件。合营企业合同是指合营各方为设立合营企业就相互的权利、义务达成一致意见而订立的文件。合营企业协议可以作为合营企业合同的附件。经合营各方同意，也可以不订立合营企业协议。合营企业章程是指根据我国法律，按照合营企业合同规定的原则，经合营各方一致同意，规定合营企业的宗旨、组织原则和经营管理方法等事项的文件。合营企业协议与合营企业合同不一致的，以合营企业合同为准。

合营企业合同和合营企业章程是两个不同的文件，其区别在于：（1）内容不同。合营企业合同明确合营各方权利义务；章程规定企业组织机构和企业的经营管理。（2）法律效力不同。合营企业合同仅对合营各方有效；章程不仅约束合营各方，而且约束企业成立之后新加入的合营方以及合营企业和企业内部各组织机构。

合营企业协议、合同和章程经商务主管机构批准才生效。修改时，亦如此。

2. 合作企业

合作企业协议、章程与合作企业合同不一致的，以合作企业合同为准。合作各方可以不订立合作企业协议。

合作企业协议、合同、章程经商务主管机关批准才生效。在合作期限内，合作企业协议、合同、章程有重大变更的，须经审批机关批准。

3. 外资企业

两个或两个以上外国投资者共同申请设立外资企业，应当将其签订的合同副本报送审批机关备案。外资企业章程经商务主管机关批准后生效，修改时，亦如此。

4. 外商投资合伙企业

外资合伙企业协议应遵守有关外资市场准入的规定，但是协议并不需要经商务主管部门批准；在进行企业登记后，应当同时将有关登记信息向同级商务主管部门通报。

5. 外资股份公司

外资股份公司发起人协议是发起人之间就设立外商投资股份有限公司达成一致，规定组建公司的方案和发起人之间的职责分工等问题的文件。外商投资股份有限公司的章程是由全体发起人共同制定，规定外商投资股份有限公司组织规则和行为规则的文件。发起人协议和外资股份公司章程，由中央及地方的商务主管部门分级管理。

（二）外商投资项目的核准和备案

国家发展和改革委员会承担规划重大建设项目和生产力布局的责任，负责拟订全社会固定资产投资总规模和投资结构的调控目标、政策及措施，平衡需要安排中央政府投资和涉及重大建设项目的专项规划。根据此职责，由发改委对涉及固定资产投资的外商投资项目实行核准或备案。

根据 2004 年 10 月 9 日发布的《外商投资项目核准暂行管理办法》，发改委具有广泛、全面的审批权限。按照《外商投资产业指导目录》的分类，总投资（包括增资额）在 1 亿美元及以上的鼓励类、允许类项目和总投资 5 000 万美元及以上的限制类项目，由国家发展改革委核准，其中总投资 5 亿美元及以上的鼓励类、允许类项目和总投资 1 亿美元及以上的限制类项目，须报国务院核准；总投资 1 亿美元以下的鼓励类、允许类项目和总投资 5 000 万美元以下的限制类项目，由地方发展改革部门核准，其中限制类项目由省级发展改革部门核准且不得下放核准权。未经核准的外商投资项目，土地、城市规划、质量监管、安全生产监管、工商、海关、税务、外汇管理等部门不得办理相关手续。经过核准的项目出现建设地点变化、投资方或股权变化、主要建设内容及主要产品发生变化、总投资超过原核准投资额 20%及以上，或法律法规和产业政策规定需要变更的其他情况时，核准项目需向国家发展改革委申请变更。

随着我国经济社会的全面发展和开放型经济体系的日益完善，为了使市场在资源配置中起决定性作用和更好地发挥政府作用，我国外资法由内外资双轨制向统一的市场准入制度和统一的内外资法律制度进行转变，探索对外商投资实行准入前国民待遇加负面清单的管理模式。

2014 年 6 月 17 日起施行的《外商投资项目核准和备案管理办法》废止了 2004 年《外商投资项目核准暂行管理办法》，将对外商投资项目的全面核准改为有限核准和普遍备案相结合的管理模式。除了《外商投资产业指导目录》中有中方控股（含相对控股）要求的鼓励类项目和限制类项目外，其余外商投资项目的管理方式与内资项目的一致。外商投资项目的核准管理在申报材料、核准条件及程序等方面的要求与内资项目也基本一致。《政府核准的投资项目目录》列明的项目，申请人须按照规定报送有关项目核准机关核准；目录外的项目，实行备案管理。同时，国家发改委要联合地方发展改革部门建立完善的外商投资项目管理电子信息系统，实现外商投资项目可查询、可监督，提升事中、事后监管水平。

四、外资并购现存企业

（一）外资并购的形式

外资并购现存企业是国际直接投资的重要方式。根据 UNCTAD《2014 年世界投资报告》的统计，全球投资在经历金融危机后正在逐渐复苏。2013 年全球直接外资流入量达到 1.45 万亿美元，跨境并购达到 3 487.55 亿美元。2013 年中国作为并购交易中的卖方（即外资并购境内企业）的并购交易金额达到 268.66 亿美元，占全球跨境并购的 7.70%；中国作为并购交易中的买方（即中国企业对外投资）的并购交易金额达到 501.95 亿美元，占全球跨境并购的 14.39%。

我国外资并购的主要法律依据是：2006 年 9 月 8 日生效的《关于外国投资者并购境内企业的规定》及其修订（简称《并购规定》）。根据《并购规定》，外国投资者并购境内现存企业的形式包括股权并购和资产并购。股权并购是指外国投资者购买境内非外商投资企业股东的股权或认购境内公司增资，使该境内公司变更设立为外商投资企业。具体来说，股权并购分为股权转让或增资。资产并购是指外国投资者设立外商投资企业，并通过该企业协议购买境内企业资产且运营该资产，或，外国投资者协议购买境内企业资产，并以该资产投资设立外商投资企业运营该资产。

外资股权并购与资产并购有以下主要不同：

（1）交易主体不同。股权并购的交易主体是外国投资者和境内目标企业的股东，而资产并购的主体是外国投资者和境内日标企业。

（2）标的不同。股权并购的标的是目标企业的部分或全部股权，而资产并购的标的是目标企业的部分或全部资产。

（3）债务风险不同。股权并购的并购方外国投资者成为目标企业的股东之一，在出资范围内承担目标企业的原有债务，并购后所设立的外商投资企业承继目标公司的债权和债务。资产并购中，并购方无须承担目标企业的债务，并购方仅考虑与所涉及资产有关的风险，出售资产的目标企业承担其原有的债权和债务。但是外国投资者、被并购境内企业、债权人及其他当事人，在不损害第三人利益和社会公共利益的情况下，可以对被并购境内企业的债权和债务的处置另行达成协议，并报送审批机关。

（4）审批程序不同。外资股权并购需要经商务部门、发展与改革部门的审批。外资资产并购中如果不涉及国有资产、上市公司或者特殊行业的，通常不需要相关政府部门的审批。但是如果目标企业是外商独资企业的，其资产转让需要经过审批部门的审批和工商部门的备案。无论是股权并购还是资产并购，如果外资并购涉及国有股权、国有资产转让的，还需要经过国有资产管理部门的审批或核准或备案，并经过评估。涉及上市公司的股权或重大资产变动的，则根据2014年11月23日起施行的《上市公司重大资产重组管理办法》（取代了2008年5月18日起施行并经2011年8月1日修改的《上市公司重大资产重组管理办法》），报证监会审批。

（5）税负不同。

（二）外资并购设立外商投资企业的条件

对于外国投资者购买境内外商投资企业股东的股权或认购境内外商投资企业增资的，适用外商投资企业法律、行政法规和《外商投资企业投资者股权变更的若干规定》等相关规定，其中没有规定的，参照《并购规定》。

外资并购应符合中国法律、行政法规和规章对投资者的要求及产业、土地、环保等政策。因此《外商投资产业指导目录》禁止外资进入的领域或者对外资持股比例有要求的领域，对外国投资者并购境内企业同样适用。并且，股权购买协议、境内公司增资协议必须适用中国法律。

外资并购后所设立外商投资企业注册资本中，如果外国投资者比例超过25%，该企业享受外商投资企业待遇；如果不足25%，则该企业不享受外商投资企业待遇，在其外商投资企业批准证书上进行加注。

（三）利用特殊目的公司进行的并购

《并购规定》定义了特殊目的公司，突出了投资者“实际控制”的要素，以便规范1996年后日渐增多的中国企业“红筹”上市模式。特殊目的公司是指境内居民（含境内机构和境内居民个人）以投融资为目的，以其合法持有的境内企业资产或者权益，或者以其合法持有的境外资产或权益，在境外直接设立或间接控制的境外企业。

中国境内的公司或自然人在中国境外设立特殊目的公司后，由特殊目的公司购买境内公司的股权或者境内公司增发的股份或资产，然后将该特殊目的公司在中国境外上市取得融资。这一融资模式被称为“红筹”上市模式。

境内居民直接或间接通过特殊目的公司在境内开展的直接投资活动，即通过新设、并购等方式在境内设立外商投资企业或项目，并取得所有权、控制权、经营管理权等权益的行为被称为返程投资。

根据《并购规定》，特殊目的公司以股权并购境内公司的，境内公司应向商务部报送审批。而中国境内自然人所设立的特殊目的公司，则适用2005年11月1日起施行的《国家外汇管理局关于境内居民通过境外特殊目的公司融资及返程投资外汇管理有关问题的通知》（“75号文”）。2014年7月14日外管局发布《关于境内居民通过特殊目的公司境外投融资及返程投资外汇管理有关问题的通知》（“37号文”），废止了75号文，进一步规范了境内居民通过特殊目的公司从事境外投融资及返程投资活动。根据37号文，境内居民设立特殊目的公司应在外汇管理局及其分支机构进行初始登记和变更登记，并应如实披露返程投资企业实际控制人的信息。控制是指境内居民通过收购、信托、代持、投票权、可转换债券等方式取得特殊目的公司的经营权、收益权或者决策权。

（四）外资并购安全审查

对于外资并购进行安全审查被越来越多的资本输入国采纳。《并购规定》在第1条即明确规定，维护国家经济安全是其立法目的之一。第 12 条对外资并购安全审查的范围、标准、主管机构和可采取的临时措施作出了一般性的规定。2011 年 2 月 3 日，《国务院办公厅关于建立外国投资者并购境内企业安全审查制度的通知》（“6 号文”）进一步明确了并购安全审查的范围、内容、工作机制和程序。2011 年 3 月 4 日发布的《商务部实施外国投资者并购境内企业安全审查制度有关事项的暂行规定》、2011 年 8 月 25 日发布的《商务部实施外国投资者并购境内企业安全审查制度的规定》，标志着我国关于外资并购安全审查形成了一套比较完整的制度。然而，由于现行外资并购安全审查的立法层次太低，相互之间还存在一些不一致，如何执行和加强对外资并购的安全审查仍有待澄清。

截止到 2015 年 4 月底，我国尚未公开外资并购安全审查的案例。2015 年 4 月 8 日发布的《自由贸易试验区外商投资国家安全审查试行办法》在工作机制和程序上与 6 号文和商务部的两个规定保持了一致。该试行办法扩大了安全审查的范围和内容，但是仅适用于特定地区。

1. 并购安全审查的范围

我国并购安全审查的范围按照行业和控制权进行管理，具体包括：外国投资者并购境内军工及军工配套企业，重点、敏感军事设施周边企业，以及关系国防安全的其他单位；外国投资者并购境内关系国家安全的重要农产品、重要能源和资源、重要基础设施、重要运输服务、关键技术、重大装备制造等企业，且实际控制权可能被外国投资者取得。

在审查的产业上，互联网行业未被列入并购安全审查范围。而对于外商投资金融领域的安全审查，另行规定。

在审查的外资并购类型上，6 号文将外资并购分为股权并购和资产并购。而商务部的规定通过对控制的定义，首次将协议控制（VIE）纳入安全审查范围。

对并购进行安全审查注重实质内容和实质影响。6 号文和商务部 2011 年的两个规定进一步澄清了《并购规定》对控制的定义。外国投资者取得实际控制权，是指外国投资者通过并购成为境内企业的控股股东或者实际控制人。控股股东是指：外国投资者及其控股母公司、控股子公司在并购后持有的股份总额在 50%以上，或者数个外国投资者在并购后持有的股份总额合计在 50%以上。实际控制人是指：外国投资者在并购后所持有的股份总额不足 50%，但是依其持有的股份所享有的表决权已足以对股东会、股东大会、董事会的决议产生重大影响，或者其他导致境内企业的经营决策、财务、人事、技术等实际控制权转移给外国投资者的情形。

2. 并购安全审查的标准

并购安全审查的标准是是否影响国家安全。对国家安全可具体从四个方面进行判断，分别是对国防安全的影响、对国家经济稳定运行的影响、对社会基本生活秩序的影响，和对涉及国家安全关键技术研发能力的影响。

3. 并购安全审查的工作机制

建立外国投资者并购境内企业安全审查部际联席会议（“联席会议”）制度，联席会议由发展改革委、商务部牵头，根据所涉行业和领域，会同相关部门开展审查。

4. 并购安全审查的程序

第一，并购安全审查由外国投资者申请而启动。启动程序有三种方式：（1）外国投资者主动向商务部提出安全审查申请；（2）外国投资者未主动提出申请时，地方商务部门依职权认为应进行安全审查的，令外国投资者向商务部提出申请；（3）国务院有关部门、全国性行业协会、同业企业及上下游企业认为需要进行并购安全审查的，可向商务部提出进行安全审查的建议，商务部将建议提交联席会议审查后认为确有必要进行并购安全审查的，指示外国投资者向商务部提出申请。

第二，商务部收到申请报告及有关文件后，于15个工作日内书面告知申请人是否受理，并在其后5个工作日内提交联席会议审查。

第三，联席会议进行审查，包括两个阶段：一般性审查和特别审查。一般性审查是指联席会议在收到安全审查申请后5个工作日内书面征求有关部门意见；有关部门在收到征求意见函后20个工作日内作出书面意见；联席会议认为不需要特别审查的，在收到全部部门意见后5个工作日内提出审查意见。

如果有关部门认为并购交易可能对国家安全造成影响的，联席会议在收到书面意见后5个工作日内启动特别审查程序。特别审查的期限为60个工作日。

商务部收到联席会议书面审查意见后，在5个工作日内将审查意见书面通知申请人以及负责并购交易管理的地方商务主管部门。商务部受理15个工作日后未书面告知申请人审查意见的，视为不具有影响，申请人可按照国家有关法律、法规办理相关交易手续。

5. 并购安全审查意见

审查意见有两种：一种是不影响国家安全，则申请人可按照国家有关法律、法规办理相关交易手续。另一种是已经或者可能对国家安全造成重大影响，则当事人应终止该交易，或采取转让相关股权、资产或采取其他有效措施以消除该并购行为对国家安全的影响。

6. 临时措施

商务部书面通知申请人受理申请之日起的15个工作日内，申请人不得实施并购交易，并且地方商务部门也不得审批并购交易。

7. 安全审查程序中申请人程序权利保障

在向商务部提出并购安全审查申请前，申请人可以就并购境内企业的程序性问题向商务部提出预约商谈请求。

并购安全审查是书面文件审查。申请人提出并购安全审查申请书时应提供各种要求的文件。在联席会议审查期间，申请人可以补充申报文件、修改申请文件重新申请或撤销并购交易。在联席会议审查期间，申请人须接受有关询问。

我国目前外资并购安全审查制度并未明确联席会议作出的审查意见是否应附具证据和是否允许申请人对意见及所依据的证据进行申辩，也未明确规定对联席会议的审查意见不得申请行政复议或行政诉讼。因此，依据现行法律可以对联席会议的审查意见进行行政复议和行政诉讼。但在《外国投资法（草案）》中明确规定了，对国家安全审查决定不得提起行政复议和行政诉讼。

（五）外资并购反垄断审查

通过滥用或谋取滥用市场力量的支配地位限制进入市场，或以其他方式不适当地限制竞争，或者通过企业间的协议、安排造成同样影响的一切行为，对国际贸易和经济，特别是发展中国家的国际贸易及其经济发展可能造成不利影响。我国在《并购规定》中明确规定，对恶意的外资并购和外国投资者并购境内企业要进行反垄断审查。

对于外资并购反垄断审查已经建立了完整的制度，主要法律依据包括：2008年8月1日起施行的《反垄断法》；2008年8月3日国务院发布的《关于经营者集中申报标准的规定》；2010年1月1日起施行的《经营者集中申报办法》和《经营者集中审查办法》；2011年9月5日起施行的《关于评估经营者集中竞争影响的暂行规定》；以及2015年1月5日起施行的《关于经营者集中附加限制性条件的规定（试行）》。

1. 经营者集中申报标准

经营者集中审查可以依经营者自行申报或商务主管部门主动调查。

申报标准有两个：一是参与集中的所有经营者上一会计年度在全球范围内的营业额合计超过100亿元人民币，并且其中至少两个经营者上一会计年度在中国境内的营业额均超过4亿元人民币；二是参与集中的所有经营者上一会计年度在中国境内的营业额合计超过20亿元人民币，且其中至少两个经营者上一会计年度在中国境内的营业额均超过4亿元人民币。

依法主动调查标准是：虽然经营者集中未达到规定的营业额要求，但是按照规定程序收集的事实和证据表明该经营者集中具有或者可能具有排除、限制竞争效果。

如果参与集中的一个经营者拥有其他每个经营者50%以上有表决权的股份或者资产，后者参与集中的每个经营者50%以上有表决权的股份或者资产被同一个未参与集中的经营者拥有的，可以不申报经营者集中。

2. 经营者集中的方式

经营者集中包括三种情形：一是经营者合并，二是经营者通过购买股权或者资产的方式取得对其他经营者的控制权；三是经营者通过合同等方式取得对其他经营者的控制权或者能够对其他经营者施加决定性影响。

3. 经营者集中的审查标准

经营者集中的审查标准是该经营者集中是否具有或者可能具有排除、限制竞争效果，或者该集中对竞争产生的有利影响是否明显大于不利影响，或是否符合社会公共利益。具体考虑因素包括：

（1）参与集中的经营者在相关市场的市场份额及其对市场的控制力；

（2）相关市场的市场集中度；

（3）经营者集中对市场进入、技术进步的影响；

（4）经营者集中对消费者和其他有关经营者的影响；

（5）经营者集中对国民经济发展的影响；

（6）国务院反垄断执法机构认为应当考虑的影响市场竞争的其他因素，如对公共利益、经济效率的影响，参与集中的经营者是否为濒临破产企业、是否存在抵消性买方力量等。

4. 经营者集中反垄断审查的机构和程序

商务部是经营者集中反垄断审查执法机构，负责受理申报和执法。审查包括初步审查和进一步审查两个阶段。初步审查的期限是自收到经营者提交的符合要求的文件、资料之日起30日。通过初步审查决定是否实施进一步审查。进一步审查期限是自决定进行进一步审查之日起90日。进一步审查期限可以延长，但最长不得超过60日。

针对商务部提出的排除、限制竞争效果，经营者自行提出附条件建议的，应当在进一步审查阶段截止日前20日内提出最终方案。

在程序上，参与集中的经营者可以向商务部提交书面的或者当面进行申述、申辩。商务部可以根据需求征求有关政府部门、行业协会、经营者、消费者等单位或个人的意见。商务部可以决定召开听证会，调查取证，听取有关各方的意见。

附条件的经营者集中审查决定规定的剥离期限为自决定作出之日起 6 个月，以签订出售协议为准。剥离期限可以延长，但是最长不得超过 3 个月。

5. 经营者集中反垄断审查的决定

商务部门对经营者集中反垄断审查的决定有三种：不予禁止的决定；禁止经营者集中的决定；附加减少集中对竞争产生的不利影响的限制性条件的不予禁止的决定。

限制性条件包括：剥离资产或相关权益等结构性条件、开发技术或终止排他性协议等行为性条件、结构性条件和行为性条件相结合的综合性条件。

6. 临时措施

在经营者集中反垄断审查期间，参与集中的经营者不得实施集中。经营者违法实施集中的，由国务院反垄断执法机构责令停止实施集中、限期处分股份或者资产、限期转让营业以及采取其他必要措施恢复到集中前的状态，可以对经营者处 50 万元以下的罚款。

课堂讨论案例

（一）基本案情

2012 年 3 月，罗尔斯公司（Ralls Corp.）收购了美国四家风电项目公司，后者管理位于俄勒冈州 Butter Creek 风电项目。罗尔斯公司在美国特拉华州注册成立，其股东为两位中国三一集团的高管。按照美国法，罗尔斯公司是三一集团的关联公司。

Butter Creek 风电项目所在位置与美国海军的空中禁区和轰炸区部分重叠，其中名为 Lower Ridge 的风电场就在空中禁区中。美国海军对此表示关切后，罗尔斯公司同意将该风电场转移至新的地址，但是新址依然在海军的空中禁区内。

2012 年 6 月 28 日，罗尔斯公司就并购交易向美国外资投资委员会（CFIUS）进行申报。经过不超过 30 天的初审，7 月 25 日，CFIUS 发布临时措施的禁令，认为此项交易威胁到美国的国家安全，要求立即停止在四个风电场的一切建造和运营活动，并在 2012 年 7 月 30 日前移走在风电场的一切设备。8 月 2 日，CFIUS 修改禁令，将禁令实施对象中的“公司”扩大至风电场项目公司、罗尔斯及其子公司和三一集团（包括三一电器和三一重工），并规定在所有设备移走之前不得将 Butter Creek 项目转让给任何第三方。

2012 年 9 月 13 日，CFIUS 在 45 天的安全审查全面调查结束后向总统提交报告。9 月 28 日，总统发布“关于罗尔斯公司收购四家美国风电项目公司的总统令”，认为有可信的证据证明罗尔斯公司的收购交易将威胁和损害美国国家安全，要求罗尔斯公司退出该交易并撤出场内所有设备和材料，并撤销了此前 CFIUS 的两项禁令。

（二）地区法院一审

大约在总统令发布两周前，罗尔斯公司在哥伦比亚地区法院起诉 CFIUS 和担任其主席的美国财政部长。在总统令作出后，罗尔斯公司又追加美国总统为共同被告，认为被告违反了

《联邦行政程序法》，超越权限，并违反了宪法第五修正案所规定的正当程序和平等保护。

2013 年 2 月 22 日，地区法院就管辖权作出初步意见，认为作为外国投资安全审查依据的《1950 年国防生产法》第 721 节（1988 年“埃克森—弗罗里奥”修正案、1993 年“伯德”修正案、《2007 年外国投资与国家安全法》等对该节予以修订）阻却了对超越权限和平等保护两项主张的司法审查，因此法院只对总统令剥夺财产权利的程序是否正当具有管辖权。10 月 10 日，法院驳回罗尔斯公司关于正当程序的主张。判决理由是：明知面临被总统禁止的风险，而未在事前主动进行审查申报；且对属于总统自由裁量权范畴内的事项无权要求总统披露其发出总统令的理由和依据，因为这些信息极其敏感，涉及国家安全。

（三）上诉法院二审

2013 年 10 月 16 日，罗尔斯公司向哥伦比亚特区上诉法院提起上诉。2014 年 7 月 15 日，上诉法院作出判决。

在管辖权问题上，法院认为：

第一，无论法律条文本身或立法历史，或者从议会对总统的监督权的性质看，都没有明确和有说服力地证明议会意图排除对总统令是否符合正当程序进行司法审查。

第二，即使一个法律争议可能涉及外交政策或国家安全，法院也不应主动拒绝司法，而应无差别地对具体案件进行审理以确定政治问题是否阻止法院继续审理。本案中罗尔斯公司并未对总统基于国家安全作出总统令的权限和其自由裁量权的正当性提出主张，争议焦点为总统令是否符合正当程序，即当事人是否获得通知、是否获知总统令所依据的证据，在作出司法豁免的决定前是否就证据进行辩论。

在实体问题上，法院认为罗尔斯公司具有宪法保护的财产权利，总统令未经正当程序剥夺了罗尔斯公司的利益。法院因此将案件发回地区法院重审，并建议给予罗尔斯公司以必要的程序，包括对非保密信息的证据进行披露和答辩。

请结合本章内容，回答下列问题：

1. 美国外资投资委员会进行国家安全审查的法律依据是什么？

2. 美国外资并购国家安全审查的范围和标准是什么？本案并购交易中涉及的风电项目是否构成对国家安全可能的重大影响？

3. 如果该风电项目位于中国，一家美国公司收购实施该项目的项目公司，你认为依据中国关于外资并购安全审查的规定，联席会议是否会禁止该项收购？

问题与思考

1. 外国投资法有哪些基本内容？

2. 简述中国外资立法的现状和特点。

3. 试评价 2015 年《外国投资法（草案）》。

4. 比较中外合资经营企业和中外合作经营企业的特征。

5. 比较中外合资经营企业合同和合营企业章程。

6. 我国为什么对外商投资企业的投资总额与注册资本之间的比例进行规定？

7. 简述外商独资企业的法律特征。
8. 简述外商投资股份有限公司的法律特征。
9. 简述外商投资合伙企业的特征。
10. 试述我国外资市场准入管理制度。
11. 如何理解外国投资者和外商投资企业的国民待遇？
12. 比较资产并购和股权并购设立外商投资企业的方式。
13. 如何理解我国外资法中的外国投资者和实际控制。
14. 试述我国外资并购中的安全审查制度。
15. 试述外资并购中的经营者集中反垄断审查制度。

第十一章 资本输出国的海外投资法律制度

本章概要

为鼓励和保护私人对外进行直接投资，资本输出国有必要采取一系列的政策措施和法律手段，主要包括两方面内容：一方面是鼓励对外投资，包括通过海外投资保险制度等保护对外投资安全；另一方面是对海外投资进行管理，实现国家社会经济发展的政策。中国在由净资本流入国转为双向投资平衡国后，应进一步加强海外投资法律制度的建设。

关键术语

海外投资保险　海外投资鼓励政策　海外投资管理措施

第一节　海外投资保险制度

一、海外投资保险制度的概念、历史发展和特征

海外投资保险制度又称海外投资保证制度，是资本输出国政府为了鼓励本国资本对外投资，增强本国的国际竞争地位，而对本国海外私人直接投资的政治风险提供法律保证或保险，在所承保的风险导致投资者遭受损失时，由特定机构予以补偿。

最早的官方出口信用机构是1919年建立的英国出口信用局（UK Export Finance）。随后欧美国家纷纷成立出口信用机构。1971年美国政府成立海外私人投资公司（OPIC），提供海外投资保险。自成立以来，OPIC为美国私人在150多个国家的投资项目提供保险，所支持的投资项目总数超过4 000个，所支持的投资总额超过2 000亿美元，预计带动美国760亿美元的出口额，预计支持超过27.8万个工作岗位。[①] OPIC在提供海外投资保险的同时，也提供贷款融资。

在国际组织方面，在经济危机后，1934年成立国际信用和投资保险人协会，又称“伯尔

① 资料来源：https：//www.opic.gov/what-we-offer/political-risk-insurance。

尼协会”（The Berne Union），它是国际上最重要的出口信用服务组织。1993 年，由伯尔尼协会发起成立了布拉格俱乐部，该俱乐部最初主要由中东欧国家的机构组成，后来扩展至亚洲和非洲。目前伯尔尼协会和布拉格俱乐部共有来自 60 多个国家的 79 个成员，包括公营出口信用机构（如香港出口信用局、中国出口信用保险公司、日本出口和投资保险、泰国进出口银行、美国海外私人投资公司等）、私营保险公司（如美国国际集团、德国普华永道等）和国际金融机构（多边投资担保机构）。多边投资担保机构在 1994 年加入伯尔尼协会。2013 年伯尔尼协会成员共对 1.9 万亿美元的出口和外国直接投资提供了保险，超过全球贸易额的 10%，对出口商和投资者进行的保险赔偿额达到 45 亿美元。其中，伯尔尼协会成员对海外投资保险的赔偿额达到 1.47 亿美元，投资地主要涉及利比亚（2 800 万美元）、委内瑞拉（2 100 万美元）、越南（1 900万美元）和缅甸（1 500 万美元）。

从出口信用保险机构的经营模式来看，有三种：分别是纯公营出口信用保险机构的经营模式、半公营半市场出口信用保险机构的经营模式和纯私营出口信用保险机构的经营模式。出口信用保险机构的服务包括贷款融资和海外投资保险。

从历史发展来看，20 世纪 90 年代早期及之前，主要是公营出口信用保险机构在各国政府支持下提供出口信用保险服务，私营出口信用保险机构开始提供短期信用保险业务。1999 年美国国际集团（AIG）作为首家私营信用保险机构加入伯尔尼协会，这标志着纯私营出口信用保险机构在支持对发展中国家投资方面发挥了越来越大的作用。从伯尔尼协会秘书处提供的数据看，至今，公营出口信用保险机构仍是海外投资保险的主要提供者。2012 年，最大的 5 家私营出口信用保险机构提供的政治风险保险占所有私营机构成员的保险总金额的 71%，但是只相当于协会成员完成的政治风险保险总金额的 13%；最大的两家公营出口信用保险机构提供的政治风险保险占到协会所有公营机构政治风险保险总金额的 77%，相当于协会成员完成的政治风险保险总金额的 57%。①

从海外投资保险覆盖的风险范围来看，随着各国逐渐取消外汇管制，出现外汇不能汇兑的风险的可能性日渐降低。而 2008 年金融危机及之后造成大量合同履行不能，因此违约风险增加。根据 MIGA-EIU 政治风险调查，分别有 45%的受访者和 58%的受访者认为，在未来三年内，对自己而言，在发展中国家投资面临的最大政治风险是违约风险和法律变化。而自 2010 年以来，根据对 197 个国家进行的调查，有大约 10%的国家存在冲突和社会动乱风险上升的趋势，这对短期的政治风险保险业务造成显著影响。②

与一般商业保险相比，海外投资保险制度具有以下特征：

1. 海外投资保险制度在本质上是一种“政府保证”或“国家保证”，一般由政府机构或者公营机构承保。

2. 其对象限于私人海外直接投资。各国可依其国内法对对象进行调整。如英国出口信贷保证署（ECGD）提供保证的投资包括股权投资和贷款（包括本金和利息）。③

3. 承保的风险范围，只限于政治风险，如征收险、外汇险、战乱险等，不包括商业风险。

---

① Multilateral Investment Guarantee Agency，World Investment and Political Risk 2013.

② Berne Union 2014，http：//www. berneunion. org/about-the-berne-union/.

③ https：//www. gov. uk/government/uploads/system/uploads/attachment _ data/file/210645/oii-application-form. pdf.

4. 其目的是保护海外投资者的财产利益不受损失，以鼓励对外投资，而不在于事后补偿投资者损失。

5. 政治风险导致投资者损失，保险机构向投资者支付或承诺支付保险金后，代位取得投资者向东道国政府索赔的权利。如《中国和罗马尼亚关于鼓励和相互保护投资协定》第 6 条规定：如果缔约一方根据其对缔约另一方领土内的某项投资所作的保证向其投资者支付了款项，缔约另一方应承认该缔约方对该投资者的权利和义务的代位。缔约一方代位所取得的权利和承担的义务，不得超过被保险投资者的权利和义务。

二、海外投资保险制度的主要内容

(一) 保险范围

海外投资保险的范围仅限于政治风险。根据双边投资协定和国内法的规定，一般包括外汇险、征收险、战乱险及其他非商业风险。

1. 外汇险

外汇险又称不能自由兑换险和转移险，是指投保人在保险期内作为投资的收益或利润或因出售投资企业财产而取得的当地货币，如被东道国禁止兑换为可以自由流通的外币汇回本国，则由海外投资保险机构予以兑换。如 2002 年，阿根廷出台《国家危机及汇兑制度改革法案》以应对金融危机，直接引发了汇兑限制风险。

2. 征收险

征收险一般是指由于东道国政府实行征收或国有化措施，致使投保人的财产遭受损失，或者在一段时间内阻碍投保人行使其财产权利的，由保险机构负责赔偿。

3. 战乱险

战乱险是指由于东道国出现武装冲突、革命、暴动或剧烈的社会动乱，致使投资者在东道国境内的财产遭受损失的，由保险机构负责赔偿。

4. 其他非商业性风险

如由于政府更迭导致投资合同无法履行的风险。

(二) 投保人

海外投资保险的投保人是依法有资格申请海外投资保险的投资者。依据英国《1978 年出口保证和海外投资法》第 11 条，英国出口信贷保证署（ECGD）可以与该等投资者签订信用保证协议，包括：在英国从事商业的自然人，或由英国自然人控制的公司，而且该英国人或英国人控制的公司在英国境外投资，持有该公司部分或全部的股权。

(三) 海外投资保险的对象

海外投资保险的对象是指可以作为保险对象的合格的投资。英国出口信贷保证署（ECGD）规定的合格投资是指向境外企业投入现金或某种形式的资产，或者为建设或者扩大海外项目而进行的贷款。

（四）海外投资保险的期限

海外投资保险期限包括短期和中长期。英国海外投资保险的保险期间一般不超过 15 年，并可以延长，但是最长不超过自投资开始日起 20 年。美国海外私人投资公司（OPIC）规定的保险期限也是最长 20 年，对于贷款、租赁等，保险期限可以和合同期限相同。

（五）海外投资保险的保险费率和保险金

美国海外私人投资公司（OPIC）对汇兑险的保险费率是 0.18 美元至 0.42 美元；对征收险的保险费率是 0.28 美元至 0.60 美元；对政治不稳定的保险费率是 0.21 美元至 0.35 美元。

OPIC 最多赔偿合格投资 90%的损失，通常要求投资者自行承担至少 10%的损失。但是对金融机构提供给非相关第三方的贷款和融资租赁，可以支付相当于 100%的本金加利息的保险金。对于股权投资，OPIC 通常提供相当于初始投资额的 270%的保险金，其中 90%是对初始投资额的保险，另 180%是对将来可能获得的利润的保险。①

三、我国的海外投资保险

（一）中国出口信用保险公司

2001 年前，我国政策性出口信用保险业务由中国人民保险公司和中国进出口银行办理。

2001 年 5 月 23 日，根据《国务院关于组建中国出口信用保险公司的通知》，国务院决定组建中国出口信用保险公司（简称“中国信保”）。该公司是从事政策性出口信用保险业务的国有独资保险公司，其任务是：通过政策性出口信用保险手段，支持货物、技术和服务等出口，特别是高科技、附加值大的机电产品等资本性货物出口，为企业提供收汇风险保障，促进国民经济的健康发展。中国信保是我国唯一的公营海外投资保险机构。

中国信保提供的海外投资保险有以下特点：

1. 我国未就海外投资保险单独立法，对出口信用保险和海外投资保险主要按照规范性文件进行政策性指导，如 1998 年 3 月 4 日发布《财政部关于申请办理出口信用保险若干规定的通知》、2001 年 6 月 11 日发布《关于大型出口信贷及出口信用保险项目的报批程序》、2005 年 1 月 25 日发布《关于建立境外投资重点项目风险保障机制有关问题的通知》、2005 年 8 月 10 日发布《商务部、中国出口信用保险公司关于实行出口信用保险专项优惠措施支持个体私营等非公有制企业开拓国际市场的通知》。另，根据 2013 年《最高人民法院关于审理出口信用保险合同纠纷案件适用相关法律问题的批复》，出口信用保险合同纠纷参照适用保险法的相关规定，出口保险合同另有约定的，从其约定。立法的缺失反映了海外投资保险没有得到足够的重视，影响了其推广和管理。

2. 在十几年对海外投资保险的垄断中，中国信保发展很快，但是与中国对外投资的总规模相比渗透率仍显不足。2012 年前 11 个月，中国信保实现承保金额 3 072.2 亿美元，同比增

① https://www.opic.gov/what-we-offer/political-risk-insurance.

长 35%，其中，短期出口信用保险实现承保金额 2 480.7 亿美元，同比增长 33.3%，累计服务中小微企业数量是上年的 2.6 倍；中长期出口信用保险实现承保金额 114.8 亿美元，同比增长 54.5%；海外投资保险实现承保金额 226.8 亿美元，同比增长 54.1%。① 中国信保累计支持国内外贸易和投资规模约 9 466 亿美元，为上万家出口企业提供了出口信用保险服务，为数百个中长期项目提供了保险支持，包括高科技出口项目、大型机电产品和成套设备出口项目、大型对外工程承包项目等，累计向企业支付赔款 38.6 亿美元。同时，中国信保还累计带动 158 家银行为出口企业融资超过 1.3 万亿元人民币。②

3. 中国信保和其他四家商业保险公司提供的出口信用保险混合了政治风险和商业风险，且以短期出口信用保险业务为主。中国信保的业务既包括政策性保险，如短期出口信用保险、长期出口信用保险、海外投资保险；也包括商业性业务，如租赁保险、国内贸易信用保险和担保业务、商账追收服务、资信评估服务、保险融资服务等。即使是政策性保险产品，中国信保承保范围也不够清晰，如其提供的短期出口信用保险中除了战争、内战或者暴动风险外，还包括买方破产或无力偿付债务的商业风险。

2013 年 1 月 1 日起，财政部批准中国人民财产保险股份有限公司从事短期出口信用保险业务，即保障信用期限在 1 年以内、最长不超过 2 年的出口信用保险业务。由此，出口信用保险开始进行商业性试点。2014 年 5 月 26 日发布《财政部关于引入商业保险公司开展短期出口信用保险业务试点有关问题的通知》，批准中国平安财产保险股份有限公司、中国太平洋财产保险股份有限公司和中国大地财产保险股份有限公司试点短期出口信用保险业务。从 2012 年前 11 个月的数据看，中国信保短期出口信用保险承保金额是中长期出口信用保险的 20 余倍，是海外投资保险承保金额的 10 余倍，这种产品结构与我国日益迅猛增长的海外投资和长期投资规模不成比例。

4. 费率不具有竞争力，通过补贴降低费率来鼓励投保。2013 年 7 月发布《国务院办公厅关于促进进出口稳增长、调结构的若干意见》，以扩大信用保险支持。该意见规定：增加对新兴市场和发展中国家承保的国别限额；鼓励发展短期出口信用保险业务，提高出口信用保险规模，扩大覆盖面，加大对中小微企业支持力度。根据该意见精神，各地方纷纷出台政策。如安徽省 2014 年对小微企业的出口信用险保费补贴继续采取“差额缴费、补贴直拨”的方式并提高补贴比例。对于上一年出口额在 300 万美元以下的小微企业，2014 年度投保短期出口信用险的缴纳保费补贴比例提高至 70%，而一般企业的补贴比例为不超过 50%。广东省《2015 年省级促进投保出口信用保险专项资金（第一期）项目申报指南的通知》规定，2014 年 11 月至 2015 年 4 月期间，出口企业缴纳保费并获得中国信保出具的保费发票，如其上一年度出口额在 300 万美元及以下，该小微投保企业可以获得 80%的保费资助；对出口额在 1 000万美元至 5 000 万美元的企业，投保“新兴国际市场政治风险及附加订单风险”的保费可获得 80%的资助；单个企业总资助金额最高不超过 400 万元，单个项目资助金额低于1 000元的不予资助。

①② 参见《中国信保：改制大幕开启凸显政策性职能》，载《金融时报》，见 http：//sjr.sh.gov.cn/shjrbweb/html/shjrb/xwzx _ jryw/2012 - 12 - 25/Detail _ 93162.htm；《中国信保面临前所未有严峻挑战》，见前瞻网：http：//www.qianzhan.com/indynews/detail/257/130124-ed15dbfa.html。

（二）中国信保的海外投资保险

1. 保险范围

包括征收、汇兑限制、战争及政治暴乱和附加政治风险。附加政治风险包括经营中断、违约。

征收是指东道国采取国有化、没收、征用等方式，剥夺投资项目的所有权和经营权，或投资项目资金、资产的使用权和控制权。汇兑限制是指东道国阻碍、限制投资者换汇自由，或提高换汇成本，以及阻止货币汇出该国。经营中断是指因战争及政治暴乱导致投资项目建设、经营的临时性完全中断。违约是指东道国政府或经保险人认可的其他主体违反或不履行与投资项目有关的协议，且拒绝赔偿。

2. 投保人

海外投资保险的投保人应为在中国境内（不含港、澳、台地区）注册成立的法人，或者实际控制权由在中国境内注册的法人掌握的在中国境外（含港、澳、台地区）注册的法人，或为项目提供融资的境内（外）金融机构。中国信保承保海外投资保险的投保人不包括中国的自然人。

3. 损失赔偿比例

基本政治风险项下赔偿比例最高不超过95%，违约项下赔偿比例最高不超过90%，经营中断项下赔偿比例最高不超过95%。

4. 代位求偿

1992年《中国和阿根廷关于促进和相互保护投资协定》第6条规定，如果缔约一方或其代表机构对其投资者在缔约另一方领土内的投资作了担保，并据此向该投资者作了支付，缔约另一方应承认该投资者的任何权利或请求权转移给了缔约前者一方或其代表机构，并承认缔约前者一方或其代表机构对上述权利或请求权的代位。代位的权利或请求权不得超过原投资者原有的权利或请求权。2014年《中加投资促进及保护协议》第13条以及其他我国签订的双边投资保护协定中大多有此类规定。我国的海外投资以双边模式为主，不排除混合适用外交保护。中国信保承保的保险协议也规定了中国信保在赔偿投保人后取得求偿权。

第二节　海外投资鼓励与管理

一、海外投资的鼓励措施

资本输出国为了促进本国对外投资，除采用海外投资保险制度，还采取了大量鼓励措施。资本输出国的鼓励措施主要包括：

（一）税收方面的鼓励措施

投资者进行海外投资时，会遇到由于其母国行使居民税收管辖权和东道国行使收入来源地税收管辖权形成的双重征税问题。资本输出国通过双边投资协定、双边税收协定或通过其国内立法来避免双重征税和减少投资者的税负。一般采取两种措施：一是税收抵免，即海外投资者在东道国已经缴纳税款的所得或股息，可以在本国应纳税额中抵减。二是税收饶让，即海外投资者在东道国已经缴纳的，视同在本国已经履行纳税义务，不再另行征税。

除了针对所得税的避免重复征税措施外，资本输出国还可以采取延迟纳税和建立海外风险准备金制度等措施。如日本1960年实施对外直接投资亏损准备金制度，将投资的一定比例计入准备金，享受免税待遇，在投资亏损时可从准备金中得到补偿，投资没有亏损的，在之后逐年将准备金合并到应税所得中纳税。此外，资本输入国可以在关税、增值税环节给予对外投资优惠。如越南规定在鼓励投资的产业、特定地区和高新科技园区内，可以对外国投资进口的设备免除进口关税；2014年1月1日至2015年12月31日，公司所得税税率为22%，部分外国投资企业可以减征公司所得税。

（二）政府支持与服务

1. 提供投资情报

资本输出国通过各级政府和驻外使领馆设立的经济情报中心，向本国海外投资者提供东道国与投资有关的信息，为投资者海外投资决策提供帮助。如英国外交和联邦事务办公室定期发布《海外商业投资风险报告》，按照国别对政治和经济风险、人权问题、贿赂、恐怖主义活动、刑事犯罪问题和知识产权等进行详细介绍和进行投资指导。国际经济组织也为海外投资提供信息，如世界银行自2003年起每年发布《营商环境报告》，在2014年世界银行报告的营商环境排名中，香港地区为第2位，台湾地区为第16位，中国大陆为第96位。2015年该报告中中国大陆的排名提前至第90位。

2. 提供资金支持

一些资本输出国设立特别金融机构，以出资或贷款方式参与本国私人的海外投资，或建立特别基金，给予海外投资者资金支持。对海外投资者的项目贷款一般给予优惠利率，在条件上也有优惠。根据经合组织发展援助委员会《2014年发展合作报告》，2013年全球发展援助资金总额达到1 350亿美元，来源包括国际组织、各国官方机构、非政府组织等。

3. 提供技术支持

发展援助委员会是经合组织属下的一个委员会，负责协调向发展中国家提供官方发展援助。发展援助委员会的大多数成员为了培训其海外投资企业的技术人员，对本国培训发展中国家技术人员的机构提供政府补贴。一些国家还协助成立本国民间团体，为发展中国家培训经营技术人员。

二、海外投资的管理措施

为了确保本国私人海外投资对本国的国际收支和经济发展有利，资本输出国对海外投资进行管理，主要措施包括信息披露要求、反逃避税和反垄断法的域外适用。

（一）海外投资的信息披露

从税收监管的角度，资本输出国税法要求对本国私人海外投资的情况进行申报，特别是对上市公司，要按照公司法和证券法等法律、法规进行信息披露。从履行《经合组织反贿赂公约》、《联合国反腐败公约》等国际条约义务的角度，资本输出国制定和执行措施，要求私营部门增加透明度，包括加强会计和审计标准，对账簿和记录进行保存，进行财务报表披露。

（二）防止海外投资企业逃避税

为保证本国财政税收，资本输出国对本国私人海外投资的税收进行征管和开展国际合作。具体包括：加强税收登记和国际税务申报，强化会计审查，实行所得评估，防止关联公司转移定价，防止滥用税收协定，防止利用避税地避税等。

（三）反垄断法的域外适用

资本输出国对私人海外投资中限制竞争的经济活动进行监管。对位于本国领土以外的外国企业在境外实施的行为，如果对本国境内市场产生排除、限制竞争影响的，反垄断法可以在域外适用。

美国在1945年美国铝公司案中确立了效果原则，此后不断完善。如果第三国企业间的合并对美国国内、美国的出口贸易或者美国企业的出口机会，有直接的、实质性的且可以合理预见的后果，则美国政府得适用其国内法对该交易进行审查。欧盟和其他国家也纷纷规定了反垄断法的域外适用。

为执行反垄断法，美国反垄断监管机构还设置了个人报告制度。任何个人可以通过电子邮件、信函和电话向司法部反垄断局下设的公民投诉中心提交任何有关反垄断关切的信息，该信息可以成为启动反垄断调查的证据。在反垄断法执行中涉及的证据上，美国强化了被调查当事方的举证责任。在2010年美国联邦贸易委员会诉C&D公司案中，C&D公司被要求提供其在加拿大投资的公司的大量文件。法院认为除非该举证负担构成不合理地中断或者严重干扰C&D公司的经营活动，否则必须提供书面文件或者至少允许联邦贸易委员会进行电子检索。

（四）其他管理措施

对私人海外投资的管理措施还包括外汇管理、反贿赂和反洗钱等。

实行外汇管制的资本输出国，对私人海外投资资金的汇出、利润的汇回和结汇等规定了审批、登记或申报等制度。

资本输出国对私人在海外投资和经营过程中存在的贿赂行为进行规制。如美国《海外反腐败法》禁止为获得不当商业利益对外国官员或国际组织的官员行贿。该法规定了两项措施：一是反贿赂措施，二是账簿和记录措施。反贿赂措施适用于三类主体：（1）发行人及其管理人员、董事、雇员、代理人和代表该发行人行事的股东，发行人是指在美国上市或按照美国证券交易所要求提交定期报告的公司；（2）美国个人或实体及其管理人员、董事、雇员、代理人和代表其行事的股东；（3）外国个人或外国实体及其管理人员、董事、雇员、代理人和代表其行事的股东（在美国境内实施贿赂行为）。贿赂行为的发生地可以在美国境内，也可以在美国境外。

对私人海外投资中可能涉及的洗钱行为，资本输出国通过金融机构的报告制度及中介机构和特定行业的报告制度进行调查和起诉，以及开展国际合作。

第三节　中国对外投资法律制度

一、概述

（一）中国对外投资的发展

中国对外投资起步晚、发展快，其发展历程大致可以分为三个阶段：

1. 起步阶段：20 世纪 70 年代末至 80 年代中期

1979 年 8 月 13 日国务院颁布了 15 项改革措施，其中明确规定允许出国办企业。1979 年 11 月，北京市友谊商业服务公司在东京设立京和股份有限公司，标志着我国对外投资的开始。改革开放之初，我国对外投资的主体是国有大中型企业，主要方式是设立分支机构和代表处。

2. 初步发展阶段：20 世纪 80 年代末至 21 世纪初

1985 年原外经贸部颁发《关于在国外开设非贸易性合资经营企业的审批程序和管理办法》，扩大了投资主体范围，对外直接投资由个案审批转变为规范性审批。对外投资进一步发展，投资主体仍是国有大中型企业，投资形式由设立海外分支机构过渡到新设企业。

3. 迅速发展阶段：21 世纪初至今

2000 年 10 月，我国在“十五”规划建议中正式提出“走出去”战略，鼓励国内企业进行对外投资。由此中小型国有企业和民营资本取得对外投资的支持和鼓励。2003 年后我国对外投资速度加快。

根据联合国贸发会议《2014 年世界投资报告》，2013 年中国吸收外资达到 1 240 亿美元，居世界第二位；2013 年中国对外直接投资流量超过 1 078.4 亿美元，仅次于美国和日本，居世界第三位，但仅相当于美国直接投资流出量的不到 30%，美国达 3 380 亿美元。根据商务部、国家统计局、国家外汇管理局联合发布的《2013 年度中国对外直接投资统计公报》，截至 2013 年年底，中国有 1.53 万家境内投资者在境外设立 2.54 万家直接投资企业，分布在全球 184 个国家或地区；覆盖了国民经济所有行业类别；在投资主体上，非国有企业占比不断扩大。2013 年非金融类对外直接投资流量达到 927.4 亿美元，其中国有企业占 43.9%，外商投资企业占 1.3%。2013 年中国企业共实施对外投资并购项目 424 个，其中直接投资 337.9 亿美元，占 63.9%。中国海洋石油总公司以 148 亿美元收购加拿大尼克森公司 100%股权项目创中国企业海外并购项目金额之最。

（二）中国对外投资政策、法律制度的发展

在制定“走出去”战略后，我国对外开放战略出现重大转变，出台了一系列政策、法律、法规和规章，鼓励和规范对外投资。主要有：

（1）2004 年 7 月，国务院发布《关于投资体制改革的决定》，对不使用政府投资的项目一律不再实行审批制，对境外投资项目根据不同情况分别实行核准制和备案制。

（2）2004年7月，商务部、外交部和国家发展改革委公布《对外投资国别产业导向目录》。此后，又制定和发布了《对外投资国别产业指引》和《对外投资合作国别指南》。

（3）2004年8月，商务部和国务院港澳办制定了《关于内地企业赴香港、澳门特别行政区投资开办企业核准事项的规定》。2004年10月商务部发布了《关于境外投资开办企业核准事项的规定》，支持各种所有制企业在境外设立企业，并简化了境外投资程序。2005年10月，商务部又制定了《境外投资开办企业核准工作细则》。

（4）2004年10月，国家发展改革委发布了《境外投资项目核准暂行管理办法》，适用于在中国境内的各类法人及其通过在境外控股的企业或机构，在境外进行的投资项目（含新建、并购、参股、增资、再投资）的核准。

（5）2005年5月，国家外汇管理局发布《关于扩大境外投资外汇管理改革试点有关问题的通知》，增加了境外投资的用汇额度。

（6）2005年10月，国家外汇管理局颁布了《关于境内居民通过境外特殊目的公司融资及返程投资外汇管理有关问题的通知》，对特定形式的个人境外直接投资加以认可并实施监管。

（7）2005年12月，财政部、商务部发布《对外经济技术合作专项资金管理办法》，利用专项资金对境外投资采取直接补助或贴息支持。

（8）2006年7月，国家外汇管理局发布《关于调整部分境外投资外汇管理政策的通知》，取消境外投资购汇额度的限制。

（9）2008年8月，国务院修订《外汇管理条例》，规定境内个人和境内机构一样在办理登记后可以向境外直接投资。

（10）2009年3月，商务部发布《境外投资管理办法》（“2009年5号令”），推进投资便利化和强化投资服务，将机构的境外投资纳入核准管理。

（11）2009年7月，国家外汇管理局发布《境内机构境外直接投资外汇管理规定》，规定了对境外直接投资的外汇登记制度和资金汇出的登记制度。

（12）2009年12月，财政部、国家税务总局发布《关于企业境外所得税收抵免有关问题的通知》，规定境外直接投资税收抵免。

（13）2012年6月，国家发展改革委、外交部、工业和信息化部等十三个部门发布《关于鼓励和引导民营企业积极开展境外投资的实施意见》，完善对民营企业境外投资的政策支持、管理和服务保障。

（14）2014年9月，商务部发布《境外投资管理办法》，废止2009年5号令，从企业设立和合同章程的角度，将绝大部分境外投资项目从核准制改为备案制管理。

（15）2014年4月，国家发展改革委发布《境外投资项目核准和备案管理办法》，从固定资产投资的角度，规定将绝大部分境外投资项目从核准制改为备案制管理。

（16）2014年7月，国家外汇管理局颁布了《关于境内居民通过特殊目的公司境外投融资及返程投资外汇管理有关问题的通知》，承认了境内个人在境外的投融资行为的合法性，并将其纳入登记监管范围。

（17）2015年2月，国家外汇管理局颁布《关于进一步简化和改进直接投资外汇管理政策的通知》，进一步深化资本项目外汇管理改革。

二、中国对外投资法律制度的特点和主要内容

（一）特点

以部门规章为主体的中国对外直接投资法律制度已经逐步形成，具有以下主要特点：

1. 对企业对外直接投资采取核准制和备案制，而不再是审批制，体现政府精简放权，发挥企业作为市场主体的活力。

2. 对企业对外投资采取鼓励政策，而不再是限制对外投资，反映了我国经济发展和投资政策的战略转变。

3. 对企业对外投资的监管方式由直接监管转向管理和服务并重，更有利于对外投资的发展。

（二）境内企业境外投资的法律制度

境内企业境外投资是指境内企业通过新设、并购及其他方式，在境外拥有非金融企业或取得既有非金融企业所有权、控制权、经营管理权及其他权益的行为。其法律依据是商务部颁布的《境外投资管理办法》。

境内金融机构境外投资不适用《境外投资管理办法》，而是依据《银行业监督管理法》、《商业银行法》和2006年2月《中国银行业监管管理委员会中资商业银行行政许可事项实施办法》，由银监会负责审批。

境内企业境外投资的特征是：（1）投资主体是境内企业。对于个人境外直接投资不适用《境外投资管理办法》。境内企业投资的境外企业开展境外再投资的，需要向商务部门报告。事业单位法人开展境外投资、企业在境外设立分支机构参照适用《境外投资管理办法》。（2）投资方式包括新设、并购和其他方式。其他方式包括以协议方式、提供融资或担保的方式取得既有非金融企业所有权、控制权、经营管理权及其他权益。（3）对境外投资进行事前核准或备案。管理手段主要包括商务部门对投资的核准和备案，发改委部门对项目管理的核准和备案，外汇管理机关的外汇登记等。此外，涉及国有产权的，由国有资产主管机关依据《境外国有资产管理暂行办法》、《企业国有资产法》、《中央企业境外国有资产监督管理暂行办法》等法律、法规进行国有资产产权登记和管理等。对特定行业，一些行业主管部门有特别的行政许可程序。

1. 商务部门的核准和备案

商务部和省级商务主管部门按照投资地区和行业进行事先核准和备案。对涉及敏感国家和地区、敏感行业的，实行核准管理；对其他情形，实行备案管理。敏感国家是指与中国未建交的国家、受联合国制裁的国家，以及其他被商务部列入核准名单的国家和地区。敏感行业是指涉及出口限制出口的产品和技术的行业和影响一个以上国家和地区利益的行业。

商务部和省级商务主管部门通过“境外投资管理系统”对境外投资进行管理，并向获得核准或备案的企业颁发《企业境外投资证书》。证书记载事项发生变更的，应相应进行登记。

2. 项目管理的核准和登记

（1）项目管理的核准

企业境外投资额10亿美元及以上项目和涉及敏感国家和地区、敏感行业的境外投资由国

家发展改革委核准。

敏感国家和地区包括未与中国建交的、受国际制裁的国家，发生战争、内乱的国家和地区。敏感行业包括：基础电信运营，跨境水资源开发利用，大规模土地开发，输电干线、电网、新闻传媒。

项目规模和主要内容发生变化，投资主体或股权结构发生变化，中方投资额超过原核准20%及以上的核准项目，应向国家发展改革委申请变更。

（2）项目管理的备案

其他情形的企业境外投资项目实行分级备案制度。

（3）信息报告确认函

中方投资额3亿美元及以上的境外收购或竞标项目，在投资主体对外开展实质性工作之前，应取得国家发展改革委出具的《境外收购或竞标项目信息报告确认函》。

3. 外汇管理

我国实行外汇管制，目前资本项目的管制逐渐放松。

企业境外直接投资的外汇来源包括自有外汇资金、符合规定的国内外汇贷款、人民币购汇或实物、无形资产、留存境外利润等多种来源。

自2015年6月1日起，境内企业境外直接投资，由银行办理境外直接投资外汇登记。境内企业境外设立或控制的境外企业在境外再投资设立或控制新的境外企业无须办理外汇备案手续。此前，境内企业境外直接投资必须由外管局进行外汇登记。

境内企业可以向其境外直接投资企业提供商业贷款及融资性担保。

境内企业境外直接投资的前期费用确需超过境外直接投资总额的15%的，境内企业应向外管局申请，凭其核准件购汇。

境内企业境外直接投资所得的利润汇回境内的，可以保存在其经常项目账户或办理结汇。境外投资企业减资、转股、清算所得资本项下外汇收入，通过资产变现专用外汇账户办理入账，或经外管局批准留存境外。

4. 投资支持与服务

商务部会同有关部门制定《对外投资国别产业导向目录》、《对外投资国别产业指引》、《对外投资合作国别指南》、《对外投资合作在外人员培训教材》等文件，引导企业对外投资。建立对外投资与合作信息服务系统，为企业开展境外投资提供统计、投资机会等信息服务。通过对外经济技术合作专项资金，对境外投资采取直接补贴和贴息支持；提供境外投资专项贷款；建立中国出口信用保险公司提供海外投资保险，发展商业保险公司参与出口信贷。放松外汇管制，规定境外所得税收抵免，签订双边、多边经贸合作和投资协定，帮助、促进、保障中国境内企业“走出去”和参与国际竞争。

课堂讨论案例

（一）基本案情

2011年南苏丹从苏丹分离后经历持续的政治不稳定和无秩序状态。2013年12月至2014

年 1 月期间，政府军和反政府武装激烈交火，在多个城市争夺控制和占领权，在南苏丹全国存在广泛的人权违反情况。据联合国人道主义事务协调办公室估计，截至 2014 年 1 月，约有超过 74 万人流离失所。多个国际组织的设施被袭击、洗劫和攻击。

国际救援委员会是一个国际非政府组织，在纽约成立，在 40 多个国家为难民和因战争、被迫害或者自然灾害造成的流离失所者提供人道主义援助。该组织在苏丹已经运营 20 余年，在南苏丹独立后继续运营。在南苏丹政治暴力冲突期间，国际救援委员会虽然仍在部分地区维持运营，但是已经逐渐收缩规模。在石油重镇班提乌的办公室已经关闭，无法进入。

（二）保险合同

2010 年 5 月 24 日国际救援委员会与美国海外私人投资公司签订主合同，2013 年 10 月 28 日签订协议将南苏丹列入附件投资国家。

主合同第 7 条规定，如果所投保财产的全部或者部分由于物理性损害、破坏、被抢走或扣押造成永久性损失，且政治性暴力是该损失的直接原因，保险人应赔偿投保人。合同中将政治性暴力定义为：主要为达到政治目的而实施的暴力行为，如宣战或者不宣而战、国家或者国际武装的敌对行动、内战、革命、暴动、内乱、恐怖主义或破坏。

投保财产是包括投保人不时提供给其分支机构在项目中使用的电脑、办公设备、汽车、用品、建筑、家具、发电机、通讯设备和其他财产。项目被确定为投保人的人道主义援助项目，包括但是不限于为难民提供紧急救生，提供医疗和公共健康服务，提供避难所和事务，提供培训、教育和生产计划。

根据合同，保险赔偿不得超过赔偿限额。保险赔偿金额为修理和更换投保财产的合理成本，但是不超过投保财产原购置成本的 200%。投保人自行承担其中的 10%。投保人获得赔偿的条件之一是投保人必须在损失发生后的 3 年内修改或更换损失财产。

（三）赔偿

投保人提出投保财产的原购置成本为 173 409 美元；其中汽车价值 55 423 美元，其他投保财产价值 117 987 美元。汽车按照 200%计算赔偿额为 110 845 美元，其他投保财产按照 100%计算；在投保人承担 10%的损失后，保险公司应赔偿 205 949 美元。

关于赔偿限额。保险合同的赔偿限额是 500 万美元，即在保险期间发生的各次保险事故获得的保险金总和不超过 500 万美元。投保人此前仅因在中非共和国的投资获得赔偿 595 413.40 美元。因此，该次赔偿不超过赔偿限额。

投保人已经签署保险权益转让书。美国海外私人投资公司同意赔偿 205 949 美元。

请结合本章内容，思考以下问题：

1. 对海外投资保险中的合格投资者有什么要求？
2. 海外投资保险和商业性的财产保险相比，有什么区别？

问题与思考

1. 简述海外投资保险制度的概念和特征。

2. 海外投资保险制度的主要内容是什么？

3. 资本输出国对海外投资的鼓励措施包含哪些主要内容？

4. 资本输入国对海外投资的管理措施包含哪些主要内容？

5. 请结合法律法规，说明我国对外直接投资法律制度的特点。

第十二章

保护国际投资的国际法制

本章概要

资本的跨国流动决定了仅凭国内法无法保护国际投资。为了降低国内法对国际投资的阻碍作用，切实发挥投资对贸易、环境、社会经济发展的促进作用，鼓励和促进资本的全球流动以及对资本进行有效的管理和规制，各国积极寻求建立关于投资的国际法律体制。保护国际投资的国际法制包括双边投资保护协定、区域性投资条约和世界性的多边投资条约，主要内容包括投资、投资者、投资者义务、投资者待遇、投资争议解决等。

关键术语

双边投资保护协定　北美自由贸易区协定　国际能源宪章条约　多边投资担保机构　与贸易有关的投资措施协定

第一节　双边和区域性投资条约

双边投资保护协定是指两个国家之间就鼓励、促进和保护另一国国民在其领土内的投资而签订的双边条约，是第二次世界大战后各国普遍采用的保护国际投资的形式。

双边投资保护协定的起源可以追溯到 18 世纪末期，美国、日本和一些西欧国家签订一系列友好通商航海条约。其主要内容是调整两国间的通商关系，包括另一缔约国人员入境、居留及财产的保护、商业活动和管理、外汇管制、税收待遇、船舶和航运待遇以及争议解决，私人投资并不是其重点；并且友好通商航海条约一般在发达国家之间签署。

第二次世界大战后，为了实施复兴欧洲经济的马歇尔计划，美国启动了海外投资保险制度。海外投资保险必须以美国签订的双边投资保护条约为依据。投资保护条约的主要内容是海外投资保险的代位求偿权和投资争议解决。1959 年联邦德国与巴基斯坦签订的双边投资保护协定，自此资本输出国与资本输入国签订的双边投资保护协定逐渐增多，该协定成为保护国际投资的主要国际法机制。区域性自由贸易条约往往也包括投资便利和投资保护的安排，弥补了全球多边投资协定的缺失，促进了资本的流动。

20 世纪 90 年代后，双边投资保护协定的数量迅速增长。根据联合国贸发会统计，截至 2014 年年底，双边投资协定总数达到 2 923 个，其中仍有效的超过 2 200 个。其他的国际投资条约总数达到 345 个，其中仍有效的超过 270 个。仅 2014 年一年就达成 27 个双边投资协定和 13 个其他投资条约。①

1982 年中国与瑞典签订首个双边投资保护协定；1986 年与斯里兰卡签订首个发展中国家之间的双边投资保护协定。截至 2014 年年底，中国共签订 144 个双边投资保护协定，17 个自由贸易区条约或安排（包括《内地与香港关于建立更紧密经贸关系的安排》和《内地与澳门关于建立更紧密经贸关系的安排》，以及《两岸经济合作框架协议》）。

一、双边投资保护协定的主要内容

双边投资保护协定的内容主要包括投资和投资者的范围、外国投资者的待遇标准、征收或国有化及其补偿、资本和收益的汇兑和转移、投资保险或保证及代位权、争议解决。

近年来，一些双边投资保护协定还涉及传统上属于国内法问题的环境问题和劳工问题。根据 UNCTAD 统计，2014 年新签订的双边投资协定中，大多数规定了基于保护人类、动、植物或可用竭资源的例外，并有 11 个协定明确规定缔约国不得为吸引投资放松健康、安全和环境标准。双边投资保护协定的内容日益体现全球合作可持续发展的要求。

（一）关于投资的范围

一般双边投资保护协定在定义条款中以概括加列举的方式规定投资的范围。多数投资协定中的投资范围都是开放的。

我国外经贸部条法司制定的 1994 年《中国双边保护投资协定范本》（“1994 年 BIT 范本”）规定，投资是指任何形式的资产的投入，主要包括但是不限于：动产、不动产和其他财产权利，如抵押和质押；股份、股票和其他对公司的参与权；金钱请求权或其他有经济价值的关于合同履行的请求权；著作权、工业产权、专有技术和工艺流程；依法授予的特许权，包括自然资源勘探、开发权。1995 年 1 月生效的中国与印度尼西亚双边投资保护协定和 2005 年 11 月生效的中德双边投资保护协定即采纳该范本条款。2013 年 7 月生效的中国与哥伦比亚双边投资保护协议中除 1994 年 BIT 范本所列举的投资外，还包括 3 年期以上的外国贷款，同时明确排除国债和任何因货物买卖合同、服务合同和商业贷款产生的金钱性请求权。

美国采用的双边投资协定范本从 1984 年范本、1994 年范本、2004 年范本到 2012 年范本，逐渐扩大所列举的投资范围。2004 年范本和 2012 年范本中将投资概括为：投资者直接或者间接拥有或者控制的任何资产，如果该资产具有投资的特征，包括承诺投入资本或其他资源、预期获得收入或利润、承担风险。在具体形式上，包括：建立企业；债券、长期票据、贷款；期货、期权和其他衍生品；依据国内法授予的许可、授权或者类似权利等。

---

① UNCTAD, Recent Trends in IIAs and ISDs 2015, http://unctad.org/en/PublicationsLibrary/webdiaepcb2015d1_en.pdf.

（二）关于投资者的定义

双边投资保护协定中的投资者是指作出投资的另一缔约国的国民，包括自然人和经济实体。投资者一般按照国籍认定，有些协定规定同时适用国籍和住处两个标准，有些协定还规定营业要求。

缔约国可以仅规定特定形式的投资者，如中国与印度尼西亚签订的双边投资协定中规定，作出投资的印度尼西亚公司是指依据印度尼西亚法律设立的有限责任公司和任何法人。美国2012年BIT范本规定，自然人存在双重国籍时，应认定为仅具有其主要的和有效的国籍。中国和哥伦比亚双边投资协定中除国籍要求外，增加营业要求，规定投资人为实体时，须依缔约国法律成立，在该国具有住处，且在该国进行主要商业活动。对于在非缔约国境外设立的实体，如果由缔约国的自然人有效控制的，也是合格的投资者。

（三）关于外国投资者的待遇标准问题

双边投资协定中规定的外国投资者的待遇主要有国民待遇标准、最惠国待遇标准、公平与公正待遇标准和国际最低待遇标准。多数双边投资协定规定了市场准入后的国民待遇和最惠国待遇，少数双边投资协定同时规定了市场准入前的国民待遇和最惠国待遇。截至2014年年底，大约有10%的双边投资保护协定规定了市场准入前承诺。2014年新签订的双边投资协定，有一半规定了对准入阶段适用完全的或有限的投资待遇。①

1. 国民待遇标准

国民待遇是指在互惠的基础上，东道国按照本国法律给予外国投资者与给予本国国民相同的待遇。但是对于是否规定国民待遇，以及国民待遇的范围，投资协定中存在差异。

中国1994年BIT范本并未规定国民待遇。中国与印度尼西亚投资协定中也未规定国民待遇。中德投资协定规定了国民待遇，要求每一缔约国应给予对方投资者不低于给予其本国投资者的待遇。中国与哥伦比亚投资协定中将国民待遇的范围明确为准入后待遇，规定在投资的经营、管理、使用、收益和处分方面，给予另一缔约国投资者的投资不低于相同情形下给予本国投资者的待遇。美国2012年BIT范本中规定的国民待遇的范围更大，既包含准入后待遇，也涉及准入前待遇；涉及设立、收购、扩张、管理、运营、出售或其他处理投资的方式。

2. 最惠国待遇标准

最惠国待遇是指在互惠的基础上，东道国按照本国法律给予外国投资者的待遇，不低于该国给予任何第三国的投资者的待遇。大部分双边投资协定中都规定最惠国待遇，但是最惠国待遇的范围存在差异。

中国1994年BIT范本规定了最惠国待遇，但是不适用于缔约国与其他国家基于关税同盟、自由贸易区、边境贸易或者为避免双重征税的安排涉及的优惠。中德投资协定采取了中国1994年BIT范本的规定。中国与印度尼西亚投资协定将最惠国待遇的范围进一步明确为管理、使用、收益或者处分投资和任何与投资有关的活动。美国2012年BIT范本规定最惠国待遇包

① UNCTAD，Recent Trends in IIAs and ISDs 2015，http：//unctad.org/en/PublicationsLibrary/webdiaepcb2015d1_en.pdf.

括准入前待遇和准入后待遇，在设立、收购、扩张、管理、运营、出售或其他处理投资的方式上均适用最惠国待遇。中国与哥伦比亚投资协定除将最惠国待遇限定为准入后待遇外，明确最惠国待遇不适用于诉诸争端解决程序的权利。

3. 公平与公正待遇标准

双边投资保护协定中一般规定给予外国投资者和其投资公平与公正待遇。但是对于公平与公正待遇的概念和范围存在较大分歧。一些投资保护协定将公平与公正待遇列为一个单独的标准，一些将其列入国际最低待遇标准；一些将其定义为提供充分保护和安全，一些将其定义为提供完全保护和安全；一些认为公平与公正待遇包括不对外国投资者进行歧视性对待，一些认为公平与公正待遇包括国际习惯法上所有对外国人的经济利益的对待；一些认为公平与公正待遇是国际习惯法上的标准，即所有国家遵守一致的标准，一些认为不存在习惯法上的标准。

中国 1994 年 BIT 范本规定，缔约国应给予另一缔约国投资者在本国境内的投资和与投资有关的活动以公平与公正待遇。中德投资协定采纳该范本的规定。中国与印度尼西亚投资协定中规定，缔约国应给予投资者公平与公正待遇，并就在另一缔约国境内的投资有权取得充分保护和保证投资安全。美国在其双边投资协定范本中将公平与公正待遇与投资待遇最低标准相联系。美国 2012 年 BIT 范本规定，应该给予另一缔约国投资者符合国际习惯法的待遇，包括公平与公正待遇及完全保护和安全；公平与公正待遇要求根据世界主要法系中所包含的正当程序原则，不得在刑事、民事或行政程序中进行司法拒绝；完全保护和安全要求提供国际习惯法所要求的警方保护水平。中国与哥伦比亚投资协定中规定，缔约国应给予投资者符合国际习惯法的公平与公正待遇，给予投资完全保护和安全；公平和公正待遇并不要求国际习惯法下外国人的最低待遇标准之外的额外待遇，公平和公正待遇禁止违反国际习惯法在刑事、民事或行政程序中拒绝司法，完全保护和安全并不意味着给予优于对待本国国民的待遇。

（四）关于征收或国有化及其补偿

征收或国有化是指主权国家基于社会公共利益的需要，将外国投资者的部分或全部资产收归国有。双边投资协定规定征收或国有化必须符合一定条件，包括不得损害公共利益，不得具有歧视性，符合正当法律程序，并给予补偿。

征收或国有化的方式包括直接征收和间接征收。如中德投资协定规定征收包括直接征收、间接征收或者任何在效果上等同于征收的其他措施。印度和美国在各自的双边投资协定范本中详细列举了构成间接征收的情形，要求对于征收的判断必须根据个案进行。

对征收的补偿问题，发达国家与发展中国家之间存在分歧。发达国家一般要求实行征收的国家给予“充分、有效、及时”的补偿。发展中国家曾依据《各国经济权利与义务宪章》主张补偿是“适当”的。近些年来，随着双边投资协定的大量签订，补偿的标准一般都规定为充分补偿。

中国 1994 年 BIT 范本中规定了征收的四个条件，并规定补偿额为被征收财产在被宣布征收时的价值，支付补偿不应不合理地延迟。中德投资协定规定补偿额按照投资的价值计算，计算时间为以下两者之间的较早时间，或者是采取征收措施前一刻，或者是该征收措施被知晓前一刻；包括按照通行的商业性利率计算的利息。美国 2012 年 BIT 范本规定，补偿应及时而无拖延地支付；补偿金额相当于征收前被征收投资的公允市场价值；补偿应可全部变成现金并可以自由转移。该范本规定公允市场价值的计算，包括自征收之日起至付款之日的利息，利率按照商业合理标准的数额确定。

(五) 关于资本和收益的汇兑和转移

双边投资保护协定一般都规定投资者的资本、利润和其他合法权益可以自由转移，包括自由兑换成外币、自由转移或汇回本国。投资保护协定关于缔约国是否可以通过其国内法对自由转移作出限制，以及可转移的权益范围，存在差异。

中国 1994 年 BIT 范本规定，资本和收益的汇兑和转移应遵守缔约国国内法。资本和收益包括：利润、分红、利息和其他合法收入；投资清算的全部或部分款项；与投资有关的贷款合同项下的支付；特许权使用费；技术支持或技术服务费、管理费；与投资有关的项目支付；另一缔约国国民自缔约国境内获得的与投资有关的工作收入。中国与哥伦比亚投资协定规定不排除各方依据其国内法对汇兑进行限制。美国 2012 年 BIT 范本在自由转移的权益范围上，除规定中国范本中包括的各项权益外，还列举了基于争议产生的支付也可自由转移。美国范本中规定缔约国国内法对自由转移的限制必须是平等的、非歧视的和善意的，且仅限于以下方面的限制：(1) 破产或为保护债权人权利；(2) 发行、交易或处置证券、期货、期权或衍生品；(3) 刑事或刑罚指控；(4) 为协助法律执行或金融管制所必要的财务报告和备案；(5) 为保证司法或者行政程序中的裁定或判决的遵守。

(六) 投资保险或保证及代位权

双边投资保护协定一般都规定，在投资保险或保证项下就政治风险对投资者进行赔偿或补偿后，缔约国政府或其机构取得代位求偿权，有权代替投资者向东道国政府提出赔偿请求。代位权不超过投资者原有的权利和主张。

(七) 争议的解决

双边投资协定的争议包括两类：一类是有关国家之间由于投资条约的解释或适用而产生的争议，其解决方式通常包括谈判和仲裁；另一类是缔约国国民与另一缔约国之间因待遇、征收补偿、资本和利润汇出及履行要求等问题而产生的争议，其解决方式通常包括友好协商、当地行政与司法救济和国际仲裁。对于争议的范围的规定，双边投资协定存在差异。一些双边投资协定中规定了“保护伞条款”，将东道国与投资者间的投资合同的争议上升为双边投资协定的争议，即对于投资合同的违反也是对投资条约的违反。对于“保护伞条款”存在很大争议，2014 年 UNCTAD 审议的新签订的 13 个双边投资保护协定中均未包括该条款。

中国 1994 年 BIT 范本规定，缔约国之间就条约解释与适用产生争议，如果经外交途径协商无法在 6 个月内达成一致，任一缔约方可以提交临时仲裁。对于投资者与东道国之间的投资争议，如果双方无法在 6 个月内达成一致，可以提交东道国有管辖权的法院。涉及征收补偿数额的争议，如果未提交当地法院审理的，可以提交临时仲裁；已提交当地法院的，则不可提交临时仲裁。美国 2012 年 BIT 范本规定，缔约国之间争议可以提交临时仲裁，适用联合国贸易法委员会《仲裁规则》；投资者与东道国之间的投资争议，提交 ICSID 仲裁或按照联合国贸易法委员会《仲裁规则》进行临时仲裁。

二、区域性投资条约

第二次世界大战以来，区域合作日趋加强。特别是近些年来，各种区域优惠贸易与投资协定的数量持续增长。区域合作安排中通常包括投资的内容，以促进贸易和投资的自由化，从而实现更高程度的经济一体化。传统上区域合作在同一个地区的国家之间展开，但自 1990 年后，位于不同地区的国家和集团也开始相互采纳优惠贸易与投资协定。

在 WTO 开展多轮多边贸易与投资谈判的同时，区域合作更加富有活力和取得成效。2005 年，新加坡、新西兰、智利和文莱在亚太经济合作会议框架内签订《跨太平洋战略经济伙伴关系协定》，之后美国宣布加入并主导了“跨太平洋伙伴关系协议（TPP）”谈判。截至 2014 年，TPP 谈判方包括美国和 11 个亚太地区国家。2013 年 6 月，美国和欧盟启动了“跨大西洋贸易与投资伙伴关系协定（TTIP）”的谈判。2013 年 10 月，中国提出倡议建立亚洲基础设施投资银行（“亚投行”），以促进本地区互联互通和经济一体化进程。截至 2015 年 4 月，亚投行已有 57 个意向创始成员国。

（一）北美自由贸易协定

加拿大、美国和墨西哥签订的《北美自由贸易协定》自 1994 年 1 月 1 日起实施。其成立宗旨是：取消贸易障碍，创造公平竞争的条件，增加投资机会，对知识产权提供适当的保护，建立执行协定和解决争端的有效程序，以及促进三边的、地区的以及多边的合同。同时，三国另签订两个附属协定：《北美环境合作协定》和《北美劳工合作协定》。

《北美自由贸易协定》第 11 章规定了投资，包括两个部分。第一部分是投资的实体性规则，包括国民待遇、最惠国待遇、公平与公正待遇及全面保护和安全、履行要求的限制、高级管理人员和董事会任命的自由、资金转移的自由、保护不受直接和间接征收等。第二部分是投资者与东道国之间投资争议解决规则。

（二）能源宪章条约

《能源宪章条约》是在 1991 年《欧洲能源宪章》的基础上形成的有关能源的最重要的多边条约。《能源宪章条约》及其《能源效率和相关环境问题议定书》于 1994 年 12 月 17 日通过，1998 年 4 月 16 日起生效。

能源宪章代表大会是其权力机构和执行机构，现有 53 个成员方，美国、约旦等 14 个观察员，中国、埃及、韩国、阿联酋等 14 个特邀观察员，东盟、WTO 等 11 个国际组织观察员。

《能源宪章条约》的宗旨是，在互补和互惠的基础上，建立在能源领域长期合作的法律框架。其主要内容包括：促进和保护投资、能源效率、过境运输、国家对能源资源的主权、能源环境和争议解决。有关投资的规定涉及投资待遇、关键人员出入境、对武装冲突造成损失的赔偿、征收、代位权、投资的自由转移和争议解决。

在外国投资者待遇方面，根据该条约，在管理、维护、使用、处置投资方面，缔约方给予另一缔约方投资者的待遇不得低于给予本国国民或第三国国民的待遇，给予的公平与公正待遇不得低于国际法所要求的标准。

武装冲突导致投资损失和对征收的补偿，适用及时、充分和有效的标准。政府或其指定机构进行赔偿后取得代位求偿权。

条约规定了复杂的争议解决机制。条约规定投资者与另一缔约方之间的争议可以提交东道国境内法院或行政法院或国际仲裁解决。国际仲裁可以是ICSID，或按照联合国贸易法委员会《仲裁规则》进行临时仲裁，或提交斯德哥尔摩商会仲裁院仲裁。但是在附件ID和附件IA中，一些缔约方对仲裁的范围和程序作出了排除。根据UNCTAD的统计，在2014年所提起的投资争议中，依据《能源宪章条约》提出的争议数量已经超过根据《北美自由协定》提出的数量。

第二节　多边投资担保机构公约

一、多边投资担保机构公约与机构

早在20世纪50年代，世界银行就曾提出设立一个多边机构对政治风险提供担保。80年代重新启动公约起草工作，于1985年10月11日通过《多边投资担保机构公约》。1998年4月《多边投资担保机构公约》生效。2010年11月14日理事会批准对公约进行了修订。截至2014年年底，公约共有181个会员国。中国于1988年4月30日批准公约，是公约的创始会员国。

1. 多边投资担保机构的目的和宗旨

根据《多边投资担保机构公约》设立了多边投资担保机构（MIGA），它是世界银行集团的下属机构，拥有完全的法人地位，有权缔结合同、取得并处理不动产和动产及进行法律诉讼。为履行职能，多边投资担保机构及其官员在各会员国境内享有豁免和特权。

设立多边投资担保机构的目的和宗旨是，通过对非商业风险引起的损失提供政治风险保险或者担保，鼓励在会员国之间，尤其是向发展中国家会员国融通生产性投资，以补充国际复兴开发银行、国际金融公司和其他国际开发金融机构的活动。为此目的，机构为成员国境内投资的非商业性风险提供担保，包括共保和分保；通过技术援助、政策咨询、投资政策与经验磋商、交流信息、推动签订投资协议等辅助性活动，促进发展中会员国改善投资环境。

根据《多边投资担保机构2014年度报告》，2014财年，多边投资担保机构为发展中成员国项目新签发了32亿美元的担保，由其管理的信托基金新签发了180万美元的担保；截至2014财年末，该机构总承保金额达到124亿美元，其中的53亿美元让渡给机构的再保险合作伙伴；在相对于商业资本而言风险过高的领域动员了私营部门进行投资。

2. 多边投资担保机构的组织机构

根据公约，多边投资担保机构的组织机构包括理事会、董事会、总裁和工作人员。理事会是权力机构，职责包括决定机构的资本的任何增减，确定发展中国家名单，修改公约及其附件和附表等。董事会是执行机构，可以经理事会授权代行其部分职责。董事会可以任命总裁，负责机构的日常业务。机构、总裁及其工作人员作出决定不受任何成员方的政治事务干扰。

2009年董事会批准修改《多边担保机构业务规则》，使多边投资担保机构的担保范围扩大至银行和一些资本市场投资者。2010年将未履行财务责任承保范围扩大至主权债务，2013年扩大到国有企业。

二、多边投资担保机构的投资担保业务

（一）承保的风险的种类

机构主要承保以下五种非商业性风险：

1. 货币汇兑险

货币汇兑险防止投资者因政府的作为或不作为而无法将当地货币（股本、利息、本金、利润等）合法兑换为外汇，或者无法将当地货币或外汇汇出东道国而产生的损失。货币汇兑风险不包括货币贬值。

2. 征收或类似措施险

机构担保的征收和类似措施险是指，由于某些政府行为导致投资者对投保资产的所有权减少或被剥夺，或导致投资者对投保资产的控制减弱或权益受损。但是政府为管理其境内的经济活动而通常采取的普遍适用的非歧视性措施不在此列。

3. 违约险

违约险是指东道国不履行或者违反与投保人签订的合同，并且（1）投资者无法诉诸司法或仲裁程序解决与东道国之间的争议，或（2）司法或仲裁机构未能在合理期限内作出裁决，或（3）虽有裁决但无法执行。

违约险可以适用于国有企业。在争议解决机制未作出决定前，如果满足一定条件，机构可以自行决定作出临时性支付。如果投资者诉诸法律途径受到东道国不合理的干涉时，机构可以不要求裁决而支持赔偿。

4. 战争与内乱险

战争与内乱险是指，机构对因政治原因而引起的战争或内乱（包括革命、起义、政变、恐怖活动等）而导致的投资者有形资产的损失、毁坏、破坏或灭失，或者所导致的营业中断提供担保。担保范围不仅包括针对东道国政府的东道国动乱，还包括针对外国政府（包括投资者的政府和国家）或者外国投资的东道国动乱。

营业中断是指完全失去开展为维持整体项目可行性的必要业务的能力。经投资者申请，机构担保范围也可以包括暂时性业务中断。

战争与内乱险的担保范围为因资产有形损失或整体营业中断而遭受的直接损失。

5. 未履行主权财务责任险

2010 年理事会对机构业务规则进行重要修改后，增加了对未履行主权财务责任险。如果东道国国家或者其下属机构、国有企业根据无条件的金融支付义务或与合格投资相关的担保，到期未能支付，给投保人造成损失的，机构提供担保。对此种损失的担保不要求投资者取得仲裁裁决结果。

此外，经董事会多数同意，机构可以承保除上述风险以外的非商业风险。

（二）合格的投资

合格投资必须符合四个条件：第一，投资必须是新的投资，包括新的投资以及与现有项目

的扩展、现代化、改进或提高有关的投资，或投资者可显示项目具有发展效益和对项目有长期承诺的投资。新的投资者的收购行为，包括国有企业的私有化也可以担保。第二，投资类型包括股本投资、一年以上期限的股东贷款以及股东出具的贷款担保、技术援助和管理合同、资产证券化、发行债券、租赁、服务、特许经营权和许可协议等。非股东贷款，如果与既存的特定投资或项目相关，也可以担保。第三，投资项目应与机构促进经济增长与发展的目标保持一致。项目必须在财务上和经济上可行，在环境方面具有合理性，且必须符合东道国的劳动标准和发展目标。

机构制定了《环境与社会可持续政策》及其履行标准，并遵守世界银行集团《环境、健康和安全指南》的规定。机构根据投资的环境和社会影响评估，将投资划分为A、B、C和FI四类。FI为金融机构或涉及金融机构的商业活动。从A类至C类，不利影响逐类降低。对不同类别，信息披露和利益相关方参与要求不同。目前有效的《环境与社会可持续政策》是2013年版本，适用于2013年10月1日之后的投资；此前的投资适用2007年版本。

（三）合格的投资者

机构担保公约会员国的自然人和法人对公约发展中会员国的投资，投资者包括：(1) 东道国以外的会员国的自然人国民；(2) 东道国国民所作的投资，但是其资金来源于东道国以外，且东道国政府特别批准此项投资；(3) 在会员国注册成立的公司或金融机构，且主要营业地在会员国境内，或会员国国民是该公司或金融机构多数股份的持有人。按照商业方式经营的国有企业和非营利组织也可以成为合格的投资者。

（四）合格的东道国

合格的东道国必须是发展中国家。

（五）担保期限和金额

机构一般提供最短3年最长15年的保险。根据特定项目的性质，最长可以到20年。一旦担保生效，除非有违约情况发生，机构不可终止合同。但是从第三个合同周年日开始，被担保方可以在任何合同周年日减少或撤销保险。

对于股本投资，机构最高担保90%的投资额，外加投资额的500%以补充担保投资收益额。对于贷款和贷款担保，机构最高担保95%的本金，外加本金150%以补充担保利息。对于技术援助和其他合同性协议，机构最高担保90%的合同应付款项。此外，对于金融业、农业加工业务、制造业和服务业领域的中小型企业，机构提供小额投资担保计划，提供不超过1 000万美元的保险。

（六）机构的代位权

机构向投资者支付或者同意支付赔偿时，机构取得投资者对东道国和其他债务人所拥有的有关担保合同的权利或求偿权。担保合同应规定求偿的条件和条款。

（七）解决纠纷的途径

根据争议的性质适用不同的争议解决途径。

（1）会员国与机构之间和会员国相互之间，因公约的解释和适用而发生的争议，应提交董事会作出决定。会员国不同意董事会决定的，可以提交理事会作出最终决定。

（2）机构和会员国之间的争议以及机构和已经被终止会员国资格的国家之间的争议，按照公约附件二规定的程序进行。机构代位权方面的争议，可以按照公约附件二规定的程序进行，也可以按照机构和会员国之间的协议规定的程序进行。

附件二规定争议方应首先协商，协商是前置程序。如果进入协商后120天未能达成一致的，经争议双方同意可以按照调解程序调解，或者任一方可以申请仲裁。

争议方无法就调解员人选达成一致的，可以申请由ICSID秘书长或国际法院院长指定。调解员自被任命之日起180天内作出调解报告。各方在收到调解报告后60天内可以发表书面意见。如果调解员未能按期作出调解报告，或者争议各方未能在收到调解报告之日起60天内接受调解建议或就争议解决达成一致，或有一方未能在60天内对调解报告发表书面意见，则争议方将争议提交仲裁。

除非当事人另有约定或公约另有规定，仲裁程序按照《解决国家与他国国民之间投资争端公约》采纳的仲裁规则进行。

（3）基于投保合同或再保险合同产生的争议，应根据投保合同或再保险合同提交仲裁。

课堂讨论案例

（一）项目情况

2004财年，达阔环境有限公司就德清环中制水厂项目向多边投资担保机构申请投保。投资者达阔环境有限公司是一家新加坡的公司，投资项目德清环中制水厂是一家中国的公司。该项目内容包括建设污水处理厂及向当地居民和制造业工厂提供每日6万立方米的用水。项目所属行业为水务和污水处理。

该项目环境和社会影响评估为A类，即对社会或经济可能具有潜在的、显著的不利影响，该影响将是多样的、不可逆的或空前的。

该水厂的投资者包括私人和德清县政府。德清县水务公司持有该项目的27%股权，并提供必要的土地、管线和水资源。该项目创造了就业机会，有利于地方财政，并向德清县水务公司分配利润。该项目属于世界银行集团对中国的优先发展产业，鼓励中国支持私人投资者参与基础设施建设。

该项目投资类型为股权投资。达阔环境有限公司对德清环中制水厂投资795万美元。经过对该项目的环境和社会影响评估后，多边投资担保机构承保货币汇兑险、征收险、战争和内乱险，担保金额为710万美元，相当于投资额的89.3%。

（二）争议解决

在项目快要完成时，投资者和当地政府产生了争议。争议各方均援引中外合资经营企业合同主张对方违约，导致价值50万美元的水厂建设停止。

为防止项目的进一步拖延，多边投资担保机构争议解决专家前往中国，通过与外国投资者和中国地方政府的友好协商达成解决方案。2007年6月底，达阔环境有限公司与多边投资担保机构签订了新的保险合同。

请结合本章内容，思考下列问题：

1. 多边投资担保机构承保的范围有哪些？
2. 多边投资担保机构对投资承保的比例有什么规定？
3. 多边投资担保机构对促进向发展中国家投资起到什么作用？

问题与思考

1. 双边投资保护协定包括哪些主要内容？
2. 如何理解公平与公正待遇标准？
3. 列举主要的多边投资保护条约。
4. 多边投资担保机构承保的范围有哪些？
5. 多边投资担保机构对担保合格性的要求是怎样的？
6. 多边投资担保机构对促进向发展中国家投资起到什么作用？

第四编

国际货币金融法

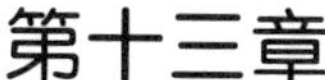

第十三章

国际货币法与国际金融法之原理

本章概要

国际货币金融法是国际经济法的重要组成部分，对于国际经济关系和国际经济秩序具有重要的基础性作用。但与国际货币金融实践的发展和要求相比，国际货币金融法制和国际货币金融法理论的发展均相对滞后。本章分别介绍国际货币制度的基本概念与特征、国际货币金融法的渊源、《国际货币基金协定》的内容。

关键术语

国际货币法　国际金融法　国际金融关系　国际货币基金协定　限制外汇管制之义务　实现有秩序汇率之义务　特别提款权

第一节　国际货币金融法概述

一、国际货币金融法的概念与特征

国际货币金融法是调整国际货币关系与国际金融关系的国际规范和国内规范的总称。在内容上，它涉及国际货币体系、国际资本跨国流动、跨国性金融经营机构及其管制、关于外汇的兑换与交易、关于各种国际金融资产及衍生工具的交易等问题。国际货币金融法是国际经济法的重要组成部分，是传统的国际贸易法制度和国际投资法制度的基础。在现代国际经济关系中，离开了国际货币金融法所形成的秩序，各类国际贸易活动、国际投资活动和其他各种国际经济活动将难以合理、顺利地进行；而一国所适用的国际货币金融法制度，在很大程度上又决定着该国国际贸易、国际投资和其他国际经济活动的方式和效率。

严格地说，国际货币金融法包括国际货币法和国际金融法两个性质有别但又密切联系的法律部门。其中，国际货币法是指调整国家之间因国际货币管理活动而产生的国际货币关系的国际规范和国内规范的总称，它规定的是关于国际货币的兑换、流动和汇率方面的法律规则；它构成一国国际货币金融制度的基础，具有典型的公法性质。国际金融法是指调整不同国家民事主体之间因跨国金融交易活动而产生的国际金融关系的国际规范和国内规范的总称，它规定的是关于国际贸易融资、国际贷款融资、国际债券融资、国际股票融资、国际租赁融资等金融交易的法律规则。尽管在不同国家的法律中，此类法律制度往往也可能包含一定的管制法内容，但它在本质上具有私法性质。

国际货币法与国际金融法又有着内在的联系。简要地说，国际货币法构成国际金融法的基础，而国际金融法则表明了国际货币法的目的和规范的内容。从国际货币金融法的发展来看，一方面，一国的国际金融法制度实际上建立在该国所采取的国际货币法制度基础上，在不同国家的国际货币法体系下，其国际支付和国际金融交易有不同的含义和特点，其国际金融法也有不同的性质和内容；另一方面，一国所采取的国际货币法制度又服务于其国际金融法制度，该国际货币法制度或者体现了其国际贸易支付制度的要求，或者体现了其国际金融交易制度的要求，或者综合体现了其经常性贸易支付和资本项下交易制度的共同要求。应当说，国际货币法与国际金融法的协调发展反映了国际货币金融关系密切联系的客观特征。

与其他相关的法律部门相比，国际货币金融法具有以下基本特征：

1. 它具有国际性特征。国际货币金融法调整的是国际性货币金融关系，这就是说，国际货币金融关系的主体、交易标的或者交易行为中必含有跨国因素；现代各国所采取的涉外货币金融制度不同程度地受到国际货币秩序和国家间共同接受的准则的制约，因而在国际上实际存在着各国涉外货币金融制度相互协调的问题，这使其有别于一般的国内法制度；此外，在国际金融实践中，相当一部分国际协定和国际惯例对于跨国性金融交易的当事人还具有直接适用意义。

2. 它具有基础性特征。国际货币金融法仅仅调整由国际货币管理活动和国际金融交易活动所直接引起的国际货币关系和国际金融关系，它是直接针对国际货币兑换、货币国际流动和国际金融交易行为的法律规则，而不调整国际货币金融活动背后的国际贸易关系和国际投资关系，它实际上对一国的国际贸易法制和国际投资法制具有基础性作用，这使其与传统的国际贸易法和国际投资法相区别。

3. 它具有实践性特征。国际货币金融法规定的是关于涉外货币管理活动和跨国金融交易活动的规则，它在内容和功能上均具有实践性和技术性特征。它实际上仅仅为一国既定的国际贸易政策和国际投融资政策提供法律框架和法律工具，其作用在于保障国际经济活动的安全与效率。在近几十年来的国际经济活动中，国际金融实践在原有的国际货币金融法律秩序下得到长足的发展，国际金融法已成为创新迭出的重要领域，实践中多将依其运用而形成的金融法律结构称为“金融工具”。

二、国际金融关系

在国际货币金融法领域，对于“国际金融”概念的理解具有重要的基础意义。在理论上，学者们对于国际货币管理活动和国际货币关系的认识往往较为一致，均认为国际货币关系是基于国家涉外货币管理活动和国家间的协调而形成的公法关系。但对于国际金融活动和国际金融关系的概念，学者的认识则不尽相同。一些学者认为，金融活动仅仅指为完成货物贸易而支付货款的活动。[①] 另有些学者认为，金融活动仅仅指除贸易性支付以外的“资金交易活动”，或者说是指“通过发行股票、债券、票据或以抵押提供资金”的活动。[②] 还有些学者则主张对金融加以更为抽象的概括，使之可概括上述两类金融活动，他们认为，金融系指“货币资金的融通之意，也是货币流通的调节和信用活动的总称”；而“国际金融，是指发生在国际之间的货币流通与信用活动”[③]。

本书认为，从一般意义上讲，上述第三种观点更能反映国际金融活动和国际金融关系的本质内容；但在国际货币金融法领域，对国际金融活动和国际金融关系的理解不能不受到具体国家国际货币法及其他管制法律的制约。事实上，在实行不同的涉外货币制度的国家中，国际金融活动、国际金融关系乃至国际金融法等概念均具有极不相同的含义和内容。

在实行非外汇管制（即《国际货币基金协定》规定的第 8 条成员国）和资本自由流动的国家中，法律往往赋予国际金融交易和国际金融关系以广泛的含义，其交易主体可以是不同国家的各类民事主体，而不区分境内外机构和境内外居民，其交易标的可以是本币、外国货币和其他国际储备资产，而不区分经常项下的交易和资本项下的交易。其金融交易活动至少可包括以下几种形式：（1）以国际性货币（或黄金）为标的的国际现货交易或跨国兑换交易形式；（2）以国际性货币为标的的国际贷款融资交易或债权性融资交易形式，包括各种名目的国际贸易融资；（3）以国际性货币为单位的国际证券融资交易形式，包括股票融资、债券融资和国际票据融资；（4）以国际性货币为单位的金融资产衍生工具国际交易形式，包括金融期货交易、期权交易、互换交易、远期汇率交易等。在此类国家中，其国际货币金融法不仅包括由国际规范协调的国际货币法制度和国际金融法制度，而且包括旨在规范各类国际金融交易行为的国内法制度；此类国家的货币自由兑换和跨国流转制度实际上建立在其国内较为健全的市场化法律基础之上。

三、国际货币金融法的渊源

国际货币金融法的渊源是指国际货币金融法所借以表现的形式。从目前国家间的实践来看，国际货币金融法的渊源主要包括以下三种，其中前两种为国际货币金融法的国际渊源，后一种为其国内渊源。

（一）国际条约

国际条约与国际协定是国际货币金融法的重要渊源。目前，调整国际货币金融关系的条约与协定主要包括《国际货币基金协定》、《国际复兴开发银行协定》、《建立亚洲开发银行协定》、1930 年《统一汇票本票法公约》、1931 年《统一支票法公约》等，其中《国际货币基金协定》在国际货币法体系中具有至关重要的地位，它被认为是维系战后国际经济秩序的三大支柱之

---

① 参见蔡福光：《金融法教程》，1 页，北京，法律出版社，1986；王国乡：《国际金融简明教程》，1 页，北京，求实出版社，1989。

② 参见［日］铃木淑夫著，李言赋等译：《日本的金融制度》，1 页，北京，中国金融出版社，1987；《布莱克法律词典》，568 页，美国西部出版公司，1979。

③ ［美］库珀、费雷泽著，朱顺田译：《金融市场》，2 页，北京，中国金融出版社，1989。

一。除上述国际条约与协定外，由国际货币基金组织、世界银行等国际金融机构制定的某些规则、决议或规范性文件也依其性质被认为是国际货币金融法的国际渊源，此类规范性文件往往对于相关的国际条约和协定具有解释意义。总的来说，国际货币金融法制中的国际条约和协定仍有待于发展，其中相当一部分实际上仅起到协调和引导成员国涉外货币金融制度的作用，但某些国际条约对于成员国国际金融关系的当事人也具有直接适用的意义。

（二）国际惯例

国际惯例是国际货币金融法的主要国际渊源。从目前国际金融的实践来看，规范国际金融交易的主要行为规则是国际金融惯例，其作用极为重要。目前国际上被较普遍接受的国际金融惯例主要包括：由世界银行《贷款协议和担保协议通则》概括的国际贷款合同惯例、由国际开发协会《开发信贷协定通则》概括的国际信贷惯例、国际融资实践中依意思自治原则被普遍接受的国际贷款协议共同条款、在国际证券市场实践中被广泛接受的利息规则、各主要国际金融市场上被普遍采用的合同规则，等等。应当说，目前在国际金融惯例的适用上，各国法律所普遍确认的意思自治原则具有重要作用。从理论上说，国际金融实践所普遍采用的国际惯例实际上是依据意思自治原则以具体的合同条款加以确认的；但从实践来看，国际融资的供求关系和跨国特征往往又决定了接受此类惯例实质上是实现国际融资的前提。这些均使得国际金融法实践具有复杂性与合同性。

（三）国内法律

除上述渊源之外，各国关于国际货币金融的国内法也是国际货币金融法的重要渊源。由于对国际货币的管理实质上为国家行为，各国基于主权原则对于涉外货币关系的法律调整均采取国内法形式和强行法形式，有关的国际货币条约仅对成员国政府具有协调和约束作用；而国际金融活动则是一种跨国性金融交易行为，对于国际金融关系的法律调整首先要涉及当事人本国法的适用，在有关的国际协定或国际惯例适用时也要考虑到相关国家国内法的限制性制度。各国关于国际货币金融的国内法通常包括涉外货币兑换和跨国流动的制度、汇率制度、财政货币政策、关于涉外货币金融机构和监管的制度、关于外汇和黄金国际交易的制度、国际信贷融资法制、国际证券融资法制、关于涉外金融资产衍生工具的交易法制等。其中，多数发达国家的此类法律制度采取民商法形式或市场化规则形式，并且对国内金融活动和国际金融活动不作性质有别的规定。而在许多发展中国家，不仅对于外汇兑换流通制度、汇率制度采取管制法形式，而且对于国际贸易融资制度、国际信贷融资制度和国际证券融资制度也都采取管制法的形式，相关的民商法规则不甚发展，并且通常对国际货币金融方面的法律采取有别于国内法制的特别法形式。

第二节　国际货币基金协定

《国际货币基金协定》（以下简称《基金协定》）是第二次世界大战以来世界范围内最重要

的国际公约之一，由其所形成的国际货币体系曾构成国际货币秩序的基础，并被认为是国际经济秩序的三大支柱之一。但是自 20 世纪 70 年代以来，随着布雷顿森林体系的逐步瓦解，《基金协定》所建立的国际货币规则之有效性受到了极大的挑战；在 21 世纪初由美国次贷危机引发的全球金融风暴过程中，越来越多的国家激烈地提出改变国际经济交往间以美元为主要基础的国际货币体系，完善传统的由布雷顿森林体系所建立的国际货币秩序。应当说，尽管世界各国关于目前国际货币体系中基础货币的制度格局并没有统一的认识，但是多数国家对于《基金协定》所确定的国际货币秩序之基本规则是没有争议的。在本节中，我们将介绍这些基本规则。

一、限制外汇管制之义务

国际货币基金组织的基本宗旨之一在于“协助建立成员国经常性交易的多边支付制度，帮助消除妨碍世界贸易发展的外汇管制”。依此，《基金协定》第 8 条和第 14 条规定了成员国负有取消和限制外汇管制的义务。外汇管制是指一国政府为了平衡国际收支和维持汇价而对外汇交易兑换和流动实行一定限制的制度。世界上大多数国家均曾实行过外汇管制制度，并且目前不少国家仍在实行不同程度的外汇管制制度。我国自 1996 年 7 月 1 日起取消了对经常项目下的外汇兑换的大部分管制，实行经常项目下有条件的外汇可兑换，但对资本项目下的外汇交换和流动仍采取严格的外汇管制。①

（一）“第 8 条成员国”之义务

根据《基金协定》第 8 条的规定：成员国未经基金组织批准，不得对贸易和非贸易等国际收支经常性交易项目的外汇兑换、支付和清算实行限制；不得采用歧视性的差别汇率措施和复汇率制度；任何成员国对其他成员国在经常性交易中积存的本国货币，在对方为支付经常性交易而要求兑换时，应用外汇或对方的货币换回；各成员国应当向基金组织提供规定的有关金融和经济信息。本条义务甚至被称为成员国的一般义务。凡国际货币基金组织成员国接受此条规定的义务，取消其外汇管制后，就成为所谓“第 8 条成员国”，该国的货币将被基金组织视为“可自由兑换货币”。目前已有七十多个基金成员国接受了《基金协定》第 8 条规定的义务。

《基金协定》第 8 条第 2 款至第 4 款所规定的成员国义务主要包括以下内容：(1) 该类成员国非经基金组织批准，不得对经常性国际交易项下的外汇兑换、支付或资金移转实行限制或拖延兑付，不得限制非居民将其近期取得的经常性国际交易的盈余进行转让，也不得限制其本国居民向非居民或外国人以外汇进行经常性交易。(2) 该类成员国非经基金组织批准，不得实施或允许其机构作出歧视性货币安排或者执行多种汇率制度（买卖价差超过 2%），已有的涉及多种汇率或歧视性兑汇限制的政策措施均不得付诸实行。(3) 该类成员国另负有购回其本国货币的义务，当其他成员国在经常性国际交易中积存有该国本币并且要求兑汇时，该类成员国有义务以外汇或对方的货币购回其本币。(4) 在特殊情况下或紧急情势下，该类成员国经申请

① 参见 1996 年 6 月 20 日中国人民银行发布的《结汇、售汇及付汇管理规定》，2008 年 8 月 5 日国务院修订颁布的《中华人民共和国外汇管理条例》。

基金组织批准或事后批准，可以对经常项下的外汇支付采取某些限制性措施，也可以采取合理的多种汇率制度。凡未经基金组织批准而实施有悖于上述规则的外汇管制者，将构成对《基金协定》之违反，基金组织可根据情节予以制裁。

（二）过渡性安排

国际货币基金组织的许多成员国目前并未接受《基金协定》第 8 条的义务，这些国家在加入基金组织时即选择接受《基金协定》第 14 条第 2 款规定的“过渡性安排”之义务。依此规定，该类成员国在加入基金组织后，将继续保留或依情势的变迁改变其对经常性国际交易支付与货币移转的限制。按照基金组织的原意，《基金协定》第 14 条仅在第二次世界大战后的过渡期内允许成员国维持和施行某种临时性外汇限制措施，并且此类成员国应每年与基金组织磋商，即所谓“第 14 条磋商”，但这一条款后来被持续沿用至今。目前，接受第 14 条过渡性安排义务的成员国除少数发达国家外，主要为发展中国家。

根据《基金协定》第 14 条第 2 款和第 3 款的规定，接受过渡性安排义务的成员国应当遵循以下基本规则：(1) 该类成员国在接受基金组织宗旨的基础上，可以保留其在加入基金组织时已存在的对国际交易中外汇兑付和移转的限制，也可以依情势变迁修正该项限制制度，并且该项限制制度的实施不需得到基金组织的批准。(2) 该类成员国在计划对经常性国际交易的外汇兑付和移转制度增加新的限制时，必须依《基金协定》第 8 条规定的程序，申请基金组织批准，实践中区别新增限制和修正原有限制较为困难，原则上应从限制措施的新颖性、实用效果和限制作用几方面来考虑。(3) 该类成员国有义务不断审查其外汇政策是否与基金组织的根本目标相符合，有义务每年与基金组织磋商审核其外汇管制措施是否仍有必要，并且有义务在具备条件时取消其外汇限制。

从现有的实践看，按照“第 14 条磋商”，基金组织通常是通过审核、建议、说服和敦促的方法来协助成员国逐步消除不必要的外汇管制政策。这就是说，基金组织与成员国首先须审查相关的外汇限制措施之必要性与合理性，考虑取消该限制是否会影响成员国的经济发展与国际收支平衡；其次，基金组织往往建议和协助成员国制定降低通货膨胀的政策、稳定币值的政策和简化外汇限制的政策，为消除不必要的外汇限制政策提供条件；再次，基金组织依磋商程序可以说服和敦促成员国逐步取消某些外汇限制措施，实施有利于国际多边结算和国际收支平衡的措施；在某些情况下，基金组织还可通过拒绝批准成员国的提款申请等手段，促使成员国取消不必要的外汇限制，以引导成员国走向自由兑汇。

二、实现有秩序的汇率安排

维持有秩序的汇率是国际货币体系的核心内容，也是基金组织成员国进行国际货币合作的基本目标。鉴于布雷顿森林体系瓦解后，浮动汇率已经成为国际货币关系中长期化的事实，修订后的《基金协定》确认了成员国在汇率安排上具有一定的自由并负有相应的合作义务。

按照现行《基金协定》的规定，基金组织成员国在选择汇率制度与确定汇率方面具有相当大的自由，其前提是成员国所选择的汇率安排不得与《基金协定》规定的成员国义务及基金的原则和宗旨相抵触。从实践来看，目前基金成员国多采取浮动汇率制（但不得为多重汇率），在确定汇率方面多采取钉住一种货币或一组货币（包括特别提款权）的方式（但不得与黄金挂钩）。根据《基金协定》第1条的规定，基金组织对于汇率安排的基本宗旨和原则在于“促进汇率的稳定，在各成员国之间保持有秩序的汇率安排”。为实现此宗旨，《基金协定》第4条第1款和第2款要求各成员国在以下四方面进行合作：（1）努力引导其经济和金融政策有利于实现有秩序的经济发展和价格的全面稳定；（2）创造有秩序的和基本的经济金融条件并保持汇率不经常变动的货币制度，努力促进外汇制度的稳定；（3）避免通过操纵外汇汇率和国际金融制度，妨碍国际收支的有效调整或取得不公平的竞争优势；（4）执行和保持与汇率稳定相符合的外汇政策。应当说，《基金协定》第4条第1款和第2款的上述规定仅仅具有原则性和政策性意义，它们仅为基金组织成员国选择汇率制度与汇率政策提供了某种框架和目标。有鉴于此，《基金协定》第4条第3款又进一步规定，基金组织有权依据《基金协定》所确定的原则和宗旨制定旨在实现第4条第1款和第2款内容的具体原则，以指导成员国在汇率制度方面的行为和政策；该等具体原则将由基金理事会以简单多数加权投票通过。

值得说明的是，现行《基金协定》对于成员国汇率制度的要求不仅具有原则性，而且具有一定的弹力性（soft law）。一般来说，基金组织成员国应当在不违背《基金协定》原则、条款和基金组织决议的基础上选择其汇率制度，这实际上是指有利于其金融和经济稳定的汇率制度，是指成员国国内金融形势稳定条件下的汇率稳定的制度。但是，如果成员国国内的经济形势或金融形势致使其无法维持汇率的稳定，而不属于不公正地操纵汇率或国际货币体系，则该成员国将没有义务维持原有的汇率比价。

《基金协定》和基金组织除对基金组织成员国的汇率制度提出前述原则性要求外，还通过某些较为具体的规则对成员国加以约束，这主要包括成员国通报监督规则、汇率磋商程序和限制操纵汇率的规则。根据《基金协定》第4条第2款的规定，基金组织成员国虽可自主选择汇率制度和汇率定值规则，但其有义务向基金组织通报其所采用的制度和规则；当该成员国修改其汇率制度（如从钉住汇率改为自由浮动汇率）或汇率定值规则（如所钉住货币的种类或其比例发生变动）时，同样有义务立即向基金组织通报。此项规则意在使成员国详尽公开其汇率制度和政策的内涵、标准与干预汇率的条件，以确保基金组织和其他成员国对其进行有效的监督。

根据《基金协定》第4条第1款的规定，基金组织执行董事会于1977年4月29日通过了一项旨在避免操纵汇率或国际货币体系的决议。依该决议的规定，基金成员国有义务避免操纵汇率，操纵国际货币体系，阻碍其他成员国对国际收支的有效调整或者不公平地取得优于其他成员国的竞争地位；该决议还规定，如果外汇市场紊乱的情势构成对成员国货币汇率的短期干扰，为消除这种紊乱的情势，相关成员国于必要时应对外汇市场进行干预，并且此项干预应当充分考虑到其他成员国（包括所涉及外汇的发行国）的利益。这一决议对于《基金协定》第4条具有解释意义，它已成为基金成员国确定汇率政策的指导原则，对于成员国的汇率政策具有重要的影响。

除上述规则外，《基金协定》第4条第3款规定的磋商程序也是确保成员国履行合作义务，实现国际货币汇率制度的有效手段。依该磋商程序，凡涉及避免操纵汇率或国际货币体系指导原则的事项，或者发生以下原则性争议，相关成员国应当与基金组织就汇率问题进行磋商：（1）某成员国长时间、大幅度地对外汇市场进行单一方向的调整；（2）某成员国对用于国际收支平衡的官方或半官方的过渡性贷款进行调整；(3) 某成员国对国际收支项下或经常性交易项下的资金兑汇或资金移转重新增加限制、加重限制或施以长期限制；(4) 某成员国为实现其国际收支平衡目的而实施对资本国际流动造成不正常的鼓励或打击的其他金融政策；(5) 依表面判断，某成员国对其汇率的调整和政策改变与起主导作用的经济金融情势不相关，并将影响其竞争能力和资本长期流动的情况。应当说，上述磋商程序对于协调成员国间的汇率政策，对于督促成员国采取合理公平的汇率措施，以实现汇率的稳定均具有重要的作用。

按照基金组织目前的磋商程序，成员国之间的有关争议通常依以下方式处理：(1) 成员国之间的投诉与争议可以正式提交基金理事会列入议程进行审议，也可以提交基金执行董事会审议；(2) 成员国与基金组织或者成员国之间对《基金协定》条文解释所发生的争议，应当提交基金执行董事会裁决；(3) 如果执行董事会所审议或裁决的投诉与争议和某一无权单独指派执行董事的成员国有关，该成员国可以派代表列席会议，执行董事会也可以对该成员国提出此种要求；(4) 与《基金协定》解释争议有关的成员国对于执行董事会的裁决如有不服的，可以在该裁决作出后的 3 个月内，要求将该争议再提交基金理事会作最后裁决。

三、基金资金的使用

根据《基金协定》的规定，国际货币基金组织的主要职能之一是在成员国的国际支付手段短缺时，以特定方式向成员国提供必要的金融资助或贷款，以调整其国际收支不平衡，稳定货币关系。为实现此目的，各成员国在加入基金时，即以国际储备和本国通货向基金缴纳了被核定的份额，同时在基金账户下取得应有的配额；当成员国遇有国际收支失衡时，有权依照其配额和《基金协定》的规定提取或借贷取得相应的外汇资金。依此，基金起到汇合成员国国际储备资源的作用，各成员国对基金的提款权成为其国际储备的一部分。

基金组织对成员国的贷款通常又被称为成员国对基金的“提款权”，它与通常意义上的贷款不尽相同。其基本做法是：成员国在遇有国际收支平衡困难时，有权依规则以本国货币向基金组织购买其他国家的货币或特别提款权（无论何种贷款，本息均以特别提款权计价）；该提款国未来负有以外汇或特别提款权购回其本国货币的义务。它类似于成员国以本国货币为抵押，向基金组织取得外汇贷款，其还款后赎回抵押的本币。根据《基金协定》和基金组织的决议，基金仅对各成员国政府提供此类贷款（各成员国通常指定本国的财政部或中央银行负责基金账户下的提款），该贷款用途应不违背基金组织的以下宗旨：基金“在有充分保障的条件下，以基金组织的资金暂时供给成员国，使其有信心利用此机会调整其国际收支不平衡，而不致采取有害于本国或国际繁荣的措施”。“依上述原则，缩短会员国解决国际收支问题的时间，减轻由此带来的负担”。尽管许多成员国主张：成员国在其储备部分的提款可用于任何目的，但此项提款实际上也以不违反《基金协定》的条款和原则为限，并且该提款也不得用于远期外汇买卖。

根据基金贷款实践，成员国对于基金资金的提取主要有普通贷款（一般提款权）、在备用与扩大安排下的提款权和特别提款权几类方式。普通贷款又称为“一般提款权”，它是基金组织对成员国的一种基本贷款。该贷款用于解决成员国一般国际收支逆差的短期资金需要，其期限最长不超过 5 年，备用安排期为 1 年，成员国自得到贷款批准后可在一年内提款。由于普通贷款的数额受到成员国配额的限制，其中的信用部分贷款又要求成员国必须及时满足提款条件，为了解决成员国在特殊情况下的国际收支困难，基金理事会设置了备用与扩大安排下的贷款便利。在备用安排下，成员国在未发生金融困难时即可先行与基金组织磋商，由基金理事会单方作出决议，保证申请国有权依决议规定（而不再另行申请），从其基金一般资源账户下购买所需的外汇或特别提款权，而申请国则应提交一份说明其用资项目的意向书。在扩大安排下，成员国在其储备部分贷款和信用部分贷款均已提完，而为改善其金融情势又急需金融资助时，由该成员国与基金组织磋商，由基金理事会以决议形式作出扩大贷款安排，其程序类似于备用安排。备用与扩大安排为成员国在普通贷款限额之外提供了贷款便利，其中扩大安排下的贷款额最高可达成员国配额的140%；备用安排下的贷款最高额可达成员国配额的100%。

四、特别提款权（special draft right）

特别提款权是基金组织为补充国际储备不足而于1969年8月创设并于1970年1月开始向参加国发行的一种国际储备资产，它主要用作成员国及基金之间的国际支付工具（不能直接用于国际贸易支付）和货币定值单位，并可在成员国和基金组织间兑换成可自由使用的外汇。基金成员国可自愿参加特别提款权的分配，从而成为基金特别提款部的参加国（在基金特别提款权账户下享有特别提款权），也可以不参加特别提款权的分配，还可以在参加后退出特别提款部；此外，基金组织对于某些违反《基金协定》的成员国，可根据参加国有效通过的决议撤销其参加国资格或取消其特别提款权。目前，基金组织180多个成员国中，除个别国家外，其余均为特别提款权账户的参加国。根据目前的《基金协定》和基金组织实践，特别提款权具有以下基本特征：

首先，特别提款权是参加国（指参加基金组织特别提款部的成员国）在基金组织特别提款权账户下享有的对其自有储备资产的提款权，它不同于成员国对基金组织一般资源账户下享有的借贷性提款权。根据《基金协定》的规定，参加国使用特别提款权除应符合《基金协定》要求的国际支付目的外，不受其他条件限制，其提款无须偿还，并且参加国对于其在基金组织特别提款权账户下分配拥有的特别提款权资产有权获得利息收益。

其次，特别提款权是由基金组织根据国际清偿能力的需要而发行，并由基金成员国集体监督管理的一种国际储备资产。依据《基金协定》的规定，特别提款权应根据国际经济贸易的发展对国际储备资产的要求而每几年发行一次，该发行应以保持全球国际储备的稳定发展为目标；特别提款权的分配原则上以成员国在基金一般资源账户下的配额为基础（近年来适当考虑到发展中国家方面利益）[①]，任何关于特别提款权分配或撤销某成员国特别提款权的决议均需得到特别提款部参加国85%加权投票的赞成，每一参加国不仅有权在通过特别分配决议时投票反对，而且可以在分配表决前通知基金组织其不参加分配。发展中国家通常认为，基金组织目前对特别提款权的发行限制过于严格，难以满足国际储备手段增长的需求，且目前特别提款权在国际储备资产中所占的比例过低（占国际储备资产总值的4%）；同时认为，基金目前对特别提款权的分配办法不合理，其中对于发展中国家的利益考虑不够。

再次，特别提款权本质上是由基金组织为弥补国际储备手段不足而创制的补充性国际储备

① 参见《基金协定》第18条第2款。

工具，其基本作用在于充当成员国及基金之间的国际支付工具和货币定值单位，同时也可在成员国之间兑换为可自由使用的外汇。根据《基金协定》和基金组织决议的规定，特别提款权目前可用于以下用途：(1) 根据《基金协定》第 19 条第 3 款的规定，参加国基于国际收支平衡或储备地位的需要，可申请基金组织在特别提款权账户下安排向其他参加国兑换为可自由使用的外汇；基金组织在收到申请后，可协调指定某些参加国（国际收支情势好、国际储备地位强的）为承兑特别提款权的对象，并在规定期限内与申请国兑汇；申请国的此种兑汇没有比例限制，可将其持有的全部特别提款权兑为可自由使用的外汇。(2) 根据《基金协定》第 19 条第 2 款（b）的规定，某一参加国也可通过与其他参加国达成协议的方式，以特别提款权兑换为等值的其他通货（包括不可自由使用的外汇），而不必征得基金的批准，也不必遵循基金的相关规定与原则（包括有关兑汇“需要”的限制）；但此类交易以不违反《基金协定》第 22 条规定的原则为准（改变国际储备结构）。(3) 依《基金协定》第 17 条第 2 款的规定，参加国可以申请将其在特别提款权账户下持有的特别提款权转入一般资源账户，以补足该参加国在一般资源账户下储备部分不足其配额 25%所形成的债务，或者用于偿还其所欠基金的其他债务（如依《基金协定》第 5 条第 6 款所欠债务）；基金特别提款部收到该申请国的申请后，实际上须将该特别提款权向其他参加国兑换为所需的通货，并转入该申请国的一般资源账户，故此过程中，基金须征得相关兑汇国的同意。(4) 依基金组织目前的决议，特别提款权按照可调整的比例，集合表示五种可自由使用货币的币值（称为“特别提款权篮”），其币值具有相对的稳定性，可以作为货币定值单位。(5) 根据《基金协定》第 30 条的规定，只要经基金组织批准，特别提款权还可以用于基金成员国与非成员国之间的其他相关金融业务。从基金组织已有的决议和目前的实践来看，特别提款权已在成员国和非成员国之间被用于远期贸易付款、特定的贷款、国际金融结算、国际金融业务保证金、基金利息与红利支付、赠款，等等。

最后，特别提款权作为一种较为稳定的国际储备资产，又是一种货币定值单位。基金组织依《基金协定》第 15 条第 2 款的授权，可在任何时候改变特别提款权（SDR）的计价方法与原则。特别提款权在创立时曾与黄金直接挂钩（1SDR 价值为 0.888 671 克黄金），《基金协定》第二次修订后，其曾与 16 国货币挂钩；根据 1980 年基金执行理事会通过的第 6631 号决议和第 6708 号决议，自 1986 年 1 月 1 日起将以国际出口贸易和服务贸易额最高的五个基金成员国的货币组成特别提款权货币篮，以后每五年调整一次，该五国货币被定为可自由使用的货币。按照 1986 年 1 月 1 日生效的特别提款权货币篮，特别提款权集合表示着美元、马克、法郎、日元、英镑五国货币的价值。

问题与思考

1. 简述国际货币法与国际金融法的区别与联系。
2. 简述《国际货币基金协定》第 8 条与第 14 条规定的义务。
3. 简述《国际货币基金协定》对于各国汇率安排规定的内容。
4. 何谓“不公平地”操纵汇率？
5. 简述国际金融关系的含义。

第十四章

国际金融法基本制度

本章概要

在现代国际经济关系中，由单纯的国际金融交易所形成的跨国性金融关系正变得越来越重要。在这一领域，基本的法律调整手段为国际金融惯例和受到国际条约制约的各国国内法，这就使得受到意思自治原则指导的各种金融交易合同或其他法律文件具有特别重要的地位。本章将根据目前国际金融法制的实践，简要介绍较为普遍而又重要的国际融资交易的基本类型、法律结构、操作程序和几种重要的法律工具。

关键术语

国际贷款协议　国际融资之共同条款　国际债券　浮动利率债券　债券条款与细则　境外上市外资股　存托证　超额配售选择权　国际项目融资　项目完工担保协议　现金流量缺额担保协议　国际融资租赁

第一节　国际贷款融资

一、国际贷款的概念与特征

国际贷款又称“国际借贷”、“国际信贷”，它是指借款人以贷款协议方式向其他国家或地区的贷款人借贷资金的国际融资方式。国际贷款是一种合同性融资行为，不同国家或地区的借款人与贷款人之间依国际贷款协议结成国际债权债务关系；其中借款人为贷款债务人，贷款人为贷款债权人。

国际贷款的基本特征是：(1) 国际贷款的借款人与贷款人分属于不同的国家或地区，其贷款协议、履行行为和争议解决受到国际惯例、意思自治原则或相关国家法律的支配，这不同于国内贷款。(2) 国际贷款关系本质上是借款人与贷款人之间的债权债务关系，它是某种法律上可期待的清偿信用，具有期限性的特征，这不同于跨国直接投资所形成的国际股权性关系。(3) 国际贷款以国际贷款协议为基础，它是一种合同性融资，是特定借款人与特定贷款人之间的协议行为，其借贷的成立与债权人的变更均受到合同法规则的限制，这不同于证券融资。

国际贷款是国际融资的重要形式，曾经在国际资本流动中占有主要的比重。近年来，随着国际证券市场的发展，国际融资手段走向证券化和多样化，但传统的协议借贷仍然是国际融资的重要形式和典型形式，其具有融资迅速、便利和灵活的特点，是其他金融手段所难以替代的。从实践来看，目前的国际贷款在手段与结构上正趋向于复杂化，这主要是基于贷款人分散风险和提高还款安全性的考虑，而并非国际借贷自身固有的特点。在历史上，英美和多数发达国家的工业化过程无一不与国际贷款有着密切的联系，而在目前情况下，有效地利用国际贷款手段获取国际资金，显然对于发展中国家加速经济发展，实现资源的优化配置有着重要的意义。

二、国际贷款的类型

依据不同的分类标准国际贷款可分为不同的类型。例如，依据贷款人的性质，可将国际贷款分为政府贷款、国际金融机构贷款和国际商业银行贷款；依据国际借贷的期限，可将国际贷款分为短期贷款、中期贷款和长期贷款；依据国际借贷的组织方式，可将国际贷款分为单独贷款、联合贷款和银团贷款；等等。

（一）政府贷款

政府贷款（government loan）是一国政府以其预算内资金向另一国政府以特定协议方式提供的优惠性贷款。此种贷款通常依据国家间的双边协定或根据国家间双边关系而提供，如OECD下属的工业发达国家对发展中国家提供的官方发展援助贷款，石油输出国根据“南南合作”原则对发展中国家提供的官方发展援助贷款。政府贷款一般采取三种方式：一是以出口信贷方式提供的贷款；二是以单纯的中长期贷款协议方式（基本形式）提供的贷款；三是以上述两种方式提供的混合贷款。

典型的政府贷款具有以下基本特征：（1）政府贷款的借款人与贷款人均为特定的政府组织，贷款资金主要来自贷款人的国家财政预算收入。此类贷款本质上为国家行为和国家财政收入信贷，因而较少受商业原则的支配。（2）政府贷款具有利率低、附加费用少的优惠性质。根据国际惯例，此种优惠性贷款至少应含有不低于25%的“赠与成分”，这是根据贷款利率、偿还期限、宽限期间和综合贴现率等数据计算出的一种综合性指标。政府贷款的利息率一般为1%至3%，有的甚至为无息；其附加费通常限于承诺费①和手续费或其中之一种。（3）政府贷款一般为中长期贷款。其贷款期通常为10年至30年，其宽限期②通常为5年至7年，最长的可达10年。（4）政府贷款大多带有一定的附加条件。例如，要求借款人以贷款之部分向贷款国购买设备、物资、技术成果或技术服务，以此增加贷款国的出口贸易；或者在政府贷款的同时，要求借款人连带使用一定比例的贷款国出口信贷，以带动贷款国民间金融资本的输出。

---

① 承诺费是指借款人因未按约提取贷款而应向贷款人支付的补偿性费用。

② 宽限期是指在还款期开始后的若干年内允许借款人仅用款付息而不付本的期限。

(5) 政府贷款主要为项目贷款。其贷款用途多限于符合双边协定或双方经贸关系的重要项目，超越这一范围将可能造成贷款申请上的困难，并且在通常情况下，贷款国的有关机构还将按协议对借款国的项目实施过程进行监督管理。

(二) 国际金融机构贷款

国际金融机构贷款是指国际金融机构作为贷款人向借款人以贷款协议方式提供的优惠性国际贷款。国际金融机构贷款的贷款人不仅包括全球性国际金融机构，如国际复兴开发银行、国际开发协会、国际金融公司（即世界银行集团），而且包括区域性国际金融机构，如亚洲开发银行、泛美开发银行、非洲开发银行、欧洲投资银行、国际投资银行等。

国际金融机构贷款是一种具有非商业性质的优惠性贷款，其基本特征是：(1) 国际金融机构贷款的贷款人为特定的国际金融机构，而其借款人通常也受到特定范围的限制。例如，世界银行贷款的借款人仅限于基金成员国政府、政府机构、由其政府机构提供担保的公私企业，国际开发协会贷款的借款人仅限于贫困发展中国家的开发项目当事人，亚洲开发银行贷款的借款人限于其成员国的开发本地区项目的投资人，泛美开发银行贷款的借款人限于其成员国的当事人，并且须为“在合理条件下无法从私人来源获得融资”的当事人，等等。(2) 国际金融机构贷款的资金主要来源于各成员国缴纳的股金、捐款以及国际金融机构从资本市场的筹资，其资金放贷宗旨通常包含鼓励成员国从事开发项目，援助发展中国家特别是贫困国家经济发展的内容，不完全等同于仅以营利为目的的商业贷款。(3) 国际金融机构贷款的条件通常较为优惠，其利息率普遍低于商业银行贷款的利息率，其优惠性贷款的利息率可低于3%甚至为无息；其附加费通常也包括承诺费和手续费。尽管国际金融机构贷款不完全等同于政府间的“软贷款”，但其贷款条件的整体优惠性往往并不亚于政府贷款的优惠性。(4) 国际金融贷款通常为中长期贷款，其期限较长，其贷款期一般为10年至30年（最长可达50年），宽限期多为5年左右。(5) 国际金融机构贷款大多为开发性贷款，主要用于经济复兴或开发性项目，非项目性贷款通常为配套性使用，这与商业银行贷款也有很大不同。(6) 国际金融机构贷款对贷款用途往往设有严格的限制，不仅贷款协议要求借款人严格遵守贷款目的和贷款用途条款，而且贷款人通常也对借款人的资金运用进行严格的监督和检查。

在国际金融机构贷款中，作为贷款人的国际金融机构通常主张其贷款协议具有独立于相关国家国内法的效力，其依据多为国际惯例、意思自治原则（国际贷款协议约定的内容）和国际金融机构制定颁布的贷款协议示范规则（如世界银行于1985年1月修订颁布的《贷款协议和担保协议通则》，国际开发协会于1985年1月修订颁布的《开发信贷协定通则》等），其贷款协议中往往指明：“（本）贷款协议规定的银行和借款方的权利和义务，应根据协议的条款生效并必须执行，而不管任何国家或其政府部门的法律有任何相反的规定。银行和借款方都无权在根据本条而采取的任何法律行动中，坚持因为银行《协定》的任何条款而主张贷款协议的任何条款无效或不能执行”①。在实践中，这一主张往往与国际仲裁制度相配合，它对于政府贷款协议和商业银行贷款协议均具有一定影响，其中世界银行颁布的《贷款协议和担保协议通则》

① 董世忠：《国际金融法》，170页，北京，法律出版社，1989。

对于各类国际贷款协议的指导作用尤为明显。

(三) 国际商业银行贷款

国际商业银行贷款又称“国际商业贷款”、“商业银行贷款”，它是指一国的商业银行（或国际金融机构）作为贷款人以贷款协议方式向其他国家的借款人提供的商业贷款。国际商业银行贷款是国际贷款中最典型的形式，并在国际性贷款总量中占有主要的比重，其贷款资金主要来源于商业银行业务，其贷款利率多以国际金融市场利率为基础。由于国际商业银行贷款的手续相对简便，较之政府贷款和国际金融机构贷款更容易获得，其资金使用并不附带商业条款以外的限制条件或附加条件，其贷款条件又依据市场原则随行就市，这对于经济效益良好而又短缺资金的借款人来说无疑是最为可靠有效的融资来源。

国际商业银行贷款的基本特征是：(1) 商业银行贷款的贷款人和借款人除须为不同国家的当事人外，原则上不受特定身份的限制。按照多数国家的法律，其贷款人可以是具有贷款业务或商业银行业务的任何金融机构，其借款人可为各类主体。而某些发展中国家（如中国）则基于外债管理政策的考虑，对于本国借款人的资格设有一定限制。(2) 商业银行贷款的利息率通常以国际金融市场利率为基础，一般是按照伦敦银行 6 个月期的同业拆放利率（LIBOR）再加一定的加息率或利差（margin），该利差除考虑贷款金额、贷款期限和借款人资信条件外，主要依据金融市场的供求关系确定。(3) 商业银行贷款主要为定期贷款和中短期贷款，其贷款期限通常为 1 年至 10 年，其计息和付息多以 6 个月为一期；也有些商业银行贷款采取短期循环信贷方式，多数为转期贷款。(4) 商业银行贷款的贷款用途不受特定范围限制，但贷款人基于贷款偿还安全原则、贷款协议合法原则和不违反贷款人经营能力原则，往往要求在贷款协议中载入贷款用途条款，该协议经当事人协商签署后，自应按约履行。(5) 商业银行贷款原则上受到意思自治原则和相关国家（通常为贷款人所在国）国内法的支配及司法管辖，同时也要考虑国际惯例的要求，其贷款协议中通常含有法律适用条款和司法管辖条款，这与政府贷款和国际金融机构贷款有所不同。

国际商业银行贷款按照其组织放贷方式，可以分为单独贷款、联合贷款和银团贷款三种。单独贷款是指由某一家商业银行独立向借款人协议提供的国际贷款，其贷款资金由贷款人单独组织安排。联合贷款是指在不超过法律限制的条件下，由几家国际商业银行共同作为贷款人联合向借款人协议提供的国际贷款。银团贷款又称为“辛迪加贷款”，它是指五家以上的国际商业银行按照法律文件约定的方式，联合向借款人协议提供数额较大的国际贷款。银团贷款是目前国际贷款融资中最为典型、最有代表性的方式，它不仅包含国际商业贷款关系中的一切基本要素，而且体现了分散贷款风险和提高筹资效率的市场要求，因而在国际商业银行贷款实践中有日益普遍化的趋向。

三、国际商业贷款的国内法管制

在一些发展中国家，借款人本国法往往对其取得国际银团贷款乃至任何国际商业贷款设有各种管制。我国目前对境外贷款的管制就比较严格，其主要管制制度包括以下一些内容：

（一）国际借贷主体许可制度

根据我国目前的政策、法规，我国可以从事国际商业贷款的主体须具备国家许可授权的资格，未经许可授权者，不得向境外贷款。具体地说，此种经许可授权的主体可分为三类：（1）政府组织、中国银行和国务院授权的金融机构具有长期性对外借贷的授权许可资格，其境外贷款无须再得到单项授权。因此，我国许多企业向境外贷款更愿意委托此类金融机构进行。（2）根据现行法规，中国境内的中外合资经营企业、中外合作经营企业和外国独资企业也可以直接从国外借入外汇资金，无须得到逐笔授权。（3）其他企业组织或金融机构向境外借贷时，必须经国家主管部门逐笔单项授权。

（二）计划额度管理制度

根据我国目前的政策，具有境外借贷许可资格的机构拟向境外贷款之前，须提前申报贷款计划（包括中长期计划和年度计划），该计划中须具体说明贷款额度、资金来源、目的与用途、偿还安排等，贷款计划由国务院下达于各省区和中央部门。境内机构拟进行的境外贷款必须在国务院下达的外贷计划额度内安排，并须报计划管理部门审核、批准。

（三）分级审批制度

我国目前对国际贷款采取分级审批制度，在审批内容上又分为计划部门审批和政府主管部门审批。对于在一定限额以下的国际贷款，借款人应当在借贷准备阶段取得省级政府主管部门及发展改革部门的批准；对于超过限额的国际贷款，借款人应当取得国家发改委和国务院主管部门的批准。

（四）外债登记管理制度

根据国家外汇管理局 1987 年 8 月颁布的《外债统计监测暂行规定》，中国境内机构向境外从事的国际贷款（包括政府贷款、国际金融机构贷款和商业贷款）、买方信贷以及境内机构向境内外资银行或合资银行取得的外汇贷款，均应向国家外汇管理局办理外债登记手续，领取外债登记证，其借入的外汇资金应按约调入国内，存入外汇指定银行。同时，借款人应当在贷款期内定期向外汇管理局报告其外债有关情况。但是中国境内的外资银行与合资银行从国外借贷资金的不在外债登记之列。

（五）利息所得预提税管理

我国目前根据国际上较普遍的做法对商业贷款利息的所得（即扣除成本后的余额）征收预提税，该项税款实际上是根据商业性贷款协议约定的利息和成本计算征税额后，直接向境内的借款人征收。此种做法一方面起到限制境内机构借贷外债的作用，另一方面也是征管国际商业税收唯一可行的办法。在通常情况下，国际商业贷款的贷款人要求在贷款协议中明确该预提税由借款人负担，因而协议中贷款利率条款所约定的利息应为税后所得。

四、国际贷款协议

一项国际贷款往往涉及许多法律文件，其中最重要的是国际贷款协议和国际贷款担保协议。从实践来看，国际商业贷款协议尤其体现了国际贷款的典型要求，其所概括的内容不仅有惯例化趋势，而且对于国际金融机构贷款协议和债券发行法律文件有着重要的影响。

国际贷款协议是明确贷款人与借款人之间国际借贷债权债务关系的协议，其内容由当事人双方按照具体的贷款要求协商确定，在形式上通常包括约首、正文和结尾三部分。约首通常包括主体条款和鉴于条款，用以指明当事人、双方订约目的和所依据的原则。按照英美国家的法律，鉴于条款具有合同解释依据与合同原则的效力。结尾通常为当事人签章和附录。正文部分概括了国际贷款协议的主要内容，通常包括以下一些基本条款：

1. 定义条款（definition）。该条款应对贷款协议中所使用的主要概念、术语和缩写作出明确的定义。

2. 贷款货币（currency）。该条款应规定国际贷款所使用的币种，此为国际贷款协议的基本内容之一，通常在贷款准备阶段即已商定。

3. 贷款承诺（loan commitment）。在一般商业贷款协议中，该条款应确定贷款人承诺贷款的整体金额；在联合贷款协议中，各贷款银行应当依该条款分别承诺其贷款份额或金额；而在银团贷款中，各参与银行签署的承诺贷款份额的声明文件也具有贷款承诺条款之效力。此条款意在明确各贷款银行与借款人分别具有债权债务关系，而非连带性债权关系。

4. 贷款期限（credit period）。贷款期限是指从贷款协议签署日起至借款人全部还清本息为止的整个期间。该条款亦为贷款协议的基本内容，通常应先行商定。依贷款期限的长短，国际贷款可分为短期贷款、中期贷款和长期贷款。

5. 贷款利率（interest rate）。该条款为贷款协议的主要内容，条款中应明确所采用的利率类型和计息办法，如为固定利率，应明确规定利息率数值和替代利率①；如为浮动利率，应明确规定利率基础、加息率和利息确定方法。

6. 贷款费用（borrowing increased cost）。在国际贷款中，借款人除须负担还本付息债务外，还应负担贷款组织中的有关费用。本条款应当明确借款人所负担的费用项目、具体数额及贷款人扣收办法。在银团贷款中，借款人通常要负担贷款管理费、代理费、杂费和承担费用等。

7. 提款条款（draw down）。该条款通常规定借款人分期提款的规则，包括具体的提款期、每次提款的金额、提款前的通知事项等。

8. 偿还贷款（repayment）。该条款为贷款协议的基本内容，条款中应明确还本付息的方式、期限、每期数额、通知事项等；在允许提前还款的情况下，还应明确提前还款的限制、方法、通知事项和借款人应付的补偿费（premium）等内容。

9. 先决条件（condition precedent）。国际贷款协议中通常设定一些限定贷款协议生效以及

---

① 替代利率是指在贷款协议规定的原利率因故不能使用时，可以替代使用的利率和计息方法。它是一种附条件条款。

限定借款人可以提款的前提条件，即所谓先决条件。该条款应详细列举限定贷款协议生效的法律文件及其限制作用，还应指明限定借款人每次提款权的财务事实及限制作用。此为各类国际融资中普遍采用的共同条款。

10. 陈述与保证（representation and warranties）。在该条款中，借款人须对贷款人据以决定贷款和签约所涉及借款人的重要法律事实、财务事实和经营事实加以说明和承诺，并须保证该等事实是真实、准确、完整的；如借款人的陈述与保证失实，将构成违约，并应承担合同法责任。此为国际融资中常用的共同条款。

11. 约定事项（restrictive covenant）。约定事项是国际融资中普遍采用的一系列旨在限制借款人行为的共同条款的总称。借款人在该条款中须承诺于贷款清偿完毕之前将承担一系列义务，如不再以其资产设定担保、保障贷款人与其他债权人处于平等受偿地位、承诺不从事使其自身财务状况恶化的行为、限制处分财产、保障借款人主体之同一性、保证贷款用于约定之用途、按约定购买保险，等等。

12. 违约事件（event of default）。该条款不仅须详细列举各种构成违约的事件及违约责任，而且通常要对某些预期违约事件（如导致借款人丧失清偿能力的事实）加以明确。此为国际融资中的共同条款。

13. 债权让与（assignments）。该条款须对贷款人转让其贷款权（或残余债权）及其条件加以规定，其内容一般包括贷款人转让债权的权利、债权转让不得增加债务人负担之原则、债权转让是否另需征得借款人同意、债权转让方式等。一般来说，贷款人往往追求自由而少受限制的债权让与权。

14. 税收条款（no deduction）。该条款一般针对借款人所在国的利息预提税而设，其意在明确借款人所在国征收预提税或其他税负时的负担规则。依照惯例，该条款通常规定：无论借款人所在国已经征收利息税还是未来增加征收有关的税种，该税负均由借款人承担，借款人在还本付息时，不得再预扣税费，故该条款又称为“不扣税条款”。

15. 抵销条款（offset clause）。该条款通常规定，贷款人有权对借款人到期应付的债务行使抵销，即将借款人存放在贷款人银行中的款项或其他债权冲抵其债务。由于各国法律对于抵销的规则有较大差异，条款中往往须对抵销权、抵销权行使方式和行使条件加以明确。

16. 权利放弃与累加救济（abstention and cumulative remedies）。该条款通常规定，贷款人不行使权利或沉默不等于其放弃权利，其弃权必须以书面通知方式作出；此外通常还规定，贷款协议中所规定的贷款人救济不等于排除了法律上规定的权利救济，而是对后者的补充或累加。

17. 放弃主权豁免（waiver of sovereign immunity）。在借款人或借款方的当事人为国家机构或者可能享有国家财产豁免权的情况下，商业贷款银行将要求其就放弃主权豁免权作出承诺和声明，此条款还应对放弃主权豁免权的范围加以列举。这一条款实际上与借款人所在国的国际私法政策有关。

18. 法律适用（governing law），又称“法律选择条款”。该条款应明确贷款协议解释、协议履行和争议解决所适用的准据法。按照商业贷款惯例和市场条件，贷款人通常坚持要求以其本国法或第三国法为准据法，这与政府贷款和国际金融机构贷款有所不同。

19. 司法管辖（jurisdiction），又称“法院管辖条款”。该条款应规定与贷款协议有关的争议由何国法院管辖，及有关诉讼文书的送达机构。在目前情况下，国际商业贷款协议通常选择由贷款人所在国法院管辖。

20. 本票条款（loan bills）。在订立贷款协议时，一些国家的贷款人往往要求借款人签发远期本票作为债务凭证，如国际贷款中有此安排。协议条款中应对该期票的效力、还款提示方式和持票人的权利加以规定，并应在协议附录中附上票样。

五、国际贷款担保协议

国际贷款中的担保通常采取信用担保方式。信用担保又称“保证”，它是指第三人以其资信向国际贷款人的担保；依其担保，当借款人不能按期偿本付息时，担保人负有代其即时清偿的责任。在国际贷款中，信用担保的担保人通常是具有外汇支付能力或信用能力的金融机构或政府组织。此种担保可以有效地避免物权担保变现能力差和外汇管制障碍的缺点，故为国际商业银行贷款人所普遍接受。在大多数情况下，国际贷款中的信用担保采取担保（保证）协议方式；但根据当事人的约定，也可以采取贷款协议中要求的担保条款方式；此外，银行机构出具的备用信用证和政府组织的担保意愿书也是信用担保的方式。

目前，国际贷款担保一般采取所谓“持续的、无条件的和不可撤销的”担保模式。其担保协议在格式上也分为约首、正文和结尾三部分，在内容上大量采用了陈述与保证、约定事项、违约事件、法律适用与司法管辖等共同条款，但其正文的实质内容主要包括以下条款：(1）担保人条款。该条款须明确担保人的名称、主体资格、法定住所、担保账户，如为共同担保，应分别列出各担保人。(2）陈述与保证条款。担保人须承诺其主体资格的合法性、具备担保行为能力、已得到签署和履行担保协议的合法授权与批准等事项。(3）担保范围条款。该条款须明确担保人承诺担保的数额或范围，如为多个担保人共同担保时，还须明确各担保人的担保份额，及其是否负有共同性连带责任等。(4）无条件担保条款。该条款通常使用“无条件担保”或“连带担保”字样，并且要求担保人放弃先诉抗辩权。依此条款，当借款人届期不能清偿本息时，贷款人有权要求担保人以等同于主债务人的方式立即替代清偿，而不得援引所在国法律上的先诉抗辩权程序。根据当事人协商，该条款也可以约定仅在某些特殊情况下担保人不得行使先诉抗辩权，这通常是指主债务人被宣告破产时、主债务人住所变动而难以向其索偿时、主债务人财产不足以清偿债务时等。(5）持续担保条款。该条款并不是说担保人的担保责任为无限期的，而是指担保人对于主债务人按贷款协议不断提取的债款数额全部负担保责任（直至主债期满），而非仅对其在某一时期的负债余额负责。(6）不可撤销担保条款。依该条款，担保协议的效力具有相对的独立性，而不完全以贷款协议的效力为基础，担保人不能以因贷款协议而产生的抗辩权（例如贷款协议延期、变更或效力瑕疵等）来对抗贷款人。(7）贷款人权利条款。该条款通常以特约方式确定贷款人的某些特别权利，如贷款人有权仅向共同担保人中的某一人请求偿债，贷款人可以对几个共同担保人或某一个担保人起诉求偿等。(8）担保执行条款。该条款须对担保的执行条件和执行程序加以规定。按照无条件担保的要求，只要主债务人届期未能偿还本息，贷款人向担保人送达主债务人违约的书面通知后，就可立即或随时要求担保人替代偿债。(9）代位权条款。该条款通常规定，担保人在替代主债务人偿债后，将代位贷款人对主债务人取得了贷款协议上规定的债权求偿权；在设有反担保的情况下，担保人的代位求偿权将与其担保债权并存。但在通常情况下，代位权条款往往根据贷款人的要求而明确规定，只有在主债务全部清偿后，担保人方取得代位权。

除了担保协议或担保条款外，备用信用证和担保意愿书也是信用担保的常用形式。备用信用证是指由银行机构（担保人）根据主债务人的要求向贷款人开具的旨在担保国际贷款债务的长期信用付款凭证，如主债务人届期不能偿债时，贷款人可向担保人提示备用信用证和主债务人违约证明，要求担保人承担付款义务。担保意愿书则是指由一国政府组织或母公司根据其下属企业（借款人）的要求，向贷款人出具的表示愿意帮助该借款人偿还贷款的书面文件，此种担保文件的责任表示和法律效力较为含混，通常仅适用于信誉良好的大型公司或政府组织，实践中又称之为“安慰信”。

在国际贷款或国际融资中，贷款担保人为了避免担保偿债风险，往往在为借款人出具贷款担保的同时，要求借款人提供反担保。所谓反担保，是指借款人或第三人以其信用或资产上的权利向贷款担保人作的还款保证，它实质上是以贷款担保人为债权人的再担保；当借款人不能按期偿还贷款本息而导致贷款担保人替代偿债时，贷款担保人有权根据反担保协议向再担保人主张担保债权或对担保资产依法变价受偿。反担保可以采取信用担保（如借款人母公司的担保）形式或者物权担保形式，但借款人以其资产权利设立物权担保时，显然须将其事先披露于国际贷款的贷款人，并且该物权担保应不违背国际贷款协议中的约定事项条款。

第二节　国际融资中的共同条款

国际融资中的共同条款又称“国际贷款文件的共同条款”，它是指反映国际贷款和国际债权融资一般要求而被普遍采用的某些标准条款，它们与不同市场条件下贷款融资的具体条件的联系不甚密切，而着眼于概括国际贷款的一般法律条件，注重以意思自治方式解决所涉国家间的法律冲突和法律差异，其法律调整作用值得重视。由于此类条款反映了国际融资的共同要求，因而又被国际债券融资、国际项目融资和国际融资租赁所广泛应用。

一、先决条件

先决条件又称“前提条件”，它是指国际贷款文件中旨在限制贷方义务生效或部分贷方义务生效的前提条件。依据先决条件条款，只有在约定的条件事实具备时，贷款协议中关于贷款人义务的约定方发生效力，或者贷款人关于借款人每次提款的放贷义务方发生效力。先决条件的具体内容可以根据当事人的实际需要约定，但根据国际贷款惯例，其内容通常包括以下两部分：

（一）涉及贷款协议项下全部义务的先决条件

此类先决条件是关于限定贷方全部贷款义务生效的前提条件约定，它规定了贷款协议贷方义务生效的一般前提。根据贷款协议的约定，此类先决条件通常为借款人依其本国法应当取得的支持文件，因而在协议签署时，此类先决条件原则上就应当已经具备。它们通常包括以下一些内容：(1) 借款人的有效营业执照、组织章程和主体合法性文件，主要证明其合法续存性与行为能力；(2) 借款人公司董事会、股东会或所有权人批准该贷款的文件，主要证明借款人依其章程已就该贷款获得合法授权；(3) 借款人为实施该贷款应当取得的一切来自所在国政府部门的批准、许可和授权文件（包括外汇主管部门的批准文件），主要证明借款人的境外借款不违反所在国外债和外汇管理制度；(4) 依当事人约定应当签署的担保文件或保证书，主要证明当事人事先约定的担保条件已经取得；(5) 当事人的法律顾问出具的法律意见书，主要说明借款人主体资格的合法性、经营能力的合法性、取得了合法的批准与授权、所涉贷款协议的有效性、其他有关法律文件的有效性等；(6) 在许多情况下，贷款人还要求将陈述与保证的某些内容列为贷款协议的先决条件，其目的在于使借款人陈述的特定事实限制贷款义务的生效。

（二）涉及每一项提款的先决条件

国际贷款协议通常设有分期提款条款，以保障借款人在按约有效使用贷款的条件下得到约定的后续资金。在此种情况下，贷款协议中往往还规定借款人每次提取贷款之前应当满足的先决条件。它们通常包括：(1) 至每一提款日时，借款人在贷款协议中所作的陈述与保证仍然准确无误，符合所谓“永久保证”之要求；(2) 借款人未发生任何违反贷款协议的违约事件，也未出现任何限制借款人履行贷款协议的事实；(3) 未出现任何因第三方的原因，致使贷款资金使用出现财务法律障碍的情况。从实践来看，贷款人往往要求借款人在每次提款之前，另按约定提交一份书面声明，说明此项前提条件和陈述与保证内容未发生变化或变更。

二、陈述与保证

陈述与保证又称“承诺与保证”，它是对借款人在贷款协议签署时或之前向贷款人所承诺的有关事实的保证性合同概括。在国际贷款中，如果贷款人依赖于借款人对其与贷款有关事实的陈述签署贷款协议，则通常要求对此类事实加以确认，要求借款人保证其真实性和完整性，并要求将其纳入合同条款。陈述与保证具有使借款人对有关事实陈述法律化的功能，它扩大了借款人的信息披露义务，扩展了借款人违约之含义；如果借款人陈述与保证的事项未来发生失实，将构成借款人违约，贷款人有权诉请法律救济。陈述与保证的内容主要包括以下两部分：

（一）对于贷款协议合法性的陈述与担保

借款人在此项下须承诺与保证的事项主要包括：(1) 借款人是依法成立、合法续存的主体；(2) 借款人签署和履行贷款协议已依法获得其董事会或股东会应有的授权；(3) 借款人签署和履行贷款协议已依法取得政府部门一切应有的批准、许可或授权，并已履行法律要求的一切手续；(4) 借款人所签署的贷款协议和相关文件不违反其所在国法律、法规和借款人组织章程的规定，也不与借款人及其财产所涉及的任何合同或抵押文件相抵触；(5) 该贷款协议对于借款人具有法律约束力和强制执行力；等等。

（二）对于借款人财务状况和经营状况的陈述与保证

借款人在此项下需承诺与保证的事项主要包括：（1）借款人及其子公司提供的近期会计报表真实地反映了借款人的财务状况，并且自该会计报表经审计以来，借款人的财务状况未发生实质性的不利变化；（2）借款人及其子公司未卷入任何可能对其经营产生实质性不利影响的诉讼，也未受到此类潜在诉讼的威胁；（3）借款人在（银团贷款）信息备忘录中所提供的资料均为真实、准确和完整的，且其中不含有重大误导因素；（4）借款人及其子公司并未有过不履行对其财产权有不利影响的合同文件、抵押文件或其他法律文件项下义务的情形，也不曾发生过违约事件；（5）借款人及其子公司合法地拥有其营业财产的所有权、租赁权、知识产权和特许权等。

三、约定事项

约定事项又称“约定”或“限制性约定”，它是一系列关于限制借款人在贷款清偿期间的行为和不行为的共同条款的总称。其作用在于限定借款人偿债条件，防止借款人的偿债能力恶化，锁定贷款人的贷款风险。当借款人违反约定事项时，贷款人有权按约终止贷款协议，并要求借款人提前偿本付息。约定事项条款的类型较多，诸如消极担保条款、平等地位条款、财务约定事项、主体同一性条款、限制处置资产条款、贷款用途条款、购买保险条款、重要信息通知条款等均属之。在实践中，约定事项通常由当事人依具体情况约定，其中较为普遍而重要的条款主要包括以下一些：

（一）消极担保条款（negative pledge）

依照消极担保条款，借款人向贷款人承诺以下义务：在偿还贷款或债券之前，借款人将不得在其资产和收入上再行设定任何抵押、质权、留置或其他担保权，同时将按约处置其他已到期的原有担保。消极担保条款的作用在于防止借款人以其资产或收入为其他债权人的利益设定担保债务，影响本债权人的受偿顺序；限制借款人以担保之债方式发生新债，恶化其偿债能力。

消极担保条款通常仅以原则列举方式限制借款人在其营业资产和收入上设定担保。依据当事人的约定，该条款之适用可以有某些例外，其中较为重要的包括：贷款协议签署前已经存在的原有担保、依照相关国家法律具有留置权或优先权效力的法定担保①、借款人以融资租赁或类似方式购买货物的物权性限制等。此外，借款人以短期信用方式（如延期付款）取得的贸易性融资通常也不属于此类担保性负债。

（二）平等位次条款（pari passu）

依照平等位次条款，借款人承诺在贷款协议有效期间，保证无担保权益的贷款人在清偿债务时将处于不劣于其他无担保权益债权人的平等受偿地位。按照一些国家的法律，无担保权益

---

① 按照不同国家的法律，第三人在借款人委托在外的承揽物上可有留置权，在其应付税款和应付工资上可有优先权，在其维修的船舶上可有船舶优先权，在其以租买方式取得的货物上可有担保性物权限制等。

的各个债权人之间在清偿顺序上并非均处于平等位次[①]，平等位次条款虽然不能改变此种法定顺序，但贷款人依此条款在发生违反约定的情况时，可要求借款人提前偿还贷款。

平等位次条款与消极担保条款具有相同的目的，其意在维护贷款人的地位不致因新债权人的出现而遭受歧视。在国际融资实践中，这两种条款通常是同时使用的。两者的差别在于，消极担保条款旨在防止贷款人的债权处于劣于新设的有担保债权的受偿地位；而平等位次条款则意在防止贷款人的债权处于劣于新设的无担保债权的受偿位次。

（三）财务约定条款（financial covenant）

依照财务约定条款，借款人一方面有义务向贷款人定期或应要求随时提供其财务报表和财务信息；另一方面则承诺将遵守约定的某些财务状况标准。这些标准通常包括：（1）保证其负债率不超过一定比率，而使其净资产值保持在一定数额以上；（2）保证其资产的流动比率和速动比率[②]不低于一定比值，以使其始终具有足够的流动资产支付流动负债，而不必变卖固定资产还债；（3）保证其最低周转资本（流动资产减去流动负债后的余额）不低于一定数额，以保证其应付日常周转的净流动资产需要；（4）保证其每年对股东的分派利润不超过其可分配利润的一定比例，以防止其分光现金资产，影响还贷条件等。

（四）主体同一性条款（merger covenant）

依此条款，借款人通常须承诺两方面的义务：（1）非经贷款人书面同意，借款人不得改变其主要营业能力和范围，以保障贷款人预期的借款人还款能力不发生变化；（2）非经贷款人书面同意，借款人不得进行其主要营业或其主要下属企业的转让、资产重组、被他人收购、与其他企业合并等行为，以避免借款人的资产负债发生不利于贷款人的重大变化。这一条款实际上引用了一些国家法律的规定，由此使债务人的资产和营业变动置于债权人的监督和制约之下。

（五）保持资产条款（preservation of assets）

保持资产条款又称“限制资产处置条款”。依此条款，借款人须承诺以下义务：（1）非经贷款人同意，借款人不得出售、转让、出租或以其他方式处置其资产的全部或大部，但借款人为日常经营而从事的商品处分或类似财产处分不在此限；（2）借款人有义务对其企业资产向保险公司投保，以保障其资产不因意外危险而受损失。限制资产处置条款意在防止借款人不适当地转移、贬损或丧失其资产，使贷款人的受偿利益受到威胁。

---

① 按照一些国家的法律，在无担保之债的债权人之间，银行的消费者存款人和保险持有人的请求权优于其他债权。

② 流动比率是指某一法人组织的流动资产与其流动负债的比率，它是衡量债务人短期偿债能力的通用指标。其公式为：

$$\text{流动比率}=\frac{\text{货币资金}+\text{短期投资}+\text{应收票据}+\text{应收账款}+\text{存货等}}{\text{短期借款}+\text{应付票据}+\text{应付账款}+\text{预收账款等}}$$

速动比率是指某一法人组织变现能力最强的速动资产（几乎可立即用来偿债）与其流动负债的比率，它较之流动比率更能表明债务人的短期偿债能力。其公式为：

$$\text{速动比率}=\frac{\text{货币资金}+\text{短期投资}+\text{应收票据}+\text{应收账款等}}{\text{短期借款}+\text{应付票据}+\text{应付账款}+\text{预收账款等}}$$

四、违约事件

国际贷款协议通常以列举的方式将针对借款人的各种违约事件加以定义性概括，以防止因约定不明而可能产生的纠纷。违约事件的内容一般包括以下几项：(1) 借款人到期不能还本付息，或者借款人违反陈述与保证规定的义务，致使贷款协议不能履行的情况，即所谓实际违约；(2) 借款人违反约定事项规定的义务或贷款协议规定的其他义务，并且在贷款人指定的宽限期内未能纠正该等违约状态的情况；(3) 借款人出现丧失清偿能力、贷款抵押毁损或贬值、其经营资产被国有化或征收、借款人财务状况出现重大不利变化等事件，此类事件将导致借款人实际履行不能，因而在实际违约之前已构成“先期违约”；(4) 违约事件中通常还规定有“连锁违约”或“交叉违约”条款，依此条款，借款人凡对其他债权人违约的，也将构成对本贷款人的违约，该贷款人有权要求借款人加速清偿全部（尚未届期）债务，连锁违约条款的作用在于扩展借款人违约事件的含义，赋予国际贷款人以加速还款请求权，防止因借款人对其他债权人的债务纠纷而造成不利于国际贷款人的受偿局面。

违约事件条款除对各种违约情况加以列举外，通常还对贷款人有权采取的违约救济措施加以规定。根据国际融资惯例，贷款人按约取得的违约救济手段包括：对于借款人尚未提取的借款，贷款人有权予以取消或中止①；对于借款人已经提取的借款，贷款人可以宣布提前终止贷款协议，要求借款人提前偿本付息，即所谓“加速到期”；对于借款人逾期偿还的贷款，贷款人有权要求其支付约定的违约利息。此外，违约事件条款中往往援引“累加救济条款”，说明贷款协议中约定的违约救济手段仅属于法定救济之累加措施。

五、市场不可抗力

在银团贷款文件、证券承销文件和与市场相关的融资文件中，通常还设有不可抗力条款。尽管此类条款中也可含有对战争、自然灾害、国有化等一般不可抗力事件的概括，但其主要着眼点在于国际金融市场变动之不可抗力，故又被称为“市场紊乱条款”。市场不可抗力条款的主要内容通常包括：(1) 对于市场不可抗力的概括与列举，如金融市场发生实质性不利变动、金融市场行情变化致使约定利率和贷款人成本无法确定、当事人所在国发生战争或法律变更致使贷款协议无法履行、其他因贷款人不能预见也不能控制的原因致使协议不能履行的情况等；(2) 规定不可抗力发生而影响协议履行时，未能履行义务一方当事人的事实通知义务及通知程序；(3) 规定不可抗力发生时，不能履行义务的一方在履行通知后的免责效果，这一般是指贷款人或融资中介人可按约定条款免除贷款协议义务或暂时推迟贷款协议的履行。

市场不可抗力条款的基本作用在于避免贷款人或融资中介人可能面临的金融市场变动风险。在市场潜在危机或动荡的条件下，融资中介人不仅倾向于采取更为安全的贷款组织方式，要求推迟协议签署时间以缩短可预见风险的期间，而且往往坚持要求写入更具弹性和包容性的市场不可抗力条款。

---

① 所谓中止提款权，是指贷款人按约暂停借款人的提款，并要求其在宽限期内采取补救措施的权利。

六、法律适用与司法管辖

国际商业贷款协议几乎无例外地规定，关于贷款协议的解释、贷款协议的履行和由贷款协议引起的争议之解决均适用当事人选择的国内法，而非国际性规范；并且在通常情况下，该准据法为贷款人所在国法律或某一国际金融中心国家或地区的法律。从实践来看，国际商业贷款协议中的法律适用条款往往要对适用准据法的范围加以详细的列举，从而允许贷款协议所涉及的某些事项仍适用借款人所在国的法律，如借款人的法人资格、借款人的经营范围与行为能力、借款人所取得的签约与履约之授权效力、借款人国内管制法之符合等。应当说，国际商业贷款协议中有关法律适用、司法管辖和其他有关条款的约定，反映了目前国际信贷供求关系仍有利于贷款人的特点，也反映了国际借贷关系中借款人负有主要义务的客观要求。

司法管辖条款也是国际商业贷款协议中必备的共同条款，但在某些情况下，当事人也可以在国际商业贷款协议之外另订立司法管辖协议。司法管辖条款通常应包括两方面内容：(1) 须明确选定有管辖权的法院，通常仅需指明由某一国的法院管辖，如该国分别有不同的司法管辖区时（如联邦制），还应具体指明由哪一司法管辖区的法院管辖；(2) 须指定送达诉讼文书的代理人，通常仅须在协议中指定代理人身份和要求。在国际商业贷款中，原则上不采取仲裁方式解决当事人争议，这与国际金融机构贷款协议的条款要求有所不同。

第三节　国际债券融资

一、国际债券的概念与特征

国际债券是指一国政府机构、金融机构或工商企业为筹集资金而向外国投资者发行的可自由流转的债权证券。

国际债券的基本特征有三：(1) 国际债券的发行人与投资人分属于不同的国家或地区，其发行、交易与债务清偿受到不同国家或地区法律的支配，这不同于国内债券；(2) 国际债券本质上是一种债权凭证，它体现了债券发行人与债券持有人之间的债权债务关系，这不同于国际股权证券；(3) 国际债券是证券化的可自由流转的债权凭证，其发行与交易受到有关国家证券法规则的支配，这不同于国际贷款债权文件。此外，典型的国际债券通常还具有无记名证券、有固定的到期日和固定利率的特点。

国际债券在整体上可分为外国债券（foreign bond）和欧洲债券（eurobond）两大类。外国债券是指由债券发行人在某一外国的市场以该国货币标价发行，并在该国证券市场交易的国际债券。例如中国财政部在德国发行并在法兰克福交易所上市的政府债券，中国银行在日本发行并在东京交易所上市的“武士债券”，中国银行在美国发行并上市的“扬基债券”等均属此类。欧洲债券则是指由债券发行人在债券面值货币所在国以外的国际市场发行（通常同时在几个国家发售）的国际债券，它实际上是一种无国籍债券。根据欧洲债券的面值货币不同，它又可进一步分为欧洲美元债券、欧洲英镑债券、亚洲美元债券、亚洲英镑债券等。例如中国银行在国际市场发行并在东京上市的美元债券和在伦敦上市的美元债券均属之。

除发行市场方面的差异外，外国债券和欧洲债券还具有以下区别：(1) 在债券承销上，外国债券通常由债券发行地所在国的金融公司、证券公司或投资银行承销；而欧洲债券通常由国际性金融公司、证券公司或投资银行组织不同国家（通常为债券发行地）的分销商共同承销，即所谓“全球发售”。(2) 在债券面值货币上，外国债券所使用的货币只限于债券市场所在国的货币；而欧洲债券的发行人则可以根据货币的汇率、利率和集资用途，选择某种主要货币标明债券面值。(3) 在适用法律上，外国债券的发行必须受发行地国家法律的支配，并且往往须履行特定的申请和注册程序，在法律上它被视为某种外国证券；而欧洲债券的发行一般不受债券发行地国家法令的管制（但须受上市地国家法律的支配），通常也无须向发行地国家履行申请和注册程序，其法律适用问题通常须在债券发行文件中确定。(4) 在发行税收上，外国债券的发行人原则上须按照市场所在国法律接受预扣证券发行税（但许多国家和地区给予免税优惠）；欧洲债券的发行人通常不需缴纳证券发行税，由于欧洲债券可以保留于国外，故对此类债券的交易所得税也不予征收，这对于投资者来说颇有吸引力。

二、国际债券的种类

国际债券除在整体上分为外国债券和欧洲债券两大类外，还可按照债券发行利率、债券发行货币、债券可转换性、债券发行主体、债券兑付期限等标准进行不同的分类。例如，按照国际债券的利率确定方式，可将其分为固定利率债券、浮动利率债券、零息债券等；按照国际债券（实际上限于欧洲债券）的发行货币，可将其分为单一货币债券、双重货币债券、货币选择债券等；按照国际债券的可转换性，可将其分为直接债券、可转换债券、认购权证、转让贷款证券等；按照国际债券的发行主体，可将其分为政府债券、金融债券、企业债券等；按照国际债券的兑付期限，可将其分为长期债券、中期债券、短期债券和短期票据等。本书择其要，仅介绍以下几种常见的国际债券类型。

（一）固定利率债券（fixed rate bond）

固定利率债券是指具有固定利率、固定利息息票和固定到期日的债券；债券代理机构通常按照规定向息票持有人支付利息，并于到期日向债券持有人偿付本金。固定利率债券是国际债券的传统类型，也是目前国际债券融资中采用最多的典型形式。

固定利率债券通常适于在市场利率相对稳定的条件下发行，当市场利率不断发生较大变化时，将会对债券发行人或债券投资人造成风险，影响债券的发行条件和发行效果。20 世纪 80 年代以后，欧洲债券市场上开始出现一些固定利率债券的变型，其中最典型的为可撤销债券（retractable bond）。此种债券将债券期限分为若干期，发行时仅固定第一期利率，其后每期均另确定利率，以此来克服固定利率债券自身的缺陷。

（二）浮动利率债券（floating rate notes，简称 FRNs）

浮动利率债券是指利息率可按一定条件浮动变化的债券。其具体特点在于：其债券利息可根据短期存款利率的变化每6个月或3个月（依债券发行条件规定）调整一次；其利息率通常是在伦敦银行同业拆放利率（LIBOR）基础上略提高一些，并且其利息率浮动通常定有最低下浮限制，并可附有利息率浮动上限；浮动利率债券依其具体发行条件可附有不同的息票，通常每6个月或3个月支付一次；浮动利率债券通常为中长期债券，期限多为5年至15年；浮动利率债券多为可转让的无记名债券。

浮动利率债券结合了中期银团贷款和长期欧洲债券的优点，一方面它可为借款方提供期限长于银团贷款的中长期借贷资金，另一方面它又使投资者减少了因利率上升而引起的资金贬值风险。证券市场参与者通常认为，浮动利率债券具有将风险平均分配于借款方和贷款方的作用，为双方提供了公平躲避利率变动风险的条件。从市场表现来看，浮动利率债券的市场价格较为平稳，其买卖差价较小，债券发行人所负担的利息与LIBOR的差额不大，该券种的流动性也较高，这充分体现了此种创新性金融工具的作用。

（三）零息债券（zero-coupon bond）

零息债券是指以贴现方式发行，不附息票，而于到期日时按面值一次性支付本利的债券。其具体特点在于：该类债券以低于面值的贴现方式发行，由其发行贴现率决定债券的利息率；该类债券的兑付期限固定，到期后将按债券面值还款，形式上无利息支付问题；该类债券的收益力具有先定性，对于投资者具有一定的吸引力；该类债券在税收上也具有一定优势，按照许多国家的法律规定，此类债券可以避免利息所得税。

（四）可转换债券（convertible bonds）

可转换债券是指按照固定利率条件发行，但可按照投资者的意愿和约定条件转换为对发行人（或担保人）公司股票的公司债券，通常又称为CB。其具体特点在于：（1）此类债券的发行人仅限于其资本业已股份化的股份有限公司或有限责任公司。（2）此类债券是一种固定利率债券，其利息率通常较低，以平衡转换选择权的利益。（3）此类债券在发行条件中附有转换选择权，债券持有人有权在约定的转换日期以约定的每股转换价格（conversion price）要求将该债券转为对发行人公司（或担保人公司）的普通股股票，也有权不将其转换为股票而要求将其转换为一般的固定利率债券；在通常情况下，可转换债券的每股转换价格应高于债券发行时该公司股票的市场价格。（4）此类债券的转换日期通常为发行条件中约定的某一利息支付日，并应规定合理的申请准备期间。

可转换债券为发行人提供了一种在不扩张股本条件下的低利息率融资工具，其融资效率往往高于股票发行和一般债券发行；对于投资者来说，可转换债券的吸引力实际取决于其转换升水（转换日时股票市场价格高于约定每股转化价格的差额之百分比），它大大提高了该债券的收益潜力；不仅如此，由于债券二级市场的存在，可转换债券的市场价格实际上与发行人公司的股票价格也具有相关性，从而直接提高可转换债券的投资价值。

（五）短期票据

短期票据在美国称为“商业票据”（commercial paper），在欧洲称为“欧洲票据”（euro-note）。它原本为一种货币证券，仅可提供短期资金信用，并不属于严格意义上的债券。但自

20 世纪 80 年代以后，金融机构通过一系列金融安排，使之成为某种中短期融资工具。实践中称之为“短期票据的便利化使用”（note facility），并被誉为现代资本市场的四大金融创新之一。①

在短期票据便利化的安排下，借款人通常须与负有承销责任的金融机构签署包括贷款承诺、票据承销、贷款展期承诺和还款担保在内的一系列协议文件；然后由借款人签发一系列短期票据（通常为本票）交由承销人安排以贴现价承销和余额承购，而背书转让（或无记名发票）制度、票据贴现市场和承销人贷款承诺则为借款人的短期票据融资提供了有效的保障；在初次短期票据即期后，借款人通过续期短期票据和承销人的展期承诺实现所谓“循环承销融资”（revolving underwriting facility），以此自然延长了贷款期间，由此可形成 1 年至 7 年的中短期融资。短期票据的便利化使用具有手续简便和筹资成本低的特点，在短期资金市场发达且法律管制宽松的国家中，此种短期票据的发行甚至不需要有承销机构，借款人不必支付任何承销费用，即可实现发行筹资目标。通常认为，短期票据的便利化使用综合了票据工具、信贷技术与证券化融资技术的特点，它与传统的国际债券融资和贷款融资均不完全相同。此类金融工具在国际融资市场中占有相当大的份额并有不断上升之趋势，其中不仅包括欧洲票据，还包括被称为“票据发行贷款”的某些金融品种。

三、国际债券融资的结构

国际债券融资的当事人主要包括债券发行人、担保人、牵头经理人（通常为主承销人）、承销团、推销集团、专业性中介机构、财务代理人与支付代理人、受托银行、债券登记机构、债券投资人等。不同当事人之间通过合同性文件或法律文件形成法律关系，构成国际债券融资的基本结构。

（一）债券发行人

国际债券的发行人是指发行国际债券并承担债券上债务的外国政府机构、金融机构和企业组织。它们是债券上权利义务的当事人（债务人），也是债券招募说明书的签署人。国际债券的发行人可以为一国的政府机构，也可以为国际机构；可以为金融银行机构，也可以为商业或企业组织。按照多数国际债券市场的要求，国际债券的发行人应当具备较高的信用等级，这通常是指国际主要债券信用评级机构评估的 BBB 以上的等级。

（二）债券担保人

近二十年来，国际债券融资更趋向于无担保债券之结构；但是如果某债券发行人是新进入国际债券市场的企业组织、较小的企业组织或者其信用等级不足，就需要安排较著名的金融机构作为担保人。债券担保人同样是债券上权利义务的当事人，当发行人届期不能偿还债券上债务时，该担保人负有连带清偿责任。

---

① 在现代“金融革命”中，通常将货币互换业务、金融期货、票据发行便利化和浮动利率债券并称为“四大金融创新”或金融市场的“四大发明”。

（三）牵头经理人（lead manager）

牵头经理人又称“国际协调人”、“主干事经理人”，它是指在国际债券发行中负责组织债券发行准备工作，组织承销团工作，并且通常负有主承销责任的国际性金融中介机构。牵头经理人在兼任主承销人的情况下，是承销协议和分销协议的当事人，也是债券招募说明书的签署人。牵头经理人具有承销团代表人的地位，它通常由有良好声誉的国际性投资银行、证券公司或金融机构担任，并且可以由两家以上的机构组成（称为“联席牵头经理人”）。在发行规模较大的项目中，牵头经理人还可以在其下组织由若干家金融机构组成的经理人集团（称“联席经理人”）共同工作。

（四）承销团与推销集团（underwriting syndicate）

国际债券承销团由负有主承销责任和分销责任的金融中介机构组成，通常为投资银行、证券公司、商业银行（多数国家允许商业银行从事证券承销业务）和其他金融机构。承销团成员可分为主承销人、副主承销人和分销人三个层次，其承销关系由分销协议（又称“承销团协议”）确定。主承销人可以由两家以上的金融机构组成，通常兼任牵头经理人或联席经理人；副主承销人也可由两家以上的金融机构组成；分销人通常根据承销规模与承销要求由多家金融机构组成。承销团成员根据债券承销协议和分销协议通常负有承销或包销债券的责任，并有权收取承销费用；其中主承销人或联席经理人以上的承销人通常负有主要的承销责任，一般占总发行额的40%以上，分销人的承销份额较少，一般仅取得0.5%～2%的分销比例。

在国际债券发行中，牵头经理人或经理人还可以根据承销规模组织由银行机构和金融机构组成的推销集团。推销集团的成员不负债券包销责任，而仅负推销义务，每一推销人通常仅分到很小的推销份额（一般不超过发行总额的0.5%）。

（五）专业中介机构

在国际债券发行中，通常需要有债券评级机构对拟发债券进行债信评级。对于初次进入国际债券市场的发行人来说这是必要条件，牵头经理人在决定组织承销其债券之前往往要求对该债券先行评级；而对于已进入该国际债券市场的发行人来说，获得高等级债信评级显然可提升其债券发行条件。目前国际公认的债信评级机构主要包括美国摩迪投资服务公司（Moodys Investors Services Inc.）、美国标准普尔公司（Standard and Poor's Corp.）、加拿大债务级别服务公司、英国艾克斯特尔统计服务公司、日本社团债务研究所等奉行“非利害关系宗旨”的独立机构，它们的债信评级在债券市场上通常受到投资者的信任和重视。从实践来看，许多国家债券的发行人往往委托两家以上的债券评级机构对其债券进行评级。如债券评级机构所做的评级结果不令发行人满意，发行人可以要求其不公布评级结果；但如果债券发行人接受该评级结果，债券评级机构将有权向投资者公布其评级结果和资料，并且在所发行的债券得到完全清偿前有责任定期或随时对债券发行人进行审查，如发行人的偿债情况发生变化，债券评级机构将对其债券等级降级或升级，并将向投资人公布。

（六）支付及财务代理人（paying and reference agency）

支付代理人是指根据与债券发行人签署的支付代理协议，代理债券发行人向债券投资人偿付债券利息和本金的当事人。在支付代理人兼任财务代理人（通常如此）的情况下，该代理人还负责债券发行时的债券管理和有关的债券财务事项。支付代理人及财务代理人通常由具有银行业务能力的牵头经理人或经理人担任，在债券发行规模较大的情况下，发行人还可在总代理人之下委托多家金融机构作为支付代理人。

（七）信托受托人（trustee）

信托受托人是指根据债券发行人签署的信托契据文件，保护债券持有人受益权利和利益的独立金融机构。根据各国的信托法规则，信托受托人须由国际债券承销人以外的独立金融机构或银行机构担任，其职责是代表债券持有人向债券发行人主张债券上权利，保存债券上利益的支付记录，参与债券本息偿付工作等。

（八）债券投资人

债券投资人是购买和持有债券并享有债券上债权的当事人，即债券的购买人和持有人。债券投资人可以为自然人，亦可为法人机构或国家；可以为企业组织、金融机构，也可为非商业单位。按照许多国家的法律，证券投资人应分为公众投资人和专业性机构投资人两类。证券法对前者规定有较为严密和充分的保护规则，对后者则基于其专业性和资金能力设有某些特殊规则。

四、债券条款及细则（terms and condition）

在国际债券发行前，参与债券发行的金融中介机构和专业性中介机构依法律和惯例须对债券发行人情况进行尽责审查，并协助债券发行人和牵头经理人准备国际债券发行的法律文件，其中较为重要的包括：债券条款及细则、债券发行说明书、有关的专业性报告、承销协议与分销协议、支付代理协议、信托契据文件、债券清算登记代理协议等；此外，还须协助发行人取得国际债券发行所需的一切来自其政府部门和证券监管部门的批准、许可或授权，其中有关债券发行文件和法律文件的准备是这一阶段工作的核心，它通过一系列权利义务的联系和一系列证据文件的支持，保障国际债券融资的结构。

债券条款又称“债券票面条款”，它是明确债券发行人与债券持有人之间债权债务关系的证券性文件，具有当事人间协议的效力，同时又表明了其持有人可自由转让之特性。在形式上，债券条款可简要载于债券之正面与反面，但更常见的是通过细则性文件专门规定，并援引于债券。典型债券条款及细则的内容主要包括：

1. *债券名称*

债券上应当简要载明债券之名称、发行人所在国、发行人名称、债券的具体性质或类型、债券面值与币种等事项，并应当有债券发行人的签章。

2. 债券发行条件

债券通常以概述方式说明具体的发行人、发行总额、到期日、年利息率（对于浮息债券来说还需载明利息浮动期间与浮息规则）、有无担保、担保人、担保性质、上市交易事项、本次债券发行的授权批准、债券本息支付办法、支付代理协议之签署与信托契据签署等事项。在实践中，上述条件事项通常在债券背面以直叙方式一体概括。

3. 债券及息票的所有权

本条款应载明债券的无记名属性、发行方式、债券面值、债券及息票的所有权推定、债券交付或登记转让规则等。在多数情况下，国际债券以不记名方式发行，附有息票，债券息票所有权于交付时移转，凡持有债券及任何息票的当事人均被发行人、支付代理人及信托受托人推定为合法的持有者，而无须提交其取得证据或证明持有人身份。

4. 债券持有人地位

本条款通常须载明债券持有人具有发行人的债权人之地位；通常还应载明债券持有人之债权与其他债权人之关系，在债券发行人破产倒闭时，债券持有人享有的权利和承担的责任等。

5. 担保条款

对于有担保的债券来说，本条款中须载明担保人名称、担保性质、担保条件、信托契据对担保的记载等事项。在通常情况下，担保人应在担保文件和信托契据中声明其担保为“无条件及不可撤销的担保”，并应说明对支付债券本息所负担的担保责任内容。

6. 消极担保承诺

本条款中通常由债券发行人承诺并保证，在债券清偿完毕之前，将不以其现有资产和收入设立抵押或其他类型的担保，并且此项承诺将持续至全部债券清偿完毕时止。

7. 财务限制条款

对于无担保债券来说，债券条款及细则中通常对发行人定有严格的财务限制，其作用在于限制发行人恶化其偿债能力，保护债券持有人利益。其限制多包括：限定发行人未来的长期负债所不得超过的比例，要求发行人不得超过其净利润的一定比例进行股东分配，限制发行人以关联交易方式转移其利润或支付能力等。

8. 利息条款

本条款中应当载明债券持有人领取利息的时间、每债券面值下的利息数额、计付利息时间、年息率、领取利息的办法和凭证等。在通常情况下，债券持有人应自规定日期起凭债券和息票向支付代理机构领取利息。

9. 赎回与购回

债券赎回是指债券发行人在债券到期时或到期前，因某些约定事项的发生，以债券发行说明书中规定的参照价格买回其发行在外债券的行为；而债券购回则是指债券发行人在债券到期前，以市场价格买回其发行在外债券的行为。赎回与购回条款中应当载明赎回的时间限制（通常须在发行一年后的利息支付日）、赎回原因（通常为发行人所在国税法变更）、自愿赎回与强制赎回规则、购回规则、债券注销事项等。

10. 税项

本条款应载明债券持有人是否负担利息预提税、发行人负担利息预提税的条件和特殊情况下的预提税责任等。对于欧洲债券来说，条款中通常载明债券持有人无须负担预提税，但如果因债券持有人延迟领息和政府税制变化而产生的税负，债券持有人则应按比例分担。

11. 支付条款

本条款应载明发行人支付债券本息的地点、时间、币种、方法、支付代理机构等事项，同时还应当就发行人违约情况下的提前偿付事项作出规定。根据通常的债券条款，凡发行人拖欠本息达到15天的，发行人或担保人违反债券条款和信托契约持续经过一定期间的，发行人或担保人根据所在国法律将进入破产或解散程序的，经过债券持有人会议通过有效决议，发行人即应当按照债券发行说明书中规定的赎回价格提前还款。

12. 债券条款与细则的修改

本条款通常应规定债券持有人会议和决议的程序、会议决议的效力、债券条款与细则修改或变更的条件与限制、信托受托人的权力等事项。在通常情况下，凡发行人违反债券条款、信托契据或其他债券发行文件，对债券持有人可能造成利益损害时，债券持有人会议可通过特别决议对债券条款与细则进行保护性修改，信托受托人还有权依决议对信托文件、支付代理协议等文件进行技术性修改。

除上述条款外，根据具体的债券发行类型，债券条款及细则中还可能包括放弃主权豁免条款、法律适用条款、重要事项通知条款等内容。

五、债券发行说明书

债券发行说明书是详细披露债券发行条件、债券发行人具体情况、债券条款及细则、作为债券发行基础的其他一切事实情况的基本文件。债券发行说明书概念有广义与狭义之分：广义的债券发行说明书，既包括公开发行债券所使用的债券发行章程（prospectus），也包括债券私募所使用的信息备忘录（information memorandum）；狭义的债券发行说明书仅指债券发行章程。各国证券法对于债券发行说明书的信息披露要求程度不尽相同，但通常对于正式的债券发行章程的要求较严，而对于信息备忘录的要求较松。[①] 债券发行说明书的主要内容通常包括首页、责任承诺与声明、正文和附录四部分。

债券发行说明书应于首页以标题方式载明债券发行人名称、发行币种、发行总额、债券面值、发行价格、发行债券类型、偿还期限、利息率．担保人、上市交易所名称、牵头经理人与共同经理人、支付代理人等内容。

债券发行说明书的责任承诺与声明部分应由发行人、牵头经理人及主承销人依法律要求的方式，承诺其确信债券发行说明书中的内容不存在虚假、重大遗漏或误导成分，声明其对债券说明书内容的真实性和完整性承担责任。

债券发行说明书（募债章程）的正文部分内容较多，它主要包括以下项目：(1) 借款之用途。本项目应当载明发行人募集债券所筹资金的投向或用途，各国法律对此用途并无特殊限制，可以仅概括说明该债券募集为发行人及其所属企业的一般性融资。(2) 预期时间表。本项

---

① 各国证券法关于不同类型债券发行的信息披露规则也不相同，其中美国法对于外国债券（扬基债券）的发行规定有较高的信息披露标准；欧洲美元债券发行的信息披露标准多依市场所在国法律的要求；德国和瑞士对于外国债券发行所要求的信息披露标准较宽松。

目应当载明债券申请认购的起止时间（精确到时）、认购申请全部或部分不获接纳之退款日期、债券交割日期、债券上市或开始交易日期等。(3) 绪言。本项目应简要说明债券发行人发行债券所依据的法律和债券发行说明书的目的，其中公募债券的法律依据至少须包括债券市场所在地的证券法及上市证券交易所的规则，债券发行说明书的目的通常是为各界人士提供有关发行人和担保人的资料。(4) 债券发行条件。本项目所述债券发行条件为当事人依承销认购协议所确定的最终条件，它不仅包括发行总额、发行币种、年息率、有无担保、担保性质、上市交易事项、债券本息支付办法等内容，而且包括最后确定的发行价格（该价格不一定与面值价相同）。(5) 定义条款。本项目应当对债券发行说明书所使用的概念、专用术语和缩写加以定义，以精简债券发行说明书的内容。(6) 发行债券的有关当事人。本项目应当详细列明债券发行所涉及当事人的名称、住所、电话与电传，该当事人通常包括债券发行人、担保人、牵头经理人、经理人、各承销人、发行人法律顾问、承销人法律顾问、审计师兼申报会计师、支付代理人、财务代理人、信托受托人、收款银行、债券清算与登记机构等。(7) 债券条款及细则。本项目应重点摘录债券条款及细则的内容，这通常包括债券及息票的所有权、债券持有人地位、担保条款、消极担保条款、财务限制条款、利息条款、赎回与购回条款、税项条款、支付条款、条款与细则修改等。(8) 市场指数与债券赎回价格的相互关系图表。本项目应以图表方式说明根据债券上市的证券交易所的某一指数的变化，债券赎回价的浮动和调整情况。(9) 债券应计利息表。本项目应以表格方式详细列出每面值债券发行后，债券及息票持有人每一天按约应可获得的利息额（应计利息)。对于固定利息债券来说，这实际表现为一线性变化。(10) 债券发行人情况介绍。本项目通常须依据法律要求或市场惯例披露发行人的历史变动、主要股东及权益、营业现状、资产负债、或有负债、近期信用评级、损益状况、盈利预测、发展前景、董事会成员、董事权益等。(11) 会计师关于发行人的报告。本项目应披露会计师对发行人前若干年财务状况的审计报告，以及对未来盈利和现金流量预测的审核函，所审计的财务状况包括发行人的资产负债、损益和现金流量状况；同时应摘录发行人的会计报表，并对重大财务事项作附注披露。(12) 担保人情况。本项目应对担保人的历史变动、营业现状、资产负债、或有负债、近期信用评级、损益状况、盈利预测、与发行人的关系等作详细披露，以使投资者对第二债务人有较详细的了解。(13) 会计师关于担保人的报告。本项目应摘录会计师对担保人的财务状况审计与未来财务状况预测的审核结论，其内容与会计师关于发行人的报告项目无异。(14) 税项。本项目应详细披露与债券发行人有关的税负，这通常包括发行人所在国对其征收的营业税、所得税、利息所得预提税、其他税费科目、税收优惠等。(15) 印花税。本项目通常要披露债券市场所在国对于债券发行、债券交易和资金交割所征收的税负。按照许多国家和地区的法律，对于外国债券和欧洲债券通常免予征收发行税和交易税。(16) 认购及出售。本项目应当对于债券认购、预交款、有效认购之确定、不获接纳之退款、认购通知、债券交割等事项加以规定。(17) 法定及一般资料。本项目下应按照市场所在国法律要求简要概括与债券发行人及债券发行有关的资料，通常包括发行人情况、发行人所在国及其法律、发行人下属公司及其权益、承销认购安排、发行人近期重大合约、涉讼事项、专业机构的同意书、募债文件的注册与备查等。

债券发行说明书附录部分依法须披露由专业机构出具的审计报告、法律意见书、发行人组织章程、债券条款细则、发行人所在国有关法律摘录、债券申购表格等文件。

六、专业机构的结论性报告

国际债券发行通常要求国际会计师对发行人的财务状况出具审计报告，并以之作为债券发行说明书的附件。该审计报告应当对发行人的资产负债状况、损益状况和财务状况变动情况（现金流量表）作出结论性审计意见，说明其财务报表的准确性、公允性，列示其应披露的重大财务事实，并应附上符合债券上市地会计准则的国际会计报表。

国际债券发行要求的专业结论性文件通常还包括由发行人法律顾问和承销人法律顾问出具的法律意见书。不同法律顾问出具的法律意见书内容不尽相同，它们主要须说明债券发行人的主体资格和营业能力的合法性、债券发行人资产和权利的合法性、债券发行人进行的债券发行已得到其公司股东会的合法授权、债券发行人进行的债券发行已得到其所在国政府应有的批准和许可、本次债券发行所涉及全部合同文件和法律文件均为合法有效、本次债券发行的招募说明书所涉及的法律事实以及对发行人所在国法律的摘录均经过验证，等等。

国际债券发行通常以债券评级机构所作的债券评级结论为基本依据。在通常情况下，债券评级机构作的债券评级报告并不提供给发行人，而以报刊公示的方式向公众披露，因而对于债券发行人具有意义的仅为其债券评级的等级结论。债券评级结论大多采取三等九级的标准，它们并不评价债券发行人财务状况的优劣①，而是根据违约可能性、担保与否、发行人受法律文件的约束程度等因素，仅仅评估该债券偿还的可靠性或违约风险程度。根据目前国际主要债券评级机构的债券评级规则，AAA、AA、A、BBB等四个等级被认为属投资级债券，具有可以较安全还款的投资价值。

除上述法律文件外，承销认购协议、分销协议（承销团协议）、支付代理协议和信托契据文件也是国际债券融资中的重要文件。它们分别规定国际债券融资不同阶段有关当事人的权利和义务，其中相当一部分具有持续性效力。

第四节　国际股票融资

一、国际股票融资的概念与特征

国际股票融资是指符合发行条件的公司组织依照规定的程序向境外投资者发行可流转股权证券的国际融资方式。国际股票融资在性质上不同于国际债权融资，它本质上是股票发行人将公司的资产权益和未来的资产权益以标准化交易方式售卖于国际投资人的行为。与此相对应，投资人认购股份的行为本质上是一种直接投资，依此交易，认股人将取得无期限的股东权利，

① 国际主要债券评级机构认为，债券评级并不等同于财务审计，不能仅依据发行人的财务数据机械地评级（即所谓客观评级），而应着眼于某一具体债券的违约风险或偿还可靠性。因此，财务状况差的发行人如已得到可靠的还债担保，则可能得到较高的债券评级，而财务状况好的发行人如不接受财务限制条款，则可能得到较低的债券评级。

其内容不仅包括旨在实现资本利益的股东自益权，而且包括旨在控制、监督发行人公司的股东共益权。

国际股票融资具有以下基本特征：(1) 根据多数国家的公司法和证券法，国际股票发行人仅限于资本业已股份化的特定类型的公司组织，通常为股份有限公司或特定类型的有限责任公司；(2) 国际股票发行人与投资人分属于不同的国家或地区，其股票发行或上市交易行为受到不同国家法律的支配，由于其法律适用较为深入地涉及不同国家的公司法、财产法和证券法规则，故其法律冲突问题的解决较为复杂；(3) 国际股票本质上是一种可自由流转的股东权利凭证，它具有权利无期限性，采取记名证券形式，其权利内容又具有复合性与复杂性，故国际股票的发行、交易与权利争议解决均不同于国际债券；(4) 国际股票融资通常不以单纯的一次性股票发行为内容，发行人往往追求国际股票发行与股票上市的双重后果，其目的在于提高国际股票发行的效率，建立某种长期稳定的国际融资渠道，由此又造成实践中对于股票发行与股票上市概念混用的情况；(5) 国际股票融资具有较强的技术性和复杂的程序性，多数国家的证券法或公司法对于股票发行与上市规定有条件规则、上市聆讯规则和程序规则，因而在现代社会中，凡提到股票发行与上市，通常意味着这一行为是在金融中介人和专业机构协助下进行的，是遵循公开和公正原则进行的，并且是在法律规定的条件规则和程序规则控制下进行的。综上所述，国际股票融资行为不仅在性质上不同于传统的投资行为（如中外合资合同行为）、贷款行为或其他类似合同行为，而且不同于国际债券融资行为，可以说，现代各国证券法关于国际证券发行与交易的规则更主要是为控制股票融资行为而设置的。

国际股票融资的核心内容是国际股票发行，它是指符合发行条件的公司组织以筹集资金为直接目的，依照法律和公司章程的规定向外国投资人要约出售代表一定股东权利的股票的行为。根据多数国家证券法的规定，股票发行应当符合公开、公平与公正的基本原则，某些国家的法律甚至对股票发行方式也设有概括性规定（如我国法对股票发行方式加以列举式概括）。但总的来说，多数国家的法律对国际股票公开发行和私募发行设有不同的规则。股票公开发行（public offer），是指发行人根据法律规定，以招股章程（prospectus）形式向社会公众投资人公开进行募股的行为，其发行程序、信息披露和有效认股之确认均受到特别法规则、要式行为规则的规制。股票私募发行（placement），又称为“配售”，则是指发行人根据法律的许可，以招股信息备忘录（information memorandum）或类似形式向特定范围和特定数量的专业性机构投资人以直接要约承诺方式进行售股的行为，其发售程序、信息披露和有效认股之确定仅受到较为宽松的法律控制。

二、国际股票融资的结构与类型

依照其发行与上市结构国际股票融资可分为不同的类型，我国的境外股票融资较普遍采用的类型主要包括境内上市外资股结构、境外上市外资股结构、间接境外募股上市结构和存托证境外上市结构等几种。

（一）境内上市外资股结构

境内上市外资股结构是指发行人通过承销人在境外募集股票（通常以私募方式），并将该股票在发行人所在国的证券交易所上市的融资结构。我国证券法规将依此类结构募集的股份称为“境内上市外资股”，实践中通常称为“B股”。

在我国，境内上市外资股的发行人仅限于根据《公司法》合法设立的股份有限公司；有关发行人公司章程、境内上市外资股的发行条件与审批、境内上市外资股的上市和交易制度均适用中国有关法律和法规；境内上市外资股的股票主承销人和上市保荐人应当由中国的金融中介人担任，但在承销工作方面通常由国际性金融中介人（称“国际协调人”）按照私募惯例组织；境内上市外资股的发行须根据股票发行地和国际融资惯例的要求，采用信息备忘录形式并应符合其信息披露的要求，经审计的发行人会计报表应当符合股票发行地国家会计准则的要求；此外，境内上市外资股结构在公司发起人责任、同业竞争和关联交易等合同安排上，也应考虑满足股票发行地法律和国际融资惯例的要求。由上可见，我国的境内上市外资股结构主要是依据我国的法律和会计准则构建的，在承销组织上采用了国际股票融资惯例中的私募方式，并在不违反中国法律的基础上遵循了国际会计准则和股票发行地的有关法律要求。这主要是为了满足境外投资人的投资偏好，增加其投资信心。由于多数国家的法律对于国际股票私募并没有严格的限制，因而境内上市外资股结构所需解决的法律冲突和障碍也较少，其结构相对简单。

（二）境外上市外资股结构

境外上市外资股结构是指发行人通过国际承销人在境外募集股份，并将该股票在境外的公开发售地的证券交易所直接上市的融资结构。此类募股通常采取公开发售与配售相结合的方式。我国的证券法规将依此类结构募集的股份称为“境外上市外资股”，实践中所称的“H股”、“N股”、“S股”等均属之。

我国境外上市外资股结构的特点是：(1) 其发行人为根据我国有关公司法规设立的股份有限公司，即为中国法人，但规范公司行为的公司章程已根据股票上市地法律进行了必要的补充，因而大体解决了中外法律差异；(2) 其股票发行与承销通常由国际性金融机构担任主承销人和保荐人，并且按照股票上市地法律的要求采取公募与私募相结合的方式进行；(3) 其招股说明书须采取股票上市地法律要求的招股章程和信息备忘录形式，并且须符合该法律要求的必要条款规则和信息披露规则；(4) 经审计的发行人会计报表通过国际调整表须符合股票上市地会计准则，同时应符合中国会计准则；(5) 有关发行人公司的发行申请、上市审核等行为实际受到股票上市地和发行地法律的支配，但发行人公司首先须履行中国有关的申请审批手续；(6) 有关发行人公司及其股东的持续性责任、上市承诺、同业竞争、关联交易和交易规则等安排，应符合股票上市地法律的要求。

（三）间接境外募股上市结构

间接境外募股上市结构是指一国的境内企业通过其在境外的控股公司向境外投资人募集股份筹资，并将该募集股份在境外公开发售地的证券交易所上市的股票融资结构。依其公司重组方式又可分为通过境外控股公司申请募集上市和通过收购境外上市公司后增募股份[①]两种。我

① 根据国务院1997年6月20日发布的《关于进一步加强在境外发行股票和上市管理的通知》的规定，中国现行政策对于通过收购境外上市公司股权而进行的间接上市作了限制。

国目前已在境外募股上市的上海实业、北京控股、航天科技、中国制药等公司均采取此类结构。

在我国，间接境外募股上市是利用外商投资企业（joint venture）法制创造的融资工具，其基本特征是：(1) 其发行人为根据股票上市地法律要求设立或收购的境外有限责任公司，为境外法人，其公司章程与公司设立均适用相应的外国法律；(2) 其股票发行申请、上市审核、招股说明书、信息披露责任、股票交易等均适用股票上市地的法律，发行人经审计的会计报表也仅采用股票上市地要求的会计准则；(3) 发行人公司作为境外投资人将通过外商投资企业法制控股境内的企业，该类境内企业为中外合资有限公司或中外合作有限公司，其公司章程、会计准则、利润分配和境外资金投入均适用中国的有关法律；(4) 根据我国目前的法律规定，间接境外募股上市虽不受计划额度制度的支配，但境内机构（特别是国有机构）对境外控股公司的投资须取得商务部的批准和许可，以境内机构控股而实施的间接境外上市还须经证券监管部门批准后方可实施。

（四）存托证境外上市结构

存托证（depositary receipt）又称“存股证”，它是由一国存托银行向该国投资者发行的一种代表对其他国家公司证券所有权的可流转证券，是为方便证券跨国界交易和结算而创制的原基础证券之派生工具。存托证所代替的基础证券通常为其他国家公司的普通股股票，但目前已扩展到优先股和债券，实践中最常见的存托证主要为美国存托证（ADR）及英国存托证（EDR）。我国目前已在境外上市的上海石化、上海二纺机、马鞍山钢铁等公司均采取 ADR 境外上市结构。存托证结构依其具体内容可分为不同类型，例如在 ADR 中，一级有担保的 ADR 和二级有担保的 ADR 不具有筹资功能，而三级有担保的 ADR 和 144A 私募[①] ADR 则具有募股筹资功能，我国公司境外上市实践中通常采用的 ADR 类型多为三级 ADR 和 144A 私募 ADR。概括地说，存托证境外上市结构是指一国的发行人公司通过国际承销人向境外发行的股票（基础证券）将由某外国的存托银行代表境外投资人统一持有，而该存托银行又根据该基础证券向该国投资人或国际投资人发行代表该基础证券的存托证，并且最终将所发行的存托证在该国证券交易所上市的国际股票融资方式。

存托证境外上市结构的当事人除包括发行人和基础证券承销人之外，还包括存托银行[②]、存托证承销人、托管银行等。这一结构的基本特征是：(1) 发行人公司通过国际承销人向境外配售的基础证券（股票）由某外国的存托银行代表境外投资人认购，并委托基础证券市场所在国的托管银行机构（通常为存托银行的附属机构或代理行）负责保存和管理该基础证券；(2) 存托银行依据基础证券通过承销人再向其本国投资人或国际投资人发行代表该基础证券的存托证，每一单位存托证依发行价代表一定数量的基础证券，并将发行存托证的筹资用于认购基础证券；(3) 存托银行安排存托证在存托银行所在国证券交易所上市，负责安排存托证的注册和过户，同时保障基础证券在其市场所在国的可流转性；(4) 由存托银行通过托管银行向基

① 144A 私募意指根据美国证券交易委员会 144A 条款（SEC Rule 144A）在美国进行的证券私募。

② 在国际证券融资中，发行存托证的存托银行通常为具有雄厚实力、广泛的国际性网络和存托业务经验的著名银行机构，例如美国的存托银行主要包括纽约银行、花旗银行、摩根银行等。

础证券发行人主张权利，并以此向存托证持有人派发股息；（5）存托银行负责向基础证券发行人质询信息，并负责向存托证持有人披露涉及基础证券发行人的信息和其他涉及存托证利益的信息；（6）存托证注销的过程通常为，首先由存托银行以回购要约通过市场向存托证持有人购回存托证，其次由存托银行通知基础证券市场的经纪商售出基础证券，再次由存托银行将购回的存托证注销，最后将基础证券售卖收入偿付存托证原持有人。由上可见，存托证境外上市结构是由存托银行提供金融服务的某种衍生证券发行与上市结构，存托银行在其中仅提供中介服务并收取服务费用，但不承担相关的风险。

三、国际股票融资的程序

国际股票融资依其结构类型不同，其工作程序也有很大差别。但对于我国和发展中国家的发行人来说，典型的境外上市外资股融资程序通常包括以下几个工作阶段：

（一）公司重组与设立阶段

我国拟进行国际股票融资的企业组织通常不具备境外募股公司的主体资格，某些业已进行股份制改组的公司往往也存在着不符合拟上市国家财务法律要求的情况，因此在进行股票发行准备之前，通常要进行原有企业的公司化或公司重组工作，实践中又称为“企业股份制改组”。此项工作的基本目标是设立符合中外法律要求的股票发行人公司主体，解决所有妨碍国际股票发行与上市的财务法律障碍，实现整体工作方案中确定的其他商业性目标；其工作内容通常包括资产重组、机构重组与人员重组和非经营性资产安排等。

由于原有企业的股份制改组或公司设立往往过程较长，故这一工作阶段通常与股票发行准备阶段相交错。从理论上说，公司设立过程最迟可以在招股文件定稿之前完成；而实际上，自中介机构代表拟上市公司向境外证券监管机构报送募股注册申请表格（例如中国香港的 A—1 表或美国的 F—1 表）后，拟上市公司的财务法律结构应不再发生变更，故上述募股注册工作实际上要等到发行准备后期方可进行。

（二）发行准备阶段

发行准备是国际股票融资工作的最重要阶段，这一阶段的主要工作包括以下一些内容：

首先，由国际协调人、主承销人和其他专业性中介机构在尽责调查的基础上，完成对发行人公司的财务审计、盈利预测审核、物业估值、法律审查与调整，准备招股书草稿，协助拟订用资计划等。

其次，由发行人向所在国政府机关和证券监管部门申请取得为进行境外募股和上市一切所应取得的许可、批准和授权文件，此项工作应当于境外法律程序结束之前完成。根据我国的法律和法规，中国的股份有限公司从事境内上市外资股发行和境外上市外资股发行应当取得的批准与许可主要包括：主管机关对发行人公司境外募股的计划额度许可或者境外上市特许批准、主管机关对发行人公司章程的批准、证券监管部门对境外募股与上市（方案）的批准、商务部对发行人公司转为外商投资股份公司的批准（募股后完成）等；在间接境外募股上市的结构中还须取得对发起人机构境外投资权的许可。

再次，由国际协调人、主承销人和发行人境外律师代表发行人公司向股票上市地（及发行地）的证券监管部门和证券交易机构办理股票发行注册和上市申请手续，并接受交易所的审核、聆讯或听证会，根据要求使招股说明书、招股书附录文件、依法应签署的合同文件和法律文件定稿，以取得上市地证券监管部门和证交所应有的许可、批准或承诺。简要地说，发行准备阶段的基本任务是准备股票境外发行与上市的各种招募文件和相关文件，使此类文件得到应有的法律文件和政府批准文件的支持，同时使此类文件符合股票上市地法律的要求，并使之得到上市地监管机构应有的核准或承诺。

（三）发行与上市阶段

根据国际股票融资惯例，在股票发行开始之前，主承销人通常须根据发行方案组织对拟配售的股票进行全球推介，即所谓“路演”，并根据路演后的预订单确定发行价格。正式的股票发行工作始自招股说明书和承销协议的签署；在此工作阶段，发行人、主承销商和相关当事人应当使业已定稿的招股文件、各类协议文件和有关法律文件均得到签署，发行人还应与拟上市的证券交易所签署上市协议和责任承诺声明；在招股说明书签署后，应根据公开募集地的法律要求将其公开披露，以使股票发行和承销工作开始进行。

在市场状况无不可预见情势的条件下，股票发行的主承销人将组织全部拟发行股票的发售与认购，并在规定的终结日（closing day）停止认购过程，剩余的股票将由承销人根据承销协议包销或退还发行人。在有效认购被确认后的规定日期内，所有已发售的股份应完成交割登记，所有认股款项将依协议集中于收款银行，其中扣除发行成本费用后的部分将由收款银行汇至发行人。根据多数国家或地区证券法规的要求，已获上市承诺的发行股份应当在规定的较短期限内在证券交易所挂牌上市交易，发行人应当履行相应的信息披露责任。

四、国际股票融资的国内法管制

对于一些发展中国家来说，发行人所在国往往对于国际股票融资设有不同程度的法律和政策管制。由于我国目前的国际股票融资尚处于初期试点阶段，故有关的法律政策管制比较严格；但国际股票融资毕竟主要取决于发行人公司的经营业绩和财务状况，因而我国目前对国际股票融资的管制框架仍然为企业的商业性融资和直接融资提供了重要的途径。简要地说，我国目前对国际股票发行与上市的管制主要包括以下四类：

（一）计划额度许可和境外上市资格许可

我国目前对境内上市外资股的发行采取计划额度许可制度，任何符合条件的股份公司欲发行境内上市外资股均需在国家下达的计划规模中安排，即取得额度批文；对于境外上市外资股的发行也采取较为严格的资格特许制度，拟发行境外上市外资股的企业须首先申请取得国务院主管部门的特许，其具体条件暂时仍受到政策的支配；而对于间接境外募股上市，我国目前也采取较为严格的境外投资（在境外设立拟上市公司）特许政策，其具体条件和境外投资规则目前尚无系统规定。

为了取得上述计划额度许可和境外上市资格许可，拟进行国际股票融资的企业须在未经改制的条件下，以未经评估和审计的会计报表和经营业绩为依据向国务院主管部门申报境外募股申请、计划额度申请、可行性报告、境外募股与上市方案及相关的申报材料，并由主管部门逐级推荐。

（二）企业股份制改组中的政府审批

拟进行境外募股的企业在取得计划额度许可和境外上市资格许可后，可以进行原有企业的股份制改组工作，在此过程中，企业须得到政府机关的一系列复杂的批准或许可。这主要包括：拟改制企业须取得省级以上国资部门的评估立项批准和评估确认批文；须取得省级以上土地管理部门的土地评估立项和确认批文；须取得省级以上国资部门对于股份公司国有股权管理方案的批准；须取得省级以上土地管理部门对于股份公司国有土地处置方案的批准；还须取得省级以上体改部门对于股份公司章程和公司设立的批文；等等。这些批准和许可是股份公司登记设立的前提条件。对于拟进行间接境外募股的企业来说，原有企业的改制实际上等同于中外合资企业或中外合作企业的设立审批程序。

（三）特殊营业许可与外商投资准入政策

根据我国目前的法规，从事国际股票融资的股份公司在外资股超过公司股本总额的25%时（通常如此），可向商务部申请转为外商投资股份有限公司，取得外商投资企业的待遇，这对于多数企业来说实际上是必须履行的程序。鉴于此，从事国际股票融资的发行人公司还须受到三方面政策管制：一是发行人公司须依外商投资产业目录于改制前向政府主管部门申请取得从事特殊营业的许可；二是发行人公司须依外商投资产业目录中关于鼓励外商投资或限制外商投资的要求，接受对于境外股东持股比例的管制；三是发行人公司于募股完成后还须向商务部履行外商投资企业资格审批程序，以取得必要的外汇许可资格。

（四）国际股票发行审批

除上述管制外，从事国际股票融资的企业在发行准备阶段还应向国务院证券监管部门申报境外募股与上市方案，申报股票发行与上市的文件，以取得从事股票境外发行之许可。由于发行人公司取得所在国政府部门应有的一切批准和许可实际上是进行和完成境外募股法律程序的先决条件，而在发行人公司申请取得国际股票发行批准时，发行准备工作实际上并未完成，所以发行人公司履行境外募股国内审批所申报的文件其实并未定稿，这一矛盾通常以事后补报备案方法来解决。此外，从事间接境外募股的中国企业在发行准备阶段也须履行严格的审批程序，实践中其具体规则通常被称为“红筹股指引”①。

五、国际股票发行注册与上市审核

在股票发行准备阶段，根据股票发行地和上市地法律的要求，须同时完成股票发行注册与上市审核工作。从法律上说，单纯的股票发行注册与股票上市审核是两类不同程序，各国证券

① 即国务院1997年6月20日发布的《关于进一步加强在境外发行股票和上市管理的通知》。

法和公司法通常对其采取不尽相同的控制政策，但多数国际股票融资具有股票发行与直接上市的双重目的，这就使得实际工作程序复杂化，并使两类审核程序具有了关联性。

根据多数国家的法律，凡公开募集股票或者募股规模超过一定数额的股票发行（这往往是股票上市的必要条件）通常须向证券监管部门、拟上市的证券交易所或者政府主管部门就拟发行的股票申请所谓“暂搁注册”[①]，而此类主管部门通常依据公开原则和信息披露原则对股票发行申请进行非实质性审核与备案。例如，在美国公开发行500万美元以上的股票须向SEC填写申报F—1表格，在中国香港公开发行股票须向联交所和公司注册署填写申报A—1表格，在日本发行1亿元以上的股票须向大藏省填写申报募股申报书[②]，等等。此种股票发行申请注册通常受到必要条款规则的限制、信息披露质量规则的限制和信息披露一致性（指申报内容与未来招股章程内容的一致性）规则的限制。然而，对于私募股票、较小规模的募股或者不以立即上市为目的的募股，多数国家的法律往往不要求发行人履行注册申报程序或者仅需履行极为简便的备案程序，例如我国股份有限公司在股票国际配售中通常安排的欧洲私募、美国144A私募等均可免予申报注册，而在美国安排其他的私募则仅须向SEC作管制较为宽松的F—6表格注册。

以股票上市为目的的国际股票融资在发行准备阶段通常还须接受证券交易所的上市审核，以确保发行后股票可以顺利安排上市。国际股票上市审核的实质目的在于保障拟上市公司及其所发行股份符合上市地法律和上市规则的要求。根据多数证券交易所规定的上市规则，国际股票上市的基本条件主要包括以下几类：

1. 利益冲突的排除。如果发行人公司的控股股东（及关联人士）与发行人公司正在从事或将要从事的营业可能存在同业竞争、重大关联交易或其他重大利益冲突的，将依上市地法律被认为不适宜上市；如果所涉及的利益冲突不具有严重性（例如仅为一般性关联交易），则可以通过长期合同文件和责任承诺文件加以解决。

2. 预期市值符合标准。不同国家的法律通常对上市公司发行后的市值设有不同的具体标准，依其内容又可分为上市市值、公司在世界范围内的市值和公司有形资产净值等多种可选择性标准。在通常情况下，各国证券法对于本国上市公司规定的预期市值标准较低，对于“外国公司”规定的预期市值标准则较高。

3. 符合公众持股要求。多数国家的证券法规对于上市公司的公众持股（指控股股东及其关联人士以外的股东持股）比例和持股之分散度设有具体的要求。例如，伦敦证券交易所要求上市公司的公众持股比例不应低于公司股份总额的25%；纽约交易所的上市规则要求一般上市公司的最低公众持股不应低于110万股，持有100股以上上市股份的股东不应少于2 000人，对于“非美国公司”的此类条件则更为严格；我国证券法规中对于公众持股不得低于公司股份总额25%的规定亦属此类。

4. 持续的营业记录。许多国家的证券法规对于新发行人公司申请其股票上市设有连续三

---

① 美国于1983年通过证券交易委员会415条款（SEC Rule）确立了“暂搁注册”（Shelf Registration）程序，该注册手续既具有明确发行人拟近期发行股票的意向登记意义，又具有聆讯或听证排期的法律意义。这一程序的确立实质上放宽了传统证券发行注册登记制度的管制，被称为415条款之革命，该规则现已为许多国家的证券法所采用。参见［美］查里斯·吉斯特著，郭浩译：《金融体系中的投资银行》，42页，北京，经济科学出版社，1998。

② 详见《日本证券交易法》第4条。

年营业记录的要求，某些国家的法律还要求发行人公司须有连续三年盈利的营业记录且须达到一定的利润总量，并且要求该营业记录是在同一管理层经营下形成的，同时还要求反映该营业记录的公司财务报表符合国际会计准则并且经过符合条件的审计，其报表截止日距招股章程公布不应长于6个月。从实践来看，国际股票融资实际上对于发行人的经营业绩和预测盈利有着较之上述规则更高的要求，此类标准与其说是法律的要求，不如说是股票发行商业条件的要求。

5. 股份可以自由转让。股票国际发行与上市所涉及的最主要法律冲突是公司法和证券法上的冲突。多数国家的股票上市规则要求发行人公司章程和所在国法律对股东权利和股票自由转让提供可靠的保障，如果发行人所在国法律或者发行人公司章程对股东权利不能提供此类基本保障，或者其中含有限制股份转让的内容，将会被证券交易所认为其股票不适宜上市。我国的股份有限公司在境外新市场进行股票发行与上市前往往须根据上市所在国法律对发行人公司章程进行较为复杂的修改。

6. 发行人承诺负担上市后的持续性责任。许多国家的证券交易所为了指引法律冲突的解决，往往要求发行人公司及其董事签署旨在承担上市后持续性责任的协议文件，并以此作为股票上市的条件。发行人及其董事通常须承诺的责任主要包括：股票上市后的持续性信息披露责任、董事权益公开责任、关联交易公开责任、法定年报披露责任、避免利益冲突责任、适用上市地法律和上市规则事项等。

六、国际股票发行的招股说明书

国际股票融资所涉及的文件主要包括招股说明书、招股书附录文件、发行人公司章程、承销协议与分销协议、收款银行协议等；此外，发行人在公司重组或发行准备阶段为解决实质性法律障碍，往往须签署大量的合同文件和产权交易文件，它们往往被作为招股文件的基础，在招股说明书内容中加以披露。这里所说的招股说明书是对股票公开发行使用的招股章程和股票私募使用的信息备忘录的统称，它是任何类型股票发行所必不可少的基本文件，其信息披露内容与验证质量依不同国家或地区的法律要求和不同证券市场的惯例要求有所不同，而其内容又必须满足面向投资人的商业可读性要求。下面仅以典型招股章程的内容为例，对其作一简要介绍。

（一）首页与重要提示（face and important）

依据股票融资惯例，招股章程应于封面和其后的首页中简要载明发行人公司名称、公司注册国、住所、股票发行方式（公开发售与配售）、发行股份总额、发行价格、国际协调人、上市保荐人、主承销人、副主承销人及财务顾问；并应注明招股章程或信息备忘录性质。

根据股票上市地法律的要求，招股章程还应于首页的“重要提示”项下载明招股书及其附录文件的披露查询事项、招股章程的注册登记事项、风险因素阅读提示、认股申请手续提示、超额配售选择权及其行使、股票上市安排、对招股书注册机关和证券监管交易部门的免责提示等。

（二）概要（summary）

本项下通常须对招股章程的最主要内容加以简要概括，以便于投资人迅速了解发行人的基本情况。该主要内容一般包括：发行人经营业务、资产物业权益、发行人经营政策与策略、发行人过去三年的营业记录（损益）、未来投资与发展计划、发行当年的盈利预测、股票发行价格与市盈率（或净现值）提示、有关技术问题的附注等。概要项下还应当说明该“概要”内容摘自招股章程，并应提示投资人阅读招股章程全文。

（三）预期时间表（expected timetable）

本项下应载明认购股票至发行完成的时间表，其中最重要的是认购申请截止时间（closing day）、有效认股公布日期、退款支票寄发日期、股份交割寄发日期、股票上市交易日期。

（四）风险因素（risk factors）

本项下应充分披露所有可能影响拟发行股票的风险因素，主要包括对发行人可能造成不利影响的生产经营风险、原材料供应风险、市场需求风险、竞争风险、不完全投保风险、发行人所在国政治及经济环境风险、发行人所在国政府政策变动风险、发行人所在国外汇管制及汇率变动风险、发行人所在国法律与法制风险、发行人所在国法律与上市地法律差异摘录、拟发行股票的流动性及股价波动风险等。在通常情况下，主承销人及其法律顾问要求强调披露影响发行人经营和股票品质的一切风险因素，并在风险因素项下作提示性说明，以最大限度地避免误导性责任。此项目披露往往易引起争议。

（五）释义（definitions）

本项下通常对招股章程使用的专用名词或概念加以明确定义，以精简招股书内容。通常的定义往往包括股票发行所涉及的当事人、发行人关联企业、有关政府机关及监管机构、股份类别、发售新股与国际配售、战略投资人、机构投资人、有关法规、重大合同与文件等。

（六）绪言（preliminary）

本项下须依股票上市地法律的要求载明招股章程所依据的法律、发行人公司董事责任承诺、依法将公开售股的国家或地区、因在各个国际配售地未履行招股章程注册程序故不得向公众售股之声明、发行人已取得的上市批准或承诺、所售股份的过户登记机构及转让规则、募股筹资目的及发行人募股要约或邀请等。

（七）发售股份与售股条件

本项下应载明拟发售股份之总额（通常称“售股建议”）、公开发售（通常称“新股发售”）份额、配售份额、国际配售地区、战略投资人购股、超额配售选择权、稳定市场措施、接纳认购的先决条件等内容。其中，股票发行价格通常已于首页披露；而接纳认购的先决条件通常为证券交易所批准上市交易和承销协议已无条件生效。

（八）股本（share capital）

本项下应载明发行人公司的法定股本数额、已缴足之股本数额、本次发行后的应缴足之股本数额（在经授权行使超额配售选择权的情况下还应作双重披露）、发行人公司已发行的其他类型股份、发行人于未来可预见期限（如 12 个月）内拟再发行的股份与限制条件等。

（九）债项（indebtedness）

本项下应载明截至经审计的最后会计日期时，发行人未清偿完毕的负债总额、负债结构、或有负债（即担保）、经审计的最近会计日期以来的重大债务变化、债务外汇折算等。

（十）流动资金与资金来源（liquidity and financial resources）

本项下应载明截至经审计的最后会计日期时，发行人的流动资金状况、银行贷款支持、发行人资金需求、短期债务清偿安排、募集资金运用安排等。

（十一）发行人董事及监事（directors and supervisors）

本项下应载明发行人公司董事及监事的姓名、国籍、住所、执行董事及独立非执行董事提示等内容。根据许多国家的法律或证券交易所的上市规则，海外公司的上市须有一定比例的独立人士代表中小股东担任“独立董事”。

（十二）公司及参与售股各方情况（corporate and parties involved in the share offer）

本项下应全面列明参与国际股票发行与上市的各方当事人及其住所，且不限于首页所作的商业性披露。其当事人通常包括：发行人公司、其法定代表人及公司秘书、上市保荐人、国际协调人、牵头经办人、各承销商、公司法律顾问、承销商法律顾问、财务顾问、审计师兼申报会计师、物业估值师、收款银行、股票过户登记处、发行人主要往来银行，等等。

（十三）行业背景资料（background information）

本项下应载明影响发行人公司经营的有关地区性因素和行业性因素。这通常包括发行人所在国整体经济状况、发行人所在地区经济状况、发行人所在行业的经营状况和市场状况、发行人所在国政府对其行业的管理和主要制度、发行人所在地区和行业的未来发展等。

（十四）发行人及其附属企业之资料（particulars of the group）

本项目内容极为繁杂，通常须全面载明发行人及其全部附属企业、联营企业、关联企业（通常称为“本集团”）的经营情况、法律结构和财务状况。其详细项目通常包括：(1) 发行人公司及其附属企业和关联企业的历史及发展；(2) 发行人公司及其关联企业的重组过程及重组后的结构；(3) 发行人公司及其附属企业的经营业务；(4) 发行人公司及其附属企业的经营政策与策略；(5) 发行人公司及其附属企业的资产权益及不动产产权；(6) 发行人公司及其附属企业过去三年在国际合并报表下的损益记录及说明；(7) 发行人公司与其控股股东的关系及相关的竞争关系与重大关联交易之处理；(8) 发行人公司的董事、监事、高级管理人员及雇员概括资料之披露；（9）发行人公司的盈利预测与派息政策；（10）发行人公司及其附属企业的未来计划与发展前景；（11）募集资金用途及用资计划；（12）发行人公司及其附属企业经国际调整后的有形资产净值。

（十五）招股书附录（appendix）

本项目通常须对招股书所使用的种类专业性结论报告和权威性资料（如法律）分项进行全文披露或摘录。通常的附录主要包括：（1）审计师报告及经审计的发行人公司合并会计报表；（2）发行人公司的盈利预测及审计师的审核函；（3）国际估值师的物业估值报告；（4）发行人公司及其附属企业所适用的税项管理及税法摘要；（5）对发行人所在国政治、法制、经济、外汇管制的概括性说明；（6）对发行人所在国有关重要法律法规和上市地相关法律的摘录；（7）发行人公司章程及细则的披露或摘要；（8）法定及一般资料，此项附录须依上市地法律要求对所有法定披露内容再进行一般性概括，通常包括发行人公司、公司重组、发行人附属公司与附属合营企业、权益披露、承销安排与费用、遗产税、重大合约、知识产权、所涉诉讼、保荐人、同意函、招股书约束力、招股书注册事项等；（9）认购股份申请表格。

第五节　国际项目融资

一、国际项目融资的概念与特征

国际项目融资（project financing）是指国际贷款人向特定的工程项目提供贷款协议融资，对于该项目所产生的现金流量享有偿债请求权，并以该项目资产作为附属担保的国际融资类型。国际项目融资的信用结构有三项要点：首先，国际贷款人的债权实现依赖于拟建工程项目未来可用于偿债的现金流量，即其偿债资金来源并不限于正常的项目税后利润；其次，国际项目融资要求以建设项目的资产权利作为项目运营和偿债的安全保证，它不同于以资产价值为抵押的普通担保；最后，国际项目融资通常需创立足以防范或分散各种项目风险的多重信用保障结构，包括借款人或主办人提供的有限担保、完工担保人提供的项目完工担保、项目关系人提供的现金流量缺额担保、项目产品用户提供的长期销售协议，以及政府机构提供的政府担保或承诺等。

国际项目融资在理论上被认为具有广泛的应用前景。但从目前来看，它主要适用于耗资巨大、开发周期较长、有可靠现金收入来源的工程项目，特别是资源开发、重要基础设施建设、交通能源项目等。一般来说，贷款人在选用项目融资结构前首先须考虑拟投资项目是否具有可靠的收入和稳定的现金流量；其次考虑以怎样的担保结构或保障结构来确保贷款得到最有效率的清偿；最后，贷款人以此种风险方式提供融资，通常要追求高于普通贷款利息的融资回报。而项目主办人选用项目融资手段，主要是为解决大型开发项目耗资大、周期长、投资风险高的困难，对于资金短缺的发展中国家开发基础项目来说，这不失为一种适宜的融资方式。

尽管国际项目融资具有结构复杂和类型多样的特点，但与传统的国际贷款融资相比，国际项目融资通常具有以下基本特征：

1. 国际项目融资以特定的建设项目为融资对象。尽管项目融资的借款人可以为独立从事项目开发的项目公司（通常如此），也可以为并非单纯从事项目开发的项目主办人，但在通常情况下，贷款人要求对项目资产和负债（包括股东投入的股权资产和贷款人投入的项目贷款资产）独立核算，并限制将项目融资用于其他用途；在项目主办人作为借款人的情况下，贷款人将要求主办人将项目融资仅投向该特定项目或项目公司，并要求将项目资产与主办人其他资产相分离，由此形成主办人资产负债表之外的融资。这一特征表明，国际贷款人提供项目融资并非依赖于借款人（包括主办人或项目公司）的信用，而是更主要依赖于项目投资后将形成的偿债能力和项目资产权利的完整性。在此情况下，贷款人显然不希望项目资产中除项目融资之外仍含有复杂的对第三人的负债。

2. 国际贷款人的债权实现主要依赖于拟建项目未来的现金流量以及该现金流量中可以合法用来偿债的净现值。正是基于这一特征，国际项目融资的贷款人在决定贷款前必须对项目未来的现金流量作出可靠的预测，并且须通过复杂的合同安排确保该现金流量将主要用于偿债，同时往往要求取得东道国政府关于加速折旧、所得税减免等方面的优惠批准或特许。依项目具体情况，上述因素均可能成为制约国际项目融资文件生效的前提条件。

3. 国际项目融资通常以项目资产作为附属担保，但根据不同国家法律的许可，又可通过借款人或项目主办人提供有限信用担保。国际项目融资的资产担保并不以资产变价受偿为目的，贷款人要求此项担保意在获得资产控制权，它仅为项目融资信用保障结构中的一环。国际项目融资中的有限担保是在项目未来的现金流量不足以确保偿本付息的情况下，由借款人或项目主办人向贷款人提供的补充性的信用担保，它使得贷款人取得了补充性的有限追索权，如果依项目具体情况不要求贷款人提供此种有限担保，则构成所谓“无追索权的项目融资”。由此可见，在国际项目融资中，项目资产担保和有限担保并不是主要的信用保障手段，其作用与保障项目未来的收益力相联系。

4. 国际项目融资具有信用保障多样化和复杂化的特点。针对不同融资项目的具体风险状况，国际贷款人往往提出不同的信用保障要求，其目的在于分散项目风险，确保项目未来的现金流量可靠地用于偿还贷款。实践中通常采用的手段包括：要求项目主办人或投资者对项目首先进行一定的股权投资，使项目融资占到项目资产总值的一定比例（通常为60%以上），以分散贷款风险；通过项目完工担保合同（turn key）锁定工程工期、工程价格和工程质量，以避免完工风险；通过签署原材料长期供应合同，以锁定项目运营成本，避免项目运营风险；通过签署旨在以稳定价格售卖项目产品的长期销售合同，以确保现金收入总量，避免市场风险；此外，国际项目融资通常要求取得项目所在国政府的特许和保证，并且通常须设立旨在按约付款和收款的信托受托人（trustee），以确保项目融资的法律条件和偿债之可靠。

5. 与上述特征相联系，国际项目融资具有融资额大、风险高、周期长、融资成本相对高的特点。由于国际项目融资以对项目未来的现金流量预测为基础，以旨在提高偿债效率的法律安排为条件，因而此类融资的准备工作成本、贷款利率和未来风险均较传统的国际贷款融资更高。

二、国际项目融资的基本类型

项目融资是某一类具有共同属性的融资类型的统称，而具体的项目融资又具有结构复杂多变的特点。可以说，几乎每一个具体的项目融资都是依据特定项目的条件而创造的，并且很难具有完全的可移植性。按照国际项目融资目前的实践，可以对项目融资依不同的标准加以进一步分类，了解这些分类，有助于我们更深入地认识项目融资的内容与特征。

依据国际项目融资的借款人身份，可将其分为以主办人或投资人为借款人的项目融资（通常为 off-balance finance）、以项目公司投资人为借款人的项目融资、以项目公司为借款人的项目融资等。依据国际项目融资对项目资产和营业的管理权，可将其分为合伙管理的项目融资、非公司型合作管理的项目融资、由项目公司管理的项目融资等。依据国际项目融资的债款偿还方式，可将其分为生产支付型项目融资、黄金贷款项目融资、资产租赁型项目融资、BOT 项目融资等。依据国际项目融资中主办人或投资人是否提供一定限度的信用担保，可将其分为无追索权的项目融资和有限追索权的项目融资。本节仅择其要，分别介绍几种较有特色的国际项目融资类型。

（一）非公司型合作项目融资

非公司型合作项目融资又称为“契约型合作结构”、“非公司型合作结构”（unincorporated joint venture），它是指拟建项目的几个投资人通过合作协议共同投资于项目，分别取得项目资产的财产权和营业权，分别向国际贷款人协议借款并安排偿债的项目融资方式。在非公司型合作结构中，各个投资人可以依协议建立旨在实现统一管理项目资产和营业的管理委员会或项目管理公司，但此种管理机构对于项目资产并不享有所有权，也不与国际贷款人发生直接的协议债权债务关系。

非公司型合作结构的特征是：(1) 非公司型合作结构并不形成统一的项目资产权利主体和融资主体，拟建项目的股权性投资人通过非公司型合作协议建立某种合作关系，每个投资人分别拥有项目资产和营业中的某一部分，因而此类拟建项目应当具备可分割性，此与合伙型项目融资具有类似之处。(2) 非公司型合作结构的借款人通常为各个投资人。尽管此项贷款融资可以统一安排，但各投资人在法律上将按照约定的比例分别作为借款人与贷款人发生贷款协议关系，并且通常不发生连带关系。在实践中，此项借贷可以形成资产负债表之外的融资。(3) 非公司型合作项目的投资人通常以合作协议明确其为合作关系，而非合伙关系，以排除相互间的连带责任和无限责任。在东道国法律有障碍的情况下，各出资者可分别设立数个清洁的有限责任公司作为项目投资人。(4) 在非公司型合作结构中，各投资人可以按约建立统一管理项目资产与营业的管理委员会或项目管理公司，也可以委托某一个投资人公司负责项目管理，但该等机构仅具有受托管理或承包管理者的身份，而不具有投资利益。

非公司型合作结构是国际项目融资实践中被广泛采纳的模式之一，特别适于采矿、能源开发、钢铁及有色金属等领域内的项目开发；但该类开发项目应当在统一开发的基础上具有内在的可分割性。

（二）项目公司融资

项目公司融资是指拟建项目的主办人及投资人先以股权合资方式建立有限责任的项目公司，然后由该项目公司直接投资于拟建项目并取得项目资产权和营业权，由项目公司向国际贷款人协议借款并负责偿债的项目融资方式。项目公司融资具有结构简单、财务关系清晰的特点，它是目前国际项目融资实践中被广泛采用的项目融资结构。

项目公司融资结构的基本特征是：(1) 由主办人或投资人以股权投资方式设立的有限责任的项目公司是项目融资的主体，它负责对项目的直接投资和营业管理，并拥有项目资产的财产权，而主办人或投资人则仅拥有对项目公司可转让的股权。(2) 在此类结构中，通常由项目公司与国际贷款人签署贷款协议和资产担保协议，由其取得贷款；但在特殊情况下，也可由主办人或投资人向国际贷款人协议借贷，再通过“商业交易”方式并入项目公司的资产负债。(3) 在此类结构中，须由项目公司取得为运营项目所需的一切来自政府部门的许可和税收优惠①，并由项目公司与项目工程承包人、原材料供应商、产品长期购买人及信托受托人签署有关的协议或文件。(4) 项目公司的合资协议、公司章程和分配政策文件须符合国际贷款协议的要求，其中最重要的是项目公司的利润分配政策须受到贷款偿债规则的限制。

（三）生产支付型项目融资

生产支付（production payment）型项目融资又称为“产品支付项目融资”，它是指国际贷款人在提供项目贷款后，将根据项目融资文件直接取得一定比例的项目产品或该部分产品的全额销售收入，并以此进行偿本付息的项目融资方式。生产支付型项目融资是国际项目融资的早期形式，特别适用于稀有资源或矿产开发类型的项目，国际融资实践中流行的“黄金贷款”实际上也属此类。

生产支付型项目融资的信用保障结构可靠而特别，其基本特征是：(1) 其贷款还本付息并不直接依赖于项目产品未来的全部现金流量，而仅依赖于借款人按约支付的产品之数量及市场价格；由于贷款人根据融资文件将直接拥有特定矿产资源的部分储量，或者直接拥有一定比例年产量的项目产品，或者直接拥有该部分产品的全额销售收入，所以项目公司的成本管理、折旧政策乃至税收优惠对贷款人的利益已无直接影响。(2) 在此类项目融资中，贷款人仅依据能够可靠取得的支付产品数量安排贷款规模。一方面，贷款人将要求在项目融资文件中明确其每年应受领的产品数量或者全部产量中一定比例的产品（但附有最低数量限制），另一方面，贷款人安排的融资额将不超过未来购买该支付产品在一定利率条件下的贴现值。(3) 在此类项目融资中，贷款人提供贷款的期限将必然短于预计的项目产品的开采年限，以此保障贷款本息偿还的可靠性。(4) 在生产支付型项目融资中，国际贷款人通常安排某种代理销售支付产品的中介机构，代其从事贷款资金支付和产品销售活动。(5) 由于借款人所支付的产品及其销售收入被作为偿还债款的主要来源，因而此类项目融资通常仅须采取贷款人无追索权的形式。

---

① 通常认为，仅由项目公司取得税收及财务优惠（税收亏损），不利于最大限度地提高可偿债的现金流量，特别是项目建设期的减免税政策无法利用。

三、国际项目融资的风险预测与风险控制

在项目融资决策阶段，项目主办人或投资人通常要对拟投资项目进行可行性分析，其目的在于对拟建项目作出综合性的技术可行性结论和经济效益分析结论，并以此作为投资决策的依据。但是项目融资贷款人在决策提供贷款之前，还必须进行项目风险预测或评价，它与项目投资可行性分析具有不同的目的与作用。概括地说，项目风险预测是以评价项目的近期偿债能力为目的，由专业人员对拟投资项目未来的可偿债现金流量以及限制该现金流量的各种风险因素所进行的定量性分析预测。根据国际融资惯例，专业人员首先须根据具体的资料对拟建项目的净现金流量、投资收益率和影响项目经济强度的各种系统风险①进行分析预测；其次须对具体项目的现金流量进行敏感性分析，以测试预计项目现金流量模型的可靠性；最后须根据审慎保守原则以现金流量贴现法预测拟建项目的有效净现金流量，并对其具有影响的系统风险作出定量化结论。影响项目经济强度的系统风险因素内容非常广泛，但其中最为重要的是项目信用风险、商业完工风险、生产及供应风险、市场销售风险、政治法律风险、环境保护风险、金融风险等。

（一）信用风险及其控制

这里所说的信用风险是指相对于贷款本息偿还需求而言，拟建项目未来的有效净现金流量相对不足或不稳定而形成的风险。按照现金流量分析技术，影响项目有效净现金流量的基本信用因素主要包括项目未来的产量水平、经营成本、市场定价政策、项目所在国税收财政制度等。在国际项目融资中，对拟建项目的净现金流量及其风险的预测具有基础的意义，如果拟建项目经预测的有效净现金流量不足，或者在偿贷期间该有效净现金流量不足，那么贷款人将不会作出贷款决策。

在拟建项目具有信用风险而又未达到不可放贷程度的情况下，牵头经理银行通常会根据项目风险预测的定量化结论建议对项目融资方案和结构进行设计调整，其通常采取的措施主要包括：(1) 通过增大项目投资人的股权投资额和减少贷款额的方法分散贷款风险，相对提高项目偿债能力；(2) 通过政府特许文件保证项目公司的专营性、优惠的定价政策和优惠的税收财政待遇等，以此改善市场和税负条件，提高项目的有效净现金流量；(3) 通过签署有限追索的信用保证协议，要求保证人对净现金流量缺额提供有限担保；(4) 通过与项目公司签署财务约定协议，要求项目运营维持一定的流动资金水平并限定成本费用水平，或者要求第三人以资金信用保证该两项指标不超过标准。

（二）完工风险及其控制

完工风险是指因拟建项目不能按期完成建设、不能按期运营、项目建设成本超支、不能达到设计的技术经济指标（包括产量指标、质量指标、原材料指标、能耗指标等）而形成的风险。

---

① 项目系统风险是指在同等资本市场和投资环境下，同等类型投资机会所共同具有的风险。此类风险对于同类项目投资具有共同的影响，从而使不同项目之间具有可比性。

完工风险是项目融资的主要风险和典型风险之一，如果拟建项目不能按约及时完工或者不能按商业完工标准投入正式运营，则预测的现金流量仍不能取得和用于偿债。在国际项目融资中，完工风险的内容并不限于建设工程完工，更重要的是所谓“商业完工”（commercial completion）。商业完工的典型标准通常为：在约定时间内达到正式运营完工标准；在约定的时间内达到产量、质量、成本、最低储量等技术完工标准；在约定时间内达到现金流量完工标准；等等。

完工风险在项目融资中是普遍存在的。牵头经理银行根据风险预测结论通常要求采取以下措施来控制完工风险：（1）通过项目公司与工程建设承包人签署的联合承包合同（通常为“交钥匙工程合同”）来锁定工程完工时间、建设成本或造价、项目建设质量，以保障按期运营；（2）通过与项目主办人或投资人签署完工担保协议，要求其就项目正式运营、商业完工和运营成本不超过约定标准提供担保；（3）要求在工程联合承包合同和完工担保协议中设定以高额索赔为内容的违约赔偿条款或违约持续支付条款，以使部分完工风险由工程承包人、项目主办人或项目投资人分担；（4）要求与项目投资人签署债权承购保证协议，依此协议，在项目完工标准最终仍不能实现时，项目投资人有义务购买该项目债权（债权人变更），而使之转化为项目公司对投资人的债务。

（三）生产和供应风险及其控制

生产和供应风险是指在项目生产运营阶段因技术条件、资源储量、原材料供应、生产经营管理等原因而将对项目现金流量造成不利影响的风险因素。生产和供应风险具有较复杂的构成，它也是国际项目融资中的典型风险之一，此类风险或者会影响项目的正常运营，或者会影响项目运营的正常成本，或者会影响项目运营的有效年限，这些因素均会影响贷款本息偿还的正常进行。

为了控制生产和供应风险，牵头经理银行根据风险预测结论通常要求采取以下措施来避免此类风险的不利影响：（1）贷款银团原则上仅为经过市场证实的成熟生产技术项目提供贷款，对于任何采用新技术的高风险项目则要求项目投资人提供强有力的保证或技术风险损失担保；（2）在项目资源储量存在风险的情况下，牵头经理银行可以要求项目投资人增加其股权投资比例并且降低贷款比例，也可以要求项目投资人就现金流量缺额提供有限信用担保或者资产担保，以增强还贷保障；（3）为控制能源与原材料供应风险，牵头经理银行通常要求在项目结构中安排项目公司与原材料供应商签署长期供应合同，此类合同可以通过长期性稳定价格条款来限定供应项目的能源和原材料之价格波动，也可以采取“或供货或付款合同”（supply or pay contract）[①] 方式移转项目所需能源和原材料的价格波动风险；（4）为控制生产经营管理风险，项目融资结构中通常可以安排某些特殊控制机制，例如通过“项目管理协议”安排有信誉的国际管理公司直接管理项目运营，在项目公司中安排有经验的经营管理人员负责管理，由多国投资人共同投资于项目公司并采用经营激励机制；等等。

（四）市场销售风险及其控制

市场销售风险主要是指可能影响项目最终产品未来销售收入的市场销量风险和市场价格风

---

① “或供货或付款合同”是一种长期供应合同。依此合同，能源或原材料供应商在所供产品的市场价格变动时，或者须严格按约履行供应义务，或者须向买方支付其另行购买能源或原材料所增加支付的额外成本。

险。对于某些市场需求稳定且供不应求的项目产品而言，其市场销售风险可能仅限于市场价格风险，如黄金、白银、石油产品等；但在大多数项目融资中，项目产品销售将不同程度地具有市场销量和市场价格双重风险，这里所说的市场价格风险主要是指因市场金融因素和市场整体供求因素而引起的产品市场价格变动之系统风险，它不同于发展中国家中通常具有的价格管制风险。

为了控制市场销售风险，大多数项目融资结构中安排有如下法律措施以分散风险：(1) 安排由项目公司与项目产品购买人签署产品长期销售合同，此类合同以限定长期购货量、长期稳定价格和分散市场销售风险为主要内容，其典型形式为“提货即付款合同”(take and pay contract) 和“或提货或付款合同”(take or pay contract)[①]，在某些情况下，项目产品长期购买人实际上由项目主办人或投资人担任；(2) 安排由项目主办人或投资人对产品长期购买人不能履约提供担保，依此担保，如果长期购买人不能提货付款，项目主办人或投资人负有按约购买和付款之义务，此项措施通常在不存在稳定的第三购买人的情况下（例如项目产品为公路设施）须使用；(3) 安排由信托受托人在长期购买关系中负有收款责任和将可偿债现金流量用于偿债的责任。

(五) 政治风险及其控制

项目融资中的政治风险是指因项目所在国政治变动、国有化征用、法律制度变更、外汇制度变更或者政府机构给予的特许政策因客观因素而变更等原因所形成的项目风险。政治风险本质上是一种非系统风险，并且在风险分析预测的假定前提中通常被视为不可预见的情况，但政治风险将会涉及拟建项目的工程建设、项目运营、产品销售、现金流量分配等各个环节，并对贷款本息偿还产生不利影响，因此在项目融资结构中特别是在涉及东道国基础设施或安全的重大项目建设中通常安排有控制政治风险的保障机制。

为控制政治风险，牵头经理银行通常要求采取以下措施：(1) 要求政府机构或其所属的国有公司作为项目投资人对项目公司进行一定比例的股权投资；(2) 要求项目所在国政府机构或其所属公司对贷款本息偿还提供信用性担保；(3) 要求对项目政治风险安排海外投资保险机构提供保险；等等。

四、国际项目融资中的贷款协议与担保文件

(一) 国际项目融资中的贷款协议

国际项目融资本质上是项目融资结构与传统融资手段的结合，因而国际项目融资中所使用的贷款协议与普通的商业贷款协议并无实质区别，但基于项目融资贷款规模和贷款期间的原因，其贷款协议往往更趋于严密和复杂。

在条款使用上，项目融资中的贷款协议具有以下特点：(1) 贷款协议中通常设有分期提款

① “提货即付款合同”是以限定项目产品长期或定期购货量和长期性稳定价格为基本内容的长期购买合同，依此合同，只要销售方具有供货能力，购买方即应按约以固定数量和固定价格提货并付款；同时合同中通常具有旨在稳定售价的最低价格条款。“或提货或付款合同”是与“或供货或付款合同”类似的一种长期购买合同，购买人无论是否提货，均按约负有无条件付款的义务。

条款，使借款人在按约有效使用贷款的条件下可按期提取项目贷款，以控制项目贷款风险；(2) 贷款协议在约定事项中须规定资金用途条款，并要求借款人保证将贷款用于约定的项目；(3) 贷款协议在约定事项中须规定现金流量专项使用条款，并要求借款人保证将分配的现金流量用于规定用途；(4) 贷款协议约定事项中通常须规定或援引商业完工标准、试运营阶段的双方义务、完工验收的效果和违反商业完工标准的后果等内容；(5) 贷款协议在约定事项和违约事件中通常对项目运营阶段的现金流量状况和债务清偿比率[①]加以约束；(6) 贷款协议在约定事项中通常限制或禁止项目公司在项目融资之外另行借款或进行项目之外的长期投资；(7) 贷款协议须与信托文件、联合承包合同、设备材料供应合同和长期购买合同相衔接，同时须约定可转让的信托账户，使得信托受托人可将约定的贷款部分支付给工程承包人和设备材料供应商，并将长期购买人支付形成的有效净现金流量用于偿还贷款本息。

(二) 国际项目融资中的担保文件

国际项目融资中所使用的直接担保文件主要为项目资产担保协议、保证人提供的有限信用保证协议和由项目主办人或政府机构出具的安慰信，它们在法律上往往被作为项目贷款协议的附件。但项目融资的贷款偿还主要依赖于项目现金流量，而不是依赖于借款人本身的信用和担保财产的价值（它们均不足以作为偿债保障），这就使得项目融资中的担保须追求某些特殊的目的。

项目融资中的项目资产担保协议形式上与一般的资产抵押和按揭文件无异，但在内容上则具有以下特点：(1) 该担保协议要求项目公司以全部项目资产（包括未来建成的项目资产）作为担保，实现项目资产的“总担保化”，这在缺乏按揭制度的国家中通常须依意思自治原则作出详细的合同约定。(2) 该担保协议通常要求在贷款人的债权得不到按约清偿时，使之可得到对项目资产的物权性权利（包括将其委托第三人经营的权利），而不是仅取得“强制性债权”[②]。按照英美法学者的认识，项目资产作为担保品的价值是极小的（例如设有预计油气流量的输油管线），它根本不足以作为贷款偿还的保障，因此“项目的贷款人将更重视项目运营方已证实的能力而不是资产的价值，因为是运营方的能力而不是项目资产的价值决定了贷款是否能按时偿还”[③]。(3) 该担保协议须禁止项目公司将项目资产再行提供给任何第三人设为担保，以保障项目贷款人享有优于其他债权人或追索权人的物权性权利，并在贷款协议被违反时，使贷款人可以合法地成为项目资产的指定接收人。(4) 该担保协议须规定项目公司有责任办理和取得项目资产权利的一切法定手续，并有责任在项目资产建成后办理所在国法律要求的一切登记手续。(5) 该担保协议通常指定由特定的代理机构或信托受托人负责对设为担保的项目资产进行监督和保护，并且须规定其担保权享有人为可以变动的银团贷款人。

项目融资中的信用保证协议在形式上与一般的保证文件亦无不同，但在保证协议的内容和

---

① 债务清偿比率（coverage ratio）是指在特定年度内，可用于偿还本息的净现金流量与应偿还贷款本息额之比。其公式为：债务清偿比率＝有效净现金流量/当年应还贷额。它表明了项目公司偿还项目贷款的能力。在项目贷款协议中，贷款人通常要求规定项目公司有责任保证其还贷期间的债务清偿比率不低于1，在低于该数值时，项目公司不得向股东分配利润。

② Lifford Chamce 法律公司著，龚辉宏译：《项目融资》，79、80页，北京，华夏出版社，1997。

③ Lifford Chamce 法律公司著，龚辉宏译：《项目融资》，79、80页，北京，华夏出版社，1997。

目的上具有自己的特点。首先，此类保证为仅具有附属担保意义的有限信用担保，它实际上是项目贷款信用保障机制的某种补充，因而确定有限担保额通常须首先明确有效净现金流量与应偿贷额之间的信用差额。其次，此类保证通常以担保某种具体的信用保障措施为直接目的，并且将在该信用保障措施发生违约时（而非在借款人不能偿债时）实现该保证之债，其作用具有复杂性，实践中经常使用的信用保证有现金流量缺额保证、建设或运营成本超支保证、其他特定的项目风险保证等。

除上述担保形式外，在项目融资中还经常使用意向性担保，其典型形式为“安慰信”（letter of comfort）。它是由项目主办人或政府机构向贷款人出具的旨在提供特定信用性保证的意向表示，其内容往往不限于承诺信用之债，还可能是追加投资承诺或者债务主体变更承诺。

课堂讨论案例

案例一

某外商投资企业现有已经缴足的注册资本 60 000 万元，拟于 2013 年度在中国境外另发行 H 股 30 000 万股，其财务状况如下表。假定该企业完全符合 H 股发行的条件，而市场接受的发行市盈率为 15 倍。问：（1）该企业本次募股的每股发行价及筹资总额如何？（2）请填充该企业预测的资产负债情况。

单位：万元（人民币）

	2011 年经审计	2012 年经审计	2013 年经预测
总资产	110 000	130 000	
负债	50 000	50 000	50 000
净资产	60 000	80 000	
收入	200 000	250 000	300 000
税后利润	20 000	25 000	30 000

案例二

我国某省拟建立一条跨省高速公路，经协调将成立一中外合资的高速公路有限公司作为管理人，双方共拟出资 5 亿元人民币作为公司的注册资本；并商妥由某境外投资银行作为总协调人组织 35 亿元人民币的银团贷款。在项目开始后，由交通运输专业机构作出的项目净现金流量在打折后仅为 30 亿元人民币。该境外投资银行认为必须对原有项目结构进行调整，否则不予贷款。请简要说明该项目结构调整可能的方向和内容。

案例三

某外商投资公司因流动资金极度紧张，拟向境外 A 金融公司以负债方式融资 1 000 万美元，经查该公司未来有被其母公司重组改制的可能。假设你作为 A 金融公司的执行董事，在审查了该公司经审计的会计报表后，决定对其给予支持。请问：（1）根据下表，你准备以何种方式对其给予支持？（2）你认为在该融资文件中应使用何种条款来避免风险？

单位：万元（美元）

流动资产	银行存款	0	备注
	存货	2 000	
	应收账款	0	
固定资产	机器设备	4 000	
	厂房	1 000	已抵押
	办公楼	1 000	已抵押
长期投资		500	
无形资产	土地使用权	2 000	已抵押
	专利技术	0	
负债		4 000	有抵押

问题与思考

1. 简述政府贷款、国际货币基金组织贷款和国际商业贷款的区别。
2. 我国关于国际股票融资有哪些管制性规定？
3. 简述国际债券招募说明书的主要内容。
4. 何谓国际融资文件中的先决条件条款？
5. 简述国际项目融资的特征与作用。

第五编

国际税法

第十五章

国际税法概述

本章概要

本章主要讨论国际税收管辖权的基本原则和概念，居民税收管辖权和所得来源地管辖权的概念和意义；国际重复征税现象的起因、解决方式及与国际重叠征税的区别；国际税收协定的基本概念和产生的意义，《经合组织范本》和《联合国范本》的主要内容以及国际税收协定与国内税法的协调；具体消除国际重复征税的方法、适用范围和相关计算等；国际税收饶让制度的相关概念和原理。

关键术语

税收管辖权　居民管辖权　所得来源地管辖权　常设机构　国际税收协定　国际重复征税　国际重叠征税　税收饶让抵免　免税法　抵免法

第一节　国际税法概论

在国际经济贸易发展背景下从传统的国内税法中分离，逐渐形成的一个新的、综合性的税法分支体系，是国际经济交往发展到一定历史阶段的产物。

一、国际税法的概念

国际税法可区分为狭义和广义上的国际税法。狭义国际税法说认为国际税法的渊源只限于与国际税收有关的国际法规范，不包括各国制定的涉外税法规范。而广义国际税法说则以美国的罗文费德、瑞士的克奈西勒等为代表，这些学者认为，国际税法是调整国家之间以及国家与纳税人之间的税收法律关系的国际法规范和国内法规范的总称，不仅包括各种调整国际税收关系的国际法规范，也包括一国的涉外税法。

我们认为，从广义上理解和认识国际税法的概念和性质更符合当代国际税收关系的实际情况。国际税收关系是以纳税人的跨国所得为基础而形成的一种特殊的国际经济关系。国际税收关系既包括国家间的税收分配关系，还包括各国与跨国纳税人之间在税收上的征纳关系，即各国涉外税收征纳关系。这两种关系相互依存、相互影响，没有各国涉外的税收征纳关系，便不会出现国家之间的税收分配关系；反之，如果不存在国家之间征税权益的分配，也就不会存在各国涉外税收的国际协调。因此，调整上述关系的法律规范就表现出多样性和复杂性的特征。其中，既有各国制定的适用于对纳税人的跨国所得征税的国内涉外税法规范，又有各国之间就国际税收分配和协调问题所达成的国际税收条约或协定，以及各国在税收实践中逐渐形成的国际税收惯例。

因此，国际税法是调整国际税收征纳关系和国际税收分配关系的国际法规范和国内法规范的总称。在性质上，它既不同于国际法，又不同于国内法，而是国际经济法中一个独立的部门法。

二、国际税法的特征

国际税法是调整国际税收关系的各种法律规范的总称。与纯粹的国内税收关系相比，国际税法调整的这种国际税收关系在主体、客体和内容上都有其自己的特点。

就税收关系的主体而言，纯粹的国内税收关系的征税主体，仅限于一个国家或税收管辖权地区，而国际税收关系中的征税主体往往为两个或两个以上的国家或税收管辖权地区。作为国际税收关系中征税主体的国家，既享有征税的权利同时也负有相应的义务，而国家作为国内税收关系的征税主体，实质上享有征税权利，并不负担义务。国际税收关系中的纳税主体往往要就同一跨国征税对象向两个征税国家或税收管辖权地区负有纳税义务，纳税主体不仅要向其居住国履行纳税义务，而且要对跨国征税对象的来源地或所在地国家承担纳税义务，因此被称为跨国纳税人；而国内税收关系的纳税主体仅对一个征税国家或税收管辖权地区负有纳税义务。

国际税收关系的客体即国际税收的征税对象，是纳税人的跨国所得或跨国财产价值。国内税收关系中的征税对象，完全或纯粹处于一国或税收管辖权地区的税收管辖权效力范围内，不与其他国家或税收管辖权地区的征税权产生任何联系。由此决定了，在这种征税对象上产生的国内税收关系，涉及的只是一国或税收管辖权地区政府与其管辖下的纳税人之间的经济利益分配关系，并不影响其他国家或税收管辖权地区的经济权益。而对于国际税收关系中的跨国征税对象，由于两个以上的国家或税收管辖权地区都有权对其课税，因而在这种跨国征税对象上产生的国际税收关系，至少牵涉两个国家或税收管辖权地区和跨国纳税人三方主体的经济利益分配关系，存在着如何公平合理地分配、协调各方主体间的经济利益关系的问题。

国际税收关系的内容是指国际税收关系主体相互间的权利和义务。在纯粹的国内税收关系中，主体之间的权利义务总体上讲是不对等和非互惠的，具有明显的强制性和无偿性等特点。而国际税收关系由于是国家间的财权利益分配关系和国家与纳税人之间的税收征纳关系的融合体，主体之间的权利义务并非仅具有强制无偿的特点，也具有对等互惠的含义。

三、国际税法的基本原则

掌握国际税法的基本原则，不仅有利于对国际税法精神的理解，而且有利于对国际税法相关制度的把握和运用。一般而言，国际税法的基本原则主要有税收法定原则、国家税收主权原则、国际税收公平原则、国际税收中性原则和国际税收效率原则。

（一）税收法定原则

国际税法首要的原则是税收法定原则。大多数学者都从依法纳税和依法征税这两个方面给出了该原则的基本含义。“税收法定主义的基本含义是，征税主体征税必须依且仅依法律的规定，纳税主体纳税也必须依且仅依法律的规定”，“有税必须有法，‘未经立法不得征税’，被认为是税收法定原则的经典表达”。税收法定原则的重心在于“法”与“定”，其中的“法”仅指由最高权力机关即代表人民意志的代议制机构所直接制定的法律，“定”不仅指国家的整个税收活动必须依据法律进行，并且指税收法定原则本身必须由法律（宪法）加以规定。

税收法定原则的具体内容。“税收法定主义的内容包括‘课税要素法定原则’、‘课税要素明确原则’和‘程序合法原则’。课税要素包括税法主体、征税客体、计税依据、税率、税收优惠等。”课税要素及课税构成要件，是成立税收债的关系所必备的实体法要件，亦即确定纳税人的纳税义务的必备要件，一般应包括税收主体（征税主体与纳税主体）、税收客体、计征标准、税率及归属。课税要素法定原则包括“法律保留原则”与“法律优位原则”，即以上有关纳税人实体权利义务的课税要素必须以法律的形式作出规定，违反法律的行政法规、地方性法规、行政规章等不具备法律效力。课税要素明确原则是课税要素法定原则的前提条件，指上述关于纳税人实体权利义务的法律规定必须明确，避免产生歧义，以限制征税机关滥用“公权力”自由裁量。课税要素法定原则与课税要素明确原则共同构成税收法定原则的实体方面，程序法定原则体现了税收法定原则在程序方面的内容。程序法定原则要求税收的征收程序也必须具有正当性，因课税而发生的纠纷必须依公正的程序加以解决。其与前述两项原则共同体现了税收法定原则“实体合法，程序正当”的核心内涵。

（二）国家税收主权原则

税收主权是国家主权的重要内容之一。税收主权原则（Principle of Tax Sovereignty），除指对内最高的征税权外，主要是指一国在国际税收领域里，在决定其实行何种涉外税收制度以及如何实行这一制度等方面享有不受其他任何国家和组织干涉的完全自主权。在国际税法领域，任何人、国家和国际组织都应尊重他国的税收主权。

一个国家可以根据自身的意愿制定本国的涉外税收法律制度，包括税收管辖权的确定、税基与税率的确定以及避免双重征税、防止避税与逃税的措施的确定等。

（三）国际税收公平原则

国际税收公平原则（ Principle of International Tax Equity）是指主权国家在税收管辖权相互独立的基础上公平地参与国际税收利益的分配，使有关国家就国际经济活动的所得等征税对象获得合理的税收份额。在国际税收领域，各国之间公平合理的税收分配是税收国际合作的基础和前提。一般而言，各国的涉外税收立法及所签税收协定的重要目的之一就在于确保公平的税收分配。国家间的税收分配关系是国际税法的重要调整对象之一，它包括国际税收分配公平和跨国纳税人税负公平两个方面。这两种公平虽然处于不同的层面，但却紧密相连，相互影响。

（四）国际税收中性原则

所谓国际税收中性原则（Principle of International Tax Neutrality）是指国际税收体制不应对涉外纳税人跨国经济活动的区位选择以及企业的组织形式等具体经济选择产生影响。一个中性的国际税收体制应既不鼓励、也不阻碍纳税人是在国内进行投资或是向国外进行投资，是在国内提供劳务或是到国外提供劳务，以及是消费国外产品还是消费本国产品。[①] 税收中性原则要求政府的税收活动不影响企业的经营决策，包括企业的组织形式、税基的分配、债务的比例以及产品价格的制定等。在通常情况下，是否具有税收中性往往成为衡量国内税法是否为良法的标准之一。

（五）国际税收效率原则

税收效率原则，一般指国家以最小的成本费用获得最大的税收收入，并利用税收的经济调控作用最大限度地促进经济的发展，或者最大限度地减轻税收对经济发展的妨碍。税收的效率通常有两层含义：一是行政效率，也就是税收征管过程本身的效率，它要求在征收和缴纳税收过程中耗费的成本最小；二是经济效率，就是征税应有利于促进经济效率的提高，或者对经济效率的不利影响最小。税收行政效率，可以税收成本率即税收的行政成本占税收收入的比率来反映，有效率就是实现以尽可能少的税收行政成本征收尽可能多的税收收入，即税收成本率越低越好。税收经济效率，是税收效率原则的更高层次。经济决定税收，税收又反作用于经济。税收分配必然对经济的运行和资源的配置产生影响，这是必然的客观规律。

第二节　税收管辖权

一、税收管辖权的概念

税收管辖权（Tax Jurisdiction）是指一国政府对一定的人或对象进行征税的权力。概括而言，税收管辖权就是一国政府行使的征税权力，即一国政府可以自行决定对哪些人征税、征何种税、征多少税以及采取何种方式征税等的权力。国际税收关系中一系列矛盾和问题的产生，都与国家行使税收管辖权有着密切的联系。

一国政府行使税收管辖权的依据源于国家主权。主权国家对其领域范围之内的一切人与事物都有行使法律管辖的权力，这是国家主权的重要属性。而税收管辖权即是国家主权在税收领域的体现，是国家主权的重要内容并具有类似于主权的固有属性。它对外表现为一种完全独立自主的、不受任何干预的权力。一国政府完全可以根据本国的经济、政治、地理和法律传统等

---

① Lorraine Eden, Taxing Multinationals: Transfer Pricing and Corporate Income Taxation in North America, University of Toronto Press, 1998, p. 74.

实际情况，按照自己的意志确定适合本国的税收制度，规定纳税人和征税对象的范围。正因如此，税收管辖权独立原则才会为世界各国所普遍接受与遵循。

税收管辖权中最重要的基本原则是“居住国原则”和“收入来源地原则”。目前，世界上大多数国家普遍兼采这两种不同的管辖权原则来确定本国的税收管辖权范围。这两种税收管辖权理论分别来源于主权国家的“属人原则”（Principle of Person）和“属地原则”（Principle of Territoriality）。

主权国家一般按照属人原则和属地原则行使其管辖权。与此相适应，对于作为国家主权重要内容之一的税收管辖权，各国也是以纳税人或征税对象是否与自己的领土主权存在某种属人性质或属地性质的连结因素为依据来行使权力的。当纳税人与征税国之间存在某种属人性质的连结因素时，征税国可以按“居住国原则”对该纳税人行使征税权。当征税对象与征税国存在某种属地性质的连结因素时，征税国可以按“收入来源地原则”或“来源国原则”对该征税对象的所有人行使征税权。具体而言：

1. 居住国原则或居民税收管辖权原则

居住国原则（Principle of Residence State）是指一国政府对于本国税法上的居民纳税人来自境内、境外的全部财产和收入实行征税的原则。依国家主权的属人原则，如何确认居民纳税人是最重要的。目前大多数国家都是以“税收居所”（Tax Residence）作为属人性质的连结因素来确定纳税居民的。它是指纳税人与征税国之间存在着的以人身隶属关系为特征的法律事实。在自然人方面，表现为纳税人在征税国境内拥有住所、居所或具有征税国的国籍；在法人方面，表现为纳税人在征税国注册或者其实际管理和控制中心或总机构等设在征税国境内。国际税法上将这类属人性质的连结因素通称为“税收居所”。与征税国存在这种税收居所联系的纳税人，就是该国税法上的居民纳税人（Resident Taxpayer）。而这个征税国也相应地称为该纳税人的居住国（Residence State）。

基于纳税人在本国境内存在税收居所这一事实，居住国政府可以要求该居民纳税人就其来源于境内和境外的各种收入，即世界范围内的所得承担纳税义务。这就是居住国原则的实质性内容。由于这种纳税义务不受国境的限制，有些国家也称之为无限纳税义务（Unlimited Tax Liability）。因此，国家根据纳税人在本国境内拥有税收居所这一连结因素而要求其承担无限纳税义务的权力，就形成所谓的居民税收管辖权（Tax Jurisdiction over Residents）。

2. 收入来源地税收管辖权原则

收入来源地原则或来源国原则（Principle of Source State）是指一国政府针对非居民纳税人（Non-resident）就其来源于该国境内的所得征税的原则。

依国家主权的属地原则，国家对其领土范围内的人与物具有属地管辖权。税收管辖权上的属地性质是指纳税人的各种所得与征税国之间存在着经济上的源泉关系。这种源泉关系主要表现为其所得直接来源于该征税国的某种地域标志，如不动产所得来源于不动产所在地、营业利润所得来源于营业机构所在地、劳务报酬所得来源于劳务提供地，以及股息、利息、租金等所得来源于债务人或支付人所在地等。这些表示属地性质的地域标志连结因素，国际税法上通称为“收入来源地”或“收入来源国”（Source State）。

基于这种所得来源地标志，所得来源国政府有权要求获取该种所得的非居民纳税人就该部分所得承担纳税义务是收入来源国原则的实质性内容。由于非居民纳税人仅就来源于征税国的所得部分纳税，不就其他所得向该国纳税，因而其承担有限的纳税义务（Limited Tax Liability）。国家根据非居民纳税人在本国境内存在着所得来源地这一连结因素而要求其承担有限纳税义务的权力，就形成收入来源地税收管辖权。

二、居民税收管辖权

居民税收管辖权是指一国政府对其境内居住的所有居民（包括自然人和法人）来自于世界范围内的全部收入以及存在于世界范围内的财产所行使的课税权力。它是按照属人原则所确立起来的一种税收管辖权。行使居民税收管辖权的核心在于纳税人居民身份的确定，凡是本国居民，对其一切应税收益、所得或财产都要征税，而不论这些课税对象是来自于本国还是存在于其他国家。

（一）纳税人居民身份的确认

居民税收管辖权的行使，是以纳税人与征税国即税收管辖权国之间存在税收居所这一法律事实为前提条件的。纳税人在国际税法上通常分为自然人和法人两种基本形式。对于纳税人居民身份的判定，即确定纳税人与征税国之间是否存在某种税收居所联系，是各国税法的重要内容。

（二）自然人居民身份的确认

通常而言，各国税法上判定自然人的居民身份主要有以下标准：

1. 住所标准。凡在一国拥有住所的自然人便是该国的居民纳税人。住所（Domicile）一般是指一个自然人设立其生活根据地并愿意永久定居的场所，通常为配偶和家庭所在地。由于住所体现了自然人与某一特定区域的内在联系，具有永久性和稳定性，易于识别，许多国家如法国、瑞士、德国等均以住所作为确定自然人居民身份的标准。

2. 居所标准。居所（Residence）一般指某一自然人经常性居住，但并不具有永久居住性质的场所。按照居所标准，凡在一国拥有居所的自然人便是该国的居民纳税人。但是，居所标准往往缺乏某种客观统一的识别标志，因而可能导致同一国司法机关判决前后不一或相互矛盾。

3. 居留时间标准。即以自然人在征税国境内居住或停留是否超过一定的时间期限作为划分纳税居民与非纳税居民的标准。具体而言，某一自然人在征税国居住或停留超过一定时间期限即被认为是征税国纳税人。这一标准可以在一定程度上弥补居所标准的不足。但在居留时间的期限上，各国规定不一。

4. 国籍标准。国籍标准以自然人的国籍来确定纳税居民的身份，实行所谓公民税收管辖权（Tax Jurisdiction over Citizens）。凡系一国公民，无论其是否居住在国籍国境内，都是该国的居民纳税人。国籍是最早被用于判定居民身份的标准，但随着经济全球化的发展，人们脱离其国籍国活动的现象日益普遍，因此越来越多的国家已摒弃单一的国籍标准。

目前，同时采用住所（或居所）与居留时间这两项标准是国际上确定自然人居民身份最通常的做法。我国也是同时采用住所与居留时间这两项标准来判定自然人居民身份的。①

---

① 参见《中华人民共和国个人所得税法》第1条；《中华人民共和国个人所得税法实施条例》第3条。

（三）法人居民身份的确认

各国税法上对法人或公司居民身份的认定，主要有以下三种标准：

1. 法人注册成立地标准。即法人的居民身份依法人依何国法律注册成立而定。由于法人注册地只有一地，所以这一标准的优点是法律地位明确、易于识别。但其缺点是往往不能真实地反映法人的实际经营活动场所，并且可为纳税人避税创造条件。采用这一标准的主要有美国、加拿大等国家。

2. 法人实际管理和控制中心所在地标准。即法人的居民身份决定于法人的实际管理和控制中心设立在哪个国家。一般而言，董事会或股东大会所在地是判定实际管理中心所在地的重要标志。采用这一标准的主要以英国、德国、希腊、瑞士为代表。

3. 法人总机构所在地标准。法人的总机构指的是负责管理和控制企业的日常经营业务活动的中心机构。采用总机构所在地标准，法人的总机构设在哪一国，该企业则为哪国的居民公司。

此外，法人居民身份的确认还有法人主要经营活动所在地标准、法人资本控制标准等标准。由于没有任何一个确定法人居民身份的标准是完美无缺的，所以实践中许多国家往往兼用两个或两个以上的标准来确定本国税法中法人的居民身份。我国实际上也一般将法人注册地和总机构所在地两个标准结合使用来判定法人的居民身份。①

（四）居民税收管辖权冲突的协调

由于各国税法确定纳税人居民身份采用的标准不一致，当纳税人跨越国境从事国际经济或投资活动时，就有可能被两个或两个以上的国家同时认定为本国的纳税居民，从而产生居民税收管辖权冲突。在居民税收管辖权冲突下的纳税人将同时对两个或两个以上的国家承担无限纳税义务，从而面临高税收负担。因此，在国际税收领域必须解决居民税收管辖权冲突问题。目前，居民税收管辖权冲突一般由有关国家间通过双边税收协定的方式来协调解决。

1. 关于自然人居民身份冲突的协调。关于自然人居民身份的冲突，也称双重居所冲突，一般有两种可供选择的解决办法：

（1）由缔约双方通过协商确定该纳税人应为哪一方的居民。如中国同日本、美国等国家签订的双边税收协定即采用这一办法。②

（2）采用国际税收协定范本所提供的先后顺序来确定自然人的居民身份。目前国际上主要的国际税收协定范本包括经济合作与发展组织（OECD）发布的《关于对所得和资本避免双重征税的协定范本》（Model Convention for the Avoidance of Double Taxation with Taxes on Income and on Capital，简称《经合组织范本》或《OECD范本》），或联合国发布的《关于发达国家与发展中国家间避免双重征税的协定范本》（Model Double Taxation Convention between Developed and Developing Countries，简称《联合国范本》或《UN范本》）。依《经合组织范

---

① 参见我国《企业所得税法》第2条；原《外商投资企业和外国企业所得税法》第3条；《外商投资企业和外国企业所得税法实施细则》第5条。

② 参见财政部、国家税务总局编：《中国对外税收协定集》（第1辑），58、83页，北京，中国财政经济出版社，1985。

本》和《UN 范本》两个国际税收协定范本的规定，同时是缔约国双方居民的个人，其身份一般按如下方法确认：

1）应认为是其有永久性住所所在国的居民，如果在两个国家同时有永久性住所，或者在其中任何一国都没有永久性住所，应认为是与其个人和经济关系更密切（重要利益中心）所在国的居民；

2）如果其重要利益中心所在国无法确定，应认为是其有习惯性居处所在国的居民；

3）如果其在两个国家都有，或者都没有习惯性居处，应认为是其国民（国籍）所在国的居民；

4）如果其同时是两个国家的国民，或者不是其中任何一国的国民，应由缔约国双方主管当局通过协商解决。①

2. 关于法人居民身份冲突的协调。关于法人居民身份冲突的解决方式也有两种：

（1）由缔约国双方协商确定某一具体法人的居民身份归属。

（2）在税收协定中预先确定一种解决冲突时应依据的标准。依《经合组织范本》和《联合国范本》两个国际税收协定范本的规定，均以实际管理机构所在国为居住国。②中国与日本、法国等国家签订的税收协定，则以总机构所在国作为解决法人居民身份冲突的标准。

三、收入来源地税收管辖权

收入来源地税收管辖权，是征税国基于有关的收益或所得来源于本国境内的法律事实，针对非居民行使的征税权。关于收入来源地的识别判定，是税收管辖权的重要内容。收入来源地的判定一般与收入的性质密不可分，进而产生具体的来源地判定规则。

纳税人的各项收益与所得从性质上一般被划分为四类，即营业所得、劳务所得、投资所得和财产所得。由于各国税法上对不同种类所得的来源地采用的判定标准与识别原则不一致，因而在跨国所得上各国也往往产生税收管辖权冲突。针对上述四种所得类型，各国对非居民行使收入来源地税收管辖权的法律实践和国际税法上的协调原则也有所不同。

（一）对非居民营业所得的征税

营业所得（business income），又称营业利润或经营所得，一般指纳税人从事工业生产、交通运输、农林牧业、金融、商业和服务性行业等经营性质的活动而取得的纯收益。在国际税法上，对非居民营业所得的征税，目前各国都普遍接受并实行常设机构原则（Permanent Establishment Principle）③，即来源国仅对非居民纳税人通过在境内常设机构（permanent establishment）而获取的工商和服务等活动的营业利润实行征税的原则。

常设机构在国际税法上是一个非常重要的概念。非居民纳税人在来源国境内设有常设机构

---

① 参见《联合国范本》第 4 条第 2 款；《经合组织范本》第 4 条第 2 款。

② 参见《经合组织范本》第 4 条；《联合国范本》第 4 条。

③ 两个范本第 7 条第 1 款均对常设机构原则作出规定：缔约国一方企业的利润应仅在该国征税，但该企业通过设在缔约国另一方的常设机构进行营业的除外。如果该企业通过在缔约国另一方的常设机构进行营业，其利润可以在另一国进行征税，但其利润应仅以属于该常设机构的为限。

是来源国对非居民纳税人源自本国境内的营业所得进行征税的前提条件。因此，对常设机构范围的扩大或缩小、对常设机构利润的归属与核算原则的不同，都将会直接影响来源国和居住国双方的税收权益。虽然常设机构原则对居住国与来源国之间在跨国营业利润上的征税权益分配作了明确规定，但在具体的实施过程中仍有许多问题需要加以解决。在国际税收实践中，常设机构的认定往往成为各国对非居民企业进行税收征收的基础，也常常成为跨国纳税人与来源地国税收当局产生国际税收纠纷的焦点问题。

依《经合组织范本》和《联合国范本》两个国际税收协定范本的设置，缔约国一方居民在缔约国另一方从事经营活动，可以基于某种物的因素或人的因素而构成常设机构，具体内容包括：

1. 场所型常设机构。常设机构首先是指一个企业纳税人进行其全部或部分生产、经营的固定场所，并且该固定场所须具备固定性、长期性和营业性三大特征。因此，固定场所一般包括管理场所、分支机构、办事处、工厂、车间或作业场所、矿场、油井或气井、采石场或任何开采自然资源的场所以及建筑安装工地等。① 但是，商品库存、陈列、展销场所，为采购货物或收集情报而保有的场所，以及其他含义的任何具有准备性、辅助性的固定场所，则一般不构成常设机构。

2. 代表型常设机构。一国企业纳税人在另一国即非居民国境内并未通过某种固定的营业场所从事营业活动，但如果其在另一方境内通过特定的营业代理人开展业务，仍有可能构成常设机构的存在。一国企业通过依附于该企业的非独立代理人在非居民国境内从事特定性质的营业活动，如代理人依授权代表该企业签订合同等，一般构成在非居民国设有常设机构。但是，如果一国企业在非居民国境内通过具有独立地位的代理人进行营业，除非这种代理人的活动全部或几乎全部是代表该企业的，则该代理并不构成在非居民国设有常设机构。

3. 常设机构利润范围的确定与核算。居住国与收入来源地国之间在企业法人跨国营业利润上的征税权益分配是常设机构原则的重点。一般而言，常设机构利润范围的确定采取“实际联系原则”和“引力原则”，而对已归属于常设机构范围的利润的核算，则一般采用“独立企业原则”和“收入费用分配原则”。

(1) 实际联系原则 (Principle of Effective Connection)，是指非居民企业通过其设在来源国境内的常设机构的活动实现的营业利润，以及与常设机构有关联的其他所得（如常设机构对其他企业的投资、贷款所获的股息、利息收益以及特许权使用费等），可以归属于该常设机构的利润范围。至于非居民企业未通过常设机构而取得的营业利润和与常设机构并无实际联系的其他所得，应排除在常设机构的利润范围之外。

(2) 引力原则 (Principle of the Force of Attraction)，则是指非居民企业在来源国设有常设机构的情况下，非居民企业在来源国所取得的其他营业所得，尽管未通过该常设机构的活动而取得，但只要产生这些所得的营业活动本身属于该常设机构的营业范围，来源国都可以将它们纳入常设机构的利润项下进行征税。

(3) 独立企业原则，是指常设机构虽然在法律地位上不具有独立法人资格，只是总公司或

① 关于建筑安装工地，《联合国范本》规定连续为期 6 个月以上构成常设机构；《经合组织范本》规定 12 个月以上构成常设机构。我国对外签订的税收协定一般采用《联合国范本》的规定。

总机构的派出机构或代表机构，但来源国却将其视为独立的纳税实体，要求其按照正常的市场交易原则与其他企业及其总机构进行经济交往，并以此来核定常设机构的应得利润。

（4）收入费用分配原则，是指常设机构在扣除成本费用计算利润时，允许其分摊总机构的部分管理费用，但这部分费用必须是总机构为常设机构的营业所发生的或与常设机构的生产经营有关的实际费用。

独立企业原则与收入费用分配原则的适用，都是为了合理、正确、准确地计算常设机构的营业利润，从而维护来源国的税收权益。

4. 常设机构原则的例外——对国际海运和航空运输业利润的征税。上述常设机构原则一般不适用于国际海运和航空运输业。国际运输涉及的国家众多，如果按照常设机构原则征税将有碍于国际运输业的发展。依《经合组织范本》和《联合国范本》两个国际税收协定范本的规定，对从事国际海运和航空运输业的企业的利润，应仅由企业的实际管理机构所在国一方单独征税。这一特殊原则已为世界上大多数国家签订的税收协定所接受。

（二）对非居民劳务所得的征税

个人劳务所得（income from service）包括独立个人劳务所得和非独立个人劳务所得两类。独立个人劳务所得（income from independent personal service），是指个人独立地从事某种专业性劳务和其他独立性活动所取得的收入。非独立个人劳务所得（income from dependent personal service），是指个人由于受雇于他人从事劳动工作所得的报酬，包括工资、薪金和各种劳动津贴等。

1. 对非居民独立劳务所得的征税

对跨国独立劳务所得的课税一般遵循“固定基地原则”（Principle of Fixed Base）和“183天规则”（the 183-day rule）。所谓“固定基地”，是指个人进行专业性劳务的场所，其意义相当于常设机构。“183天规则”是指来源国对非居民纳税人的独立个人劳务所得征税，应以提供劳务的非居民个人某一会计年度在来源国境内连续或累计停留达183天或在境内设有从事这类独立劳务活动的固定基地为前提条件。中国签订的税收协定中多数采用的是“固定基地原则”与“183天规则”。

2. 对非居民非独立个人劳务所得的征税

对跨国非独立个人劳务所得的征税，总的原则是由作为收入来源国的一方从源征税。但是，依《经合组织范本》和《联合国范本》两个国际税收协定范本的规定，同时具备下述三个要件的，应当由居住国征税：

（1）收款人在某一会计年度内在缔约国另一方境内停留累计不超过183天；

（2）有关劳务报酬并非由在缔约国另一方居住的雇主支付或代表该雇主支付；

（3）该项劳务报酬不是由雇主设在缔约国另一方境内的常设机构或固定基地所负担。

上述三个条件必须同时具备，缺一不可。此外，对特殊情况下的个人劳务所得，如跨国取得收入的企业董事、演员、运动员、退休人员、政府职员、国际组织工作人员以及留学生、实习生等特定人员，双边税收协定往往规定并采取特殊的征税规则和方法。

（三）对非居民投资所得的征税

对非居民投资所得的征税是指对纳税人从事各种间接投资活动而取得的如股息、利息、特许权使用费等收益征税。来源国对非居民纳税人的投资所得一般都采取从源预提的方式征税，国际上将此种征税方式通称为预提税，即由支付人在向非居民支付投资所得款项时按税法规定代为扣缴应纳税款，这是所得税的一种源泉控制征收方式。由于此类所得的成本、费用计算复杂，所以预提税都仅就收入总额（毛收入）计税，不扣除成本、费用，因此预提税的税率一般都比较低。

为了合理划分来源国与居住国的税收权益，双边税收协定一般都采用“税收分享原则”对跨国投资所得进行税收征收。即来源国依据协定的限制税率规定对投资所得按预提税方式征税，而居住国对居民的海外投资所得在来源国已经征过的税要给予承认，并采取相应的避免重复征收的措施。这样可以确保来源国和居住国都可以享受到对投资收益的税收利益。

（四）对非居民财产所得的征税

对非居民财产所得，特别是针对非居民运用不动产与转让不动产所取得的所得，各国的通行做法都是由财产所在国征税。但对转让从事国际运输的船舶或飞机以及属于经营上述船舶或飞机所获得的收益，应仅由转让者的居住国一方单独征税。而对非居民运用或转让动产所取得的收入，则由双边税收协定具体划分税收利益。

第三节　国际重复征税与国际重叠征税

一、国际重复征税

国际重复征税（International Double Taxation），也称国际双重征税，是指两个或两个以上国家各自依据自己的税收管辖权按同一税种对同一纳税人的同一征税对象在同一征税期限内同时征税。由此便产生了国家间税收管辖权的冲突，主要表现为以下三种情况：第一，居民税收管辖权之间的冲突，即由于有关国家确定税收居所的标准不一致，致使一个纳税人在两个或两个以上国家同时被认定为居民纳税人，从而在这些国家都负有无限纳税义务。居民税收管辖权的冲突发生的情况相对较少，并且目前国际上自然人与法人的税收居所冲突都已有了各自的主要解决规则。第二，收入来源地税收管辖权之间的冲突。即当一个纳税主体的同一笔所得被两个或两个以上的国家同时认为来源于本国，该纳税人应在两个或两个以上国家就同一笔所得承担有限纳税义务时，就产生了来源地税收管辖权之间的冲突。其产生的原因在于有关国家对同一种所得采取的确认来源地标准不同。这一类型的税收管辖权冲突发生的概率更低，目前国际上尚无固定的解决规则，主要由有关国家协商解决。第三，居民税收管辖权与收入来源地税收管辖权之间的冲突。即当纳税人在其居住国以外的其他国家进行经济活动或其他活动而取得收入时，其居住国要对其行使居民税收管辖权，居民纳税人要对其居住国承担无限纳税义务；而纳税人获得收益的来源国要对其行使来源地税收管辖权，作为非居民纳税人，其要对来源国负担有限纳税义务。因此，该纳税人在来源国所取得的这笔收入必须同时向来源国与居住国承担纳税义务，来源地税收管辖权与居住国税收管辖权之间的冲突由此产生。这种情形的重复征税是大量、普遍并经常存在的，也是国际税法所要着重解决的问题。

二、国际重叠征税

国际重叠征税（International Double Tax Imposition），也称国际双层征税，是指两个或两个以上国家对同一税源的所得在具有某种经济联系的不同纳税人手中各征一次税的现象。

重叠征税主要发生在公司与股东之间。由于公司与股东（包括个人股东与法人股东）在法律上都具有各自独立的人格地位，公司所获利润一般应当依法缴纳所得税，税后利润以股息的形式分配给股东后，股东依法又应当缴纳个人所得税或公司所得税。于是，同一所得在公司和股东手中被各征一次税，重叠征税由此产生。如果公司与股东在同一国内，则为国内重叠征税；如果公司在一国，股东在另一国，即为国际重叠征税。并且，由于公司的股东可能也是一家公司，该公司又有自己的股东，那么在母公司与子公司之间，子公司与孙公司之间，以及孙公司与重孙公司之间等，同一税源的所得都可能被各征一次税，所以重叠征税中多层次征税的现象是很普遍的。

国际重叠征税与国际重复征税的相同之处在于同一来源的所得在不同的税收管辖下被多次征税，但它们之间也有着本质的不同。其最主要的区别在于：

1. 产生的原因不同。国际重复征税是基于国家间的管辖权冲突，这种冲突往往直接体现在同一纳税期限内；而国际重叠征税则是由不同国家税制结构导致的，其主要体现在不同国家税收管辖权的先后叠加。也就是说，管辖权冲突实际上即是各国税收法律制度的冲突，而管辖权叠加是基于不同国家经济税制结构的差异造成的。这也是为什么国际重复征税被称为狭义的国际重复征税或法律上的国际重复征税，而国际重叠征税则被称作广义的国际重复征税或经济上的国际重复征税的主要原因。

2. 纳税主体不同。国际重复征税是不同国家对同一纳税人的同一所得两次或多次征税；而国际重叠征税则是不同国家对不同纳税人的同一所得两次或多次征税。这是国际重复征税与国际重叠征税之间最基本、最重要的区别。

3. 其他方面的诸多不同。重复征税没有国内重复征税，而且有时只涉及个人纳税人，而与公司无关；但重叠征税有国内、国际之分，而且重叠征税涉及的纳税人中，至少有一个为公司。另外，国际重复征税只涉及同一税种，而国际重叠征税则有可能涉及不同税种。

目前，国际社会已经有了行之有效的、并为各国所普遍接受的解决国际重复征税的办法，但对国际重叠征税尚无普遍适用的解决方法。因此，国际重叠征税问题是国际税法亟待研究与解决的又一重要课题。

三、避免国际重复征税问题的解决方法

实践中几乎没有国家愿意放弃任何一种管辖权以解决税收管辖权冲突。目前避免国际重复征税的解决办法是在相互承认对方国家税收管辖权的基础上由双方各自通过国内立法或通过双边税收协定解决。据此，相互承认对方的税收管辖权是避免国际重复征税的前提。居住国首先要承认来源国的优先征税权；而来源国也必须作出一定的让步与限制，以保证居住国的居民税

收管辖权不至于在事实上落空。否则，都是不予承认对方国家税收管辖权的表现。在国际税收实践中避免国际重复征税的具体方法主要有以下几种：

(一) 运用冲突规范划分征税权

运用冲突规范划分征税权是指将某一征税对象的征税权完全划归一方或分配给双方，从而在一定程度或范围上避免国际重复征税。这是国际税收协定中常用的一般方法，也是许多国家国内税法中所采用的办法。比如依据常设机构原则，对国际海运和航空运输业利润的征税原则，对个人劳务所得征税的固定基地原则和"183 天规则"，对投资所得的税收分享原则等，都是运用冲突规范划分征税权的做法。所以，利用国内法冲突规范与国际法冲突规范划分征税权，是消除国际重复征税的重要方法之一。

(二) 免税法 (Exemption Method)

免税法是指居住国政府对本国居民来源于国外的所得和位于国外的财产免予征税。免税法的实行可以使跨国纳税人在收入来源国已经纳税的那部分所得不用再向居住国政府纳税，从而避免重复征税。

由于具体操作方式及结果的不同，免税法可分为全部免税法和累进免税法两种。

第一，全部免税法 (Full Exemption)，也称全额免税法，是指居住国在确定纳税人的应税所得及其适用税率时，完全不考虑应免予征税的国外所得部分。其计算公式为：

居住国应征所得税税额＝居民的国内所得×适用税率

第二，累进免税法 (Exemption with Progression)，是指居住国在确定纳税人的国内应税所得的适用税率时，将应免予征税的国外所得部分考虑进去，但对国外所得部分却不予实际征收。其计算公式为：

居住国应征所得税税额＝居民的国内外总所得×适用税率×（国内所得/国内外总所得）

第三，抵免法。抵免法也称外国税收抵免，是指纳税人可将已在收入来源国实际缴纳的所得税税款在应当向居住国缴纳的所得税税额内扣除。其基本计算公式为：

居住国应征所得税税额＝居民的跨国总所得×居住国所得税税率－允许抵免的已向来源国缴纳的所得税税款

居住国对本国居民纳税人的国外税收实行抵免，既承认了来源国税收管辖权的优先地位，又不放弃居民税收管辖权的行使，从而避免了国际重复征税。即如果来源国实际上并未向跨国纳税人征税，则居住国要按本国税法依法征税。居住国是否对纳税人的国外税收实行抵免，是以纳税人是否实际向来源国纳税为前提的。因此，抵免法为世界上大多数国家所普遍采用，也是国际税收协定采用最多的避免国际重复征税的方法。中国也是采用抵免法的国家之一。

在国际税收实践中，实行抵免法的国家的普遍做法是实行限额抵免 (ordinary credit)，也称一般抵免，即居住国允许跨国纳税人扣除其国外已纳税款的最大数额，为国外所得部分按居住国所得税税法计算的应纳税额。抵免限额 (limitation on credit) 的基本计算公式为：

抵免限额＝跨国总所得按居住国税法计算的应纳税额×（国外应税所得/跨国总所得）

根据各国实施的不同情况，抵免限额的计算还有分国限额、综合限额与分项限额等分类。具体而言：

（1）分国限额（per country limitation），即分别对待本国居民从各个不同国家取得的所得，一国一个抵免限额，不得互相抵补。

（2）综合限额（overall limitation），即将本国居民在国外所取得的全部所得当作一个整体计算抵免限额，各非居民国共用一个限额。对跨国纳税人来说，分国限额与综合限额各有利弊。当纳税人在高税率国和低税率国均有投资的情况下，综合限额优于分国限额；当纳税人在国外的投资出现有的盈利、有的亏损时，分国限额则优于综合限额。

（3）分项限额。在某些实行分类所得税制的国家还有分项限额的抵免方法，即将纳税人的国外所得按不同项目或类别分别计算抵免限额。其计算公式为：

分项限额＝国内外该项全部应纳税所得额按居住国税法计算的应纳税额×（国外某一专项应纳税所得额/国内外该项全部应纳税所得额）

分项限额与综合限额、分国限额相结合，又可分为分国不分项限额、分国分项限额和综合不分项限额、综合分项限额四种类型。我国的税收实践中，对法人的国外税收抵免采用的是分国不分项限额，而对自然人的国外税收抵免则适用的是分国分项限额。

（三）扣除法和减税法

扣除法，是指居住国在对跨国纳税人征税时，允许本国居民将国外已纳税款视为一般费用支出从本国应纳税总所得中扣除。其计算公式为：

居住国应征所得税税额＝（居民跨国总所得－国外已纳税额）×居住国适用税率

减税法是指居住国对其本国居民来源于国外的所得进行征税时给予一定的减征照顾。比如对应纳税额只征90％或85％等。

扣除法与减税法都是作为避免国际重复征税的辅助措施出现的，其防止重复征税的效果不如免税法与抵免法，只能在一定程度上对国际重复征税有所缓解。

（四）税收饶让抵免税制

税收饶让抵免是20世纪60年代在税收抵免方式的基础上发展起来的一种特殊的抵免方法，其目的在于使来源地国利用外资的税收优惠政策与措施能够真正取得实际效果，后为国际双边税收协定所广泛采用。

税收饶让抵免（Tax Sparing Credit），又称税收饶让，是指一国政府（居民国政府）对本国纳税人来源于国外的所得由收入来源地国减免的那部分税款，视同已经缴纳，同样给予税收抵免待遇的一种制度。税收饶让实际上是税收抵免的延伸，以税收抵免为前提，如果没有税收抵免，就谈不上税收饶让。

税收饶让抵免与一般税收抵免的根本区别在于，前者是居民国政府对其居民纳税人在来源地国减免的那部分税收（实际上并未真正缴纳）视同已经缴纳；而后者则是对已经在来源地国实际缴纳的所得税税款进行免除。税收饶让的实质，是居民国对来源地国为鼓励外国投资，通过减免税或降低税率而放弃的收入，给予认可，并不是对实纳税额的抵免。因此，税收饶让抵免又称作虚构抵免或“影子税收抵免”（Shadow Tax Credit）。

税收饶让抵免的目的并不在于避免和消除法律性或经济性的国际双重征税，而是居民国配合来源地国吸引外资的税收优惠政策的实施，使其能够真正产生实际的政策效果。一般税收抵免的作用是消除国际双重征税；而税收饶让抵免则是居民国对本国居民纳税人从事跨国投资所采取的一种税收优惠，既是为了鼓励其对外投资，也是为了促进来源地国吸引外资、发展经济目标的实现。在具体实施中，税收饶让抵免和一般税收抵免也存在较大差别。首先是抵免额，税收饶让抵免中的抵免额一般要大于纳税人实际在来源地国缴纳的税额；一般税收抵免中的抵免额则等于或小于纳税人在来源地国实际缴纳的税额。其次在实施方式方面，一般税收抵免所采取的方式，各国基本相同；但在税收饶让抵免方面，各国采取的方式却不尽相同，有的税收协定中只规定对营业利润和个人劳务所得给予税收饶让抵免，有的税收协定则将税收饶让的范围扩大到投资所得。

税收饶让抵免是一项国家间的措施，是缔约国之间利益平衡、妥协的产物，必须通过双边或多边安排方能实现。从国际税收管辖权方面看，税收饶让抵免并不影响居民国政府行使其居民税收管辖权，因为这部分税收饶让抵免的税款，原本就在来源地国政府征税权管辖范围之内。

纵观国际税收饶让抵免的实践，处于居民国地位的发达国家都出于自身国内税收政策的考虑，对税收饶让抵免的范围作出了限定。大致有如下三种情况：

第一，对股息、利息和特许权使用费等预提税的减免税予以税收饶让抵免。实践中有两种做法：一是对来源地国在其国内税法规定的预提税税率范围内所作出的减免税，视同已经缴纳，给予饶让抵免；二是对在税收协定降低的预提税税率范围内所作出的减免税，视为已经缴纳，给予饶让抵免。第二，对营业所得的减免税给予税收饶让抵免。第三，对税收协定缔结以后，来源地国政府依据国内税法规定的税收优惠措施所作出的减免税，经缔约国双方一致同意，给予饶让抵免。

上述三方面的税收饶让抵免，在有关国家所缔结的双边税收协定中，有的只限于其中的一个或两个方面，有的则兼而有之。

税收饶让抵免一般需要通过有关国家之间签订的双边税收协定来安排执行，由于各国的所得税制和具体国情不同，彼此间通过双边协定确定采用的税收饶让方式和给予饶让抵免的范围也不一致。综合各国税收协定的实践看，居民国给予税收饶让抵免的具体做法，大体可以分为以下四种类型：

1. 普通饶让抵免

普通饶让抵免，又称一般饶让抵免或传统的饶让抵免，是指居民国对本国居民纳税人在缔约国对方获得的税法规定的各种减免税优惠，只要是属于税收协定规定适用的税种范围，不区分所得的种类性质，均视同纳税人已实际缴纳而给予抵免。

2. 差额饶让抵免

差额饶让抵免的提供，与缔约国执行的税收协定政策有密切的关系。相关国家为了在谈判签订的双边税收协定中将有关投资所得的协定限制税率限定在一定程度，往往应缔约国对方的要求实行此种饶让抵免。相对普通饶让抵免而言，差额饶让抵免的适用范围较窄，通常仅限于股息、利息和特许权使用费等投资所得。

3. 定率饶让抵免

定率饶让抵免，是指居民国一方不考虑本国居民纳税人在缔约国对方实际获得多少减免税优惠，均按照双边税收协定中确定的固定抵免税率给予税收饶让。在这种饶让抵免方式下，纳税人的有关所得是否得到了饶让抵免以及受益于饶让抵免的程度，取决于税收协定中对各类所得规定的固定抵免税率的高低。协定中的固定抵免税率就是确定税收饶让的界限和标准，而不管纳税人的所得在缔约国对方实际缴纳税额是多少。

定率饶让抵免方式的优点是避免了缔约国双方因各自税制的不同而可能引起的在税基、计税方法和税收优惠等方面的差异所导致的税收饶让抵免的复杂性。

4. 限制饶让抵免

限制饶让抵免是指居民国政府在决定给予本国居民纳税人的境外所得以税收饶让抵免时，不考虑其在境外实际已纳或应纳多少税款，而是在此类所得在国内按照本国税法应纳税款的基础上，再核定一个比率，根据这个比率部分或全部地给予税收饶让抵免。

第四节　国际税收协定

一、国际税收协定的概念及效力范围

国际税收协定是指有关国家之间为协调相互间处理跨国纳税人征税事务方面的税收关系和彼此间的税收分配关系及处理税务合作方面的问题而签订的书面协议。

国际税收协定依据不同的分类方法可以分为不同类型。一般而言，按照参加国家的多少，国际税收协定可以分为双边税收协定与多边税收协定。按适用的税种不同，可分为关税协定、增值税协定、所得税协定和财产税协定。按照涉及内容范围的不同，则可分为一般协定与特定协定两种形式。凡协定内容仅仅适用于某项业务的特定税收问题的，称为特定税收协定。凡协定内容一般地适用于缔约国之间各种国际税收问题的，则称为一般税收协定，如各国间签订的双边性的关于避免对所得和财产征税的双重征税的协定。一般税收协定是国际税收协定的主要表现形式。

由于世界经济一体化的进程不断加快，越来越多的国家加入到签订国际税收协定的行列。因此，迫切需要制定出国与国之间签订税收协定时可供参照和遵循的国际标准化文件或范本。国际税收协定范本在这种国际环境下应运而生。税收协定范本具有两个特征：一是规范化，可供签订国际税收协定时参照；二是内容弹性化，能适应各国的实际情况，可由谈判国家依据具体的双边国际税收关系和利益协商调整。

1963年，经济合作与发展组织（“经合组织”或OECD）公布了《关于对所得和资本避免双重征税协定草案》。1977年，经合组织正式颁布了《关于对所得和资本避免双重征税协定范本》（Model Convention for the Avoidance of Double Taxation with taxes on Income and on Capital），简称《经合组织范本》或《OECD范本》。一般而言，基于经合组织主要成员国的经济发展程度及其国内市场完善程度，《经合组织范本》主要代表发达国家利益，偏重保护国际投资者居住国利益，因而受到发达国家的普遍认可，成为指引和推动发达国家间签订规范化的双边税收协定的重要国际文件。

为了反映发展中国家的利益，完善保护来源国税收管辖权，联合国经社理事会于 1967 年成立税收专家小组，并于 1979 年推出了《关于发达国家和发展中国家避免双重征税协定范本》，即《联合国范本》或《UN 范本》。一般而言，基于联合国主要成员国的经济发展程度及其国内市场完善程度，《联合国范本》在更大范围内保护发展中国家利益，偏重保护国际投资者收入来源国利益，因而受到发展中国家的普遍认可，成为推动发展中国家与发达国家签订规范化的双边税收协定的基础性国际文件范本。

二、国际税收协定的主要内容

《经合组织范本》和《联合国范本》作为国际性税收协定范本是世界各国处理相互税收关系的实践总结，它们的产生标志着国际税收关系的调整进入了成熟的阶段。这两个范本主要包括以下几方面基本内容：

1. 征税权的划分与协定的适用范围

两个范本在指导思想上都承认优先考虑收入来源地管辖权原则，即从源课税原则，由纳税人的居住国采取免税或抵免的方法来避免国际双重征税。但两个范本也存在重要区别：《联合国范本》比较强调收入来源地征税原则，而《经合组织范本》较多地要求限制收入来源地原则。两个范本有关协定的适用范围基本一致，主要包括纳税人的适用范围规定和税种的适用范围规定。

2. 常设机构的约定

两个范本都对常设机构的含义作了约定。常设机构是指企业进行全部或部分营业活动的固定场所，包括三个要点：第一，有一个营业场所，即企业设施，如房屋、场地或机器设备等。第二，这个场所必须是固定的，即建立了一个确定的地点，并有一定的永久性。第三，企业通过该场所进行营业活动，通常由公司人员在固定场所所在国依靠企业（人员）进行经济活动。所确定的常设机构范围的宽窄，直接关系居住国与收入来源国之间的税收分配。由于常设机构经常是设置在发展中国家，所以《经合组织范本》倾向于把常设机构的范围划得窄些，以利于发达国家征税；《联合国范本》倾向于把常设机构的范围涵盖宽泛，以利于发展中国家征税。

3. 预提税的税率限定

对股息、利息、特许权使用费等投资所得征收预提税的通常做法，是限定收入来源国的税率，使缔约国双方都能征到税，排除任何一方的税收独占权。关于税率的限定幅度，两个范本有明显的区别。《经合组织范本》要求来源国将预提税率限定得很低，这样收入来源国征收的预提税就较少，居住国给予抵免后，还可以征收到较多的税收。《联合国范本》没有沿用这一规定，只是规定预提税限定税率要由缔约国双方谈判确定。

4. 税收无差别待遇

《经合组织范本》和《联合国范本》都主张平等互利的原则，即缔约国一方应保障另一方国民享受到与本国国民相同的税收待遇。具体内容为：

（1）国籍无差别，即不能因为纳税人的国籍不同，而在相同或类似情况下，给予的税收待遇不同；

（2）常设机构无差别，即设在本国的对方国的常设机构，其税收负担不应重于本国类似企业；

（3）支付扣除无差别，即在计算企业利润时，企业支付的利息、特许权使用费或其他支付款项，如果承认可以作为费用扣除，不能因支付对象是本国居民或对方国居民，在处理上差别对待；

（4）资本无差别，即缔约国一方企业的资本，无论全部或部分、直接或间接为缔约国另一方居民所拥有或控制，该企业的税收负担或有关条件，不应与缔约国一方的同类企业不同或更重。

除此之外，两个范本也涵盖了避免国际逃税和避税、情报交换和转让定价及对独立个人劳务所得征税等具体内容。

三、国际税收协定的适用范围

国际税收协定的适用范围主要包括两个方面：一是协定适用于哪些纳税人（包括自然人和法人）；二是协定适用于哪些税种。

1. 适用协定的纳税人的确定

早期的国际税收协定，一般是适用于缔约国双方的公民，即以国籍为原则来确定协定的适用范围，并不涉及其住所或居所在国内或是国外。随着经济生活的日益国际化，特别是第二次世界大战以后，跨国投资和国家间人员流动的急速增加，完全按公民身份来行使全面性的税收管辖权越来越脱离现实，于是各国逐渐放弃了国籍原则，而更多地以永久住所为原则来行使全面的税收管辖权。

从这个意义上说，避免双重征税协定适用于作为缔约国居民的纳税人，也就是在缔约国负有居民纳税义务的人。要确定一个人是否是缔约国一方的居民，只能依据该国法律，而不能依据缔约国另一方或其他国家的法律来确定。但是，签订避免双重征税协定是要在双方国家执行的，因此作为协定的适用条件即居民身份的确定，就会涉及缔约双方的国家权益和在双方国家享受协定待遇的问题。要解决好协定适用的纳税人的范围，就必须在尊重主权和不干涉内政的原则下，作出能为缔约国双方所能接受的协调规定。

2. 避免双重征税协定适用的税种

避免双重征税协定适用于哪些税种，是明确协定适用范围的另一个重要方面，需要由缔约国双方结合各自国家的国内税制现状及发展趋势加以具体商定。总的原则是把基于同一征税客体，由于国家间税收管辖权重叠而存在重复征税的税种列入协定的税种范围。

国际上的通常做法是仅将所得税等直接税的税种作为国际税收协定适用的主要税种。因为所得税有更大可能存在对同一征税客体重复征税和同一负税主体双重纳税的问题。避免双重征税协定一般都不把间接税列入协定的适用税种，因为以流转额或销售额为征税对象的销售税、流转税或营业税、增值税等，不论是起点征税还是终点征税以及多环节征税，其征税客体都不是同一的，纳税人也不一定是税收的真正负担者，无法确定和消除双重征税问题。目前中国在已签订的避免双重征税协定中，列入协定的适用税种主要是所得税。

四、国际税收协定与国内税法的关系

一般而言，国际税收协定与国内税法的关系，可以说是国际法与国内法关系的一个方面。国际税收协定属于国际经济法范畴，是缔约国双方国家意志的体现，即以法律条文形式明确解决双重征税问题，从而实现发展国际经贸交流合作、促进资本流动、鼓励技术引进和人员交往的最终目的。而国内法也同样是国家意志的体现，并以法律形式公布于世，必须要严格遵守。当国际税收协定与国内税法发生冲突时，大多数国家采取税收协定优先原则，如《中华人民共和国企业所得税法》和《中华人民共和国税收征收管理法》都有对税收协定优先原则的明确规定，即当国际税收协定与国内税法发生冲突时，优先适用国际税收协定。

中国自1983年和日本签订第一个双边税收协定以来，截至2013年6月30日已经签署99份双边税收协定，另外，分别与香港特别行政区和澳门特别行政区签署了有关避免双重征税和防止偷税的税收安排。

课堂讨论案例

1. A国与B、C、D三国均签订有双边税收协定。在A国注册的A公司在B国设有一分公司，在C国设有常驻代表处。2014年2月，A公司在D国举办了一次为期6个月的展销会。此外，A公司在日常经营中经常与在B、C、D三国注册的公司进行贸易活动。

问：(1) A公司在B、C、D三国分别设立的分公司、常驻代表处和举办展销会等，是否构成在东道国的“常设机构”，为什么？

(2) A公司与B、C、D三国居民公司从事贸易活动所取得的营业利润如何纳税？

2. 在甲国注册的A公司于2013年在乙国设立分公司B公司，在丙国设立子公司C公司。2014年年末，B分公司获利20万美元；C子公司获利100万美元，并从税后利润中向A公司支付股息80万美元。

问：(1) 在2014年纳税年度，A、B、C公司应分别承担哪些纳税义务？

(2) 在上述纳税中，哪些属于国际重复征税？哪些属于国际重叠纳税？

(3) 国际重复征税和国际重叠征税的区别有哪些？

问题与思考

1. 试讨论税收管辖权的概念、原则及管辖权冲突的原因和结果。
2. 试分析居民税收管辖权和收入来源地税收管辖权的具体内容。
3. 试论述国际重复征税的概念和原因。
4. 试评析《经合组织范本》和《联合国范本》两份国际税收协定范本的主要内容。
5. 试分析“免税法”和“抵免法”的概念、具体方式和内容，并理解相关计算公式。
6. 试分析税收饶让抵免的适用范围和主要方式。

第十六章 国际逃税和国际避税

本章概要

本章主要讨论国际逃税和避税的概念和含义；国际逃税和避税的具体形式如转让定价、国际避税港避税、资本弱化及滥用国际税收协定等；针对国际逃税和避税的具体形式而采取的不同的管制措施，譬如受控外国公司制度和一般反避税规则等；国际税务信息交换制度的内容，国际税款征收协助的概念和意义。

关键术语

国际逃税　国际避税　基地公司　关联企业　转让定价　滥用国际协定　资本弱化　受控外国公司　一般反避税原则　纳税延迟　BEPS　国际税收情报交换制度

第一节　国际逃税与避税概述

第二次世界大战后跨国公司的兴起和迅猛发展，为各国国内已经存在的逃税和避税活动留下了更为广阔的空间，使这类活动的国际色彩越来越浓。国际交通和通讯的便捷也为国际逃税和避税活动提供了非常有利的条件。加上相当长一个时期内，许多国家的税率居高不下，刺激了企业逃税和避税的需求和动机。同时，经济全球化和跨国资本的流动对经济活动的影响越来越大。在这些因素的综合作用下，国际避税和逃税活动愈演愈烈，客观上严重损害了各国的税收利益，破坏了各国在涵养税源和捍卫财政利益上的努力，并严重干扰了国际税收秩序，许多国家和国际组织日益关注这一问题。

一、逃税与避税的概念

依照国际上通行的做法，税收领域中的规避税收的行为分为两大类：逃税（Tax Evasion）和避税（Tax Avoidance）。国际逃税和国际避税则是各国国内逃税和避税活动在国际范围的延伸和发展。

逃税（Tax Evasion）是指纳税义务人违反税法及相关法律的规定，不履行自己的纳税义务，不缴或少缴税款的行为。逃税是违法行为，严重的逃税行为还构成犯罪。逃税的手段以欺诈行为为主，如隐匿应税收入、做假账、伪造单据等。

避税（Tax Avoidance）是指纳税人利用税法上的设计缺陷或规定不明晰之处，或税法上没有禁止的办法，作出适当的税务安排和税务筹划，减少或者不完全承担其应该承担的纳税义务、规避税收的行为。避税并不直接违法，更不构成犯罪。避税行为在经济发达国家大量存在，在纳税人中已成为一种较普遍的现象，一般由律师、会计师和专业税务代理人提供税务筹划服务。

逃税和避税造成的后果几乎是相同的，即国家税收收入的流失，守法纳税人与逃税和避税者之间的不公平竞争，以及由此所造成的社会分配不公等。因此，对国家来说，规制避税与规制逃税具有同样重要的意义。从严格的法律意义上讲，逃税和避税是两种行为，在性质、手段以及由此而可能产生的法律后果等方面，都存在着本质上的明显差别。从以下两段联合国税收专家小组有关逃税和避税概念的比较中可看出这些差别：

“严格意义上的逃税，是指纳税人故意或有意识地不遵守征税国法律的行为。从广义上说，逃税行为一般也包括那种纳税人因疏忽或过失而没有履行法律规定应尽的纳税义务的情形，尽管纳税人没有为逃税目的而采取有意的隐蔽的手段。”

“避税相对而言则是一个比较不明确的概念，很难用能够为人们所普遍接受的措辞对它作出定义。但是，一般地说，避税可以认为是采取某种利用法律上的漏洞或含糊之处的方式来安排自己的事务，以减少他本应承担的纳税数额。而这种做法实际并没有违反法律。虽然避税行为可能被认为是不道德的，但避税所使用的方式是合法的，而且纳税人的行为不具有欺诈的性质。”①

逃税与避税的区别，还表现在给行为人带来的不同法律后果方面。逃税行为一旦的法律性质是非法行为，因此，逃税行为一旦被有关当局查明，纳税人就要为此承担相应的法律责任。避税行为人往往利用合法的形式来避税，至少并不直接违反法律，各国有关当局和部门的主要反避税措施是修改、完善税法和其他有关法律，堵塞避税得以产生的制度上和法律上的漏洞。另外，根据法律规定纠正避税，收回所避税款，也是反避税的重要方面和措施。反避税的重点在于加强立法协调和税务部门的执法，而不在于对避税行为人的处理和处罚。

二、国际逃税与国际避税的含义

若纳税人的逃税行为和避税安排具有跨国因素，与两个或者两个以上国家的税收管辖权产生联系，就构成了国际逃税和国际避税。实际上，国际逃税与避税的概念来源于国内法对逃税和避税的界定。由于二者法律性质不同，其法律后果也不相同。对国际逃税是处罚和打击；对国际避税是依法纠正。国际上对合法和非法并没有统一的或者通用的标准，各国的有关立法之间也有差别。同样的行为，在一国是非法的，在另一国可能是合法的。因而，国际逃税和国际

① 联合国秘书处国际经济社会事务部：《发达国家与发展中国家之间谈判双边税收条约手册》，英文版，22页，纽约，1979。

避税较之一个国家之内的逃税、避税更复杂和难以区分。

国际逃税与避税的产生有主观和客观两方面的原因。

主观上，跨国纳税人为追求自身利益最大化，一般来说有多获利、少纳税的意识和筹划。进行国际投资的跨国纳税人追求的是利润的最大化，避税动机更强，避税筹划更为精细。因此，跨国纳税人运用各种手段来逃税和避税，以取得最大经济利益。

客观上，各国税法之间的差异、税收环境的差异给跨国纳税人的国际逃税和避税提供了活动空间，为其逃税和避税活动提供了可能。例如，各国的税收管辖权不同，有居民税收管辖权和收入来源地税收管辖权；各国对税收居民、收入来源地的判定标准有所不同；各国在征税范围、税基、扣除项目、税率和避免双重征税的方法等方面存在诸多差异。跨国纳税人可以依托自身资源利用这些差异完成逃税和避税行为。

同时，各国税收当局对跨国纳税人的有关信息的掌握与对其国内纳税人相比，一般有相当的差距，这是国际逃税和避税易于发生的重要诱因。例如，一国的税务部门很难掌握某种产品或某项服务在另一个国家的市场价格，这给转让定价避税方式提供了空间和可能性，而且税务部门也可能难以令人信服地进行纠正。总体而言，税务信息交换的国际合作尽管发展迅速，但总体发展程度相对较低，其在防止国际逃税和避税中的作用没有完全发挥。

国际逃税和避税在实践中造成的危害显而易见，一方面，它损害了国家的经济利益，造成国家税收的流失。它破坏了公平竞争的市场经济原则，使遵从税法者处于不利竞争地位，违法者得利，获取不正当得利，造成国际投资市场秩序的混乱。更糟糕的是，这种情况会加剧和助长新一轮国际逃税和避税活动，形成恶性循环。另一方面，国际逃税和避税活动会导致国际投资的非正常流动，即不是由市场来配置资源使资本流向其最能产生利润的地方，而是由逃税和避税导向来“配置”资源，使资本流向最有利于逃税和避税的地方。

三、国际逃税的主要方式

跨国纳税人进行国际逃税的手段多种多样，比较常见的主要有以下几种：

（一）不报送和不提供完整纳税资料

纳税人采用此种逃税手段主要是不向有关国家税务行政主管机关提交纳税申报单，匿报、瞒报或虚报应该纳税的财产和收入信息。由于提交纳税申报表（tax return）是纳税人完成纳税的一项基本义务，纳税人不依法如实填报纳税申报表的行为本身就是违法行为。

（二）谎报所得及虚构扣除

谎报所得是指纳税人没有如实地提供其所得的真实信息、细节和性质，或将某种所得谎报为另一种所得项目，进而得到税收处理上的优惠和利益。譬如，虚构成本费用等税前扣除项目，是纳税人最为常用的逃税方式。

（三）伪造账目和伪造收付凭证

跨国纳税人有时可能采取设立两套甚至两套以上账簿的办法，应付税务机关尤其是税收征管制度不够发达或者不够健全的国家税务部门的账目监督和稽核，以虚构会计账簿的方式来欺骗审计和税务等部门进行逃税。

四、国际避税的主要方式

(一) 自然人的跨国移动

在对自然人进行征税方面，各国一般以国籍和个人在境内存在着住所、居所或居住达到一定期限等法律事实，作为行使居民税收管辖权的依据。因此，跨国自然人纳税人往往采取改变国籍、移居国外、缩短在某一国的居留时间等方式，变更其税收居所，达到规避在某一国家的纳税义务的目的。具体而言，相关方法一般包括：(1) 自然人变更国籍。自然人纳税人如果想脱离居民税收管辖权的制约，途径之一就是放弃其原来国籍，获得别国国籍。国籍变更一般受到有关国家的国籍法和移民法的制约和确认。(2) 自然人住所、居所的迁移。居住在高税负税收管辖区的自然人纳税人为了避免其居住国的高税负，可以选择将其居所或住所迁往低税负税收管辖区。这种纯粹为规避高税收而迁居或移民国外的现象有时被称为为税收流亡 (Tax Exile)。(3) 住所的短期迁移。居住在高税负税收管辖区的自然人纳税人为了达到某项特定的避税目的，可以短期移居国外，待实现了特定的避税目的后，再迁回原居民国，这又称为假移居。(4) 缩短居住时间和短期离境。居所判定标准在很大程度上与一个人在一国的居住时间长短有关，自然人可以采取在一国不住满法定期限的方法来避免在有关国家构成居所。针对连续或累积居住满半年或1年的居所判断标准，则可以中途离境一段时间，使居住期间达不到法定的连续居住天数。为躲避居民税收管辖权而改变居住时间或频繁进出境的纳税人有时被称为“税收难民”(Tax Refugees)。(5) 成为临时纳税人。临时在其他国家工作的自然人，往往能够得到临时工作所在国减免所得税的特殊优惠，或者享受到在该国只有临时住所或第二住所的税收优惠。对此，国际上称之为“临时移民”税收待遇。这两种税收优惠都可以被用来进行国际避税。

(二) 法人的跨国移动

法人纳税人通常采用下列方式选择或改变税收居所以实现避税。(1) 通过事先选择在低税负或无纳税义务的避税港、离岸金融中心或国家注册登记的办法达到规避在某一国作为居民纳税人的纳税义务。(2) 管理中心转移与虚假变动。在采取以跨国法人的实际管理和控制中心为判断纳税居民标准的税收管辖区，跨国法人也可以通过改变董事会的开会地点的方式把企业的实际管理中心转移到低税负或无纳税义务的国家。跨国法人也可以通过变更登记而将总机构变为分支机构，将新的董事会或总管理机构设在低税负国家。(3) 法人居所迁移。将一个跨国法人的实际管理机构或实际控制管理中心真正从一个高税负国家转移到低税负或无纳税义务国家，是跨国法人摆脱高税负国家居民税收管辖权最彻底的方式。但是，这种避税方式的成本高，实施起来困难一般较大。(4) 经营主体的变相转移。经营主体的变相转移是指纳税人本身并不转移出其高税收居住国，而是通过其境外经营活动形式和渠道，将实际经济利益转移到低税负或无纳税义务的国家，从而在一定程度上实现摆脱高税负国居民税收管辖权的目的。经营主体的变相转移，实际上是借助于课税客体的移动进行的。最常见的方式是在低税负或无纳税义务的国家建立信箱公司和开展中介业务。

（三）设立国际避税地与基地公司

1. 国际避税地

国际避税地（Tax Haven）又称避税港（Tax Harbor），是指为吸引外国资本流入，繁荣本国或本地区经济，在本国或本地区确定一定范围，允许境外人士在此投资和从事各种经济、贸易和服务活动，获取收入或拥有财产而不对其征直接税，或者实行低直接税税率，或者实行特别税收优惠的国家和地区。著名的避税地，主要分布在三个区域，即靠近北美洲的大西洋和加勒比海地区、欧洲中南部、亚洲太平洋地区，分别是北美、欧洲和亚太经济发达国家的避税地。国际避税地主要可分为以下三种类型：（1）没有所得税和一般财产税的国家和地区。在这些国家和地区，一般不开征个人所得税、公司所得税、资本利得税、财产税、遗产税和赠与税等。所以，又被称为"纯避税地"。属于这种类型的国家和地区主要有巴哈马、百慕大、开曼群岛等。（2）对外资和外国人实行低税负或对国外来源所得不征税的国家和地区。有些国家和地区仅实行收入来源地税收管辖权，对国外所得完全免税，对来源于境内的收入实行低税率。中国香港特别行政区、马来西亚、巴拿马、利比里亚是这种类型的典型代表。有些国家和地区对当地和国外所得或投资课征某些直接税，对外国经营者给予特别税收优惠。如瑞士、列支敦士登、塞浦路斯等。（3）对外资提供某些税收优惠的国家和地区。这些国家和地区在实行正常税收的同时，对外来投资的某些经营形式提供特殊优惠。如卢森堡、荷兰、爱尔兰、英国等。

前两类国际避税地，特别是纯国际避税地，大多是较小的沿海国家和内陆小国，甚至是很小的岛屿或"飞地"。它们自然资源稀缺、人口数量较少、经济基础薄弱，但由于它们具有税务政策的"优越性"，因而吸引了大量国外公司来此注册。避税地的主要特点包括：金融信息及税收体制不透明，税率极低甚至不征税，为其他国家和地区的企业、组织和个人避税、洗钱提供方便，损害国际金融体系的稳定等。

2. 基地公司

所谓基地公司，又称"外国基地公司"，指跨国纳税人为规避纳税而在低税或无税国家和地区设立的，从事转移和积累于第三国营业或投资产生的利润的公司。基地公司通常设立在国际避税地。具体做法如甲国公司希望向丙国投资，即可先在国际避税地乙国建立外国基地公司，然后通过乙国基地公司向丙国投资，达到避税的目的。这种模式是比较典型的从事"第三国营业"的外国基地公司。

一般而言，建立基地公司的目的，主要是用基地公司来聚集、接收其收入。跨国纳税人通过在逃税和避税地建立"基地公司"，将财产、所得和收入汇集到基地公司中，从而达到躲避国际税收的目的。基地公司有多种形式，如信箱公司、持股公司、投资公司、财务公司和空运公司等。

外国基地公司一般具有如下特征：它是一个受控实体，由基地公司所在国之外的某一国居民公司或个人控制，这种控制关系主要是母子公司的控制关系。它具有国际避税地的法人资格或居民公司地位，是一个独立的纳税主体，其经济利益全部或主要部分实际来源于基地公司所在地之外，基地公司的经济职能只是充当资金中转站或销售中转站，或仅提供业务手续服务等。

（四）关联企业与转让定价

1. 关联企业

从国际税收的角度来定义，关联企业是指资本股权和财务税收相互关联达到一定程度，需要在国际税收上加以规制的企业。具体而言，关联企业是指与其他企业之间存在直接或间接控制关系或重大影响关系的企业。相互之间具有联系的各企业互为关联企业。关联企业在法律上表现为由有统一管理关系的控制公司和从属公司构成。

不同国家在其国内法中对国际关联企业作出界定，一般取决于其税收征管的需求。就居民国来说，把跨国纳税人在居民国之外的企业判定为与居民国境内企业存在关联关系后，可以调整关联企业之间的收入和费用，对一些企业还可以直接行使居民税收管辖权，对其国外收入征税。就收入来源地国来说，把跨国纳税人判定为同国外企业有关联之后，同样可以调整收入、费用的分配，控制税收利益外流，使收入来源地税收管辖权能够得到切实实施。

从税收的角度对国际关联企业作出界定，其基本原因是关联企业之间的经济往来、经营关系和财务关系不同于独立企业之间的关系。独立企业之间的交易往来是按照市场原则进行的，它们之间销售货物或转让财产，按市场行情估价定价，双方自愿达成交易；借贷款项，按市场利率计息；提供劳务，按市场标准付费。但是，关联企业之间的交易往来可以或经常选择不完全遵循市场原则，会发生种种扭曲市场基本原则，人为转移和分配利润的情况，进而形成可以规避税收的方式和实践。其中，转让定价（Transfer Pricing）是关联企业之间出于避税的目的，违背市场原则，进行人为分配的主要方法。

2. 转让定价

转让定价（Transfer Pricing）或转移定价是指关联企业之间在销售货物、提供劳务、转让无形资产等时制定的价格。这种价格不由交易双方按市场供求关系变化和独立竞争原则确定，而是根据跨国公司或集团公司的全球战略目标和整体利益最大化的原则由总公司人为确定的。

在跨国经济活动中，利用关联企业之间的转让定价进行避税已成为一种常见的税收逃避方法，其一般做法是：跨国集团中高税国企业向其低税国关联企业销售货物、提供劳务、转让无形资产时制定低价；低税国企业向其高税国关联企业销售货物、提供劳务、转让无形资产以及转让生产设备时制定高价。最终形成利润就从高税负国转移到低税负国，从而达到最大限度降低跨国企业综合税负的目的。

（五）资本弱化

资本弱化，通常指纳税人企业通过增大借、贷款额（债权性筹资）而同时减少股份资本（权益性筹资）比例的方式增加税前扣除，以降低企业税负的一种行为。借、贷款支付的利息，作为财务费用一般可以税前扣除，而为股份资本支付的股息一般不得税前扣除。

在现代跨国投资环境中，各国对跨国股息所得和对银行借贷利息的税务处理存在很大差别，跨国投资者常常会利用这种差别待遇，加大其在其他国家投资的企业税前扣除进而减少应纳税所得额，在投资时多采用借、贷款而不是募集股份的方式，以达到避税的目的。跨国投资人因税收原因，往往尽量多地利用银行借贷融资，而较少利用本身的股份资金，或者把本来是股东的资本转成银行贷款，从而逃避或减轻了其本来应该承担的税负。这类避税安排在国际税法上称为“隐蔽的股份投资”或“资本弱化”。

（六）滥用国际税收协定

滥用国际税收协定（Tax Treaty Shopping）一般指某个第三国的纳税人利用其他国家之间签订的国际税收协定获取其本不应得到的税收利益。从国际税法角度来看，滥用国际税收协定实质上是“违反国际税收协定的目的，对协定有关规则的随意使用的行为”。跨国纳税人通过滥用国际税收协定往往可以达到逃税和避税的目的。

一般而言，在双边国际税收协定中，缔约国通常都相互向对方居民提供一些税收的优惠，并积极解决国际重复征税问题，其目的在于鼓励缔约国居民间的经济交往。国际税收协定下优惠政策的目标受益人是缔约国的居民而非缔约国以外其他国居民，因此，第三国居民本来不应从中获取税收优惠和利益。滥用国际税收协定作为避税方式，促使第三国居民往往通过各种途径作出特殊的安排，从有关国家签订的税收协定中获得好处，并因此逃避正常情况下其本应承担的税负。例如，甲国与乙国之间缔结双边国际税收协定，而丙国与甲、乙两国均未有税收协定关系，若丙国的居民公司为到甲国从事经济活动而在乙国设立纳税人公司以期获取甲、乙两国间税收优惠，丙国居民此举就可能涉及滥用税收协定规避税收。

滥用国际税收协定的实质在于不应获得税收协定优惠的跨国纳税人通过某种途径享受或滥用相关优惠。在实践中，滥用税收协定的通常做法是跨国纳税人通过在某个国家设立中介公司，然后以该公司名义到与该国有税收协定的国家从事经济活动，从而享受到其直接投资不能享受到的协定优惠。具体来说，设立中介公司滥用国际税收协定的做法主要有设立直接导管公司（Direct Conduit Company）和设立踏脚石导管公司（Stepping-stone Conduit）等。

第二节　国际逃税与避税的国内法律规制

国际逃税和避税驱使大量资金流向易于逃税和避税的国家和地区，造成资本的非正常流动。国际逃税和避税活动对维护纳税人的权益，实行公平竞争，维持公正有序的税收秩序和市场秩序是非常不利的。鉴于国际逃税与避税的危害性，各国政府纷纷制定了防止国际逃税与避税的法律措施，并不断加强和完善税收法制建设。许多国家在实践中根据自己的情况和特点形成了各具特色的防范逃税和避税的措施，譬如通过法律手段，在国内税收的立法、执法和司法等各方面做好管制；同时，各国还通过双边和多边协定，加强和扩大政府间的双边税务合作以堵塞国际税收中的漏洞。

一、国际逃税与避税的国内法一般规制

健全税收征管制度、加强对税收情报的收集和对跨国纳税人的经济交易活动的税务监督管理，是防止国际逃税和避税的主要措施，一般包括下列内容：

（一）加强国际税务申报制度

各国国内税法一般都规定居民纳税人有向居民国提供其在非居民国进行经营活动的情况这一法定义务。在反避税的法律规定中最严厉的形式，是规定纳税人需要事先取得税务机关的同意，方能实施或从事某些具体经营或商业行为。

加强税法合规性调查。税务机关需要通过税务调查、搜集情报，增加税法合规性监管力度，应对和限制国际逃税和避税活动。税法合规性调查是对纳税人自我申报制度的必要补充。同时，税法合规性调查需要多方面的国际合作，特别是国际避税地的银行对他国税务机关进行当事人情况调查的合作。近年来，有些国家以及国际社会致力于推动国际合作，反对有组织犯罪、恐怖主义的国际法律协同活动在反洗钱、要求银行披露有关信息方面有很大进展，客观上推动了税法合规性调查的国际合作。

（二）强化会计审查制度

对纳税实行会计审查制度，是加强对跨国纳税人的经营活动进行税务监督的一种重要手段。许多国家在有关法律中规定，公司企业、特别是公众公司或股份有限公司的税务申报，必须经过适格会计师的审核。

（三）建立所得评估制度

许多国家对于那些不能提供准确的成本费用凭证，因而无法正确计算其应税所得的纳税人，以及那些每年所得数额较小的纳税人，采取核定所得纳税制度。从某种意义上来说，这种核定所得纳税制度是一种控制纳税人逃税和避税的办法。

二、关联企业的转让定价税制管理

转让定价是跨国纳税人进行客体转移避税的最重要、最常见的手段之一。因此，对转让定价进行规制是反避税中的关键问题。转让定价虽然能给跨国企业全球的经营活动带来丰厚的利润收益，但从整体上肯定会导致税源流失和税收收入减少。因此大多数国家都采取了相应的政策、法律和征管手段来防止跨国企业采取转让定价的方法转移利润、逃避税收。

关联企业之间的内部交易的定价是通过转让定价进行国家逃税和避税的核心问题之一。关联企业内部的交易价格通常都会低于市场价格，但过低的价格会遭到税务行政管理机关的审计和管理。税务行政管理机关在进行转移定价审查时，一般主要采取可比非受控价格法、再销售价格法和成本加成法等方法。

此外，由于跨国公司尤其是大型跨国公司在全球投资的布局和投资规模较大，跨国公司在涉及关联交易的税务安排中，有时也采取预约定价安排的方法来配合税务行政机关在转让定价方面的管控。预约定价安排是指企业与税务机关就企业未来年度关联交易的定价原则和计算方法所达成的一致安排，其谈判与执行通常经过预备会谈、正式申请、审核评估、磋商、签订安排和监控执行6个阶段。预约定价的整个申请过程一般需要1～2年，有时甚至更长，而且可能出现税务机关不接受企业申请的状况，或者两国税务机关磋商失败的情况。但是，如果企业申请成功，在执行期内可以大大减少企业的转让定价审计风险及相关的内部管理成本。

《中华人民共和国企业所得税法》中第六章“特别纳税调整”部分专门就关联方交易的转让定价问题作出了规定：一是明确了关联企业可以共同研发无形资产并进行成本分摊。二是明确引入国际通行的预约定价协议（Advanced Pricing Agreement）。三是首次在实体法中把转让定价税务管理从外资企业扩展到内资企业。四是明确了关联企业须就其关联交易进行纳税申报的义务。

三、受控外国公司管制

受控外国公司（controlled foreign corporation）一般指由居民企业，或者由居民企业和居民个人控制的设立在实际税负显著低于居民国税法规定的税率水平的国家（地区），并非出于合理经营需要对利润不作分配或减少分配的外国企业。具体而言，受控外国公司中“控制”的概念是指在股份、资金、经营、购销等方面构成实质控制，且各国税法对“控制”的要求也不尽相同。

居民企业进行国际避税的一个重要方法，就是通过关联企业间的关联交易将利润的一部分转移给设在一些税率极低的或零公司所得税的国际避税地的受控外国公司或“特别目的公司”，并利用居住国推迟课税的有关规定将利润长期滞留在境外，不汇回国内或要求境外子公司对利润不作相应的分配，从而规避居住国实际上应缴纳的企业所得税。

取消延期纳税是针对跨国企业利用受控外国公司进行国际逃税和避税的主要管制措施。取消延期纳税是指居住国对作为避税地公司股东的本国居民企业或自然人，按其控股比例，对其在避税地公司中的所得，不论是否以股息形式汇回，一律计入当年所得征税。取消延期纳税，并不是对避税地公司本身的直接征税，而是对其居民国股东的征税，从而使避税地公司无法凭借其独立的法人身份完成积累所得的功能。取消延期纳税是某些发达国家抑制避税地活动的一项有力措施。

四、对资本弱化的管制

资本弱化的方法是目前跨国企业较为常见的逃税和避税形式，并已经引起各国税务当局的密切关注。跨国企业通过减少股份资本、扩大贷款规模，从而以增加利息支出来转移应税所得，实现税收负担最小化，对被投资国和收入来源地国的税收权益都产生负面影响。对于利用资本弱化避税的控制，经济合作与发展组织（OECD）提倡采用两种方法：正常交易法和固定比率法。

正常交易法是指在决定贷款或募股资金的特征时，要看关联方的贷款条件是否与非关联方的贷款相同，如果不同，则关联方的贷款可能被视为隐蔽的募股，要按资本弱化法规处理对利息的征税。目前英国等少数国家采用正常交易法。

固定比率法是指如果公司资本结构超过特定的一定比例，则超过的利息不允许税前扣除，可以将超过的利息视同股息征税。美国、加拿大、新西兰、澳大利亚等大多数国家采用固定比率法。

五、一般反避税规则

（一）“实质重于形式”原则

“实质重于形式”（Substance over Form）是一项重要的司法原则，即法律上不承认那些形式上合法而实质上违背立法意图的行为和安排。这一原则现已被许多国家运用于处理国际逃税和避税问题。在税务司法处理中，司法机关不承认那些符合正式法律要求却没有充分商业理由的公司和交易。譬如，以公司组织形式进行的交易，可能被认为是由个人操纵进行的。

（二）一般反避税规则（GAAR）

为防止跨国公司滥用税收筹划，一些国家和地区在其国内税法中制定了一般反避税规则（GAAR或General Anti-Avoidance Rule）。一般而言，某些税收筹划会导致税源流失以及大量不合理的税收损失，因此GAAR积极促进“公正标准”测试（Justice Test）以阻止某些通过各种被认为不恰当或违反法律精神的方法进行的税收筹划。依据这些税收筹划完成的这些交易一般很难支持成熟和有效的合法的商业目的，而其主要意图仅仅是为了规避法定纳税义务。根据GAAR的原则，违背立法机关和行政机关税务立法的本意和原旨，而仅仅为了减少税收负担而进行的交易或公司重组安排，不应该受到鼓励或纵容。

六、税基侵蚀（Base Erosion）和利润转移（Profit Shifting）

（一）税基侵蚀

税基侵蚀（Base Erosion）是指由于设置特别的减免税项目，从而增加对纳税人的某些税务优待，进而带来的税基的缩小。税基侵蚀表现形式多样且诱因十分复杂。税基侵蚀从征纳双方角度，可以分为征税方原因的侵蚀和纳税方原因的侵蚀；从主动和被动角度，可以分为积极主动侵蚀和消极被动侵蚀。

从征税方原因，即从税务行政机关方面的原因来看，主要表现在两方面：一是在实行各种税收优惠政策的过程中，使税基遭侵蚀，税收流失；二是政府在确立税法过程中，没有将税基作为课税对象，或虽作为对象，但课税对象范围较窄，导致税基侵蚀。从纳税人角度而言，税基侵蚀的发生原因主要表现为两个方面：一是纳税人的逃税和避税行为的持续发生；二是纳税人的寻租压力。

（二）税基侵蚀和利润转移（BEPS）行动计划

税基侵蚀和利润转移（BEPS）是指跨国企业利用国际税收规则存在的不足，以及各国税制差异和征管漏洞，最大限度地减少其全球总体税负，甚至达到双重不征税的效果，形成对各国税基的侵蚀。

税基侵蚀和利润转移（BEPS）行动计划是由二十国集团（G20）领导人背书，并委托经合组织推进的国际税改项目，是G20框架下各国携手打击国际逃、避税，共同建立有利于全球经济增长的国际税收规则体系和行政合作机制的重要举措。2014年6月26日，经合组织通过了

15项行动计划中的7项产出成果和1份针对这些成果的解释性声明，并于2014年9月16日对外发布。BEPS 15项行动计划共分为5类，分别为应对数字经济带来的挑战、协调各国企业所得税制、重塑现行税收协定和转让定价国际规则、提高税收透明度和确定性以及开发多边工具促进行动计划实施。

我国由财政部和税务总局以经合组织合作伙伴身份参与BEPS行动计划，与经合组织成员享有同等权利和义务。参与BEPS计划相关国际税收改革是完善我国税收国际方面一系列制度的一次良机，通过借鉴BEPS行动计划所产生的成果，可以修订反避税管理规程，加大防止税收协定滥用力度，完善跨境税源管理办法，健全国际税收管理体系，全面加强国际税收管理工作，在促进对外开放和国际经济合作的同时维护我国的税收权益。

第三节　防止国际逃税和避税的国际合作

防止国际逃税和避税是很多国家关注的问题。日益加剧的全球化进程使跨国公司成为世界经济的主角，其在全球范围内配置各种资源的规模越来越大。由于各国法律、制度不尽统一等方面的因素，跨国公司通过各种手段进行国际逃税和避税的操作空间不断增大，对许多国家的财政收入、外汇收支平衡都产生了消极影响，也扰乱了许多国家的经济秩序，造成企业间的不公平竞争，各国政府对其监管的难度也相应加大。因此，值得发达国家及处于经济快速发展期的国家重视的问题，是如何采取和制定有效的协商与合作，调整针对全球跨国公司的征税机制，落实对国际逃税和避税的防止和控制。

一、国际税收协定反滥用条款

滥用国际税收协定（Tax Treaty Shopping）一般是指非税收协定缔约国的居民通过在税收协定缔约国设立中介公司的做法获取其本不应享有的税收协定中的税收优惠。针对滥用国际税收协定来实现的国际逃税和避税，必须通过国家间的合作才能完成高效率的预防和管控。目前防范滥用税收协定措施主要是通过缔结双边或多边的税收协定来完成，其中协定中有关受益所有人概念的使用及对所得利益的限制最为重要。税收协定缔约国在进行国际合作时可以采取一些方法，避免税收协定滥用。

第一种方法是回避法，即一国政府避免同国际避税地或实行低税收政策的国家和地区缔结双边税收协定。由于利用第三国税收协定的通常做法是在一个拥有优惠税收制度的国家设立中介公司，因而大多数国家都避免与那些被认为是国际避税地的国家签订税收协定即可实现反避税。

第二种方法是协调法。协调法是一国在处理滥用税收协定问题时的首选方法。滥用税收协定行为的出现主要是由于行使不同税收管辖权的国家和地区还没有参加税收谈判或缔结相应的国际税收协定，因而，在双边税收协定网络逐步扩大的基础上，可以通过协调建立一个包括尽可能多国家参加的、统一的、合理的多边税收条约来解决滥用税收协定问题。多边税收条约正在区域化阶段发展，目前比较富有成效的是欧盟国家进行的税收政策和税收协定协调。

二、国际税收情报交换制度

有效纳税控制制度的基础是税收情报。通过税收情报交换网络，各国税务行政机关可以了解、稽核本国纳税人在境外从事了哪些涉税活动，以及这些涉税活动的范围和性质。经常性税收情报交换的意义在于，其使税务当局的纳税控制成为可能，能够保证税收协定和国内税法的正确执行，进一步加强税收征管，防止跨国税务犯罪，阻止资本流失，增强纳税人的纳税意识，当然更重要的是防止避税和逃税，保证公平竞争，促进国际税收征管协作。

国际税收情报交换是指国际税收协定缔约国家的税务主管机关为了正确执行税收协定及其所涉及税种的国内法而相互交换所需信息的行为。税收情报交换的法律依据主要有两个方面，一是缔约国签订的税收协定或安排中的有关情报交换条款，譬如中国和美国签订的税收协定中有关情报交换条款；二是缔约国为税收情报交换签署的专门协定，譬如，某些缔约国专门的税收情报交换协议，比较详细地对情报交换的方式、语言、保密、管辖权、协商程序等作了规定。

情报交换由缔约国双方在税收协定规定的权利和义务范围内进行。缔约国一方享有从缔约国其他方取得税收情报的权利，也负有向缔约国其他方提供税收情报的义务。情报交换要通过税收协定确定的主管当局或其授权代表进行，并应在税收协定生效并执行以后进行。同时，情报交换不能采取与缔约国或缔约国另一方法律或行政惯例相违背的行政措施，并保证不能提供依缔约国或缔约国另一方法律或正常行政渠道不能得到的情报。此外，情报交换的内容不应包括任何泄露贸易、经营、工业、商业或行业秘密或工艺的情报，或者泄露后会扰乱一国公共秩序的情报（涉及国家主权、安全和重要利益等）。

国际税收情报交换的类型主要包括专项情报交换、自动情报交换、自发情报交换以及同期税务检查、授权代表访问和行业范围情报交换六大类。其中，专项情报交换和自动情报交换是比较常见的情报交换类型。

专项情报交换，是指缔约国一方主管当局就国内某一税务案件提出具体问题，并依据税收协定请求缔约国另一方主管当局提供相关情报，协助查证的行为。自动情报交换，是指缔约国双方主管当局之间根据约定，以批量形式自动提供有关纳税人取得专项收入的税收情报的行为。

此外，国际税收协定或专门的国际税收情报协定、缔约国国内相关法律也会对国际税收情报交换的保密层级、披露程序和要求、管理程序作进一步规定和平衡。

三、国际税款征管协助

防止国际逃税和避税的合作的出发点和目标是确保各国税源稳定和税款征收及时、完整。无论跨国纳税人采取何种国际逃税和避税的形式和方法，其核心利益驱动是达到少缴或不缴应纳税款的目的。同时，各国税收行政机关的目标之一是保证及时征收税款并对相关征收程序进行合理有序监管。一般而言，税款征收方式是指税务机关依照税法规定和纳税人生产经营、财务管理情况以及便于征收和保证国家税款及时足额入库的原则而采取的具体组织税款入库的方法。

国际税收征管协助最早出现在20世纪80年代，即一国税务征管机关或税务行政机关应缔约国另一方或其他方请求，协助或代为行使税收管辖权，以实现跨境欠税追缴或其他跨国税收主张。征管协助主要分为双边协助和多边协助两种类型。

国际税款征收多边协助指多个国家或地区签署关于相互给予征管协助的多边协议，并在此基础上相互给予协助。

课堂讨论案例

1. 2013年1月在甲国注册的能源股份有限公司A公司在乙国成立。A公司的主要投资人均为甲国居民。乙国一直主张并适用以法人的实际管理和控制中心标准来判定居民公司。为规避乙国高额税负，A公司股东大会作出如下决策：

(1) 只允许A公司的乙国股东享有收取股息权利，不允许A公司的乙国股东参与经营管理活动，达到把乙国股东的股份与影响和控制A公司管理的权利实质分离。

(2) 任命非乙国居民担任A公司的高级管理人员如董事会成员、总经理等，乙国居民不得参与管理工作。

(3) 在乙国以外的地区召开A公司董事会和股东大会。与A公司有关的一切会议材料和财务报告等均在乙国以外完成。

(4) A公司的任何高级管理人员不得在乙国以任何方式发布指示或命令。

(5) A公司在乙国设立一服务性子公司B公司，旨在应对紧急情况或为附带发生的交易行为提供便利。B公司须按照实际核准的利润在乙国缴纳税负以避免乙国政府的不满。

通过上述手段，A公司成功避免向乙国缴纳巨额税款。

问：(1) A公司采取的避税方式是什么？

(2) 乙国政府如何才能阻止A公司实施上述避税行为？

2. 德娴集团是一家注册在开曼群岛的跨国公司，其在甲、乙、丙三国分别设立A、B、C三家子公司。A公司主要从事机械零部件生产，B公司主要从事零部件组装，C公司是主要从事整机销售和运输的综合性公司。甲、乙、丙三国的公司所得税税率分别为30%、20%和10%。

A公司以500万美元的成本生产了一批机械零配件，本应以800万美元的市场价格出售给B公司。为规避税收，A公司先与C公司订立销售合同，将该批零配件以500万美元的成本价出售给C公司，C公司随即以300万美元的价格将该批零配件销售给B公司，B公司组装整机后投放市场。

问：(1) A、B、C三家关联公司的上述行为属于何种性质？

(2) 通过上述税务安排，德娴集团总共可规避多少应纳税款？

问题与思考

1. 试讨论国际逃税和国际避税的概念、内涵以及两者的区别。
2. 试分析国际避税地的含义和类型，以及跨国纳税人利用基地公司避税的方式。
3. 试讨论关联企业和转让定价的概念，以及我国法律对转让定价方式避税的管理和限制。
4. 试讨论滥用国际税收协定的概念、方式和具体的管制措施。
5. 试分析一般反避税规则的含义和适用。
6. 试讨论国际税收协定反滥用条款的含义和具体方法。
7. 试分析国际税收情报交换的定义和类型。

第十七章

我国涉外所得税法律制度

本章概要

本章主要讨论了我国涉外企业所得税法律、个人所得税法律和涉外所得税征管法律规制的相关基本原则和概念；我国企业所得税和个人所得税的纳税义务人、扣缴义务人、居民纳税人和非居民纳税人的判定和纳税义务等；我国涉外所得税征管法律下的登记制度、申报、缴纳制度、扣缴制度以及相关的税务处罚的基本原则和法律等。

关键术语

《企业所得税法》　扣缴义务人　税务登记　税务申报与缴纳　税务扣缴　源泉扣缴　税务处罚

第一节　我国所得税法律制度

一、企业所得税法律

我国涉及企业所得税征收的法律制度主要由自 2008 年 1 月 1 日起实施的《中华人民共和国企业所得税法》（以下简称《企业所得税法》）、2007 年 11 月 28 日由国务院通过的《中华人民共和国企业所得税法实施条例》（以下简称《实施条例》）与《中华人民共和国税收征收管理法》及其实施细则等共同构成。《企业所得税法》实施后，我国 1991 年起施行的《中华人民共和国外商投资企业和外国企业所得税法》和 1993 年颁布的《中华人民共和国企业所得税暂行条例》同时废止。《企业所得税法》的主要特点是实现了内、外资企业在所得税征纳上的“四个统一”：

1. 统一的适用范围。《企业所得税法》适用于中华人民共和国境内的独资企业、合伙企业以外的企业和取得收入的组织。无论是内资企业还是外资企业，都统一适用《企业所得税法》。[①]

2. 统一的企业所得税率。《企业所得税法》改变了因内、外资企业享受不同的税收优惠而产生的内资企业和外资企业实施不同税率的状况，实行统一的比例税率。

3. 统一的税前扣除标准。《企业所得税法》对企业的扣除标准规定了统一的规范。[②]

4. 统一的税收优惠待遇。《企业所得税法》统一了税收优惠政策，实行“产业优惠为主、区域优惠为辅”的新税收优惠体系。

此外，《企业所得税法》还全面、具体地规定了反避税条款。

关于企业所得税法的纳税主体，即纳税人，是指在中华人民共和国境内的企业和其他取得收入的组织，统称为企业。个人独资企业和合伙企业这类自然人企业依法只需缴纳个人所得税，此处的企业不包括个人独资企业和合伙企业，以法人企业为主。国家征收所得税，都以国家与纳税人或其所得存在着某种必然的联系为前提条件，因此，应先将纳税人的身份分为居民和非居民身份，以确定该纳税义务人与该征税国的联系，然后再依据纳税人的居民和非居民身份确定其纳税义务。我国《企业所得税法》也将纳税企业分为居民企业和非居民企业。[③] 同时，常设机构为非居民企业在中国获得生产经营收入的机构或场所[④]，判断非居民所得需要厘清其是否来源于中国境内。

扣缴义务人是指税法所规定的，对纳税人的应税所得向税务机构负有代扣代缴义务的人。预提税的扣缴义务人是支付所得的人，纳税义务人是所得的收益人。扣缴义务人并非纳税主体，是依法律规定代理纳税人缴税的单位和个人。

关于企业所得税纳税义务的范围，是指收入总额减除不征税收入、免税收入、各项扣除项目以及允许弥补的以前年度亏损之后的应纳税的余额。《企业所得税法》规定，非居民企业在中国境内未设立机构、场所的，或者虽设立机构、场所但取得的所得与其所设机构、场所没有实际联系的，应当就其来源于中国境内的所得缴纳企业所得税，即预提税的征收。

二、个人所得税法律

我国涉及个人所得税征收的法律制度主要由1980年9月10日第五届全国人民代表大会第

---

① 现行《企业所得税法》将纳税人分为居民企业和非居民企业，居民企业负有无限纳税义务，就其来源于我国境内外的一切所得纳税。非居民企业仅负有有限纳税义务，就其来源于我国境内的所得，以及发生在境外的与其所设机构、场所有实际联系的所得纳税。非居民企业在我国境内未设立机构、场所的，或者虽设立机构、场所但取得的所得与其机构、场所没有实际联系的，仅就来源于我国境内的所得纳税。

② 统一规范主要包括：(1) 统一工资的扣除标准，规定按企业实际发放的工资据实扣除；(2) 统一捐赠的扣除标准，规定在年利润总额12%以内的公益性捐赠准予扣除；(3) 统一并提高研发费用的扣除标准，规定企业为开发新技术、新产品、新工艺发生的研究开发费用可以加计扣除；(4) 统一广告费的扣除标准，规定不超过企业当年销售收入15%的企业广告费可以据实扣除，超过比例的部分准予在以后的纳税年度结转扣除。

③ 居民企业指依法在中国境内成立，或按照外国（地区）法律成立但实际管理机构在中国境内的企业。非居民企业指依照外国（地区）法律成立且实际管理机构不在中国境内，但在中国境内设立机构、场所的，或者在中国境内未设立机构、场所，但有来源于中国境内所得的企业。

④ 常设机构包括：(1) 管理机构、营业机构、办事机构；(2) 工厂、农场等开采自然资源的场所；(3) 提供劳务的场所；(4) 从事建筑、安装、装配、修理、勘探等工程作业的场所；(5) 其他从事生产经营活动的机构、场所；(6) 非居民企业委托在中国境内的营业代理人从事生产经营活动，该营业代理人视为非居民企业在中国境内设立的机构、场所。

三次会议通过，2011 年 6 月 30 日第十一届全国人民代表大会常务委员会第二十一次会议第六次修正的《中华人民共和国个人所得税法》（以下简称《个人所得税法》），以及 1994 年 1 月 28 日由国务院发布，2011 年 7 月 19 日第三次修订的《中华人民共和国个人所得税法实施条例》（以下简称《个税法实施条例》）组成。《个人所得税法》最近两次的修订主要是提高个人所得税的费用扣除标准和加强税务申报制度。

（一）纳税主体

现行的《个人所得税法》将个人纳税人分为两大类，一类为居民，另一类为非居民。

1. 居民身份的确定。凡是符合《个人所得税法》认定个人的居民身份的两个标准的自然人即具有税法上的个人居民身份。

（1）住所和户籍标准。住所和户籍标准是认定居民身份的标准之一。

（2）居民加时间标准。《个人所得税法》所规定的确定自然人为中国居民的另一标准为居民加时间标准。

2. 非居民的确定。《个人所得税法》及《个税法实施条例》将非居民分为两类。一类是指在中国境内无住所又不居住的自然人。这类非居民的构成必须同时具备三个条件：第一，在中国境内无住所的。无住所即指不因户籍、家庭、经济利益关系而在中国境内习惯性居住。第二，在中国不居住的。不居住的确切含义是指在中国境内没有居住地。第三，在中国境内取得收益的。这三个要素同时存在，即构成中国税法上的非居民。

非居民的另一类是指在中国境内无住所且在中国境内居住不满 1 年的人。这类非居民的构成也必须同时具备三个条件：第一，在中国境内无住所。第二，有在中国境内居住的事实，但居住时间不满 1 年。这是同第一类非居民不同的一个构成要素，反映了非居民在人身关系上多少与征税国有一定的联系，即居所的联系和一定的居住期间的联系，由于这个联系，就可能产生这类非居民的纳税义务。第三，该非居民有从中国境内获得收益、取得所得的事实，即在中国境内受雇、经营、劳务、投资而获得收益的事实。

（二）纳税义务范围

《个人所得税法》规定，凡中国居民必须就其在境内外的所得承担纳税义务，所得包括个人的独立劳务所得和非独立劳务所得。

1. 居民的纳税义务

按我国税法，居民是指因户籍、家庭、经济利益关系而长期习惯性在中国居住的自然人和在中国居住满 5 年以上的自然人。按照《个人所得税法》的规定，居民以税收居所为联系点向中国政府承担无限纳税义务，即就其来源于中国境内和境外的所得承担纳税义务。这是中国居民纳税义务的范围。

2. 临时居民的纳税义务

我国税法规定，临时居民是指不在中国境内因户籍、家庭或经济利益关系而有住所或习惯性居住的，但居住时间在 1 年以上、5 年以下的自然人，包括临时居住的任职受雇者、个体工商户、个人承包经营者，从事设计、咨询、代理写作等独立劳务者，特许权使用费转让者，利息、红利、股息取得者，财产出租人，财产转让人及中彩、中奖者等。对于临时居民，中国政府仍行使居民管辖权，临时居民仍需就其来源于中国境内和境外的所得承担纳税义务。

3. 非居民的纳税义务

我国税法规定，中国的非居民是指既不因为户籍、家庭、经济利益关系在中国习惯性居住，也不居住或短暂居住，并且有从中国境内得到收益、所得的自然人。按《个人所得税法》，中国的非居民是指在中国境内既无住所又无居所的自然人。这种非居民均因为在中国境内取得所得而在中国具有纳税义务，应在中国就此所得缴纳个人所得税。非居民的来源于中国的所得，不论其支付地点是否在中国境内，都必须缴纳个人所得税，承担纳税义务。

第二节　我国涉外所得税征管法概述

现行的《中华人民共和国税收征收管理法》（以下简称《税收征管法》）是 1992 年 9 月 4 日第七届全国人民代表大会常务委员会第二十七次会议通过，后经 2001 年 4 月 28 日第九届全国人民代表大会常务委员会第二十一次会议修订的，是针对所有在中国境内所征收的税的征收管理的法律，包括涉外所得税的税收管理。根据《税收征管法》的规定，我国税务机关依《税收征管法》行使权力，依照《税收征管法》及相关所得税法的规定进行所得税的征收管理，本章仅就涉外所得税征纳的税务登记、纳税申报和缴纳、法律责任等制度进行介绍。

一、涉外所得税征纳的基本制度

（一）税务登记

《税收征管法》规定，企业、企业在外地设立的分支机构和从事生产、经营的场所，个体工商户和从事生产、经营的事业单位（统称从事生产、经营的纳税人），必须进行工商登记。我国《税收征管法》上的须进行纳税登记的主体既包括企业所得税法的纳税主体，如企业法人，从事生产、经营的事业单位，也包括个人所得税法的部分纳税主体，如个体工商户。另外，不具有纳税主体资格的企业在外地设立的分支机构和从事生产、经营的场所也应当办理税务登记。我国《税收征管法》只规定从事生产、经营的所得税纳税人应进行税务登记，这并不意味着其他所得税的纳税人（指不从事生产、经营，但依法负有所得税纳税义务的单位和个人，主要是指除个体工商户外的个人所得税的纳税人）不需进行税务登记。《税收征管法》授权国务院规定除从事生产、经营以外的纳税人和扣缴义务人的税务登记。

（二）纳税申报和缴纳

1. 纳税人的纳税申报、缴纳

《税收征管法》规定，纳税人必须依照法律、行政法规规定或税收机关依照法律、行政法规的规定确定的申报期限、申报内容如实办理纳税申报，报送纳税申报表、财务会计表以及税务机关根据实际需要要求纳税人报送的其他纳税资料。纳税人应按照法律、法规确定的期限，缴纳税款。纳税人的纳税申报、缴纳可分为企业所得税纳税人的申报、缴纳和个人所得税纳税人的申报、缴纳。

纳税义务人到税务机关办理纳税申报有困难的，经税务机关批准，可以邮寄申报。邮寄申报的日期以寄出地的邮戳日期为实际申报日期。如纳税人在规定的期限内办理纳税申报确有困难的、需要延期的，应当在规定的期限内向税务机关提出书面延期申请，经税务机关核准，在核准的期限内办理。纳税义务人因不可抗力，不能按期办理纳税申报手续的，可以延期办理。但是，应当在不可抗力情形消除后立即向税务机关报告，税务机关应当查明事实，予以核准。

2. 扣缴义务人的扣缴

按《税收征管法》的规定，所谓扣缴义务人是指按法律、行政法规规定负有代扣代缴、代收代缴税款义务的单位和个人。扣缴义务人的扣缴可分为企业所得税的源泉扣缴和个人所得税的扣缴。

（1）企业所得税的源泉扣缴

所谓源泉扣缴，又称预提所得税，指以应税所得支付人为扣缴义务人，由支付人在其向纳税义务人支付款项时，依法代扣代缴应纳税款并直接缴至国库的税款征收方式。根据《企业所得税》的规定，非居民企业在中国未设立机构、场所，而有取得的来源于中国境内的利润（指根据投资比例、股权或者其他非债权关系分享利润的权利取得的所得）、利息、租金、特许权使用费（提供专利权、专有技术所收到的使用费全额，包括与其有关的图纸资料费、技术服务费和人员培训费，以及其他有关费用）和其他所得（包括转让中国境内的房屋、建筑物及其附属设施、土地使用权等财产的收入减去该财产后的余额），或虽有机构、场所但上述所得与此没有联系的，都应缴纳所得税。以支付全额为应税所得额，按 20%比例税率由支付人扣缴。在《企业所得税法》中，预提所得税的税率为 20%，而根据《企业所得税法实施条例》第四章“税收优惠”的规定，非居民企业在中国境内未设立机构、场所的，或者虽设立机构、场所但取得的所得与其所设机构、场所没有实际联系的，减按 10%税率征收企业所得税。因此，现行税法规定的实际预提税税率为 10%。

所得受益人为纳税义务人，所得支付人为扣缴义务人。税款在每次支付的款项中扣缴。扣缴义务人每次扣缴的税款，于 7 日内解缴入国库，并向当地税务机关报送扣缴所得税报告表。

（2）个人所得税的扣缴

个人所得税法上的代扣代缴义务人是指工资、薪金、劳务报酬、稿酬、特许权使用费、财产租赁金、财产转让金、利息、股息、红利、奖金、彩金等所得的支付单位和个人。扣缴义务人必须依照法律、行政法规的规定代税务机关在支付上述款项时扣下应缴税款，向税务机关缴纳。上述所得的纳税义务人不得与扣缴义务人的扣缴行为相对抗，扣缴义务人也必须在税法及征收管理法所规定的期限内，将所扣下的税款上缴税务机关，并由税务机关支付给其按照法律规定应得的手续费。

二、税务处罚

税务处罚是指由《税收征管法》规定的，所得税的纳税人、扣缴义务人在税收征纳关系中违反税收征收管理规定所应承担的行政法律责任。《税收征管法》系统规定了纳税人、扣缴义务人违反税法的处罚措施，本章仅就纳税主体违反税务登记、申报、缴纳等事项的法律责任作简单介绍。

（一）关于纳税人的税务处罚

1. 纳税人违反税务登记规定的处罚。所得税的纳税人未按规定的期限申报税务登记、变更或注销登记的，税务机关有权责令限期改正，处2 000元以下罚款；情节严重的，处2 000元以上1万元以下罚款。经税务机关责令，纳税人仍不办理税务登记的，经税务机关提请，由工商行政管理机关吊销其营业执照。

2. 违反纳税申报的处罚。所得税的纳税人，凡未按规定期限向税务机关办理纳税申报和报送纳税资料的，由税务机关责令限期改正，处2 000元以下的罚款；不改正的，处2 000元以上1万元以下罚款；纳税人编造虚假计税依据的，由税务机关责令限期改正，并处5万元以下的罚款；纳税人不进行纳税申报，不缴或少缴应纳税款的，除追缴不缴或少缴的税款、滞纳金外，并处不缴或少缴税款50%以上5倍以下的罚款。

（二）关于扣缴义务人的税务处罚

1. 违反纳税申报的处罚。扣缴义务人未按规定期限向税务机关报送代扣代缴、代收代缴税款报告表和有关资料的，由税务机关责令限期改正，处2 000元以下的罚款；情节严重的，处2 000元以上1万元以下的罚款。

2. 应扣未扣、应收未收税款的处罚。扣缴义务人应扣未扣、应收未收税款的，处以应扣未扣、应收未收税款50%以上3倍以下的罚款。但扣缴义务人已将纳税人拒绝代扣、代收的情况及时报告税务机关的除外。

（三）关于偷逃税、抗税与加征滞纳金的税务处罚

偷逃税，是指纳税人、扣缴义务人有意违反税法规定，涂改、伪造、销毁票据、记账凭证或者账簿，虚列、多报成本，隐瞒、少报应纳税所得额，逃避纳税并转移或隐瞒财产或者骗回已纳税税款的行为。凡偷逃税的，由税务机关追缴其应缴税款、滞纳金，并处以应补税款50%以上5倍以下的罚款；情节严重的，依照《刑法》第201条（逃税罪）、第203条（逃避追缴欠税罪）和第211条（单位违反税收征管法的处罚）的规定追究单位和直接责任人的刑事责任。

抗税，指以暴力、威胁方法拒不缴纳税款的行为。抗税具有严重的社会危害性。对于抗税的，除由税务机关追缴拒不缴纳的税款及滞纳金外，并处拒缴税款1倍以上5倍以下的罚款。构成犯罪的，按《刑法》第202条（抗税罪）的规定处理，造成人员伤害和死亡的，依《刑法》第234条（故意伤害罪）和第232条（故意杀人罪）处理。

加征滞纳金，指税务机关对不按规定而逾期缴纳税款的纳税人或逾期解缴税款的扣缴义务人以按日计征罚款的方式给予经济制裁的一种行政处罚措施。《税收征管法》规定，所得税的纳税人未按规定期限缴纳税款的，扣缴义务人未按规定期限解缴税款的，税务机关除限期缴纳外，从滞纳税款之日起，按日加收滞纳税款千分之五的滞纳金。

课堂讨论案例

某外国专家于2013年11月至2014年8月应邀在我国某高校受聘任教，该高校为其提供的月薪和各种补贴为每月20 000元人民币。2014年6月，该专家尚有下列各项所得：（1）在中国某银行的存款及利息共10 000元人民币；（2）发表文章的稿酬5 000元人民币；（3）为某国有企业咨询获得报酬30 000元人民币；（4）将其本国房屋出租收取租金3 000美元；（5）购买巴西世界杯足球彩票中奖2 000元人民币。

问：该外国专家2014年6月应向中国政府缴纳多少个人所得税？

问题与思考

1. 试分析我国现行《企业所得税法》规定的纳税主体和扣缴义务人。
2. 试分析我国现行《个人所得税法》规定的纳税人的种类及其相关纳税义务。
3. 试分析我国《税收征管法》下企业所得税的源泉扣缴制度。
4. 试讨论我国《税收征管法》对偷逃税、抗税与加征滞纳金的税务处罚的相关规定。

第六编

国际经济贸易争议解决法律制度

第十八章 国际经济贸易争议解决法律制度概述

本章概要

国际经济贸易争议解决法律制度旨在妥善地解决国际经济贸易中发生的争议，即国际经济贸易各种主体之间的争议。本章将重点讨论不同国家的国民之间解决争议的各种方法，包括ADR、国际民事诉讼和仲裁解决争议的方法。此外，我们还以专章对世界贸易组织争议解决机制和解决国家与外国投资者之间的争议作了探讨。

关键术语

争议解决　司法诉讼程序　管辖权　法院判决及其承认与执行　ADR

第一节　国际经济贸易争议的种类及其解决方法

随着世界经济全球化进程的加快，国际贸易、国际投资等国际商事交易迅速发展，与此相关的争议的发生，也是不可避免的。实践证明，妥善、公正地解决这些争议，可以进一步促进国际经济贸易的发展，加速世界经济全球化的进程。

一、国际经济贸易争议的种类及其特点

就国际经济贸易关系的参加者而言，国际经济贸易领域内的争议可以分为以下几种：

（一）不同国家的国民之间的国际经济贸易争议

这类争议一般是不同国家的国民之间由于货物买卖、技术转让、投资、工程承包等跨国经济活动而发生的争议。这些不同国家的国民，包括自然人和法人，是国际经济贸易活动的直接参加者。因此，产生于国际经济贸易活动中的争议，绝大部分属于这类当事人之间的争议。

此类争议一般为当事人之间在国际经济贸易合同的解释或履行中发生的争议，但在某些情况下，也可能是非契约性争议，如由于侵权行为所产生的纠纷。但无论是契约性争议，还是非

契约性争议，这类争议的特点是：争议各方当事人所处的法律地位是平等的，他们之间的权利与义务也是对等的。本编中我们所探讨的国际经济贸易争议的种类及其解决方法，主要集中在此类争议种类及解决方法。

（二）国家与本国或外国国民之间的国际经济贸易争议

这类国际经济贸易争议的主要特点是争议双方具有不同的法律地位：一方为主权国家，另一方为本国或外国国民。按照国际法一般原则，国家享有主权，可以制定和修订法律，并享有司法豁免权，而一般的国民则无此权力，他们对国家制定的法律，必须遵守。

此类争议主要发生在国家对具体从事国际经济贸易活动的当事人行使管理或监督的过程中，如国家海关或税务部门对进出口的货物征收关税和其他有关管理费、进出口商品检验部门对货物进出口依法进行检验、外汇管理部门依法对外汇实施管理，以及国家其他职能部门依法对国际技术转让和投资实施管理等。国家或国家机关在对上述有关国际经济贸易活动实施管理的过程中，也会与这些被管理者发生这样或那样的争议。

在国家与外国国民之间的经济交往中，有时也直接订立商事合同，如国家与外国投资者之间订立的允许外国投资者开发本国自然资源的特许权协议。在这种情况下，尽管协议双方也可以通过合同的方式确定他们之间的权利与义务，但是，就当事双方的法律地位而言，作为缔约一方的国民，其法律地位显然与国家不同。

（三）国家之间的经济贸易争议

国家之间的经济贸易争议是指主权国家在经济贸易交往中所产生的争议。这类争议的特点是：第一，争议一般产生于国家之间订立的双边或多边国际公约的解释或履行中，如双边贸易协定、投资保护协定、避免双重征税和防止偷税、漏税协定的解释或履行中发生的争议；以及由于多边国际经济贸易公约而产生的争议，如世界贸易组织中的各项协议的解释或履行中发生的争议。第二，争议双方均为主权国家，而不是这些主权国家中的国民。

二、解决不同国民之间的国际经济贸易争议的方法

就不同国家的一般当事人之间的国际经济贸易争议而言，其解决方式概括起来，主要有以下两种：解决国际经济贸易的司法方法和非司法方法。

（一）司法方法

即通过诉讼的方法解决国际经济贸易争议。由于世界上并不存在并在近期内也不可能存在专门解决这类争议的、凌驾于各主权国家之上的法院，故我们这里所说的司法诉讼，是在一国法院提起的涉及不同国家当事人之间的国际经济贸易争议，各国法院根据本国的民事诉讼法对此类争议行使管辖权。一国法院作出的判决，如果需要到另一国家执行，还要得到另一国法院的司法协助。

（二）非司法方法

即通过法院以外的方式解决争议的方法，如通过双方当事人友好协商或谈判，或者由双方

同意的第三人进行调解或仲裁。这种方法又称选择性的解决争议的方法（alternative dispute resolution，即 ADR）。这种解决争议的方法的前提是，当事人之间达成的通过 ADR 解决争议的协议。

在实践上，对于何谓 ADR，在西方的法律论著中存在两种不同的看法。

一种观点认为，ADR 是指当事人之间约定的通过除诉讼以外的方法解决他们之间的争议的各种方法的总称，如仲裁、调解和模拟诉讼（mini-trial）等方式。① 即除了通过法院解决争议的方法外，其他各项解决争议的方式均可称为 ADR，包括双方当事人之间进行的谈判协商，或由第三人调解或仲裁等。

另一种观点则把仲裁排除在 ADR 之外。这种观点认为，在 ADR 的情况下，争议的解决有赖于争议各方自动执行他们之间业已达成的解决争议的方案。争议双方也可以选择一个中立的第三方协助他们解决争议，但该第三者的作用不同于仲裁员，后者有权作出对双方当事人有拘束力的决定。因此，ADR 协议不能保证有一个终局的、对双方当事人均有拘束力的决定，除非当事人之间就解决争议达成一致，并能自动执行他们之间业已达成的关于如何解决争议的协议。② 这种观点还认为，仲裁最早属于 ADR，但就仲裁庭可对当事人之间的争议作出有法律拘束力的裁决而言，它是一种准司法的方法。而 ADR 则主要指通过当事人之间的"合意"解决他们之间的争议，无论是当事人之间达成的解决争议的方案，还是第三者提出的解决方案，都不具有法律上的拘束力，不能得到法院的强制执行。

应该说，第二种观点比较符合现代解决国际商事争议的实践。根据解决争议的结果具有法律上的拘束力，把仲裁排除在 ADR 之外是比较科学的分类法。因此在本章中，我们将主要探讨解决争议的司法诉讼的方法和 ADR 的方法，然后将对仲裁解决争议的方法作专章探讨。

第二节　解决国际商事争议的司法方法

解决不同国家的国民之间的国际商事争议的司法方法，指在一国法院解决此项争议的方法。鉴于各国法院在受理国际商事诉讼时只适用法院地的诉讼程序法，因此，相同的当事人就同一诉讼标的同时在几个不同国家的法院涉诉的情况的产生，就不足为怪了。在此类诉讼中，由于涉及不同国家的法律制度，就会涉及一系列复杂的问题：一方面，当事人在不同国家的法院起诉或被诉，致使诉讼费用迅速增加；另一方面，不同国家的法官可能在解释或适用法律上存在差异，从而增加诉讼结果的不确定性。

在一国法院进行的国际商事诉讼所涉及的主要法律问题包括：（1）对争议案件的管辖权；（2）诉讼程序的进行；（3）解决争议应当适用的法律规则；（4）法院判决的承认与执行。

① See Henry Campbell Black，Black's Law Dictionary，West Publishing Co.，1991，p. 51.

② See David St. John Sutton and Others，Russell on Arbitration，Twenty-First Edition，Sweet & Maxwell，1997，p. 5.

一、法院对国际商事争议案件的管辖

（一）管辖权的确定与平行诉讼（parallel litigation）

1. 法院管辖权的确定方法

国际上并不存在统一的管辖国际商事案件的标准，各国只适用自己国家的民事诉讼法决定对特定案件的管辖，因而经常导致管辖权的冲突。根据国际法的基本原则和各国立法与实践，法院一般根据以下原则决定其管辖权限：

（1）属人管辖原则

依照国际法上的属人优越权原则，主权国家对其国民享有管辖权，即便他们在该国境外时亦然。因此，中国公民在国外经商或者留学，中国法院仍然对他们享有管辖权，因为他们是中国公民。外国公民在中国进行上述类似的活动时，其国籍所属国法院同样对他们享有管辖权。

（2）地域管辖原则

据此原则，主权国家对于位于其管辖领土内的一切人和物，享有管辖权。外国人在中国旅游期间实施犯罪，中国公民在外国停留期间所实施的侵权行为，他们所在国家均可依据当地的法律对他们在本国境内实施的不法行为实施管辖，尽管他们是外国人。对于外国船舶在中国领海内航行期间造成的油污环境污染，根据当地法律同样应当承担相应的法律责任。

（3）协议管辖原则

即具有不同国籍的当事人或者营业地位于不同国家的当事人之间通过协议的方式约定，将他们之间可能发生的或者已经发生的争议提交特定国家法院解决。在国际商事合同中，当事人通常可以依据法律作出上述约定。除非当地法律另有规定，各国法律一般尊重当事人作出的选择。在现代国际商事交往中，当事人在合同中与其选择特定国家法院解决他们之间的争议，不如选择特定的“法官”（事实上的仲裁员），通过仲裁的方式解决他们之间的争议。所以，在多数国际商事合同中，都含有通过仲裁的方式解决合同争议的“仲裁条款”，而不是选择法院的条款。

（4）专属管辖原则

专属管辖原则是指各国法律明文规定的特定争议只能由本国法院专属管辖的原则。例如，由于位于特定国家境内的不动产而引起的争议，通常只能由该不动产所在地国法院管辖。此外，某些知识产权的有效性的争议，如对专利权和商标权的有效性争议，通常只能由该专利权或者商标权授予国的法院管辖，这是由于某些知识产权的严格地域性原则决定的。在法律规定的某些特定争议必须由当地法院专属管辖的情况下，当事人对该事项协议提交该法院地国以外的国家的法院处理的约定为无效约定，因为此项约定违反了该相关国家的法律。

2. 法院管辖权的冲突与平行诉讼问题

由于各国法律可以根据当事人的国籍、住所或居所、营业地，以及他们之间达成的管辖权协议等实施管辖，在实践中发生管辖权冲突的现象不可避免。例如，中国公司与日本公司之间由于在美国签署并履行的合同发生争议，按照相关国家的法律，中国、日本、美国法院都可根据当地法律和争议标的与该国家之间的联系而主张管辖权。假定中国和日本当事人分别就合同争议在中、日法院起诉，中、日两国根据其各自的民事诉讼法均可对该相同案件行使管辖权，于是便产生了平行诉讼的问题。

（二）通过选择法院的条款避免平行诉讼

平行诉讼无疑会给当事人带来大量的诉讼费用、诉讼程序拖延和诉讼结果不确定性。避免平行诉讼的方法之一就是由争议双方订立选择法院（choice of forum）的约定。然而，一般只在合同订立时有可能就此达成协议。对于已经发生的争议，当事人一般很难就诉讼的地点达成协议。在实践上，这种选择的指向一般不是争议任何一方所属国的法院，通常为第三国法院。此外，由于对国际商事诉讼的管辖权缺乏统一标准，即便当事人就诉讼地点作出了选择，也不能保证被选择的法院一定会接受对当事人之间特定争议行使管辖权。被选择的第三国法院可以以“不方便法院”（forum on convenience）或其他理由，拒绝对该特定的案件行使管辖权，因为许多国家的法律规定法院对案件的管辖需要与该国有一定的联系。可见，如果被选择的法院拒绝行使管辖权，平行诉讼还是不可避免。

（三）通过国际公约解决平行诉讼的问题

即通过双边司法互助协定或有关的多边国际公约避免管辖权的冲突和平行诉讼的问题。

在此领域内比较有影响的公约是 1968 年 9 月 27 日由比利时、联邦德国、法国、意大利、卢森堡和荷兰在布鲁塞尔签订的《欧洲关于法院对民、商事管辖权和判决执行的公约》（简称《布鲁塞尔公约》），该公约于 1973 年 1 月 1 日生效。该公约就民、商事案件的管辖权划分的统一标准作了规定，如合同、扶养、侵权行为、保险、赊卖、租购等案件的管辖法院，并对属于专属管辖的案件，管辖权的审查和确定，审理中的案件和有关联的诉讼案件等，以及判决的执行问题，作了比较系统的规定，从而在一定程度上避免了平行诉讼。此外，1988 年欧洲一些国家之间订立的《卢加诺关于法院对民、商事管辖权和判决执行的公约》（简称《卢加诺公约》）也同样具有避免平行诉讼的作用。这两个公约构成了布鲁塞尔和卢加诺体制。目前，适用这一体制的国家包括：奥地利、比利时、丹麦、芬兰、法国、英国、希腊、德国、爱尔兰、冰岛、意大利、卢森堡、荷兰、挪威、葡萄牙、西班牙、瑞典和瑞士。[①] 各缔约国可通过适用上述国际公约规定的关于民、商事案件管辖的统一标准，避免或消除有关国际民、商事案件的平行诉讼。当事人如在公约的解释或执行问题上发生争议，可向欧洲法院就公约适用中的问题作出解释和裁定。

采用双边司法协助条约的方式也可在一定条件下避免平行管辖的问题。我国与法国、德国等几十个国家也订立了这种协定。但无论是双边条约，还是多边公约，都仅对特定的缔约国有效。这些双边或多边国际公约尽管可在一定程度上避免或消除平行管辖的问题，但从广义上看，在相当一段时期内，还不可能完全避免或消除管辖权的冲突。

二、国际商事案件的诉讼程序

国际商事诉讼案件在一国法院涉诉时所遇到的各种事实或法律问题，要比单纯的国内案件

---

① See Dr. Julian Lew, Arbitration and Mediation in International Business, Kluwer Law International, 1997, p. 21, footnote 50.

复杂得多。一些司法行为需要到对案件行使管辖权的法院所属国以外的国家或地区实施，如司法文书的送达、境外调查取证、查明争议事实的程序和方法等，都会遇到一些问题。在此，我们主要就大陆法系国家和英美法系国家在诉讼程序上的主要区别作一探讨。

法官和当事人的律师在诉讼程序中所发挥的作用不同，是英美法系国家和大陆法系国家在诉讼程序上的主要区别。英美法系国家一般采用对抗式的（adversarial）程序。即由当事人向法官提出他们各自对事实问题和法律适用问题的解释，法官在听取他们各自的意见后从中作出选择。如果双方当事人均未提出有关的事实和法律问题，法官也不对该事实问题进行询问，而根据当事双方所提出的请求和证据作出判决。事实上，诉讼程序的进行主要掌握在当事人的手中，确切地说，掌握在各方当事人的律师的手中。大陆法系国家在诉讼中一般采用审问式的程序。在此项程序中，法官则自始至终地控制着程序的进行。在查明事实的过程中，法官发挥着积极的作用。

由于法官和当事人在诉讼程序中所发挥的作用不同，所以，大陆法系国家和英美法系国家在向法庭提供证据的问题上规定也是不同的。大陆法系国家中的取证问题也为主审法官所严格控制。证人在向法庭提供口头证据时，他们被视为“法院的证人”，而不是任何一方当事人的证人。法官责令证人出庭作证，对于当事人的律师提出的出庭作证的证人名单，由法官决定他们之中谁将出庭作证。而证人出庭后，一般由法官对他们提出问题。在开庭审理之前或庭审之中，任何一方当事人的律师与证人之间的直接接触一般都受到严格的限制。对于出庭作证的专家，也是由法院提出的，他们提供的证据一般采用书面形式，但法院有权决定是否要在庭审中对他们出具的证据作出说明。

在英美法系国家的诉讼程序中，由当事人自行收集证据，庭审中的口头证据发挥着重要的作用。在庭审前的披露程序中，双方律师已经接触到对方所拥有的证据。而在庭审时，双方都带着各自的证人出庭，包括当事人自己也可以证人的身份经宣誓后作证。由律师向证人提出问题：首先是提供证人的一方的律师提问，然后是对方律师提问。法官对此程序实施监督，有时也自行或根据一方律师提出的反对意见实施干预。专家证人也是由各方当事人提供的，他们也要接受双方律师的交叉询问。

三、解决争议应当适用的法律规则

在国际商事诉讼中，会涉及不同国家的法律。某一特定的商事争议究竟适用什么样的法律解决，是法院对国际商事争议作出判决的至关重要的环节。

按照各国有关的立法与实践，一般允许当事人共同选择解决争议应当适用的法律，这也是各国国际私法的一般原则。然而，如果当事人未能对此作出选择，或者法院认为当事人所作出的选择不明确，法院一般适用法院地法有关的法律冲突规则决定应当适用的法律。在这种情况下，问题就变得复杂起来，因为国际商事交易涉及不同国家的法律制度，至少有两个或两个以上的连结点。在国际合同交易中，如果当事人未能选择合同应当适用的法律，按照各国国际私法关于适用法律的一般原则，均适用与合同有最密切联系的国家的法律。至于如何解释“最密切联系”，就同一争议合同而言，在不同国家的法院审理，往往会得出不同的结论。

即便法院根据当事人的共同选择正确地适用了应当适用的法律，当该应当适用的法律为外国法时，当事人往往也很难预料审理该案的法院适用该外国法所作判决的结果。因为法官并不一定知道该外国法的内容，为此，就要聘用有关人员将有关的合同、外国法或判例翻译成相应的语言，并听取有关专家对如何将该外国法适用于该特定争议案件及应当解决的问题的意见。由于外国法官对应当适用的外国法所产生的背景及所包含的实质性的内容和适用的方法没有对本国法那样熟悉，故很难预见适用该法律的判决结果。

四、法院判决的效力及执行

根据国际法上关于主权国家及其管辖范围的一般原则，一国法院作出的判决，仅在该国境内有效，而外国法院没有承认与执行他国法院判决的义务，除非有国际公约的约束，或者国家之间出于国际礼让，相互承认与执行对方法院的判决。

一国法院根据国际公约、国际礼让或者其本国法上的规定执行外国法院的判决时的一个必要的条件，就是该外国法院的判决必须是终局的（res judicata)，即该外国判决依法院地法不能再上诉。此外，该外国法院的终局判决，必须经执行地法院准许后，才能得以执行。而法院在承认该外国法院判决的效力时，一般要依据执行地国或有关的国际公约对该外国法院的判决进行审查，一般包括该外国法院对所判决的事项是否享有管辖权，是否履行了适当的程序，执行该外国法院的判决是否与当地的公共政策相抵触等。至于具体的审查内容，不仅国与国之间是不同的，即便在一国范围内，有时也是各异的。例如，一项判决在纽约联邦法院得到承认的机会，可能与其在阿拉巴马州法院有所不同。

五、我国法院对涉外案件的处理

（一）我国法院对涉外民事案件的管辖

我国法院对涉外民事案件的管辖，规定在民事诉讼法的有关章节中。

1. 属于我国法院专属管辖的事项

按照我国2012年《民事诉讼法》的有关规定，属于我国法院专属管辖的事项包括：（1）位于我国境内的不动产纠纷和在我国港口作业中发生的纠纷（第33条)；（2）因在我国境内履行中外合资经营企业合同、中外合作经营企业合同、中外合作勘探开发自然资源合同发生的纠纷提起的诉讼（第266条)。

2. 协议管辖的事项

对于涉外合同或者涉外财产权益纠纷，当事人可以用书面协议选择与争议有实际联系的地点的法院管辖。

3. 其他事项的管辖法院

因合同纠纷或者其他财产权益纠纷，对在我国境内没有住所的被告提起的诉讼，如果合同在我国境内签订或履行，或者诉讼标的物在我国境内，或者被告在我国境内有可供扣押的财产，或者被告在我国境内设有代表机构，可由合同签订地、合同履行地、诉讼标的物所在地、可供扣押财产所在地、侵权行为地或者代表机构住所地人民法院管辖（《民事诉讼法》第265条)。

（二）有权受理涉外民事案件的法院

最高人民法院《关于涉外民商事案件诉讼管辖若干问题的规定》第1条规定，有权审理涉外民商事案件的一审法院为：

（1）国务院批准设立的经济技术开发区人民法院；

（2）省会、自治区首府、直辖市所在地的中级人民法院；

（3）经济特区、计划单列市中级人民法院；

（4）最高人民法院指定的其他中级人民法院；

（5）高级人民法院。

（三）国际商事争议案件的适用法律

除我国法律另有规定外，我国法律允许当事人对解决国际商事争议的法律作出约定。关于民、商事案件的适用法律，主要规定在我国《民法通则》第八章中，其他一些有关的法律文件中，也有一些涉及适用法律的规定。归纳起来，主要有以下几种情况：

1. 凡属于我国法院专属管辖的事项，适用我国法律。如位于我国境内的不动产争议，在我国境内履行的中外合资经营企业合同、中外合作经营企业合同、中外合作勘探开发自然资源合同争议，在我国港口作业中发生的纠纷，均适用我国法律。

2. 凡属我国法律规定的当事人可以通过协议方式选择对争议案件管辖的法院的情况，如涉外合同或者涉外财产权益纠纷，当事人均可选择解决合同或其他财产权益纠纷应当适用的法律。在国际商事合同的情况下，如果当事人未能就合同应当适用的法律作出选择，适用与合同有最密切联系的国家的法律。

如果涉外合同应当适用我国法律，而我国法律与我国缔结或参加的国际公约的规定不同，按照《民法通则》第142条的规定，适用国际公约的规定，但我国声明保留的条款除外。如果我国法律和我国缔结或参加的国际公约均无规定，可以适用国际惯例。

此外，在应当适用的法律为外国法时，应当适用该外国的实体法，而不是冲突法。如果该外国法的适用违反我国法律的基本原则和我国的社会公共利益，则不予适用，在这种情况下，应当适用我国的法律。

3. 关于侵权行为损害赔偿的适用法律，按照《民法通则》第146条的规定，原则上适用侵权行为地法。当事人双方国籍相同或者在同一国家有住所的，也可以适用当事人本国法律或者住所地法律。按照我国法律不认为在我国境外发生的行为是侵权行为的，不作为侵权行为处理。

（四）我国法院对外国法院判决的承认与执行

外国法院的判决只有经我国法院承认后，才能在我国境内得以执行。按照我国2012年《民事诉讼法》第281条的规定，向我国法院申请承认与执行的外国法院的判决，必须是已经发生法律效力的判决。当事人应当向我国有管辖权的中级人民法院申请承认与执行。根据2012年《民事诉讼法》第282条的规定，我国对外国法院判决的承认与执行所依据的主要原则有两个：一是我国缔结或者参加的国际条约中的有关规定，如我国与其他一些国家订立的司法互助协定中的规定；二是按照互惠原则进行审查，如我国法院认为该判决不违反我国法律的基本原则或者国家主权、安全、社会公共利益的，裁定承认其效力，需要执行的，发出执行令，按照我国《民事诉讼法》的有关规定执行。对于违反我国法律的基本原则或者国家主权、安全、社会公共利益的，不予承认与执行。

综上，在解决国际商事交易的实践中，在一国法院对国际商事争议进行诉讼，面临着诸多风险。

首先，当事人就审理争议案件的适当法院作出约定绝非易事。如果两个以上的国家的法院依照它们各自国家的法律均可取得对某一特定案件的管辖权，同一案件就可能同时在几个国家涉诉，其结果是，诉讼当事人不得不同时在两个或两个以上的国家应诉，进而陷入相互抵触的反诉讼的禁令的“斗争”中。可见，如果管辖权的问题不能得到妥善的解决，就该涉诉的同一问题就会产生相互抵触的法院判决。

其次，在诉讼程序中，当事人更关心的是法院的中立性。他们可能被迫寻求和提供证据，或容忍对方当事人通过他们所不熟悉的方式寻求和提供的证据。

再次，当一国法院选择适用法律，特别是适用外国法时，就更增加了案件审理结果的不确定性。

最后，当在一国法院作出的判决需要在另一国家执行时，该另一国家是否承认与执行该判决，仍然是一个未知数，这是不确定的。

当然，不是每一个案件都会遇到上述问题，但与国内诉讼相比，国际商事诉讼所遇到的问题要复杂得多，这是一个不可忽视的事实。在国际民事诉讼中，上面提到的各种不确定的因素也是不可避免的。正因为在一国进行的国际民商事诉讼存在着以上不可避免的风险，通过仲裁方式解决国际商事争议，历来是各国商人普遍乐于采用的方法。

第三节　解决国际商事争议非司法方法（ADR）

正如我们在本章第一节中所指出的那样，将 ADR 界定为“通过诉讼和仲裁之外的方法解决国际商事争议的各种程序的总称”，是比较符合现代解决国际商事争议的客观现实的，也是比较合理的。在此，我们将就 ADR 的主要法律特征及表现方式作一探讨。

一、ADR 的法律特征

我们在本章第一节中已经对 ADR 的各种解释作了探讨。我们认为，将 ADR 界定为“通过诉讼和仲裁之外的方法解决国际商事争议的各种程序的总称”是符合现代解决国际商事争议的立法与实践的。

与司法诉讼与仲裁相比，ADR 具有简便易行和节省费用的优势，但需要当事双方密切合作解决争议的诚意，并将此项诚意付诸实施，在 ADR 的每一个环节上密切合作，否则，其优势就不能得以发挥。这是由 ADR 本身所固有的法律特征决定的。这些特征是：

1. 它是当事人之间达成的自愿的解决争议的方法

通过ADR解决争议的前提是当事人之间就通过此项方法解决争议达成了协议。如无此项协议，当然就不能通过此项方法解决争议。在这一点上，ADR与仲裁有某种相似之处，仲裁也是一种自愿解决争议的方法。然而，ADR自愿解决争议的方法又与仲裁不完全相同。在仲裁解决争议的情况下，当事人一旦达成通过仲裁解决他们之间的争议的仲裁协议，该仲裁协议即对他们具有法律上的拘束力，任何一方当事人不得单方面撤回。而且当争议发生时，如果一方当事人不按协议规定将争议提交仲裁而直接交由法院解决时，则构成违约。在这种情况下，另一方当事人有权请求法院裁定中止诉讼程序，令当事人将争议提交仲裁解决。而对于当事人之间达成的ADR协议，则不具有上述法律上的拘束力，此项协议只能由当事人自动执行，如果一方当事人由于种种原因未能履行此项协议，另一方当事人不能请求法院强制执行此项协议。

2. 通过ADR达成的解决争议的方案没有法律上强制执行的效力

这是ADR与诉讼和仲裁之间的最重要的区别。ADR的方式是多种多样的，但无论采用什么样的方法，如当事人之间自行达成的和解协议，或者由第三者提出的解决争议的方案，都不具有法律上的拘束力，而只能由当事人自动履行，进而使争议得到解决。如果任何一方当事人拒绝履行他们之间已经达成的协议或者由第三者提出的解决争议的方案，对方当事人则不能请求法院强制执行上述协议或者方案。在后一种情况下，争议就不能得到解决。而法院作出的判决和仲裁庭作出的仲裁裁决则具有法律上的拘束力。除法律另有规定外，如果一方当事人不能自动履行法院判决或仲裁裁决，另一方当事人有权请求法院强制执行上述判决或裁决。

3. ADR既可单独适用，也可适用于诉讼程序和仲裁程序中

ADR是人们在长期的实践中逐步积累起来的解决争议的方法。它的适用范围极为广泛，不仅可以单独适用，也可适用于诉讼程序和仲裁程序中。在诉讼程序和仲裁程序中适用ADR，一般也应当以争议双方的自愿为前提，而由法官或仲裁员作为调解员，促成当事人达成和解协议。

这里必须指出的是，在诉讼程序或仲裁程序中达成的和解协议与在这两种程序之外达成的和解协议的效力有所不同。如前所述，ADR在单独适用的情况下，本身并没有法律上的拘束力。然而，ADR如果在诉讼程序或仲裁程序中适用，在法官或仲裁员的主持下达成的和解协议，由法官或仲裁员据此做成法院判决或仲裁裁决的形式后，即具有与法院判决或仲裁裁决相同的效力。

二、ADR的主要表现形式

鉴于ADR是当事人之间自愿作出的解决他们之间争议的安排，所以，当事人可就他们之间的争议作出任何形式的安排。这种安排可以有第三者参与，也可没有第三者的参与，而由争议双方自行解决。在解决国际商事争议的实践中，ADR的表现方式是多种多样的。现就其主要的表现形式作一简要介绍。

（一）双方当事人协商谈判（consultation）

这是由争议双方当事人自行解决他们之间的争议的最为常见的方法。其特点是没有第三者

的介入，而由当事双方通过友好协商的方式，自行解决他们之间的争议。在国际商事交易合同的争议解决条款中，一般首先规定的是“由于本合同产生的争议，当事双方应当通过友好协商的方式解决”。而事实上，多数争议都是由双方当事人自行解决的。只有在通过协商谈判不能达成协议的情况下，再将此争议提交仲裁解决。

在协商谈判解决争议的情况下，当事双方一般应当具有解决问题的诚意，双方当事人在谈判中通过查明或基本查明争议事实后，本着互谅互让的原则，通过友好协商的方式，使争议得到及时的解决。实践证明，只要双方当事人能够在解决争议的问题上密切合作，并怀有解决问题的诚意，这不失为一种行之有效的解决争议的方法。古今中外，历来如此。

（二）由双方当事人共同选择的第三者调解（mediation or conciliation）

调解的特点是有与争议双方无利害关系的第三者参与争议的解决。通常应首先由争议双方当事人订立通过调解的方式解决他们之间争议的书面或口头协议，并共同参与对调解员的选择。调解员的主要作用是促成争议双方达成和解协议。为此，该调解员可以按照当事各方约定的程序查明争议的事实，然后对争议双方进行面对面的或背对背的调解，协助双方当事人分析争议的问题，从中找出妥善的解决争议的方案，或者促成当事人自行达成和解协议，或者自行提出解决此项争议的方案。但无论是当事人自行达成的和解协议，还是调解员提出的解决争议的方案，对争议双方均无法律上的拘束力。特别是对于调解员提出的解决方案，当事人可以接受，也可以拒绝。如果当事人接受了调解员提出的解决方案或者自行达成了调解协议，调解即告成功。如果调解失败，当事人可继续寻求其他的解决争议的方法，或者诉讼，或者仲裁。

可见，调解有其固有的优势，它可以使当事人在友好的气氛中商讨争议的解决。然而，调解并不是最终解决当事人之间争议的手段，如果当事人未能通过调解解决他们之间的争议，他们将不得不把争议提交仲裁或者诉讼，以达到最终解决他们之间争议的目的。

（三）模拟法庭（mini-trial）

据称，“模拟法庭”这一术语最早是由《纽约时报》在报道1977年发生在两个公司之间的专利侵权案件时采用的。[①] 此后便在美英等国家流行开来。

按照美国布莱克法律辞典对这一术语的解释，模拟法庭是指当事人之间安排的一种自愿的、私下进行的、非正规的解决争议的方式。其具体做法是：模拟法庭由争议双方有权作出决定的公司主管和一位双方当事人共同认可的第三者组成。在开庭审理时，首先由双方律师对他们之间的争议作出简要陈述，此后双方主管即试图对他们之间的争议的解决作出决断。在此之前，他们应当征求该第三者的意见：假定此案由法院判决，其结果如何？为此，该第三者就此案发表其无法律上的拘束力的咨询意见。双方主管在此意见的基础上就争议的解决作出决断，以了结双方当事人之间的争议。

在模拟法庭解决争议的情况下，一方面，有争议双方的主管人员，即有权代表一方当事人作出决断的人员参加。另一方面，双方当事人指定的第三者也是一个关键性的人物，他所发表的咨询意见对于解决双方当事人的争议至关重要，尽管其意见本身没有法律上的拘束力。如果

① See Henry J. Brown and Arther L. Marriott, ADR Principles and Practice, Sweet & Maxwell, 1993, p. 262.

他的意见被双方主管采纳，争议当时即可得到解决。该中立的第三者一般为在解决特定争议方面的权威人士，主要是一些退休法官，以及声誉卓著的、富有经验的律师。目前，英美许多争议解决机构都提供这样的专业人士的服务，如英国的解决争议中心（Centre for Dispute Resolution）、特许仲裁学会（Chartered Institute of Arbitrators），美国仲裁协会（American Arbitration Association），香港国际仲裁中心（Hong Kong International Arbitration Centre），瑞士苏黎世商会（Chamber of Commerce in Zurich，Switzerland）等机构，都提供类似的服务。

三、ADR 在解决我国国际商事争议中的应用

通过协商谈判和调解解决争议，是中国几千年来特有的传统文化。孔夫子的“克己复礼”、“和为贵”等箴言早已深深地扎根于我国的社会生活之中。中国人很少像西方人那样动辄到法院打官司。一般争议发生后，如果自己解决不了，请资深的长者评理则是十分普遍的现象。可以这样说，调解已经遍布于我国社会生活的各个领域：从家庭纠纷到邻里争议，从一般当事人之间的争议到各个行政管理部门之间的争议，都可通过调解的方式解决。即便在司法诉讼和仲裁程序中，如果当事双方同意，法官和仲裁员也可以作为调解员，促使争议双方达成和解。

1987 年，北京调解中心在中国国际贸易促进委员会（CCPIT）内设立。该中心根据当事人之间订立的调解协议，受理调解案件。调解员由 CCPIT 从具有国际经济、贸易、金融、投资、技术转让、承包工程、运输、保险以及其他国际商事方面及/或法律方面的专门知识及/或实践经验的、公正的人士中聘请。除北京调解中心外，在全国各贸促分会中，许多都设立了解决国际商事争议的调解中心，受理当事人提交的调解案件。

中国国际经济贸易仲裁委员会在审理仲裁案件的过程中，同样也坚持仲裁与调解相结合的做法。仲裁庭在查明或基本查明争议事实的情况下，如果双方当事人同意，也可中止仲裁程序，转入调解程序。调解成功，仲裁庭则根据当事人达成的调解协议作出仲裁裁决；如果调解失败，则继续进行仲裁程序。

20 世纪 70 年代末，中国涉外仲裁机构与一些外国仲裁机构共同创立了一种新的调解方式，即联合调解（joint conciliation）。具体做法是：中外双方当事人向各自所在国家的仲裁机构提出请求，由被请求的仲裁机构派出数目相等的人员作为调解员，对争议事项进行调解。调解成功则争议结束，调解失败后再按照合同中的仲裁条款进行仲裁，或者将争议提交法院解决。1977 年至 1979 年，中美双方的仲裁机构运用此方式，成功地解决了发生在中美双边贸易中两项金额较大的争议。①

总之，调解在解决我国国内外商事争议中一贯发挥着重要的作用。它以争议双方当事人的自愿为前提。它可以单独进行，也可以与诉讼程序和仲裁程序相结合，同时进行。但它并非诉讼程序或者仲裁程序中的必经程序，同样以双方当事人自愿为前提条件。调解也不是无原则地进行，而是在查明或基本查明争议的事实、分清是非的情况下，按照事实和应当适用的法律，公平、合理地解决争议。

---

① 关于这两个案件的具体情况，参见程德钧主编：《涉外仲裁与法律》，第 1 辑，105～106 页，北京，中国人民大学出版社，1992。

课堂讨论案例

假定中国汽车进出口公司与日本公司订立了从日本进口汽车的合同，合同没有关于争议解决的规定。当中国汽车进出口公司将其进口的汽车卖给国内最终用户后，用户经过一段时间的使用后发现这批进口汽车的发动机有瑕疵，于是向中国汽车进出口公司提出索赔。中国汽车进出口公司将发动机瑕疵的问题告知日本公司，遭到日本公司的否认。如果你作为中国汽车进出口公司的法律顾问，应当如何代表公司解决与日本汽车公司之间的争议。

请结合本章内容，思考下列问题：

1. 本案争议的性质是什么？
2. 本案争议可以通过 ADR 的方法解决吗？其前提条件是什么？
3. 如果通过 ADR 不能解决本案争议，应当采取什么样的方法解决？
4. 哪一个国家的法院对本案争议有管辖权？依据是什么？
5. 从实践的角度出发，在法院诉讼可能遇到哪些法律问题？

问题与思考

1. 简述国际经济贸易争议的种类及解决方法。
2. 应当如何避免平行诉讼？
3. 简述 ADR 的法律特征及在争议解决实践中的应用。

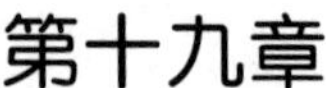

第十九章

国际商事仲裁

本章概要

通过仲裁解决当事人之间的国际商事争议，已经成为国际商事交易当事人自愿选择的解决争议的重要方法之一。本章专门探讨了通过仲裁的方式解决国际商事争议中所涉及的各种法律问题，旨在使学生掌握国际商事仲裁的特点及与司法诉讼和ADR之间的联系与区别、仲裁管辖与法院管辖之间的联系与区别、国际常设仲裁机构在仲裁中的地位和作用、仲裁庭自裁管辖权与仲裁条款独立原则的理论与实践、仲裁庭的权利与义务、仲裁程序、仲裁裁决的承认与执行等问题。

关键术语

国际商事仲裁　仲裁协议　仲裁庭自裁管辖　仲裁条款独立原则　纽约公约　仲裁裁决撤销　承认与执行

第一节　国际商事仲裁概述

一、国际商事仲裁的概念和法律特征

对于何谓国际商事仲裁，法国民事诉讼法典第1492条作了原则性的界定：“如果包含国际商事利益，仲裁就是国际性的。”这里“国际商事利益”的含义，显然是极为广泛的。按照国际私法以涉外民商事关系为其调整对象的基本理论，对一国而言，凡是仲裁协议的一方或双方为外国人、无国籍人或其他外国企业或实体，或者仲裁协议订立时双方当事人的住所或营业地位于不同的国家，或者即便仲裁协议双方当事人的住所或营业地位于相同的国家，但如果仲裁地点位于该国境外，或者仲裁协议中所涉及的商事关系的设立、变更或终止的法律事实发生在国外，或者争议标的位于该国境外者，均可视为国际商事仲裁。

国际商事仲裁主要具有以下几个方面的特征：

首先，它是一种自愿解决争议的方法。当事人之间约定的通过仲裁方式解决他们之间已经

发生的或将来可能发生的争议的仲裁协议，是通过仲裁解决争议的基本前提。如无此项协议，就不可能有仲裁的发生。这一特点与 ADR 是相同的。

其次，仲裁解决争议具有较大的灵活性。当事人可就由谁来仲裁，仲裁适用的规则和法律，仲裁地点、仲裁所使用的语言及仲裁费用的承担等作出约定。除非当事双方另有约定，仲裁一般采用不公开审理的方法，这样，当事人的商业信誉和商业秘密就有可能得到较好的保护。而在司法诉讼中，各国法院只适用本国的诉讼程序法，当事人一般不能自由地选择审理争议的法官，并且严格地按照诉讼程序法的规定审理案件。

再次，仲裁裁决具有与法院判决相同的法律效力。然而，与法院判决相比，仲裁裁决如需在外国执行时，具有更大的优势。因为世界上一百多个国家均是 1958 年《纽约公约》的缔约国。据此公约，缔约国有义务承认与执行在另一国境内作出的仲裁裁决，除非裁决具有公约规定的拒绝承认与执行的理由。而一国法院作出的判决在另一国执行时，由于各国在政治、经济、文化和意识形态等方面的差异，内国法院往往对外国法院的判决采取不信任的态度，而目前又缺乏相互承认与执行法院判决的普遍性的国际公约，所以在执行时内国法院在对外国法院判决的审查上，往往附有非常苛刻的条件。

可见，仲裁既不同于 ADR，也有别于司法诉讼，但与这两者又有某些相同之处，是介乎于这两者之间的解决争议的方法。它既具有 ADR 自愿解决争议的特点，又与之不同，因为 ADR 达成的解决争议的方案本身不具有法律上可强制执行的效力。仲裁裁决具有与法院判决相同的可强制执行的效力，但它又与司法诉讼有着重要的区别：主要表现在程序上的灵活性。当事人可以选择仲裁所适用的法律和规则，以及审理案件的“法官”（仲裁员），而在司法诉讼中当事人一般不得对这些事项作出选择。

正是由于仲裁所具备的上述特点，使之成为解决国际合同争议的首要方法。绝大多数国际合同中均含有通过仲裁解决争议的条款——仲裁条款。许多国家之间订立的双边或多边国际公约或协定，一般也含有通过仲裁解决争议的条款。①

二、国际商事仲裁的种类

国际商事仲裁的种类很多，按照不同的分类标准，可作出不同的分类。但一般而言，主要有以下三种分类方法：

1. 按照国际商事仲裁协议主体的法律地位的不同进行划分

（1）不同国家的国民之间的商事仲裁

这里的国民，不仅包括自然人、法人，也包括其他法律实体。其特点是：尽管当事人双方从属于不同的国家，但他们在国际商事交易中所处的法律地位是平等的，因而具有对等的权利与义务。我们平常所说的国际商事仲裁，绝大多数属于此类仲裁。

（2）国家与他国国民之间的商事仲裁

此类仲裁的特点是一方当事人为主权国家或政府行政主管部门，他方为另一国家的国民。

① 如国家之间订立的贸易协定、投资保护协定，避免双重征税协定等双边协定，以及世界银行主持制定的《多边投资担保机构公约》等多边国际公约。

他们之间的争议一般是由于国家的管理行为而引起的争议。按照一些国家的法律，此类争议不能通过仲裁方式解决，只能诉诸法院。但基于国家法律、双边或多边国际公约，这类争议也可通过仲裁解决。如由世界银行主持制定的《解决国家与他国国民之间投资争端公约》，旨在设立解决投资争议国际中心，通过调解与仲裁的方式，为解决国家与他国国民之间的投资争议提供便利。一些双边投资保护协议中，也有通过仲裁解决东道国与对方国家的投资者之间的争议的规定。

（3）国家之间的商事争议

即主权国家之间的商事争议。其特点是：仲裁协议的当事双方均为主权国家。一些双边或多边国际公约或协定均有通过仲裁方式解决国家之间由于公约的解释或履行而产生的争议的规定。

2. 在一般的国际商事案件①中，根据参与仲裁程序的利害关系人人数的不同进行划分

（1）双方当事人之间的仲裁

仲裁庭的管辖权来源于双方当事人之间的协议。一般情况下的争议，均为双方当事人之间的争议，即订立仲裁协议的双方当事人在协议项下的争议发生后将其提交约定的仲裁解决。而仲裁庭所解决的争议，也仅限于该双方当事人之间的争议，对第三人则无管辖权。然而，在国际商事交易实践中，该第三人或者对争议的标的具有独立的请求权，或者与该仲裁案件审理的结果有着直接的利害关系。例如，甲代理乙从国外丙公司进口设备，乙是直接用户，但订立含有仲裁条款合同的是甲和丙，乙与丙没有直接的合同关系，但有直接的利害关系，事实上乙是该进口设备的最终用户和所有权人。如果该设备不符合合同规定的标准，甲向仲裁机构对丙提起仲裁，乙能否作为一方当事人参与该仲裁？从理论上看，乙尽管是直接用户，但与丙没有订立仲裁协议，因此，仲裁机构无权管辖丙与乙之间的争议，只能就甲和丙之间的争议行使管辖权。

（2）多方当事人之间的仲裁

在国际商事合同中，如果争议是两个以上的公司或个人之间就同一合同或与该合同有关的含有相同仲裁条款的合同争议，就可能会涉及多方为同一仲裁程序当事人的情况。

多方当事人仲裁的出现有两个原因：第一，由三方或多方当事人共同签署了一项含有仲裁条款的合同。如由买卖双方、卖方或（和）买方的担保人共同签署的合同，或者由代理人、被代理人和另一方当事人签订的自后者进口设备的合同，或者由若干个合伙人共同经营一个企业或组成一个社团等。所有各方均在合同上签了字。如果合同在履行中发生争议，在合同上签字的各方均有合法的理由作为仲裁的一方当事人。第二，由含有相同仲裁条款的连环合同引起的争议。这种情况一般发生在总承包合同和分承包合同中，合同中含有相同的仲裁条款，由于前一个合同未能按期交工，进而直接影响了后一合同的按期履行。买卖合同中也有这样的情况，第一个合同的买方为第二个合同的卖方，且两个合同的条款是一致的，如果就合同的履行发生了争议，就可能涉及三方当事人仲裁的问题。但如果不涉及第三方的利益，第三方也无须参与此项仲裁。

如何处理多方当事人之间的仲裁，主要有以下解决方法：

1）在由多方当事人签署的合同中，可在仲裁条款中作出专门规定，如果合同在履行中发

---

① 这里指不同国家的国民之间的商事争议。

生争议，所有与争议有利害关系的当事人均可自愿参加。

2）在涉及连环合同争议的情况下，可在发生争议的各方当事人同意的条件下，由一个仲裁庭合并审理与此有关的争议。

3）由法院发布关于合并审理的裁定。如荷兰 1986 年民事诉讼法典第 1046 条就对仲裁程序的合并作了专门规定：除当事人之间另有约定者外，如果荷兰境内已开始的一个仲裁庭的仲裁程序的标的与在荷兰境内已开始的另一个仲裁庭的仲裁程序的标的有联系，任何当事人可以请求阿姆斯特丹地方法院院长发布合并程序的命令。

3. 根据审理国际商事争议的仲裁机构是否具有固定的名称、章程和办公地点进行划分

（1）临时仲裁机构的仲裁

即由临时仲裁机构审理的仲裁。该机构是根据当事人之间的仲裁协议而临时设立的审理该特定案件的机构，即事实上的仲裁庭。当案件审理终结并作出仲裁裁决后，该仲裁机构即行解散。

临时仲裁机构的主要优势是程序上比较灵活，在一定条件下可提高工作效率和节省仲裁费用的开支，因为一般常设仲裁机构均收取管理费，此外还要办理其他一些复杂的手续。其缺点是当事人得就仲裁所涉及的各种问题作出约定，如果程序进行中发生争议，如一方当事人拒绝指定仲裁员，另一方当事人须按照所适用的仲裁规则的规定，申请法院或其他机构指定仲裁员。因此，其优势的发挥，有赖于当事各方的密切合作。我国仲裁法没有就临时仲裁作出规定，而目前我国设立的诸多的仲裁委员会，均为常设仲裁机构。

（2）常设仲裁机构的仲裁

即在常设仲裁机构管理下进行的仲裁。该机构是依据国际公约或一国国内法设立的仲裁机构。前者如解决投资争议国际中心，后者如中国国际经济贸易仲裁委员会、美国仲裁协会等。这些机构均有其特定的名称、章程和固定的办公地点，多数还有其仲裁规则，许多还有专门的供当事人选择的仲裁员名册。常设仲裁机构的主要职能不是直接参与对仲裁案件的审理，而是制定仲裁规则和监督规则的实施，行使章程规定的行政管理职能。

在国际商事仲裁实践中，一些重大的仲裁案件，一般均由这类仲裁机构仲裁解决。即便在临时仲裁的情况下，当事人一般也可以请求这类仲裁机构提供某些管理方面的服务，如代为指定仲裁员等。这类仲裁机构一般都比较规范，且有专门的秘书处实施管理方面的工作，包括确认收到并转交仲裁申请书和答辩状，按规定收取仲裁费，协助组成仲裁庭，安排开庭等事项，并提供记录、翻译等方面的服务。

三、调整国际商事仲裁的法律规则

（一）国际公约

在世界范围内最有影响的国际公约是《承认与执行外国仲裁裁决公约》。该公约由联合国主持制定，1958 年在纽约召开的联合国国际商事仲裁会议上通过，故简称《纽约公约》。[①] 公约共

① 截至 2015 年 5 月 21 日，共有 155 个缔约国。我国政府于 1987 年 1 月 22 日向联合国提交了批准书，公约于同年 4 月 22 日对我国正式生效。我国在提交批准书时对公约作了两点保留声明，即互惠保留声明和商事保留声明：（1）中华人民共和国只在互惠的基础上对在另一缔约国领土内作出的仲裁裁决的承认和执行适应该公约；（2）中华人民共和国只对根据中华人民共和国法律认定为契约性和非契约性商事法律关系所引起的争议适用该公约。

16 条，其主要规定是：（1）各缔约国应当承认当事各方所签订或在互换函电中所载明的合同中的仲裁条款或仲裁协议的效力。（2）除公约规定的拒绝承认与执行外国仲裁裁决的情况外，各缔约国应当承认与执行该项在外国作出的仲裁裁决。（3）公约规定了各国可以拒绝承认与执行的外国仲裁裁决的各项条件中须由被申请人提供证据证明的为：仲裁协议无效；仲裁程序不当；裁决超出了仲裁协议规定的范围；仲裁庭的组成或仲裁程序与仲裁协议或仲裁地的法律不符；裁决在裁决地国或依裁决应当适用的法律对当事人尚无拘束力，或已被上述国家的主管机关撤销。此外，如果被请求承认与执行该裁决的国家的主管机关认为，争议事项依该国法律为不能通过仲裁解决的事项，或者承认与执行该仲裁裁决与执行地的公共政策相抵触的，也可拒绝承认与执行该外国裁决。此外，还有一个影响较大的国际公约，即《解决国家与他国国民之间投资争端公约》。

除了上述两个普遍性的国际公约外，还有一些地区性的国际公约，如由联合国欧洲经济委员会主持制定，1961 年由欧洲各国签署的《欧洲国际商事仲裁公约》；由美洲国家组织主持制定，1975 年在巴拿马城召开的国际私法特别会议上通过的《美洲国家商事仲裁公约》（简称《巴拿马公约》）。这两个公约均就其适用范围、仲裁协议的效力、仲裁庭的组成、仲裁规则的适用、仲裁裁决的效力及其承认与执行等作了规定。这两个公约的缔约国，一般均为《纽约公约》的缔约国。

（二）国内仲裁立法

各国有关仲裁的立法均调整国际商事仲裁，这些仲裁立法或者表现在这些国家的民事诉讼法中，如德国民事诉讼法、日本民事诉讼法、法国民事诉讼法等；还有一些国家制定了专门的仲裁法，如美国 1926 年联邦仲裁法、英国 1996 年仲裁法。这些仲裁法，既调整国内仲裁，也调整国际仲裁。还有一些国家专门制定了调整国际商事仲裁的法律或法规，如埃及于 1988 年制定的《埃及国际商事仲裁法案》。还有包括我国香港特别行政区和澳门特别行政区在内的世界上几十个国家或者地区根据联合国贸法会主持制定的 1985 年《国际商事仲裁示范法》，制定了本国或者本地区的国际商事仲裁法，如俄罗斯国际商事仲裁法，保加利亚国际商事仲裁法等。所有这些有关仲裁的法律或法规，均就有关仲裁涉及的各种事项，包括仲裁协议的效力和仲裁庭的管辖权、仲裁庭的组成、仲裁员的指定、仲裁程序的进行、仲裁裁决的作出及其补救办法、仲裁裁决的效力及其承认与执行等事项，作了规定。

我国调整国际仲裁的国内立法主要表现在 1994 年颁布的《中华人民共和国仲裁法》和 1991 年颁布、2012 年修正的《中华人民共和国民事诉讼法》中。其中《仲裁法》第七章就我国的涉外仲裁作了专门规定，包括涉外仲裁机构的组成，仲裁员的聘任，保全措施，涉外仲裁裁决的撤销和承认与执行问题等。《民事诉讼法》第二十六章（第 271～275 条）的规定也是专门针对国际经济贸易、运输和海事争议的仲裁的，主要内容包括：当事人之间订有将他们之间的争议提交仲裁解决的仲裁协议时，不得向法院起诉；申请强制执行涉外仲裁裁决的法院及不予执行此项仲裁裁决的条件等。

（三）国际商事仲裁案件应当适用的仲裁规则

国际商事交易中的当事人在他们之间订立的仲裁协议中所约定的应当适用的仲裁规则，在如何通过仲裁方式解决争议方面，发挥着重要的作用。

在国际商事仲裁实践中，一般常设仲裁机构均有自己的仲裁规则。当事人在将争议提交他们在仲裁协议中约定的仲裁机构时，如无相反的约定，就意味着适用该机构的仲裁规则。有些仲裁机构的规则对此还作出了专门规定。例如，1992 年 1 月 1 日起实施的《日内瓦商工会仲裁规则》第 1 条第 1 款即规定："一旦当事人同意将争议提交商工会进行仲裁，本规则将适用。"

为了解决临时仲裁机构无专门仲裁规则的情况，联合国贸法会组织了来自各不同法律制度下的专家，于 1976 年制定并公布了一套《仲裁规则》。三十多年来的实践证明，此项规则不仅被广泛地应用于临时仲裁，世界上许多常设仲裁机构的仲裁规则，也是参照此规则制定的。此外，包括中国国际经济贸易仲裁委员会在内的绝大多数仲裁机构，均允许当事人选择适用联合国贸法会的仲裁规则，并应当事人的请求对依此规则进行的仲裁程序实施管理。

这类仲裁规则的特点是：第一，这些仲裁规则只对特定的当事人，即选择适用某一特定规则的当事人有拘束力。第二，这些仲裁规则的适用不得与进行仲裁应当适用的法律相抵触。如果这些规则的适用与仲裁应当适用的法律发生抵触，则此类规则应当服从法律中的有关规定。例如，联合国贸法会制定的仲裁规则第 1 条第 2 款规定："仲裁应受本规则支配，但本规则的任何规定如与双方当事人必须遵守的适用于仲裁的法律规定相抵触时，应服从法律的规定。"

第二节　国际商事常设仲裁机构及其作用

如前所述，常设仲裁机构是依据国际公约或一国的国内法设立的，旨在通过仲裁方式解决国际商事争议的专门机构。常设仲裁机构与临时仲裁机构的主要区别在于前者由专门的组织实施对仲裁程序的管理，如根据《解决国家与他国国民之间投资争端公约》设立的解决投资争议国际中心（International Center for the Settlement of Investment Dispute，ICSID），按照一国国内法设立的伦敦国际仲裁院、美国仲裁协会、中国国际经济贸易仲裁委员会等。这些仲裁机构有自己的名称、章程、比较完善的仲裁规则、固定的办公地点和秘书处及工作人员，一般还有供当事人选择的仲裁员名册及示范仲裁条款或仲裁协议。这些机构在对仲裁程序实施管理时，一般都适用自己的规则，但在现代国际商事仲裁实践中，许多仲裁机构也允许当事人选择适用其他的仲裁规则，如联合国贸法会的仲裁规则或其他仲裁机构的仲裁规则。

在国际商事交往实践中，人们越来越多地将争议提交常设仲裁机构解决，特别是争议标的较大的，一般都提交常设仲裁机构解决。在有些国家，如我国现行仲裁法，根本就没有临时仲裁存在的余地。与临时仲裁相比，常设仲裁机构对于保障仲裁程序的顺利进行和仲裁裁决的质量，更具有优势。

一、常设仲裁机构的职能

常设仲裁机构本身并不具体负责处理某一仲裁案件，其主要职能是对提交其仲裁的案件实施行政管理，保障所适用的仲裁规则的实施。尽管各常设仲裁机构的具体职责有所不同，但一般都具有以下几个方面的职能：

（一）接受当事人提出的仲裁申请，对仲裁管辖权问题进行初步审理

各仲裁机构都设有专门的办事机构，如国际商会国际仲裁院的秘书处，伦敦国际仲裁院的登记处，中国国际经济贸易仲裁委员会的秘书局等，这些办事机构负责受理当事人向各该有关仲裁机构提交的仲裁申请。由机构对当事人的申请及其所依据的仲裁条款或仲裁协议进行初步审查，认为有管辖权的话，即可决定受理当事人提交的案件，并按仲裁规则及有关的收费标准收取仲裁费。

（二）协助仲裁庭的组庭工作

协助仲裁庭的组成，是常设仲裁机构的重要职能。如果当事人就其约定的独任仲裁员或首席仲裁员不能达成一致，或者在由三位仲裁员组成仲裁庭的情况下，被申请人在仲裁规则规定的期限内未能指定仲裁员，按照许多仲裁机构的仲裁规则的规定，由仲裁机构指定上述各仲裁员。例如，按照 1998 年 1 月 1 日起生效的国际商会国际仲裁院仲裁规则第 8 条的规定，如果当事人约定争议由独任仲裁员审理，但双方当事人未能在被申请人收到申请人的仲裁申请之日后 30 日内或秘书处允许的额外期限内仍未能就此独任仲裁员达成协议，该独任仲裁员由仲裁院指定。如果争议在由三位仲裁员审理的情况下，一方当事人未能对其应当指定的仲裁员作出指定，则仲裁院有权对此仲裁员作出指定。按照伦敦国际仲裁院 1998 年 1 月 1 日起实施的仲裁规则第 5 条的规定，在由三位仲裁员组成仲裁庭时，首席仲裁员由仲裁院而非当事人指定。

此外，这些仲裁机构还可以作为临时仲裁的指定仲裁员的机构，或依照当事人的申请作为管理机构。

（三）撤销对仲裁员的指定和指定替代仲裁员

这是常设仲裁机构的另一重要职责。例如按照伦敦国际仲裁院仲裁规则第 10 条的规定，如果仲裁员故意违背仲裁协议或应当适用的仲裁规则，无故拖延仲裁程序，或者存在对某一仲裁员的公正性和独立性产生正当怀疑的情况，仲裁院有权作出撤回对该仲裁员的指定或要求其回避的决定。国际商会仲裁院仲裁规则第 11 条、中国国际经济贸易仲裁委员会仲裁规则第 28 条、美国仲裁协会仲裁规则第 9 条，均有类似的规定。

因仲裁员死亡、仲裁机构接受仲裁员辞职或回避，或根据双方当事人的请求，仲裁机构也可以对替代仲裁员作出指定。

除了以上三项基本职能外，有些仲裁机构还有其他一些职能，如确认仲裁庭的组成①；批准仲裁庭与当事人之间共同签署的审理事项②；对仲裁裁决的草案进行审查③等。

二、仲裁机构的作用及其实现

仲裁机构的主要作用是协助当事人更加积极、稳妥、有效地利用仲裁这一争议解决机制，

---

① 参见国际商会国际仲裁院仲裁规则第 8、9 条。

② 参见国际商会国际仲裁院仲裁规则第 18 条第 3 款。

③ 参见国际商会国际仲裁院仲裁规则第 27 条。

保障仲裁程序的顺利进行，进而使争议得到及时、妥善和最终的解决；而不会由于仲裁程序中出现的一些这样或那样的问题而使程序中断，如当事人之间就仲裁庭的组成达不成协议、仲裁员在仲裁进行中突然死亡、被请求回避，或由于其他原因而不能履行职责，或一方当事人经正当传唤后拒不参加庭审等。在临时仲裁的情况下，如果出现了上述问题，仲裁程序就会中断，而要恢复此项程序，当事人就不得不到有关的法院寻求司法救济。为此不仅要耗费大量的金钱和精力，而且会造成不必要的拖延，致使争议不能得到及时的解决。

仲裁机构在通过仲裁方式解决国际商事争议中的积极作用，主要表现在以下几个方面。

（一）在起草仲裁协议中的作用

鉴于各仲裁机构一般都有自己的仲裁规则和建议当事人采纳的标准仲裁条款，这样就使当事人不必为如何使仲裁条款起草得更为全面、具体而绞尽脑汁。他们只要写明将争议提交哪个仲裁机构解决，其他一些细节问题一般也就会迎刃而解。这是由于当事人选择了在某一特定的机构仲裁，就意味着适用该机构的仲裁规则，而这些仲裁规则对仲裁涉及的具体问题，如仲裁地点、仲裁庭的组成、仲裁程序的进行、仲裁适用的法律、仲裁使用的语文，以至于仲裁的收费标准等，都有专门的规定。

（二）在选择仲裁员方面的便利

通过仲裁方式能否使国际商事争议切实得到独立、公正的解决，关键在于仲裁员自身的素质和他们所具有的资格、能力和水平。这是由于许多国家的仲裁法均未对仲裁员的资格作出规定，任何有行为能力的人都可以作为仲裁员。而在国际商事交易中，当事人在选择仲裁员时，特别是在独任仲裁员和首席仲裁员的选择上，往往难以达成一致。但在机构仲裁的情况下，鉴于各仲裁机构一般都有自己的仲裁员名册，而列入名册的仲裁员一般都学有专长，为各有关领域的专家、学者，且来自各个不同的国家并有着丰富的解决国际商事争议的经验，因而当事人有比较大的选择余地。

（三）在仲裁程序中的积极作用

常设机构均设有专门的办事机构，如秘书处（局）、登记处等。尽管这些机构在仲裁程序中所发挥的具体作用有所不同，如有的机构的秘书处为所有的仲裁庭配备了专门的工作人员负责仲裁庭与当事人之间的沟通与联系，直至仲裁裁决的作出，如中国国际经济贸易仲裁委员会和美国仲裁协会；有的秘书处的主要工作集中在仲裁庭组庭之前，如国际商会国际仲裁院秘书处的工作。

除了上述办事机构的作用外，仲裁机构作为管理仲裁程序机关，本身也有大量的与保障仲裁程序顺利进行有关的工作，如根据国际商事仲裁的发展状况及时修订本机构的仲裁规则、接受当事人委托或按照仲裁规则规定指定仲裁员、决定仲裁案件的管辖权、决定仲裁员的回避及指定替代仲裁员、解决当事人与仲裁庭之间的争议等。

（四）在促进仲裁裁决的承认与执行方面的作用

鉴于世界上有一百五十多个国家都是《纽约公约》的缔约国，仲裁裁决较之法院判决在裁决或判决地以外的国家的执行更为方便。而常设仲裁机构所具有的一整套管理仲裁程序的制度，包括仲裁规则、内部规章及其办事机构和具体的办事人员等，使它们在长期的实践中积累了大量的经验和建立了良好的信誉。因此，机构项下的裁决被法院撤销或拒绝执行的比例极低。与临时仲裁庭作出的仲裁裁决相比，仲裁机构管理下由各仲裁庭作出的仲裁裁决，更易得到外国法院的承认与执行。

第三节　国际商事仲裁协议

一、国际商事仲裁协议的特征

国际商事仲裁协议是指当事各方同意将他们之间已经发生的或将来可能发生的争议提交仲裁解决的协议。概括起来，具有以下几个方面的法律特征：

第一，它是特定的法律关系的当事人之间同意将他们之间的争议提交仲裁解决的共同的意思表示，而不是一方当事人的意思表示。而这种特定的法律关系，既包括国际货物买卖、运输、保险、支付、投资、技术转让等方面的契约性法律关系，也包括海上船舶碰撞、产品责任、医疗和交通事故等侵权行为方面的非契约性法律关系。

第二，仲裁协议是使某一特定的仲裁机构取得对协议项下的案件的管辖权的依据，同时也是排除法院对该特定案件实施管辖的主要的抗辩理由。《纽约公约》第 2 条第 3 款规定："当事人就诉讼事项订有本条所称之仲裁协议者，缔约国法院受理诉讼时应依当事人一方之请求，令当事人提交仲裁，但仲裁协议经法院认定无效、失效或者不能施行者，不在此限。"此外，1987 年《阿拉伯商事仲裁公约》第 27 条、联合国贸法会制定的《国际商事仲裁示范法》第 8 条第 1 款等，均有类似规定。

第三，一项有效的仲裁协议，是仲裁裁决得以承认与执行的基本前提。对于仲裁庭作出的仲裁裁决，如果败诉一方未能自动执行，另一方当事人可请求法院强制执行此项裁决。但法院在执行此项裁决时，如果认定该项裁决根据无效的仲裁协议作出，按照《纽约公约》第 5 条第 1 款的规定，被请求执行该裁决的法院也会拒绝承认与执行此项裁决。

二、国际商事仲裁协议的表现方式及主要内容

国际商事仲裁协议有两种表现形式：合同中的仲裁条款和专门的仲裁协议书。

合同中的仲裁条款是合同双方当事人在争议发生之前订立的将合同执行过程中可能发生的争议提交仲裁解决的协议。其特点是：第一，它是当事人之间在争议发生之前所达成的将争议提交仲裁解决的约定；第二，它不是一个独立的文件，而是主合同中的一个条款。

而仲裁协议书一般是指当事人之间订立的将已经发生的争议提交仲裁解决的协议。它也有两个特点：第一，它是当事人之间在争议发生之后所达成的将争议提交仲裁解决的约定；第二，它是一个独立的文件，其内容是将特定的争议提交仲裁解决的单独的一项协议。

这里必须强调的是，无论是合同中的仲裁条款，还是当事人之间就已经发生的争议订立的

单独的仲裁协议书，都必须包括如下内容：

1. 将争议提交仲裁解决的意思表示

即双方当事人同意将争议通过仲裁的方式，而不是通过司法诉讼的方法解决的约定。这是仲裁协议最为重要的内容。如无此项约定，便不可能有仲裁的发生。

2. 提交仲裁的事项

即将什么样的争议提交仲裁解决。这是对仲裁庭的管辖权作出界定的依据。如果仲裁庭裁决的事项超出了该项协议的范围，则就超出协议规定的范围的事项所作的裁决就不能得到法院的承认与执行。

3. 仲裁庭的组成或仲裁机构

著名国际贸易法专家施米托夫教授在其论文《有缺陷的仲裁条款》中指出，“即使是最拙劣的仲裁条款，也应包括两方面的内容：将争议提交仲裁解决和由谁来充当仲裁员”①。而这里的负责解决争议的仲裁庭，可以是临时仲裁庭，也可以是常设仲裁机构项下的仲裁庭。

此外，当事人还可以就其他与仲裁有关的事项作出约定，如仲裁地点、仲裁应当适用的规则②等。

三、国际商事仲裁协议的效力及适用法律

（一）有效仲裁协议的基本要件

尽管各国法律对仲裁协议的效力应当具备的条件规定各异，但一般而言，一项有效的仲裁协议，至少应当具备以下条件：

1. 仲裁协议必须是双方当事人真实的意思表示，而不是一方当事人通过欺诈的方式强使另一方当事人接受此项协议的产物。

2. 订立协议的双方当事人依照应当适用的法律，必须具有合法的资格和能力。如果当事人依据应当适用的法律为无行为能力者，则仲裁协议无效。

3. 仲裁协议的内容应当合法，即当事人约定的仲裁事项必须是按照有关国家的法律可以通过仲裁方式解决的事项。这些法律一般为裁决地法或裁决执行地国的法律。此外，协议的内容也不得违反裁决地国或裁决执行地国的法律中有关强制性的规定；不得与这些国家的公共政策相抵触。

4. 仲裁协议的形式必须合法，按照《纽约公约》第 2 条、联合国贸法会《国际商事仲裁示范法》第 7 条第 2 款，仲裁协议必须采用书面形式。

（二）国际商事仲裁协议的适用法律

国际商事仲裁协议的效力，一方面取决于该特定的仲裁协议应当适用的法律。鉴于仲裁协议实质上是当事人之间订立的契约，因此有关国际私法上适用法律的一般原则，均适用于解决

---

① ［英］施米托夫著，赵秀文译，郭寿康审校：《国际贸易法文选》，614 页，北京，中国大百科全书出版社，1993。

② 在常设仲裁机构仲裁的情况下，当事人只要约定将争议提交该特定机构仲裁，即适用该机构的仲裁规则。

国际商事仲裁协议的适用法律，如当事人意思自治原则、最密切联系原则等。另一方面，仲裁协议本身不得违反裁决地国或裁决执行地国法律中有关强制性的规定，如涉及可仲裁事项的问题，当地的社会公共利益等问题的规定。

四、仲裁条款的独立性

仲裁条款是主合同的一个条款时，如果主合同为无效合同，是否该合同中的仲裁条款也随之无效？

英国法院最早在海曼诉达文斯（Heyman v. Darwins）一案中确立了仲裁条款可独立于它所依据的合同而存在。在该案中，达文斯是英国一家钢铁制造商，它与营业地在纽约的海曼订立了独家代理合同，合同中含有措辞广泛的仲裁条款："由本合同产生的争议应通过仲裁解决。"后来，达文斯拒绝履行合同，双方发生争议。于是，海曼将此争议诉诸法院，指控达文斯违约。达文斯则请求法院中止对该案的审理，并裁定将此争议按照合约提交仲裁解决。本案初审法官麦克米兰驳回了被告达文斯的请求。该法官认为："如果合同从来就不存在，那么作为合同一部分的仲裁协议也不存在。因为大合同中包含着小协议。"即如果主合同无效，作为该合同一部分的仲裁条款也随之无效。但上议院认为，该合同中的仲裁条款可以独立于它所依据的合同而存在。[①]

此后，法国最高法院于 1963 年 5 月 7 日在 Societe Gosset v. Societe Carapelli 一案的判决中[②]，美国最高法院于 1967 年对 Prima Paint v. Flood & Conklin Manufacturing Co. 一案的判决[③]，均确立了仲裁条款可独立于它所依据的合同存在的原则，即便一方当事人称合同是通过欺诈的方式订立或合同无效时亦然。目前，仲裁条款独立原则已经被包括我国在内的许多国家通过法律的形式固定下来。我国《仲裁法》第 19 条规定："仲裁协议独立存在，合同的变更、解除、终止或者无效，不影响仲裁协议的效力。"我国《合同法》第 57 条对此原则的规定更加明确："合同无效、被撤销或者终止的，不影响合同中独立存在的有关解决争议方法的条款的效力。"

第四节 仲裁庭及其管辖权限

仲裁庭是仲裁案件的直接审理者，无论是在临时仲裁，还是在机构仲裁的情况下，都是如此。特别是在机构仲裁的情况下，常设仲裁机构的主要工作是在行政管理方面，而不是对具体案件的审理。

一、仲裁庭的组成

根据组成仲裁庭的仲裁员人数的不同，可以分为由一位仲裁员组成的独任仲裁庭、由两位

① 参见《英国上诉法院 1942 年判例集》，356 页。
② 参见 Fordham International Journal，第 17 卷，599 页，1994。
③ 参见《美国最高法院 1967 年判例集》，第 388 卷，395 页。

仲裁员组成的二人仲裁庭和由三人或三人以上的仲裁员组成的仲裁庭。在国际商事仲裁实践中，其中常见的仲裁庭是独任仲裁庭和由三位仲裁员组成的仲裁庭。

在国际商事仲裁实践中，由两名仲裁员组成仲裁庭的情况并不多见。但在一些行业和国家，这种情况是存在的，如在航运市场上的某些标准合同中就有这样的条款。一些格式租船合同中的Baltime Arbitration Clause就是这样规定的："由于本租船合同而产生的争议交由伦敦（或者当事人约定的其他地点）仲裁解决。由船东指定一名仲裁员，另一名仲裁员由租船人指定。如果这两名仲裁员不能就仲裁裁决达成一致，争议交由他们共同指定的公断人（umpire）裁定。仲裁员或公断人的裁决是终局的，对当事双方均有拘束力。"

英国1996年仲裁法第22条第1款也就由两名仲裁员组成仲裁庭的情况作了规定："在当事人同意设两名或两名以上仲裁员但无首席仲裁员或公断人的情况下，当事人可自由约定仲裁庭如何作出决定、命令和裁决。"此项规定包括了由两名仲裁员组成的仲裁庭的情况。在实践中，如果这两名仲裁员在解决当事人提交的争议时达成一致，就可作出仲裁裁决。但如果他们不能就此争议达成一致时，才由他们共同指定的公断人主持对该案件的审理。在这种情况下，原来由双方指定的仲裁员事实上充当了为他们各自被指定的当事人充当辩护人（advocate）的角色，而仲裁裁决由公断人自行作出。此时的公断人，则相当于独任仲裁员的角色。

二、仲裁员的资格

在解决国际商事争议的实践中，被指定为仲裁员的一般都是为当事人所信赖并能够对争议的是非曲直作出独立判断的人。因此，各国法律允许当事人在他们之间的仲裁协议中对仲裁员的资格作出约定。而法律本身对此一般没有严格的限制，凡是具有完全行为能力的人，包括本国人和外国人，都可以被指定为仲裁员。例如，荷兰1986年民事诉讼法第1023条规定："任何有法律行为能力的自然人均可被指定为仲裁员。除非当事人另有约定，任何人不应由于其国籍的原因而妨碍指定。"有些国家的法律还对没有资格担任仲裁员的人作了规定。例如，意大利民事诉讼法典第812条规定，"仲裁员可以是意大利或他国国民"，它所规定的限制是："未成年人、无法律行为能力人、破产者及被开除公职的人，不能担任仲裁员。"有的国家的法律还规定国家法官在任职期间不得接受指定作为仲裁员。①

我国《仲裁法》对仲裁员的资格作了比较严格的限制。该法第13条规定：仲裁委员会应当从公道正派的人员中聘任仲裁员。仲裁员应当符合下列条件之一：（1）从事仲裁工作满8年的；（2）从事律师工作满8年的；（3）曾任审判员满8年的；（4）从事法律研究、教学工作并具有高级职称的；（5）具有法律知识，从事经济贸易等专业工作并具有高级职称或者仅有同等专业水平的。

作为国际商事仲裁的一般原则，仲裁员，尤其是独任或首席仲裁员，不得与他所审理的案件有直接的利害关系，否则将影响他对所审理的案件作出独立、公正的审理。

2004年7月13日，我国最高人民法院发出《关于现职法官不得担任仲裁员的通知》，该通知规定如下：根据《中华人民共和国法官法》、《中华人民共和国仲裁法》的有关规定，法官担

---

① 如奥地利民事诉讼法典第578条、波兰民事诉讼法第699条第2款的规定。

任仲裁员，从事案件的仲裁工作，不符合有关法律规定，超出了人民法院和法官的职权范围，不利于依法公正保护诉讼当事人的合法权益。因此，法官不得担任仲裁员；已经被仲裁委员会聘任，担任仲裁员的法官应当在本通知下发后一个月内辞去仲裁员职务，解除聘任关系。根据此通知，最迟自 2004 年 8 月 13 日起我国法官不得再担任仲裁员。我国最高人民法院的上述通知，避免了现任法官既作为仲裁员参加仲裁案件的审理，又利用其职权影响法院对仲裁裁决实施的司法监督，有利于维护仲裁解决争议的独立性与公正性。

三、仲裁庭自裁管辖原则

仲裁庭自裁管辖原则（the Kompetenz-Kompetenz Doctrine）既是各国仲裁立法与实践中的一个重要的理论问题，也是具有实践意义的现实问题。

在国际商事仲裁实践中，仲裁管辖的主要依据是当事人之间存在将他们之间业已发生的争议通过仲裁解决的有效的仲裁协议。因此，从某种意义上说，仲裁管辖与仲裁协议的有效性问题是一个问题的两个方面：根据有效的仲裁协议，仲裁庭就可获得管辖权；而根据无效的仲裁协议就不能获得此项管辖权。仲裁管辖的原则的核心内容是：仲裁庭能否对它自己的管辖权，包括仲裁协议的存在和效力的异议作出决定。

在国际商事交易中，往往有这样的情况发生：当仲裁协议项下的争议发生后，一方当事人将争议提交仲裁解决，而另一方则对仲裁庭的管辖权及仲裁协议的有效性提出异议。在这种情况下，仲裁庭能否就其管辖权及仲裁协议的效力作出决定，是仲裁（庭）面临的首要问题。这个问题不解决，仲裁程序就无法进行。按照各国的仲裁立法与实践，如果一方当事人采用欺诈的手段迫使对方与其订立仲裁协议，或者一方当事人不具备订立此项协议的行为能力，都会导致仲裁协议的无效，而根据无效的仲裁协议，仲裁庭是不能取得管辖权的。在另外一些情况下，一方当事人将争议提交仲裁，而另一方当事人将此同样的争议提交法院，而对方当事人在仲裁程序或诉讼程序开始后均对仲裁或法院的管辖权提出异议，按照各国关于国际商事仲裁立法与实践，仲裁庭和法院均有权决定仲裁庭的管辖权。按照联合国贸法会《国际商事仲裁示范法》第 16 条第 2 款规定的精神，如果仲裁庭对其管辖权作出了初步的裁定，任何当事一方均可在收到此项裁定后 30 天内请求对此有管辖权的法院作出决定，而法院的决定不容上诉。

第五节　国际商事仲裁的适用法律

一、仲裁程序的适用法律

（一）仲裁程序适用法律的概念

仲裁程序的适用法律指仲裁程序进行中所涉及的一些具体问题，如仲裁庭的组成、案件的审理、保全措施、裁决的作出等一系列与程序有关的问题应当适用的法律。

仲裁程序与司法诉讼程序不同，后者没有适用外国法律的问题，而一些国家的法律允许当事人选择仲裁程序的适用法律，至少从理论上说这是可以的，即在一国进行的仲裁，当事人可以约定适用另一国家的仲裁法，但在实践上这会遇到许多困难。[①] 例如，按照英国法，在英国进行的仲裁不可能排除英国法院对它行使的管辖权，如果当事人选择了在英国进行仲裁而适用另一国家的仲裁法，就会引起就同一案件同时适用两个不同国家的程序法的冲突，即仲裁地的仲裁法和当事人明示选择的仲裁法之间的冲突。[②] 例如在麦道公司一案中[③]，尽管当事人在仲裁协议中约定了"仲裁应当按照印度 1940 年仲裁法或对该法的任何修订的程序进行"，但由于双方当事人又约定了"仲裁程序在英国的伦敦进行"，所以，当双方当事人就该案的仲裁程序的法律适用问题发生争议并将此争议提交英国法院解决时，法院对此案的判决是：既然当事人选择了在伦敦仲裁，那么他们通过仲裁协议所选择的仲裁程序的适用法律是英国法，而不是印度法。

（二）仲裁程序规则与仲裁程序法在国际商事仲裁中的适用

仲裁程序规则与仲裁程序法是两个不同的概念。

仲裁程序规则是指各仲裁机构、各有关组织或团体、仲裁协议的当事人约定的或仲裁庭决定的关于如何进行仲裁所遵循的程序规则，它们本身没有法律上的拘束力。然而，它们具有契约的性质，即一旦被仲裁协议的当事人采纳，就在这些当事人之间产生了拘束力，其前提条件是不违背有关国家的仲裁法中的强制性的规定。

在国际商事仲裁实践中，特别是在机构仲裁的情况下，当事人选择将争议提交特定的仲裁机构仲裁，就意味着适用该机构的仲裁规则，除非当事各方另有约定。许多仲裁机构的仲裁规则也有类似规定。例如，1998 年伦敦国际仲裁院仲裁规则第 1 条规定：任何载有或提及按本院仲裁规则或由仲裁院仲裁的任何书面协议或约定，视为当事人同意按本规则或在此之后修订的规则，但须在仲裁开始前已经生效。美国仲裁协会 1997 年仲裁规则第 1 条第 1 款也有类似规定。此外，包括联合国贸法会制定的仲裁规则在内的许多仲裁规则都规定，当事人在仲裁协议中约定适用特定的仲裁规则时，也可对所适用的规则加以修订，具体措辞为"除非当事各方另有约定"。这是由仲裁的契约性质决定的，而仲裁规则本身也在某种程度上具有此项性质，因为只有当事人在仲裁协议中约定适用某一规则时，该特定的规则才对同意适用该规则的当事人有拘束力。

仲裁规则适用的另一个特点，是该规则的适用不得违反或规避仲裁应当适用的法律所规定的当事人必须遵守的各项规定，否则，仲裁裁决在请求法院强制执行时就可能遇到麻烦。例如，由联合国贸法会制定的仲裁规则第 1 条第 2 款规定："仲裁应受本规则支配，但本规则的任何规定如与双方当事人必须遵守的适用于仲裁的法律规定相抵触时，应服从法律的规定。"而这里所说的法律，无疑就是仲裁应当适用的法律，通常指进行仲裁程序应当适用的有关国家的仲裁法。该法一般情况下为仲裁地所在国的仲裁法。

综上所述，仲裁规则适用的特点是：第一，它是选择性的，只有当事人选择适用了某一特定的规则，该规则才能对选择适用的当事人有拘束力。第二，当事人所选择适用的仲裁规则不

---

①② See Russell on Arbitration, Twenty-First Edition, 1997, p. 76.

③ 参见赵秀文主编：《国际经济贸易仲裁法案例选编》，159～167 页，北京，中国法制出版社，1999。

得与应当适用的仲裁法的规定相抵触。

（三）仲裁程序法的适用范围

仲裁程序法是规范如何进行仲裁的法律规范的总称。具体表现为一国立法机关制定的调整国际商事仲裁的法律。尽管各国有关仲裁法的法律繁简不一，名称各异，但一般都就可仲裁的事项、仲裁协议及效力、仲裁员的指定、仲裁庭的组成及管辖、仲裁程序、仲裁裁决及其承认与执行等问题作出规定。

按照国际法上的国家主权和地域原则，以及国际私法上的“场所支配行为”原则，在一国进行的仲裁，该国的仲裁法理所当然地应当予以适用。即便是现代各国的仲裁法，也是如此。例如，1998 年德国的仲裁立法，即德国民事诉讼法第 1025 条规定，德国的仲裁立法适用于在德国进行的仲裁。英国 1997 年仲裁法第 2 条第 1 款规定，有关仲裁程序的事项，适用于在英格兰、苏格兰和威尔士进行的仲裁。从法学基本理论看，一国颁布的法律在该国境内的效力，是不言而喻的。各国的仲裁法适用于在各该国进行的仲裁，也符合国际法的国家主权原则。

一般而言，仲裁程序法支配如下问题：

1. 仲裁员的指定方法。如果双方当事人不能就独任仲裁员、首席仲裁员的指定达成一致，或者一方当事人未能在仲裁规则规定的期限内指定仲裁员，法院可根据当事人的请求，对仲裁员作出指定。

2. 仲裁庭的权力和义务，包括仲裁员或仲裁庭违反其所承担的义务时的补救办法。

3. 对仲裁裁决的异议及其处理办法。各国仲裁法一般均对此作出规定，包括对仲裁裁决的撤销和承认与执行的条件。

然而，对于仲裁协议的准据法支配仲裁协议的实体问题和仲裁程序法支配仲裁协议项下的程序问题，往往在实践中不易作出明确的划分。依英国法，如果合同及其所包含的仲裁条款的准据法均非英国法，仲裁条款未规定仲裁地点，那么，仲裁程序应当受根据 ICC 仲裁规则所指定的仲裁地所在国的法律支配。[①]

（四）仲裁程序法的确定

在一国进行的仲裁能否适用另一国的仲裁法？对这一问题的回答可以表述为：理论上是可行的，有些国家的立法实践上也是允许的，但实践中很少有当事人对此作出专门约定。

从理论上看，仲裁本身就是一种受各国法律保护的自愿选择的争议解决的方式，对于仲裁在哪里进行、适用什么样的法律、使用什么样的语言等，均可作出约定。当事人既然可以选择仲裁解决争议，当然也可以就仲裁应当适用的法律作出约定。

在仲裁立法实践中，有些国家已经对此作出了明示规定。例如，法国民事诉讼法典第 1494 条第 1 款规定：“仲裁协议可以通过直接规定或援引一套仲裁规则来明确仲裁应遵循的程序；它也可以选择特定的程序法为准据法。”这里的规定显然可以解释为允许在法国进行仲裁的当事人选择适用的法国以外的国家的仲裁（程序）法。即便在以保守而著称的英国，当事人也可以自由地选择仲裁地点，特别是仲裁程序法，而该法可以独立于合同准据法和仲裁协议的

---

① See Russell on Arbitration，p. 73.

支配法律。[①] 仲裁程序上选择适用另一国家的法律在实践上会遇到一些难以克服的问题，特别是临时性强制措施的采取。例如，选择外国法作为支配仲裁的法律的后果可能导致该仲裁法以外的国家拒绝行使对该仲裁案件的管辖权。英国法院 1993 年就拒绝了一个在英国施工的建设海底隧道合同中一方当事人提出的请求发布强制另一方当事人在仲裁程序进行期间继续履行合同项下的义务的命令，理由之一是仲裁不在英国进行，而是依据合同规定在布鲁塞尔依照 ICC 规则仲裁。[②] 按照英国的判例，当事人如果选择了在英国仲裁，英国仲裁法就应当予以适用，尽管当事人约定适用另一国家的仲裁法。[③]

在一国进行仲裁而选择适用另一国家的仲裁法在实践中之所以会遇到一些困难并引起某些法律冲突。这是由于：一方面，按照国际法上的属地原则，主权国家的法律适用于该国家的领域，即一国仲裁法无疑地适用于在该国境内进行的仲裁；另一方面，如果当事人选择适用另一国家的仲裁法，如麦道公司案，当事人在仲裁协议中约定在伦敦仲裁，而适用印度 1941 年仲裁法，当然，按照英国法院的解释，当事人选择在英国仲裁，就是选择了适用英国的法律。如果此案在印度或另一国家的法院审理，可能就是另一种结果了，因为按照字面上的解释，当事人的意思表示是明确的，即在英国仲裁，适用印度仲裁法。

与上述问题有密切联系的另一个问题是：在一国境内进行的仲裁是否可完全独立于该国的仲裁法?

传统的观点认为，仲裁受特定国家的国内法，即仲裁地法的支配，仲裁地法决定仲裁程序的有效性。如果仲裁不与某一特定国家的法律制度相联系，仲裁庭的决定就不会产生法律上的拘束力。[④] 也就是说，尽管国际商事仲裁具有国际性、自主性，但它不可能脱离任何国家的法律监督而在真空中进行，因为仲裁裁决的效力是有关国家的法律赋予的，特别是仲裁地国的法律赋予的。如果仲裁裁决在裁决地国（country of origin）无效，或者被该国的法院撤销，该裁决就不应得到其他国家的承认与执行。

另一种观点认为，国际商事仲裁可以独立于裁决地国的仲裁法，它可以超出仲裁地国家的法律而独立存在。此项仲裁被称为非国内化或非地方化仲裁（delocalized arbitration)，由此，非内国仲裁而产生的裁决，为非内国裁决（a-national award）或浮动裁决（floating award)。此项裁决即便在裁决地国无效或被该国撤销，也是可以执行的。例如，某一裁决被裁决地国的法院以作出此裁决的仲裁员在裁决中有舞弊行为为由而撤销，该裁决仍然可以在另一国家申请执行，该另一国家仍然可以承认此项裁决的效力，如果该另一国家的法律关于撤销裁决的规定中没有上述撤销的理由。[⑤]

英国法从不认为仲裁程序可以脱离任何国家的法律制度而独立存在。在英国法看来，仲裁程序法一般为进行仲裁（仲裁本座，the seat of arbitration）的国家的法律。当事各方对仲裁本

---

① See Russell on Arbitration, p. 75.

② See Russell on Arbitration, p. 74.

③ 参见麦道公司案。

④ See William W. Park, The Lex Loci Arbitri and International Commercial Arbitration, Vol. 32, Jan. 1983, International and Comparative Law Quarterly, p. 23.

⑤ See William W. Park, The Lex Loci Arbitri and International Commercial Arbitration, Vol. 32, Jan. 1983, International and Comparative Law Quarterly, pp. 24 - 25.

座的选择极为重要，它意味着仲裁应当遵守该地的法律进行，而本座地的法院也有权对在当地进行的仲裁实施监督和管辖。①

二、解决争议实体问题的适用法律

解决争议实体问题的适用法律就是用什么样的法律规则判断当事人之间争议的是非曲直。鉴于国际商事交易涉及不同国家的法律，而不同国家可能就相同的事项作出不同的规定，如在合同成立的问题上，即便在同一国家，法律的规定也可能不完全相同。以中国为例，一般的国际货物买卖合同只要当事双方签字盖章，合同即成立；而在我国境内订立的中外合资、中外合作合同，以及技术引进合同的生效日期，按照我国现行的法律规定，自主管机关批准之日起生效。而上述种类的合同，在其他国家就可能无须经上级主管机关批准。假定一合资经营合同，当事人之间在签订后而在主管机关批准前发生争议，则适用不同国家的法律，可能产生不同的结果。在法律规定合资合同批准生效的国家，该合同尚未成立；但在意思表示一致合同即生效的国家，此合同就有效地成立了。可见，适用什么样的法律解决国际商事争议，无论对诉讼，还是仲裁，都是对争议作出评断的法官或仲裁员所面临的现实问题。中国国际经济贸易仲裁委员会解决当事人之间的争议的准则是：根据事实，依照法律和合同规定，参考国际惯例，并遵循公平合理原则，独立公正地作出裁决。可见，在审理国际案件的过程中，在查明事实的基础上，适用什么样的法律和规则确定当事各方的权利与义务，是作出公正合理裁决的至关重要的环节。在国际商事仲裁实践上，仲裁庭解决争议实体问题应当适用的法律及与此有关的法律规则包括：

（一）争议所依据的合同是判定当事人权利与义务的基本文件

国际商事仲裁所涉及争议绝大多数源于国际商事合同，而依据各有关国家的法律订立的合同，受到各国的法律保护。因此，就合同双方当事人而言，合同就成为决定他们之间的权利与义务的基本的法律文件。就违反合同的损害赔偿而言，例如买卖合同中的卖方延期交货，或买方拒收货物或拒付货款，如果合同中对类似的违约有明确的规定，仲裁庭首先应当适用的就是合同中的规定。只有在合同对双方争议的事项没有作出明确规定并在合同中找不到解决问题的依据时，仲裁庭才考虑从该合同应当适用的法律（合同准据法）中寻求解决问题的答案；此外，如果当事双方就合同的解释和履行等问题发生争议，也应当从该合同应当适用的准据法中寻找答案。

（二）合同准据法及其确定

合同准据法是决定合同当事人权利与义务的法律。根据欧洲经济共同体成员国于 1980 年 6 月 19 日在罗马订立的《合同债务适用法律公约》第 10 条第 1 款的规定，合同准据法不仅适用于合同的解释和履行，而且应当适用于违反合同的后果，包括依法律的规定确定损害赔偿的金额、债务消灭的各种方法、诉讼时效和无效合同的后果等。一般认为，凡与国际商事合同有直

① See Russell on Arbitration，p. 75.

接或间接关系的所有事项，均应适用合同的准据法[①]，包括由于合同无效而产生的不当得利。英国著名国际私法学者戴西等编著的《冲突法》指出，合同的后果，即当事人所承担的合同项下的权利与义务，依合同准据法决定。[②] 按照美国法学会编辑的《法律冲突法第二次重述》（1971 年）第 198～207 条的规定，合同准据法支配由于合同而产生的一切直接或间接事项，但合同的履行方式适用合同履行地法。

可见，按照各有关国家的国际私法和有关的国际公约的规定，除了合同履行方式适用履行地法外，所有产生于国际商事合同项下的直接或间接事项，均应适用于合同准据法。

在国际商事仲裁实践中，确定合同准据法的方法有以下几种情况：

1. 当事人在合同中共同选择的法律

如果争议双方在合同中共同选择了合同准据法，此项选择应当受到审理争议的法官或仲裁员的尊重和适用，这已成为国际公约、各有关国家的国内法和对各国的法律冲突规则所进行的官方重述中所公认的处理各国法律冲突的基本原则。例如，1961 年《欧洲国际商事仲裁公约》第 7 条第 1 款就专门对此作了明确规定："当事人可以通过协议自行决定仲裁员就争议所适用的法律。"按照各国国际私法上普遍认可的当事人意思自治原则，当事人可以自主地订立合同，就他们之间的权利与义务作出约定，也可就合同的适用法律（合同准据法）作出约定。

国际商会国际仲裁院 1990 年审理的意大利的被代理人诉比利时的代理人的独占分销合同一案中，双方约定合同的适用法律为意大利法。由于申请人在合同执行 7 年后终止了该合同，并按合同规定提前三个月发出了终止合同的通知，比利时的代理人认为此项终止无效，因为它违反了比利时法中关于"终止独占分销合同的通知至少应当提前三年发出"的强制性规定，从而在比利时法院起诉，要求意大利的被代理人赔偿由于终止该合同而给代理人造成的损失。意大利的被代理人则按照合同中规定的仲裁条款，请求国际商会国际仲裁院依其仲裁规则仲裁解决此项争议。该案由独任仲裁员在德国科隆审理，该独任仲裁员认为，意大利法适用于解决本案争议的实体问题，比利时法中关于"终止独占分销合同的通知至少应当在三年前发出"的强制性规定不予考虑。就本案争议的是非曲直而言，本案的分销合同已经有效地终止，而合同中关于终止合同应当提前三个月通知的规定符合意大利法。[③]

2. 由仲裁庭决定准据法的适用

在国际商事交易实践中，许多情况下当事人在合同中并未就合同的适用法律作出约定，而只就争议解决的仲裁机构或应当适用的仲裁规则作出约定。在这种情况下，由仲裁庭决定应当适用的准据法。

关于由仲裁庭决定解决争议应当适用的准据法的情况，有些仲裁规则对此作出了明确的规定，例如，联合国贸法会 1976 年仲裁规则第 33 条第 1 款就规定了仲裁庭在作出仲裁裁决时应当适用的法律："仲裁庭应适用当事双方预先指定的适用于解决争议实体问题的法律，当事人未有此项指定时，仲裁庭应当适用法律冲突法所决定的认为可以适用的法律。"1961 年《欧洲国际商事仲裁公约》第 7 条第 1 款也对此作了明确规定："当事人可以通过协议自行决定仲裁

---

① See H. Batiffol, P. Lagarde, Droit International Privé, 6th ed., Paris, 1976, Vol. Ⅱ, No. 595, p. 273; P. Mayer, Droit International Privé, Paris, 1977, No. 701, 716, pp. 513, 522.

② See Dicey, Morris, L. Collins, Conflict of Laws, 10th ed., London, 1987, Vol. Ⅱ, p. 1236.

③ Collection of ICC Arbitral Awards 1991—1995. Kluwer Law International, 1997, pp. 134 - 142.

员解决争议所适用的法律。如果当事人没有约定此项适用法律，仲裁员可按照其认为可适用的冲突规则的规定，适用某种准据法。在上述两种情况下，仲裁员均应考虑到合同条款和商业惯例。”国际商会国际仲裁院 1998 年仲裁规则第 17 条第 1 款的规定是：“当事人得自由约定仲裁庭解决争议实体问题所适用的法律规则。如无此约定，仲裁庭得适用它所认为适当的法律规则。”按照上述有关规定，仲裁庭决定解决争议应当适用的法律的方法有以下两种情况。

（1）仲裁庭直接决定应当适用的准据法

如国际商会国际仲裁院 1998 年仲裁规则的规定。美国仲裁协会 1997 年国际仲裁规则第 28 条第 1 款也有类似规定：“仲裁庭应当适用当事人指定的适用于争议解决的一个或数个实体法或法律规则。如无此项指定，由仲裁庭决定其认为适当的一个或数个法律或法律规则。”美国仲裁协会和国际商会国际仲裁院的上述规定反映了国际商事仲裁的最新发展，它打破了传统上的适用法律的方法：即仲裁庭在决定适用法律时，首先确定应当适用的冲突法规则，然后依据此项冲突规则决定应当适用的准据法。而至于这里所说的“法律规则”、“一个或数个法律或法律规则”的含义，我们将在下一个问题中作专门研究。

（2）仲裁庭通过应当适用的法律冲突规则决定应当适用的准据法

这是传统的确定准据法的方法。在国际商事仲裁实践中，许多仲裁机构的仲裁规则并未就仲裁应当适用的法律作出规定，在这种情况下，传统的做法就是由仲裁庭首先决定应当适用的冲突规则，然后通过该规则的指定，决定应当适用的准据法。仲裁庭在决定应当适用的冲突规则时，一般有两种方法：第一，适用仲裁地的国际私法中关于适用法律的冲突规则；第二，由仲裁庭直接决定应当适用的冲突规则。

按照现代国际商事仲裁的理论与实践，无论是当事人选择的准据法，还是仲裁庭决定适用的准据法，都不一定局限于某一国家的法律。如前所述，仲裁庭在决定适用法律时，首先应当考虑的是双方当事人之间的合同是如何规定的，包括就他们之间的具体权利与义务和合同应当适用的法律所作的约定。其次，对于争议所涉及的事项是否有该特定行业的惯例，如国际贸易惯例，如有此项惯例，不管当事人是否对此在合同中作出约定，按照联合国贸法会仲裁规则第 33 条第 2 款、国际商会国际仲裁院 1998 年仲裁规则第 17 条第 2 款、美国仲裁协会 1997 年国际仲裁规则第 28 条第 2 款等，仲裁庭均应考虑该特定惯例的适用。再次，它也可以是有关的国际公约中的规定，如果买卖双方所属国均为《联合国国际货物买卖合同公约》的缔约国，关于合同的订立及买卖双方当事人的权利与义务，均可适用该公约，无论当事人是否对公约的适用作出约定。最后，它还可以是其他“法律规则”。而这些法律规则，一般认为它不是某一特定国家的国内法，但它又是为各有关国家所认可的规则，一般被称为商人习惯法（Lex Mercatoria）。

第六节　国际商事仲裁裁决

一、仲裁裁决的含义

仲裁裁决是仲裁庭就当事人提交仲裁解决的事项作出的决定，此项决定无论在仲裁程序进行中的哪一阶段作出，对争议各方均有拘束力。

在仲裁程序开始后，如果一方当事人对仲裁庭的管辖权提出异议，在此情况下，仲裁庭如果不解决管辖权的问题，仲裁程序就无法继续进行。为了确定仲裁庭对其所审理的案件的管辖权，仲裁庭可就其管辖权问题作出先决裁决（preliminary award）。根据联合国贸法会《国际商事仲裁示范法》第 16 条第 3 款的规定，当事任何一方可在收到此项裁决后 30 天内就此决定向有管辖权的法院提出申诉，请求法院对此作出决定。法院的决定是终局的，不容上诉。而仲裁庭在等待法院作出决定的同时，可以继续进行仲裁程序。

在仲裁程序进行的过程中，仲裁庭还可就当事人提出的某些请求事项作出中间裁决或部分裁决（interim，interlocutory or partial award）。这些裁决所涉及的或者是需要立即处理的不易保存的物品，或者是当事人之间不存在争议的部分。这些裁决均构成最终裁决（final award）的一部分。

仲裁程序以仲裁庭作出最终裁决而告终。而最终裁决是就当事人所提交的所有事项作出的裁决，包括中间裁决和部分裁决。如果当事人已经就仲裁庭在仲裁程序中作出的中间裁决或部分裁决履行完毕，最终裁决可以不提及那些争议已经得到解决的事项。如上述裁决尚未履行，仲裁庭则应在最终裁决中特别提及其在仲裁程序中作出的中间裁决或部分裁决构成最终裁决的一部分。

当仲裁程序结束后，如果仲裁庭在裁决中漏裁了当事人的仲裁请求中的某些事项，在应予适用的法律或仲裁规则规定的期限内，无论是当事人提出请求，还是仲裁庭自行发现，仲裁庭如果认为情况属实，可就这些漏裁的事项作出追加裁决（additional award）。

在国际商事仲裁实践中，根据国家法院对国际商事仲裁裁决实施监督的范围，国际商事仲裁裁决可以分为：本国裁决（domestic award）和外国裁决（foreign award）。一般而言，内国法院只能撤销本国裁决，而无权撤销外国裁决。法院对外国裁决的监督，仅限于承认与执行或者拒绝承认与执行裁决。关于本国裁决与外国裁决的划分，从制定《纽约公约》过程中所反映出来的各方面的观点看，主要是地域标准（territorial criterion）。《纽约公约》第 1 条将缔约国依据公约所承认与执行的“外国裁决”界定为在“在申请承认与执行地所在国以外之领土内作出”。因此，决定仲裁裁决国籍的主要标准，是仲裁裁决在哪一个国家作出。这一标准已经得到多数国家国内法的认可。

二、仲裁裁决的作出

根据《纽约公约》第 1 条第 2 款的规定，仲裁裁决不仅包括当事人在每一个具体案件中所指定的仲裁员作出的裁决，也包括当事人所提交的常设仲裁机构作出的裁决。事实上，仲裁裁决均是由仲裁庭作出的，常设仲裁机构的作用主要是实施对提交其解决的案件的管理，除少数情况外，一般不参与对仲裁案件的裁定。①

裁决应当采用书面形式，并附具裁决所依据的理由。按照许多国家的仲裁法和仲裁规则的

① 如在国际商会国际仲裁院，其仲裁庭签署仲裁裁决之前，须将裁决草案提交仲裁院批准，仲裁院可就裁决的形式和实体问题提出意见，旨在减少各国法院对 ICC 裁决的拒绝执行。

规定，在由三位仲裁员组成仲裁庭的情况下，如果他们就裁决的内容不能达成一致，裁决应当根据多数仲裁员的意见作出。如果不能形成多数意见，则按首席仲裁员的意见作出。我国《仲裁法》第53条也是这样规定的。

如果在仲裁程序中争议各方就他们之间的争议事项达成和解，仲裁庭可根据当事人之间的和解协议作出裁决。在此种情况下，一般可以不附具裁决所依据的理由。

裁决应当由同意该裁决书内容的仲裁员签署，仲裁员的不同意见可记入笔录，并写明裁决书作出的时间和地点，因为裁决书自该裁决书中所记载的日期起生效。如果一方当事人申请撤销该裁决，则应当诉诸裁决地国的法院。

三、仲裁裁决的效力及其异议

从理论上说，裁决一经作出，即对当事人具有法律上的拘束力。如果一方当事人不能自动履行，另一方当事人可请求法院强制执行。但按照各有关国家的仲裁立法与实践，如果裁决存在着法律规定的可以撤销的理由，当事人则可在法律规定的期限内，向对此有管辖权的法院申请撤销该仲裁裁决。

按照联合国贸法会《国际商事仲裁示范法》第34条的规定，当事人申请撤销仲裁裁决应当在收到裁决书之日起3个月内提出。申请人申请撤销仲裁裁决应当有法律规定的理由，并应提供证据证明这些理由。该示范法规定的可撤销仲裁裁决的理由，归纳起来，主要有以下四种情况：

1. 仲裁裁决所依据的仲裁协议无效

包括订立仲裁协议的任何一方当事人根据应当适用于他们的法律为无行为能力人，或者仲裁协议本身根据当事人所同意适用的法律为无效协议，当事人如未能就此应当适用的法律作出约定，按照裁决地国的法律为无效仲裁协议。

2. 仲裁程序不当

即未能将有关指定仲裁员或进行仲裁程序的事项向当事人发出适当通知，或者由于其他原因未能给当事人表达其对争议事项的意见的机会。

3. 仲裁庭越权

即仲裁庭裁决的事项超出了当事人在仲裁协议中规定的事项，如仲裁协议规定将买卖合同项下的延迟交货而引起的争议提交仲裁解决，而仲裁庭所裁决的事项不仅包括由于延迟交货而引起的争议，还包括由于货物本身的质量而引起的争议。在此种情况下，仲裁裁决对货物质量所作的裁决，就超出了仲裁协议的范围，当事人就可以请求法院撤销此项裁决。

4. 仲裁庭的组成与当事人约定或应当适用的法律规则不符

当事人如果在仲裁协议中约定仲裁员应当由专职律师以外的技术人员担任，而事实上的仲裁庭组成人员均为专职律师，则仲裁庭的组成显然违反了当事人之间的约定。

以上情况均应当由申请人提供证据证明。如能证明有上述情况之一的，法院就可裁定撤销仲裁庭已经作出的仲裁裁决。

此外，按照《国际商事仲裁示范法》第34条的规定，如果法院查明，该仲裁裁决所涉及的事项依据法院地法为不能通过仲裁解决的事项，或者该仲裁裁决违反了当地的公共政策，也可裁定撤销该仲裁裁决。

四、有权撤销国际商事仲裁裁决的法院

如前所述，只有裁决地国的法院才有权撤销在其境内作出的国际商事仲裁裁决，如果当事人对仲裁裁决有异议，应当向裁决地国的法院寻求救济。例如，在国际标准电器公司一案（International Standard Electric Corp. v. Bridas Sociedad Anonima Petrolera）中，ICC国际仲裁院的仲裁庭依据该院的仲裁规则，在墨西哥进行仲裁并作出了裁决。国际标准电器公司是一家美国公司，布里达斯则是阿根廷的公司。标准电器公司不服此裁决，在美国纽约南区法院提起诉讼，请求法院撤销ICC国际仲裁庭在墨西哥作出的裁决，法院经审理后认为对此案无管辖权，因为仲裁在墨西哥进行，所适用的程序法为墨西哥的法律，只有墨西哥法院有权撤销此案裁决。①

当然，在国际商事仲裁立法与实践中，一些国家也提出了其他的标准，如仲裁程序所适用的法律的国家法院也可行使此项权力。总之，如果国家认为某一仲裁裁决属于其本国裁决，即可对它行使撤销的权力。例如，印度最高法院在1992年对一起ICC国际仲裁院仲裁庭适用该院规则在英国伦敦作出的仲裁裁决，依其本国1961年《外国仲裁裁决法》行使了撤销的权力。按照该法第9条的规定，如果仲裁裁决根据受印度法支配的仲裁协议作出，即便此项裁决在印度以外的国家作出，在印度也不将其视为外国裁决。因此，下级法院据此意见撤销了该项在英国作出的仲裁裁决。② 但印度法院的此种做法，受到了许多学者的批评。③

这里必须特别指出的是，在现代国际商事仲裁立法与实践中，包括法国和德国在内的几乎所有国家均采纳了地域原则作为确定国际商事仲裁裁决国籍的原则，这一点可以从法国1980年民事诉讼法典和德国1998年民事诉讼法典的修订中得以证明。当初在制定《纽约公约》时，坚持采用仲裁适用法律标准的正是这两个国家，而现在这两个国家的态度均有了改变。德国政府在解释其民事诉讼法典的备忘录中，明确地抛弃了以仲裁程序适用法律的标准作为决定仲裁裁决国籍的标准，而完全采用了单一的地域标准：德国民事诉讼法第十编的变更是必要的，因为新法遵循了地域原则。此后，在德国作出的裁决受德国法律支配，无论裁决根据哪一个国家的法律作出。在外国作出的裁决视为外国裁决，而在德国作出的裁决均为德国裁决。④ 可见，德国已经完全抛弃了在制定《纽约公约》时其所坚持的关于"裁决适用法律"决定某一裁决是否属于德国裁决的立场，而无条件地接受了"地域标准"作为决定国际商事仲裁裁决国籍的标准。

---

① United States District Court，southern district of New York，1990，745F. suppl. 172.

② National thermal Power Corporation v. the Singer Company，India，Supreme Court of India，1992，80 all India Rep. S. C. 998（1993）.

③ See Jan Paulsson，Comment，The New York Convention's Misadventures in India，Mealey's Int'l Arb'n Rep.，June 1992（Vol. 7，Issue 6），pp. 18－21.

④ See Professor Dr. Albert Janvanden Berg，The German Arbitration Act 1998 and the New York Convention 1958，from Law of International Business and Dispute Settlement in the 21st Century，edited by Rober Briner & others，Carl Heymanns Verlag KG，Koln，Berlin，Bonn，Munich，2001，p. 789.

第七节　外国仲裁裁决的承认与执行

一、承认与执行外国仲裁裁决的依据

仲裁庭就国际商事交易中的争议在一国境内作出的仲裁裁决需要到另一国家执行的情况是很普遍的。执行地国的法院承认与执行外国仲裁裁决的依据有两个：

1. 执行地国的国内法

这些法律主要表现在这些国家的民事诉讼法或仲裁法中。现代国际商事仲裁的立法与实践表明，各国法院在承认与执行外国仲裁裁决时，一般不对仲裁裁决所涉及的争议实体问题进行司法复审，而只是依据本国法律或有关的国际公约对仲裁裁决所涉及的程序问题进行司法复审。如果仲裁裁决不存在法律规定的不予执行的理由，法院将作出承认与执行该仲裁裁决的裁定。

2. 执行地国缔结或参加的双边或多边国际公约

执行地国缔结或参加的双边或多边国际公约，是这些国家承认与执行外国仲裁裁决的重要依据。由联合国在20世纪50年代主持修订的《纽约公约》是一个极为成功的尝试。该公约具体规定了缔约国承认与执行外国仲裁裁决的义务，除了公约规定的情况外，不得拒绝承认与执行外国仲裁裁决。包括我国在内的世界上各主要经济贸易国均为该公约的缔约国，该公约中规定的承认与执行外国仲裁裁决的方式、程序和条件，是这些缔约国承认与执行外国仲裁裁决的重要的国际法依据。

二、申请承认与执行外国仲裁裁决的程序和条件

按照国际商事仲裁立法与实践，申请承认与执行外国仲裁裁决，涉及一国的国家主权，同时也属于执行地国的民事诉讼程序法的问题，当然只能适用执行地国的法律。但是，如果是《纽约公约》项下的裁决，则执行公约裁决的条件只能依照公约第4条规定的条件执行，即申请人只要向执行地国的法院提交经公证的裁决书之正本或经认证的副本，以及仲裁协议之正本或经公证的副本即可。如果裁决书或仲裁协议所使用的语言不是裁决执行地国的语言，则申请人应当提供此项语言的文本。执行地国的法院在执行该公约裁决时，不得附加较承认与执行其本国仲裁裁决更苛刻的条件。

《纽约公约》缔约国法院应当承认与执行外国仲裁裁决的效力，只有被申请人提出证据证明存在公约第5条第1款规定的五种情况之一者，法院方可拒绝执行该外国仲裁裁决。这五种情况是：

1. 订立仲裁协议的一方当事人依据对其适用的法律为无行为能力者；仲裁协议依据当事人选择适用的法律为无效；如无此项选择，依据裁决地国的法律为无效者。

2. 被申请人未能得到关于指定仲裁员或进行仲裁程序的适当通知，或者由于其他原因，未能陈述其案情的。

3. 仲裁庭越权，即裁决事项超出了仲裁协议规定的范围。但如果当事人提交仲裁的事项可与未提交仲裁的事项区别开来的话，则裁决中关于当事人之间约定的提交仲裁的事项的部分仍然可以执行。

4. 仲裁庭的组成或仲裁程序与当事人之间的约定不符；如无此项约定，与仲裁地国的法律不符。

5. 裁决对当事人尚无拘束力，或已经被裁决地国的主管机关或者进行此项仲裁所适用的法律的国家的主管机关撤销。

此外，如果执行地的法院认定，该仲裁裁决依据执行地国的法律为不可通过仲裁解决的事项，或者承认与执行此项裁决与法院地国的公共政策相抵触的，也可拒绝承认与执行该仲裁裁决。

三、我国法院对外国仲裁裁决的承认与执行

（一）我国执行外国仲裁裁决的依据

我国承认与执行外国仲裁裁决的依据是我国民事诉讼法中的有关规定和我国缔结和参加的双边和多边国际公约。我国于1987年4月22日成为《纽约公约》的缔约国。我国在加入该公约时作出了两点公约允许的保留声明：（1）互惠保留声明，即我国仅在互惠的基础上对在另一缔约国领土内作出的仲裁裁决的承认与执行适用公约；（2）商事保留声明，即我国仅对按照我国法律属于契约性和非契约性商事关系所引起的争议适用该公约。

在我国执行的外国仲裁裁决，可以分为《纽约公约》项下的裁决（简称公约裁决）和非公约裁决。公约裁决为在我国以外的《纽约公约》缔约国境内作出的仲裁裁决，这些裁决的执行只能依照公约规定的条件进行。对于非公约裁决，依照我国民事诉讼法的规定，按互惠原则予以承认与执行。

（二）执行机构

申请人申请执行外国仲裁裁决的，按照我国2012年《民事诉讼法》第283条的规定，应当直接向被执行人住所地或者其财产所在地的中级人民法院申请。如果被执行人为自然人的，为其户籍所在地的中级人民法院；被执行人为法人的，为其主要办事机构所在地的中级人民法院。被执行人在我国无住所、居所或者主要办事机构，但有财产的，为其财产所在地的中级人民法院。① 根据最高人民法院在2002年发布的《关于涉外民商事案件诉讼管辖若干问题的规定》②，当事人也可以向国务院批准设立的经济技术开发区人民法院提出申请。

---

① 参见最高人民法院《关于执行我国加入的〈承认及执行外国仲裁裁决公约〉的通知》（1987-04-10）。参见程德均主编：《涉外仲裁与法律》，第一辑，15～16页，北京，中国人民大学出版社，1992。

② 2001年12月25日最高人民法院审判委员会第1203次会议通过，法释［2002］5号，自2002年3月1日起施行。

（三）执行期限

在我国申请执行仲裁裁决的期限，无论是本国裁决，还是外国裁决，按照我国《民事诉讼法》第239条的规定，申请执行的期间为2年，自法律文书规定的履行期间的最后一日起算。凡是向法院申请执行的仲裁裁决经法院审查后准许执行的，由法院作出予以执行的裁定，并向被执行人发出执行通知，责令其在指定的期限内履行，逾期不履行的，由法院强制执行。

课堂讨论案例

德国旭普林公司与中国无锡沃可公司于2000年在欧洲签署了由旭普林公司承包沃可公司位于无锡新区的新厂房工程的协议。该协议约定采用FIDIC（国际咨询工程师联合会）示范合同文本作为合同共同条件，其中关于解决合同争议的条款所使用的语言是："Arbitration：15.3 ICC Rules，Shanghai shall apply."

双方在合同的履行中就最终的结算工程款问题发生了争议，2002年10月沃可公司率先将此争议提交无锡市高新技术开发区人民法院。尽管旭普林公司以合同中含有仲裁条款为由抗辩法院管辖权，法院最终认定对此案有管辖权。于是，旭普林公司就该争议向国际商会国际仲裁院申请仲裁。国际商会国际仲裁院仲裁庭根据国际商会《仲裁规则》确认其对双方当事人之间的争议有管辖权，并于2004年3月在上海作出沃可公司应当向旭普林公司支付合同项下的工程欠款及相应的利息和本案仲裁费的裁决。

旭普林公司在申请仲裁后一周，向无锡市高新技术开发区人民法院提出确认本案合同中的仲裁条款（协议）效力的请求。2004年9月，无锡市高新技术开发区人民法院根据我国仲裁法认定上述仲裁协议无效，理由是没有明确指出仲裁机构。

国际商会裁决作出后，由于沃可公司未能执行该裁决，旭普林公司于2004年8月请求无锡市中级人民法院承认与执行该国际商会裁决。2006年7月，无锡市中级人民法院作出民事裁定书指出：本院经审查认为，本案系承认与执行国外仲裁裁决案，中国系1958年《纽约公约》的缔约国，且根据1958年《纽约公约》第1条规定，本公约对于经仲裁裁决承认及执行地所在国认为非内国裁决者，亦适用之。本案被申请承认和执行的仲裁裁决系国际商会国际仲裁院作出，通过其总部秘书处盖章确认，应被视为非内国裁决。且双方当事人对适用1958年《纽约公约》均无异议，因此本案应当适用1958年《纽约公约》。本案中被申请人沃可公司已举证证明被申请承认和执行的国际商会国际仲裁院在中国上海作出的第12688/TE/MW号仲裁裁决所依据的仲裁条款已被中国法院认定无效，故该裁决具有1958年《纽约公约》第5条第1项所列（甲）情形，不应得到承认和执行。

请结合本章内容，思考下列问题：

1. 本案仲裁庭有权对其管辖权和仲裁协议的有效性作出裁定吗？依据是什么？
2. 我国法院为何对本案仲裁协议作出无效认定？
3. 如何认定国际商事仲裁协议的适用法律？你对我国法院对本案仲裁协议有效性的认定有何评价？

4. 常设仲裁机构所在地是否就是国际商事仲裁地点？本案国际商会国际仲裁院所在地是否就是本案仲裁地点？为什么？

5. 国际商会国际仲裁院适用该院仲裁规则在上海作出的裁决性质如何？如何认定该裁决的国籍？

6.《纽约公约》的主要内容以及我国与该公约之间的关系如何？

7. 如何正确理解《纽约公约》项下的非内国裁决？其性质如何？

8. 我国法院拒绝执行本案裁决的依据是什么？

问题与思考

1. 何谓国际商事仲裁？它与 ADR 和司法诉讼之间的联系与区别是什么？
2. 简述常设仲裁机构与临时仲裁机构之间的联系与区别。
3. 简述仲裁庭自裁管辖原则与仲裁条款独立原则的含义。
4. 国际商事仲裁协议的适用法律是什么？
5. 如何确定解决国际商事争议实体问题的适用法律？
6. 简述仲裁程序的适用法律。
7. 如何确定国际商事仲裁裁决的国籍？

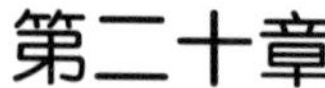

第二十章

世界贸易组织的争议解决机制

本章概要

1995年1月1日起成立的世界贸易组织（WTO）在制定多边贸易规则和监督这些规则的执行方面发挥着不可替代的作用。WTO争议解决机制是WTO体系中具有核心作用的机制，它对于妥善解决WTO各成员方在履行WTO规则过程中所产生的争议，保证WTO各项协议和规则的履行，维护WTO的正常运作及各成员依据WTO各项协议所享有的各项权利和义务，进而保障多边贸易体制的可预见性和安全性，发挥着至关重要的作用。本章的内容旨在使学生掌握WTO争议解决机制的起源及特点，该机制在实践中如何运行和我国对WTO争议解决机制的运用。

关键术语

WTO　争议解决机制　DSB　DSU　专家组　上诉机构

WTO争议解决机制自1995年1月1日开始运作以来，截至2015年5月7日，WTO争议解决机构共受理了494起争议。实践证明，争议解决机制的成功是保障WTO成功运转的至关重要的基础。只有公正、公平、有效率地解决WTO协议项下的争议，才能确保协议项下的规则的实施，由此进一步保障各成员国之间的贸易关系的可预见性和稳定性。

第一节　世贸组织争议解决机制的起源与发展

一、1947年《关税与贸易总协定》的第22条和第23条

WTO争议解决机制起源于1947年《关税与贸易总协定》（GATT1947）的第22条和第23条。

根据GATT1947第22条，对于任何缔约方提出的有关影响GATT实施的陈述，缔约各方应予同情的考虑，并给予充分磋商的机会。根据第23条，争端产生的条件是一缔约方根据

GATT可以直接或者间接得到的利益由于另一缔约方的原因而丧失或受到损害（nullification or impairment)。在实践中，每一缔约方在加入WTO时都有其特定的承诺，该承诺作为WTO协议的附件，对该缔约方具有国际法上的拘束力，一旦该缔约方未能履行其承诺，如某一成员方在其所承诺的关税减让表中所承诺的某型号钢铁产品的进口关税为10%，而该缔约方擅自将该产品的进口关税提高到20%，就违反了其所承担的关税减让义务，由于该国擅自提高进口关税而使出口到该国一方的利益受到损害或使其本来应当得到的关税减让的好处丧失，便会产生贸易争端。至于如何解释“利益的损害或者丧失”，GATT工作组在1952年审理的澳大利亚硫酸铵一案中解释为“包括受到贸易伤害的缔约方对造成伤害的缔约方提起的申诉，其依据是该受到伤害的缔约方在与该造成伤害的缔约方进行谈判时‘不能合理预见到’的伤害”。因此，这里所采用的是合同法上的“合理预见”（reasonable expectation）的理论。尤其值得指出的是：必须是另一缔约方实施的某种措施致使相关缔约方的利益丧失或者受到损害，而无论该措施是否与GATT相抵触。也就是说，即便缔约方所采取的措施没有违反GATT，但如果此项措施使另一缔约方根据GATT可能得到的利益遭受损失，则采取措施的一方应当承担由此给另一缔约方造成的损失，这就是所谓的非违约之诉。例如澳大利亚与智利之间就硫酸铵发生的争端。1947年在签署GATT的过程中，澳大利亚与智利政府达成了双边关税减让协议，即给智利的硝酸钠进口予以免关税的待遇。第二年，澳大利亚政府给本国硫酸铵生产商以财政补贴，促使该产品的销售价格下降，进而影响了从智利进口的竞争产品硝酸钠在澳大利亚的销售。所以，正是澳大利亚所采取的补贴措施导致智利产品销售额的下降，进而抵消了澳大利亚给予智利硝酸钠零关税的待遇使智利向澳大利亚的出口可增加的利益，补贴使关税减让带来的好处丧失殆尽。

根据GATT第23条，在通过多边方式解决争议之前，争议各方必须进行磋商，这是通过多边方式解决争议的必要前提。GATT项下的解决争议主要有以下三个特点：第一，争议提起的依据是根据GATT应当得到的利益受到损害或者丧失，而不取决于对GATT项下所承担的法律义务的实际违反。第二，对GATT全体缔约方规定的权利不仅包括进行调查和提出建议，而且包括就这些事项“作出裁定”。第三，在某些特殊的情况下，GATT还授权某一个或者几个缔约方中止对另外一些缔约方所承担的义务。但在GATT存续的四十多年间，全体缔约方通过多数表决授权中止减让的只有一例，即1953年全体缔约方授权荷兰在此后的7年内对从美国进口的粮食采取限制性措施，因为美国对从荷兰进口的奶制品实施了不合理的限制，致使荷兰在GATT项下的利益受到损害，但是荷兰并没有实施此项授权。

在GATT成立之初，通常通过外交程序解决各成员方之间的争议，即在每半年召开的会议上进行，后来在休会期间，由特别委员会解决，最后发展到由专门成立的工作组（working party）解决各当事方之间的争议。工作组成员通常由各争议当事方政府指定的成员组成，这些成员受政府的指派，代表政府进行谈判。直到1955年，在总干事Eric Wyndham-White主持工作期间，对工作组成员的组成进行了改革，即负责审理特定争议案件的成员为该特定领域的专家。与以往不同的是，这些专家并不代表他们各自的政府，而是以独立专家的身份参加对争议的审理。这种解决争议成员组成的改变，反映了GATT从通过多边外交谈判解决争议到通过“仲裁”或者“司法”解决争议的转变。

二、1979 年争议解决谅解

在东京回合谈判期间，一些缔约方提出应当对 GATT 的争议解决程序进行改进，并且成立了专门委员会具体负责这一工作，起草了《关于通知、磋商、解决争议与监督的谅解》(Understanding Regarding Notification，Consultation，Dispute Settlement and Surveillance)。该谅解在 1979 年 11 月于日内瓦举行的第 35 届缔约方会议上通过，此文件对 GATT 解决争议的程序作了较为详细的规定。尽管其法律地位并不明确，但是对于解决争议方面具有很大的影响，在 WTO 成立之前，发挥了解释 GATT 的作用。该谅解明确规定了磋商是解决争议的首要步骤，还特别规定了 GATT 总干事在磋商程序中的作用。如果争议不能得以解决，则可以通过专家组的程序解决他们之间的争议。专家组要对解决争议的情况提出报告，交给 GATT 的常设机构——理事会。如果理事会一致通过该专家组的报告，则该报告即成为对争议各方有拘束力的文件，否则该报告对争议各方就没有法律上的拘束力。而报告的通过或者批准，采取的是“协商一致”(consensus) 的方式。而这种通过方式致使在争议中败诉的一方当事人在理事会上采取对报告提出异议的方法阻止报告的通过。因此，GATT 这一解决争议的机制即通过专家组的报告，是 GATT 解决争议机制的致命缺陷，因为这一机制致使许多专家组的报告由于被诉方的反对而迟迟不能通过。据权威专家的统计，在 WTO 成立之前的 1991 年至 1994 年间，GATT 成员方提出了 36 项申诉，涉及 32 项具体的争议，其中有 12 个专家组作出了最终报告并在全体缔约方中散发，而经过全体一致通过的报告只有 4 项。①

GATT 这一争议解决机制曾经引起了一些成员的不满。美国为此通过其国内法的方式，对相关成员采取单方面的措施。② 尽管 GATT 争议解决机制存在着这样或那样的问题，但在 GATT 存续期间，其对于解决各成员方之间的贸易争议，还是发挥了重要的作用。

三、1994 年争议解决谅解

乌拉圭回合达成的《关于争端解决规则与程序的谅解》(Understanding on Rules and Procedures Governing the Settlement of Disputes，简称 DSU) 是 WTO 协议的重要组成部分，也是 WTO 争议解决制度的核心内容。

第二节 WTO 争议解决机制的主要内容及特点

建立在 DSU 基础上的 WTO 争议解决机制，不仅包括如何解决 WTO 成员之间在履行世界

---

① See Rebort E. Hudec，Enforcing International Trade Law：The Evolution of the Modern GATT Legal System，Salem，N. H.：Butterworths，1993，pp. 11 - 15.

② 即美国 1974 年《贸易法》“301 条款”中规定的报复性措施。

贸易各协议过程中发生的争议，而且更为重要的是增加了WTO对争议解决结果的执行机制及监督机制。

一、WTO争议解决程序

（一）WTO成员就争议事项必须进行的磋商程序

如果WTO成员认为它在WTO某协议项下的权利由于另一缔约方所实施的法律或者相关措施受到损失，根据DSU第4条的规定，该成员应当向后者提出磋商的书面请求。收到请求的一方应当在收到此项请求的10日内与对方进行磋商，以便达成双方满意的解决方法。

当事人提出双边磋商的请求，应当向WTO争议解决机构（Dispute Settlement Body，DSB）相关的理事会和委员会通报，并应说明提出请求的理由，包括争议所涉及的措施及法律依据。收到磋商请求的一方如果自收到此项请求之日起10日内未能作出答复，或在此后30日内或双方约定的期限内未能进行磋商，或者在60日内通过磋商未能解决争议，提出申诉的一方即可请求DSB设立专家小组解决争议。

如果争议双方在此阶段就争议事项达成一致，该具体案件的争议解决程序即告结束。在WTO成立之后十多年中，有三分之一的争议案件，通过争议双方磋商程序都可以得到比较圆满的解决。就争议事项达成协议的WTO成员方，也应当向WTO争议解决机构及相关的理事会和委员会通报它们之间业已达成的协议内容。

（二）专家组解决争议的司法程序

专家组和上诉庭解决争议的方法则属于WTO协议项下的解决争议的司法的或者准司法的方法。

按照DSU第4条第3款的规定，只有在收到磋商请求的一方自收到此项请求之日起10日内未能作出答复，或在此后30日内或双方约定的期限内未能进行磋商，或者在60日内通过磋商未能解决争议，提出申诉的一方才有权请求DSB设立专家小组解决争议。在提出设立专家组解决争议的申请书中，必须说明是否进行了磋商。因为只有在实施了磋商程序且未果的情况下，申请人才有权提出设立专家组的请求。申诉方的书面请求还必须阐明申诉的法律依据。该专家小组至迟应在设立专家小组的请求列入DSB正式程序后的下一次会议上设立，除非DSB一致同意不设立该专家小组。

专家小组一般由3名成员组成，特殊情况下可由5人组成。成员为资深的政府或非政府人员。这些人员以个人的身份而非作为政府代表或任何组织的代表提供服务。专家组审理案件应当按照DSU第11条规定的权限，对所审理的事项作出客观的评价，包括客观认定案件的事实，有关所涵盖的协议的可适用性和一致性，提出相应的建议或裁定。专家小组应当协助当事人解决争议。为此应当向DSB提交有关调查材料的书面报告，说明争议的事实的调查结果，并提出有关的建议。此项报告除向DSB提交外，还应向当事各方提供。报告一般应当在专家小组成立后6个月内提出，但遇有紧急情况，如易腐烂食品，应在3个月内提出。在复杂争议的情况下，也可经书面请求DSB并经批准后延长此项期限，但无论如何不得超过9个月。

专家小组的报告应当向各缔约方分发，为了给各缔约方以足够的时间考虑专家小组的报告，DSB只有在这些报告向各缔约方分发20天后，才考虑通过这些报告。此项报告应在分发后60天内进行评审，争议各方有权全面参与对专家小组报告的评审。他们的各种意见均应记录在案。DSB应当在此期限内通过此项报告，除非某一缔约方声称将对此报告提出上诉，或DSB一致决定不采纳此项报告。当争议一方将提出上诉时，此项报告将在上诉结束后再通过。

必须强调指出的是，在专家小组程序进行的过程中，包括在将报告提交当事各方和向WTO全体成员散发之前，有关争议各方还可以就它们之间争议的内容继续进行磋商并达成和解。

（三）上诉机构程序

上诉机构（appellate body）是WTO设立的常设机构，根据DSU第17条第2款设立，由来自WTO七个不同成员方的国民组成，任期4年。其成员应当具有法律、国际贸易和相关协议方面的知识，是公认的权威人士，他们不从属于任何政府，在WTO成员中应当具有广泛的代表性。他们只能被重新任命一次。这些成员总体上是兼职的，应当随时听从DSB的召唤，其所从事的职业不能与其上诉机构成员的身份相抵触。在审理特定上诉案件的过程中，由三名成员组成上诉庭，其他成员也应当了解上诉案件审理的进展情况。设立上诉庭的主要目的是减少专家组决定错误的风险，以便使自动通过程序不受政治上的干预和抵制，增强争议解决制度在法律上的稳定性和可预见性。

根据DSU第17条第6款的规定，上诉庭仅审理“专家组报告中所涉及的法律问题，以及专家组对这些问题作出的解释”。有权提出上诉的是专家组报告中的争议案件的当事人，第三方不能作为上诉方。上诉内容不局限于专家组报告的结果，胜诉一方也可以就专家组在报告中就特定事项进行的法律分析和法律解释提出上诉。在同一上诉案件中，争议双方可以互为上诉人和被上诉人。根据DSU第17条第13款的规定，上诉庭得“确认、修改或者推翻专家组对争议作出的法律上的认定和结论”，但没有明确规定上诉庭将其所审理的案件发回重审的权力，上诉庭也无权对其所审理的案件发表咨询意见。

从上诉庭以往审理案件的情况看，所涉及的问题十分广泛，包括：先前的专家组报告的法律地位、有权提出GATT1994项下争议的当事方；设立专家组的请求应当包括的主要内容；专家组的权限范围；举证责任；GATT1994和GATS的适用范围；利益的损害与丧失、上诉范围、上诉程序中私人律师代表政府应诉等问题。一般而言，上诉程序应当仅限于专家小组报告中所涉及的法律问题，或者该专家小组就争议事项作出的法律解释，而不涉及对争议事实问题的查明。

已经向DSB通报其与该争议有重大利益关系的第三方，可向上诉机构提出其书面意见，上诉机构也应给予他们表述其意见的机会。上诉机构对上诉事项所作的决定一般应当在上诉方正式向上诉机构提出就某一事项上诉之日起60天内作出，最多不得超过90天。上诉机构的报告应当在该报告提交全体缔约方后30日内由DSB通过，并由争议各方无条件地接受。除非DSB一致决议不通过该报告。

（四）仲裁及其他程序

1. 仲裁程序

仲裁作为解决WTO成员之间争议的方法，主要规定在DSU第21条第3款（c）项、第22

条第6款和第25条中。

DSU第21条第3款（c）项规定的是执行DSB已经通过的专家组或者上诉机构裁定的合理期限。根据该款的规定，一般案件的执行期限不超过15个月，具体的执行期限完全取决于每个案件的具体情况。至于如何确定该“合理的期限”，该条仅规定了三种可供选择的方式：第一，由败诉方提出一个具体的执行期限交由DSB批准；第二，由争议双方在专家组和上诉庭的报告通过后45天内共同约定一个期限；第三，由仲裁员在90天内决定此项期限。在实践中，这三种确定执行期限的方式通常是依次进行的。首先，如果胜诉方对于败诉方提出的执行期限没有异议，经DSB批准后即可以该执行期限作为执行专家组或上诉庭建议或裁定的合理期限。其次，如果胜诉方对于败诉方提出的执行期限有异议，它们可以在报告通过后45天之内共同达成一个合理的执行期限。一般而言，从胜诉方的角度看，此项执行期限当然越短越好；而在败诉方看来，此项期限越长越好，如果第21条没有规定15个月的执行期限，败诉方可能提出5年或者10年的执行期限。例如，在日本酒税案中，专家组和上诉庭均认定日本对进口酒的征税违反了GATT第3条关于国民待遇的要求，建议日本对其相关法律进行修订。美国提出了5个月的执行期限，日本则提出了5年的执行期限。[①] 由于双方当事人在执行期限的问题上意见差距太大，无法达成一致，于是将此争议提交仲裁员解决。仲裁员在听取了双方当事人的意见后认为，对于美国、日本所列举的种种“特殊情况”，他均不能被说服。因此该仲裁员认定，15个月的期限是合理的。[②] 因此，只有在双方当事人不能就执行的合理期限达成一致时，才将确定此合理期限的任务交给仲裁庭裁定。在欧盟牛肉荷尔蒙案件中，仲裁庭裁定的合理期限为15个月。在印度尼西亚汽车案争议中，仲裁庭裁定的合理期限为12个月。[③] 在韩国酒税争议中，仲裁庭裁定的合理执行期限为11个月零两周。[④] 而在澳大利亚鲑鱼争议中，仲裁庭裁定的执行期限为8个月。[⑤] 在欧美香蕉案中，仲裁庭根据该案所涉及的各种特殊情况，裁定15个月零1周为合理的执行期限。[⑥]

DSU中明确规定的仲裁解决的另一事项，就是败诉一方在上述合理的时间内对与WTO规则不符的措施加以纠正的条件下，胜诉一方可以对其采取的中止减让或赔偿等报复性措施所涉及的合理金额问题。胜诉方要求采取的中止减让或作出赔偿的金额与败诉方往往很难达成一致：前者提出的金额往往大大地高于后者所期待的金额。双方在此问题上不能达成一致的情况下，可以根据第22条第6款的规定将此争议提交仲裁解决。例如，在上述欧美香蕉案中，美国提出的报复金额是每年5.2亿美元，仲裁庭根据DSU第22条第6款将法定报复的金额减至

---

① WTO Arbitrator's Report, Indonesia-Certain Measures Affecting the Automobile Industry, WT/DS54/15, WT/DS55/14, WT/DS59/13, WT/DS64/12 (Dec. 7, 1998).

② Ibid.

③ WTO Arbitrator's Report, Japan-Taxeson Alcoholic Beverages, WT/DS8/15, WT/DS10/15, WT/DS11/13, p. 27 (Feb. 14, 1997).

④ WTO Arbitrator's Report, Korea-Taxeson Alcoholic Beverages, WT/DS75/16, WT/DS84/14, p. 41 (June4, 1999).

⑤ WTO Arbitrator's Report, Australia-Measures Affecting Importation of Salmon, WT/DS18/9, pp. 38 - 39 (Feb. 23, 1999).

⑥ Carolyn B. Gleason & D. Walther, The WTO Dispute Settlement Implementation Procedures: A System in Need of Reform, 31 Law & Pol'y Int'l Bus, p. 716.

1.914 亿美元。仲裁庭适用假设的与 WTO 规则相符的香蕉进口制度计算，得出了上述金额的结论，而拒绝了美国提出的基于美国公司所遭受的利润损失得出的上述金额的索赔请求。

DSU 第 25 条所规定的是一般意义上的仲裁。当事人可以根据它们之间业已达成的仲裁协议，将争议提交仲裁解决。

根据 DSU 上述条款的规定，仲裁作为解决 WTO 成员之间争议的方法之一，与一般意义上的国际商事仲裁，既有相同之处，又存在着某些区别。

WTO 协议项下的仲裁与一般意义上的国际商事仲裁的相同之处是：首先，它是当事人之间自愿达成的解决争议的手段，以当事人之间业已达成的仲裁协议为前提。这一点体现在 DSU 第 25 条第 1、2 款的规定之中。其次，当事人还应当就仲裁协议项下争议的事项和仲裁程序在协议中作出明示规定，此项规定旨在对仲裁庭的权限范围和仲裁应当遵守的程序规则作出界定。最后，仲裁裁决应当得到当事各方的承认与执行。

WTO 协议项下的仲裁与一般意义上的商事仲裁的不同之处在于：第一，主体不同。WTO 成员多数为主权国家，不同于商事仲裁主体，后者在多数情况下均为不同国家的国民。第二，WTO 成员在达成仲裁协议后，在仲裁程序开始以前，根据 DSU 第 25 条第 2 款规定，必须“充分地通知全体 WTO 成员”。WTO 成员经仲裁协议的当事各方同意，也可以成为仲裁程序的当事人参与仲裁审理程序。这一点不同于一般意义上的仲裁，后者只是在仲裁协议的当事人之间进行，并不存在向任何第三人通知的情况，除非当事人之间另有约定。第三，关于裁决适用的法律，应当是 WTO 规则，而不是当事各方共同选择的法律规则。根据 DSU 第 3 条第 5 款规定，仲裁裁决“不得剥夺或者损害任何成员根据世贸协议享有的利益，也不得阻碍这些协议目标的实现”。第四，仲裁裁决不同于《纽约公约》项下的裁决，后者由国家法院依据《纽约公约》规定的条件决定是否承认与执行。DSU 项下的裁决所针对的是国家，而主权国家相互之间不存在谁管辖谁的问题。这里的裁决应当由相关当事方自动执行。如果败诉方在规定的期限内拒绝执行，胜诉方可以根据 DSU 第 22 条规定，请求 DSB 授权补偿和中止关税减让措施。此外，WTO 协议项下的裁决作出后，根据 DSU 第 25 条第 3 款的规定，应当“通报给争议解决机构 DSB 和所有相关协议项下的理事会或委员会，世贸组织所有相关成员均可对裁决提出其各自的看法”。

2. 其他程序

此项程序又可称为选择性的争议解决方法（alternative dispute resolution，ADR），即除了上面提到的磋商、专家组和上诉机构及仲裁程序以外的解决争议的方法。ADR 通常包括由争议各方共同选择的第三者斡旋、调解、调停，或者通过特定的专门委员会的专家就争议事项提出咨询意见。

尽管 DSU 没有对此作出专门规定，但这种解决争议的方法是不言而喻的，其前提条件是双方当事人均同意所采取的解决他们之间争议方法。这种方法与磋商解决争议方法的不同之处是由双方均认可的第三方参与解决 WTO 成员之间的争议。由与该争议无利害关系的第三方主持调解或者斡旋，如果争议双方在调解员的调解下使争议得到解决，就没有必要再申请设立专家组解决他们之间的争议了。

在 WTO 中，许多具体的协议项下都设立了专门委员会，如根据 WTO《保障措施协议》设立了保障措施委员会，根据 WTO《农业协议》设立了农业委员会，此外还有知识产权委员会、服务贸易委员会、货物贸易委员会，等等。相关国家之间就某一特定协议的履行发生争议后，在进行磋商的过程中，还可以寻求相关的专业委员会的协助，或者共同请求该相关的专业委员会作为调解人或者仲裁人，协助解决它们之间争议。

二、执行专家组或上诉机构裁定的监督程序

DSB的一个非常重要的职能，就是对专家组和上诉机构报告中的建议和裁定的执行情况实施监督。根据DSU第21条第3款的规定，败诉方应当在报告通过之日后30天内向DSB报告其执行DSB建议和裁定的意向。

如果败诉方在上述期限内由于这样或者那样的原因不能马上履行专家组或者上诉机构的裁定或建议，比如需要通过立法机构按特定的法律程序进行，则DSU规定在“合理的”期限内执行。此项合理期限的确定，通常由相关当事方提出后经DSB批准。如果DSB不批准该期限，则根据DSU第21条第3款（b）项的规定，由争议各方在报告通过之日起45天内共同提出。

如果争议各方在报告通过之日起45天内不能就履行专家组或者上诉机构的裁定的“合理期限”达成一致，根据DSU第21条第3款（c）项的规定，此项合理期限应当由仲裁员决定。例如，在欧美香蕉案中，1997年9月9日上诉机构确认了专家组的报告并建议：争议解决机构要求欧盟对本报告和专家组报告中所提到的不符合GATT1994和GATS规定的措施进行修订，使之符合欧盟在这些协议项下所承担的义务。欧盟要求与申诉各方就其执行第三个专家组报告的“合理的时间表”的问题进行磋商。欧盟提出需要15个月零1周的时间执行此报告，该提议遭到申诉各方的拒绝，故磋商以失败而告终。1997年11月17日，申诉各方决定根据DSU第21条第3款（c）项的规定将执行专家组报告的期限问题提交仲裁解决，即通过仲裁的方式决定欧盟执行专家组报告所需要的“合理的期限”。负责该案仲裁的仲裁员为上诉机构的一位成员。1997年12月23日，该仲裁员作出裁定：该合理的期限为15个月零1周，即截止到1999年1月1日，欧盟必须使其香蕉进口制度符合其在WTO规则下所承担的义务。

此外，对于败诉成员在合理的期限内对与WTO相关协议或者规则不符的法律或者所实施的措施作出的修正，修正后的法律或者措施是否与WTO相关规则相符合的问题，DSB仍然对其履行监督的职责。在实践中，尽管相关成员声称相关法律或者措施符合WTO规则，如果DSB认为修正后的相关法律与措施仍然不符合WTO相关规则，该相关成员仍然负有继续对其相关国内法或者措施作进一步修订或者纠正的义务。例如在欧美香蕉案中，1997年9月25日DSB通过了上诉机构和专家组的报告，其中建议欧盟应当对本报告和专家组报告中所提到的不符合GATT1994和GATS规定的措施进行修订，使之符合欧盟在这些协议项下所承担的义务。1998年欧盟在仲裁员裁定的期限内通过第2362/98号规则对404/93号法令作了欧盟认为已经符合WTO规则的修订并予以公布。但是由于申诉方的反对，DSB经审查认为还应当作进一步修订。直到2001年5月7日，欧盟宣布关于实施第216/2001号法令的细则，即第896/2001号法令，持续近七年的欧美香蕉大战才告一段落。可见，DSB在监督相关国家实际履行其通过的专家组和上诉机构的报告方面，发挥着重要的作用。

这里还应当指出的是，实际履行专家组和上诉机构的建议和裁定，是WTO相关成员应当承担的国际法义务。WTO协议第16条第4款规定：“每一成员均应当确保其国内法律、规章

和行政程序与本协议及其附件相符。”因此，实际履行专家组和上诉机构的报告，是 WTO 成员应当承担的国际法义务。尽管由于这样或那样的原因不能在合理的时间内履行，胜诉方经 DSB 授权向败诉方实施了中止减让和要求赔偿的报复性措施，但是此项措施并不能免除败诉方纠正其所实施的与 WTO 规则不符的措施的义务。在没有实际履行专家组和上诉机构报告以前，败诉方一直受制于 DSB 的监督程序，即相关成员必须向 DSB 报告其实际履行专家组和上诉机构报告的进展情况。

三、WTO 争议解决机制的特点

与 GATT 的争议解决机制相比，WTO 争议解决机制具有如下特点：

（一）实行统一的争议解决机制

WTO 建立了统一的争议解决机制，适用于全体 WTO 成员之间在所有的 WTO 协议的执行中发生的争议。它不仅涉及传统的货物贸易争议，也包括服务贸易和知识产权方面的争议。因此，有了该争议解决机制，WTO 各成员方不会就争议程序问题再发生争议。尽管 WTO 协议所覆盖的某些协议也含有解决争议的条款，例如有关补贴协议和纺织品协议中也有解决争议的相关规定，但 DSU 第 1 条明确规定，DSU 的规则与程序适用于其所列的所有覆盖的协议。[①] 因此，WTO 协议中的绝大部分协议争议的解决，适用 DSU 规定的程序。当然，DSU 也允许某些背离其规定的情况。例如，复边贸易协议（plurilateral agreements，WTO 协议的附件 4）各当事方对于由于执行这些协议而产生的争议是否适用该 DSU 规定的程序，可以作出选择性的决定。

（二）建立了专门的争议解决机构（Dispute Settlement Body，DSB）

WTO 争议解决机构是根据 WTO 各成员方共同签署的 DSU 而专门设立的解决 WTO 成员方之间由于执行 WTO 协议而产生的争议的专门机构。而在 GATT 存续期间，并不存在专门的争议解决机构，DSB 的职能由总理事会行使。此外，根据 1979 年在东京回合谈判中达成的相关协议，在 GATT 的争议解决机制下，还根据不同的协议设计了若干不同的争议解决程序。就这些协议和程序而言，都是相对独立的，GATT 成员可以选择加入这些相关的协议和程序，也可以选择不加入其中的一个或几个程序。换言之，GATT 的成员不一定就是东京回合达成的各项协议的成员。

鉴于 DSB 是根据 DSU 专门设立的负责 WTO 各项协议项下的争议解决的机构，因此，加入 WTO，就等于接受了除复边贸易协议以外的全部协议，包括 DSU 和其他相关协议。按照 DSU 的相关规定，由于 WTO 协议项下产生的争议，均应当通过 DSB 解决。因此，DSB 对

---

① 根据 DSU 附件 1 所列的协定，这些所覆盖的协议包括：（1）WTO 协议。（2）多边贸易协议，包括附件 1：1）关于货物贸易的多边协议；2）服务贸易总协定；3）与贸易有关的知识产权协定。附件 2：关于争端解决规则与程序的谅解。附件 4：复边贸易协议，包括民用航空器贸易协议；政府采购协议；国际奶制品协议；国际牛肉协议。该谅解对于复边贸易协议的适用，以每个协议的签约方通过的决议为前提条件。根据国际肉类委员会和国际奶制品委员会的决议，国际牛肉协议和国际奶制品协议已经于 1997 年年底终止。参见 WTO Focus，No. 23（October 1997），p. 3。

WTO协议项下争议的管辖权是强制性的，所有成员都必须服从DSB的管辖，不允许成员方作出保留。这一点是迄今所有的国际组织都无法比拟的。即使是联合国国际法院的管辖权，也不是强制性的，目前只有不到1/3的联合国会员接受了国际法院的管辖。[①] DSB的主要职能是对DSU项下的规则和程序的实施进行管理，包括设立专家组、通过专家组或上诉机构的报告、对专家组或上诉机构作出的裁定和建议的实施情况进行监督，以及授权中止关税减让或相关协议项下的其他义务。此外，为了避免专家组适用和解释WTO协议各项规则中的错误，还专门设立了上诉机构，纠正专家组的相关错误，以便更好地维护多边贸易协议的稳定性和统一性。

（三）采用了自动通过的决策程序

决策程序的改变，是WTO与GATT之间的又一实质性的改革。WTO争议解决机制的各项程序几乎都是自动的：（1）如果争议双方在规定的期限内不能自行解决它们之间的争议，DSB就可以根据任何一方的请求，设立专家组。DSB在决定设立专家组时，只要不是全体一致反对，专家组即可设立。（2）专家组或上诉机构的报告的通过，打破了GATT时期所实行的"协商一致"（positive consensus）的原则。在WTO争议解决机制中，DSB通过专家组或上诉机构的报告实行了"反向一致"（negative consensus）的原则，即只要不是全体一致反对，报告就获得通过。（3）在授权中止减让或者采取其他方面的报复措施时，只要不是全体一致反对，DSB即可授权对败诉方实施中止减让关税或者其他方面的报复性措施。这就是说，无论是专家组的成立，还是专家组或者上诉机构报告的通过，或者是DSB授权采取报复性措施的决定的通过，几乎都是自动的，因为即便WTO所有成员都反对设立专家组或者通过专家组的报告，请求设立专家组解决争议的当事方也不可能反对。只要不是全体一致反对，那么专家组即可设立，专家组和上诉庭的报告即可通过，DSB授权采取报复性措施的决议也可获得通过。当然，为了尽量减少专家组在适用WTO规则中的错误，DSB还设立了专门的上诉机构，由该机构中的三名成员组成上诉庭，受理WTO成员对专家组报告和裁定中所涉及的法律问题提出的上诉。

决策程序机制的改变所带来的影响是巨大的，它改变了长期以来GATT争议解决专家组的报告由于被申请人的反对而不能通过的尴尬局面。[②] WTO成立后由DSB通过的著名的欧美香蕉案专家组和上诉庭的报告，就是一个典型的案例。就欧盟关于进口香蕉的法令，先后设立了三个专家组，跨越了GATT和WTO两个时期。在该案中，早在1993年2月13日欧盟委员会《关于统一欧盟的香蕉进口政策的第404/93号法令》公布之前，哥斯达黎加、哥伦比亚、尼加拉瓜、危地马拉和委内瑞拉等拉美五国就以该法令与GATT规则不符并使这些国家在当时欧洲各国不同的制度下所得到的利益受到损失为由，要求与欧盟进行磋商。欧盟认为该草案尚未正式公布，因而拒绝与这些国家进行磋商。于是这些国家向GATT提出申诉。GATT设

---

① See James Cameron & Karen Campbell, Cameron May, Dispute Resolution in the World Trade Organization, London, 1998, p. 85.

② 例如在WTO成立之前的1991年至1994年间，GATT成员方提出了36项申诉，涉及32项具体的争议，其中有12个专家组提出了最终报告并在全体缔约方中散发，而经过全体一致通过的报告只有4项。See Rebort E. Hudec, Enforcing International Trade Law: The Evolution of the Modern GATT Legal System, Salem, N. H.: Butterworths, 1993, pp. 11-15.

立了第一个专家组，并于1993年2月10日听取了各方的意见，专家组于1993年6月3日提出了报告并向GATT全体缔约方散发。报告认为，欧盟法令在各国的实施，违反GATT第1条关于最惠国待遇、第11条第1款关于配额限制的规定。由于该报告遭到了欧共体国家和非加太国家①的反对，故未能通过。在欧盟第404/93号法令于1993年7月1日正式实施之前，上述拉美五国又提出了与欧盟磋商的要求，并立即就该法令在GATT规则下的效力问题提出质疑。1993年4月，欧盟与这些国家进行的磋商失败。在关于香蕉争议案的第一个专家组报告在GATT全体缔约方散发后13天，GATT于1993年6月16日又设立了第二个专家组，处理欧盟与拉美国家之间的关于香蕉进口的争议。1994年1月18日，专家组又提出了有利于申诉方的报告。专家组认为，欧盟第404/93号法令中的一些关键性条款，如对非加太国家的优惠关税和进口许可证制度，违反了GATT第1条（最惠国待遇）、第2条（约束性关税）和第3条（国民待遇）的规定。专家组还拒绝了欧盟提出的关于其上述规定基于GATT第24条（关税同盟和自由贸易区）的抗辩。但是，由于欧盟的反对，该报告还是未能通过。②

上述专家组的两个报告之所以未能通过，其主要原因是欧盟及其盟国的反对，致使GATT全体缔约方不能在通过专家组报告的问题上达成一致（positive consensus）。只有在WTO争议解决机制下，这一长达数年的争议才最终得到解决。

从1995年WTO成立后由美国、危地马拉、洪都拉斯和墨西哥提出关于请求设立审理欧盟香蕉进口、销售和分销制度的专家小组的建议，到1997年9月专家组和上诉庭报告的通过③；从欧盟未能在合理的期限内（1999年1月1日）对其香蕉进口制度作出与WTO规则相符的修订，到DSB于1999年3月授权美国采取价值为1.914亿美元的报复性措施，再到欧盟在2001年通过第216/2001号法令对第404/93号法令作出进一步与WTO规则相符的修订和美国撤销其所采取的报复性措施后，前后经历了近七年的时间。如果再加上GATT专家组解决欧盟香蕉进口制度的争议的时间，其一共经历了长达10年的时间，才使该争议得到了彻底的解决。而解决的结果，是欧盟对其有关香蕉进口的法律制度作出与WTO规则相符的修订，即欧盟实际履行专家组和上诉庭的报告中提出的建议和裁定。

（四）增加了对专家组和上诉机构建议和裁定执行的监督程序

DSB的一个非常重要的职能，就是对专家组和上诉机构报告中的建议和裁定的执行情况实施监督。在完全实际履行专家组和上诉机构在报告中提出的建议之前，相关成员应当向DSB报告其执行情况。即便在仲裁庭确定的合理期限内，由于不能纠正其所实施的与WTO规则不符的措施而受到另外的WTO成员经DSB授权采取的中止减让或作出补偿的报复性措施后，也不能免除该成员实际履行专家组和上诉机构报告中的裁定的义务，在实际履行此项义务之前，其一直受到DSB的监督。尽管在监督问题上还存在这样或者那样的问题，如对败诉方执行报

---

① 即非洲、加勒比、太平洋地区国家的简称，具体指欧盟第404/93号法令附件中所列举的传统上将其香蕉出口到欧洲市场的12个非加太国家：科特迪瓦、喀麦隆、苏里南、索马里、牙买加、圣卢西亚、圣文森特和格林纳丁斯、多米尼加、伯利兹、佛得角半岛、格林纳达、马达加斯加。

② See Mauricio Salas and John H. Jackson, Procedural Overview of the WTO-EC Banana Dispute, Journal of International Economic Law, 2000, No. 1, pp. 145-166.

③ WT/DS27/AB/R, p. 110, 1997-09-09.

告的要求，包括执行时间表和具体的措施，以及定期对执行情况进行审议等问题，目前DSU规定的内容还不够具体。然而，与GATT项下的争议解决机制相比，WTO争议解决机制中的执行及监督机制还是得到了加强。此项监督机制对于保证WTO规则的统一实施，以及维护多边贸易体制的稳定性和可预见性，发挥着重要的作用。

DSU赋予WTO争议解决程序准司法性质，旨在有保障地进行争端解决程序，与争端相关的重大问题的所有决策的自动性、争端解决程序各阶段的严格时间表和有关上诉审查等规定得到了具体体现。[①]

第三节　中国对WTO争议解决机制的利用

中国自2001年12月11日正式加入WTO后所享有的权利之一，就是利用WTO的争议解决机制，在多边条件下解决我国与WTO其他成员之间的贸易争端。一方面，当我国企业在WTO规则项下的利益受到相关缔约方的歧视时，可首先向我国政府有关部门投诉，由政府出面与该相关缔约方政府通过双边磋商的方式解决我国企业受到的不公平待遇，如果不能得到解决，就可以通过WTO争议解决机制，向DSB投诉，请求通过设立专家组的司法方式，解决我国与WTO其他缔约方之间的贸易争议。另一方面，如果WTO其他成员方政府就其国内企业的投诉要求与我国政府进行磋商，我国政府也有义务通过WTO争议解决机制，解决我国与WTO其他缔约方政府之间的贸易争端。

中国加入WTO以来，积极参与WTO争端解决的工作：截至2015年5月7日，我国作为起诉方的案件共有13起；作为被诉方的案件有33起；还作为第三方参与了121起案件的审理。[②] 通过这些工作，维护了我国的贸易利益，扩大了我国在WTO成员中的影响，对WTO规则的发展和司法实践作出了积极的贡献，锻炼了我国自己的争端解决队伍，在多个方面取得了一定的成绩和较好的效果。[③]

中国加入WTO后利用WTO争议解决机制的实践证明，中国的实践有助于促进国际经济贸易的发展和维护多边贸易体制的稳定性和可预见性。作为WTO成员，中国既享受了WTO协议项下的权利，包括利用WTO争议解决机制解决与其他成员之间的贸易争端；同时也忠实地履行了WTO协议项下的各项义务，及时纠正与WTO规则不符的贸易措施，例如有关集成电路增值税的征收与退税问题，成功地解决了与WTO其他成员之间的贸易争议，维护了我国和其他国家有关当事人在WTO协议项下所应当享受的合法权益。

在经济全球化的条件下，各国之间的贸易在国民经济体系中占有重要的地位。在国际经济贸易交往中，尽管WTO的建立在相当大的程度上协调和统一了各国相关的贸易管理法规，但

---

① 参见余敏友：《WTO争端解决机制与我国加入WTO》，载《珞珈法学论坛》，第1卷，145页，武汉，武汉大学出版社，2000。

② 关于这些案件的具体情况，可参见 https：//www.wto.org/english/tratop_e/dispu_e/dispu_by_country_e.htm，2015-05-21。

③ 参见中华人民共和国商务部条约法律司编著：《WTO争端解决会议材料》，19页，2005-06-14。

是各国在立法和执法过程中均保持一定的独立性。WTO成员在履行其所承担的WTO协议项下的国际法义务的过程中，争议的发生不可避免。作为WTO成员，我国恰当地利用WTO争议解决机制，妥善地解决与其他WTO成员之间的争议，对于促进我国与其他国家之间的国际经济贸易往来，维护我国国家和企业的合法权益，具有重要的作用。

问题与思考

结合本章内容，特别是我国作为原告或者被告参与WTO争端解决活动，思考下列问题：

1. GATT与WTO争议解决机制有哪些不同？
2. 如何评价WTO争议解决机制？
3. 如何利用WTO争议解决机制解决我国与其他国家之间的贸易争端？

第二十一章 国家与他国国民之间经济贸易争议的解决

本章概要

在经济全球化的进程中，主权国家在维护国家的经济安全和社会公共利益方面，发挥着重要的作用。在市场经济竞争愈发激烈的年代，一些跨国公司利用其在竞争方面的垄断优势，联合起来不再进行正当的竞争，而是通过订立秘密协议固定价格、瓜分市场、串通投标、限制产量等方式，损害各国中小企业和消费者的利益。为了维护法律的尊严和其他竞争者的正当利益，各主权国家应当加强对跨国公司不正当竞争的管制，维护市场竞争秩序，保护本国企业和消费者的合法权益。在投资领域，应依法解决国际投资争端，以便创造良好的投资环境和竞争环境，使国际经济贸易健康地发展。

关键术语

东道国　外国投资者　投资争议　ICSID 解决

第一节　国家与他国国民之间的经济贸易争议的特点

一、国家与他国国民之间经济贸易争议的特点

国家是一国社会公共利益的维护者。为了维护社会公共利益，国家往往制定一系列的行政法规，依法履行政府的职能和维护社会公共利益。国家在履行政府职能和维护社会公共利益的过程中，在执法过程中，可能与被执法人员发生争议。例如，国家税务管理机关在履行其税收职能的过程中而与纳税人之间发生的争议；海关监管人员在对进出口国家关境的人员和货物进行监管的过程中与被监管人员之间发生的争议；国家工商行政管理部门与被管理者之间由于工商管理而发生的争议；政府在对跨国公司实施监管的过程中与跨国公司之间发生的争议等。

国家执法部门与被执法人员或者单位之间的争议特点是：第一，从争议的主体看，一方为东道国政府或其机构，另一方则为外国公司，或者是外国公司在中国的子公司。尽管子公司具有东道国的国籍，但是从公司的所有者来看，或者是完全由外国国民出资的子公司，或者是外

国国民占有部分份额的合资企业。第二，从争议事项的特点看，多数情况下是由于政府管理行为而产生的争议，或者是由于外国国民违反东道国经济管理法律法规而产生的争议，如由于违反东道国反不正当竞争法而与东道国政府发生的争议，这类争议通常称为行政争议。

二、国家与外国国民之间经济贸易争议的解决方式

行政争议与一般意义上的合同争议不同。行政争议中双方的法律地位不同，所进行的活动也不完全相同。合同是商业性质的行为，而行政争议是国家执法机关在执法过程中与被执法人员之间发生的争议，这类争议一般不能通过协商谈判的方法解决，一般可通过下列方法解决：

（一）行政复议的方法

国家执法机关在执法的过程中，相关人员必须服从执法人员的管理，而不能与执法人员讨价还价。对于执法部门的判罚不服的，可以向上级机关提出行政复议。如果对行政复议还是不服，可以向该执法部门所在地人民法院提起司法诉讼。

（二）提起司法诉讼的方法

当事人不服行政执法部门的裁定，可以不经过行政复议，直接向该执法部门所在地人民法院提起司法诉讼。执法部门也可以向法院就外国国民的违法行为提起诉讼，包括民事诉讼和刑事诉讼。例如，以全球最大的制药商瑞士罗氏公司（Hoffmann-La Roche Ltd.）为首的，来自美国、瑞士、德国、日本、加拿大、瑞典、法国等 11 家跨国公司组成的国际卡特尔，自 1988 年 1 月起至 1999 年 2 月在世界各地联合密谋，限制维生素的生产数量和价格，就全球的销售市场进行瓜分，长达十余年。美国司法部指控它们违反了美国反垄断法，并于 1999 年 5 月 20 日宣布了与罗氏公司达成的指控协议（plea agreement），指控罗氏公司从 1990 年 1 月到 1999 年 2 月期间，参与与其他相关公司密谋消除它们之间的竞争，确定在美国和其他地区出售的维生素中间产品的价格，包括在此期间在美国和其他地方出售的维生素 A、维生素 E，1991 年 1 月至 1995 年秋销售的维生素 B_2，1991 年 1 月至 1998 年 12 月出售的维生素 B_5，1991 年至 1995 年出售的维生素 C 等，参与分配生产数量和客户，不合理地限制了美国州际和与外国的贸易与商业，违反了《谢尔曼法》第 1 条的规定。① 该公司同意向美国支付罚款 5 亿美元，这是美国历史上对违反反托拉斯法罚款最多的案件。与此同时，根据《谢尔曼法》第 2 条关于“任何人签订（以托拉斯形式或其他形式联合、共谋，用来限制贸易的）契约或者从事上述联合或共谋，是重罪”的规定，对该公司全球市场部前负责人科诺（Kono Sommer）博士处以罚款 10 万美元，有期徒刑 4 个月。该公司前经理罗兰德（Roland Bronnimann）博士被处以罚款 15 万美元，有期徒刑 5 个月。该国际卡特尔其他成员，包括另外 10 个跨国公司被罚款约 4 亿美元，另有 6 个公司高管被罚款近 100 万美元，并分别被处以 3 个月至 8 个月不等的有期徒刑，其中

① 《谢尔曼法》被认为是现代各国反垄断法的鼻祖和样板。该法第 1 条规定：任何契约，以托拉斯形式或者其他形式的联合、共谋，用来限制州际或与外国之间的贸易或商业，是非法的。

有 6 个外国公民在美国监狱服刑。[①] 欧洲委员会对维生素国际卡特尔自 1999 年也展开了调查，并于 2001 年 11 月 21 日对以罗氏公司为首的 13 家欧洲公司和欧洲以外的公司旨在消除在维生素 A、E、B_1、B_5、B_6、C、D_3 等领域内的竞争的卡特尔和垄断市场的行为进行查处，对其中 8 家公司罚款共计 9 亿欧元。[②]

第二节　国家与他国国民之间投资争议的解决

国家与他国国民之间的投资争议，是指外国投资者与东道国政府之间由于在东道国投资而产生的争议。

一、东道国与外国投资者之间的争议种类及解决方法

东道国与外国投资者之间的争议可以分为两大类：一类是基于契约而产生的争议，如国家为了吸引外国投资者而直接与其签订的特许协议。这类协议一般涉及国计民生方面的项目，如开发自然资源或建设大型供电、供水等基础设施等。另一类是非直接基于契约而引起的争议，即由于国家行为或政府管理行为而引起的争议，如东道国通过立法将属于外国投资者所有的财产收归国有，或实行外汇管制，增加税收等政府管理行为，或者由于东道国发生内乱、革命等引起外国投资者财产损失而与东道国政府发生的争议。

关于东道国政府与外国投资者之间的争议，通常可以通过下列方式解决：

1. 协商谈判的方法

这种解决争议的方法可以规定在政府与外国当事人订立的特许协议中。对于非契约性争议，外国投资者也可与政府管理机关进行谈判。但鉴于它们之间没有契约关系，且双方处于不同的法律地位，因而它们之间由于投资活动而产生的争议一般不通过协商谈判的方法加以解决。

2. 东道国救济的方法

即外国投资者可将争议提交东道国法院，按照东道国的程序法和实体法寻求救济，解决争议。阿根廷著名国际法学家卡尔沃（Carlo Calvo）提出的关于国际投资争议应当由东道国法院管辖，用尽当地救济，反对外交干预的主张，就是典型代表。

3. 外交途径

即采用外交保护的方法，由外国投资者所属国的政府有关部门通过外交途径向东道国政府提出国际请求，由两国政府之间通过谈判解决。但行使外交保护的前提，是用尽当地救济。

---

① See Harry First，The Vitamin Case：Cartel Prosecutions and the Coming of International Competition Law，Antitrust Journal，Vol. 68，2001，pp. 711 - 734.

② See Commission Imposes Fines on Vitamin Cartels，Reference：IP/01/1625，Date：21/11/2001，http：//europa. eu. int/rapid/ress Releases，2004 - 08 - 13.

4. 国际仲裁

这是当事人自愿解决争议的方法，其前提是存在着将争议提交仲裁解决的仲裁协议。根据1965年《解决国家与他国国民之间投资争端公约》设立的解决投资争议国际中心，其目的就是为通过仲裁方式解决国家与外国投资者之间的争议提供便利。

二、通过解决投资争议国际中心解决东道国与外国投资者之间的争议

解决投资争议国际中心（International Center for the Settlement of Investment Dispute，ICSID，以下简称中心）根据1965年3月18日由世界银行提交各国政府在华盛顿签署的《解决国家与他国国民之间投资争端公约》（Convention on the Settlement of Investment Disputes Between States and Nationals of Other States，简称《华盛顿公约》）设立，该公约于1966年10月14日生效。截至2015年4月9日，共有159个国家签署了《华盛顿公约》，其中150个国家交存了批准书。解决投资争议国际中心已成立三十多年，截至2015年4月9日，经中心登记受理的国际投资争端案件共514起，其中316起已经审结，另有198起案件正在审理之中。[①]

1. 中心的法律地位及管辖权限

中心是根据《华盛顿公约》设立的国际法人，具有完全的国际法律人格。中心的法律行为能力包括：(1) 缔结合同的能力；(2) 取得和处理动产和不动产的能力；(3) 起诉的能力。

中心及其财产享有豁免于一切法律诉讼的权利。中心的官员及雇员在履行公务的过程中，享有公约规定的特权与豁免。中心的档案无论存放在何处，均不可侵犯。中心及其财产收入以及公约许可的业务活动和交易应豁免于一些税捐和关税。

按照公约规定，(1) 凡提交中心仲裁的投资争议的当事人，其中一方必须是公约缔约国或该缔约国的公共机构或实体，另一方则应是另一缔约国的国民（包括自然人、法人及其他经济实体）。这就是说，争议双方一般应当具有不同的国籍。但在实践中，外国投资者常常在东道国设立当地的公司，而这些公司具有当地的国籍，即属于在东道国注册的外国投资企业。对于这些在东道国设立的外商投资企业与东道国政府之间的争议，尽管这些企业与东道国的国籍相同，但按照《华盛顿公约》第25条第2款第2项的规定，如果某法律实体与缔约国具有相同的国籍，但由于该法律实体直接受到另一缔约国利益的控制，如果双方同意，为了公约的目的，该法律实体也可被视为另一国国民。此外，一个国家为《华盛顿公约》的缔约国的事实，并不意味着该国担保将与该国有关的投资争议都提交中心解决。(2) 凡提交中心解决的特定争议，当事双方必须订有将该特定争议提交中心解决的书面仲裁协议，而此项协议的存在，是中心取得对该特定争议行使管辖权的必要的实质要件。而一旦双方当事人订立了书面的将该特定争议提交中心解决的仲裁协议，任何一方当事人均不得单方面撤回其已经表示的同意。此外，某一缔约国的公共机构或实体表示的同意，须经该缔约国批准，除非该缔约国通知中心不需要此项批准。(3) 根据《华盛顿公约》的规定，中心管辖权应扩及缔约国及其公共机构或实体与另一缔约国国民之间因直接投资而产生的任何法律上的争议。这就是说，中心对投资争议的仲

---

① 关于这些案件的具体情况，可参见 http://icsid.worldbank.org/ICSID/FrontServlet?requestType=CasesRH&actionVal=ListCases，2015-04-09。

裁，仅限于由于投资而产生的法律争议，而不是其他方面的争议。因此，争议只有同时具备以上三个实质要件，才属于中心管辖的范围。

值得注意的是，从《华盛顿公约》的字面规定看，“当事人书面同意”仍是仲裁庭受理案件的基础。然而，在 BIT 中东道国事先同意的条件下，这种仲裁机制向着强制性的方向发展，其特殊的同意模式、特殊的同意效果已不是当初公约的案文“当事人书面同意”所能涵盖的。“BIT 条约本身使投资者成为了一个私人首席检察官，有权对主权国家强制执行 BIT 的国际法标准。”① 庞大的 BIT 群体使《华盛顿公约》关于投资仲裁的节制性构建被打破，国际投资仲裁案已泛滥成灾。截至 1994 年年底，只有 3 件与投资条约有关的争端提交到 ICSID，到 2004 年年底，已有 106 件此类争端提交到 ICSID，而截至 2015 年 4 月 21 日，正在中心审理的案件就有 197 件，另有 322 件案件已经审结。② 还有一个特点是近年来中心受理的案件逐年增多，如 2010 年受理了 25 个案件，2011 年为 33 个、2012 年为 40 个、2013 年为 38 个、2014 年为 35 个。2015 年 1 月至 4 月，中心就已受理了 15 个案件。也就是说，自 2010 年到 2014 年这五年间中心共受理了 171 起争议，平均每年受理 34.2 起投资争议案件。

2. 中心的仲裁程序

（1）仲裁申请

拟将争议提交中心解决的任何缔约国或缔约国的国民，应向中心秘书长提出书面仲裁申请。其内容包括：争议的事实，当事双方的身份，以及它们同意依照中心的调解和仲裁规则仲裁等。秘书长应将申请书的副本送交被申请人，并予以登记（除非秘书长根据申请书中所包括的材料认定该争议不属于中心的管辖范围）。同时，秘书长还应将登记或不予登记的情况通知双方当事人。

（2）仲裁庭的组成及权限范围

仲裁庭可以由双方同意的独任仲裁员或三名仲裁员组成。在后一种情况下，由当事各方各自指定一名仲裁员，第三名仲裁员（首席仲裁员）由当事双方协商指定。所指定的仲裁员应当具备公约规定的仲裁员应当具备的品德和资格。如秘书长在发出登记通知后 90 日内未能组成仲裁庭，则由中心主席任命仲裁庭的组成人员。被指定的仲裁员应当是仲裁人小组的成员，但不得为争议一方所属的缔约国国民。仲裁庭可就其管辖权限作出决定。

（3）仲裁审理

仲裁程序应当按照公约规定进行。除当事双方另有约定外，应当依照双方同意提交仲裁之日有效的仲裁规则进行仲裁。如果发生公约及中心仲裁规则或双方同意的任何规则未作规定的程序问题，则该问题应当由仲裁庭决定。

仲裁庭在解决争议的过程中，按照《华盛顿公约》第 42 条的规定，应当适用双方共同选择的法律。如无此项选择，应当适用争议一方的法律，包括该法律中有关的冲突规则，以及可适用的国际法规则。按照许多东道国的有关国际投资的法律，在东道国的投资，必须适用东道国的法律。实践中在有关国际投资合同中，无论是当事人选择的法律，还是仲裁庭决定适用的

---

① Matthew Wendlandt, “SGS v. Philippines and the Role of ICSID Tribunals in Investor-State Contract Disputes”, Texas International Law Journal, Summer 2008.

② 关于这些案件的具体进展情况，可参见 https://icsid.worldbank.org/ICSID/FrontServlet?requestType=CasesRH&actionVal=ListCases，2015-05-05。

法律，通常情况下均为东道国的法律。而外国投资者为了维护自己的利益，避免由于东道国单方面修订其法律（如颁布国有化或征收的法令）而损害投资者的利益，一般在谈判合同时列入“稳定条款”，即在合同履约期间，如法律发生与合同规定相悖的变更，则合同中的规定应当优先适用。

（4）仲裁裁决

仲裁裁决应当以全体成员的多数票作出，并应采用书面形式，由赞成此裁决的成员签署。裁决应当处理提交仲裁庭解决的所有问题，并说明裁决所依据的理由。任何仲裁员都可在裁决书上附具他个人的意见，无论此项意见是否是多数人的意见。未经双方当事人同意，裁决不得对外公布。中心秘书长应迅速将核正无误的裁决副本送交当事双方。如果当事人对裁决的含义或范围持有异议，任何一方均可向秘书长提出书面申请，要求仲裁庭对有异议的事项作出解释。

（5）中心仲裁裁决的撤销

当事人只有在下列情况下，才可向秘书长提出撤销裁决的申请：1）仲裁庭的组成不当；2）仲裁庭显然超越其权限范围；3）仲裁庭的成员有受贿行为；4）仲裁有严重背离基本的程序规则的情况；5）裁决未陈述其所依据的理由。秘书长收到请求撤销裁决的申请后，应予以登记，并立即请中心行政理事会主席从仲裁人小组中任命三人组成专门委员会。委员会的成员不得为作出裁决的仲裁庭成员，且不得具有与上述任何成员相同的国籍，不得为争议一方的国家的国民，也不得为争议任何一方的国家所指派参加仲裁人小组的成员，以及曾在该同一争议中担任调停人。委员会有权依公约规定的理由撤销裁决或裁决中的任何部分。

如果仲裁裁决的全部或部分被专门委员会撤销，任何一方当事人可以请求将此争议重新提交给一个新的仲裁庭审理。但如果原裁决仅有部分内容被撤销，则新的仲裁庭不应对未曾撤销的任何部分进行重新审理。

（6）中心仲裁裁决的承认与执行

中心仲裁裁决的效力与《纽约公约》不同。依《纽约公约》作出的裁决可以由执行地法院进行审查，如果没有公约规定的拒绝承认与执行的条件，经法院裁定后发出执行令执行裁决。而中心的裁决相当于缔约国法院的最终判决，各缔约国法院不得对它进行任何形式的审查，包括程序上的审查；也不得以违背当地的社会公共秩序为由而拒绝承认与执行。任何一方当事人也不得对中心裁决提出任何上诉或采取任何除公约规定以外的补救办法。除依公约有关规定停止执行的情况外，当事各方及各有关缔约国法院均应遵守和履行中心的裁决。

第三节　中国政府与外国投资者之间投资争议的解决

我国政府与外国投资者之间争议的解决方法，体现在我国有关的国内立法、我国缔结或参加的双边或多边国际公约中。

自20世纪70年代末我国实行对内搞活经济、对外开放政策以来，我国在过去的三十多年中颁布了一系列有关吸收利用外资的法律和法规。自1982年与瑞典签订了第一个双边投资保护协定后，截至 2011 年 11 月 8 日，我国已经同 101 个国家订立此类协定。[①] 同时正在与一些国家为签订或修改投资保护协定进行谈判。此外，我国立法机构还分别于 1988 年和 1993 年批准和加入了 1985 年《多边投资担保机构公约》和 1965 年《华盛顿公约》。

根据我国近年来的立法与实践，我国国家与外国投资者之间的争议，除通过双边协商解决外，主要有以下三种情况：

1. 当地救济的方法

即通过我国国内行政管理机构或司法机构予以解决。例如，我国与荷兰、法国、丹麦等国订立的投资保护协定均规定，对于缔约一国与缔约另一国投资者之间关于该投资者在缔约一国领土和海域内的投资争议，投资者可选择如下的解决方法：（1）向投资所在缔约国的主管行政当局或机构申诉并寻求救济；（2）向投资所在国有管辖权的法院提起诉讼。以上方法适用于所有的在我国境内投资的外国投资者，无论其所属国是否与我国订有双边投资保护协定。

2. 通过国家之间的解决方法

通过国家之间解决东道国与外国投资者之间的争议，可以采取以下方法：

（1）外交谈判的方法

即通过国家之间协商的方法解决，但使用这种方法的前提条件，应当是在用尽当地救济后，争议仍然未能得到解决。此种方法可适用于一切与投资争议有关的场合，无论外国投资者所属国是否与我国订有双边协定或者均为有关国际公约的缔约国。

（2）代位求偿的方法

此种方法主要适用于外国投资者所属国与我国订有双边协定，或者均为有关国际公约的缔约国的情况。根据我国与其他国家订立的投资保护协定，如果对方国家对其国民在我国境内的投资提供了保险或担保，并据此向其在中国投资的国民支付了赔偿，我国政府承认缔约另一方对其国民的权利的代位，但此项代位不得超过其国民应当享有的权利。

根据我国参加的《多边投资担保机构公约》，该公约缔约国的国民也可向该公约项下的多边投资担保机构（MIGA）投保公约规定的风险。该公约第 18 条规定，MIGA“在对投保人支付或同意支付赔偿时，投保人对东道国其他债务人所拥有的有关投保领域投资的权利或索赔权应由 MIGA 代位”。而所有缔约国都应承认 MIGA 的上述权力。

此外，对于那些未与我国订立上述协定或共同参加国际公约的国家，如果国家对其国民在我国境内的投资提供了保险或担保，并据此向其在中国投资的国民支付了赔偿，也可采用此种方法解决争议。

3. 国际仲裁的方法

我国于 1990 年 2 月签署了《华盛顿公约》，1993 年 2 月 6 日正式加入此公约。我国政府在加入时已经向 ICSID 发出通知：根据公约第 24 条第 4 款，中国政府只考虑将由于征收和国有化而产生的赔偿争议交由 ICSID 管辖。[②] 然而，随着 1998 年 7 月我国与巴巴多斯签订双边投资保护协定，不仅由于国有化和征收引起的争议可以提交中心仲裁，其他的投资争议也可以提交

---

① 参见商务部网站：http：//tfs. mofcom. gov. cn/article/Nocategory/201111/20111107819474. shtml，2015 - 04 - 09。

② World Arbitration & Mediation Report，Vol. 4，No. 2，Feb. 1993，p. 32.

中心仲裁。[①]

在实践中，涉及我国政府和当事人的在ICSID仲裁的案件包括：

（1）香港居民谢业深仲裁案：Tza Yap Shum v. Republic of Peru（ICSID Case No. ARB/07/6）[②]；

（2）马来西亚一公司诉我国政府案：Ekran Berhad v. People's Republic of China（ICSID Case No. ARB/11/15）[③]；

（3）Standard Chartered Bank（Hong Kong）Limited v. Tanzania Electric Supply Company Limited（ICSID Case No. ARB/10/20）；

（4）平安保险公司诉比利时政府案：Ping An Life Insurance Company of China，Limited and Ping An Insurance（Group）Company of China，Limited v. Kingdom of Belgium（ICSID Case No. ARB/12/29）[④]；

（5）韩国安森住宅公司诉中华人民共和国案：Ansung Housing Co.，Ltd. v. People's Republic of China（ICSID Case No. ARB/14/25）[⑤]；

（6）北京城市建筑集团诉也门共和国案：Beijing Urban Construction Group Co. Ltd. v. Republic of Yemen（ICSID Case No. ARB/14/30）。[⑥]

我国与一些国家订立的双边投资保护协定中，也有一些涉及通过仲裁解决国家与对方投资者之间的投资争议的规定。而对于那些与我国无此协定或未能参加《华盛顿公约》的国家，如果这些国家的投资者与我国政府订有通过仲裁解决投资争议的仲裁协议，也可通过仲裁的方式解决此项争议。

课堂讨论案例

谢业深案

2007年2月12日，ICSID秘书处受理了谢业深依据中国同秘鲁政府于1994年签订的《中

---

① 该协定第9条关于投资争议的解决的规定是：（1）缔约一方的投资者与缔约另一方之间任何投资争议，应尽可能由投资者与缔约另一方友好协商解决。（2）如本条第1款的争议在争议自另一方收到有关争议的书面通知之日后6个月内不能协商解决，投资者有权选择将争议提交下述两个仲裁庭中的任意一个，通过国际仲裁的方式解决：1）依据1965年3月18日在华盛顿签署的《解决国家与他国国民之间投资争端公约》设立的"解决投资争议国际中心"；2）根据《联合国国际贸易法委员会仲裁规则》设立的仲裁庭。该规则中负责指定仲裁员的机构将为"解决投资争议国际中心"秘书长……

② 参见该中心网站：https：//icsid. worldbank. org/apps/ICSIDWEB/cases/Pages/casedetail. aspx? CaseNo＝ARB/07/6，2015-04-09。

③ 我国政府与马来西亚公司已经达成和解。

④ 2015年4月30日，仲裁庭就本案作出了裁决，见https：//icsid. worldbank. org/apps/ICSIDWEB/cases/Pages/casedetail. aspx? CaseNo＝ARB/12/29，2015-05-09。

⑤ 参见https：//icsid. worldbank. org/apps/ICSIDWEB/cases/Pages/casedetail. aspx? CaseNo＝ARB/14/25，2015-04-09。

⑥ 参见https：//icsid. worldbank. org/apps/ICSIDWEB/cases/Pages/casedetail. aspx? CaseNo＝ARB/14/30，2015-04-09。

国—秘鲁双边投资保护协定》向 ICSID 投诉秘鲁政府的仲裁申请。理由是 2002 年 1 月，持有中国护照的香港居民谢业深（Tza Yap Shum）在大不列颠维京群岛设立了 Linkvest 公司。同年 6 月，Linkvest 购买了在秘鲁设立的鱼粉生产企业 TSG 公司 90%的股份。2004 年，秘鲁税务局在国内采取一系列税收征管措施，同年 9 月对 TSG 的税收审计情况签署报告，12 月通知 TSG 欠税情况。2005 年 1 月，秘鲁税务局对 TSG 实施了“税收抵押扣押令”（Tax Lien with Garnishment），TSG 请求税务局撤销该扣押令，遭到秘鲁政府拒绝。

2007 年 10 月 1 日，仲裁庭组成了以 J. L. Kessler 为首的三人仲裁庭。谢业深的仲裁请求和依据是：秘鲁当局发出欠税通知后仅 1 个月，就冻结了 TSG 的银行账户，致使 TSG 公司陷入瘫痪。秘鲁政府对 TSG 公司采取的税收征管措施构成征收行为，进而 TSG 向秘鲁政府提出索赔 2 000 万美元的诉求。被申请方秘鲁政府于 2008 年 3 月对 ICSID 的管辖权提出异议。其理由主要有四：第一，谢业深是香港居民，中秘 BIT 并不适用于中国香港地区，故谢业深不符合中秘 BIT 对“投资者”的定义；第二，谢业深在争议实际发生之前，并未在秘鲁有投资；第三，即使中秘 BIT 适用于本案，该 BIT 也只同意将与征收补偿款额有关的争议提交仲裁，而不是将征收争议提交仲裁；第四，谢业深并未提供初步证据证明秘鲁税务局的行为构成征收。

2008 年 10 月中旬本案仲裁庭开庭审理后，于 2011 年 7 月 7 日作出了对本案有管辖权的裁定。理由是：尽管申请人是香港居民，但其所持的是中华人民共和国的护照，故中秘 BIT 适用于本案。2011 年 11 月 9 日，秘鲁政府向 ICSID 申请撤销该裁定，ICSID 依据其规则成立了专门委员会审理此案，2015 年 2 月 15 日，专门委员会就撤销该裁定的申诉作出了最终决定。

请结合本章内容，思考下列问题：

1. ICSID 的性质及管辖权限是什么？

2. 你对谢业深案有何评论？

问题与思考

1. 国家与外国投资者之间争议的主要特点是什么？
2. 如何解决国家与外国投资者之间的争议？
3. 如何解决我国与外国投资者之间的争议？

参考书目

1. 刘丁．国际经济法．北京：中国人民大学出版社，1984

2. 姚梅镇主编．国际经济法概论．武汉：武汉大学出版社，1989

3. 郭寿康主编．国际技术转让法．北京：法律出版社，1989

4. 余劲松．跨国公司法律问题研究．北京：中国政法大学出版社，1989

5. 赵秀文．国际商事仲裁现代化研究．北京：法律出版社，2010

6. ［英］施米托夫著，赵秀文译，郭寿康审校．国际贸易法文选．北京：中国大百科全书出版社，1993

7. 郭寿康，赵秀文主编．国际经济贸易仲裁法（修订版）．北京：中国法制出版社，1999

8. 赵秀文主编．国际商事仲裁案例评析．北京：中国法制出版社，1999

9. 赵承壁编著．国际贸易统一法．北京：法律出版社，1998

10. 曹建明，陈治东主编．国际经济法专论（六卷本）．北京：法律出版社，1999

11. 王传丽主编．国际贸易法．4 版．北京：法律出版社，2008

12. 吴志攀主编．国际金融法．北京：北京大学出版社，2000

13. 朱榄叶编著．世界贸易组织国际贸易纠纷案例评析．北京：法律出版社，2000

14. 赵维田．世界贸易组织的法律制度．长春：吉林人民出版社，2000

15. 郭寿康，韩立余编著．国际贸易法．4 版．北京：中国人民大学出版社，2014

16. 韩立余编著．世界贸易组织案例分析．北京：中国人民大学出版社，2002

17. 王贵国．世界贸易组织法．北京：法律出版社，2003

18. 余劲松，吴志攀主编．国际经济法．2 版．北京：高等教育出版社，2005

19. 赵秀文．国际商事仲裁及其适用法律研究．北京：北京大学出版社，2002

20. 陈安主编．国际经济法学专论．北京：高等教育出版社，2002

21. 董世忠主编．国际经济法．上海：复旦大学出版社，2004

22. 王传丽主编．国际经济法．4 版．北京：中国人民大学出版社，2015

23. 赵秀文编著．国际商事仲裁法．3 版．北京：中国人民大学出版社，2012

24. 赵秀文主编．国际商事仲裁案例解析．北京：中国人民大学出版社，2005

25. Ralph H. Folsom，Michael Wallace Gordon，John A. Spanogle. International Business Transactions. Jr. American Casebook Series. West Group，2002

26. John H. Jackson，William J. Davey，Alan O. Sykes. Legal Problems of International Economic Relations，Fourth Edition. Jr. American Casebook Series. West Group，2002

27. Andreas F. Lowenfeld. International Economic Law. Oxford University Press，2002

图书在版编目（CIP）数据

国际经济法/郭寿康，赵秀文主编．—5 版．—北京：中国人民大学出版社，2015.7
新编 21 世纪法学系列教材
ISBN 978-7-300-21522-8

Ⅰ.①国… Ⅱ.①郭…②赵… Ⅲ.①国际经济法-高等学校-教材 Ⅳ.①D996

中国版本图书馆 CIP 数据核字（2015）第 144980 号

教育部全国普通高等学校优秀教材（一等奖）
北京高等教育精品教材
新编 21 世纪法学系列教材
总主编　曾宪义　王利明
国际经济法（第五版）
主　编　郭寿康　赵秀文
Guoji Jingjifa

出版发行	中国人民大学出版社		
社　　址	北京中关村大街 31 号	**邮政编码**	100080
电　　话	010－62511242（总编室）		010－62511770（质管部）
	010－82501766（邮购部）		010－62514148（门市部）
	010－62515195（发行公司）		010－62515275（盗版举报）
网　　址	http://www.crup.com.cn		
	http://www.ttrnet.com(人大教研网)		
经　　销	新华书店		
印　　刷	北京东君印刷有限公司	**版　　次**	2000 年 1 月第 1 版
规　　格	185 mm×260 mm　16 开本		2015 年 7 月第 5 版
印　　张	26.25	**印　　次**	2019 年 11 月第 6 次印刷
字　　数	618 000	**定　　价**	54.00 元

国际法专业书目

书名	ISBN	作者	定价（元）	出版日期
21 世纪法学系列教材				
国际法（第五版）（教育部全国普通高等学校优秀教材一等奖；北京高等教育精品教材）	978-7-300-20649-3	程晓霞　余民才	35	2015-1-26
国际私法（第五版）（“十一五”国家级规划教材；教育部全国普通高等学校优秀教材一等奖）	978-7-300-19991-7	章尚锦　杜焕芳	49.8	2014-10-17
国际贸易法（第四版）	978-7-300-19478-3	郭寿康　韩立余	39	2014-8-10
世界贸易组织法（第三版）	978-7-300-19575-9	韩立余	32	2014-7-18
国际商事仲裁法（第二版）（北京高等教育精品教材）	978-7-300-17338-2	赵秀文	45	2014-3-12
国际私法练习题集（第三版）	978-7-300-19677-0	杜焕芳	29	2014-8-1
国际经济法练习题集（第三版）	978-7-300-18219-3	韩立余	29	2013-11-1
国际法练习题集（第三版）	978-7-300-16110-5	余民才	26	2012-9-1
国际私法学关键问题（21 世纪法学课程学习与考试指导·法学关键问题系列）	978-7-300-14510-5	杜焕芳	28	2012-1-13
学生常用法律法规 国际法律分册（含国际公法、国际私法）	978-7-300-08731-3	余民才　等	15	2007-12-1
国际私法案例分析	978-7-300-10475-1	徐青森　等	35	2009-6-1
国际贸易法案例分析	978-7-300-09910-1	韩立余	45	2009-1-1
双语教材				
国际贸易法	978-7-300-13195-5	［英］西蒙娜·拉蒙特-布莱克	58	2011-1-1
法律英语：法学概论（第 3 版）	978-7-300-11228-2	乔安妮·班克·黑姆斯　等	45	2009-10-1
国际商事经济法律通则	978-7-300-11103-2	［美］约翰·W·海德	28	2009-9-1
国际商事仲裁法（第三版）	978-7-300-16411-3	赵秀文	49.8	2012-10-1
国际贸易法（第二版）（教育部财政部 2007 年度双语教学示范课程建设项目）	978-7-300-15574-6	王传丽　史晓丽	49.8	2012-6-1
国际投资法（教育部财政部 2007 年度双语教学示范课程建设项目）	978-7-300-09271-3	孙南申	35	2008-5-1
国际法（第二版）	978-7-300-11775-1	邵沙平	49.8	2010-4-1
国际刑法（第二版）（司法部法治建设与法学理论研究部级项目）	978-7-300-19573-5	朱文奇	39	2014-8-22
海商法专论（第二版）	978-7-300-12714-9	司玉琢	48	2010-9-1
国际商事仲裁法参考资料	7-300-05728-4	赵秀文	26	2006-6-1

书名	ISBN	作者	定价（元）	出版日期
原理与案例教程系列（全国法律专业学位研究生教育指导委员会秘书处推荐教材，亦可适用于普通高等院校法学本科学生）				
国际法学原理与案例教程（第三版）	978-7-300-19332-8	朱文奇	46	2014-6-26
国际私法学原理与案例教程（第三版）	978-7-300-16329-1	赵秀文	48	2012-9-1
国际经济法学原理与案例教程（第二版）	978-7-300-12415-5	韩立余	49.8	2010-7-1
法学研究生用书				
国际私法专题研究	978-7-300-12649-4	徐青森　杜焕芳	35	2010-9-1
国际贸易法专题研究	978-7-300-11231-2	赵秀文	38	2009-9-1
国际法专题研究	978-7-300-10667-0	邵沙平	35	2009-6-1
国际条约法	978-7-300-09191-4	朱文奇　李　强	39	2008-5-1
21 世纪中国高校法学系列教材				
国际法（第三版）	978-7-300-16100-6	马呈元	45	2012-7-23
国际经济法（第四版）（"十一五"国家级规划教材）	978-7-300-20408-6	王传丽	（估）42	2014-3-1
国际私法	978-7-300-13119-1	杜新丽	39	2010-12-1
欧盟法概论	978-7-300-14768-0	张　彤	55	2011-12-9
海洋法（第三版）	978-7-300-20045-3	屈广清　曲　波	36	2014-10-8
21 世纪法学研究生参考书系列				
国际法析论（第三版）	978-7-300-15195-3	杨泽伟	88	2012-3-1
国际人道法	978-7-300-08717-7	朱文奇	45	2007-12-1
其他类教材				
国际商法（第二版）（21 世纪通用法学系列教材）	978-7-300-18092-2	陈晶莹　邓　旭	39.8	2014-1-20
国际法（21 世纪应用型法学系列教材）	978-7-300-14920-2	李　毅	28	2012-3-16
国际经济法（第二版）（21 世纪应用型法学系列教材）	978-7-300-20819-0	杨　帆	32	2015-3-4
学术著作				
国际法中普遍性法律利益的保护问题研究——基于国际法庭和国家相关实践的研究	978-7-300-15718-4	宋　杰	69	2012-5-31
平行进口法律规制的比较研究	978-7-300-15623-1	王春燕	48	2012-5-30
国际法的当代实践	978-7-300-13447-5	余民才	49.8	2011-3-29
国际刑事法院与中国	978-7-300-11362-3	朱文奇	55	2009-11-1
外资待遇法律制度研究	978-7-300-15606-4	杨慧芳	45	2012-04-30
国际反腐败公约与国内法协调问题研究	978-7-300-12581-7	李　翔	38	2010-8-1
国际法上自卫权实施机制	978-7-300-19093-8	余民才	66	2014-05-05

《　　　　　　》※任课教师调查问卷

为了能更好地为您提供优秀的教材及良好的服务，也为了进一步提高我社法学教材出版的质量，希望您能协助我们完成本次小问卷，完成后您可以在我社网站中选择与您教学相关的1本教材作为今后的备选教材，我们会及时为您邮寄送达！如果您不方便邮寄，也可以申请加入我社的**法学教师QQ群：83961183（申请时请注明法学教师）**，然后下载本问卷填写，并发往我们指定的邮箱（cruplaw@163.com）。

邮寄地址：北京市海淀区中关村大街31号中国人民大学出版社411室收

邮　　编：100080

再次感谢您在百忙中抽出时间为我们填写这份调查问卷，您的举手之劳，将使我们获益匪浅！

基本信息及联系方式：※

姓名：__________ 性别：__________ 课程：____________________

任教学校：____________________ 院系（所）：________________

邮寄地址：____________________ 邮编：____________________

电话（办公）：__________ 手机：__________ 电子邮件：____________

调查问卷：※

1. 您认为图书的哪类特性对您使用教材最有影响力？（　　）（可多选，按重要性排序）

   A. 各级规划教材、获奖教材　　B. 知名作者教材

   C. 完善的配套资源　　D. 自编教材

   E. 行政命令

2. 在教材配套资源中，您最需要哪些？（　　）（可多选，按重要性排序）

   A. 电子教案　　B. 教学案例

   C. 教学视频　　D. 配套习题、模拟试卷

3. 您对于本书的评价如何？（　　）

   A. 该书目前仍符合教学要求，表现不错将继续采用。

   B. 该书的配套资源需要改进，才会继续使用。

   C. 该书需要在内容或实例更新再版后才能满足我的教学，才会继续使用。

   D. 该书与同类教材差距很大，不准备继续采用了。

4. 从您的教学出发，谈谈对本书的改进建议：____________________

____

____

选题征集：如果您有好的选题或出版需求，欢迎您联系我们：

联系人：黄　强　联系电话：010-62515955

索取样书：书名：______________________________

书号：________________________________

备注：※ 为必填项。